German Novellen
from Goethe to Schnitzler

An Annotated Anthology

Robert M. Browning
and
Thomas Kerth

Editors

BRANDYWINE PRESS • St. James, New York

Copyright © 1998 by Brandywine Press

ISBN: 1-881-089-49-5

Please phone all orders to 1-800-345-1776

Printed in the United States of America

Acknowledgments

We wish to thank the Alte Pinakothek, Munich, for permission to reproduce Schinkel's "Dom über einer Stadt. 1813" on the cover of this volume. We are also grateful to the Schiller-Nationalmuseum / Deutsches Literaturarchiv, Marbach am Neckar, and the Bildarchiv Preußischer Kulturbesitz, Berlin, for their generosity in providing us with the portraits of the authors anthologized here.

We especially acknowledge our gratitude to the editors of Brandywine Press for their continuing support of the study of German literature in the American classroom.

Hamilton College and SUNY Stony Brook   R.M.B. and T.K.

Table of Contents

Preface

This anthology contains a small selection of texts from the very large corpus of *Novellen* written in the German-speaking lands during the nineteenth century. As in any anthology, the primary and most critical decision concerned which works were to be included. Because we believe it is important to introduce our students to the outstanding writers of the past, we sought to choose texts that are representative of the language and style of those writers, and that reveal to some extent the thematic world within which each one normally operates. Some of them wrote many *Novellen* and some wrote few — in the case of Droste-Hülshoff, only one; however, we decided not to take the great disparity in output into consideration and included only one work by each author. To some degree, our choices were also dictated by the length of a text, which explains why important and popular works like Eichendorff's "Aus dem Leben eines Taugenichts," Storm's "Der Schimmelreiter," and Gotthelf's "Die schwarze Spinne" are not found here.

Since *Novellen* have traditionally played a significant role in German literature courses after the first two years of college-level language instruction, we presume that the student has mastered the grammatical structures necessary for reading sophisticated German prose. The difficult leap for the student will probably be in vocabulary. Given this, some will no doubt question our decision not to include a vocabulary section in an appendix. It is our experience that by the third year a student probably owns at least a paperback German-English dictionary. Rather than devote extra pages to a vocabulary section — instead of literary text — we have chosen to let the students use their dictionaries; however, we have attempted to make sure that the definitions of difficult words required for these *Novellen* can actually be found there. In cases where the popular dictionaries do not contain the appropriate definitions or where the student might make a faulty choice, we have glossed the text in footnotes. We have also glossed historical characters and locations for those students who still lack a certain familiarity with German history, culture, and geography. We hope the more advanced students will forgive us if we have underestimated how much they have already learned. In addition, a list of some recent readings and interpretations of the works anthologized here has been included at the end of the volume. These books and articles are meant to serve as a gateway into the sometimes extensive amount of scholarship that exists for many of these works, and instructors may wish to assign members of the class to report on some of these relatively current and generally available critical studies.

This anthology is ordered chronologically according to the author's birthdate, thus offering an historical survey of the development of the German *Novelle* in the nineteenth-century. We anticipate that the instructor may well wish to supplement our choices with other texts not included here; our purpose is to give a wide choice of authors and texts, not an exhaustive one. While it is certain that many instructors will lament the absence of some other of their favorite *Novellen*, we hope, at least, that they will forgive us for our omissions — and sympathize with our dilemma: choosing from a true *embarras de richesses*.

Introduction (for Students)[1]

The *Novelle* (from Italian: "novel event," "news") as a genre-form has its origins in the literature of the Romance languages: Italian, Spanish, and French, although one could make the case that novellistic narration appears even in the literature of ancient Greece and Rome, for example, the histories of Herodotus (ca. 480-425 B.C.), the *Satyricon* of Petronius († ca. A.D. 66), and the *Metamorphoses* of Apuleius (A.D. 124-180). More immediate sources were *Il Novellino* or *Le ciento novelle antiche* (published 1525), an anonymous collection of medieval stories put together in Tuscany around 1250 and reworked at the beginning of the fourteenth century, and *Il Decamerone* (1353) of Giovanni Boccaccio (1313-1375). In Boccaccio we can observe the "set-up" of the classic novella form: the "novel event" that is told in a social environment and within the context of the aesthetic and ethical norms of that particular, usually elevated, society. Boccaccio presents a series of one hundred tales told by members of the Florentine nobility who are seeking refuge in a country villa from the Black Death of 1348. Cut off from the usual amusements of city life, the seven young men and three ladies attempt to entertain each other with stories over a period of ten days, each telling a different story every day. Similar to Boccaccio in structure and perhaps influenced directly by him are the *Canterbury Tales* (1391-99, printed, 1478) by Geoffrey Chaucer (1340?-1400); here, the twenty-nine pilgrims on route to the shrine of St. Thomas à Becket at Canterbury were meant to tell two tales each; unfortunately, the work remained unfinished.

France's contribution to the genre includes the anonymous *Cent nouvelles nouvelles*, a collection of tales for courtly society written by different authors and put together probably between 1456 and 1467 (published 1486). Its main importance lies in the fact that it was the first imitation of Boccaccio in France and lays the groundwork for the far more important *Heptaméron des nouvelles* (1559) by Marguerite de Navarre (1492-1549), the sister of France's King Francis I and later wife of Henri d'Albret, King of Navarre. This often reprinted work

---

[1]These introductory remarks are just that: a brief introduction to the history of the novella. It is our intention to provide here only a framework in which the German *Novellen* in this anthology can be understood. Those wishing to learn more about the history and theory of the novella are urged to consult the critical studies listed at the end of these remarks.

offers seventy-two stories told in seven days by aristocrats, five men and five women, trapped in a monastery because of bad weather. The author, however, is not only concerned with the entertainment value of her stories, but with their moral content; and because they reflect contemporary events from her own social sphere, even her own life, they are considered important texts in the study of French court culture of the fifteenth century.

The framework structure of the novella persisted until the appearance of the collection of Matteo Bandello (ca. 1485-1561). His 214 *Novelle* (printed 1554-1573) are not linked together in an overarching structure, but are independent stories of love and adventure, each having for the most part nothing in common with the other. For Bandello, the word "novella" means essentially that which is new, curious or strange, although he maintains the fiction that these "new things" are true by giving us the details of exactly when he heard — or claims to have heard — each particular story. It is presumably from Bandello's *Novelle* that Shakespeare got his plots for *Romeo and Juliet, Much Ado About Nothing*, and *As You Like It*.

Miguel de Cervantes (1547-1616) claimed to be offering with his twelve *Novelas ejemplares* (1613) the first original novellas in Spanish, although the form had been well known in Spain before that time. He suggested that previous Spanish writers, such Juan de Timonedas and Antonio de Eslava had simply adapted the Italian texts of Boccaccio and Bandello, among others, rather than composing truly Spanish novellas. Although it is not quite the case in all of Cervantes' novellas, particularly those dealing with love and its complications, those that view the Spanish milieu from a more satirical viewpoint offer commentary on and insight into the everyday lives of the middle and lower classes of his day; and unlike in the traditional novella, his characters develop in the course of the narration. Cervantes' novellas, like those of Bandello before him, were also independent narrations, freed from the framework of the traditional novella cycle as practiced by Boccaccio, Chaucer, and Marguerite de Navarre.

With this brief sketch of the history of the genre in mind, we can now address the history and definition of the German *Novelle*.[1] In Germany it was Christoph Martin Wieland (1733-1813) who introduced the word into the German literary language and gave the first German definition of the genre:

> *Novellen* werden vorzüglich eine Art von Erzählungen genannt, welche sich von den großen Romanen durch die Simplicität des Plans und den kleinen

---

[1]Becasue we are concerned here with the works of authors who consciously wrote in the *Novelle* genre, it is not particularly germane to the discussion to include the various late medieval verse tales, such as Der Stricker's *Der künig im bade* or Konrad von Würzburg's *Keiser Otte mit dem barte* or *Herzemære*, and Baroque texts, including Harsdörffer's *Frauenzimmer-Gesprächspiele* (1641-49), Rist's *Monatsgespräche* (1663-68), or sections of Duke Anton Ulrich von Braunschweig's *Römische Octavia* (1677ff.), that might be termed *Novellen* on the basis of structure or content.

Umfang der Fabel unterscheiden, oder sich zu denselben verhalten wie die kleinen Schauspiele zu der großen Tragödie und Komödie.

(*Die Abenteuer des Don Sylvio von Rosalva*, [2]1772)

Wieland's own novella-cycle, *Das Hexameron von Rosenhain*, reveals in its very title its debt to Marguerite de Navarre and the classical tradition; one of the narrators, Herr M., reminds the company of aristocrats that narrate the six stories that the events they recount, no matter how unusual, must be possible in the real world:

> Bey einer Novelle, sagte er, werde vorausgesetzt, daß es sich ... in unserer wirklichen Welt begeben habe, wo alles natürlich und begreiflich zugeht, und die Begebenheiten zwar nicht *alltäglich* sind, aber sich doch, unter denselben Umständen, alle Tage allenthalben zutragen *könnten*. Es sey von einer Novelle nicht zu erwarten, daß sie (wenn auch alles übrige gleich wäre) den Zuhörern eben denselben Grad von Anmuthung und Vergnügen gewähren könnte, den man aus glücklich *gefundenen* oder sinnreich *erfundenen* und lebhaft erzählten Mährchen zu schöpfen pflegen. (*Das Hexameron von Rosenhain*, 1805)

Johann Wolfgang von Goethe (1749-1832), often (and not quite accurately) considered the "father" of the German novella, composed in the traditional form of the novella-cycle, in his *Unterhaltungen deutscher Ausgewanderten* (1795), and also inserted individual novellas into his novels, *Die Wahlverwandtschaften* (1809) and *Wilhelm Meisters Wanderjahre* (1821/1829); in fact, the former was originally planned as a novella to be told in the *Wanderjahre*. Although the various characters in the *Unterhaltungen* express themselves about the nature of the novella, Goethe's most famous pronouncement on the genre takes place in a conversation recounted by his secretary, Johann Peter Eckermann, as they discuss a title for a work that he would call simply "Novelle":

> "Wissen Sie was", sagte Goethe, "wir wollen es die Novelle nennen; denn was ist eine Novelle anders als eine sich ereignete unerhörte Begebenheit. Dies ist der eigentliche Begriff, und so vieles, was in Deutschland unter dem Titel Novelle geht, ist gar keine Novelle, sondern bloß Erzählung oder was Sie sonst wollen. In jenem ursprünglichen Sinne einer unerhörten Begebenheit kommt auch die Novelle in den Wahlverwandtschften vor." (J. P. Eckermann, *Gespräche mit Goethe*, January 25, 1827)

In many ways, Goethe's statement echoes Friedrich Schlegel's discussion of the original nature of the novella, which he based on a careful reading of Boccaccio; in an essay written a quarter century before Goethe's conversation, Schlegel notes similar key concepts, particularly "unbekannt" and "merkwürdig" (Goethe's "unerhört"); but where Goethe stresses relationship of the novella to history or reality ("eine sich ereignete ... Begebenheit"), Schlegel emphasizes that because a novella offers little room to establish an historical context, it therefore must rely upon either the subject matter, its "Begebenheit," or the manner of narration in order to command the interest of the audience. Especially important in Schlegel's definition is what one might call the "social" aspect of the novella, by which the personality of the narrator and the nature of the audience also become a theme in the text. This, of course, is especially true in the *Rahmenerzählung*, or "frame story," in which a character in the *Rahmen* becomes the narrator of a story within the story.

> Es ist die Novelle eine Anekdote, eine noch unbekannte Geschichte, so erzählt, wie man sie in Gesellschaft erzählen würde, eine Geschichte, die an und für sich schon einzeln interessiren [*sic*] können muß, ohne irgend auf den Zusammenhang der Nationen, oder der Zeiten, oder auch auf die Fortschritte der Menschheit und das Verhältniß zur Bildung derselben zu sehen. Eine Geschichte also, die streng genommen, nicht zur Geschichte gehört, und die Anlage zur Ironie schon in der Geburtsstunde auf die Welt bringt. Da sie interessiren soll, so muß sie in ihrer Form irgend etwas enthalten, was vielen merkwürdig oder lieb sein zu können verspricht.
>
> (F. Schlegel, *Nachricht von den poetischen Werken des Johannes Boccaccio*, 1801)

The Romantic poet Ludwig Tieck (1773-1853) found it important to attempt to distinguish the novella from the other short forms, like anecdotes and stories, and emphasizes that the novella must have a "turning point" into the unexpected.[1] This, of course, would bring the novella into a structural congruity with the classical drama, for which the turning point is a central element. Unlike Goethe, Tieck does not demand historical reality for his definition of the novella and usually eschews it in practice, preferring a narrative world without specific references to time and place, in which the supernatural lurks just below the surface of apparent reality. However, while he permits the novella a great variety of subject and tone, he insists that the turning point must be logical in the context of the narrative world, no matter how bizarre that world is:

> ... daß sie [die Novelle] einen großen oder kleinern Vorfall ins hellste Licht stelle, der, so leicht er sich ereignen kann, doch wunderbar, vielleicht einzig ist. Diese Wendung der Geschichte, dieser Punkt, von welchem aus sie sich unerwartet völlig umkehrt, und doch natürlich, dem Charakter und den Umständen angemessen, die Folge entwickelt, wird sich der Phantasie des Lesers um so fester einprägen, als die Sache, selbst im Wunderbaren, unter andern Umständen wieder alltäglich sein könnte. . . . Bizarr, eigensinnig, phantastisch, leicht witzig, geschwätzig und sich ganz in Darstellung auch von Nebensachen verlierend, tragisch wie komisch, tiefsinnig und neckisch, alle diese Farben und Charaktere läßt die echte Novelle zu, nur wird sie immer jenen sonderbaren auffallenden Wendepunkt haben, der sie von allen andern Gattungen der Erzählung unterscheidet.
>
> (*Schriften*, vol. 11, Vorbericht zur 3. Lieferung, 1829)

One should note here that some authors of novellas found Tieck's permissive attitude towards the supernatural and the bizarre ultimately destructive to the genre:

---

[1]In this, Tieck would seem to echo an observation made by August Wilhelm Schlegel, who cites in particular the suitability of novellas for dramatization: "So viel ist gewiß: die Novelle bedarf entscheidender Wendepunkte, so daß die Hauptmassen der Geschichte deutlich in die Augen fallen, und dieß Bedürfniß hat auch das Drama" (*Vorlesungen über schöne Litteratur und Kunst (1803-04)*, Dritter Teil, 242ff.). One should note, though, that Schlegel here speaks of "turning *points*" as narrative divisions, not a single structural moment.

In der Novelle dagegen vermag ich Dich [Tieck] nicht zu bewundern,
Diese reizende Form hast Du erweiternd zerstört.
(Friedrich Hebbel, "Tieck," *Neue Gedichte*, 1848)

Theodor Mundt (1808-1861), himself a novelist and professor of literature, in an attempt to distinguish the narrative of the novel from that of the novella postulated that the narrative line of the novel is a continuous straight line, whereas the novella's narrative line is circular: every aspect of the narration revolves around a central point. His central point is clearly a new way of formulating the concept represented by Tieck's "Wendepunkt," but has the distinct advantage of placing the events that transpire before the "Wendepunkt" in their proper relationship to it. Tieck had insisted that the turning point into the unexpected be logical in the context of the narrative world; Mundt's circle helps to visualize this structural principle. For Mundt, the structure of the novella is a closed form (unlike the novel) in which the end stands in a specific and definable relationship to its beginning:

So erscheint die Novelle . . . mehr einer Cirkellinie gleich, die in sich selbst zusammengeht, und die bestimmteste Beziehung auf ein gewisses Centrum hat, um dessenwillen sie da ist und ihren Lauf vollführt. . . . Sie strebt von ihrem Anfange an zu einem nothwendigen Schlusse hin, der aus dem Mittelpunkt des Stoffes organisch hervorgeht. . . .
(*Die Idee der Schönheit und des Kunstwerks im Lichte unserer Zeit*, 1845)

Paul Heyse (1830-1914), one of the nineteenth century's best-known theorists of the German novella — as well as a writer and anthologizer of them — sought to define the genre not in terms of length (compared to the novel) or subject matter, but of focus:

. . . so hat die Novelle in einem *einzigen* Kreise einen *einzelnen* Conflict, eine sittliche oder Schicksals-Idee oder ein entschieden abgegrenztes Charakterbild darzustellen und die Beziehungen der darin handelnden Menschen zu dem großen Ganzen des Weltlebens nur in andeutender Abbreviatur durchschimmern zu lassen. Die *Geschichte*, nicht die Zustände, das *Ereignis*, nicht die sich in ihm spiegelnde Weltanschauung, sind hier die Hauptsache. . . .
(*Deutscher Novellenschatz*, Einleitung, 1871)

In the same context, Heyse also contributed the so-called "falcon theory" to the discussion of the novella, which despite its lack of precision or even originality has come to enjoy wide familiarity among readers. Based upon a simple fable found in Boccaccio (see Appendix, p. 505), in which a knightly suitor offers his beloved his last possession — his falcon — to gain her love, Heyse suggests that each proper, that is, "good" novella must have a single, specific element that distinguishes it from all others and makes it unforgettable: its *Falke*:

Eine *starke Silhouette* — um . . . einen Ausdruck der Malersprache zu Hülfe zu nehmen — dürfte dem, was wir im eigentlichen Sinne *Novelle* nennen, nicht fehlen, ja wir glauben, die Probe auf die Trefflichkeit eines novellistischen Motivs werde in den meisten Fällen darin bestehen, ob der Versuch gelingt, den Inhalt in wenige Zeilen zusammenzufassen. . . .

Upon closer examination, the famous falcon-theory says little more than that a novella must have a specific and memorable subject matter; however, it is also true that most of the "great," and by that we mean enduringly popular, novellas do have just such a central image or symbol (what we would now term a *Ding-symbol*) that leaves an indelible impression in our memories. It is perhaps amusing to note that no less a great novellist than Theodor Storm, a close friend of Heyse, reveals himself to be unconvinced of the importance of a falcon in his novellas; as he states in a letter to another great novellist, Gottfried Keller, apropos his work on "Zur Chronik von Grieshuus": "... den Boccaccioschen Falken laß ich unbekümmert fliegen und verliere mich romantisch zwischen Wald und Heidekraut vergangner Zeiten" (13. September 1883).[1]

While Heyse suggests that the number of characters must be limited and the milieu of the novella must be narrowly circumscribed, Friedrich Spielhagen (1829-1911), the prolific author of eminently forgettable novels of social criticism, sought to clarify the type of character that is appropriate to the novella:

> ... die Novelle hat es mit fertigen Charakteren zu thun, die, durch eine besondere Verkettung der Umstände und Verhältnisse, in einen interessanten Konflikt gebracht werden, wodurch sie bezwungen sind, sich in ihrer allereigensten Natur zu offenbaren, also, daß der Konflikt ... gerade diesen, durch die Eigentümlichkeit der engagierten Charaktere bedingten und schlechterdings keinen anderen Ausgang nehmen kann und muß.
>
> ("Novelle oder Roman?" *Beiträge zur Theorie und Technik des Romans*, 1883)

To some extent this is an obvious result of the relative length of the novella and, as Schlegel has pointed out, the necessity of indicating the historical and cultural background of an entire narrative world with a few penstrokes: there is simply not enough time to show convincingly the development of a character. Therefore we must — at least usually — confront developed characters knowing nothing about their natures, which must be revealed to us in the course of the novella's action. Even when the action produces changes in a character, those changes are to be understood as having been implicit in the character's "personality" and merely brought to the surface through the central conflict in the novella.

Although other writers, both critics and practitioners of the genre, have made numerous contributions to the theory of the German novella, these can be understood as restatements or recombinations of the various elements discussed above. Any attempt to come up with a categorical definition of what a novella is can only result in failure; the tremendous variety in subject matter, scope, and narrative strategy is simply too great to permit a universally binding definition. One need only look at the number of sub-genres within the general classification — although there is no scholarly agreement on just what exactly these sub-genre categories are —to see why this is so: classical novella, verse novella, *Charakternovelle* (e. g., Grillparzer's "Der arme Spielmann"), *Diskussions-* or *Ideen-*

---

[1] Theodor Storm, *Briefe*, ed. Peter Goldammer, 2 vols. (Berlin: Aufbau, 1984) 2:282.

novelle, (Kleist's "Das Erdbeben in Chili"), *Erinnerungsnovelle, Künstlernovelle* ("Rat Krespel"), *Märchennovelle* (Tieck's "Der Runenberg"), *Schicksalsnovelle* (Droste's "Die Judenbuche"), *Stimmungsnovelle*, historical novella (Meyer's "Gustav Adolfs Page"), lyrical novella (Eichendorff's "Marmorbild"), psychological novella (Hauptmann's "Bahnwärter Thiel"), and sociological novella (Ebner-Eschenbach's "Er laßt die Hand küssen"), among others. Can any definition hope to encompass all this variety?

Nonetheless, scholars have attempted to make general statements that allow for such diversity as is found in the German novella. Such an overview of novella theory in the nineteenth century, and perhaps more applicable to the novellas of Poetic Realism than to those of other literary movements, was given by the British scholar E. K. Bennet[1]:

> The Novelle is an epic form and as such deals with events rather than actions; it restricts itself to a single event (or situation or conflict), laying the stress primarily upon the event and showing the effect of this event upon a person or group of persons; by its concentration upon a single event it tends to present it as chance ('Zufall') and it is its function to reveal that what is apparently chance, and may appear as such to the person concerned, is in reality fate. Thus the attitude of mind to the universe which it may be said to represent is an irrationalistic one. It must present some aspect of life (event, situation, conflict) which arouses interest by its strangeness, remoteness from everyday happenings, but at the same time its action must take place in the world of reality and not that of pure imagination. It depends for its effectiveness and its power to convince upon the severity and artistry of its form. Characteristic of its construction is a certain turning-point, at which the development of the narrative moves unexpectedly in a different direction from that which was anticipated, and arrives at a conclusion which surprises, but at the same time satisfies logically. It should deal with some definite and striking subject which marks it clearly and distinguishes it from every other Novelle. This striking element in the subject matter is frequently connected with a concrete object, which may in some Novellen acquire a certain inner symbolical significance. The effect of the impact of the event upon the person or group of persons is to reveal qualities which were latent and may have been unsuspectedly present in them, the event being used as the acid which separates and reveals the various qualities in the person or persons under investigation.
>
> By its very objectivity as a literary form it enables the poet to present subjective and lyrical moods indirectly and symbolically. It concerns itself with a small group of persons only, restricting itself to those who are immediately connected with the problem or situation with which it deals. Its origin and home are in a cultured society.

Similarly, the American scholar Harry Steinhauer[2] made a summary list of the various prescriptions that have been suggested by the same nineteenth century theorists:

[1]Edwin K. Bennet, *A History of the German* Novelle, 2nd ed. rev. by H. M. Waidson (1934; Cambridge: University Press, 1961), 18f.

[2]Harry Steinhauer, ed. and trans., *Twelve German Novellas* (Berkeley, Los Angeles, London: University of California Press, 1977), introduction, xix-xx.

1. The novella deals with one central event.
2. This event is extraordinary but falls short of the miraculous and supernatural. The novella is realistic, dealing with everyday life.
3. The novella depicts the intrusion of fate or an irrational force (some say chaos) into an ordered existence.
4. It treats events rather than character, which is the prerogative of the novel.
5. The novella treats fixed, not developing, characters; others claim that it shows character developing.
6. The novella should have a small cast of characters; according to some, one central character.
7. It should not deal with great historical figures but with the fate of ordinary people.
8. It should have a tight, compact structure, rejecting background and local color. Its diction should be plain, spare, taut.
9. The novella should have a turning point.
10. It relies heavily on symbolism, in this respect resembling poetry rather than the novel.
11. The novella should have a falcon. . . . This falcon is interpreted either as a concrete symbol for the theme of the story or as a clear and concise silhouette of the plot.
12. The narration should not be linear or chronological but dramatic, analytic: it should begin in the middle of the action and reveal prior events through a series of flashbacks. . . .

While it is certainly true — as Steinhauer himself readily acknowledges — that many of the greatest and most enduringly popular novellas violate at least one or even many of these "rules," they can still serve as a productive way of thinking about how an individual author approached the genre. The corpus of German *Novellen* is so rich and so varied that no series of rules or no elaborate definition can suffice to encompass its diversity. If one were to demand a succinct definition of the novella that includes all possible permutations, one might have to settle for the definition offered by Emil Staiger in a seminar at the University of Zürich in 1947: "Eine Novelle ist nichts anderes als eine Erzählung mittlerer Länge."[1] However, even the small number of novellas included in this volume demonstrates that the notion of "mittlere Länge" itself is insufficient to the task. For our purposes we have chosen to accept a much more reliable definition: if the author believes the work is a novella, it is a novella.

---

[1]Quoted by his student, Bernhard von Arx, *Novellistisches Dasein: Spielraum einer Gattung in der Goethezeit* (Zürich: Fluntern, 1953), 7.

Selected Bibliography on *Novellen*

Bennett, Edwin. K. *A History of the German Novelle*. 1934. 2nd. ed. rev. by Herbert M. Waidson. Cambridge: University Press, 1961.

Burger, Heinz Otto. "Theorie und Wissenschaft von der deutschen Novelle." *Der Deutschunterricht* 3 (1951): 82-98.

Dedert, Hartmut. "Von einer Theorie der Novelle: Die Erzählung im Spiegel der aufklärerischen Gattungsdiskussion." *Zeitschrift für deutsche Philologie* 112 (1993): 481-508.

Ellis, John M. "How Seriously Should We Take Goethe's Definition of the Novelle?" *Goethe Yearbook* 3 (1986): 121-23.

Erné, Nino (Giovanni B.). *Kunst der Novelle*. 1956. 2nd ed. Wiesbaden: Limes, 1961.

Henel, Heinrich E. K., forewords by Ingeborg C. Henel and Bettine H. Elliot. "Anfänge der deutschen Novelle." *Monatshefte* 77 (1985): 433-48.

Herbst, Hildburg. "Goethe — Vater der deutschen Novelle?" *Goethe im Kontext: Kunst und Humanität, Naturwissenschaft und Politik von der Aufklärung bis zur Restauration; Ein Symposium*. Ed. Wolfgang Wittkowski. Tübingen: Niemeyer, 1984. 244-55.

Himmel, Hellmuth. *Geschichte der deutschen Novelle*. Sammlung Dalp, 94. Bern: Francke, 1963.

Klein, Johannes. *Geschichte der deutschen Novelle von Goethe bis zur Gegenwart*. 1954. 4th rev. ed. Wiesbaden: F. Steiner, 1960.

——. "Novelle." *Reallexikon der deutschen Literaturgeschichte*. 4 vols. 2nd. ed. Berlin, 1963. 2: 685-701.

Koskimies, Rafael. "Die Theorie der Novelle." *Orbis Litterarum* 14 (1959): 65-88.

Kunz, Josef. "Geschichte der deutschen Novelle vom 18. Jahrhundert bis auf die Gegenwart." *Deutsche Philologie im Aufriß*. Ed. by Wolfgang Stammler et al. 4 vols. Berlin: E. Schmidt, [2]1957-69. 2: Sp. 1795-1896.

——, ed. *Novelle*. Wege der Forschung, 55. Darmstadt: Wissenschaftliche Buchgesellschaft, 1968.

Lockemann, Fritz. "Die Bedeutung des Rahmens in der deutschen Novellendichtung." *Wirkendes Wort* 6 (1955/56): 208-21.

——. *Gestalt und Wandlungen der deutschen Novelle: Geschichte einer literarischen Gattung im 19. und 20. Jahrhundert*. München: Hueber, 1957

Malmede, Hans Hermann. *Wege zur Novelle: Theorie und Interpretation der Gattung Novelle in der deutschen Literaturwissenschaft*. Stuttgart: Kohlhammer, 1966.

Pabst, Walter. *Novellentheorie und Novellendichtung: Zur Geschichte ihrer Antinomie in den romanischen Literaturen*. 1953. 2nd rev. ed. Heidelberg: Winter, 1967.

——. "Die Theorie der Novelle in Deutschland (1920-1940)." *Romanistisches Jahrbuch* 2 (1949): 81-124.

Paine, John H. E. *Theory and Criticism of the Novella*. Studien zur Germanistik, Anglistik und Komparatistik, 82. Bonn: Bouvier, 1979.

Remak, Henry H. H. "Goethe and the Novella." *Johann Wolfgang von Goethe: One Hundred and Fifty Years of Continuing Vitality*. Ed. by Ulrich Goebel and Wolodymyr T. Zyla. Lubbock: Texas Tech Press, 1984. 133-55.

Schunicht, Manfred. "Der 'Falke' am 'Wendepunkt.'" *Germanisch-Romanische Monatsschrift*, n. s. 10 (1960): 44-65.

Silz, Walter. *Realism and Reality: Studies in the German Novelle of Poetic Realism.* University of North Carolina Studies in the Germanic Languages and Literatures, 11. Chapel Hill: University of North Carolina Press, 1954.

Spitzer, Leo. "Das Gefüge einer cervantinischen Novelle." *Romanische Stil- und Literatur-Studien.* 2 vols. Kölner romanistische Arbeiten, 2. Marburg: Elwert, 1931. 2: 141-80.

Weing, Siegfried. "The Genesis of Goethe's Definition of the Novelle." *Journal of English and Germanic Philology* 81 (1982): 492-508.

——. *The German Novella: Two Centuries of Criticism.* Studies in German Literature, Linguistics and Culture. Columbia, SC: Camden House, 1994.

Wiese, Benno von. "Bild-Symbole in der deutschen Novelle." *Publications of the English Goethe Society* 24 (1955): 131-58.

——. *Novelle.* Sammlung Metzler, Realienbücher für Germanisten, 27. Stuttgart: Metzler, 1963.

——. "Vom Spielraum des novellistischen Erzählens." *Die deutsche Novelle von Goethe bis Kafka: Interpretationen.* 1956-62. 2 vols. Düsseldorf: A. Bagel, 1982. 2: 9-25.

——. "Wesen und Geschichte der deutschen Novelle seit Goethe." *Die deutsche Novelle von Goethe bis Kafka: Interpretationen.* 1956-62. 2 vols. Düsseldorf: A. Bagel, 1982. 1: 11-32.

Johann Wolfgang von Goethe

Goethe (1749-1832), arguably Germany's greatest writer, explained in a conversation with Eckermann, his private secretary, the theme of his newly completed "Novelle": "zu zeigen, wie das Unbändige, Unüberwindliche oft besser durch Liebe und Frömmigkeit als durch Gewalt bezwungen werde . . ." (January 18, 1827). This powerful spiritual message is, obviously, Christian in tone, but it is revealed through incidents that belong, however mystical their import, to the world of normal experience. This text was one of Goethe's own favorites, and he worked on it intermittently for nearly thirty years. He first discussed it with Schiller as an epic poem in

which the hunt was the central episode. Only later, as the work developed, did he reconceive it as a *Novelle*. In this his last prose work, Goethe summarizes his views on nature and society in a stylized form that gives the genre its most famous definition: "eine sich ereignete unerhörte Begebenheit" (to Eckermann, January 29, 1827).

Novelle

EIN DICHTER HERBSTNEBEL verhüllte noch in der Frühe die weiten Räume des fürstlichen Schloßhofes, als man schon mehr oder weniger durch den sich lichtenden Schleier die ganze Jägerei[1] zu Pferde und zu Fuß durcheinander bewegt sah. Die eiligen Beschäftigungen der Nächsten ließen sich erken-
5 nen: man verlängerte, man verkürzte die Steigbügel, man reichte sich Büchse und Patrontäschchen[2], man schob die Dachsranzen[3] zurecht, indes die Hunde ungeduldig am Riemen den Zurückhaltenden mit fortzuschleppen drohten. Auch hie und

---

[1]'hunting party'   [2]'rifles and cartridge cases'   [3]knapsacks made of badger pelt

1

da gebärdete ein Pferd sich mutiger, von feuriger Natur getrieben oder von dem Sporn des Reiters angeregt, der selbst hier in der Halbhelle eine gewisse Eitelkeit, sich zu zeigen[1], nicht verleugnen konnte. Alle jedoch warteten auf den Fürsten, der, von seiner jungen Gemahlin Abschied nehmend, allzulange zauderte.

5   Erst vor kurzer Zeit zusammengetraut, empfanden sie schon das Glück übereinstimmender Gemüter; beide waren von tätig lebhaftem Charakter, eines nahm gern an des andern Neigungen und Bestrebungen Anteil. Des Fürsten Vater hatte noch den Zeitpunkt[2] erlebt und genutzt, wo es deutlich wurde, daß alle Staatsglieder in gleicher Betriebsamkeit ihre Tage zubringen, in gleichem Wirken und
10 Schaffen jeder nach seiner Art erst gewinnen und dann genießen sollte.

    Wie sehr dieses gelungen war, ließ sich in diesen Tagen gewahr werden, als eben der Hauptmarkt sich versammelte, den man gar wohl eine Messe nennen konnte. Der Fürst hatte seine Gemahlin gestern durch das Gewimmel der aufgehäuften Waren zu Pferde geführt und sie bemerken lassen, wie gerade hier das
15 Gebirgsland mit dem flachen Lande einen glücklichen Umtausch treffe; er wußte sie an Ort und Stelle auf die Betriebsamkeit seines Länderkreises aufmerksam zu machen.

    Wenn sich nun der Fürst fast ausschließlich in diesen Tagen mit den Seinigen über diese zudringenden Gegenstände unterhielt, auch besonders mit dem Finanz-
20 minister anhaltend arbeitete, so behielt doch auch der Landjägermeister[3] sein Recht, auf dessen Vorstellung[4] es unmöglich war, der Versuchung zu widerstehen, an diesen günstigen Herbsttagen eine schon verschobene Jagd zu unternehmen, sich selbst und den vielen angekommenen Fremden ein eignes und seltnes Fest zu eröffnen.

25   Die Fürstin blieb ungern zurück; man hatte sich vorgenommen, weit in das Gebirg hineinzudringen, um die friedlichen Bewohner[5] der dortigen Wälder durch einen unerwarteten Kriegszug zu beunruhigen.

    Scheidend versäumte der Gemahl nicht, einen Spazierritt vorzuschlagen, den sie im Geleit Friedrichs, des fürstlichen Oheims, unternehmen sollte. „Auch lasse
30 ich", sagte er, „dir unsern Honorio als Stall- und Hofjunker[6], der für alles sorgen wird." Und im Gefolg dieser Worte gab er im Hinabsteigen[7] einem wohlgebildeten jungen Mann die nötigen Aufträge, verschwand sodann bald mit Gästen und Gefolge.

    Die Fürstin, die ihrem Gemahl noch in den Schloßhof hinab mit dem
35 Schnupftuch nachgewinkt hatte, begab sich in die hintern Zimmer, welche nach dem Gebirg eine freie Aussicht ließen, die um desto schöner war, als das Schloß selbst von dem Flusse herauf in einiger Höhe stand und so vor- als hinterwärts

---

[1]'vanity in showing off'   [2]i. e., the French Revolution; *gleich* recalls the revolutionary slogan: *liberté, égalité* [Ger: *Gleichheit*], *fraternité*   [3]'chief huntsman' (an appointed office)   [4]'according to whose advice (idea)'   [5]i. e., the game   [6]nobleman in charge of the stables and princely establishment   [7]'in riding down (from the castle)'

mannigfaltige bedeutende[1] Ansichten gewährte. Sie fand das treffliche Teleskop noch in der Stellung, wo man es gestern abend gelassen hatte, als man, über Busch, Berg und Waldgipfel die hohen Ruinen der uralten Stammburg[2] betrachtend, sich unterhielt, die[3] in der Abendbeleuchtung merkwürdig hervortraten, indem alsdann
5 die größten Licht- und Schattenmassen den deutlichsten Begriff von einem so ansehnlichen Denkmal alter Zeit verleihen konnten. Auch zeigte sich heute früh durch die annähernden[4] Gläser recht auffallend die herbstliche Färbung jener mannigfaltigen Baumarten, die zwischen dem Gemäuer ungehindert und ungestört durch lange Jahre emporstrebten. Die schöne Dame richtete jedoch das Fernrohr
10 etwas tiefer nach einer öden, steinigen Fläche, über welche der Jagdzug weggehen mußte. Sie erharrte den Augenblick mit Geduld und betrog sich nicht, denn bei der Klarheit und Vergrößerungsfähigkeit des Instruments erkannten ihre glänzenden Augen deutlich den Fürsten und den Oberstallmeister[5]; ja sie enthielt sich nicht, abermals mit dem Schnupftuche zu winken, als sie ein augenblickliches
15 Stillhalten und Rückblicken mehr vermutete als gewahr ward.

Fürst Oheim, Friedrich mit Namen, trat sodann, angemeldet, mit seinem Zeichner[6] herein, der ein großes Portefeuille unter dem Arm trug. „Liebe Cousine," sagte der alte, rüstige Herr, „hier legen wir die Ansichten der Stammburg vor, gezeichnet, um von verschiedenen Seiten anschaulich zu machen, wie der mächtige
20 Trutz- und Schutzbau[7] von alten Zeiten her dem Jahr und seiner Witterung sich entgegenstemmte und wie doch hie und da sein Gemäuer weichen, da und dort in wüste Ruinen zusammenstürzen mußte. Nun haben wir manches getan, um diese Wildnis zugänglicher zu machen, denn mehr bedarf es nicht, um jeden Wanderer, jeden Besuchenden in Erstaunen zu setzen, zu entzücken."
25 Indem nun der Fürst die einzelnen Blätter[8] deutete, sprach er weiter: „Hier, wo man, den Hohlweg durch die äußern Ringmauern heraufkommend, vor die eigentliche Burg gelangt, steigt uns ein Felsen entgegen von den festesten des ganzen Gebirgs; hierauf nun steht gemauert ein Turm, doch niemand wüßte zu sagen[9], wo die Natur aufhört, Kunst und Handwerk aber anfangen. Ferner sieht man seit-
30 wärts Mauern angeschlossen[10] und Zwinger[11] terrassenmäßig herab sich erstrekkend. Doch ich sage nicht recht, denn es ist eigentlich ein Wald, der diesen uralten Gipfel umgibt. Seit hundertundfünfzig Jahren hat keine Axt hier geklungen, und überall sind die mächtigsten Stämme emporgewachsen. Wo Ihr Euch an den Mauern andrängt, stellt sich der glatte Ahorn, die rauhe Eiche, die schlanke Fichte mit
35 Schaft und Wurzeln entgegen; um diese müssen wir uns herumschlängeln und unsere Fußpfade verständig führen. Seht nur, wie trefflich unser Meister[12] dies Charakteristische auf dem Papier ausgedrückt hat, wie kenntlich die verschiedenen

---

[1]'impressive' [2]'ancestral seat (castle)' [3]refers to *Ruinen* [4]i. e., magnifying [5]'master of horses' [6]'draftsman' [7]'edifice for defense ("defiance") and protection' [8]i. e., drawings [9]'would be able to say' [10]'adjoining' [11]'narrow passages between outer walls and main building' [12]i. e., the draftsman

Stamm- und Wurzelarten zwischen das Mauerwerk verflochten und die mächtigen
Äste durch die Lücken durchgeschlungen sind! Es ist eine Wildnis wie keine, ein
zufällig einziges Lokal[1], wo die alten Spuren längst verschwundener Menschen-
kraft mit der ewig lebenden und fortwirkenden Natur sich in dem ernstesten Streit
5 erblicken lassen. "

Ein anderes Blatt aber vorlegend, fuhr er fort: „Was sagt Ihr nun zum Schloß-
hofe, der, durch das Zusammenstürzen des alten Torturmes unzugänglich, seit
undenklichen Jahren von niemand betreten ward? Wir suchten ihm von der Seite
beizukommen, haben Mauern durchbrochen, Gewölbe gesprengt und so einen
10 bequemen, aber geheimen Weg bereitet. Inwendig bedurft es keines Aufräumens,
hier findet sich ein flacher Felsgipfel von der Natur geplättet, aber doch haben
mächtige Bäume hie und da zu wurzeln Glück und Gelegenheit gefunden; sie sind
sachte, aber entschieden aufgewachsen, nun erstrecken sie ihre Äste bis in die
Galerien hinein, auf denen der Ritter sonst auf und ab schritt, ja durch Türen
15 durch und Fenster in die gewölbten Säle, aus denen wir sie nicht vertreiben wollen;
sie sind eben Herr geworden und mögens bleiben. Tiefe Blätterschichten wegräu-
mend, haben wir den merkwürdigsten Platz geebnet gefunden, dessengleichen in
der Welt vielleicht nicht wieder zu sehen ist.

Nach allem diesem aber ist es immer noch bemerkenswert und an Ort und
20 Stelle zu beschauen, daß auf den Stufen, die in den Hauptturm hinaufführen, ein
Ahorn Wurzel geschlagen und sich zu einem so tüchtigen Baume gebildet hat, daß
man nur mit Not daran vorbeidringen kann, um die Zinne, der unbegrenzten Aussicht wegen[2], zu besteigen. Aber auch hier verweilt man bequem im Schatten, denn
dieser Baum ist es, der sich über das Ganze wunderbar hoch in die Luft hebt.

25 Danken wir also dem wackern Künstler, der uns so löblich in verschiedenen
Bildern von allem überzeugt, als wenn wir gegenwärtig wären; er hat die schönsten
Stunden des Tages und der Jahreszeit dazu angewendet und sich wochenlang um
diese Gegenstände herumbewegt. In dieser Ecke ist für ihn und den Wächter, den
wir ihm zugegeben[3], eine kleine, angenehme Wohnung eingerichtet. Sie sollten
30 nicht glauben, meine Beste, welch eine schöne Aus- und Ansicht er ins Land, in
Hof und Gemäuer sich dort bereitet hat! Nun aber, da alles so rein und charak-
teristisch[4] umrissen ist, wird er es hier unten mit Bequemlichkeit ausführen. Wir
wollen mit diesen Bildern unsern Gartensaal zieren, und niemand soll über unsere
regelmäßigen Parterre, Lauben und schattigen Gänge seine Augen spielen lassen,
35 der nicht wünschte, dort oben in dem wirklichen Anschauen des Alten und Neuen,
des Starren, Unnachgiebigen, Unzerstörlichen und des Frischen, Schmiegsamen,
Unwiderstehlichen seine Betrachtungen anzustellen."

---

[1]'a place that happens to be unique'   [2]'for the sake of the limitless view'   [3]'whom we
assigned to him'   [4]'life-like'

Honorio trat ein und meldete, die Pferde seien vorgeführt; da sagte die Fürstin, zum Oheim gewendet: „Reiten wir hinauf, und lassen Sie mich in der Wirklichkeit sehen, was Sie mir hier im Bilde zeigten! Seit ich hier bin, hör ich von diesem Unternehmen und werde jetzt erst recht verlangend, mit Augen zu sehen, was
5 mir in der Erzählung unmöglich schien und in der Nachbildung unwahrscheinlich bleibt." — „Noch nicht, meine Liebe," versetzte der Fürst; „was Sie hier sahen, ist, was es werden kann und wird; jetzt stockt noch manches, die Kunst muß erst vollenden, wenn sie sich vor der Natur nicht schämen soll." — „Und so reiten wir wenigstens hinaufwärts, und wär es nur bis an den Fuß; ich habe große Lust, mich
10 heute weit in der Welt umzusehen." — „Ganz nach Ihrem Willen", versetzte der Fürst. — „Lassen Sie uns aber durch die Stadt reiten," fuhr die Dame fort, „über den großen Marktplatz, wo eine zahllose Menge von Buden die Gestalt einer kleinen Stadt, eines Feldlagers angenommen hat. Es ist, als wären die Bedürfnisse und Beschäftigungen sämtlicher Familien des Landes umher nach außen gekehrt, in
15 diesem Mittelpunkt versammelt, an das Tageslicht gebracht worden, denn hier sieht der aufmerksame Beobachter alles, was der Mensch leistet und bedarf; man bildet sich einen Augenblick ein, es sei kein Geld nötig, jedes Geschäft könne hier durch Tausch abgetan werden, und so ist es auch im Grunde. Seitdem der Fürst gestern mir Anlaß zu diesen Übersichten gegeben, ist es mir gar angenehm zu
20 denken, wie hier, wo Gebirg und flaches Land aneinandergrenzen, beide so deutlich aussprechen, was sie brauchen und was sie wünschen. Wie nun der Hochländer das Holz seiner Wälder in hundert Formen umzubilden weiß, das Eisen zu einem jeden Gebrauch zu vermannigfaltigen, so kommen jene drüben mit den vielfältigsten Waren ihm entgegen, an denen man den Stoff kaum unterscheiden und
25 den Zweck oft nicht erkennen mag."

„Ich weiß," versetzte der Fürst, „daß mein Neffe hierauf die größte Aufmerksamkeit wendet, denn gerade zu dieser Jahreszeit kommt es hauptsächlich darauf an, daß man mehr empfange als gebe; dies zu bewirken, ist am Ende die Summe des ganzen Staatshaushaltes[1] so wie der kleinsten häuslichen Wirtschaft. Verzeihen Sie
30 aber, meine Beste, ich reite niemals gern durch den Markt und Messe, bei jedem Schritt ist man gehindert und aufgehalten, und dann flammt mir das ungeheure Unglück wieder in die Einbildungskraft, das sich mir gleichsam in die Augen eingebrannt, als ich eine solche Güter- und Warenbreite in Feuer aufgehen sah. Ich hatte mich kaum — "

35 „Lassen Sie uns die schönen Stunden nicht versäumen!" fiel ihm die Fürstin ein, da der würdige Mann sie schon einigemal mit ausführlicher Beschreibung jenes Unheils geängstigt hatte, wie er sich nämlich, auf einer großen Reise begriffen, abends im besten Wirtshause auf dem Markte, der eben von einer Hauptmesse

---

[1] 'state economy'

wimmelte, höchst ermüdet zu Bette gelegt und nachts durch Geschrei und Flammen, die sich gegen seine Wohnung wälzten, gräßlich aufgeweckt worden. Die Fürstin eilte, das Lieblingspferd zu besteigen, und führte, statt zum Hintertore bergauf, zum Vordertore bergunter ihren widerwillig bereiten Begleiter;

5 denn wer wäre nicht gern an ihrer Seite geritten, wer wäre ihr nicht gern gefolgt! Und so war auch Honorio von der sonst so ersehnten Jagd willig zurück geblieben, um ihr ausschließlich dienstbar zu sein.

Wie vorauszusehen, durften sie auf dem Markte nur Schritt vor Schritt reiten; aber die schöne Liebenswürdige[1] erheiterte jeden Aufenthalt durch eine geistreiche

10 Bemerkung. „Ich wiederhole", sagte sie, „meine gestrige Lektion,[2] da denn doch die Notwendigkeit unsere Geduld prüfen will." Und wirklich drängte sich die ganze Menschenmasse dergestalt an die Reitenden heran, daß sie ihren Weg nur langsam fortsetzen konnten. Das Volk schaute mit Freuden die junge Dame, und auf so viel lächelnden Gesichtern zeigte sich das entschiedene Behagen, zu sehen,

15 daß die erste Frau im Lande auch die schönste und anmutigste sei.

Untereinander gemischt standen Bergbewohner, die zwischen Felsen, Fichten und Föhren ihre stillen Wohnsitze hegten, Flachländer von Hügeln, Auen und Wiesen her, Gewerbsleute der kleinen Städte, und was sich alles versammelt hatte. Nach einem ruhigen Überblick bemerkte die Fürstin ihrem Begleiter, wie alle

20 diese, woher sie auch seien, mehr Stoff als nötig zu ihren Kleidern genommen, mehr Tuch und Leinwand, mehr Band zum Besatz. „Ist es doch, als ob die Weiber nicht brauschig[3] und die Männer nicht pausig[4] genug sich gefallen könnten!"

„Wir wollen ihnen das ja lassen," versetzte der Oheim; wo auch der Mensch seinen Überfluß hinwendet, ihm ist wohl dabei, am wohlsten, wenn er sich damit

25 schmückt und aufputzt." Die schöne Dame winkte Beifall.

So waren sie nach und nach auf einen freiern Platz gelangt, der zur Vorstadt hinführte, wo am Ende vieler kleiner Buden und Kramstände[5] ein größeres Brettergebäude in die Augen fiel, das sie kaum erblickten, als ein ohrzerreißendes Gebrülle ihnen entgegentönte. Die Fütterungsstunde der dort zur Schau stehenden

30 wilden Tiere schien herangekommen, der Löwe ließ seine Wald- und Wüstenstimme aufs kräftigste hören, die Pferde schauderten, und man konnte der Bemerkung nicht entgehen, wie in dem friedlichen Wesen und Wirken der gebildeten Welt der König der Einöde sich so furchtbar verkündige. Zur Bude näher gelangt, durften sie die bunten, kolossalen Gemälde nicht übersehen, die mit heftigen Far-

35 ben und kräftigen Bildern jene fremden Tiere darstellten, welche der friedliche Staatsbürger zu schauen unüberwindliche Lust empfinden sollte. Der grimmig ungeheure Tiger sprang auf einen Mohren los, im Begriff ihn zu zerreißen, ein Löwe stand ernsthaft majestätisch, als wenn er keine Beute seiner würdig vor sich

---

[1]i. e., *die Fürstin* [2]'I am repeating yesterday's lesson' [3]'bumpy,' 'puffed out' [4]'chubby' [5]'small item stands'

sähe; andere wunderliche, bunte Geschöpfe verdienten neben diesen mächtigen weniger Aufmerksamkeit.

„Wir wollen", sagte die Fürstin, „bei unserer Rückkehr doch absteigen und die seltenen Gäste näher betrachten!" — „Es ist wunderbar," versetzte der Fürst, „daß 5 der Mensch durch Schreckliches immer aufgeregt sein will. Drinnen liegt der Tiger ganz ruhig in seinem Kerker, und hier muß er grimmig auf einen Mohren losfahren, damit man glaube, dergleichen inwendig ebenfalls zu sehen; es ist an Mord und Totschlag noch nicht genug, an Brand und Untergang: die Bänkelsänger müssen es an jeder Ecke wiederholen. Die guten Menschen wollen einge-
10 schüchtert sein, um hinterdrein erst recht zu fühlen, wie schön und löblich es sei, frei Atem zu holen."

Was denn aber auch Bängliches von solchen Schreckensbildern mochte übriggeblieben sein, alles und jedes war sogleich ausgelöscht, als man, zum Tore hinausgelangt, in die heiterste Gegend eintrat. Der Weg führte zuerst am Flusse hinan,
15 an einem zwar noch schmalen, nur leichte Kähne tragenden Wasser, das aber nach und nach als größter Strom seinen Namen behalten und ferne Länder beleben sollte. Dann ging es weiter durch wohlversorgte Frucht- und Lustgärten sachte hinaufwärts, und man sah sich nach und nach in der aufgetanen[1], wohlbewohnten Gegend um, bis erst ein Busch, sodann ein Wäldchen die Gesellschaft aufnahm
20 und die anmutigsten Örtlichkeiten ihren Blick begrenzten und erquickten. Ein aufwärts leitendes Wiesental[2], erst vor kurzem zum zweiten Male gemäht, sammetähnlich[3] anzusehen, von einer oberwärts lebhaft auf einmal reich entspringenden Quelle gewässert, empfing sie freundlich, und so zogen sie einem höheren, freieren Standpunkt entgegen, den sie, aus dem Walde sich bewegend, nach einem
25 lebhaften Stieg[4] erreichten, alsdann aber vor sich noch in bedeutender Entfernung über neuen Baumgruppen das alte Schloß, den Zielpunkt ihrer Wallfahrt, als Fels- und Waldgipfel hervorragen sahen. Rückwärts aber — denn niemals gelangte man hierher, ohne sich umzukehren — erblickten sie durch zufällige Lücken der hohen Bäume das fürstliche Schloß links, von der Morgensonne beleuchtet, den wohlge-
30 bauten höhern Teil der Stadt, von leichten Rauchwolken gedämpft, und so fort nach der Rechten zu die untere Stadt, den Fluß in einigen Krümmungen mit seinen Wiesen und Mühlen, gegenüber eine weite nahrhafte Gegend.

Nachdem sie sich an dem Anblick ersättigt oder vielmehr, wie es uns bei dem Umblick auf so hoher Stelle zu geschehen pflegt, erst recht verlangend geworden
35 nach einer weitern, weniger begrenzten Aussicht, ritten sie eine steinige, breite Fläche hinan, wo ihnen die mächtige Ruine als ein grüngekrönter Gipfel entgegenstand, wenig alte Bäume tief unten um seinen Fuß; sie ritten hindurch, und so fanden sie sich gerade vor der steilsten, unzugänglichsten Seite. Mächtige Felsen standen von Urzeiten her, jedem Wechsel unangetastet[5], fest, wohlgegründet

---

[1]'open' [2]'meadowland' [3]'velvet-like' [4]'ascent' [5]'impervious to every change'

voran, und so türmte sich aufwärts; das dazwischen Herabgestürzte lag in mächtigen Platten und Trümmern unregelmäßig übereinander und schien dem Kühn-
sten jeden Angriff zu verbieten. Aber das Steile, Jähe scheint der Jugend zuzu-
sagen; dies zu unternehmen, zu erstürmen, zu erobern, ist jungen Gliedern ein
5 Genuß. Die Fürstin bezeigte Neigung zu einem Versuch, Honorio war bei der
Hand, der fürstliche Oheim, wenn schon bequemer, ließ sich gefallen und wollte
sich doch auch nicht unkräftig zeigen; die Pferde sollten am Fuß unter den Bäumen halten, und man wollte bis zu einem gewissen Punkte gelangen, wo ein vor-
stehender mächtiger Fels einen Flächenraum darbot, von wo man eine Aussicht
10 hatte, die zwar schon in den Blick des Vogels überging[1], aber sich doch noch malerisch genug hintereinander schob.

Die Sonne, beinahe auf ihrer höchsten Stelle, verlieh die klarste Beleuchtung;
das fürstliche Schloß mit seinen Teilen, Hauptgebäuden, Flügeln, Kuppeln und
Türmen erschien gar stattlich, die obere Stadt in ihrer völligen Ausdehnung; auch
15 in die untere konnte man bequem hineinsehen, ja durch das Fernrohr auf dem
Markte sogar die Buden[2] unterscheiden. Honorio war immer gewohnt, ein so för-
derliches Werkzeug überzuschnallen; man schaute den Fluß hinauf und hinab,
diesseits das bergartig terrassenweis unterbrochene, jenseits das aufgleitende flache
und in mäßigen Hügeln abwechselnde fruchtbare Land, Ortschaften[3] unzählige;
20 denn es war längst herkömmlich, über die Zahl zu streiten, wieviel man deren von
hier oben gewahr werde.

Über die große Weite lag eine heitere Stille, wie es am Mittag zu sein pflegt,
wo die Alten sagten, Pan[4] schlafe und alle Natur halte den Atem an, um ihn nicht
aufzuwecken.

25 „Es ist nicht das erstemal,“ sagte die Fürstin, „daß ich auf so hoher, weitum-
schauender Stelle die Betrachtung mache, wie doch die klare Natur so reinlich und
friedlich aussieht und den Eindruck verleiht, als wenn gar nichts Widerwärtiges in
der Welt sein könne, und wenn man denn wieder in die Menschenwohnung
zurückkehrt, sie sei hoch oder niedrig, weit oder eng, so gibt's immer etwas zu
30 kämpfen, zu streiten, zu schlichten und zurechtzulegen.“

Honorio, der indessen durch das Sehrohr nach der Stadt geschaut hatte, rief:
„Seht hin! seht hin! auf dem Markte fängt es an zu brennen!“ Sie sahen hin und
bemerkten wenigen Rauch; die Flamme dämpfte der Tag.[5] „Das Feuer greift weiter
um sich!“ rief man[6], immer durch die Gläser schauend; auch wurde das Unheil den
35 guten, unbewaffneten Augen der Fürstin bemerklich. Von Zeit zu Zeit erkannte
man eine rote Flammenglut, der Dampf stieg empor, und Fürst Oheim sprach:
„Laßt uns zurückkehren! Das ist nicht gut! Ich fürchtete immer, das Unglück zum

---

[1]'merged into a birds-eye view' [2]=*sogar die Buden auf dem Markt* [3]=*Dörfer* [4]Greek
goat-legged god of shepherds and flocks; cf. "Pan's hour," the faunal noon [5]i. e., the
noonday light made the flame hard to see [6]i. e., Honorio

zweiten Male zu erleben." Als sie, herabgekommen, den Pferden wieder zugingen, sagte die Fürstin zu dem alten Herrn: „Reiten Sie hinein, eilig, aber nicht ohne den Reitknecht! Lassen Sie mir Honorio! Wir folgen sogleich." Der Oheim fühlte das Vernünftige, ja das Notwendige dieser Worte und ritt, so eilig als der Boden
5   erlaubte, den wüsten, steinigen Hang hinunter.

Als die Fürstin aufsaß, sagte Honorio: „Reiten Euer Durchlaucht, ich bitte, langsam![1] In der Stadt wie auf dem Schloß sind die Feueranstalten in bester Ordnung, man wird sich durch einen so unerwartet außerordentlichen Fall nicht irre machen lassen. Hier aber ist ein böser Boden, kleine Steine und kurzes Gras,
10 schnelles Reiten ist unsicher; ohnehin, bis wir hineinkommen, wird das Feuer schon nieder sein." Die Fürstin glaubte nicht daran; sie sah den Rauch sich verbreiten, sie glaubte einen aufflammenden Blitz gesehen, einen Schlag gehört zu haben, und nun bewegten sich in ihrer Einbildungskraft alle die Schreckbilder, welche des trefflichen Oheims wiederholte Erzählung von dem erlebten Jahrmarktsbrande
15 leider nur zu tief eingesenkt hatte.

Fürchterlich wohl war jener Fall[2], überraschend und eindringlich genug, um zeitlebens eine Ahnung und Vorstellung wiederkehrenden Unglücks ängstlich zurückzulassen, als zur Nachtzeit auf dem großen, budenreichen Marktraum ein plötzlicher Brand Laden auf Laden ergriffen hatte, ehe noch die in und an diesen
20 leichten Hütten Schlafenden aus tiefen Träumen geschüttelt wurden, der Fürst selbst als ein ermüdet angelangter, erst eingeschlafener Fremder ans Fenster sprang, alles fürchterlich erleuchtet sah, Flamme nach Flamme, rechts und links sich überspringend, ihm entgegenzüngelte. Die Häuser des Marktes, vom Widerschein gerötet, schienen schon zu glühen, drohend sich jeden Augenblick zu ent-
25 zünden und in Flammen aufzuschlagen; unten wütete das Element unaufhaltsam, die Bretter prasselten, die Latten knackten, Leinwand flog auf, und ihre düstern, an den Enden flammend ausgezackten Fetzen trieben in der Höhe sich umher, als wenn die bösen Geister in ihrem Elemente, um und um gestaltet, sich mutwillig tanzend verzehren und da und dort aus den Gluten wieder auftauchen wollten.
30 Dann aber mit kreischendem Geheul rettete jeder, was zur Hand lag; Diener und Knechte mit den Herren bemühten sich, von Flammen ergriffene Ballen[3] fortzuschleppen, von dem brennenden Gestell noch einiges wegzureißen, um es in die Kiste zu packen, die sie denn doch zuletzt den eilenden Flammen zum Raube lassen mußten. Wie mancher wünschte nur einen Augenblick Stillstand dem heran
35 prasselnden Feuer, nach der Möglichkeit einer Besinnung sich umsehend, und er war mit aller seiner Habe schon ergriffen; an der einen Seite brannte, glühte schon, was an der andern noch in finsterer Nacht stand. Hartnäckige Charaktere, willensstarke Menschen widersetzten sich grimmig dem grimmigen Feinde und ret-

---

[1] =*Ich bitte Euer Durchlaucht* (Your Highness) *langsam zu reiten!*   [2] i. e., the conflagration the uncle referred to (which is now rehearsed in detail)   [3] 'bales of goods'

teten manches mit Verlust ihrer Augenbraunen und Haare. Leider nun erneuerte
sich vor dem schönen Geiste[1] der Fürstin der wüste Wirrwarr, nun schien der heitere morgendliche Gesichtskreis umnebelt, ihre Augen verdüstert; Wald und Wiese hatten einen wunderbaren, bänglichen Anschein.

5   In das friedliche Tal einreitend, seiner labenden[2] Kühle nicht achtend, waren
sie kaum einige Schritte von der lebhaften Quelle des nahen fließenden Baches
herab, als die Fürstin ganz unten im Gebüsche des Wiesentals etwas Seltsames
erblickte, das sie alsobald für den Tiger erkannte; heranspringend, wie sie ihn vor
kurzem gemalt gesehen, kam er entgegen, und dieses Bild zu den furchtbaren Bil-
10   dern[3], die sie soeben beschäftigten, machte den wundersamsten Eindruck. „Flieht!
gnädige Frau," rief Honorio, „flieht!" Sie wandte das Pferd um, dem steilen Berg
zu, wo sie herabgekommen waren. Der Jüngling aber, dem Untier entgegen, zog
die Pistole und schoß, als er sich nahe genug glaubte. Leider jedoch war gefehlt;
der Tiger sprang seitwärts, das Pferd stutzte, das ergrimmte Tier aber verfolgte sei-
15   nen Weg aufwärts, unmittelbar der Fürstin nach. Sie sprengte, was das Pferd vermochte, die steile, steinige Strecke hinan, kaum fürchtend, daß ein zartes Geschöpf, solcher Anstrengung ungewohnt, sie[4] nicht aushalten werde. Es übernahm
sich, von der bedrängten Reiterin angeregt, stieß am kleinen Gerölle des Hanges
an und wieder an und stürzte zuletzt nach heftigem Bestreben kraftlos zu Boden.
20   Die schöne Dame, entschlossen und gewandt, verfehlte nicht, sich strack auf ihre
Füße zu stellen, auch das Pferd richtete sich auf, aber der Tiger nahte schon,
obgleich nicht mit heftiger Schnelle; der ungleiche Boden, die scharfen Steine
schienen seinen Antrieb zu hindern, und nur daß Honorio unmittelbar hinter ihm
herflog, neben ihm gemäßigt heraufritt,[5] schien seine Kraft aufs neue anzuspornen
25   und zu reizen. Beide Renner erreichten zugleich den Ort, wo die Fürstin am Pferde
stand; der Ritter beugte sich herab, schoß und traf mit der zweiten Pistole das
Ungeheuer durch den Kopf, daß es sogleich niederstürzte und ausgestreckt in
seiner Länge erst recht die Macht und Furchtbarkeit sehen ließ, von der nur noch
das Körperliche übriggeblieben dalag. Honorio war vom Pferde gesprungen und
30   kniete schon auf dem Tiere, dämpfte seine letzten Bewegungen und hielt den
gezogenen Hirschfänger[6] in der rechten Hand. Der Jüngling war schön, er war
herangesprengt, wie ihn die Fürstin oft im Lanzen- und Ringelspiel[7] gesehen hatte. Ebenso traf in der Reitbahn seine Kugel im Vorbeisprengen den Türkenkopf
auf dem Pfahl gerade unter dem Turban in die Stirne, ebenso spießte er, flüchtig

---

[1]*belle-âme* 'clear, reflective soul/spirit'   [2]'refreshing'   [3]i. e., the terrifying images of the
fire on the market place which had been occupying her mind   [4]=*die Anstrengung*   [5]'slow-
ing down rode up along beside him'   [6]'hunting knife'   [7]'riding at rings with a lance,' a
knightly sport, as were the shooting from a galloping horse at a wooden Turk's head
painted on a post and the picking up of an imitation Moor's head from the ground with
a sabre (in the next sentence)

heransprengend, mit dem blanken Säbel das Mohrenhaupt vom Boden auf. In allen solchen Künsten war er gewandt und glücklich, hier kam beides zustatten.

„Gebt ihm den Rest," sagte die Fürstin; „ich fürchte, er beschädigt Euch noch mit den Krallen." — „Verzeiht!" erwiderte der Jüngling, „er ist schon tot genug,
5 und ich mag das Fell nicht verderben, das nächsten Winter auf Eurem Schlitten glänzen soll." — „Frevelt nicht!" sagte die Fürstin; „alles, was von Frömmigkeit im tiefen Herzen wohnt, entfaltet sich in solchem Augenblick." — „Auch ich", rief Honorio, „war nie frömmer als jetzt eben; deshalb aber denk ich ans Freudigste; ich blicke dieses Fell nur an, wie es Euch zur Lust begleiten kann." — „Es würde
10 mich immer an diesen schrecklichen Augenblick erinnern." versetzte sie. „Ist es doch", erwiderte der Jüngling mit glühender Wange, „ein unschuldigeres Triumphzeichen, als wenn die Waffen erschlagener Feinde vor dem Sieger her zur Schau getragen wurden." — „Ich werde mich an Eure Kühnheit und Gewandtheit dabei erinnern und darf nicht hinzusetzen[1], daß Ihr auf meinen Dank und auf die
15 Gnade des Fürsten lebenslänglich rechnen könnt. Aber steht auf! Schon ist kein Leben mehr im Tiere. Bedenken wir das Weitere! Vor allen Dingen steht auf!" — „Da ich nun einmal kniee," versetzte der Jüngling, „da ich mich in einer Stellung befinde, die mir auf jede andere Weise untersagt wäre, so laßt mich bitten, von der Gunst und von der Gnade, die Ihr mir zuwendet, in diesem Augenblick versichert
20 zu werden. Ich habe schon so oft Euren hohen Gemahl gebeten um Urlaub[2] und Vergünstigung einer weitern Reise. Wer das Glück hat, an Eurer Tafel zu sitzen, wen Ihr beehrt, Eure Gesellschaft unterhalten zu dürfen, der muß die Welt gesehen haben. Reisende strömen von allen Orten her, und wenn von einer Stadt, von einem wichtigen Punkte irgendeines Weltteils gesprochen wird, ergeht an den
25 Eurigen[3] jedesmal die Frage, ob er daselbst gewesen sei. Niemanden traut man Verstand zu, als wer das alles gesehen hat; es ist, als wenn man sich nur für andere zu unterrichten hätte."

„Steht auf!" wiederholte die Fürstin; „ich möchte nicht gern gegen die Überzeugung meines Gemahls irgend etwas wünschen und bitten; allein wenn ich nicht
30 irre, so ist die Ursache, warum er Euch bisher zurückhielt, bald gehoben[4]. Seine Absicht war, Euch zum selbständigen Edelmann herangereift zu sehen, der sich und ihm auch auswärts Ehre machte wie bisher am Hofe, und ich dächte, Eure Tat wäre ein so empfehlender Reisepaß, als ein junger Mann nur in die Welt mitnehmen kann."

35 Daß anstatt einer jugendlichen Freude eine gewisse Trauer über sein Gesicht zog, hatte die Fürstin nicht Zeit zu bemerken, noch er seiner Empfindung Raum zu geben; denn hastig den Berg herauf, einen Knaben an der Hand, kam eine Frau geradezu auf die Gruppe los, die wir kennen, und kaum war Honorio, sich

---

[1]=*brauche nicht hinzusetzen*   [2]As a member of the court Honorio is required to ask permission to absent himself.   [3]=*an mich*   [4]'groundless,' 'invalid'

besinnend, aufgestanden, als sie sich heulend und schreiend über den Leichnam
herwarf und an dieser Handlung sowie an einer obgleich reinlich anständigen,
doch bunten und seltsamen Kleidung sogleich erraten ließ, sie sei die Meisterin
und Wärterin dieses dahingestreckten Geschöpfes, wie denn der schwarzaugige,
5 schwarzlockige Knabe, der eine Flöte in der Hand hielt, gleich der Mutter weinend, weniger heftig, aber tief gerührt neben ihr kniete.

Den gewaltsamen Ausbrüchen der Leidenschaft dieses unglücklichen Weibes
folgte, zwar unterbrochen,[1] stoßweise ein Strom von Worten, wie ein Bach sich in
Absätzen von Felsen zu Felsen stürzt. Eine natürliche Sprache, kurz und abgebro-
10 chen, machte sich eindringlich und rührend. Vergebens würde man sie in unsern
Mundarten übersetzen wollen; den ungefähren Inhalt dürfen wir nicht verfehlen:
„Sie haben dich ermordet, armes Tier! ermordet ohne Not! Du warst zahm und
hättest dich gern ruhig niedergelassen und auf uns gewartet; denn deine Fußballen
schmerzten dich, und deine Krallen hatten keine Kraft mehr! Die heiße Sonne
15 fehlte dir, sie zu reifen. Du warst der Schönste deinesgleichen; wer hat je einen
königlichen Tiger so herrlich ausgestreckt im Schlaf gesehen, wie du nun hier
liegst, tot, um nicht wieder aufzustehen! Wenn du des Morgens aufwachtest beim
frühen Tagschein und den Rachen aufsperrtest, ausstreckend die rote Zunge, so
schienst du uns zu lächeln, und wenn schon brüllend, nahmst du doch spielend
20 dein Futter aus den Händen einer Frau, von den Fingern eines Kindes! Wie lange
begleiteten wir dich auf deinen Fahrten, wie lange war deine Gesellschaft uns
wichtig und fruchtbar! Uns, uns ganz eigentlich kam die Speise von den Fressern
und süße Labung von den Starken.[2] So wird es nicht mehr sein! Wehe! wehe!"

Sie hatte nicht ausgeklagt, als über die mittlere Höhe des Bergs am Schlosse
25 herab Reiter heransprengten, die alsobald für das Jagdgefolge des Fürsten erkannt
wurden, er selbst voran. Sie hatten, in den hintern Gebirgen jagend, die Brand-
wolken aufsteigen sehen und durch Täler und Schluchten, wie auf gewaltsam het-
zender Jagd, den geraden Weg nach diesem traurigen Zeichen genommen. Über
die steinige Blöße einhersprengend, stutzten und starrten sie, nun die unerwartete
30 Gruppe gewahr werdend, die sich auf der leeren Fläche merkwürdig auszeichnete.
Nach dem ersten Erkennen verstummte man, und nach einigem Erholen ward, was
der Anblick nicht selbst ergab, mit wenigen Worten erläutert. So stand der Fürst
vor dem seltsamen, unerhörten Ereignis, einen Kreis umher von Reitern und
Nacheilenden zu Fuße. Unschlüssig war man nicht, was zu tun sei; anzuordnen,
35 auszuführen war der Fürst beschäftigt, als ein Mann sich in den Kreis drängte,
groß von Gestalt, bunt und wunderlich gekleidet wie Frau und Kind. Und nun gab
die Familie zusammen Schmerz und Überraschung zu erkennen. Der Mann aber,
gefaßt, stand in ehrfurchtsvoller Entfernung vor dem Fürsten und sagte: „Es ist

---

[1]'though interrupted' [2]Judges 14:14: "Out of the eater came forth meat, and out of the
strong came forth sweetness" (Samson's riddle)

nicht Klagenszeit; ach, mein Herr und mächtiger Jäger,[1] auch der Löwe ist los, auch hier nach dem Gebirg ist er hin, aber schont ihn, habt Barmherzigkeit, daß er nicht umkomme wie dies gute Tier!"

„Der Löwe?" sagte der Fürst, „hast du seine Spure?" — „Ja, Herr! Ein Bauer
5 dort unten, der sich ohne Not auf einen Baum gerettet hatte, wies mich weiter hier links hinauf, aber ich sah den großen Trupp Menschen und Pferde vor mir, neugierig und hilfsbedürftig eilt ich hierher." — „Also," beorderte der Fürst, „muß die Jagd sich auf diese Seite ziehen; ihr ladet eure Gewehre, geht sachte zu Werk, es ist kein Unglück, wenn ihr ihn in die tiefen Wälder treibt. — Aber am Ende, guter
10 Mann, werden wir euer Geschöpf nicht schonen können; warum wart ihr unvorsichtig genug, sie entkommen zu lassen!" — „Das Feuer brach aus," versetzte jener; „wir hielten uns still und gespannt; es verbreitete sich schnell, aber fern von uns. Wir hatten Wasser genug zu unserer Verteidigung, aber ein Pulverschlag flog auf[2] und warf die Brände bis an uns heran, über uns weg, wir übereilten uns und sind
15 nun unglückliche Leute."

Noch war der Fürst mit Anordnungen beschäftigt, aber einen Augenblick schien alles zu stocken, als oben vom alten Schloß herab eilig ein Mann heranspringend gesehen ward, den man bald für den angestellten Wächter erkannte, der die Werkstätte des Malers bewachte, indem er darin seine Wohnung nahm und die
20 Arbeiter beaufsichtigte. Er kam außer Atem springend, doch hatte er bald mit wenigen Worten angezeigt: oben hinter der höhern Ringmauer habe sich der Löwe im Sonnenschein gelagert, am Fuße einer hundertjährigen Buche, und verhalte sich ganz ruhig. Ärgerlich aber schloß der Mann: „Warum habe ich gestern meine Büchse in die Stadt getragen, um sie auszuputzen zu lassen! Hätte ich sie bei der
25 Hand gehabt, er wäre nicht wieder aufgestanden, das Fell wäre doch mein gewesen, und ich hätte mich dessen, wie billig, zeitlebens gebrüstet[3]."

Der Fürst, dem seine militärischen Erfahrungen auch hier zustatten kamen, da er sich wohl schon in Fällen gefunden hatte, wo von mehreren Seiten unvermeidliches Übel herandrohte, sagte hierauf: „Welche Bürgschaft gebt Ihr mir, daß,
30 wenn wir Eures Löwen schonen,[4] er nicht im Lande unter den Meinigen Verderben anrichtet?"

„Hier diese Frau und dieses Kind", erwiderte der Vater hastig, „erbieten sich, ihn zu zähmen, ihn ruhig zu erhalten, bis ich den beschlagenen[5] Kasten heraufschaffe, da wir ihn denn unschädlich und unbeschädigt wieder zurückbringen wer-
35 den."

Der Knabe schien seine Flöte versuchen zu wollen, ein Instrument von der Art, das man sonst die sanfte, süße Flöte[6] zu nennen pflegte; sie war kurz

---

[1]Cf. Genesis 10:9, where Nimrod is described as a "mighty hunter before the Lord." [2]'a powder keg exploded' [3]*sich brüsten* 'to brag' [4]'if we spare your lion' [5]'ironbound' [6]Fr. *flûte douce*, a simple flute, held vertically, known for its soft, sweet tone

geschnäbelt[1] wie die Pfeifen; wer es verstand, wußte die anmutigsten Töne daraus hervorzulocken. Indes hatte der Fürst den Wärtel[2] gefragt, wie der Löwe hinaufgekommen. Dieser aber versetzte: „Durch den Hohlweg, der, auf beiden Seiten vermauert, von jeher der einzige Zugang war und der einzige bleiben soll; zwei

5 Fußpfade, die noch hinaufführten, haben wir dergestalt entstellt[3], daß niemand als durch jenen ersten engen Anweg zu dem Zauberschlosse gelangen könne, wozu es Fürst Friedrichs[4] Geist und Geschmack ausbilden will."

Nach einigem Nachdenken, wobei sich der Fürst nach dem Kinde umsah, das immer sanft gleichsam zu präludieren fortgefahren hatte, wendete er sich zu

10 Honorio und sagte: „Du hast heute viel geleistet, vollende das Tagwerk! Besetze den schmalen Weg! — Haltet eure Büchsen bereit, aber schießt nicht eher, als bis ihr das Geschöpf nicht sonst zurückscheuchen könnt; allenfalls macht ein Feuer an, vor dem er sich fürchtet, wenn er herunter will! Mann und Frau möge für das übrige stehen." Eilig schickte Honorio sich an, die Befehle zu vollführen.

15 Das Kind verfolgte seine Melodie, die keine war, eine Tonfolge ohne Gesetz, und vielleicht eben deswegen so herzergreifend, die Umstehenden schienen wie bezaubert von der Bewegung einer liederartigen Weise, als der Vater mit anständigem Enthusiasmus zu reden anfing und fortfuhr:

„Gott hat dem Fürsten Weisheit gegeben und zugleich die Erkenntnis, daß

20 alle Gotteswerke weise sind, jedes nach seiner Art. Seht den Felsen, wie er fest steht und sich nicht rührt, der Witterung trotzt und dem Sonnenschein! uralte Bäume zieren sein Haupt, und so gekrönt schaut er weit umher; stürzt aber ein Teil herunter, so will es nicht bleiben, was es war: es fällt zertrümmert in viele Stücke und bedeckt die Seite des Hanges. Aber auch da wollen sie nicht verharren,

25 mutwillig springen sie tief hinab, der Bach nimmt sie auf, zum Flusse trägt er sie. Nicht widerstehend, nicht widerspenstig, eckig, nein, glatt und abgerundet gewinnen sie schneller ihren Weg und gelangen von Fluß zu Fluß, endlich zum Ozean, wo die Riesen in Scharen daherziehen und in der Tiefe die Zwerge wimmeln.

Doch wer preist den Ruhm des Herrn, den die Sterne loben von Ewigkeit zu

30 Ewigkeit[5]! Warum seht ihr aber im Fernen umher? Betrachtet hier die Biene! noch spät im Herbst sammelt sie emsig und baut sich ein Haus, winkel- und waagerecht, als Meister und Geselle. Schaut die Ameise da! sie kennt ihren Weg und verliert ihn nicht, sie baut sich eine Wohnung aus Grashalmen, Erdbröslein[6] und Kiefernadeln, sie baut es in die Höhe und wölbet es zu[7]; aber sie hat umsonst gearbeitet,

35 denn das Pferd stampft und scharrt alles auseinander. Seht hin! es zertritt ihre Balken und zerstreut ihre Planken, ungeduldig schnaubt es und kann nicht rasten, denn der Herr hat das Roß zum Gesellen des Windes gemacht und zum Gefährten

---

[1]'had a short mouthpiece' [2]=*Wärter* [3]'blocked' [4]i. e., the *Fürst Oheim* [5]Perhaps a reference to Psalm 148: 3, "Praise ye him … all ye stars of light." [6]'crumbs of earth' [7]'arches it over'

des Sturms, daß es den Mann dahin trage, wohin er will, und die Frau, wohin sie begehrt. Aber im Palmenwald trat er auf, der Löwe, ernsten Schrittes durchzog er die Wüste, dort herrscht er über alles Getier, und nichts widersteht ihm. Doch der Mensch weiß ihn zu zähmen, und das grausamste der Geschöpfe hat Ehrfurcht vor
5 dem Ebenbilde Gottes[1], wornach auch die Engel gemacht sind, die dem Herrn dienen und seinen Dienern. Denn in der Löwengrube[2] scheute sich Daniel nicht; er blieb fest und getrost, und das wilde Brüllen unterbrach nicht seinen frommen Gesang."

Diese mit dem Ausdruck eines natürlichen Enthusiasmus gehaltene Rede
10 begleitete das Kind hie und da mit anmutigen Tönen; als aber der Vater geendigt hatte, fing es mit reiner Kehle, heller Stimme und geschickten Läufen zu intonieren an, worauf der Vater die Flöte ergriff, im Einklang sich hören ließ, das Kind aber sang:

15   „Aus den Gruben, hier im Graben
               Hör ich des Propheten[3] Sang;
               Engel schweben, ihn zu laben
               Wäre da dem Guten bang?
               Löw und Löwin, hin und wider,
               Schmiegen sich um ihn heran;
20   Ja, die sanften, frommen Lieder
               Habens ihnen angetan!"

Der Vater fuhr fort, die Strophe mit der Flöte zu begleiten; die Mutter trat hie und da als zweite Stimme mit ein.

Eindringlich[4] aber ganz besonders war, daß das Kind die Zeilen der Strophe
25 nunmehr zu anderer Ordnung durcheinander schob und dadurch, wo nicht einen neuen Sinn hervorbrachte, doch das Gefühl in und durch sich selbst aufregend erhöhte.

               „Engel schweben auf und nieder,
               Uns in Tönen zu erlaben,
30   Welch ein himmlischer Gesang!
               In den Gruben, in dem Graben
               Wäre da dem Kinde bang?
               Diese sanften, frommen Lieder
               Lassen Unglück nicht heran;
35   Engel schweben hin und wider,
               Und so ist es schon getan."

---

[1] i. e., man (cf. Genesis 1: 27; 9: 6)   [2] 'den of lions' (cf. Daniel 6: 10-23)   [3] i. e., Daniel's [4] 'impressive'

Hierauf mit Kraft und Erhebung begannen alle drei:

> „Denn der Ew'ge herrscht auf Erden,
> Über Meere herrscht sein Blick;
> Löwen sollen Lämmer werden,[1]
> Und die Welle schwankt zurück.
> Blankes Schwert erstarrt im Hiebe,
> Glaub' und Hoffnung sind erfüllt;
> Wundertätig ist die Liebe,[2]
> Die sich im Gebet enthüllt."

Alles war still, hörte, horchte, und nur erst, als die Töne verhallten, konnte man den Eindruck bemerken und allenfalls beobachten. Alles war wie beschwichtigt, jeder in seiner Art gerührt. Der Fürst, als wenn er erst jetzt das Unheil übersähe, das ihn vor kurzem bedroht hatte, blickte nieder auf seine Gemahlin, die, an ihn gelehnt, sich nicht versagte, das gestickte Tüchlein hervorzuziehen und die Augen damit zu bedecken. Es tat ihr wohl, die jugendliche Brust von dem Druck erleichtert zu fühlen, mit dem die vorhergehenden Minuten sie belastet hatten. Eine vollkommene Stille beherrschte die Menge; man schien die Gefahren vergessen zu haben, unten den Brand und von oben das Erstehen eines bedenklich ruhenden Löwen.[3]

Durch einen Wink, die Pferde näher herbeizuführen, brachte der Fürst zuerst wieder in die Gruppe Bewegung; dann wendete er sich zu dem Weibe und sagte: „Ihr glaubt also, daß Ihr den entsprungenen Löwen, wo Ihr ihn antrefft, durch Euren Gesang, durch den Gesang dieses Kindes, mit Hülfe dieser Flötentöne beschwichtigen und ihn sodann unschädlich sowie unbeschädigt in seinem Verschluß wieder zurückbringen könntet?" Sie bejahten es, versichernd und beteuernd; der Kastellan wurde ihnen als Wegweiser zugegeben. Nun entfernte der Fürst mit wenigen sich eiligst, die Fürstin folgte langsamer mit dem übrigen Gefolge; Mutter aber und Sohn stiegen, von dem Wärtel[4], der sich eines Gewehrs bemächtigt hatte, begleitet, steiler gegen den Berg hinan.

Vor dem Eintritt in den Hohlweg, der den Zugang zu dem Schloß eröffnete, fanden sie die Jäger beschäftigt, dürres Reisig zu häufen, damit sie auf jeden Fall ein großes Feuer anzünden könnten. „Es ist nicht not," sagte die Frau; „es wird ohne das alles in Güte geschehen."

Weiter hin, auf einem Mauerstücke sitzend, erblickten sie Honorio, seine Doppelbüchse[5] in den Schoß gelegt, auf einem Posten[6] als wie zu jedem Ereignis

---

[1]Cf. Isaiah 11: 6, "The *wolf* also shall dwell with the lamb ... and the calf and the young lion and the fatling together; and a little child shall lead them"; also Isaiah 65: 25. [2]Cf. 1 Corinthians 13: 13: "And now abidith faith, hope, charity, these three; but the greatest of these is *charity*." [3]'below [in the town] the fire and from above the presence of the uncertainly resting lion' [4]=*Wärter* [5]'double-barreled rifle' [6]'on guard'

gefaßt. Aber die Herankommenden schien er kaum zu bemerken; er saß wie in tiefen Gedanken versunken, er sah umher wie zerstreut. Die Frau sprach ihn an mit Bitte, das Feuer nicht anzünden zu lassen; er schien jedoch ihrer Rede wenig Aufmerksamkeit zu schenken. Sie redete lebhaft fort und rief: „Schöner junger

5 Mann, du hast meinen Tiger erschlagen, ich fluche dir nicht; schone meinen Löwen, guter junger Mann! ich segne dich."

Honorio schaute gerad vor sich hin, dorthin, wo die Sonne auf ihrer Bahn sich zu senken begann. „Du schaust nach Abend[1]," rief die Frau; „du tust wohl daran, dort gibt's viel zu tun; eile nur, säume nicht, du wirst überwinden. Aber zuerst

10 überwinde dich selbst!" Hierauf schien er zu lächeln; die Frau stieg weiter, konnte sich aber nicht enthalten, nach dem Zurückbleibenden nochmals umzublicken; eine rötliche Sonne überschien sein Gesicht, sie glaubte nie einen schönern Jüngling gesehen zu haben.

„Wenn Euer Kind", sagte nunmehr der Wärtel, „flötend und singend, wie Ihr

15 überzeugt seid, den Löwen anlocken und beruhigen kann, so werden wir uns desselben sehr leicht bemeistern, da sich das gewaltige Tier ganz nah an die durchbrochenen Gewölbe[2] hingelagert hat, durch die wir, da das Haupttor verschüttet ist, einen Eingang in den Schloßhof gewonnen haben. Lockt ihn das Kind hinein, so kann ich die Öffnung mit leichter Mühe schließen, und der Knabe, wenn es ihm

20 gut deucht, durch eine der kleinen Wendeltreppen, die er in der Ecke sieht, dem Tiere entschlüpfen. Wir wollen uns verbergen; aber ich werde mich so stellen, daß meine Kugel jeden Augenblick dem Kinde zu Hülfe kommen kann."

„Die Umstände sind alle nicht nötig; Gott und Kunst[3], Frömmigkeit und Glück müssen das Beste tun." — „Es sei[4]," versetzte der Wärtel; „aber ich kenne

25 meine Pflichten. Erst führ ich Euch durch einen beschwerlichen Stieg auf das Gemäuer hinauf, gerade dem Eingang gegenüber, den ich erwähnt habe; das Kind mag hinabsteigen, gleichsam in die Arena des Schauspiels, und das besänftigte Tier dort hereinlocken!" Das geschah; Wärtel und Mutter sahen versteckt von oben herab, wie das Kind die Wendeltreppen hinunter in dem klaren Hofraum sich

30 zeigte und in der düstern Öffnung gegenüber verschwand, aber sogleich seinen Flötenton hören ließ, der sich nach und nach verlor und verstummte. Die Pause war ahnungsvoll genug; den alten, mit Gefahr bekannten Jäger beengte[5] der seltene menschliche Fall. Er sagte sich, daß er lieber persönlich dem gefährlichen Tiere entgegeninge; die Mutter jedoch, mit heiterem Gesicht, übergebogen[6] horchend,

35 ließ nicht die mindeste Unruhe bemerken.

Endlich hörte man die Flöte wieder; das Kind trat aus der Höhle hervor mit glänzend befriedigten Augen, der Löwe hinter ihm drein, aber langsam und, wie es schien, mit einiger Beschwerde. Er zeigte hie und da Lust, sich niederzulegen;

---

[1]'to the west' [2]'opened-up vaulted passage' [3]'artfulness,' 'skill' [4]'so be it' [5]'caused anxiety' [6]='bent over'

doch der Knabe führte ihn im Halbkreise durch die wenig entblätterten, buntbe-
laubten Bäume, bis er sich endlich in den letzten Strahlen der Sonne, die sie durch
eine Ruinenlücke hereinsandte, wie verklärt niedersetzte und sein beschwichtigen-
des Lied abermals begann, dessen Wiederholung wir uns auch nicht entziehen
5 können:

> „Aus den Gruben, hier im Graben
> Hör ich des Propheten Sang;
> Engel schweben, ihn zu laben,
> Wäre da dem Guten bang?
> 10 Löw und Löwin, hin und wider,
> Schmiegen sich um ihn heran;
> Ja, die sanften, frommen Lieder
> Habens ihnen angetan[1]!"

Indessen hatte sich der Löwe ganz knapp an das Kind hingelegt und ihm die
15 schwere rechte Vordertatze auf den Schoß gehoben, die der Knabe fortsingend
anmutig streichelte, aber gar bald bemerkte, daß ein scharfer Dornzweig zwischen
die Ballen eingestochen war.[2] Sorgfältig zog er die verletzende Spitze hervor, nahm
lächelnd sein buntseidenes Halstuch vom Nacken und verband die greuliche Tatze
des Untiers, sodaß die Mutter sich vor Freuden mit ausgestreckten Armen zurück-
20 bog und vielleicht angewohnterweise Beifall gerufen und geklatscht hätte, wäre sie
nicht durch einen derben Faustgriff des Wärtels erinnert worden, daß die Gefahr
nicht vorüber sei.

Glorreich sang das Kind weiter, nachdem es mit wenigen Tönen vorgespielt
hatte:

> 25 „Denn der Ew'ge herrscht auf Erden,
> Über Meere herrscht sein Blick;
> Löwen sollen Lämmer werden,
> Und die Welle schwankt zurück.
> Blankes Schwert erstarrt im Hiebe,
> 30 Glaub' und Hoffnung sind erfüllt;
> Wundertätig ist die Liebe,
> Die sich im Gebet enthüllt."

Ist es möglich zu denken, daß man in den Zügen eines so grimmigen Geschöpfes, des Tyrannen der Wälder, des Despoten des Tierreiches, einen Ausdruck
35 von Freundlichkeit, von dankbarer Zufriedenheit habe spüren können, so geschah

---

[1]'charmed' [2]allusion to the classical story of Androcles and the lion: The runaway slave
Androcles hid in a lion's cave. When the lion entered, he did not eat Androcles, but lifted
up his paw so that A. could extract a thorn. A. was later caught and condemned to fight
a lion in the arena, where he again encounters "his" lion and is saved from death.

es hier, und wirklich sah das Kind in seiner Verklärung aus wie ein mächtiger,
siegreicher Überwinder, jener zwar nicht wie der Überwundene, denn seine Kraft
blieb in ihm verborgen, aber doch wie der Gezähmte, wie der dem eigenen friedlichen Willen Anheimgegebene[1]. Das Kind flötete und sang so weiter, nach seiner
5 Art die Zeilen verschränkend[2] und neue hinzufügend:

> „Und so geht mit guten Kindern
> Sel'ger Engel gern zu Rat[3],
> Böses Wollen zu verhindern,
> Zu befördern schöne Tat.
10 So beschwören, fest zu bannen
> Liebem Sohn ans zarte Knie
> Ihn, des Waldes Hochtyrannen,
> Frommer Sinn und Melodie[4]."

---

[1]*der ... Anheimgegebene* 'one who submits to his own peaceful will'   [2]'arranging'   [3]*zu Rat gehen* =*raten* 'advise,' 'stand by'   [4]subjects of *beschwören*

Ludwig Tieck

Tieck (1773-1853) was one of the founders of
the Romantic school. In addition to his own
writing, he also edited medieval and contemporary texts (Kleist, Lenz, Maler Müller,
Novalis, and Wackenroder) and championed
Shakespeare studies in Germany. His satiric
fantasy drama, *Der gestiefelte Kater*, and his
shorter prose works, particularly "Des Lebens
Überfluß," "Der blonde Eckbert," and our
text, "Der Runenberg" (1804), are still widely
read. For Tieck, the action of a *Novelle* was
not restricted only to that which is possible,
but should also contain something that is *wun-*
derbar, by which he meant strange or unusual.
"Der Runenberg" was influenced by gothic

horror literature and perhaps Tieck's own hallucinatory experiences; here he portrays an individual's encounter, real or delusional, with mysterious and irrational
forces that challenge the reality of the normal and familiar everyday world. The
magic of Tieck's narrative skill is that the reader comes to accept that which seems
irrational as a higher reality.

Der Runenberg

EIN JUNGER JÄGER saß im innersten Gebirge nachdenkend bei einem
Vogelherde[1], indem das Rauschen der Gewässer und des Waldes in der
Einsamkeit tönte. Er bedachte sein Schicksal, wie er so jung sei, und Vater
und Mutter, die wohlbekannte Heimat, und alle Befreundeten seines Dorfes ver-
5   lassen hatte, um eine fremde Umgebung zu suchen, um sich aus dem Kreise der
wiederkehrenden Gewöhnlichkeit zu entfernen, und er blickte mit einer Art von
Verwunderung auf, daß er sich nun in diesem Tale, in dieser Beschäftigung wiederfand. Große Wolken zogen durch den Himmel und verloren sich hinter den

---

[1]'fowling-floor' (birdnets)

Bergen, Vögel sangen aus den Gebüschen und ein Widerschall[1] antwortete ihnen. Er stieg langsam den Berg hinunter, und setzte sich an den Rand eines Baches nieder, der über vorragendes Gestein schäumend murmelte. Er hörte auf die wechselnde Melodie des Wassers, und es schien, als wenn ihm die Wogen in unverständlichen Worten tausend Dinge sagten, die ihm so wichtig waren, und er mußte sich innig betrüben, daß er ihre Reden nicht verstehen konnte. Wieder sah er dann umher und ihm dünkte, er sei froh und glücklich; so faßte er wieder neuen Mut und sang mit lauter Stimme einen Jägergesang.

„Froh und lustig zwischen Steinen
Geht der Jüngling auf die Jagd,
Seine Beute muß erscheinen
In den grünlebend'gen Hainen,
Sucht' er auch bis in die Nacht.

Seine treuen Hunde bellen
Durch die schöne Einsamkeit,
Durch den Wald die Hörner gellen,
Daß die Herzen mutig schwellen:
O du schöne Jägerzeit!

Seine Heimat sind die Klüfte,
Alle Bäume grüßen ihn,
Rauschen strenge Herbsteslüfte
Find't er Hirsch und Reh, die Schlüfte
Muß er jauchzend dann durchziehn.

Laß dem Landmann seine Mühen
Und dem Schiffer nur sein Meer,
Keiner sieht in Morgens Frühen
So Auroras[2] Augen glühen,
Hängt der Tau am Grase schwer,

Als wer Jagd, Wild, Wälder kennet
Und Diana[3] lacht ihn an,
Einst das schönste Bild entbrennet[4],
Die er seine Liebste nennet:
O beglückter Jägersmann!"

Während dieses Gesanges war die Sonne tiefer gesunken und breite Schatten fielen durch das enge Tal. Eine kühlende Dämmerung schlich über den Boden

---

[1] =*Widerhall*   [2] Roman goddess of dawn   [3] Roman goddess of the hunt   [4] *Einst ... entbrennet* 'sometime ... will burst into flame'

weg, und nur noch die Wipfel der Bäume, wie[1] die runden Bergspitzen waren vom Schein des Abends vergoldet. Christians Gemüt ward immer trübseliger, er mochte nicht nach seinem Vogelherde zurück kehren, und dennoch mochte er nicht bleiben; es dünkte ihm so einsam und er sehnte sich nach Menschen. Jetzt wünschte er sich die alten Bücher, die er sonst bei seinem Vater gesehn, und die er niemals lesen mögen[2], sooft ihn auch der Vater dazu angetrieben hatte; es fielen ihm die Szenen seiner Kindheit ein, die Spiele mit der Jugend des Dorfes, seine Bekanntschaften unter den Kindern, die Schule, die ihm so drückend gewesen war, und er sehnte sich in alle diese Umgebungen zurück, die er freiwillig verlassen hatte, um sein Glück in unbekannten Gegenden, in Bergen, unter fremden Menschen, in einer neuen Beschäftigung zu finden. Indem es finstrer wurde, und der Bach lauter rauschte, und das Geflügel[3] der Nacht seine irre Wanderung mit umschweifendem Fluge begann, saß er noch immer mißvergnügt und in sich versunken; er hätte weinen mögen, und er war durchaus unentschlossen, was er tun und vornehmen solle. Gedankenlos zog er eine hervorragende Wurzel aus der Erde, und plötzlich hörte er erschreckend ein dumpfes Winseln im Boden, das sich unterirdisch in klagenden Tönen fortzog, und erst in der Ferne wehmütig verscholl. Der Ton durchdrang sein innerstes Herz, er ergriff ihn, als wenn er unvermutet die Wunde berührt habe, an der der sterbende Leichnam der Natur in Schmerzen verscheiden[4] wolle. Er sprang auf und wollte entfliehen, denn er hatte wohl ehemals von der seltsamen Alrunenwurzel[5] gehört, die beim Ausreißen so herzdurchschneidende Klagetöne von sich gebe, daß der Mensch von ihrem Gewinsel wahnsinnig werden müsse. Indem er fortgehen wollte, stand ein fremder Mann hinter ihm, welcher ihn freundlich ansah und fragte, wohin er wolle. Christian hatte sich Gesellschaft gewünscht, und doch erschrak er von neuem vor dieser freundlichen Gegenwart. „Wohin so eilig?" fragte der Fremde noch einmal. Der junge Jäger suchte sich zu sammeln und erzählte, wie ihm plötzlich die Einsamkeit so schrecklich vorgekommen sei, daß er sich habe retten wollen, der Abend sei so dunkel, die grünen Schatten des Waldes so traurig, der Bach spreche in lauter Klagen, die Wolken des Himmels zögen seine Sehnsucht jenseit den Bergen hinüber. „Ihr seid noch jung", sagte der Fremde, „und könnt wohl die Strenge der Einsamkeit noch nicht ertragen, ich will Euch begleiten, denn Ihr findet doch kein Haus oder Dorf im Umkreis einer Meile, wir mögen unterwegs etwas sprechen und uns erzählen, so verliert Ihr die trüben Gedanken; in einer Stunde kommt der Mond hinter den Bergen hervor, sein Licht wird dann wohl auch Eure Seele lichter machen."

Sie gingen fort, und der Fremde dünkte dem Jünglinge bald ein alter Bekannter zu sein. „Wie seid Ihr in dieses Gebürge gekommen", fragte jener, „Ihr seid

---

[1]'as also' [2]=hatte lesen mögen [3]=Vögel [4]=sterben [5]The mandrake root, which often divides in two, roughly resembles human legs. Digging one up, which was said to cause the root to scream, was believed to have a negative, even fatal effect on whoever did the digging. They were also thought to be aphrodisiac.

hier, Eurer Sprache nach[1], nicht einheimisch." — „Ach darüber", sagte der Jüngling, „ließe sich viel sagen, und doch ist es wieder keiner Rede, keiner Erzählung wert; es hat mich wie mit fremder Gewalt aus dem Kreise meiner Eltern und Verwandten hinweggenommen, mein Geist war seiner selbst nicht mächtig[2]; wie ein

5 Vogel, der in einem Netz gefangen ist und sich vergeblich sträubt, so verstrickt war meine Seele in seltsamen Vorstellungen und Wünschen. Wir wohnten weit von hier in einer Ebene, in der man rund umher keinen Berg, kaum eine Anhöhe erblickte; wenige Bäume schmückten den grünen Plan[3], aber Wiesen, fruchtbare Kornfelder und Gärten zogen sich hin, so weit das Auge reichen konnte, ein

10 großer Fluß glänzte wie ein mächtiger Geist an den Wiesen und Feldern vorbei. Mein Vater war Gärtner im Schloß und hatte vor, mich ebenfalls zu seiner Beschäftigung zu erziehen; er liebte die Pflanzen und Blumen über alles und konnte sich tagelang unermüdet mit ihrer Wartung und Pflege abgeben. Ja er ging so weit, daß er behauptete, er könne fast mit ihnen sprechen; er lerne von ihrem Wachstum

15 und Gedeihen, so wie von der verschiedenen Gestalt und Farbe ihrer Blätter. Mir war die Gartenarbeit zuwider, um so mehr, als[4] mein Vater mir zuredete, oder gar mit Drohungen mich zu zwingen versuchte. Ich wollte Fischer werden, und machte den Versuch, allein das Leben auf dem Wasser stand mir auch nicht an[5]; ich wurde dann zu einem Handelsmann[6] in die Stadt gegeben, und kam auch von ihm

20 bald in das väterliche Haus zurück. Auf einmal hörte ich meinen Vater von Gebirgen erzählen, die er in seiner Jugend bereiset hatte, von dem irdischen Bergwerken und ihren Arbeitern, von Jägern und ihrer Beschäftigung, und plötzlich erwachte in mir der bestimmteste Trieb, das Gefühl, daß ich nun die für mich bestimmte Lebensweise gefunden habe. Tag und Nacht sann ich und stellte mir hohe Berge,

25 Klüfte und Tannenwälder vor; meine Einbildung erschuf sich ungeheure Felsen, ich hörte in Gedanken das Getöse der Jagd, die Hörner, und das Geschrei der Hunde und des Wildes[7]; alle meine Träume waren damit angefüllt und darüber hatte ich nun weder Rast noch Ruhe mehr. Die Ebene, das Schloß, der kleine beschränkte Garten meines Vaters mit den geordneten Blumenbeeten, die enge

30 Wohnung, der weite Himmel, der sich ringsum so traurig ausdehnte, und keine Höhe, keinen erhabenen Berg umarmte, alles ward mir noch betrübter und verhaßter. Es schien mir, als wenn alle Menschen um mich her in der bejammernswürdigsten Unwissenheit lebten, und daß alle ebenso denken und empfinden würden, wie ich, wenn ihnen dieses Gefühl ihres Elendes nur ein einziges Mal in ihrer

35 Seele aufginge. So trieb ich mich um, bis ich an einem Morgen den Entschluß faßte, das Haus meiner Eltern auf immer zu verlassen. Ich hatte in einem Buche Nachrichten vom nächsten großen Gebirge gefunden, Abbildungen einiger Gegenden, und darnach richtete ich meinen Weg ein. Es war im ersten Frühlinge und

---

[1]'to judge by your speech' [2]'not in control of itself' [3]'open space(s)' [4]*um ... als* 'all the more objectionable when' [5]*stand ... an* 'did not suit me either' [6]'merchant' [7]'game'

ich fühlte mich durchaus froh und leicht. Ich eilte, um nur recht bald das Ebene zu verlassen, und an einem Abende sah ich in der Ferne die dunkeln Umrisse des Gebirges vor mir liegen. Ich konnte in der Herberge kaum schlafen, so ungeduldig war ich, die Gegend zu betreten, die ich für meine Heimat ansah; mit dem frühe-
5 sten war ich munter und wieder auf der Reise. Nachmittags befand ich mich schon unter den vielgeliebten Bergen, und wie ein Trunkner ging ich, stand dann eine Weile, schaute rückwärts, und berauschte mich in allen mir fremden und doch so wohlbekannten Gegenständen. Bald verlor ich die Ebene hinter mir aus dem Ge-sichte, die Waldströme rauschten mir entgegen, Buchen und Eichen brausten mit
10 bewegtem Laube von steilen Abhängen herunter; mein Weg führte mich schwind-lichten[1] Abgründen vorüber, blaue Berge standen groß und ehrwürdig im Hin-tergrunde. Eine neue Welt war mir aufgeschlossen, ich wurde nicht müde. So kam ich nach einigen Tagen, indem ich einen großen Teil des Gebürges durchstreift hatte, zu einem alten Förster, der mich auf mein inständiges Bitten zu sich nahm,
15 um mich in der Kunst der Jägerei zu unterrichten. Jetzt bin ich seit drei Monaten in seinen Diensten. Ich nahm von der Gegend, in der ich meinen Aufenthalt hatte, wie von einem Königreiche Besitz; ich lernte jede Klippe, jede Schluft des Gebür-ges kennen, ich war in meiner Beschäftigung, wenn wir am frühen Morgen nach dem Walde zogen, wenn wir Bäume im Forste fällten, wenn ich mein Auge und
20 meine Büchse[2] übte, und die treuen Gefährten, die Hunde zu ihren Geschicklich-keiten abrichtete, überaus glücklich. Jetzt sitze ich seit acht Tagen hier oben auf dem Vogelherde, im einsamsten Gebürge, und am Abend wurde mir heut so trau-rig zu Sinne, wie noch niemals in meinem Leben; ich kam mir so verloren, so ganz unglückselig vor, und noch kann ich mich nicht von dieser trüben Stimmung erho-
25 len."

Der fremde Mann hatte aufmerksam zugehört, indem beide durch einen dunkeln Gang des Waldes gewandert waren. Jetzt traten sie ins Freie, und das Licht des Mondes, der oben mit seinen Hörnern über der Bergspitze stand, begrüßte sie freundlich: in unkenntlichen Formen und vielen gesonderten Massen,
30 die der bleiche Schimmer wieder rätselhaft vereinigte, lag das gespaltene Gebürge vor ihnen, im Hintergrunde ein steiler Berg, auf welchem uralte verwitterte Ruinen schauerlich im weißen Lichte sich zeigten. „Unser Weg trennt sich hier", sagte der Fremde, „ich gehe in diese Tiefe hinunter, dort bei jenem alten Schacht[3] ist meine Wohnung: die Erze sind meine Nachbarn, die Berggewässer erzählen mir Wun-
35 derdinge in der Nacht, dahin kannst du mir doch nicht folgen. Aber siehe dort den Runenberg[4] mit seinem schroffen Mauerwerke, wie schön und anlockend das alte Gestein zu uns herblickt! Bist du niemals dorten gewesen?" „Niemals", sagte der

---

[1]'dizzying' [2]'rifle' [3]'mineshaft' [4]lit. 'Rune Mountain,' with the implication of mystery; the runic alphabet was used by ancient Germanic peoples in magic charms and occult practices.

junge Christian, „ich hörte einmal meinen alten Förster wundersame Dinge von
diesem Berge erzählen, die ich töricht genug wieder vergessen habe; aber ich erinnere mich, daß mir an jenem Abend grauenhaft zumute war. Ich möchte wohl einmal die Höhe besteigen, denn die Lichter sind dort am schönsten, das Gras muß
5 dorten recht grün sein, die Welt umher recht seltsam, auch mag sich's wohl treffen,[1] daß man noch manch Wunder aus der alten Zeit da oben fände."

„Es kann fast nicht fehlen", sagte jener, „wer nur zu suchen versteht, wessen[2]
Herz recht innerlich hingezogen wird, der findet uralte Freunde dort und Herrlichkeiten, alles, was er am eifrigsten wünscht." — Mit diesen Worten stieg der
10 Fremde schnell hinunter, ohne seinem Gefährten Lebewohl zu sagen, bald war er
im Dickicht des Gebüsches verschwunden, und kurz nachher verhallte auch der
Tritt seiner Füße[3]. Der junge Jäger war nicht verwundert, er verdoppelte nur seine
Schritte nach dem Runenberge zu, alles winkte ihm dorthin, die Sterne schienen
dorthin zu leuchten, der Mond wies mit einer hellen Straße nach den Trümmern,
15 lichte Wolken zogen hinauf, und aus der Tiefe redeten ihm Gewässer und rauschende Wälder zu und sprachen ihm Mut ein[4]. Seine Schritte waren wie beflügelt,
sein Herz klopfte, er fühlte eine so große Freudigkeit in seinem Innern, daß sie zu
einer Angst emporwuchs. — Er kam in Gegenden, in denen er nie gewesen war,
die Felsen wurden steiler, das Grün verlor sich, die kahlen Wände riefen ihn wie
20 mit zürnenden Stimmen an, und ein einsam klagender Wind jagte ihn vor sich her.
So eilte er ohne Stillstand fort, und kam spät nach Mitternacht auf einen schmalen
Fußsteig, der hart an einem Abgrunde hinlief. Er achtete nicht auf die Tiefe, die
unter ihm gähnte und ihn zu verschlingen drohte, so sehr spornten ihn irre Vorstellungen und unverständliche Wünsche. Jetzt zog ihn der gefährliche Weg neben
25 eine hohe Mauer[5] hin, die sich in den Wolken zu verlieren schien; der Steig ward
mit jedem Schritte schmaler, und der Jüngling mußte sich an vorragenden Steinen
festhalten, um nicht hinunterzustürzen. Endlich konnte er nicht weiter, der Pfad
endigte unter einem Fenster, er mußte stillstehen und wußte jetzt nicht, ob er
umkehren, ob er bleiben solle. Plötzlich sah er ein Licht, das sich hinter dem alten
30 Gemäuer zu bewegen schien. Er sah dem Scheine nach, und entdeckte, daß er in
einen alten geräumigen Saal blicken konnte, der wunderlich verziert von mancherlei Gesteinen und Kristallen in vielfältigen Schimmern funkelte, die sich geheimnisvoll von dem wandelnden Lichte durcheinanderbewegten, welches eine große
weibliche Gestalt trug, die sinnend im Gemache auf und nieder ging. Sie schien
35 nicht den Sterblichen anzugehören, so groß, so mächtig waren ihre Glieder, so
streng ihr Gesicht, aber doch dünkte dem entzückten Jünglinge, daß er noch niemals solche Schönheit gesehn oder geahnet[6] habe. Er zitterte und wünschte doch
heimlich, daß sie zum Fenster treten und ihn wahrnehmen möchte. Endlich stand

---

[1]*auch ... treffen* 'and it may well be' [2]'the one whose' [3]*verhallte ... Füße* 'the sound
of his footsteps died away' [4]'encouraged him' [5]=*Felsenwand* [6]'imagined'

sie still, setzte das Licht auf einen kristallenen Tisch nieder, schaute in die Höhe
und sang mit durchdringlicher Stimme:

> „Wo die Alten weilen,
> Daß sie nicht erscheinen?
> 5   Die Kristallen weinen,
> Von demantnen Säulen
> Fließen Tränenquellen,
> Töne klingen drein;
> In den klaren hellen
> 10   Schön durchsicht'gen Wellen
> Bildet sich der Schein,
> Der die Seelen ziehet,
> Dem das Herz erglühet.
> Kommt ihr Geister alle
> 15   Zu der goldnen Halle,
> Hebt aus tiefen Dunkeln
> Häupter, welche funkeln!
> Macht[1] der Herzen und der Geister,
> Die so durstig sind im Sehnen,
> 20   Mit den leuchtend schönen Tränen
> Allgewaltig euch zum Meister!"

Als sie geendigt hatte, fing sie an sich zu entkleiden, und ihre Gewänder in
einen kostbaren Wandschrank zu legen. Erst nahm sie einen goldenen Schleier
vom Haupte, und ein[2] langes schwarzes Haar floß in geringelter Fülle bis über die
25 Hüften hinab; dann löste sie das Gewand des Busens, und der Jüngling vergaß sich
und die Welt im Anschauen der überirdischen Schönheit. Er wagte kaum zu
atmen, als sie nach und nach alle Hüllen löste; nackt schritt sie endlich im Saale
auf und nieder, und ihre schweren schwebenden Locken bildeten um sie her ein
dunkel wogendes Meer, aus dem wie Marmor die glänzenden Formen des reinen
30 Leibes abwechselnd hervorstrahlten. Nach geraumer Zeit näherte sie sich einem
andern goldenen Schranke, nahm eine Tafel heraus, die von vielen eingelegten
Steinen, Rubinen, Diamanten und allen Juwelen glänzte, und betrachtete sie lange
prüfend. Die Tafel schien eine wunderliche unverständliche Figur mit ihren unter-
schiedlichen Farben und Linien zu bilden; zuweilen war, nachdem der Schimmer
35 ihm entgegenspiegelte, der Jüngling schmerzhaft geblendet, dann wieder besänf-
tigten grüne und blau spielende Scheine sein Auge: er aber stand, die Gegenstände
mit seinen Blicken verschlingend, und zugleich tief in sich selbst versunken. In
seinem Innern hatte sich ein Abgrund von Gestalten und Wohllaut, von Sehnsucht

---

[1]*Macht ... Meister* 'make yourselves the master of the hearts and spirits ...'   [2]=*ihr*

und Wollust aufgetan, Scharen von beflügelten Tönen und wehmütigen und freudigen Melodien zogen durch sein Gemüt, das bis auf den Grund bewegt war: er sah eine Welt von Schmerz und Hoffnung in sich aufgehen, mächtige Wunderfelsen von Vertrauen und trotzender Zuversicht, große Wasserströme, wie voll Weh-
5 mut fließend. Er kannte sich nicht wieder, und erschrak, als die Schöne das Fenster öffnete, ihm die magische steinerne Tafel reichte und die wenigen Worte sprach: „Nimm dieses zu meinem Angedenken!" Er faßte die Tafel und fühlte die Figur, die unsichtbar sogleich in sein Inneres überging, und das Licht und die mächtige Schönheit und der seltsame Saal waren verschwunden. Wie eine dunkele
10 Nacht mit Wolkenvorhängen fiel es in sein Inneres hinein, er suchte nach seinen vorigen Gefühlen, nach jener Begeisterung und unbegreiflichen Liebe, er beschaute die kostbare Tafel, in welcher sich der untersinkende Mond schwach und bläulich spiegelte.

Noch hielt er die Tafel fest in seinen Händen gepreßt, als der Morgen graute
15 und er erschöpft, schwindelnd und halb schlafend die steile Höhe hinunterstürzte. —

Die Sonne schien dem betäubten Schläfer auf sein Gesicht, der sich erwachend auf einem anmutigen Hügel wiederfand. Er sah umher, und erblickte weit hinter sich und kaum noch kennbar am äußersten Horizont die Trümmer des Ru-
20 nenberges: er suchte nach jener Tafel, und fand sie nirgend. Erstaunt und verwirrt wollte er sich sammeln und seine Erinnerungen anknüpfen, aber sein Gedächtnis war wie mit einem wüsten Nebel angefüllt, in welchem sich formlose Gestalten wild und unkenntlich durcheinanderbewegten. Sein ganzes voriges Leben lag wie in einer tiefen Ferne hinter ihm; das Seltsamste und das Gewöhnliche war so
25 ineinander vermischt, daß er es unmöglich sondern konnte. Nach langem Streite mit sich selbst glaubte er endlich, ein Traum oder ein plötzlicher Wahnsinn habe ihn in dieser Nacht befallen, nur begriff er immer nicht, wie er sich so weit in eine fremde entlegene Gegend habe verirren können.

Noch fast schlaftrunken stieg er den Hügel hinab, und geriet auf einen
30 gebahnten Weg, der ihn vom Gebirge hinunter in das flache Land führte. Alles war ihm fremd, er glaubte anfangs, er würde in seine Heimat gelangen, aber er sah eine ganz verschiedene Gegend, und vermutete endlich, daß er sich jenseit der südlichen Grenze des Gebirges befinden müsse, welches er im Frühling von Norden her betreten hatte. Gegen Mittag stand er über einem Dorfe, aus dessen Hütten
35 ein friedlicher Rauch in die Höhe stieg, Kinder spielten auf einem grünen Platze festtäglich geputzt, und aus der kleinen Kirche erscholl der Orgelklang und das Singen der Gemeine[1]. Alles ergriff ihn mit unbeschreiblich süßer Wehmut, alles rührte ihn so herzlich, daß er weinen mußte. Die engen Gärten, die kleinen Hütten mit ihren rauchenden Schornsteinen, die gerade abgeteilten Kornfelder[2] erin-

---

[1] 'congregation' [2] 'fields of grain'

nerten ihn an die Bedürftigkeit des armen Menschengeschlechts, an seine Abhän-
gigkeit vom freundlichen Erdboden, dessen Milde es sich vertrauen muß; dabei
erfüllte der Gesang und der Ton der Orgel sein Herz mit einer nie gefühlten
Frömmigkeit. Seine Empfindungen und Wünsche der Nacht erschienen ihm
5 ruchlos und frevelhaft, er wollte sich wieder kindlich, bedürftig[1] und demütig an
die Menschen wie an seine Brüder schließen, und sich von den gottlosen Gefühlen
und Vorsätzen entfernen. Reizend und anlockend dünkte ihm die Ebene mit dem
kleinen Fluß, der sich in mannigfaltigen Krümmungen um Wiesen und Gärten
schmiegte; mit Furcht gedachte er an seinen Aufenthalt in dem einsamen Gebirge
10 und zwischen den wüsten Steinen, er sehnte sich, in diesem friedlichen Dorfe wohnen zu dürfen, und trat mit diesen Empfindungen in die menschenerfüllte Kirche.
    Der Gesang war eben beendigt und der Priester hatte seine Predigt begonnen,
von den Wohltaten Gottes in der Ernte: wie seine Güte alles speiset und sättiget
was lebt, wie wunderbar im Getreide für die Erhaltung des Menschengeschlechtes
15 gesorgt sei, wie die Liebe Gottes sich unaufhörlich im Brote mitteile und der
andächtige Christ so ein unvergängliches Abendmahl[2] gerührt feiern könne. Die
Gemeine war erbaut, des Jägers Blicke ruhten auf dem frommen Redner, und
bemerkten dicht neben der Kanzel[3] ein junges Mädchen, das vor allen andern der
Andacht und Aufmerksamkeit hingegeben schien. Sie war schlank und blond, ihr
20 blaues Auge glänzte von der durchdringendsten Sanftheit, ihr Antlitz war wie
durchsichtig und in den zartesten Farben blühend. Der fremde Jüngling hatte sich
und sein Herz noch niemals so empfunden, so voll Liebe und so beruhigt, so den
stillsten und erquickendsten Gefühlen hingegeben. Er beugte sich weinend, als der
Priester endlich den Segen sprach, er fühlte sich bei den heiligen Worten wie von
25 einer unsichtbaren Gewalt durchdrungen, und das Schattenbild der Nacht[4] in die
tiefste Entfernung wie ein Gespenst hinabgerückt. Er verließ die Kirche, verweilte
unter einer großen Linde, und dankte Gott in einem inbrünstigen Gebete, daß er
ihn ohne sein Verdienst wieder aus den Netzen des bösen Geistes befreit habe.
    Das Dorf feierte an diesem Tage das Erntefest und alle Menschen waren
30 fröhlich gestimmt; die geputzten Kinder freuten sich auf die Tänze und Kuchen,
die jungen Burschen richteten auf dem Platze im Dorfe, der von jungen Bäumen
umgeben war, alles zu ihrer herbstlichen Festlichkeit ein, die Musikanten saßen
und probierten ihre Instrumente. Christian ging noch einmal in das Feld hinaus,
um sein Gemüt zu sammeln und seinen Betrachtungen nachzuhängen, dann kam
35 er in das Dorf zurück, als sich schon alles zur Fröhlichkeit und zur Begehung[5] des
Festes vereiniget hatte. Auch die blonde Elisabeth war mit ihren Eltern zugegen,
und der Fremde mischte sich in den frohen Haufen. Elisabeth tanzte, und er hatte
unterdes bald mit dem Vater ein Gespräch angesponnen, der ein Pachter war und

---

[1]'needful' [2]'Eucharist' [3]'pulpit' [4]i. e., the mysterious female form in the Runenberg
[5]'celebration'

einer der reichsten Leute im Dorfe. Ihm schien die Jugend und das Gespräch des
fremden Gastes zu gefallen, und so wurden sie in kurzer Zeit dahin einig, daß
Christian als Gärtner bei ihm einziehen solle. Dieser konnte es unternehmen, denn
er hoffte, daß ihm nun die Kenntnisse und Beschäftigungen zustatten kommen
5 würden, die er in seiner Heimat so sehr verachtet hatte.
Jetzt begann ein neues Leben für ihn. Er zog bei dem Pachter ein und ward
zu dessen Familie gerechnet; mit seinem Stande veränderte er auch seine Tracht.
Er war so gut, so dienstfertig und immer freundlich, er stand seiner Arbeit so fleißig vor[1], daß ihm bald alle im Hause, vorzüglich aber die Tochter, gewogen wur-
10 den. Sooft er sie am Sonntage zur Kirche gehn sah, hielt er ihr einen schönen Blumenstrauß in Bereitschaft, für den sie ihm mit errötender Freundlichkeit dankte;
er vermißte sie, wenn er sie an einem Tage nicht sah, dann erzählte sie ihm am
Abend Märchen und lustige Geschichten. Sie wurden sich immer notwendiger,
und die Alten, welche es bemerkten, schienen nichts dagegen zu haben, denn
15 Christian war der fleißigste und schönste Bursche im Dorfe; sie selbst hatten vom
ersten Augenblick einen Zug der Liebe und Freundschaft zu ihm gefühlt. Nach
einem halben Jahre war Elisabeth seine Gattin. Es war wieder Frühling, die
Schwalben und die Vögel des Gesanges kamen in das Land, der Garten stand in
seinem schönsten Schmuck, die Hochzeit wurde mit aller Fröhlichkeit gefeiert,
20 Braut und Bräutigam schienen trunken von ihrem Glücke. Am Abend spät, als sie
in die Kammer gingen, sagte der junge Gatte zu seiner Geliebten: „Nein, nicht
jenes Bild[2] bist du, welches mich einst im Traum entzückte und das ich niemals
ganz vergessen kann, aber doch bin ich glücklich in deiner Nähe und selig in
deinen Armen.“
25 Wie vergnügt war die Familie, als sie nach einem Jahre durch eine kleine
Tochter vermehrt wurde, welche man Leonora nannte. Christian wurde zwar
zuweilen etwas ernster, indem er das Kind betrachtete, aber doch kam seine
jugendliche Heiterkeit immer wieder zurück. Er gedachte kaum noch seiner
vorigen Lebensweise, denn er fühlte sich ganz einheimisch und befriedigt. Nach
30 einigen Monaten fielen ihm aber seine Eltern in die Gedanken, und wie sehr sich
besonders sein Vater über sein ruhiges Glück, über seinen Stand als Gärtner und
Landmann freuen würde; es ängstigte ihn, daß er Vater und Mutter seit so langer
Zeit ganz hatte vergessen können, sein eigenes Kind erinnerte ihn, welche Freude
die Kinder den Eltern sind, und so beschloß er dann endlich, sich auf die Reise zu
35 machen und seine Heimat wieder zu besuchen.
Ungern verließ er seine Gattin; alle wünschten ihm Glück, und er machte sich
in der schönen Jahreszeit zu Fuß auf den Weg. Er fühlte schon nach wenigen
Stunden, wie ihn das Scheiden peinige, zum erstenmal empfand er in seinem
Leben die Schmerzen der Trennung; die fremden Gegenstände erschienen ihm fast

---

[1]*stand ... vor* 'saw to'   [2]'that image,' again the woman in the Runenberg

wild, ihm war, als sei er in einer feindseligen Einsamkeit verloren. Da kam ihm der Gedanke, daß seine Jugend vorüber sei, daß er eine Heimat gefunden, der er angehöre, in die sein Herz Wurzel geschlagen habe; er wollte fast den verlornen Leichtsinn der vorigen Jahre beklagen, und es war ihm äußerst trübselig zumute, als er
5 für die Nacht auf einem Dorfe in dem Wirtshause einkehren mußte. Er begriff nicht, warum er sich von seiner freundlichen Gattin und den erworbenen Eltern entfernt habe, und verdrießlich und murrend machte er sich am Morgen auf den Weg, um seine Reise fortzusetzen.

Seine Angst nahm zu, indem er sich dem Gebirge näherte, die fernen Ruinen
10 wurden schon sichtbar und traten nach und nach kenntlicher hervor, viele Bergspitzen hoben sich abgeründet aus dem blauen Nebel. Sein Schritt wurde zaghaft, er blieb oft stehen und verwunderte sich über seine Furcht, über die Schauer[1], die ihm mit jedem Schritte gedrängter nahe kamen. „Ich kenne dich Wahnsinn wohl", rief er aus, „und dein gefährliches Locken, aber ich will dir männlich widerstehn!
15 Elisabeth ist kein schnöder Traum, ich weiß, daß sie jetzt an mich denkt, daß sie auf mich wartet und liebevoll die Stunden meiner Abwesenheit zählt. Sehe ich nicht schon Wälder wie schwarze Haare vor mir? Schauen nicht aus dem Bache die blitzenden Augen nach mir her? Schreiten die großen Glieder nicht aus den Bergen auf mich zu?" — Mit diesen Worten wollte er sich um auszuruhen unter einen
20 Baum niederwerfen, als er im Schatten desselben einen alten Mann sitzen sah, der mit der größten Aufmerksamkeit eine Blume betrachtete, sie bald gegen die Sonne hielt, bald wieder mit seiner Hand beschattete, ihre Blätter zählte, und überhaupt sich bemühte, sie seinem Gedächtnisse genau einzuprägen. Als er näher ging, erschien ihm die Gestalt bekannt, und bald blieb ihm kein Zweifel übrig, daß der
25 Alte mit der Blume sein Vater sei. Er stürzte ihm mit dem Ausdruck der heftigsten Freude in die Arme; jener war vergnügt, aber nicht überrascht, ihn so plötzlich wiederzusehen. „Kömmst[2] du mir schon entgegen, mein Sohn?" sagte der Alte, „ich wußte, daß ich dich bald finden würde, aber ich glaubte nicht, daß mir schon am heutigen Tage die Freude widerfahren sollte." — „Woher wußtet Ihr, Vater,
30 daß Ihr mich antreffen würdet?" — „An dieser Blume", sprach der alte Gärtner; „seit ich lebe, habe ich mir gewünscht, sie einmal sehen zu können, aber niemals ist es mir so gut geworden, weil sie sehr selten ist, und nur in Gebirgen wächst: ich machte mich auf dich zu suchen, weil deine Mutter gestorben ist und mir zu Hause die Einsamkeit zu drückend und trübselig war. Ich wußte nicht, wohin ich meinen
35 Weg richten sollte, endlich wanderte ich durch das Gebirge, so traurig mir auch die Reise vorkam; ich suchte beiher[3] nach der Blume, konnte sie aber nirgends entdecken, und nun finde ich sie ganz unvermutet hier, wo schon die schöne Ebene sich ausstreckt; daraus wußte ich, daß ich dich bald finden mußte, und sieh, wie die liebe Blume mir geweissagt hat!" Sie umarmten sich wieder, und Christian

---

[1]'sensation of awe, fear'   [2]=*Kommst*   [3]'along the way'

beweinte seine Mutter; der Alte aber faßte seine Hand und sagte: „Laß uns gehen, daß wir die Schatten des Gebirges bald aus den Augen verlieren, mir ist immer noch weh ums Herz von den steilen wilden Gestalten, von dem gräßlichen Geklüft[1], von den schluchzenden Wasserbächen; laß uns das gute, fromme, ebene
5 Land besuchen."

Sie wanderten zurück, und Christian ward wieder froher. Er erzählte seinem Vater von seinem neuen Glücke, von seinem Kinde und seiner Heimat; sein Gespräch machte ihn selbst wie trunken, und er fühlte im Reden erst recht, wie nichts mehr zu seiner Zufriedenheit ermangle. So kamen sie unter Erzählungen, traurigen
10 und fröhlichen, in dem Dorfe an. Alle waren über die frühe Beendigung der Reise vergnügt, am meisten Elisabeth. Der alte Vater zog zu ihnen, und gab sein kleines Vermögen in ihre Wirtschaft; sie bildeten den zufriedensten und einträchtigsten Kreis von Menschen. Der Acker gedieh, der Viehstand mehrte sich, Christians Haus wurde in wenigen Jahren eins der ansehnlichsten im Orte; auch sah er sich
15 bald als den Vater von mehreren Kindern.

Fünf Jahre waren auf diese Weise verflossen, als ein Fremder auf seiner Reise in ihrem Dorfe einkehrte, und in Christians Hause, weil es die ansehnlichste Wohnung war, seinen Aufenthalt nahm. Er war ein freundlicher, gesprächiger Mann, der vieles von seinen Reisen erzählte, der mit den Kindern spielte und
20 ihnen Geschenke machte, und dem in kurzem alle gewogen waren. Es gefiel ihm so wohl in der Gegend, daß er sich einige Tage hier aufhalten wollte, aber aus den Tagen wurden Wochen, und endlich Monate. Keiner wunderte sich über die Verzögerung, denn alle hatten sich schon daran gewöhnt, ihn mit zur Familie zu zählen. Christian saß nur oft nachdenklich, denn es kam ihm vor, als kenne er den
25 Reisenden schon von ehemals, und doch konnte er sich keiner Gelegenheit erinnern, bei welcher er ihn gesehen haben möchte. Nach dreien Monaten nahm der Fremde endlich Abschied und sagte: „Lieben[2] Freunde, ein wunderbares Schicksal und seltsame Erwartungen treiben mich in das nächste Gebirge hinein, ein zaubervolles Bild, dem ich nicht widerstehen kann, lockt mich; ich verlasse euch jetzt,
30 und ich weiß nicht, ob ich wieder zu euch zurückkommen werde; ich habe eine Summe Geldes bei mir, die in euren Händen sicherer ist als in den meinigen, und deshalb bitte ich euch, sie zu verwahren; komme ich in Jahresfrist nicht zurück, so behaltet sie, und nehmet sie als einen Dank für eure mir bewiesene Freundschaft an."

35 So reiste der Fremde ab, und Christian nahm das Geld in Verwahrung. Er verschloß es sorgfältig und sah aus übertriebener Ängstlichkeit zuweilen wieder nach, zählte es über, ob nichts daran fehle, und machte sich viel damit zu tun. „Diese Summe könnte uns recht glücklich machen", sagte er einmal zu seinem Vater, „wenn der Fremde nicht zurückkommen sollte, für uns und unsre Kinder

---

[1] 'chasm(s)'   [2]=*Liebe*

wäre auf immer gesorgt." „Laß das Gold", sagte der Alte, „darinne liegt das Glück
nicht, uns hat bisher noch gottlob nichts gemangelt, und entschlage dich[1] überhaupt dieser Gedanken."

Oft stand Christian in der Nacht auf, um die Knechte zur Arbeit zu wecken
5 und selbst nach allem zu sehn; der Vater war besorgt, daß er durch übertriebenen
Fleiß seiner Jugend und Gesundheit schaden möchte: daher machte er sich in einer
Nacht auf, um ihn zu ermahnen, seine übertriebene Tätigkeit einzuschränken, als
er ihn zu seinem Erstaunen bei einer kleinen Lampe am Tische sitzend fand,
indem er wieder mit der größten Emsigkeit die Goldstücke zählte. „Mein Sohn",
10 sagte der Alte mit Schmerzen, „soll es dahin mit dir kommen, ist dieses verfluchte
Metall nur zu unserm Unglück unter dieses Dach gebracht? Besinne dich, mein
Lieber, so muß dir der böse Feind Blut und Leben verzehren." — „Ja", sagte Christian, „ich verstehe mich selber nicht mehr, weder bei Tage noch in der Nacht läßt
es mir Ruhe; seht, wie es mich jetzt wieder anblickt, daß mir der rote Glanz tief
15 in mein Herz hineingeht! Horcht, wie es klingt, dies güldene Blut! das ruft mich,
wenn ich schlafe, ich höre es, wenn Musik tönt, wenn der Wind bläst, wenn Leute
auf der Gasse sprechen; scheint die Sonne, so sehe ich nur diese gelben Augen, wie
es mir zublinzelt, und mir heimlich ein Liebeswort ins Ohr sagen will: so muß ich
mich wohl nächtlicherweise aufmachen, um nur seinem Liebesdrang genugzutun[2],
20 und dann fühle ich es innerlich jauchzen und frohlocken, wenn ich es mit meinen
Fingern berühre, es wird vor Freuden immer röter und herrlicher; schaut nur selbst
die Glut der Entzückung an!" — Der Greis nahm schaudernd und weinend den
Sohn in seine Arme, betete und sprach dann: „Christel[3], du mußt dich wieder zum
Worte Gottes wenden, du mußt fleißiger und andächtiger in die Kirche gehen,
25 sonst wirst du verschmachten und im traurigsten Elende dich verzehren."

Das Geld wurde wieder weggeschlossen, Christian versprach sich zu ändern
und in sich zu gehn[4], und der Alte ward beruhigt. Schon war ein Jahr und mehr
vergangen, und man hatte von dem Fremden noch nichts wieder in Erfahrung
bringen können; der Alte gab nun endlich den Bitten seines Sohnes nach, und das
30 zurückgelassene Geld wurde in Ländereien und auf andere Weise angelegt. Im
Dorfe wurde bald von dem Reichtum des jungen Pachters gesprochen, und Christian schien außerordentlich zufrieden und vergnügt, so daß der Vater sich glücklich pries, ihn so wohl und heiter zu sehn: alle Furcht war jetzt in seiner Seele verschwunden. Wie sehr mußte er daher erstaunen, als ihn an einem Abend Elisabeth
35 beiseit nahm und unter Tränen erzählte, wie sie ihren Mann nicht mehr verstehe,
er spreche so irre, vorzüglich[5] des Nachts, er träume schwer, gehe oft im Schlafe
lange in der Stube herum, ohne es zu wissen, und erzähle wunderbare Dinge, vor
denen sie oft schaudern müsse. Am schrecklichsten sei ihr seine Lustigkeit am

---

[1]'rid yourself' [2]'satisfy its urge to love' [3]nickname for Christian [4]'take counsel with himself' [5]=*besonders*

Tage, denn sein Lachen sei so wild und frech, sein Blick irre und fremd. Der Vater
erschrak und die betrübte Gattin fuhr fort: „Immer spricht er von dem Fremden,
und behauptet, daß er ihn schon sonst gekannt habe, denn dieser fremde Mann sei
eigentlich ein wunderschönes Weib; auch will er gar nicht mehr auf das Feld hin-
5 ausgehn oder im Garten arbeiten, denn er sagt, er höre ein unterirdisches fürch-
terliches Ächzen, sowie er nur eine Wurzel ausziehe; er fährt zusammen und
scheint sich vor allen Pflanzen und Kräutern wie vor Gespenstern zu entsetzen."
— „Allgütiger Gott!" rief der Vater aus, „ist der fürchterliche Hunger in ihn schon
so fest hineingewachsen, daß es dahin hat kommen können? So ist sein verzauber-
10 tes Herz nicht menschlich mehr, sondern von kaltem Metall, wer keine Blume
mehr liebt, dem ist alle Liebe und Gottesfurcht verloren."

Am folgenden Tage ging der Vater mit dem Sohne spazieren, und sagte ihm
manches wieder, was er von Elisabeth gehört hatte; er ermahnte ihn zur Frömmigkeit, und daß er seinen Geist heiligen Betrachtungen widmen solle. Christian sag-
15 te: „Gern, Vater, auch ist mir oft ganz wohl, und es gelingt mir alles gut; ich kann
auf lange Zeit, auf Jahre, die wahre Gestalt meines Innern vergessen, und gleichsam ein fremdes Leben mit Leichtigkeit führen: dann geht aber plötzlich wie ein
neuer Mond das regierende Gestirn, welches ich selber bin, in meinem Herzen auf,
und besiegt die fremde Macht. Ich könnte ganz froh sein, aber einmal, in einer
20 seltsamen Nacht, ist mir durch die Hand ein geheimnisvolles Zeichen tief in mein
Gemüt hineingeprägt; oft schläft und ruht die magische Figur, ich meine sie ist
vergangen, aber dann quillt sie wie ein Gift plötzlich wieder hervor, und wegt sich
in allen Linien[1]. Dann kann ich sie nur denken und fühlen, und alles umher ist
verwandelt, oder vielmehr von dieser Gestaltung verschlungen worden. Wie der
25 Wahnsinnige[2] beim Anblick des Wassers sich entsetzt, und das empfangene Gift
noch giftiger in ihm wird, so geschieht es mir bei allen eckigen Figuren, bei jeder
Linie, bei jedem Strahl, alles will dann die inwohnende Gestalt entbinden und zur
Geburt befördern, und mein Geist und Körper fühlt die Angst; wie sie das Gemüt
durch ein Gefühl von außen empfing, so will es sie dann wieder quälend und rin-
30 gend zum äußern Gefühl hinausarbeiten, um ihrer los und ruhig zu werden."

„Ein unglückliches Gestirn war es", sprach der Alte, „das dich von uns hin-
wegzog; du warst für ein stilles Leben geboren, dein Sinn neigte sich zur Ruhe und
zu den Pflanzen, da führte dich deine Ungeduld hinweg, in die Gesellschaft der
verwilderten Steine: die Felsen, die zerrissenen Klippen mit ihren schroffen Ge-
35 stalten haben dein Gemüt zerrüttet, und den verwüstenden Hunger nach dem
Metall in dich gepflanzt. Immer hättest du dich vor dem Anblick des Gebirges
hüten und bewahren müssen[3], und so dachte ich dich auch zu erziehen, aber es hat
nicht sein sollen. Deine Demut, deine Ruhe, dein kindlicher Sinn ist von Trotz,
Wildheit und Übermut verschüttet."

---

[1]'branches out in all directions'   [2]the victim of hydrophobia   [3]=*sollen*

„Nein", sagte der Sohn, „ich erinnere mich ganz deutlich, daß mir eine Pflanze zuerst das Unglück der ganzen Erde bekannt gemacht hat, seitdem verstehe ich erst die Seufzer und Klagen, die allenthalben in der ganzen Natur vernehmbar sind, wenn man nur darauf hören will; in den Pflanzen, Kräutern, Blumen und Bäumen
5 regt und bewegt sich schmerzhaft nur eine große Wunde, sie sind der Leichnam vormaliger herrlicher Steinwelten, sie bieten unserm Auge die schrecklichste Verwesung dar. Jetzt verstehe ich es wohl, daß es dies war, was mir jene Wurzel mit ihrem tiefgeholten Ächzen sagen wollte, sie vergaß sich in ihrem Schmerze und verriet mir alles. Darum sind alle grünen Gewächse so erzürnt auf mich, und stehn
10 mir nach dem Leben[1]; sie wollen jene geliebte Figur in meinem Herzen auslöschen, und in jedem Frühling mit ihrer verzerrten Leichenmiene[2] meine Seele gewinnen. Unerlaubt und tückisch ist es, wie sie dich, alter Mann, hintergangen haben, denn von deiner Seele haben sie gänzlich Besitz genommen. Frage nur die Steine, du wirst erstaunen, wenn du sie reden hörst."
15   Der Vater sah ihn lange an, und konnte ihm nichts mehr antworten. Sie gingen schweigend zurück nach Hause, und der Alte mußte sich jetzt ebenfalls vor der Lustigkeit seines Sohnes entsetzen, denn sie dünkte ihm ganz fremdartig, und als wenn ein andres Wesen aus ihm, wie aus einer Maschine, unbeholfen und ungeschickt herausspiele. —
20   Das Erntefest sollte wieder gefeiert werden, die Gemeine ging in die Kirche, und auch Elisabeth zog sich mit den Kindern an, um dem Gottesdienste beizuwohnen; ihr Mann machte auch Anstalten, sie zu begleiten, aber noch vor der Kirchentür kehrte er um, und ging tiefsinnend vor das Dorf hinaus. Er setzte sich auf die Anhöhe, und sahe[3] wieder die rauchenden Dächer unter sich, er hörte den Ge-
25 sang und Orgelton von der Kirche her, geputzte Kinder tanzten und spielten auf dem grünen Rasen. „Wie habe ich mein Leben in einem Traume verloren!" sagte er zu sich selbst; „Jahre sind verflossen, daß ich von hier hinunterstieg, unter die Kinder hinein; die damals hier spielten, sind heute dort ernsthaft in der Kirche; ich trat auch in das Gebäude, aber heut ist Elisabeth nicht mehr ein blühendes kind-
30 liches Mädchen, ihre Jugend ist vorüber, ich kann nicht mit der Sehnsucht wie damals den Blick ihrer Augen aufsuchen: so habe ich mutwillig ein hohes ewiges Glück aus der Acht gelassen[4], um ein vergängliches und zeitliches zu gewinnen."
      Er ging sehnsuchtsvoll nach dem benachbarten Walde, und vertiefte sich in seine dichtesten Schatten. Eine schauerliche Stille umgab ihn, keine Luft rührte
35 sich in den Blättern. Indem[5] sah er einen Mann von ferne auf sich zukommen, den er für den Fremden erkannte; er erschrak, und sein erster Gedanke war, jener würde sein Geld von ihm zurückfordern. Als die Gestalt etwas näher kam, sah er, wie sehr er sich geirrt hatte, denn die Umrisse, welche er wahrzunehmen gewähnt[6],

---

[1]*stehen ... Leben* 'are seeking my life'   [2]'corpse-like look'   [3]=*sah*   [4]'disregarded'   [5]=*Da*
[6]=*gedacht (hatte)*

zerbrachen wie in sich selber; ein altes Weib von der äußersten Häßlichkeit kam auf ihn zu, sie war in schmutzige Lumpen gekleidet, ein zerrissenes Tuch hielt einige greise Haare zusammen, sie hinkte an einer Krücke. Mit fürchterlicher Stimme redete sie Christian an, und fragte nach seinem Namen und Stande, er
5 antwortete ihr umständlich und sagte darauf: „Aber wer bist du?" „Man nennt mich das Waldweib", sagte jene, „und jedes Kind weiß von mir zu erzählen; hast du mich niemals gekannt?" Mit den letzten Worten wandte sie sich um, und Christian glaubte zwischen den Bäumen den goldenen Schleier, den hohen Gang, den mächtigen Bau der Glieder wiederzuerkennen. Er wollte ihr nacheilen, aber seine Augen
10 fanden sie nicht mehr.

Indem zog etwas Glänzendes seine Blicke in das grüne Gras nieder. Er hob es auf und sahe die magische Tafel mit den farbigen Edelgesteinen, mit der seltsamen Figur wieder, die er vor so manchem Jahr verloren hatte. Die Gestalt und die bunten Lichter drückten mit der plötzlichsten Gewalt auf alle seine Sinne. Er faßte
15 sie recht fest an, um sich zu überzeugen, daß er sie wieder in seinen Händen halte, und eilte dann damit nach dem Dorfe zurück. Der Vater begegnete ihm. „Seht", rief er ihm zu, „das, wovon ich Euch so oft erzählt habe, was ich nur im Traum zu sehn glaubte, ist jetzt gewiß und wahrhaftig mein." Der Alte betrachtete die Tafel lange und sagte: „Mein Sohn, mir schaudert recht im Herzen, wenn ich die Linea-
20 mente dieser Steine betrachte und ahnend den Sinn dieser Wortfügung errate; sieh her, wie kalt sie funkeln, welche grausame Blicke sie von sich geben, blutdürstig, wie das rote Auge des Tigers. Wirf diese Schrift weg, die dich kalt und grausam macht, die dein Herz versteinern muß:

> Sieh die zarten Blüten keimen,
25 > Wie sie aus sich selbst erwachen,
> Und wie Kinder aus den Träumen
> Dir entgegen lieblich lachen.

> Ihre Farbe ist im Spielen
> Zugekehrt der goldnen Sonne,
30 > Deren heißen Kuß zu fühlen,
> Das ist ihre höchste Wonne:

> An den Küssen zu verschmachten,
> Zu vergehn in Lieb und Wehmut;
> Also stehn, die eben lachten,
35 > Bald verwelkt in stiller Demut.

> Das ist ihre höchste Freude,
> Im Geliebten sich verzehren,
> Sich im Tode zu verklären,
> Zu vergehn in süßem Leide.

Dann ergießen sie die Düfte,
Ihre Geister, mit Entzücken,
Es berauschen sich die Lüfte
Im balsamischen Erquicken.

5   Liebe kommt zum Menschenherzen,
Regt die goldnen Saitenspiele[1],
Und die Seele spricht: ich fühle
Was das Schönste sei, wonach ich ziele,
Wehmut, Sehnsucht und der Liebe Schmerzen."

10   „Wunderbare, unermeßliche Schätze", antwortete der Sohn, „muß es noch in
den Tiefen der Erde geben. Wer diese ergründen, heben[2] und an sich reißen könnte! Wer die Erde so wie eine geliebte Braut an sich zu drücken vermöchte, daß sie
ihm in Angst und Liebe gern ihr Kostbarstes gönnte! Das Waldweib hat mich
gerufen, ich gehe sie zu suchen. Hier nebenan ist ein alter verfallener Schacht,
15   schon vor Jahrhunderten von einem Bergmanne aufgegraben; vielleicht, daß ich sie
dort finde!"
Er eilte fort. Vergeblich strebte der Alte, ihn zurückzuhalten, jener war seinen
Blicken bald entschwunden. Nach einigen Stunden, nach vieler Anstrengung
gelangte der Vater an den alten Schacht; er sah die Fußstapfen im Sande am Ein-
20   gange eingedrückt, und kehrte weinend um, in der Überzeugung, daß sein Sohn
im Wahnsinn hineingegangen, und in alte gesammelte Wässer und Untiefen versunken sei.
Seitdem war er unaufhörlich betrübt und in Tränen. Das ganze Dorf trauerte
um den jungen Pachter, Elisabeth war untröstlich, die Kinder jammerten laut.
25   Nach einem halben Jahre war der alte Vater gestorben, Elisabeths Eltern folgten
ihm bald nach, und sie mußte die große Wirtschaft allein verwalten. Die angehäuf-
ten Geschäfte entfernten sie etwas von ihrem Kummer, die Erziehung der Kinder,
die Bewirtschaftung des Gutes ließen ihr für Sorge und Gram keine Zeit übrig. So
entschloß sie sich nach zwei Jahren zu einer neuen Heirat, sie gab ihre Hand
30   einem jungen heitern Manne, der sie von Jugend auf geliebt hatte. Aber bald
gewann alles im Hause eine andre Gestalt. Das Vieh starb, Knechte und Mägde
waren untreu, Scheuren mit Früchten wurden vom Feuer verzehrt, Leute in der
Stadt, bei welchen Summen standen, entwichen mit dem Gelde. Bald sah sich der
Wirt genötigt, einige Äcker und Wiesen zu verkaufen; aber ein Mißwachs und
35   teures Jahr[3] brachten ihn nur in neue Verlegenheit. Es schien nicht anders, als
wenn das so wunderbar erworbene Geld auf allen Wegen eine schleunige Flucht
suchte; indessen mehrten sich die Kinder, und Elisabeth sowohl als ihr Mann wurden in der Verzweiflung unachtsam und saumselig[4]; er suchte sich zu zerstreuen,

---

[1]'chords'   [2]'recover,' 'raise'   [3]'year with great expenses'   [4]=*nachlässig*

und trank häufigen und starken Wein[1], der ihn verdrießlich und jähzornig machte, so daß oft Elisabeth mit heißen Zähren[2] ihr Elend beweinte. So wie ihr Glück wich, zogen sich auch die Freunde im Dorfe von ihnen zurück, so daß sie sich nach einigen Jahren ganz verlassen sahn, und sich nur mit Mühe von einer Woche zur andern hinüberfristeten[3].

Es waren ihnen nur wenige Schafe und eine Kuh übriggeblieben, welche Elisabeth oft selber mit den Kindern hütete. So saß sie einst mit ihrer Arbeit[4] auf dem Anger[5], Leonore zu ihrer Seite und ein säugendes Kind an der Brust, als sie von ferne herauf eine wunderbare Gestalt kommen sahen. Es war ein Mann in einem ganz zerrissenen Rocke, barfüßig, sein Gesicht schwarzbraun von der Sonne verbrannt, von einem langen struppigen Bart noch mehr entstellt; er trug keine Bedeckung auf dem Kopf, hatte aber von grünem Laube einen Kranz durch sein Haar geflochten, welcher sein wildes Ansehn noch seltsamer und unbegreiflicher machte. Auf dem Rücken trug er in einem festgeschnürten Sack eine schwere Ladung, im Gehen stützte er sich auf eine junge Fichte.

Als er näher kam, setzte er seine Last nieder, und holte schwer Atem. Er bot der Frau guten Tag, die sich vor seinem Anblicke entsetzte, das Mädchen schmiegte sich an ihre Mutter. Als er ein wenig geruht hatte, sagte er: „Nun komme ich von einer sehr beschwerlichen Wanderschaft aus dem rauhesten Gebirge auf Erden, aber ich habe dafür auch endlich die kostbarsten Schätze mitgebracht, die die Einbildung nur denken oder das Herz sich wünschen kann. Seht hier, und erstaunt!" — Er öffnete hierauf seinen Sack und schüttete ihn aus; dieser war voller Kiesel, unter denen große Stücke Quarz, nebst andern Steinen lagen. „Es ist nur", fuhr er fort, „daß diese Juwelen noch nicht poliert und geschliffen sind, darum fehlt es ihnen noch an Auge und Blick; das äußerliche Feuer mit seinem Glanze ist noch zu sehr in ihren inwendigen Herzen begraben, aber man muß es nur herausschlagen, daß sie sich fürchten, daß keine Verstellung ihnen mehr nützt, so sieht man wohl, wes Geistes Kind[6] sie sind." — Er nahm mit diesen Worten einen harten Stein und schlug ihn heftig gegen einen andern, so daß die roten Funken heraussprangen. „Habt ihr den Glanz gesehen?" rief er aus; „so sind sie ganz Feuer und Licht, sie erhellen das Dunkel mit ihrem Lachen, aber noch tun sie es nicht freiwillig." — Er packte hierauf alles wieder sorgfältig in seinen Sack, welchen er fest zusammenschnürte. „Ich kenne dich recht gut", sagte er dann wehmütig, „du bist Elisabeth." — Die Frau erschrak. „Wie ist dir doch mein Name bekannt", fragte sie mit ahnendem Zittern. — „Ach, lieber Gott!" sagte der Unglückselige, „ich bin ja der Christian, der einst als Jäger zu euch kam, kennst du mich denn nicht mehr?"

---

[1]=*trank häufig starken Wein* [2]=*Tränen* [3]'eked out a living' [4]=*Handarbeit* [5]=*Wiese*
[6]'their true nature' (lit. 'the child of what spirit')

Sie wußte nicht, was sie im Erschrecken und tiefsten Mitleiden sagen sollte. Er fiel ihr um den Hals, und küßte sie. Elisabeth rief aus: „O Gott! mein Mann kommt!"

„Sei ruhig", sagte er, „ich bin dir so gut wie gestorben; dort im Walde wartet schon meine Schöne, die Gewaltige, auf mich, die mit dem goldenen Schleier geschmückt ist. Dieses ist mein liebstes Kind, Leonore. Komm her, mein teures, liebes Herz, und gib mir auch einen Kuß, nur einen einzigen, daß ich einmal wieder deinen Mund auf meinen Lippen fühle, dann will ich euch verlassen."

Leonore weinte; sie schmiegte sich an ihre Mutter, die in Schluchzen und Tränen sie halb zum Wandrer lenkte, halb zog sie dieser zu sich, nahm sie in die Arme, und drückte sie an seine Brust. — Dann ging er still fort, und im Walde sahen sie ihn mit dem entsetzlichen Waldweibe sprechen.

„Was ist euch?" fragte der Mann, als er Mutter und Tochter blaß und in Tränen aufgelöst fand. Keine wollte ihm Antwort geben.

Der Unglückliche ward aber seitdem nicht wieder gesehen.

E. T. A. Hoffmann

Ernst Theodor Amadeus Hoffmann (1776-1882) was both a novelist and a composer. In order to finance his artistic pursuits, Hoffmann served for the last eleven years of his life as an official of the Prussian judiciary in Berlin, an occupation that provided him with much insight into the scurrilous and even bizarre behavior of bourgeois society. The conflict between bourgeois "normalcy" and the realm of the fanstastic appears again and again in his works; only that person who can at the same time perceive both realms can become a poet, even though their inherent disparity often leads his characters to the limits of sanity. Although his fiction was very

HOFFMANN.

popular with the reading public, who assumed it to be autobiographical, it was rejected by some of the important writers of his time, including Goethe, Tieck, and Brentano; however, it was of deep influence on younger writers like Poe and Dostoevski. A more generous Sigmund Freud called him "der Meister des Unheimlichen." Our tale is told by the character Theodor in volume one of *Die Separions-Brüder* (1819-1821).

Rat Krespel

DIESER RAT KRESPEL WAR nämlich in der Tat einer der allerwunderlichsten Menschen, die mir jemals im Leben vorgekommen.[1] Als ich nach H– zog, um mich einige Zeit dort aufzuhalten, sprach die ganze Stadt von ihm, weil soeben einer seiner allernärrischten Streiche in voller

5 Blüte stand. Krespel war berühmt als gelehrter gewandter Jurist und als tüchtiger Diplomatiker. Ein nicht eben bedeutender regierender Fürst in Deutschland hatte

---

[1]Johann Bernhard Crespel (1747-1813) was a real person, who is also mentioned in Goethe's *Dichtung und Wahrheit*.

sich an ihn gewandt, um ein Memorial[1] auszuarbeiten, das die Ausführung seiner
rechtsbegründeten Ansprüche auf ein gewisses Territorium zum Gegenstand hatte,
und das er dem Kaiserhofe[2] einzureichen gedachte. Das geschah mit dem glück-
lichsten Erfolg, und da Krespel einmal geklagt hatte, daß er nie eine Wohnung
5 seiner Bequemlichkeit gemäß finden könne, übernahm der Fürst um ihn für jenes
Memorial zu lohnen, die Kosten eines Hauses, das Krespel ganz nach seinem Gefallen aufbauen lassen sollte. Auch den Platz dazu wollte der Fürst nach Krespels
Wahl ankaufen lassen; das nahm Krespel indessen nicht an, vielmehr blieb er
dabei, daß das Haus in seinem vor dem Tor in der schönsten Gegend belegenen
10 Garten erbaut werden solle. Nun kaufte er alle nur mögliche Materialien zusammen und ließ sie herausfahren; dann sah man ihn, wie er tagelang in seinem sonderbaren Kleide (das er übrigens selbst angefertigt nach bestimmten eigenen Prin-
zipien) den Kalk löschte[3], den Sand siebte, die Mauersteine in regelmäßige Haufen
aufsetzte u.s.w. Mit irgendeinem Baumeister hatte er nicht gesprochen, an irgend-
15 einen Riß[4] nicht gedacht. An einem guten Tage ging er indessen zu einem tüchtigen Mauermeister in H– und bat ihn, sich morgen bei Anbruch des Tages mit
sämtlichen Gesellen und Burschen, vielen Handlangern u.s.w. in dem Garten ein-
zufinden, und sein Haus zu bauen. Der Baumeister fragte natürlicherweise nach
dem Bauriß, und erstaunte nicht wenig, als Krespel erwiderte, es bedürfe dessen
20 gar nicht, und es werde sich schon alles, wie es sein solle, fügen. Als der Meister
anderen Morgens mit seinen Leuten an Ort und Stelle kam, fand er einen im
regelmäßigen Viereck gezogenen Graben, und Krespel sprach: ‚Hier soll das Fundament meines Hauses gelegt werden, und dann bitte ich die vier Mauern so lange
heraufzuführen, bis ich sage, nun ist's hoch genug.‘[5] ‚Ohne Fenster und Türen,
25 ohne Quermauern?‘ fiel der Meister, wie über Krespels Wahnsinn erschrocken, ein.
‚So wie ich es Ihnen sage, bester Mann‘, erwiderte Krespel sehr ruhig, ‚das übrige
wird sich alles finden.‘ Nur das Versprechen reicher Belohnung konnte den Meister bewegen, den unsinnigen Bau zu unternehmen; aber nie ist einer lustiger
geführt worden, denn unter beständigem Lachen der Arbeiter, die die Arbeitsstätte
30 nie verließen, da es Speis und Trank vollauf gab, stiegen die vier Mauern unglaub-
lich schnell in die Höhe, bis eines Tages Krespel rief: ‚Halt!‘ Da schwieg Kell[6] und
Hammer, die Arbeiter stiegen von den Gerüsten herab, und indem sie den Krespel
im Kreise umgaben, sprach es aus jedem lachenden Gesicht: ‚Aber wie nun weiter?‘
— ‚Platz!‘ rief Krespel, lief nach einem Ende des Gartens, und schritt dann lang-
35 sam auf sein Viereck los, dicht an der Mauer schüttelte er unwillig den Kopf, lief
nach dem andern Ende des Gartens, schritt wieder auf das Viereck los, und machte
es wie zuvor. Noch einige Male wiederholte er das Spiel, bis er endlich mit der
spitzen Nase hart an die Mauern anlaufend, laut schrie: ‚Heran, heran ihr Leute,
schlagt mir die Tür ein, hier schlagt mir eine Tür ein!‘ — Er gab Länge und Breite

---

[1]‘petition’   [2]‘imperial law court’   [3]‘slaked lime’   [4]‘blueprint’   [5]Since this entire tale is
a quotation, all dialogue appears in single quotation marks.   [6]=Kelle

genau nach Fuß und Zoll an, und es geschah, wie er geboten. Nun schritt er hinein
in das Haus, und lächelte wohlgefällig, als der Meister bemerkte, die Mauern hätten gerade die Höhe eines tüchtigen zweistöckigen Hauses. Krespel ging in dem
innern Raum bedächtig auf und ab, hinter ihm her die Maurer mit Hammer und
5 Hacke, und sowie er rief: ‚Hier ein Fenster sechs Fuß hoch, vier Fuß breit! — dort
ein Fensterchen drei Fuß hoch, zwei Fuß breit!‘ so wurde es flugs eingeschlagen.
Gerade während dieser Operation kam ich nach H–, und es war höchst ergötzlich
anzusehen, wie Hunderte von Menschen um den Garten herumstanden, und allemal laut aufjubelten, wenn die Steine herausflogen, und wieder ein neues Fenster
10 entstand, da wo man es gar nicht vermutet hatte. Mit dem übrigen Ausbau des
Hauses und mit allen Arbeiten, die dazu nötig waren, machte es Krespel auf eben-
dieselbe Weise, indem sie alles an Ort und Stelle nach seiner augenblicklichen
Angabe verfertigen mußten. Die Possierlichkeit des ganzen Unternehmens, die
gewonnene Überzeugung, daß alles am Ende sich besser zusammengeschickt als
15 zu erwarten stand, vorzüglich aber Krespels Freigebigkeit, die ihm freilich nichts
kostete, erhielt aber alle bei guter Laune. So wurden die Schwierigkeiten, die die
abenteuerliche Art zu bauen herbeiführen mußte, überwunden und in kurzer Zeit
stand ein völlig eingerichtetes Haus da, welches von der Außenseite den tollsten
Anblick gewährte, da kein Fenster dem andern gleich war u.s.w., dessen innere
20 Einrichtung aber eine ganz eigene Wohlbehaglichkeit erregte. Alle die hinein-
kamen, versicherten dies, und ich selbst fühlte es, als Krespel nach näherer Bekanntschaft mich hineinführte. Bis jetzt hatte ich nämlich mit dem seltsamen
Manne noch nicht gesprochen, der Bau beschäftigte ihn so sehr, daß er nicht einmal sich bei dem Professor M*** dienstags, wie er sonst pflegte, zum Mittagsessen
25 einfand, und ihm, als er ihn besonders eingeladen, sagen ließ, vor dem Einwei-
hungsfeste seines Hauses käme er mit keinem Tritt aus der Tür. Alle Freunde und
Bekannte verspitzten sich auf[1] ein großes Mahl, Krespel hatte aber niemanden
gebeten, als sämtliche Meister, Gesellen, Bursche und Handlanger, die sein Haus
erbaut. Er bewirtete sie mit den feinsten Speisen; Maurerbursche fraßen rück-
30 sichtslos Rebhuhnpasteten[2], Tischlerjungen hobelten mit Glück an gebratenen Fa-
sanen, und hungrige Handlanger langten diesmal sich selbst die vortrefflichsten
Stücke aus dem Trüffelfrikassee zu. Des Abends kamen die Frauen und Töchter,
und es begann ein großer Ball. Krespel walzte etwas weniges mit den Meisterfrauen, setzte sich aber dann zu den Stadtmusikanten, nahm eine Geige und diri-
35 gierte die Tanzmusik bis zum hellen Morgen. Den Dienstag nach diesem Feste,
welches den Rat Krespel als Volksfreund darstellte, fand ich ihn endlich zu meiner
nicht geringen Freude bei dem Professor M***. Verwunderlicheres als Krespels Betragen kann man nicht erfinden. Steif und ungelenk in der Bewegung glaubte man
jeden Augenblick, er würde irgendwo anstoßen, irgendeinen Schaden anrichten,

---

[1]'looked forward to'   [2]'partridge pies'

das geschah aber nicht, und man wußte es schon, denn die Hausfrau erblaßte nicht im mindesten, als er mit gewaltigem Schritt um den mit den schönsten Tassen besetzten Tisch sich herumschwang, als er gegen den bis zum Boden reichenden Spiegel manövrierte, als er selbst einen Blumentopf von herrlich gemaltem Por-
5 zellan ergriff und in der Luft herumschwenkte, als ob er die Farben spielen[1] lassen wolle. Überhaupt besah Krespel vor Tische alles in des Professors Zimmer auf das genaueste, er langte sich auch wohl, auf den gepolsterten Stuhl steigend, ein Bild von der Wand herab, und hing es wieder auf. Dabei sprach er viel und heftig, bald (bei Tische wurde es auffallend) sprang er schnell von einer Sache auf die andere,
10 bald konnte er von einer Idee gar nicht loskommen, immer sie wieder ergreifend, geriet er in allerlei wunderliche Irrgänge, und konnte sich nicht wieder finden, bis ihn etwas anders erfaßte. Sein Ton war bald rauh und heftig schreiend, bald leise gedehnt, singend, aber immer paßte er nicht zu dem, was Krespel sprach. Es war von Musik die Rede, man rühmte einen neuen Komponisten, da lächelte Krespel,
15 und sprach mit seiner leisen singenden Stimme: ‚Wollt ich doch, daß der schwarz-gefiederte Satan den verruchten Tonverdreher zehntausend Millionen Klafter tief in den Abgrund der Hölle schlüge!' — Dann fuhr er heftig und wild heraus: ‚Sie ist ein Engel des Himmels, nichts als reiner Gott geweihter[2] Klang und Ton! — Licht und Sternbild alles Gesanges!' — Und dabei standen ihm Tränen in den
20 Augen. Man mußte sich erinnern, daß vor einer Stunde von einer berühmten Sängerin gesprochen worden. Es wurde ein Hasenbraten verzehrt, ich bemerkte, daß Krespel die Knochen auf seinem Teller vom Fleische sorglich säuberte, und genaue Nachfrage nach den Hasenpfoten hielt, die ihm des Professors fünfjähriges Mädchen mit sehr freundlichem Lächeln brachte. Die Kinder hatten überhaupt den Rat
25 schon während des Essens sehr freundlich angeblickt, jetzt standen sie auf und nahten sich ihm, jedoch in scheuer Ehrfurcht und nur auf drei Schritte. Was soll denn das werden, dachte ich im Innern. Das Dessert wurde aufgetragen; da zog der Rat ein Kistchen aus der Tasche, in dem eine kleine stählerne Drehbank lag, die schrob er sofort an den Tisch fest, und nun drechselte er mit unglaublicher Ge-
30 schicklichkeit und Schnelligkeit aus den Hasenknochen allerlei winzig kleine Dös-chen und Büchschen und Kügelchen, die die Kinder jubelnd empfingen. Im Moment des Aufstehens von der Tafel fragte des Professors Nichte: ‚Was macht denn unsere Antonie, lieber Rat?' — Krespel schnitt ein Gesicht, als wenn jemand in eine bittere Pomeranze beißt, und dabei aussehen will, als wenn er Süßes genossen;
35 aber bald verzog sich dies Gesicht zur graulichen Maske, aus der recht bitterer, grimmiger, ja wie es mir schien, recht teuflischer Hohn herauslachte. ‚Unsere? Unsere liebe Antonie?' frug er mit gedehntem, unangenehm singenden Tone. Der Professor kam schnell heran; in dem strafenden Blick, den er der Nichte zuwarf, las ich, daß sie eine Saite berührt hatte, die in Krespels Innerm widrig dissonieren

---

[1]‚gleam' [2]‚dedicated to the divine'

mußte. ,Wie steht es mit den Violinen', frug der Professor recht lustig, indem er den Rat bei beiden Händen erfaßte. Da heiterte sich Krespels Gesicht auf, und er erwiderte mit seiner starken Stimme: ,Vortrefflich, Professor, erst heute hab ich die treffliche Geige von Amati[1], von der ich neulich erzählte, welch ein Glücksfall sie mir in die Hände gespielt, erst heute habe ich sie aufgeschnitten. Ich hoffe, Antonie wird das übrige sorgfältig zerlegt haben.' ,Antonie ist ein gutes Kind', sprach der Professor. ,Ja wahrhaftig, das ist sie!' schrie der Rat, indem er sich schnell umwandte, und mit einem Griff Hut und Stock erfassend, schnell zur Türe hinaussprang. Im Spiegel erblickte ich, daß ihm helle Tränen in den Augen standen.

Sobald der Rat fort war, drang ich in den Professor, mir doch nur gleich zu sagen, was es mit den Violinen und vorzüglich mit Antonien für eine Bewandtnis habe. ,Ach', sprach der Professor, ,wie denn der Rat überhaupt ein ganz wunderlicher Mensch ist, so treibt er auch das Violinbauen auf ganz eigene tolle Weise.' ,Violinbauen?' fragte ich ganz erstaunt. ,Ja', fuhr der Professor fort, ,Krespel verfertigt nach dem Urteil der Kenner die herrlichsten Violinen, die man in neuerer Zeit nur finden kann; sonst ließ er manchmal, war ihm eine besonders gelungen, andere darauf spielen, das ist aber seit einiger Zeit ganz vorbei. Hat Krespel eine Violine gemacht, so spielt er selbst eine oder zwei Stunden darauf, und zwar mit höchster Kraft, mit hinreißendem Ausdruck, dann hängt er sie aber zu den übrigen, ohne sie jemals wieder zu berühren oder von andern berühren zu lassen. Ist nur irgendeine Violine von einem alten vorzüglichen Meister aufzutreiben, so kauft sie der Rat um jeden Preis, den man ihm stellt. Ebenso wie seine Geigen, spielt er sie aber nur ein einziges Mal, dann nimmt er sie auseinander, um ihre innere Struktur genau zu untersuchen, und wirft, findet er nach seiner Einbildung nicht das, was er gerade suchte, die Stücke unmutig in einen großen Kasten, der schon voll Trümmer zerlegter Violinen ist.' ,Wie ist es aber mit Antonien?' frug ich schnell und heftig. ,Das ist nun', fuhr der Professor fort, ,das ist nun eine Sache, die den Rat mich könnte in höchstem Grade verabscheuen lassen, wenn ich nicht überzeugt wäre, daß bei dem im tiefsten Grunde bis zur Weichlichkeit gutmütigen Charakter des Rates es damit eine besondere geheime Bewandtnis haben müsse. Als vor mehreren Jahren der Rat hieher nach H– kam, lebte er anachoretisch[2] mit einer alten Haushälterin in einem finstern Hause auf der – Straße. Bald erregte er durch seine Sonderbarkeiten die Neugierde der Nachbarn, und sogleich als er dies merkte, suchte und fand er Bekanntschaften. Eben wie in meinem Hause gewöhnte man sich überall so an ihn, daß er unentbehrlich wurde. Seines rauhen Äußeren unerachtet, liebten ihn sogar die Kinder, ohne ihn zu belästigen, denn trotz aller Freundlichkeit behielten sie eine gewisse scheue Ehrfurcht, die ihn vor allem Zudringlichen schützte. Wie er die Kinder durch allerlei Künste zu gewinnen weiß, haben Sie heute gesehen. Wir hielten ihn alle für einen Hagestolz, und er wider-

---

[1]Amati is the name of a well-known family of violin makers in Cremona, Italy. [2]'like an anchorite (hermit)'

sprach dem nicht. Nachdem er sich einige Zeit hier aufgehalten, reiste er ab, niemand wußte wohin, und kam nach einigen Monaten wieder. Den andern[1] Abend nach seiner Rückkehr waren Krespels Fenster ungewöhnlich erleuchtet, schon dies machte die Nachbarn aufmerksam, bald vernahm man aber die ganz wunderherr-
5 liche Stimme eines Frauenzimmers von einem Pianoforte begleitet. Dann wachten die Töne einer Violine auf, und stritten in regem feurigen Kampfe mit der Stimme. Man hörte gleich, daß es der Rat war, der spielte. — Ich selbst mischte mich unter die zahlreiche Menge, die das wundervolle Konzert vor dem Hause des Rates versammelt hatte, und ich muß Ihnen gestehen, daß gegen die Stimme, gegen den
10 ganz eigenen tief in das Innerste dringenden Vortrag der Unbekannten mir der Gesang der berühmtesten Sängerinnen, die ich gehört, matt und ausdruckslos schien. Nie hatte ich eine Ahnung von diesen lang ausgehaltenen Tönen, von diesen Nachtigallwirbeln, von diesem Auf- und Abwogen, von diesem Steigen bis zur Stärke des Orgellautes, von diesem Sinken bis zum leisesten Hauch. Nicht einer
15 war, den der süßeste Zauber nicht umfing, und nur leise Seufzer gingen in der tiefen Stille auf, wenn die Sängerin schwieg. Es mochte schon Mitternacht sein, als man den Rat sehr heftig reden hörte, eine andere männliche Stimme schien, nach dem Tone zu urteilen, ihm Vorwürfe zu machen, dazwischen klagte ein Mädchen in abgebrochenen Reden. Heftiger und heftiger schrie der Rat, bis er endlich in
20 jenen gedehnten singenden Ton fiel, den Sie kennen. Ein lauter Schrei des Mädchens unterbrach ihn, dann wurde es totenstille, bis plötzlich es die Treppe herabpolterte, und ein junger Mensch schluchzend hinausstürzte, der sich in eine nahe stehende Postchaise warf, und rasch davonfuhr. Tags darauf erschien der Rat sehr heiter, und niemand hatte den Mut, ihn nach der Begebenheit der vorigen Nacht
25 zu fragen. Die Haushälterin sagte aber auf Befragen, daß der Rat ein bildhübsches, blutjunges Mädchen mitgebracht, die er Antonie nenne, und die eben so schön gesungen. Auch sei ein junger Mann mitgekommen, der sehr zärtlich mit Antonien getan, und wohl ihr Bräutigam sein müsse. Der habe aber, weil es der Rat durchaus gewollt, schnell abreisen müssen. — In welchem Verhältnis Antonie mit
30 dem Rat stehet, ist bis jetzt ein Geheimnis, aber so viel ist gewiß, daß er das arme Mädchen auf die gehässigste Weise tyrannisiert. Er bewacht sie, wie der Doktor Bartolo im Barbier von Sevilien,[2] seine Mündel; kaum darf sie sich am Fenster blicken lassen. Führt er sie auf inständiges Bitten einmal in Gesellschaft, so verfolgt er sie mit Argusblicken,[3] und leidet durchaus nicht, daß sich irgendein mu-
35 sikalischer Ton hören lasse, viel weniger daß Antonie singe, die übrigens auch in seinem Hause nicht mehr singen darf. Antoniens Gesang in jener Nacht ist daher unter dem Publikum der Stadt zu einer Fantasie und Gemüt aufregenden Sage von einem herrlichen Wunder geworden, und selbst die, welche sie gar nicht hörten,

---

[1]'next' [2]*The Barber of Seville* (1782), opera by Giovanni Paisiello (1740-1816) [3]'jealous looks,' from *Argus*, hundred-eyed giant in Greek mythology

sprechen oft, versucht sich[1] eine Sängerin hier am Orte: ‚Was ist denn das für ein
gemeines Quinkelieren? — Nur Antonie vermag zu singen.' —
    Ihr wißt, daß ich auf solche fantastische Dinge ganz versessen bin, und könnt
wohl denken, wie notwendig ich es fand, Antoniens Bekanntschaft zu machen.
5 Jene Äußerungen des Publikums über Antoniens Gesang hatte ich selbst schon
öfters vernommen, aber ich ahnte nicht, daß die Herrliche am Orte sei, und in den
Banden des wahnsinnigen Krespels wie eines tyrannischen Zauberers liege. Natürlicherweise hörte ich auch sogleich in der folgenden Nacht[2] Antoniens wunderbaren Gesang, und da sie mich in einem herrlichen Adagio (lächerlicherweise kam
10 es mir vor, als hätte ich es selbst komponiert) auf das rührendste beschwor sie zu
retten, so war ich bald entschlossen, ein zweiter Astolfo[3] in Krespels Haus wie in
Alzinens Zauberburg einzudringen, und die Königin des Gesanges aus schmach-
vollen Banden zu befreien.
    Es kam alles anders, wie ich es mir gedacht hatte; denn kaum hatte ich den
15 Rat zwei- bis dreimal gesehen, und mit ihm eifrig über die beste Struktur der Geigen gesprochen, als er mich selbst einlud, ihn in seinem Hause zu besuchen. Ich
tat es, und er zeigte mir den Reichtum seiner Violinen. Es hingen deren wohl
dreißig in einem Kabinett[4], unter ihnen zeichnete sich eine durch alle Spuren der
hohen Altertümlichkeit (geschnitzten Löwenkopf u.s.w.) aus, und sie schien,
20 höher gehenkt[5] und mit einer darüber angebrachten Blumenkrone, als Königin den
andern zu gebieten. ‚Diese Violine', sprach Krespel, nachdem ich ihn darum
befragt, ‚diese Violine ist ein sehr merkwürdiges, wunderbares Stück eines unbekannten Meisters, wahrscheinlich aus Tartinis[6] Zeiten. Ganz überzeugt bin ich,
daß in der innern Struktur etwas Besonderes liegt, und daß, wenn ich sie zerlegte,
25 sich mir ein Geheimnis erschließen würde, dem ich längst nachspürte, aber —
lachen Sie mich nur aus, wenn Sie wollen — dies tote Ding, dem ich selbst doch
nur erst Leben und Laut gebe, spricht oft aus sich selbst zu mir auf wunderliche
Weise, und es war mir, da ich zum ersten Male darauf spielte, als wär ich nur der
Magnetiseur[7], der die Somnambule zu erregen vermag, daß sie selbsttätig ihre
30 innere Anschauung in Worten verkündet. — Glauben Sie ja nicht, daß ich geck-
haft genug[8] bin, von solchen Fantastereien auch nur das mindeste zu halten, aber
eigen ist es doch, daß ich es nie über mich erhielt, jenes dumme tote Ding dort
aufzuschneiden. Lieb ist es mir jetzt, daß ich es nicht getan, denn seitdem Antonie
hier ist, spiele ich ihr zuweilen etwas auf dieser Geige vor. — Antonie hört es gern
35 — gar gern.' Die Worte sprach der Rat mit sichtlicher Rührung, das ermutigte
mich zu den Worten: ‚O mein bester Herr Rat, wollten Sie das nicht in meiner
Gegenwart tun?' Krespel schnitt aber sein süßsaures Gesicht, und sprach mit

---

[1]'presents herself' [2]i. e., in my dreams [3]Astolfo and Alzina are characters in the Italian
epic *Orlando Furioso* (1516-1532) by Ludovico Arisoto (1474-1533). [4]'study' [5]=*gehängt* [6]Giuseppe Tartini (1692-1770), famous Italian violinist and teacher [7]'hypnotist'
[8]'enough of a fool'

gedehntem singenden Ton: ,Nein, mein bester Herr Studiosus[1]!' Damit war die
Sache abgetan. Nun mußte ich noch mit ihm allerlei zum Teil kindische Raritäten
besehen; endlich griff er in ein Kistchen, und holte ein zusammengelegtes Papier
heraus, das er mir in die Hand drückte, sehr feierlich sprechend: ,Sie sind ein
Freund der Kunst, nehmen Sie dies Geschenk als ein teures Andenken, das Ihnen
ewig über alles wert bleiben muß.' Dabei schob er mich bei beiden Schultern sehr
sanft nach der Tür zu, und umarmte mich an der Schwelle. Eigentlich wurde ich
doch von ihm auf symbolische Weise zur Tür hinausgeworfen. Als ich das Papier-
chen aufmachte, fand ich ein ungefähr ein Achtel-Zoll langes Stückchen einer
Quinte, und dabei geschrieben: ,Von der Quinte, womit der selige Stamitz[2] seine
Geige bezogen hatte, als er sein letztes Konzert spielte.' — Die schnöde Abfer-
tigung, als ich Antoniens erwähnte, schien mir zu beweisen, daß ich sie wohl nie
zu sehen bekommen würde; dem war aber nicht so, denn als ich den Rat zum zweiten Male besuchte, fand ich Antonien in seinem Zimmer, ihm helfend bei dem
Zusammensetzen einer Geige. Antoniens Äußeres machte auf den ersten Anblick
keinen starken Eindruck, aber bald konnte man nicht loskommen von dem blauen
Auge und den holden Rosenlippen der ungemein zarten lieblichen Gestalt. Sie war
sehr blaß, aber wurde etwas Geistreiches und Heiteres gesagt, so flog in süßem
Lächeln ein feuriges Inkarnat[3] über die Wangen hin, das jedoch bald im rötlichen
Schimmer erblaßte. Ganz unbefangen[4] sprach ich mit Antonien, und bemerkte
durchaus nichts von den Argusblicken Krespels, wie sie der Professor ihm ange-
dichtet hatte, vielmehr blieb er ganz in gewöhnlichem Geleise[5], ja er schien sogar
meiner Unterhaltung mit Antonien Beifall zu geben. So geschah es, daß ich öfter
den Rat besuchte, und wechselseitiges Aneinandergewöhnen dem kleinen Kreise
von uns dreien eine wunderbare Wohlbehaglichkeit[6] gab, die uns bis ins Innerste
hinein erfreute. Der Rat blieb mit seinen höchst seltsamen Skurrilitäten mir sehr
ergötzlich; aber doch war es wohl nur Antonie, die mit unwiderstehlichem Zauber
mich hinzog, und mich manches ertragen ließ, dem ich sonst ungeduldig, wie ich
damals war, entronnen[7]. In das Eigentümliche Seltsame des Rates mischte sich
nämlich gar zu oft Abgeschmacktes und Langweiliges, vorzüglich zuwider war es
mir aber, daß er, sobald ich das Gespräch auf Musik, insbesondere auf Gesang
lenkte, er mit seinem diabolisch lächelnden Gesicht und seinem widrig singenden
Tone einfiel, etwas ganz Heterogenes, mehrenteils Gemeines, auf die Bahn brin-
gend. An der tiefen Betrübnis, die dann aus Antoniens Blicken sprach, merkte ich
wohl, daß es nur geschah, um irgendeine Aufforderung zum Gesange mir abzu-
schneiden. Ich ließ nicht nach. Mit den Hindernissen, die mir der Rat entgegen-
stellte, wuchs mein Mut sie zu übersteigen, ich mußte Antoniens Gesang hören,
um nicht in Tränen und Ahnungen dieses Gesanges zu verschwimmen. Eines
Abends war Krespel bei besonders guter Laune; er hatte eine alte Cremoneser Gei-

---

[1]'sir student' [2]Karl Stamitz (1746-1801), German violinist and composer [3]'deep red'
[4]'unselfconsciously,' 'openly' [5]'vein' [6]'sense of ease' [7]supply *wäre*

ge zerlegt, und gefunden, daß der Stimmstock um eine halbe Linie schräger als
sonst gestellt war. Wichtige, die Praxis bereichernde Erfahrung! — Es gelang mir,
ihn über die wahre Art des Violinenspielens in Feuer zu setzen. Der großen wahr-
haftigen Sängern abgehorchte Vortrag der alten Meister,[1] von dem Krespel sprach,
5 führte von selbst die Bemerkung herbei, daß jetzt gerade umgekehrt der Gesang
sich nach den erkünstelten Sprüngen und Läufen der Instrumentalisten verbilde[2].
‚Was ist unsinniger‘, rief ich, vom Stuhle aufspringend, hin zum Pianoforte laufend, und es schnell öffnend: ‚Was ist unsinniger als solche vertrackte Manieren,
welche, statt Musik zu sein, dem Tone über den Boden hingeschütteter Erbsen
10 gleichen[3].‘ Ich sang manche der modernen Fermaten[4], die hin und her laufen, und
schnurren wie ein tüchtig losgeschnürter Kreisel, einzelne schlechte Akkorde dazu
anschlagend[5]. Übermäßig lachte Krespel und schrie: ‚Haha! mich dünkt, ich höre
unsere deutschen Italiener oder unsere italienischen Deutschen, wie sie sich in
einer Arie von Pucitta oder Portogallo[6] oder sonst einem *Maestro di Capella* oder
15 vielmehr *Schiavo d'un primo uomo*[7] übernehmen.‘ Nun, dachte ich, ist der Zeitpunkt da. ‚Nicht wahr‘, wandte ich mich zu Antonien, ‚nicht wahr, von dieser Sin-
gerei weiß Antonie nichts?‘ und zugleich intonierte ich ein herrliches, seelenvolles
Lied vom alten Leonardo Leo.[8] Da glühten Antoniens Wangen, Himmelsglanz
blitzte aus den neubeseelten Augen, sie sprang an das Pianoforte — sie öffnete die
20 Lippen — Aber in demselben Augenblick drängte sie Krespel fort, ergriff mich bei
den Schultern, und schrie im kreischenden Tenor — ‚Söhnchen — Söhnchen —
Söhnchen.‘ — Und gleich fuhr er fort, sehr leise singend und in höflich gebeugter
Stellung meine Hand ergreifend: ‚In der Tat, mein höchst verehrungswürdiger
Herr Studiosus, in der Tat, gegen alle Lebensart, gegen alle guten Sitten würde es
25 anstoßen, wenn ich laut und lebhaft den Wunsch äußerte, daß Ihnen hier auf der
Stelle gleich der höllische Satan mit glühenden Krallenfäusten sanft das Genick
abstieße[9], und Sie auf die Weise gewissermaßen kurz expedierte; aber davon abge-
sehen müssen Sie eingestehen, Liebwertester! daß es bedeutend dunkelt, und da
heute keine Laterne brennt, könnten Sie, würfe ich Sie auch gerade nicht die
30 Treppe herab, doch Schaden leiden an Ihren lieben Gebeinen. Gehen Sie fein zu
Hause; und erinnern Sie sich freundschaftlichst Ihres wahren Freundes, wenn Sie
ihn etwa nie mehr — verstehen Sie wohl? — nie mehr zu Hause antreffen sollten?‘
— Damit umarmte er mich, und drehte sich, mich festhaltend, langsam mit mir

---

[1]'The manner of playing of the old masters learned from listening to truly great singers' [2]*sich verbilden* 'deform' [3]'the sound of peas spilled on the floor' [4]here, bravura caden-zas added to the score to show off the artist's technique ("Sprünge und Läufe") [5]*ein ... schlagend* 'a vigorously released top, striking a few sour notes as I did so' [6]Vincenzo Pucitta (1778-1861), Italian opera composer; Marcus Antonio Portugallo (1762-1830), Portuguese composer of opera and liturgical music [7]'slave of the first singer,' i. e., the conductor who must be a slave to his singers [8]Lionardo Ortensio di Leo (1694-1744), Italian composer, organist and conductor [9]=*bräche*

zur Türe heraus, so daß ich Antonien mit keinem Blick mehr anschauen konnte. Ihr[1] gesteht, daß es in meiner Lage nicht möglich war, den Rat zu prügeln, welches doch eigentlich hätte geschehen müssen. Der Professor lachte mich sehr aus, und versicherte, daß ich es nun mit dem Rat auf immer verdorben hätte. Den schmach-
5 tenden ans Fenster heraufblickenden Amoroso, den verliebten Abenteurer zu machen[2], dazu war Antonie mir zu wert, ich möchte sagen zu heilig. Im Innersten zerrissen verließ ich H– aber wie es zu gehen pflegt, die grellen Farben des Fantasiegebildes verblaßten, und Antonie — ja selbst Antoniens Gesang, den ich nie gehört, leuchtete oft in mein tiefstes Gemüt hinein, wie ein sanfter tröstender
10 Rosenschimmer.

Nach zwei Jahren war ich schon in B** angestellt, als ich eine Reise nach dem südlichen Deutschland unternahm. Im duftigen Abendrot erhoben sich die Türme von H–; so wie ich näher und näher kam, ergriff mich ein unbeschreibliches Gefühl der peinlichsten Angst; wie eine schwere Last hatte es sich über meine Brust
15 gelegt, ich konnte nicht atmen; ich mußte heraus aus dem Wagen ins Freie. Aber bis zum physischen Schmerz steigerte sich meine Beklemmung. Mir war es bald als hörte ich die Akkorde eines feierlichen Chorals durch die Lüfte schweben — die Töne wurden deutlicher, ich unterschied Männerstimmen, die einen geistlichen Choral absangen. — ‚Was ist das? — was ist das?‘ rief ich, indem es wie ein
20 glühender Dolch durch meine Brust fuhr! — ‚Sehen Sie denn nicht‘, erwiderte der neben mir fahrende Postillion, ‚sehen Sie es denn nicht? da drüben auf dem Kirchhof begraben sie einen!‘ In der Tat befanden wir uns in der Nähe des Kirchhofes, und ich sah einen Kreis schwarzgekleideter Menschen um ein Grab stehen, das man zuzuschütten im Begriff stand. Die Tränen stürzten mir aus den Augen, es
25 war als begrübe man dort alle Lust, alle Freude des Lebens. Rasch vorwärts von dem Hügel herabgeschritten,[3] konnte ich nicht mehr in den Kirchhof hineinsehen, der Choral schwieg, und ich bemerkte unfern des Tores schwarzgekleidete Menschen, die von dem Begräbnis zurückkamen. Der Professor mit seiner Nichte am Arm, beide in tiefer Trauer schritten dicht bei mir vorüber, ohne mich zu be-
30 merken. Die Nichte hatte das Tuch vor die Augen gedrückt und schluchzte heftig. Es war mir unmöglich in die Stadt hineinzugehen, ich schickte meinen Bedienten mit dem Wagen nach dem gewohnten Gasthofe, und lief in die mir wohlbekannte Gegend heraus, um so eine Stimmung loszuwerden, die vielleicht nur physische Ursachen, Erhitzung auf der Reise u.s.w. haben konnte. Als ich in die Allee kam,
35 welche nach einem Lustorte[4] führt, ging vor mir das sonderbarste Schauspiel auf. Rat Krespel wurde von zwei Trauermännern[5] geführt, denen er durch allerlei seltsame Sprünge entrinnen zu wollen schien. Er war, wie gewöhnlich, in seinem wunderlichen grauen, selbst zugeschnittenen Rock gekleidet, nur hing von dem

[1]Here the narrator addresses his audience. [2]=*spielen* [3]‘upon rapidly descending the hill’ [4]‘pleasure resort’ [5]‘mourners’

kleinen dreieckigen Hütchen, das er martialisch auf ein Ohr gedrückt, ein sehr langer schmaler Trauerflor herab, der in der Luft hin und her flatterte. Um den Leib hatte er ein schwarzes Degengehenk[1] geschnallt, doch statt des Degens einen langen Violinbogen hineingesteckt. Eiskalt fuhr es mir durch die Glieder; der ist
5 wahnsinnig, dacht ich, indem ich langsam folgte. Die Männer führten den Rat bis an sein Haus, da umarmte er sie mit lautem Lachen. Sie verließen ihn, und nun fiel sein Blick auf mich, der dicht neben ihm stand. Er sah mich lange starr an, dann rief er dumpf: ‚Willkommen, Herr Studiosus! — Sie verstehen es ja auch‘ — damit packte er mich beim Arm und riß mich fort in das Haus — die Treppe herauf in
10 das Zimmer hinein, wo die Violinen hingen. Alle waren mit schwarzem Flor umhüllt: die Violine des alten Meisters fehlte, an ihrem Platze hing ein Zypressenkranz. — Ich wußte was geschehen — ‚Antonie! ach Antonie!‘ schrie ich auf in trostlosem Jammer. Der Rat stand wie erstarrt mit übereinandergeschlagenen Armen neben mir. Ich zeigte nach dem Zypressenkranz. ‚Als sie starb‘, sprach der Rat
15 sehr dumpf und feierlich: ‚als sie starb, zerbrach mit dröhnendem Krachen der Stimmstock in jener Geige, und der Resonanzboden[2] riß sich auseinander. Die Getreue konnte nur mit ihr, in ihr leben; sie liegt bei ihr im Sarge, sie ist mit ihr begraben worden.‘ — Tief erschüttert sank ich in einen Stuhl, aber der Rat fing an, mit rauhem Ton ein lustig Lied zu singen, und es war recht graulich anzusehen,
20 wie er auf einem Fuße dazu herumsprang, und der Flor (er hatte den Hut auf dem Kopfe) im Zimmer und an den aufgehängten Violinen herumstrich; ja ich konnte mich eines überlauten Schreies nicht erwehren, als der Flor bei einer raschen Wendung des Rates über mich herfuhr; es war mir, als wollte er mich verhüllt herabziehen in den schwarzen entsetzlichen Abgrund des Wahnsinns. Da stand der Rat
25 plötzlich stille, und sprach in seinem singenden Ton: ‚Söhnchen? — Söhnchen? — warum schreist du so; hast du den Totenengel geschaut? — das geht allemal der Zeremonie vorher!‘ — Nun trat er in die Mitte des Zimmers, riß den Violinbogen aus dem Gehenke, hielt ihn mit beiden Händen über den Kopf, und zerbrach ihn, daß er in viele Stücke zersplitterte. Laut lachend rief Krespel: ‚Nun ist der Stab
30 über mich gebrochen, meinst du Söhnchen? nicht wahr? Mitnichten, mitnichten, nun bin ich frei — frei — frei — Heisa frei! — Nun bau ich keine Geigen mehr — keine Geigen mehr — heisa keine Geigen mehr.‘ — Das sang der Rat nach einer schauerlich lustigen Melodie, indem er wieder auf einem Fuße herumsprang. Voll Grauen wollte ich schnell zur Türe heraus, aber der Rat hielt mich fest, indem
35 er sehr gelassen sprach: ‚Bleiben Sie, Herr Studiosus, halten Sie diese Ausbrüche des Schmerzes, der mich mit Todesmartern zerreißt, nicht für Wahnsinn, aber es geschieht nur alles deshalb, weil ich mir vor einiger Zeit einen Schlafrock anfertigte, in dem ich aussehen wollte wie das Schicksal oder wie Gott!‘ — Der Rat schwatzte tolles grauliches Zeug durcheinander, bis er ganz erschöpft zusammen-

---

[1]‘sword belt’ [2]‘sounding board’

sank; auf mein Rufen kam die alte Haushälterin herbei, und ich war froh, als ich mich nur wieder im Freien befand. — Nicht einen Augenblick zweifelte ich daran, daß Krespel wahnsinnig geworden, der Professor behauptete jedoch das Gegenteil. ,Es gibt Menschen', sprach er, ,denen die Natur oder ein besonderes Verhängnis

5 die Decke wegzog, unter der wir andern unser tolles Wesen unbemerkter treiben. Sie gleichen dünngehäuteten Insekten, die im regen sichtbaren Muskelspiel mißgestaltet erscheinen, ungeachtet sich alles bald wieder in die gehörige Form fügt. Was bei uns Gedanke bleibt, wird dem Krespel alles zur Tat. — Den bittern Hohn, wie der, in das irdische Tun und Treiben eingeschachtete Geist ihn wohl

10 oft bei der Hand hat,[1] führt Krespel aus in tollen Gebärden und geschickten Hasensprüngen. Das ist aber sein Blitzableiter. Was aus der Erde steigt, gibt er wieder der Erde, aber das Göttliche weiß er zu bewahren; und so steht es mit seinem innern Bewußtsein recht gut glaub ich, unerachtet der scheinbaren nach außen herausspringenden Tollheit. Antoniens plötzlicher Tod mag freilich schwer auf ihn

15 lasten, aber ich wette, daß der Rat schon morgenden Tages[2] seinen Eselstritt[3] im gewöhnlichen Geleise weiter forttrabt.' — Beinahe geschah es so, wie der Professor es vorausgesagt. Der Rat schien andern Tages ganz der vorige, nur erklärte er, daß er niemals mehr Violinen bauen, und auch auf keiner jemals mehr spielen wolle. Das hat er, wie ich später erfuhr, gehalten[4].

20   Des Professors Andeutungen bestärkten meine innere Überzeugung, daß das nähere so sorgfältig verschwiegene Verhältnis Antoniens zum Rat, ja daß selbst ihr Tod eine schwer auf ihn lastende nicht abzubüßende[5] Schuld sein könne. Nicht wollte ich H– verlassen, ohne ihm das Verbrechen, welches ich ahnete, vorzuhalten; ich wollte ihn bis ins Innerste hinein erschüttern, und so das offene Geständ-

25 nis der gräßlichen Tat erzwingen. Je mehr ich der Sache nachdachte, desto klarer wurde es mir, daß Krespel ein Bösewicht sein müsse, und desto feuriger, eindringlicher wurde die Rede, die sich wie von selbst zu einem wahren rhetorischen Meisterstück formte. So gerüstet und ganz erhitzt lief ich zu dem Rat. Ich fand ihn, wie er mit sehr ruhiger lächelnder Miene Spielsachen drechselte. ,Wie kann nur',

30 fuhr ich auf ihn los, ,wie kann nur auf einen Augenblick Frieden in Ihre Seele kommen, da der Gedanke an die gräßliche Tat Sie mit Schlangenbissen peinigen muß?' — Der Rat sah mich verwundert an, den Meißel beiseite legend. ,Wieso? mein Bester', fragte er; — ,setzen Sie sich doch gefälligst auf jenen Stuhl!' — Aber eifrig fuhr ich fort, indem ich mich selbst immer mehr erhitzend, ihn geradezu

35 anklagte, Antonien ermordet zu haben, und ihm mit der Rache der ewigen Macht drohte. Ja, als nicht längst eingeweihte Justizperson,[6] erfüllt von meinem Beruf, ging ich so weit, ihn zu versichern, daß ich alles anwenden würde, der Sache auf die Spur zu kommen, und so ihn dem weltlichen Richter schon hienieden in die

---

[1]'The bitter scorn which the spirit enmeshed in earthly affairs often feels'   [2]=*morgen*
[3]'donkey pace'   [4]'kept ... his promise'   [5]'unatonable'   [6]'as a recently initiated officer of the court'

Hände zu liefern. — Ich wurde in der Tat etwas verlegen, da nach dem Schlusse meiner gewaltigen pomphaften Rede der Rat, ohne ein Wort zu erwidern, mich sehr ruhig anblickte, als erwarte er, ich müsse noch weiter fortfahren. Das versuchte ich auch in der Tat, aber es kam nun alles so schief, ja so albern heraus, daß ich
5 gleich wieder schwieg. Krespel weidete sich an meiner Verlegenheit, ein boshaftes ironisches Lächeln flog über sein Gesicht. Dann wurde er aber sehr ernst, und sprach mit feierlichem Tone: ‚Junger Mensch! Du magst mich für närrisch, für wahnsinnig halten, das verzeihe ich dir, da wir beide in demselben Irrenhause eingesperrt sind, und du mich darüber, daß ich Gott der Vater zu sein wähne, nur
10 deshalb schiltst, weil du dich für Gott den Sohn hältst; wie magst du dich aber unterfangen, in ein Leben eindringen zu wollen, seine geheimsten Fäden erfassend, das dir fremd blieb und bleiben muß? — Sie ist dahin, und das Geheimnis gelöst!‘ — Krespel hielt inne, stand auf und schritt die Stube einige Male auf und ab. Ich wagte die Bitte um Aufklärung; er sah mich starr an, faßte mich bei der Hand, und
15 führte mich an das Fenster, beide Flügel öffnend. Mit aufgestützten Armen legte er sich hinaus, und so in den Garten herabblickend erzählte er mir die Geschichte seines Lebens. — Als er geendet, verließ ich ihn gerührt und beschämt.

Mit Antonien verhielt es sich kürzlich in folgender Art. — Vor zwanzig Jahren trieb die bis zur Leidenschaft gesteigerte Liebhaberei, die besten Geigen alter
20 Meister aufzusuchen und zu kaufen, den Rat nach Italien. Selbst baute er damals noch keine, und unterließ daher auch das Zerlegen jener alten Geigen. In Venedig hörte er die berühmte Sängerin Angela −i, welche damals auf dem *Teatro di S. Benedetto*[1] in den ersten Rollen glänzte. Sein Enthusiasmus galt nicht der Kunst allein, die Signora Angela freilich auf die herrlichste Weise übte, sondern auch
25 wohl ihrer Engelsschönheit. Der Rat suchte Angelas Bekanntschaft, und trotz aller seiner Schroffheit gelang es ihm, vorzüglich durch sein keckes und dabei höchst ausdrucksvolles Violinspiel sie ganz für sich zu gewinnen. — Das engste Verhältnis führte in wenigen Wochen zur Heirat, die deshalb verborgen blieb, weil Angela sich weder vom Theater, noch von dem Namen, der die berühmte Sängerin
30 bezeichnete, trennen oder ihm auch nur das übeltönende ‚Krespel‘ hinzufügen wollte. — Mit der tollsten Ironie beschrieb Krespel die ganz eigene Art, wie Signora Angela, sobald sie seine Frau worden, ihn marterte und quälte. Aller Eigensinn, alles launische Wesen sämtlicher erster Sängerinnen[2] sei, wie Krespel meinte, in Angelas kleine Figur hineingebannt worden. Wollte er sich einmal in
35 Positur setzen,[3] so schickte ihm Angela ein ganzes Heer von Abbates, Maestros, Akademikos über den Hals, die, unbekannt mit seinem eigentlichen Verhältnis, ihn als den unerträglichsten, unhöflichsten Liebhaber, der sich in die liebenswürdige Laune der Signora nicht zu schicken wisse, ausfilzten[4]. Gerade nach einem

---

[1]Venice's opera house at that time [2]'prima donnas' [3]'stand up for his rights' [4]'accused (of being)'

solchen stürmischen Auftritt war Krespel auf Angelas Landhaus geflohen, und vergaß, auf seiner Cremoneser Geige fantasierend, die Leiden des Tages. Doch nicht
lange dauerte es, als Signora, die dem Rat schnell nachgefahren, in den Saal trat.
Sie war gerade in der Laune, die Zärtliche zu spielen, sie umarmte den Rat mit
5 süßen schmachtenden Blicken, sie legte das Köpfchen auf seine Schulter. Aber der
Rat, in die Welt seiner Akkorde verstiegen[1], geigte fort, daß die Wände widerhall-
ten, und es begab sich, daß er mit Arm und Bogen die Signora etwas unsanft
berührte. Die sprang aber voller Furie zurück; ,bestia tedesca‘,[2] schrie sie auf, riß
dem Rat die Geige aus der Hand, und zerschlug sie an dem Marmortisch in tau-
10 send Stücke. Der Rat blieb erstarrt zur Bildsäule vor ihr stehen, dann aber wie aus
dem Traume erwacht, faßte er Signora mit Riesenstärke, warf sie durch das Fenster ihres eigenen Lusthauses, und floh, ohne sich weiter um etwas zu bekümmern,
nach Venedig — nach Deutschland zurück. Erst nach einiger Zeit wurde es ihm
recht deutlich, was er getan; obschon er wußte, daß die Höhe des Fensters vom
15 Boden kaum fünf Fuß betrug, und ihm die Notwendigkeit, Signora bei obbewand-
ten Umständen[3] durchs Fenster zu werfen, ganz einleuchtete, so fühlte er sich doch
von peinlicher Unruhe gequält, um so mehr, da Signora ihm nicht undeutlich zu
verstehen gegeben, daß sie guter Hoffnung sei[4]. Er wagte kaum Erkundigungen
einzuziehen, und nicht wenig überraschte es ihn, als er nach ungefähr acht Mona-
20 ten einen gar zärtlichen Brief von der geliebten Gattin erhielt, worin sie jenes Vor-
ganges im Landhause mit keiner Silbe erwähnte, und der Nachricht, daß sie von
einem herzallerliebsten Töchterchen entbunden, die herzlichste Bitte hinzufügte,
daß der *Marito amato e padre felicissimo*[5] doch nur gleich nach Venedig kommen
möge. Das tat Krespel nicht, erkundigte sich vielmehr bei einem vertrauten Freun-
25 de nach den näheren Umständen, und erfuhr, daß Signora damals leicht wie ein
Vogel in das weiche Gras herabgesunken sei, und der Fall oder Sturz durchaus
keine andere als psychische Folgen gehabt habe. Signora sei nämlich nach Krespels
heroischer Tat wie umgewandelt; von Launen, närrischen Einfällen, von irgendei-
ner Quälerei ließe sie durchaus nichts mehr verspüren, und der Maestro, der für
30 das nächste Karneval komponiert[6], sei der glücklichste Mensch unter der Sonne,
weil Signora seine Arien ohne hunderttausend Abänderungen, die sie sich sonst gefallen lassen müssen, singen wolle. Übrigens habe man alle Ursache, meinte der
Freund, es sorgfältig zu verschweigen, wie Angela kuriert worden, da sonst jedes
Tages, Sängerinnen durch die Fenster fliegen würden. Der Rat geriet nicht in ge-
35 ringe Bewegung, er bestellte Pferde, er setzte sich in den Wagen. ,Halt!‘ rief er
plötzlich. — ,Wie‘, murmelte er dann in sich hinein: ,ist's denn nicht ausgemacht,
daß, sobald ich mich blicken lasse, der böse Geist wieder Kraft und Macht erhält
über Angela? — Da ich sie schon zum Fenster herausgeworfen, was soll ich nun

---

[1]'absorbed' [2]'German beast' (Italian) [3]'in such circumstances as these' [4]*guter Hoffnung sein* 'to be pregnant' [5]'beloved husband and fortunate father' (Italian) [6]supply
hatte

in gleichem Falle tun? was ist mir noch übrig?' — Er stieg wieder aus dem Wagen,
schrieb einen zärtlichen Brief an seine genesene Frau, worin er höflich berührte,
wie zart es von ihr sei, ausdrücklich es zu rühmen, daß das Töchterchen gleich ihm
ein kleines Mal hinter dem Ohre trage, und — blieb in Deutschland. Der Brief-
5 wechsel dauerte sehr lebhaft fort. — Versicherungen der Liebe — Einladungen —
Klagen über die Abwesenheit der Geliebten — verfehlte Wünsche — Hoffnungen
u.s.w. flogen hin und her von Venedig nach H–, von H– nach Venedig. — Angela
kam endlich nach Deutschland, und glänzte, wie bekannt, als Prima Donna auf
dem großen Theater in F**. Ungeachtet sie gar nicht mehr jung war, riß sie doch
10 alles hin[1] mit dem unwiderstehlichen Zauber ihres wunderbar herrlichen Gesanges.
Ihre Stimme hatte damals nicht im mindesten verloren. Antonie war indessen her-
angewachsen, und die Mutter konnte nicht genug dem Vater schreiben, wie in
Antonien eine Sängerin vom ersten Range aufblühe. In der Tat bestätigten dies die
Freunde Krespels in F**, die ihm zusetzten doch nur einmal nach F** zu kommen,
15 um die seltene Erscheinung zwei ganz sublimer Sängerinnen zu bewundern. Sie
ahneten nicht, in welchem nahen Verhältnis der Rat mit diesem Paare stand. Krespel hätte gar zu gern die Tochter, die recht in seinem Innersten lebte, und die ihm
öfters als Traumbild erschien, mit leiblichen Augen gesehen, aber sowie er an seine
Frau dachte, wurde es ihm ganz unheimlich zumute, und er blieb zu Hause unter
20 seinen zerschnittenen Geigen sitzen.
　　Ihr werdet von dem hoffnungsvollen jungen Komponisten B... in F** gehört
haben, der plötzlich verscholl, man wußte nicht wie; (oder kanntet ihr ihn vielleicht selbst?) Dieser verliebte sich in Antonien so sehr, daß er, da Antonie seine
Liebe recht herzlich erwiderte, die Mutter anlag, doch nur gleich in eine Verbin-
25 dung zu willigen, die die Kunst heilige[2]. Angela hatte nichts dagegen, und der Rat
stimmte um so lieber bei, als des jungen Meisters Kompositionen Gnade gefunden
vor seinem strengen Richterstuhl. Krespel glaubte Nachricht von der vollzogenen
Heirat zu erhalten, statt derselben kam ein schwarz gesiegelter Brief von fremder
Hand überschrieben. Der Doktor R... meldete dem Rat, daß Angela an den Fol-
30 gen einer Erkältung im Theater heftig erkrankt, und gerade in der Nacht, als am
andern Tage Antonie getraut werden sollen, gestorben sei. Ihm, dem Doktor, habe
Angela entdeckt, daß sie Krespels Frau, und Antonie seine Tochter sei; er möge
daher eilen, sich der Verlassenen anzunehmen.[3] Sosehr auch der Rat von Angelas
Hinscheiden erschüttert wurde, war es ihm doch bald, als sei ein störendes
35 unheimliches Prinzip aus seinem Leben gewichen, und er könne nun erst recht frei
atmen. Noch denselben Tag reiste er ab nach F**. — Ihr könnt nicht glauben, wie
herzzerreißend mir der Rat den Moment schilderte, als er Antonien sah. Selbst in
der Bizarrerie seines Ausdrucks lag eine wunderbare Macht der Darstellung, die
auch nur anzudeuten ich gar nicht imstande bin. — Alle Liebenswürdigkeit, alle

---

[1]'enchanted everyone'　[2]'blessed by art'　[3]'to look after the deserted girl'

Anmut Angelas wurde Antonien zuteil, der aber die häßliche Kehrseite ganz fehlte. Es gab kein zweideutig Pferdefüßchen[1], das hin und wieder hervorgucken konnte. Der junge Bräutigam fand sich ein, Antonie mit zartem Sinn den wunderlichen Vater im tiefsten Innern richtig auffassend, sang eine jener Motetten des

5 alten Padre Martini[2], von denen sie wußte, daß Angela sie dem Rat in der höchsten Blüte ihrer Liebeszeit unaufhörlich vorsingen müssen. Der Rat vergoß Ströme von Tränen, nie hatte er selbst Angela so singen hören. Der Klang von Antoniens Stimme war ganz eigentümlich und seltsam, oft dem Hauch der Äolsharfe, oft dem Schmettern der Nachtigall gleichend. Die Töne schienen nicht Raum haben

10 zu können in der menschlichen Brust. Antonie vor Freude und Liebe glühend, sang und sang alle ihre schönsten Lieder und B. . . spielte dazwischen, wie es nur die wonnetrunkene Begeisterung vermag. Krespel schwamm erst in Entzücken, dann wurde er nachdenklich — still — in sich gekehrt. Endlich sprang er auf, drückte Antonien an seine Brust, und bat sehr leise und dumpf: ‚Nicht mehr sin-

15 gen, wenn du mich liebst — es drückt mir das Herz ab — die Angst — die Angst — Nicht mehr singen.‘ —

‚Nein‘, sprach der Rat andern Tages zum Doktor R**; ‚als während des Gesanges ihre Röte sich zusammenzog in zwei dunkelrote Flecke auf den blassen Wangen, da war es nicht mehr dumme Familienähnlichkeit, da war es das, was ich ge-

20 fürchtet.‘ — Der Doktor, dessen Miene vom Anfang des Gesprächs von tiefer Bekümmernis zeigte, erwiderte: ‚Mag es sein, daß es von zu früher Anstrengung im Singen herrührt, oder hat die Natur es verschuldet, genug Antonie leidet an einem organischen Fehler in der Brust, der eben ihrer Stimme die wundervolle Kraft und den seltsamen, ich möchte sagen über die Sphäre des menschlichen Gesanges hin-

25 austönenden Klang gibt. Aber auch ihr früher Tod ist die Folge davon, denn singt sie fort, so gebe ich ihr noch höchstens sechs Monate Zeit.‘ Den Rat zerschnitt es im Innern wie mit hundert Schwertern. Es war ihm, als hinge zum ersten Male ein schöner Baum die wunderherrlichen Blüten in sein Leben hinein, und der solle recht an der Wurzel zersägt werden, damit er nie mehr zu grünen und zu blühen

30 vermöge. Sein Entschluß war gefaßt. Er sagte Antonien alles, er stellte ihr die Wahl, ob sie dem Bräutigam folgen und seiner und der Welt Verlockung nachgeben, so aber früh untergehen, oder ob sie dem Vater noch in seinen alten Tagen nie gefühlte Ruhe und Freude bereiten, so aber noch jahrelang leben wolle. Antonie fiel dem Vater schluchzend in die Arme, er wollte, das Zerreißende der kommen-

35 den Momente wohl fühlend, nichts Deutlicheres vernehmen. Er sprach mit dem Bräutigam, aber unerachtet dieser versicherte, daß nie ein Ton über Antoniens Lippen gehen solle, so wußte der Rat doch wohl, daß selbst B. . . nicht der Versuchung würde widerstehen können, Antonien singen zu hören, wenigstens von ihm

---

[1]lit. 'ambiguous little horse-foot,' i. e., hateful faults   [2]Father Giovanni Battista Martini (1706-1784), Italian priest, composer, and musicologist

selbst komponierte Arien. Auch die Welt, das musikalische Publikum, mocht[1] es
auch unterrichtet sein von Antoniens Leiden, gab gewiß die Ansprüche nicht auf,
denn dies Volk ist ja, kommt es auf Genuß an, egoistisch und grausam. Der Rat
verschwand mit Antonien aus F** und kam nach H-. Verzweiflungsvoll vernahm
5 B. . . die Abreise.[2] Er verfolgte die Spur, holte den Rat ein, und kam zugleich mit
ihm nach H-. — ,Nur einmal ihn sehen und dann sterben‘, flehte Antonie. ,Ster-
ben? — sterben?‘ rief der Rat in wildem Zorn, eiskalter Schauer durchbebte sein
Inneres. — Die Tochter, das einzige Wesen auf der weiten Welt, das nie gekannte
Lust in ihm entzündet, das allein ihn mit dem Leben versöhnte, riß sich gewaltsam
10 los von seinem Herzen, und er wollte, daß das Entsetzliche geschehe. — B. . .
mußte an den Flügel, Antonie sang, Krespel spielte lustig die Geige, bis sich jene
roten Flecke auf Antoniens Wangen zeigten. Da befahl er einzuhalten; als nun
aber B. . . Abschied nahm von Antonien, sank sie plötzlich mit einem lauten
Schrei zusammen. ,Ich glaubte‘ (so erzählte mir Krespel), ,ich glaubte sie wäre, wie
15 ich es vorausgesehen, nun wirklich tot und blieb, da ich einmal mich selbst auf die
höchste Spitze gestellt hatte[3], sehr gelassen und mit mir einig. Ich faßte den B. . .,
der in seiner Erstarrung schafsmäßig und albern anzusehen war, bei den Schultern,
und sprach (der Rat fiel in seinen singenden Ton): „Da Sie, verehrungswürdigster
Klaviermeister, wie Sie gewollt und gewünscht, Ihre liebe Braut wirklich ermordet
20 haben, so können Sie nun ruhig abgehen, es wäre denn, Sie wollten so lange
gütigst verziehen[4], bis ich Ihnen den blanken Hirschfänger[5] durch das Herz renne,
damit so meine Tochter, die, wie Sie sehen, ziemlich verblaßt, einige Couleur
bekomme durch Ihr sehr wertes Blut. — Rennen Sie nur geschwind, aber ich
könnte Ihnen auch ein flinkes Messerchen nachwerfen!" — Ich muß wohl bei
25 diesen Worten etwas graulich ausgesehen haben; denn mit einem Schrei des
tiefsten Entsetzens sprang er, sich von mir losreißend, fort durch die Türe, die
Treppe herab.‘ — Wie der Rat nun, nachdem B. . . fortgerannt war, Antonien, die
bewußtlos auf der Erde lag, aufrichten wollte, öffnete sie tiefseufzend die Augen,
die sich aber bald wieder zum Tode zu schließen schienen. Da brach Krespel aus
30 in lautes, trostloses Jammern. Der von der Haushälterin herbeigerufene Arzt
erklärte Antoniens Zustand für einen heftigen aber nicht im mindesten gefährlichen Zufall, und in der Tat erholte sich diese auch schneller, als der Rat es nur zu
hoffen gewagt hatte. Sie schmiegte sich nun mit der innigsten kindlichsten Liebe
an Krespel; sie ging ein in seine Lieblingsneigungen[6] — in seine tollen Launen und
35 Einfälle. Sie half ihm alte Geigen auseinanderlegen, und neue zusammenleimen.
,Ich will nicht mehr singen, aber für dich leben‘, sprach sie oft sanft lächelnd zum
Vater, wenn jemand sie zum Gesange aufgefordert und sie es abgeschlagen hatte.
Solche Momente suchte der Rat indessen ihr so viel möglich zu ersparen, und
daher kam es, daß er ungern mit ihr in Gesellschaft ging, und alle Musik sorgfältig

[1]=*mochte* [2]‘B. was in despair when he heard of the departure.’ [3]‘screwed up my resolve
to the limit’ [4]‘wait’ [5]‘hunting knife’ [6]‘acceded to his favorite fancies’

vermied. Er wußte es ja wohl, wie schmerzlich es Antonien sein mußte, der Kunst, die sie in solch hoher Vollkommenheit geübt, ganz zu entsagen. Als der Rat jene wunderbare Geige, die er mit Antonien begrub, gekauft hatte und zerlegen wollte, blickte ihn Antonie sehr wehmütig an, und sprach leise bittend: ‚Auch diese?' —

5 Der Rat wußte selbst nicht, welche unbekannte Macht ihn nötigte, die Geige unzerschnitten zu lassen, und darauf zu spielen. Kaum hatte er die ersten Töne angestrichen, als Antonie laut und freudig rief: ‚Ach das bin ich ja — ich singe ja wieder.' Wirklich hatten die silberhellen Glockentöne des Instruments etwas ganz Eigenes Wundervolles, sie schienen in der menschlichen Brust erzeugt. Krespel

10 wurde bis in das Innerste gerührt, er spielte wohl herrlicher als jemals, und wenn er in kühnen Gängen mit voller Kraft, mit tiefem Ausdruck auf und niederstieg, dann schlug Antonie die Hände zusammen, und rief entzückt: ‚Ach das habe ich gut gemacht! das habe ich gut gemacht!' — Seit dieser Zeit kam eine große Ruhe und Heiterkeit in ihr Leben. Oft sprach sie zum Rat: ‚Ich möchte wohl etwas

15 singen, Vater!' Dann nahm Krespel die Geige von der Wand, und spielte Antoniens schönste Lieder, sie war recht aus dem Herzen froh. — Kurz vor meiner Ankunft war es in einer Nacht dem Rat so, als höre er im Nebenzimmer auf seinem Pianoforte spielen, und bald unterschied er deutlich, daß B. . . nach gewöhnlicher Art präludiere. Er wollte aufstehen, aber wie eine schwere Last lag es auf ihm, wie

20 mit eisernen Banden gefesselt vermochte er sich nicht zu regen und zu rühren. Nun fiel Antonie ein[1] in leisen hingehauchten[2] Tönen, die immer steigend und steigend zum schmetternden Fortissimo wurden, dann gestalteten sich die wunderbaren Laute zu dem tief ergreifenden Liede, welches B. . . einst ganz im frommen Stil der alten Meister für Antonie komponiert hatte. Krespel sagte, unbegreiflich sei

25 der Zustand gewesen in dem er sich befunden, denn eine entsetzliche Angst habe sich gepaart mit nie gefühlter Wonne. Plötzlich umgab ihn eine blendende Klarheit, und in derselben erblickte er B. . . und Antonien, die sich umschlungen hielten, und sich voll seligem Entzücken anschauten. Die Töne des Liedes und des begleitenden Pianofortes dauerten fort, ohne daß Antonie sichtbar sang oder B. . .

30 das Fortepiano berührte. Der Rat fiel nun in eine Art dumpfer Ohnmacht, in der das Bild mit den Tönen versank. Als er erwachte, war ihm noch jene fürchterliche Angst aus dem Traume geblieben. Er sprang in Antoniens Zimmer. Sie lag mit geschlossenen Augen, mit holdselig lächelndem Blick, die Hände fromm gefaltet, auf dem Sofa, als schliefe sie, und träumte[3] von Himmelswonne und Freudigkeit.

35 Sie war aber tot. —

---

[1]*einfallen* 'join in'   [2]'barely discernible'   [3]subjunctive

Heinrich von Kleist

Kleist (1777-1811) was descended from an old Prussian noble family, but he found himself unsuited to the family tradition of military service. He resigned from the army at the age of twenty-two and embarked upon a literary life, driven by the desire to produce literary works that would equal those of his idols, Goethe and Schiller. But, his works were not widely known or generally well-received during his lifetime. His literary style was strange to his contemporaries, especially his propensity for portraying the most twisted and unexpected strains of a plot in language that is lexically straightforward, almost bureaucratically precise, and at the same time syntactically most intricate, not to say convoluted. Kleist was a man of deeply melancholy temperament who used his fiction to question the very existence of truth or justice in this world. Our text, from 1807, is among his most popular *Novellen*, along with "Michael Kohlhaas" and "Die Marquise von O. . . ."

Das Erdbeben in Chili

N ST. JAGO, DER HAUPTSTADT des Königreichs Chili, stand gerade in dem Augenblicke der großen Erderschütterung vom Jahre 1647, bei welcher viele tausend Menschen ihren Untergang fanden, ein junger, auf ein Verbrechen angeklagter Spanier, namens *Jeronimo Rugera*, an einem Pfeiler des
5 Gefängnisses, in welches man ihn eingesperrt hatte, und wollte sich erhenken. *Don Henrico Asteron*, einer der reichsten Edelleute der Stadt, hatte ihn ungefähr ein Jahr zuvor aus seinem Hause, wo er als Lehrer angestellt war, entfernt, weil er sich mit *Donna Josephe*, seiner einzigen Tochter, in einem zärtlichen Einverständnis befunden hatte. Eine geheime Bestellung, die dem alten Don, nachdem er die
10 Tochter nachdrücklich gewarnt hatte, durch die hämische Aufmerksamkeit seines

stolzen Sohnes verraten worden war, entrüstete ihn dergestalt, daß er sie in dem Karmeliterkloster unsrer lieben Frauen vom Berge[1] daselbst unterbrachte.

    Durch einen glücklichen Zufall hatte Jeronimo hier die Verbindung von neuem anzuknüpfen gewußt, und in einer verschwiegenen Nacht den Klostergarten
5 zum Schauplatze seines vollen Glückes gemacht. Es war am Fronleichnamsfeste,[2] und die feierliche Prozession der Nonnen, welchen die Novizen folgten, nahm eben ihren Anfang, als die unglückliche Josephe, bei dem Anklange der Glocken, in Mutterwehen[3] auf den Stufen der Kathedrale niedersank.

    Dieser Vorfall machte außerordentliches Aufsehn; man brachte die junge Sün-
10 derin, ohne Rücksicht auf ihren Zustand, sogleich in ein Gefängnis, und kaum war sie aus den Wochen erstanden[4], als ihr schon, auf Befehl des Erzbischofs, der geschärfteste[5] Prozeß gemacht ward. Man sprach in der Stadt mit einer so großen Erbitterung von diesem Skandal, und die Zungen fielen so scharf über das ganze Kloster her, in welchem er sich zugetragen hatte, daß weder die Fürbitte der Fami-
15 lie Asteron, noch auch sogar der Wunsch der Äbtissin selbst, welche das junge Mädchen wegen ihres sonst untadelhaften Betragens lieb gewonnen hatte, die Strenge, mit welcher das klösterliche[6] Gesetz sie bedrohte, mildern konnte. Alles, was geschehen konnte, war, daß der Feuertod, zu dem sie verurteilt wurde, zur großen Entrüstung der Matronen und Jungfrauen von St. Jago, durch einen
20 Machtspruch[7] des Vizekönigs, in eine Enthauptung verwandelt ward.

    Man vermietete in den Straßen, durch welche der Hinrichtungszug gehen sollte, die Fenster, man trug die Dächer der Häuser ab[8], und die frommen Töchter der Stadt luden ihre Freundinnen ein, um dem Schauspiele, das der göttlichen Rache gegeben wurde, an ihrer schwesterlichen Seite beizuwohnen.

25   Jeronimo, der inzwischen auch in ein Gefängnis gesetzt worden war, wollte die Besinnung verlieren, als er diese ungeheure Wendung der Dinge erfuhr. Vergebens sann er auf Rettung: überall, wohin ihn auch der Fittig[9] der vermessensten Gedanken trug, stieß er auf Riegel und Mauern, und ein Versuch, die Gitterfenster zu durchfeilen, zog ihm[10], da er entdeckt ward, eine nur noch engere Einsperrung
30 zu. Er warf sich vor dem Bildnisse der heiligen Mutter Gottes nieder, und betete mit unendlicher Inbrunst zu ihr, als der einzigen, von der ihm jetzt noch Rettung kommen könnte.

    Doch der gefürchtete Tag erschien, und mit ihm in seiner Brust die Überzeugung von der völligen Hoffnungslosigkeit seiner Lage. Die Glocken, welche Jose-
35 phen zum Richtplatze begleiteten, ertönten, und Verzweiflung bemächtigte sich seiner Seele. Das Leben schien ihm verhaßt, und er beschloß, sich durch einen

---

[1] 'Carmelite Convent of Our Lady of the Mountain'   [2] Feast of the Veneration of the Blessed Sacrament (*Corpus Christi,* Lat. "body of Christ"), celebrated on the Thursday after Pentecost   [3] 'labor pains'   [4] 'risen from childbed'   [5] 'most severe' (on pain of death)   [6] 'monastic'   [7] 'decree'   [8] *trug ... ab* 'cleared the roofs'   [9] =*Fittich*   [10] *zog ihm zu* 'drew down on him'

Strick, den ihm der Zufall gelassen hatte, den Tod zu geben. Eben stand er, wie schon gesagt, an einem Wandpfeiler[1], und befestigte den Strick, der ihn dieser jammervollen Welt entreißen sollte, an eine Eisenklammer, die an dem Gesimse[2] derselben eingefügt war; als plötzlich der größte Teil der Stadt, mit einem Gekra-
5 che, als ob das Firmament einstürzte, versank, und alles, was Leben atmete, unter seinen Trümmern begrub. Jeronimo Rugera war starr vor Entsetzen; und gleich als ob sein ganzes Bewußtsein zerschmettert worden wäre, hielt er sich jetzt an dem Pfeiler, an welchem er hatte sterben wollen, um nicht umzufallen. Der Boden wankte unter seinen Füßen, alle Wände des Gefängnisses rissen, der ganze Bau
10 neigte sich, nach der Straße zu einzustürzen, und nur der, seinem langsamen Fall begegnende, Fall des gegenüberstehenden Gebäudes verhinderte, durch eine zufäl-lige Wölbung, die gänzliche Zubodenstreckung desselben. Zitternd, mit sträuben-den Haaren[3], und Knieen, die unter ihm brechen wollten, glitt Jeronimo über den schiefgesenkten Fußboden hinweg, der Öffnung zu, die der Zusammenschlag bei-
15 der Häuser in die vordere Wand des Gefängnisses eingerissen hatte.
Kaum befand er sich im Freien, als die ganze, schon erschütterte Straße auf eine zweite Bewegung der Erde völlig zusammenfiel. Besinnungslos, wie er sich aus diesem allgemeinen Verderben retten würde, eilte er, über Schutt und Gebälk[4] hinweg, indessen der Tod von allen Seiten Angriffe auf ihn machte, nach einem
20 der nächsten Tore der Stadt. Hier stürzte noch ein Haus zusammen, und jagte ihn, die Trümmer weit umherschleudernd, in eine Nebenstraße; hier leckte die Flamme schon, in Dampfwolken blitzend, aus allen Giebeln, und trieb ihn schreckenvoll in eine andere; hier wälzte sich, aus seinem Gestade gehoben, der Mapochofluß[5] auf ihn heran, und riß ihn brüllend in eine dritte. Hier lag ein Haufen Erschlage-
25 ner, hier ächzte noch eine Stimme unter dem Schutte, hier schrieen Leute von brennenden Dächern herab, hier kämpften Menschen und Tiere mit den Wellen, hier war ein mutiger Retter bemüht, zu helfen; hier stand ein anderer, bleich wie der Tod, und streckte sprachlos zitternde Hände zum Himmel. Als Jeronimo das Tor erreicht, und einen Hügel jenseits desselben bestiegen hatte, sank er ohnmäch-
30 tig auf demselben nieder.
Er mochte wohl eine Viertelstunde in der tiefsten Bewußtlosigkeit gelegen haben, als er endlich wieder erwachte, und sich, mit nach der Stadt gekehrtem Rücken, halb auf dem Erdboden erhob. Er befühlte sich Stirn und Brust, unwis-send, was er aus seinem Zustande machen sollte, und ein unsägliches Wonnegefühl
35 ergriff ihn, als ein Westwind, vom Meere her, sein wiederkehrendes Leben anweh-te, und sein Auge sich nach allen Richtungen über die blühende Gegend von St. Jago hinwandte. Nur die verstörten Menschenhaufen, die sich überall blicken ließen, beklemmten sein Herz; er begriff nicht, was ihn und sie hiehergeführt haben konnte, und erst, da er sich umkehrte, und die Stadt hinter sich versunken

[1]'pilaster' [2]'ledge' [3]'his hair standing on end' [4]'timbers' [5]'Mapocha River'

sah, erinnerte er sich des schrecklichen Augenblicks, den er erlebt hatte. Er senkte sich so tief, daß seine Stirn den Boden berührte, Gott für seine wunderbare Errettung zu danken; und gleich, als ob der eine entsetzliche Eindruck, der sich seinem Gemüt eingeprägt hatte, alle früheren daraus verdrängt hätte, weinte er vor Lust, 5 daß er sich des lieblichen Lebens, voll bunter Erscheinungen, noch erfreue.

Drauf, als er eines Ringes an seiner Hand gewahrte, erinnerte er sich plötzlich auch Josephens; und mit ihr seines Gefängnisses, der Glocken, die er dort gehört hatte, und des Augenblicks, der dem Einsturze desselben vorangegangen war. Tiefe Schwermut erfüllte wieder seine Brust; sein Gebet fing ihn zu reuen an, und 10 fürchterlich schien ihm das Wesen, das über den Wolken waltet. Er mischte sich unter das Volk, das überall, mit Rettung des Eigentums beschäftigt, aus den Toren stürzte, und wagte schüchtern nach der Tochter Asterons, und ob die Hinrichtung an ihr vollzogen worden sei, zu fragen; doch niemand war, der ihm umständliche Auskunft gab. Eine Frau, die auf einem fast zur Erde gedrückten Nacken eine 15 ungeheure Last von Gerätschaften und zwei Kinder, an der Brust hängend, trug, sagte im Vorbeigehen, als ob sie es selbst angesehen hätte: daß sie enthauptet worden sei. Jeronimo kehrte sich um; und da er, wenn er die Zeit berechnete, selbst an ihrer[1] Vollendung nicht zweifeln konnte, so setzte er sich in einem einsamen Walde nieder, und überließ sich seinem vollen Schmerz. Er wünschte, daß die zer-20 störende Gewalt der Natur von neuem über ihn einbrechen möchte. Er begriff nicht, warum er dem Tode, den seine jammervolle Seele suchte, in jenen Augenblicken, da er ihm freiwillig von allen Seiten rettend erschien, entflohen sei. Er nahm sich fest vor, nicht zu wanken, wenn auch jetzt die Eichen entwurzelt werden, und ihre Wipfel über ihn zusammenstürzen sollten. Darauf nun, da er sich 25 ausgeweint hatte, und ihm, mitten unter den heißesten Tränen, die Hoffnung wieder erschienen war, stand er auf, und durchstreifte nach allen Richtungen das Feld. Jeden Berggipfel, auf dem sich die Menschen versammelt hatten, besuchte er; auf allen Wegen, wo sich der Strom der Flucht noch bewegte, begegnete er ihnen; wo nur irgend ein weibliches Gewand im Winde flatterte, da trug ihn sein zitternder 30 Fuß hin: doch keines deckte die geliebte Tochter Asterons. Die Sonne neigte sich, und mit ihr seine Hoffnung schon wieder zum Untergange, als er den Rand eines Felsens[2] betrat, und sich ihm die Aussicht in ein weites, nur von wenig Menschen besuchtes Tal eröffnete. Er durchlief, unschlüssig, was er tun sollte, die einzelnen Gruppen derselben, und wollte sich schon wieder wenden, als er plötzlich an einer 35 Quelle, die die Schlucht bewässerte, ein junges Weib erblickte, beschäftigt, ein Kind in seinen Fluten zu reinigen. Und das Herz hüpfte ihm bei diesem Anblick: er sprang voll Ahndung über die Gesteine herab, und rief: O Mutter Gottes, du Heilige! und erkannte Josephen, als sie sich bei dem Geräusche schüchtern umsah.

---

[1]refers to *Hinrichtung*   [2]'cliff'

Mit welcher Seligkeit umarmten sie sich, die Unglücklichen, die ein Wunder des
Himmels gerettet hatte!

Josephe war, auf ihrem Gang zum Tode, dem Richtplatze schon ganz nahe
gewesen, als durch den krachenden Einsturz der Gebäude plötzlich der ganze Hin-
5 richtungszug[1] auseinander gesprengt ward. Ihre ersten entsetzensvollen Schritte
trugen sie hierauf dem nächsten Tore zu; doch die Besinnung kehrte ihr bald wieder, und sie wandte sich, um nach dem Kloster zu eilen, wo ihr kleiner, hülfloser
Knabe zurückgeblieben war. Sie fand das ganze Kloster schon in Flammen, und die
Äbtissin, die ihr in jenen Augenblicken, die ihre letzten sein sollten, Sorge für den
10 Säugling angelobt hatte, schrie eben, vor den Pforten stehend, nach Hülfe, um ihn
zu retten. Josephe stürzte sich, unerschrocken durch den Dampf, der ihr entgegen-
qualmte, in das von allen Seiten schon zusammenfallende Gebäude, und gleich, als
ob alle Engel des Himmels sie umschirmten, trat sie mit ihm unbeschädigt wieder
aus dem Portal hervor. Sie wollte der Äbtissin, welche die Hände über ihr Haupt
15 zusammenschlug[2], eben in die Arme sinken, als diese, mit fast allen ihren Klosterfrauen, von einem herabfallenden Giebel des Hauses, auf eine schmähliche Art
erschlagen ward. Josephe bebte bei diesem entsetzlichen Anblicke zurück; sie
drückte der Äbtissin flüchtig die Augen zu, und floh, ganz von Schrecken erfüllt,
den teuern Knaben, den ihr der Himmel wieder geschenkt hatte, dem Verderben
20 zu entreißen.

Sie hatte noch wenig Schritte getan, als ihr auch schon die Leiche des Erzbischofs begegnete, die man soeben zerschmettert aus dem Schutt der Kathedrale
hervorgezogen hatte. Der Palast des Vizekönigs war versunken, der Gerichtshof,
in welchem ihr das Urteil gesprochen worden war, stand in Flammen, und an die
25 Stelle, wo sich ihr väterliches Haus[3] befunden hatte, war ein See getreten, und
kochte rötliche Dämpfe aus. Josephe raffte alle ihre Kräfte zusammen, sich zu halten. Sie schritt, den Jammer von ihrer Brust entfernend, mutig mit ihrer Beute von
Straße zu Straße, und war schon dem Tore nah, als sie auch das Gefängnis, in welchem Jeronimo geseufzt hatte, in Trümmern sah. Bei diesem Anblicke wankte sie,
30 und wollte besinnungslos an einer Ecke niedersinken; doch in demselben Augenblick jagte sie der Sturz eines Gebäudes hinter ihr, das die Erschütterungen schon
ganz aufgelöst hatten, durch das Entsetzen gestärkt, wieder auf; sie küßte das
Kind, drückte sich die Tränen aus den Augen, und erreichte, nicht mehr auf die
Greuel, die sie umringten, achtend, das Tor. Als sie sich im Freien sah, schloß[4] sie
35 bald, daß nicht jeder, der ein zertrümmertes Gebäude bewohnt hatte, unter ihm
notwendig müsse zerschmettert worden sein.

---

[1]'procession on the way to the execution' [2]gesture of amazement [3]*Erzbischof, Vizekönig, Gerichtshof, väterliches Haus*, i. e., symbols of Church, State, Law and Order, Family [4]'concluded'

An dem nächsten Scheidewege stand sie still, und harrte, ob nicht einer, der ihr, nach dem kleinen Philipp, der liebste auf der Welt war, noch erscheinen würde. Sie ging, weil niemand kam, und das Gewühl der Menschen anwuchs, weiter, und kehrte sich wieder um, und harrte wieder; und schlich, viel Tränen vergießend, in ein dunkles, von Pinien beschattetes Tal, um seiner Seele, die sie entflohen glaubte, nachzubeten; und fand ihn hier, diesen Geliebten, im Tale, und Seligkeit, als ob es das Tal von Eden gewesen wäre.

Dies alles erzählte sie jetzt voll Rührung dem Jeronimo, und reichte ihm, da sie vollendet hatte, den Knaben zum Küssen dar. — Jeronimo nahm ihn, und hätschelte ihn in unsäglicher Vaterfreude, und verschloß ihm, da er das fremde Antlitz anweinte, mit Liebkosungen ohne Ende den Mund. Indessen war die schönste Nacht herabgestiegen, voll wundermilden[1] Duftes, so silberglänzend und still, wie nur ein Dichter davon träumen mag. Überall, längs der Talquelle[2], hatten sich, im Schimmer des Mondscheins, Menschen niedergelassen, und bereiteten sich sanfte Lager von Moos und Laub, um von einem so qualvollen Tage auszuruhen. Und weil die Armen immer noch jammerten; dieser, daß er sein Haus, jener, daß er Weib und Kind, und der dritte, daß er alles verloren habe: so schlichen Jeronimo und Josephe in ein dichteres Gebüsch, um durch das heimliche Gejauchz[3] ihrer Seelen niemand zu betrüben. Sie fanden einen prachtvollen Granatapfelbaum[4], der seine Zweige, voll duftender Früchte, weit ausbreitete; und die Nachtigall flötete im Wipfel ihr wollüstiges Lied. Hier ließ sich Jeronimo am Stamme nieder, und Josephe in seinem, Philipp in Josephens Schoß, saßen sie, von seinem Mantel bedeckt, und ruhten. Der Baumschatten zog, mit seinen verstreuten Lichtern, über sie hinweg, und der Mond erblaßte schon wieder vor der Morgenröte, ehe sie einschliefen. Denn Unendliches hatten sie zu schwatzen vom Klostergarten und den Gefängnissen, und was sie um einander gelitten hätten; und waren sehr gerührt, wenn sie dachten, wie viel Elend über die Welt kommen mußte, damit sie glücklich würden!

Sie beschlossen, sobald die Erderschütterungen aufgehört haben würden, nach La Conception[5] zu gehen, wo Josephe eine vertraute Freundin hatte, sich mit einem kleinen Vorschuß[6], den sie von ihr zu erhalten hoffte, von dort nach Spanien einzuschiffen, wo Jeronimos mütterliche Verwandten wohnten, und daselbst ihr glückliches Leben zu beschließen. Hierauf, unter vielen Küssen, schliefen sie ein.

Als sie erwachten, stand die Sonne schon hoch am Himmel, und sie bemerkten in ihrer Nähe mehrere Familien, beschäftigt, sich am Feuer ein kleines Morgenbrot zu bereiten. Jeronimo dachte eben auch, wie er Nahrung für die Seinigen herbeischaffen sollte, als ein junger wohlgekleideter Mann, mit einem Kinde auf

---

[1]'marvelously gentle' [2]'rill running through the valley' [3]'jubilance' [4]'pomegranate tree' (in Greek mythology a symbol of rebirth) [5]=Concepción (town south of Santiago) [6]'loan'

dem Arm, zu Josephen trat, und sie mit Bescheidenheit fragte: ob sie diesem
armen Wurme[1], dessen Mutter dort unter den Bäumen beschädigt liege, nicht auf
kurze Zeit ihre Brust reichen wolle? Josephe war ein wenig verwirrt, als sie in ihm
einen Bekannten erblickte; doch da er, indem er ihre Verwirrung falsch deutete,
5 fortfuhr: es ist nur auf wenige Augenblicke, Donna Josephe, und dieses Kind hat,
seit jener Stunde, die uns alle unglücklich gemacht hat, nichts genossen; so sagte
sie: „ich schwieg — aus einem andern Grunde, Don Fernando; in diesen schrecklichen Zeiten weigert sich niemand, von dem, was er besitzen mag, mitzuteilen“:
und nahm den kleinen Fremdling, indem sie ihr eigenes Kind dem Vater gab, und
10 legte ihn an ihre Brust. Don Fernando war sehr dankbar für diese Güte, und fragte:
ob sie sich nicht mit ihm zu jener Gesellschaft verfügen wollten, wo eben jetzt
beim Feuer ein kleines Frühstück bereitet werde? Josephe antwortete, daß sie dies
Anerbieten mit Vergnügen annehmen würde, und folgte ihm, da auch Jeronimo
nichts einzuwenden hatte, zu seiner Familie, wo sie auf das innigste und zärtlichste
15 von Don Fernandos beiden Schwägerinnen, die sie als sehr würdige junge Damen
kannte, empfangen ward.
Donna Elvire, Don Fernandos Gemahlin, welche schwer an den Füßen verwundet auf der Erde lag, zog Josephen, da sie ihren abgehärmten Knaben an der
Brust derselben sah, mit vieler Freundlichkeit zu sich nieder. Auch Don Pedro,
20 sein Schwiegervater, der an der Schulter verwundet war, nickte ihr liebreich mit
dem Haupte zu. —
In Jeronimos und Josephens Brust regten sich Gedanken von seltsamer Art.
Wenn sie sich mit so vieler Vertraulichkeit und Güte behandelt sahen, so wußten
sie nicht, was sie von der Vergangenheit denken sollten, vom Richtplatze, von dem
25 Gefängnisse, und der Glocke; und ob sie bloß davon geträumt hätten? Es war, als
ob die Gemüter, seit dem fürchterlichen Schlage, der sie durchdröhnt[2] hatte, alle
versöhnt wären. Sie konnten in der Erinnerung gar nicht weiter, als bis auf ihn[3],
zurückgehen. Nur Donna Elisabeth, welche bei einer Freundin, auf das Schauspiel
des gestrigen Morgens, eingeladen worden war, die Einladung aber nicht ange-
30 nommen hatte, ruhte zuweilen mit träumerischem Blicke auf Josephen; doch der
Bericht, der über irgend ein neues gräßliches Unglück erstattet[4] ward, riß ihre, der
Gegenwart kaum entflohene Seele schon wieder in dieselbe zurück.
Man erzählte, wie die Stadt gleich nach der ersten Haupterschütterung von
Weibern ganz voll gewesen, die vor den Augen aller Männer niedergekommen[5]
35 seien; wie die Mönche darin, mit dem Kruzifix in der Hand, umhergelaufen wären,
und geschrieen hätten: das Ende der Welt sei da! wie man einer Wache[6], die auf
Befehl des Vizekönigs verlangte, eine Kirche zu räumen, geantwortet hätte: es gäbe
keinen Vizekönig von Chili mehr! wie der Vizekönig in den schrecklichsten Au-

[1]'poor little thing' [2]'reverberated' [3]refers to *Schlag* [4]'circulated' [5]'given birth'
[6]'guard'

genblicken hätte müssen Galgen aufrichten lassen, um der Dieberei Einhalt zu tun; und wie ein Unschuldiger, der sich von hinten durch ein brennendes Haus gerettet, von dem Besitzer aus Übereilung ergriffen, und sogleich auch aufgeknüpft[1] worden wäre.

5   Donna Elvire, bei deren Verletzungen Josephe viel beschäftigt war, hatte in einem Augenblick, da gerade die Erzählungen sich am lebhaftesten kreuzten, Gelegenheit genommen, sie zu fragen: wie es denn ihr an diesem fürchterlichen Tag ergangen sei? Und da Josephe ihr, mit beklemmtem Herzen, einige Hauptzüge davon angab, so ward ihr die Wollust[2], Tränen in die Augen dieser Dame tre-
10 ten zu sehen; Donna Elvire ergriff ihre Hand, und drückte sie, und winkte ihr, zu schweigen. Josephe dünkte sich unter den Seligen[3]. Ein Gefühl, das sie nicht unterdrücken konnte, nannte den verfloßnen Tag, so viel Elend er auch über die Welt gebracht hatte, eine Wohltat, wie der Himmel noch keine über sie verhängt hatte. Und in der Tat schien, mitten in diesen gräßlichen Augenblicken, in wel-
15 chen alle irdischen Güter der Menschen zu Grunde gingen, und die ganze Natur verschüttet zu werden drohte, der menschliche Geist selbst, wie eine schöne Blume, aufzugehn. Auf den Feldern, so weit das Auge reichte, sah man Menschen von allen Ständen[4] durcheinander liegen, Fürsten und Bettler, Matronen und Bäuerinnen, Staatsbeamte und Tagelöhner, Klosterherren und Klosterfrauen: einander
20 bemitleiden[5], sich wechselseitig Hülfe reichen, von dem, was sie zur Erhaltung ihres Lebens gerettet haben mochten, freudig mitteilen, als ob das allgemeine Unglück alles, was ihm entronnen war, zu einer Familie gemacht hätte.

Statt der nichtssagenden Unterhaltungen, zu welchen sonst die Welt an den Teetischen den Stoff hergegeben hatte, erzählte man jetzt Beispiele von ungeheu-
25 ern Taten: Menschen, die man sonst in der Gesellschaft wenig geachtet hatte, hatten Römergröße[6] gezeigt; Beispiele zu Haufen von Unerschrockenheit, von freudiger Verachtung der Gefahr, von Selbstverleugnung und der göttlichen Aufopferung, von ungesäumter Wegwerfung des Lebens, als ob es, dem nichtswürdigsten Gute[7] gleich, auf dem nächsten Schritte schon wiedergefunden würde. Ja, da nicht
30 einer war, für den nicht an diesem Tage etwas Rührendes geschehen wäre, oder der nicht selbst etwas Großmütiges getan hätte, so war der Schmerz in jeder Menschenbrust mit so viel süßer Lust vermischt, daß sich, wie sie meinte, gar nicht angeben ließ, ob die Summe des allgemeinen Wohlseins nicht von der einen Seite um ebenso viel gewachsen war, als sie von der anderen abgenommen hatte.

35   Jeronimo nahm Josephen, nachdem sich beide in diesen Betrachtungen stillschweigend erschöpft hatten, beim Arm, und führte sie mit unaussprechlicher Heiterkeit unter den schattigen Lauben des Granatwaldes[8] auf und nieder. Er sagte

---

[1]'strung up,' 'hanged'   [2]'she had the great joy'   [3]'among the blessed'   [4]'(society's) ranks and conditions'   [5]'sympathizing with one another'   [6]'heroic stature' (like the ancient Romans)   [7]'possession'   [8]'pomegranate grove'

ihr, daß er, bei dieser Stimmung der Gemüter und dem Umsturz aller Verhältnisse, seinen Entschluß, sich nach Europa einzuschiffen, aufgebe; daß er vor dem Vizekönig, der sich seiner Sache immer günstig gezeigt, falls er noch am Leben sei, einen Fußfall[1] wagen würde; und daß er Hoffnung habe (wobei er ihr einen Kuß
5 aufdrückte), mit ihr in Chili zurückzubleiben. Josephe antwortete, daß ähnliche Gedanken in ihr aufgestiegen wären; daß auch sie nicht mehr, falls ihr Vater nur noch am Leben sei, ihn zu versöhnen zweifle; daß sie aber statt des Fußfalles lieber nach La Conception zu gehen, und von dort aus schriftlich das Versöhnungsgeschäft[2] mit dem Vizekönig zu betreiben rate, wo man auf jeden Fall in der Nähe
10 des Hafens wäre, und für den besten[3], wenn das Geschäft die erwünschte Wendung nähme, ja leicht wieder nach St. Jago zurückkehren könnte. Nach einer kurzen Überlegung gab Jeronimo der Klugheit dieser Maßregel seinen Beifall[4], führte sie[5] noch ein wenig, die heitern Momente der Zukunft überfliegend, in den Gängen umher, und kehrte mit ihr zur Gesellschaft zurück.
15   Inzwischen war der Nachmittag herangekommen, und die Gemüter der herumschwärmenden Flüchtlinge hatten sich, da die Erdstöße nachließen, nur kaum wieder ein wenig beruhigt, als sich schon die Nachricht verbreitete, daß in der Dominikanerkirche, der einzigen, welche das Erdbeben verschont hatte, eine feierliche Messe von dem Prälaten des Klosters selbst gelesen werden würde, den
20 Himmel um Verhütung fernerer Unglücks anzuflehen.
    Das Volk brach schon aus allen Gegenden auf, und eilte in Strömen zur Stadt. In Don Fernandos Gesellschaft ward die Frage aufgeworfen[6], ob man nicht auch an dieser Feierlichkeit Teil nehmen, und sich dem allgemeinen Zuge anschließen solle? Donna Elisabeth erinnerte[7], mit einiger Beklemmung, was für ein Unheil
25 gestern in der Kirche vorgefallen sei; daß solche Dankfeste ja wiederholt werden würden, und daß man sich der Empfindung alsdann, weil die Gefahr schon mehr vorüber wäre, mit desto größerer Heiterkeit und Ruhe überlassen könnte. Josephe äußerte, indem sie mit einiger Begeisterung sogleich aufstand, daß sie den Drang, ihr Antlitz vor dem Schöpfer in den Staub zu legen, niemals lebhafter empfunden
30 habe, als eben jetzt, wo er seine unbegreifliche und erhabene Macht so entwickle. Donna Elvire erklärte sich mit Lebhaftigkeit für Josephens Meinung. Sie bestand darauf, daß man die Messe hören sollte, und rief Don Fernando auf, die Gesellschaft zu führen, worauf sich alles, Donna Elisabeth auch, von den Sitzen erhob. Da man jedoch letztere mit heftig arbeitender Brust, die kleinen Anstalten zum
35 Aufbruche zaudernd betreiben sah, und sie, auf die Frage: was ihr fehle? antwortete: sie wisse nicht, welch eine unglückliche Ahndung in ihr sei? so beruhigte sie Donna Elvire, und foderte[8] sie auf, bei ihr und ihrem kranken Vater zurückzubleiben. Josephe sagte: so werden Sie mir wohl, Donna Elisabeth, diesen kleinen Lieb-

---

[1]'fall at the feet of' (as act of supplication)   [2]'business of reconciliation'   [3]i. e., *den besten Fall*   [4]'approval'   [5]=*Josephe*   [6]'raised'   [7]'reminded' (the company)   [8]=*foderte*

ling abnehmen, der sich schon wieder, wie Sie sehen, bei mir eingefunden hat. Sehr gern, antwortete Donna Elisabeth, und machte Anstalten ihn zu ergreifen; doch da dieser über das Unrecht, das ihm geschah, kläglich schrie, und auf keine Art darein willigte, so sagte Josephe lächelnd, daß sie ihn nur behalten wolle, und
5 küßte ihn wieder still. Hierauf bot Don Fernando, dem die ganze Würdigkeit und Anmut ihres Betragens sehr gefiel, ihr den Arm; Jeronimo, welcher den kleinen Philipp trug, führte Donna Constanzen; die übrigen Mitglieder, die sich bei der Gesellschaft eingefunden hatten, folgten; und in dieser Ordnung ging der Zug nach der Stadt.
10 Sie waren kaum funfzig Schritte gegangen, als man Donna Elisabeth welche inzwischen heftig und heimlich mit Donna Elvire gesprochen hatte: Don Fernando! rufen hörte, und dem Zuge mit unruhigen Tritten nacheilen sah. Don Fernando hielt und kehrte sich um; harrte ihrer[1], ohne Josephen loszulassen, und fragte, da sie, gleich als ob sie auf sein Entgegenkommen wartete, in einiger Ferne stehen
15 blieb: was sie wolle? Donna Elisabeth näherte sich ihm hierauf, obschon, wie es schien, mit Widerwillen, und raunte ihm, doch so, daß Josephe es nicht hören konnte, einige Worte ins Ohr. Nun? fragte Don Fernando: und das Unglück, das daraus entstehen kann? Donna Elisabeth fuhr fort, ihm mit verstörtem Gesicht ins Ohr zu zischeln. Don Fernando stieg eine Röte des Unwillens ins Gesicht; er ant-
20 wortete: es wäre gut! Donna Elvire möchte sich beruhigen; und führte seine Dame weiter. —
Als sie in der Kirche der Dominikaner ankamen, ließ sich die Orgel schon mit musikalischer Pracht hören, und eine unermeßliche Menschenmenge wogte darin. Das Gedränge erstreckte sich bis weit vor den Portalen auf den Vorplatz der Kir-
25 che hinaus, und an den Wänden hoch, in den Rahmen der Gemälde, hingen Knaben, und hielten mit erwartungsvollen Blicken ihre Mützen in der Hand. Von allen Kronleuchtern strahlte es herab, die Pfeiler warfen, bei der einbrechenden Dämmerung, geheimnisvolle Schatten, die große von gefärbtem Glas gearbeitete Rose in der Kirche äußerstem Hintergrunde glühte, wie die Abendsonne selbst, die sie
30 erleuchtete, und Stille herrschte, da die Orgel jetzt schwieg, in der ganzen Versammlung, als hätte keiner einen Laut in der Brust. Niemals schlug aus einem christlichen Dom eine solche Flamme der Inbrunst gen Himmel, wie heute aus dem Dominikanerdom zu St. Jago; und keine menschliche Brust gab wärmere Glut dazu her, als Jeronimos und Josephens!
35 Die Feierlichkeit fing mit einer Predigt an, die der ältesten Chorherren einer[2], mit dem Festschmuck angetan, von der Kanzel hielt. Er begann gleich mit Lob, Preis und Dank, seine zitternden, vom Chorhemde weit umflossenen Hände hoch gen Himmel erhebend, daß noch Menschen seien, auf diesem, in Trümmer zerfallenden Teile der Welt, fähig, zu Gott empor zu stammeln. Er schilderte, was auf

---

[1]'waited for her' [2]der ... einer 'one of the oldest ...'

den Wink des Allmächtigen geschehen war; das Weltgericht kann nicht entsetzlicher sein; und als er das gestrige Erdbeben gleichwohl, auf einen Riß, den der
Dom erhalten hatte, hinzeigend, einen bloßen Vorboten davon nannte, lief ein
Schauder über die ganze Versammlung. Hierauf kam er, im Flusse priesterlicher
5 Beredsamkeit, auf das Sittenverderbnis der Stadt; Greuel, wie Sodom und Gomor-
rha[1] sie nicht sahen, straft er an ihr[2]; und nur der unendlichen Langmut Gottes
schrieb er es zu, daß sie noch nicht gänzlich vom Erdboden vertilgt worden sei.
   Aber wie dem Dolche gleich fuhr es durch die von dieser Predigt schon ganz
zerrissenen Herzen unserer beiden Unglücklichen, als der Chorherr bei dieser Ge-
10 legenheit umständlich des Frevels erwähnte, der in dem Klostergarten der Karme-
literinnen verübt worden war; die Schonung, die er bei der Welt gefunden hatte,
gottlos nannte, und in einer von Verwünschungen erfüllten Seitenwendung[3], die
Seelen der Täter, wörtlich genannt, allen Fürsten der Hölle übergab! Donna Constanze rief, indem sie an Jeronimos Armen zuckte: Don Fernando! Doch dieser
15 antwortete so nachdrücklich und doch so heimlich, wie sich beides verbinden ließ:
„Sie schweigen, Donna, Sie rühren auch den Augapfel nicht, und tun, als ob Sie
in eine Ohnmacht versänken; worauf wir die Kirche verlassen." Doch, ehe Donna
Constanze diese sinnreiche zur Rettung erfundene Maßregel noch ausgeführt hatte, rief schon eine Stimme, des Chorherrn Predigt laut unterbrechend, aus: Wei-
20 chet fern hinweg, ihr Bürger von St. Jago, hier stehen diese gottlosen Menschen!
Und als eine andere Stimme schreckenvoll, indessen sich ein weiter Kreis des Ent-
setzens um sie bildete, fragte: Wo? hier! versetzte ein Dritter, und zog, heiliger
Ruchlosigkeit voll, Josephen bei den Haaren nieder, daß sie mit Don Fernandos
Sohne zu Boden getaumelt wäre, wenn dieser sie nicht gehalten hätte. „Seid ihr
25 wahnsinnig?" rief der Jüngling, und schlug den Arm um Josephen: „ich bin Don
Fernando Ormez, Sohn des Kommandanten der Stadt, den ihr alle kennt." Don
Fernando Ormez? rief, dicht vor ihn hingestellt, ein Schuhflicker, der für Josephen
gearbeitet hatte, und diese wenigstens so genau kannte, als ihre kleinen Füße. Wer
ist der Vater zu diesem Kinde? wandte er sich mit frechem Trotz zur Tochter
30 Asterons. Don Fernando erblaßte bei dieser Frage. Er sah bald den Jeronimo
schüchtern an, bald überflog er die Versammlung, ob nicht einer sei, der ihn kenne? Josephe rief, von entsetzlichen Verhältnissen gedrängt: dies ist nicht mein
Kind, Meister Pedrillo, wie Er glaubt; indem sie, in unendlicher Angst der Seele,
auf Don Fernando blickte: dieser junge Herr ist Don Fernando Ormez, Sohn des
35 Kommandanten der Stadt, den ihr alle kennt! Der Schuster fragte: wer von euch,
ihr Bürger, kennt diesen jungen Mann? Und mehrere der Umstehenden wiederholten: wer kennt den Jeronimo Rugera? Der trete vor! Nun traf es sich, daß in demselben Augenblicke der kleine Juan, durch den Tumult erschreckt, von Josephens

---

[1]biblical cities destroyed by God for their wickedness (Genesis 19)   [2]accuses her (the
city) of'   [3]'side remark'

Brust weg Don Fernando in die Arme strebte. Hierauf: Er *ist* der Vater! schrie[1]
eine Stimme; und: er *ist* Jeronimo Rugera! eine andere; und: sie *sind* die gotteslä-
sterlichen Menschen! eine dritte; und: steinigt sie! steinigt sie! die ganze im Tempel Jesu versammelte Christenheit! Drauf jetzt Jeronimo: Halt! Ihr Unmenschli-
5 chen! Wenn ihr den Jeronimo Rugera sucht: hier ist er! Befreit jenen Mann, welcher unschuldig ist! —
    Der wütende Haufen, durch die Äußerung Jeronimos verwirrt, stutzte; mehre-
re Hände ließen Don Fernando los; und da in demselben Augenblick ein Marine-
Offizier von bedeutendem Rang herbeieilte, und, indem er sich durch den Tumult
10 drängte, fragte: Don Fernando Ormez! Was ist Euch widerfahren? antwortete dieser, nun völlig befreit, mit wahrer heldenmütiger Besonnenheit: „Ja, sehen Sie,
Don Alonzo, die Mordknechte! Ich wäre verloren gewesen, wenn dieser würdige
Mann sich nicht, die rasende Menge zu beruhigen, für Jeronimo Rugera ausgegeben hätte. Verhaften Sie ihn, wenn Sie die Güte haben wollen, nebst dieser jungen
15 Dame, zu ihrer beiderseitigen Sicherheit; und diesen Nichtswürdigen", indem er
Meister Pedrillo ergriff, „der den ganzen Aufruhr angezettelt hat!" Der Schuster
rief: Don Alonzo Onoreja, ich frage Euch auf Euer Gewissen, ist dieses Mädchen
nicht Josephe Asteron? Da nun Don Alonzo, welcher Josephen sehr genau kannte,
mit der Antwort zauderte, und mehrere Stimmen, dadurch von neuem zur Wut
20 entflammt, riefen: sie ists, sie ists! und: bringt sie zu Tode! so setzte Josephe den
kleinen Philipp, den Jeronimo bisher getragen hatte, samt dem kleinen Juan, auf
Don Fernandos Arm, und sprach: gehn Sie, Don Fernando, retten Sie Ihre beiden
Kinder, und überlassen Sie uns unserm Schicksale!
    Don Fernando nahm die beiden Kinder und sagte: er wolle eher umkommen,
25 als zugeben, daß seiner Gesellschaft etwas zu Leide geschehe. Er bot Josephen,
nachdem er sich den Degen des Marine-Offiziers ausgebeten hatte, den Arm, und
forderte das hintere Paar auf, ihm zu folgen. Sie kamen auch wirklich, indem man
ihnen, bei solchen Anstalten, mit hinlänglicher Ehrerbietigkeit[2] Platz machte, aus
der Kirche heraus, und glaubten sich gerettet. Doch kaum waren sie auf den von
30 Menschen gleichfalls erfüllten Vorplatz derselben[3] getreten, als eine Stimme aus
dem rasenden Haufen, der sie verfolgt hatte, rief: dies ist Jeronimo Rugera, ihr
Bürger, denn ich bin sein eigner Vater! und ihn an Donna Constanzens Seite mit
einem ungeheuren Keulenschlage zu Boden streckte. Jesus Maria! rief Donna Constanze, und floh zu ihrem Schwager; doch: Klostermetze! erscholl es schon, mit
35 einem zweiten Keulenschlage, von einer andern Seite, der sie leblos neben Jeronimo niederwarf Ungeheuer! rief ein Unbekannter: dies war Donna Constanze Xa-
res! Warum belogen sie uns! antwortete der Schuster; sucht die rechte auf, und
bringt sie um! Don Fernando, als er Constanzens Leichnam erblickte, glühte vor

---

[1]*schrie* also governs the three following clauses   [2]'deference'   [3]i. e., *der Kirche*

Zorn; er zog und schwang das Schwert, und hieb[1], daß er ihn gespalten hätte, den fanatischen Mordknecht, der diese Greuel veranlaßte, wenn derselbe nicht, durch eine Wendung, dem wütenden Schlag entwichen wäre. Doch da er die Menge, die auf ihn eindrang, nicht überwältigen konnte: leben Sie wohl, Don Fernando mit den Kindern! rief Josephe — und: hier mordet mich, ihr blutdürstenden Tiger! und stürzte sich freiwillig unter sie, um dem Kampf ein Ende zu machen. Meister Pedrillo schlug sie mit der Keule nieder. Darauf ganz mit ihrem Blute besprützt[2]: schickt ihr den Bastard zur Hölle nach! rief er, und drang, mit noch ungesättigter Mordlust, von neuem vor.

Don Fernando, dieser göttliche Held, stand jetzt, den Rücken an die Kirche gelehnt; in der Linken hielt er die Kinder, in der Rechten das Schwert. Mit jedem Hiebe wetterstrahlte[3] er einen zu Boden; ein Löwe wehrt sich nicht besser. Sieben Bluthunde lagen tot vor ihm, der Fürst der satanischen Rotte selbst war verwundet. Doch Meister Pedrillo ruhte nicht eher, als bis er der Kinder eines bei den Beinen von seiner Brust gerissen, und, hochher im Kreise geschwungen, an eines Kirchpfeilers Ecke zerschmettert hatte. Hierauf ward es still, und alles entfernte sich. Don Fernando, als er seinen kleinen Juan vor sich liegen sah, mit aus dem Hirne vorquellenden Mark[4], hob, voll namenlosen Schmerzes, seine Augen gen Himmel.

Der Marine-Offizier fand sich wieder bei ihm ein, suchte ihn zu trösten, und versicherte ihn, daß seine Untätigkeit bei diesem Unglück, obschon durch mehrere Umstände gerechtfertigt, ihn reue; doch Don Fernando sagte, daß ihm nichts vorzuwerfen sei, und bat ihn nur, die Leichname jetzt fortschaffen zu helfen. Man trug sie alle, bei der Finsternis der einbrechenden Nacht, in Don Alonzos Wohnung, wohin Don Fernando ihnen, viel über das Antlitz des kleinen Philipp weinend, folgte. Er übernachtete auch bei Don Alonzo, und säumte lange, unter falschen Vorspiegelungen, seine Gemahlin von dem ganzen Umfang des Unglücks zu unterrichten; einmal[5], weil sie krank war, und dann, weil er auch nicht wußte, wie sie sein Verhalten bei dieser Begebenheit beurteilen würde; doch kurze Zeit nachher, durch einen Besuch zufällig von allem, was geschehen war, benachrichtigt, weinte diese treffliche Dame im Stillen ihren mütterlichen Schmerz aus, und fiel ihm[6] mit dem Rest einer erglänzenden Träne eines Morgens um den Hals und küßte ihn. Don Fernando und Donna Elvire nahmen hierauf den kleinen Fremdling zum Pflegesohn an; und wenn Don Fernando Philippen mit Juan verglich, und wie er beide erworben hatte, so war es ihm fast, als müßt er sich freuen.

---

[1]*hieb =hieb ... auf (den ... Mordknecht)* [2]*=besprützt* [3]'knocked down like lightning'
[4]'brain tissue' [5]*=erstens* [6]i. e., Don Fernando

Clemens Brentano

Brentano (1778-1842) was, with his friend and brother-in-law Achim von Arnim and others, a founder of the second, or "Heidelberg," Romantic movement. His study of folklore and his fascination with the German cultural legacy led to the publication, with Arnim, of his most lasting contribution to German literature, *Des Knaben Wunderhorn* (1805; 1808), a collection of what purported to be folk-poetry, but which we now know to have been rather liberally "restored" by Brentano to conform to his own ideas of what folk-poetry should be. In his *Märchen* and *Novellen* one can sense Brentano's exuberance of spirit and his delight in irony and the satirical,

although his high spirits occasionally threaten to overwhelm the narrative process. In our text, from 1817, he pokes so much fun at the literary conventions of the *Doppelgänger* and the chance meeting that we almost overlook the potentially serious nature of Wehmüller's identity crisis as man and artist.

Die mehreren Wehmüller und ungarischen Nationalgesichter

GEGEN ENDE DES SOMMERS, während der Pest in Kroatien, hatte Herr Wehmüller, ein reisender Maler, von Wien aus einen Freund besucht, der in dieser östreichischen Provinz als Erzieher auf dem Schlosse eines Grafen Giulowitsch lebte. Die Zeit, welche ihm seine Geschäfte zu dem Besuche
5 erlaubten, war vorüber. Er hatte von seiner jungen Frau, welche ihm nach Siebenbürgen[1] vorausgereist war, einen Brief aus Stuhlweißenburg[2] erhalten, daß er sie nicht mehr länger allein lassen möge; es erwarte ihn das Offizierkorps des dort

---

[1] i. e., Transylvania [2] now Székesfejérvár in Hungary (southwest of Budapest)

liegenden hochlöblichen[1] ungarischen Grenadier- und Husarenregiments sehnsüchtig, um, von seiner Meisterhand gemalt, sich in dem Andenken mannigfaltiger
schöner Freundinnen zu erhalten, da ein naher Garnisonswechsel[2] manches eng-
verknüpfte Liebes- und Freudschaftsband zu zerreißen drohte. Dieser Brief brach-
5 te den Herrn Wehmüller in große Unruhe, denn er war viermal so lange unterwegs
geblieben als gewöhnlich und dermaßen durch die Quarantäne zerstochen und
durchräuchert worden, daß er die ohnedies nicht allzu leserliche Hand seiner guten
Frau, die mit oft gewässerter Dinte[3] geschrieben hatte, nur mit Mühe lesen konnte.
Er eilte in die Stube seines Freundes Lury und sagte zu ihm: „Ich muß gleich auf
10 der Stelle fort nach Stuhlweißenburg, denn die hochlöblichen Grenadier- und
Husarenregimenter sind im Begriff, von dort abzuziehen; lesen Sie, der Brief ist
an fünf Wochen alt." Der Freund verstand ihn nicht, nahm aber den Brief und las.
Wehmüller lief sogleich zur Stube hinaus und die Treppe hinab in die Hauska-
pelle, um zu sehen, ob er die 39 Nationalgesichter, welche er in Öl gemalt und dort
15 zum Trocknen aufgehängt hatte, schon ohne große Gefahr des Verwischens
zusammenrollen könne. Ihre Trockenheit übertraf alle seine Erwartung, denn er
malte mit Terpentinfirnis, welcher trocken wird, ehe man sich umsieht. Was übrigens diese 39 Nationalgesichter betrifft, hatte es mit ihnen folgende Bewandtnis:
Sie waren nichts mehr und nichts weniger als 39 Porträts von Ungarn, welche
20 Herr Wehmüller gemalt hatte, ehe er sie gesehen. Er pflegte solcher Nationalgesichter immer ein halb Hundert fertig bei sich zu führen. Kam er in einer Stadt an,
wo er Gewinn durch seine Kunst erwartete, so pflegte er öffentlich ausschellen
oder austrommeln zu lassen[4]: der bekannte Künstler, Herr Wehmüller, sei mit
einem reich assortierten Lager wohlgetroffener[5] Nationalgesichter angelangt und
25 lade diejenigen unter einem hochedlen Publikum, welche ihr Porträt wünschten,
untertänigst ein, sich dasselbe, Stück vor Stück zu einem Dukaten in Gold, selbst
auszusuchen. Er fügte sodann noch, durch wenige Meisterstriche, einige persönliche Züge und Ehrennarben oder die Individualität des Schnurrbartes des Käufers
unentgeltlich bei; für die Uniform aber, welche er immer ausgelassen hatte, mußte
30 nach Maßgabe ihres Reichtums[6] nachgezahlt werden. Er hatte diese Verfahrungs-
art auf seinen Kunstreisen als die befriedigendste für sich und die Käufer gefunden.
Er malte die Leute nach Belieben im Winter mit aller Bequemlichkeit zu Haus
und brachte sie in der schönen Jahreszeit zu Markte. So genoß er des großen
Trostes, daß keiner über Unähnlichkeit oder langes Sitzen klagen konnte, weil sich
35 jeder sein Bildnis fertig nach bestimmtem Preise, wie einen Weck[7] auf dem Laden,
selbst aussuchte. Wehmüller hatte seine Gattin vorausgeschickt, um seine Ankunft
in Stuhlweißenburg vorzubereiten, während er seinen Vorrat von Porträts bei sei-

---

[1]'praiseworthy' (formulaic epithet)   [2]'change of garrison'   [3]=*Tinte*   [4]'to announce by
ringing a bell or beating a drum'   [5]'well-struck,' i. e., accurate resemblances   [6]'according
to its degree of elaborateness'   [7]'bun'

nem Freunde Lury zu der gehörigen Menge brachte; er mußte diesmal in vollem Glanze auftreten, weil er in einer Zeitung gelesen: ein Maler Froschauer aus Klagenfurt habe dieselbe Kunstreise vor. Dieser aber war bisher sein Antagonist und Nebenbuhler gewesen, wenn sie sich gleich[1] nicht kannten, denn Froschhauer war
5 von der entgegengesetzten Schule; er hatte nämlich immer alle Uniformen voraus fertig und ließ sich für die Gesichter extra bezahlen.

Schon hatte Wehmüller die 39 Nationalgesichter zusammengerollt in eine große, weite Blechbüchse gesteckt, in welcher auch seine Farben und Pinsel, ein paar Hemden, ein Paar gelbe Stiefelstulpen und eine Haarlocke seiner Frau Platz
10 fanden; schon schnallte er sich diese Büchse mit zwei Riemen wie einen Tornister auf den Rücken, als sein Freund Lury hereintrat und ihm den Brief mit den Worten zurückgab: „Du kannst nicht reisen; soeben hat ein Bauer hier auf dem Hofe erzählt, daß er vor einigen Tagen einen Fußreisenden begleitet habe, und daß dieser der letzte Mensch gewesen sei, der über die Grenze gekommen, denn auf
15 seinem Rückwege hierher habe er, der Bote, schon alle Wege vom Pestkordon besetzt gefunden." Wehmüller aber ließ sich nicht mehr zurückhalten, er schob seine Palette unter den Wachstuchüberzug auf seinen runden Hut, wie die Bäcker in den Zipfel ihrer gestrickten spitzen Mützen eine Semmel zu stecken pflegen, und begann seinen Reisestab zusammenzurichten, der ein wahres Wunder der
20 Mechanik, wenn ich mich nicht irre, von der Erfindung des Mechanikus Eckler in Berlin, war; denn er enthielt erstens: sich selbst, nämlich einen Reisestock; zweitens: nochmals sich selbst, einen Malerstock[2]; drittens: nochmals sich selbst, einen Meßstock; viertens: nochmals sich selbst, ein Richtscheit; fünftens: nochmals sich selbst, ein Blaserohr[3]; sechstens: nochmals sich selbst, ein Tabakspfeifen-
25 rohr; siebentens: nochmals sich selbst, einen Angelstock[4]; darin aber waren noch ein Stiefelknecht, ein Barometer, ein Thermometer, ein Perspektiv, ein Zeichenstuhl, ein chemisches Feuerzeug, ein Reißzeug, ein Bleistift und das Brauchbarste von allem, eine approbierte hölzerne Hühneraugenfeile[5], angebracht; das Ganze aber war so eingerichtet, daß man die Masse des Inhalts durch den Druck einer
30 Feder aus diesem Stocke, wie aus einer Windbüchse, seinem Feind auf den Leib schießen konnte. Während Wehmüller diesen Stock zusammenrichtete, machte Lury ihm die lebhaftesten Vorstellungen wegen der Gefahr seiner Reise, aber er ließ sich nicht halten. „So rede wenigstens mit dem Bauer selbst," sprach Lury; das war Wehmüller zufrieden und ging, ganz zum Abmarsche fertig, hinab. Kaum aber
35 waren sie in die Schenke getreten, als der Bauer zu ihm trat und, ihm den Ärmel küssend, sagte: „Nu, gnädiger Herr, wie kommen wir schon wieder zusammen? Sie hatten ja eine solche Eile nach Stuhlweißenburg, daß ich glaubte, Euer Gnaden müßten bald dort sein." Wehmüller verstand den Bauer nicht, der ihm versicherte,

---

[1]=*obgleich sie sich*   [2]'maulstick' or 'mahlstick' (stick to steady the hand while painting) [3]'blow gun'   [4]'fishing rod'   [5]'corn (on foot) file'

daß er ihn, mit derselben blechernen Büchse auf dem Rücken und demselben langen Stocke in der Hand, nach der ungarischen Grenze geführt habe, und zwar zu rechter Zeit, weil kurz nachher der Weg vom Pestkordon geschlossen worden sei, wobei der Mann ihm eine Menge einzelne Vorfälle der Reise erzählte, von welchen, wie vom ganzen, Wehmüller nichts begriff. Da aber endlich der Bauer ein kleines Bild hervorzog mit den Worten: „Haben Euer Gnaden mir dieses Bildchen, das in Ihrer Büchse keinen Platz fand, nicht zu tragen gegeben, und haben es Euer Gnaden nicht in der Eile der Reise vergessen?" — ergriff Wehmüller das Bild mit Heftigkeit. Es war das Bild seiner Frau, ganz wie von ihm selbst gemalt, ja der Name Wehmüller war unterzeichnet. Er wußte nicht, wo ihm der Kopf stand. Bald sah er den Bauer, bald Lury, bald das Bild an. „Wer gab dir das Bild?" fuhr er den Bauer an. „Euer Gnaden selbst," sagte dieser; „Sie wollten nach Stuhlweißenburg zu Ihrer Liebsten, sagten Euer Gnaden, und das Botenlohn sind mir Euer Gnaden auch schuldig geblieben." — „Das ist erlogen!" schrie Wehmüller. „Es ist die Wahrheit!" sagte der Bauer. „Es ist nicht die Wahrheit!" sagte Lury, „denn dieser Herr ist seit vier Wochen nicht hier weggekommen und hat mit mir in einer Stube geschlafen." Der Bauer aber wollte von seiner Behauptung nicht abgehen und drang auf die Bezahlung des Botenlohns oder auf die Rückgabe des Porträts, welches sein Pfand sei, und dem er, wenn er nicht bezahle, einen Schimpf antun wolle. Wehmüller ward außer sich. „Was?" schrie er, „ich soll für einen andern das Botenlohn zahlen oder das Porträt meiner Frau beschimpfen lassen? Das ist entsetzlich!" Lury machte endlich den Schiedsrichter und sagte zu dem Bauer: „Habt Ihr diesen Herrn über die Grenze gebracht?" — „Ja!" sagte der Bauer. „Wie kommt er dann wieder hierher, und wie war er die ganze Zeit hier?" erwiderte Lury. „Ihr müßt ihn daher nicht recht tüchtig hinüber gebracht haben und könnt für so schlechte Arbeit kein Botenlohn begehren; bringt ihn heute nochmals hinüber, aber dermaßen, daß auch kein Stümpfchen hier in Kroatien bleibt, und laßt Euch doppelt bezahlen." Der Bauer sagte: „Ich bin es zufrieden, aber es ist doch eine sehr heillose Sache; wer von den beiden ist nun der Teufel, dieser gnädige Herr oder der andre? Es könnte mich dieser, der viel widerspenstiger scheint, vielleicht gar mit über die Grenze holen, auch ist der Weg jetzt gesperrt, und der andre war der letzte; ich glaube doch, er muß der Teufel gewesen sein, der bei der Pest zu tun hat." — „Was," schrie Wehmüller, „der Teufel mit dem Porträt meiner Frau! Ich werde verrückt; gesperrt oder nicht gesperrt, ich muß fort, der scheußlichste Betrug muß entdeckt werden. Ach, meine arme Frau, wie kann sie getäuscht werden! Ade, Lury, ich brauche keinen Boten, ich will schon allein finden." Und somit lief er zum offnen Hoftore mit solcher Schnelligkeit hinaus, daß ihn weder der nachlaufende Bauer noch das Geschrei Lurys einholen konnte.

Nach dieser Szene trat der Graf Giulowitsch, der Prinzipal Lurys, aus dem Schlosse, um auf seinen Finkenherd[1] zu fahren. Lury erzählte ihm die Geschichte, und der Graf, neugierig, mehr von der Sache zu hören, bestieg seinen Wurstwagen[2] und fuhr dem Maler in vollem Trabe nach; das leichte Fuhrwerk, mit zwei
5   raschen Pferden bespannt, flog über die Stoppelfelder, welche einen festeren Boden als die moorichte Landstraße darboten. Bald war der Maler eingeholt, der Graf bat ihn, aufzusitzen, mit dem Anerbieten, ihn einige Meilen bis an die Grenze seiner Güter zu bringen, wo er noch eine halbe Stunde nach dem letzten Grenzdorf habe. Wehmüller, der schon viel Grund und Boden an seinen Stiefeln
10 hängen hatte, nahm den Vorschlag mit untertänigstem Dank an. Er mußte einige Züge alten Slibowitz aus des Grafen Jagdflasche tun und fand dadurch schon etwas mehr Mut, sich selbst auf der eignen Fährte zu seiner Frau nachzueilen. Der Graf fragte ihn, ob er denn niemand kenne, der ihm so ähnlich sei und so malen könne wie er. Wehmüller sagte nein, und das Porträt ängstige ihn am meisten, denn da-
15 durch zeige sich eine Beziehung des falschen Wehmüllers auf seine Frau, welche ihm besonders fatal werden könne. Der Graf sagte ihm, der falsche Wehmüller sei wohl nur eine Strafe Gottes für den echten Wehmüller, weil dieser alle Ungarn über einen Leisten[3] male; so gäbe es jetzt auch mehrere Wehmüller über einen Leisten. Wehmüller meinte, alles sei ihm einerlei, aber seine Frau, seine Frau, wenn
20 die sich nur nicht irre. Der Graf stellte ihm nochmals vor, er möge lieber mit ihm auf seinen Finkenherd und dann zurückfahren; er gefährde[4], wenn er auch höchst unwahrscheinlich den Pestkordon durchschleichen sollte, jenseits an der Pest zu sterben. Wehmüller aber meinte: „Ein zweiter Wehmüller, der zu meiner Frau reist, ist auch eine Pest, an der man sterben kann," und er wolle so wenig als die
25 Schneegänse, welche schreiend über ihnen hinstrichen, den Pestkordon respektieren; er habe keine Ruhe, bis er bei seiner Tonerl sei. So kamen sie bis auf die Grenze der Giulowitschschen Güter, und der Graf schenkte Wehmüllern noch eine Flasche Tokaier[5] mit den Worten: „Wenn Sie diese ausstechen, lieber Wehmüller, werden Sie sich nicht wundern, daß man Sie doppelt sehn, denn Sie
30 selbst werden alles doppelt sehn; geben Sie uns so bald als möglich Bericht von Ihrem Abenteuer, und möge Ihre Gemahlin anders sehen, als der Bauer gesehen hat. Leben Sie wohl!"

Nun eilte Wehmüller, so schnell er konnte, nach dem nächsten Dorf, und kaum war er in die kleine, dumpfichte Schenke eingetreten, als die alte Wirtin, in
35 Husarenuniform, ihm entgegenschrie: „Ha, ha! da sind der Herr wieder zurück, ich hab es gleich gesagt, daß Sie nicht durch den Kordon würden hinübergelassen werden." Wehmüller sagte, daß er hier niemals gewesen, und daß er gleich jetzt erst versuchen wolle, durch den Kordon zu kommen. Da lachte Frau Tschermack und

---

[1]'finch trap' using nets   [2]light vehicle with an upholstered seat [=*Wurst*]   [3]'according to one model'   [4]'ran the risk'   [5]an aromatic Hungarian wine

ihr Gesinde ihm ins Gesicht und behaupteten steif und fest, er sei vor einigen
Tagen hier durchpassiert, von einem Giulowitscher Bauer begleitet, dem er das
Botenlohn zu zahlen vergessen; er habe ja hier gefrühstückt und erzählt, daß er
nach Stuhlweißenburg zu seiner Frau Tonerl wolle, um dort das hochlöbliche Offi-
5　zierkorps zu malen. Wehmüller kam durch diese neue Bestätigung, daß er doppelt
in der Welt herumreise, beinahe in Verzweiflung. Er sagte der Wirtin mit kurzen
Worten seine ganze Lage; sie wußte nicht, was sie glauben sollte, und sah ihn sehr
kurios an. Es war ihr nicht allzu heimlich bei ihm. Aber er wartete[1] alle ihre Skru-
pel nicht ab und lief wie toll und blind zum Dorfe hinaus und dem Pestkordon zu.
10　Als er eine Viertelmeile auf der Landstraße gelaufen war, sah er auf dem Stoppelfeld eine Reihe von Rauchsäulen aufsteigen, und ein angenehmer Wacholderge-
ruch[2] dampfte ihm entgegen. Er sah bald eine Reihe von Erdhütten und Soldaten,
welche kochten und sangen; es war ein Hauptbivouac des Pestkordons. Als er sich
der Schildwache näherte, rief sie ihm ein schreckliches „Halt!" entgegen und
15　schlug zugleich ihr Gewehr auf ihn an. Wehmüller stand wie angewurzelt. Die
Schildwache rief den Unteroffizier, und nach einigen Minuten sprengte ein Szekler[3]-Husar gegen ihn heran und schrie aus der Ferne: „Wos[4] willstu, *quid vis?* Wo
kommst her, *unde venis?* An welchen Ort willst du, *ad quem locum vis?* Bist du
nicht vorige Woche hier durchpassiert, *es tu non altera hebdomada hic perpassatus?*"
20　Er fragte ihn so auf deutsch und husarenlateinisch zugleich, weil er nicht wußte,
ob er ein Deutscher oder ein Ungar sei.[5] Wehmüller mußte aus den letzten Worten
des Husaren abermals hören, daß er hier schon durchgereist sei, welche Nachricht
ihm eiskalt über den Rücken lief. Er schrie sich beinah die Kehle aus, daß er grade
von dem Grafen Giulowitsch komme, daß er in seinem Leben nicht hier gewesen.
25　Der Husar aber lachte und sprach: „Du lügst, *mentiris!* Hast du nicht dem Herrn
Chirurg sein Bild gegeben, *non dedidisti Domino Chirurgo suam imaginem!* — daß
er durch die Finger gesehen[6] und dich passieren lassen, *ut vidit per digitos et te fecit
passare!* Du bist zurückgekehrt aus den Pestörtern, *es returnatus ex pestiferatis locis!*"
Wehmüller sank auf die Knie nieder und bat, man möge den Chirurgen doch her-
30　beirufen.
　　Während diesem Gespräch waren mehrere Soldaten um den Husaren herum
getreten, zuzuhören; endlich kam der Chirurg auch, und nachdem er Wehmüllers
Klagen angehört, der sich die Lunge fast weggeschrieen, befahl er ihm, sich einem
der Feuer von Wachholderholz zu nähern, so daß es zwischen ihnen beiden sei,
35　dann wolle er mit ihm reden. Wehmüller tat dies und erzählte ihm die ganze Aussage über einen zweiten Wehmüller, der hier durchgereist sei, und seine große Sor-

---

[1]'waited to hear'　[2]'odor of juniper' (used to fumigate)　[3]The Szekler were one of the
three main ethnic groups in Siebenbürgen.　[4]=*Was*　[5]Since the Szekler spoke Hungarian,
this is indeed a strange explanation and a typical example of Brentano's fantastic humor.
[6]'so that he would disregard regulations'

ge, daß ihn dieser um all sein Glück betrügen könne, und bot dem Chirurgen alles an, was er besitze, er möge ihm nur durchhelfen. Der Chirurg holte nun eine Rolle Wachsleinwand aus seiner Erdhütte, und Wehmüller erblickte auf derselben eines der ungarischen Nationalgesichter, grade wie er sie selbst zu malen pflegte, auch
5 sein Name stand drunter, und da der Chirurg sagte, ob er dies Bild nicht gemalt und ihm neulich geschenkt habe, weil er ihn passieren lassen, gestand Wehmüller, er würde nie dies Bild von den seinigen unterscheiden können, aber durchpassiert sei er hier nie und habe nie die Gelegenheit gehabt, den Herren Chirurgen zu sprechen. Da sagte der Chirurg: „Hatten Sie nicht heftiges Zahnweh? Habe ich
10 Ihnen nicht noch einen Zahn ausgezogen für das Bild?" — „Nein, Herr Chirurg," erwiderte Wehmüller, „ich habe alle meine Zähne frisch und gesund, wenn Sie zuschauen wollen." Nun faßte der Feldscheer[1] einigen Mut; Wehmüller sperrte das Maul auf, er sah nach und gestand ihm zu, daß er ganz ein andrer Mensch sei; denn jetzt, da er ihn weder aus der Ferne noch von Rauch getrübt ansehe, müsse
15 er ihm gestehen, daß der andre Wehmüller viel glatter und auch etwas fetter sei, ja daß sie beide, wenn sie nebeneinander ständen, kaum verwechselt werden könnten; aber durchpassieren lassen könne er ihn jetzt doch nicht. Es habe zuviel Aufsehens bei der Wache gemacht, und er könne Verdruß haben; morgen früh werde aber der Kordonkommandant mit einer Patrouille bei der Visitation hieher
20 kommen und da ließe sich sehen, was er für ihn tun könne; er möge bis dahin nach der Schenke des Dorfs zurückkehren, er wolle ihn rufen lassen, wenn es Zeit sei; er solle auch das Bild mitnehmen und ihm den Schnauzbart etwas spitzer malen damit es ganz ähnlich werde. Wehmüller bat, in seiner Erdhütte einen Brief an sein Tonerl schreiben zu dürfen und ihm den Brief hinüber zu besorgen. Der
25 Chirurg war es zufrieden. Wehmüller schrieb seiner Frau, erzählte ihr sein Unglück, bat sie um Gottes willen nicht den falschen Wehmüller mit ihm zu verwechseln und lieber sogleich ihm entgegen zu reisen. Der Chirurg besorgte den Brief und gab Wehmüllern noch ein Attestat, daß seine Person eine ganz andre sei als die des ersten Wehmüllers, und nun kehrte unser Maler, durchgeräuchert wie
30 ein Quarantänebrief, nach der Dorfschenke zurück.

Hier war die Gesellschaft vermehrt, die Erzählung von dem doppelten Wehmüller hatte sich im Dorfe und auf einem benachbarten Edelhof[2] ausgebreitet, und es waren allerlei Leute bei der Wirtin zusammengekommen, um sich wegen der Geschichte zu befragen. Unter dieser Gesellschaft waren ein alter invalider Feuer-
35 werker und ein Franzose die Hauptpersonen. Der Feuerwerker, ein Venetianer von Geburt, hieß Baciochi und war ein Allesinallem bei dem Edelmanne, der einen Büchsenschuß[3] von dem Dorfe wohnte. Der Franzose war ein Monsieur Devillier, der, von einer alten reichen Ungarin gefesselt, in Ungarn sitzen geblieben war; seine Gönnerin starb und hinterließ ihm ein kleines Gütchen, auf welchem er lebte

---

[1]=*Chirurg*   [2]'baronial estate'   [3]'a rifle shot away'

und sich bei seinen Nachbarn umher mit der Jagd und allerlei Liebeshändeln[1] die Zeit vertrieb. Er hatte gerade eine Kammerjungfer auf dem Edelhofe besucht, der er Sprachunterricht gab, und diese hatte ihn mit dem Hofmeister[2] des jungen Edelmanns auf seinem Rückwege in die Schenke begleitet, um ihrer Herrschaft
5 von dem doppelten Wehmüller Bericht zu erstatten. Die Kammerjungfer hieß Nanny, und der Hofmeister war ein geborner Wiener mit Namen Lindpeindler, ein zartfühlender Dichter, der oft verkannt worden ist. Die berühmteste Person von allen war aber der Violinspieler Michaly, ein Zigeuner von etwa dreißig Jahren, von eigentümlicher Schönheit und Kühnheit, der wegen seinem großen Ta-
10 lent, alle möglichen Tänze ununterbrochen auf seiner Violine zu erfinden und zu variieren, bei allen großen Hochzeiten im Lande allein spielen mußte. Er war hieher gereist, um seine Schwester zu erwarten, die bis jetzt bei einer verstorbenen Großmutter gelebt und nun auf der Reise zu ihm durch den Pestkordon von ihm getrennt war. Zu diesen Personen fügte sich noch ein alter kroatischer Edelmann,
15 der einen einsamen Hof in der Nähe der türkischen Grenze besaß; er übernachtete hier, von einem Kreistage[3] zurückkehrend. Ein Tiroler Teppichkrämer[4] und sein Reisegeselle, ein Savoyardenjunge[5], dem sein Murmeltier[6] gestorben war, und der sich nach Hause bettelte, machten die Gesellschaft voll, außer der alten Wirtin, die Tabak rauchte und in ihrer Jugend als Amazone unter den Wurmserschen[7] Husa-
20 ren gedient hatte. Sie trug noch den Dolman[8] und die Mütze, die Haare in einen Zopf am Nacken und zwei kleine Zöpfe an den Schläfen geknüpft, und hatte hinter ihrem Spinnrad ein martialisches Ansehen. Diese bunte Versammlung saß in der Stube, welche zugleich die Küche und der Stall für zwei Büffelkühe[9] war, um den lodernden, niedern Feuerherd und war im vollen Gespräch über den doppelten
25 Wehmüller, als dieser in der Dämmerung an der verschlossenen Haustüre pochte. Die Wirtin fragte zum Fenster hinaus, und als sie Wehmüller sah, rief sie: „Gott steh uns bei! Da ist noch ein dritter Wehmüller; ich mache die Türe nicht eher auf, bis sie alle drei zusammen kommen!"

Ein lautes Gelächter und Geschrei des Verwunderns aus der Stube unterbrach
30 des armen Malers Bitte um Einlaß. Er nahte sich dem Fenster und hörte eine lebhafte Beratschlagung über sich an. Der kroatische Edelmann behauptete, er könne sehr leicht ein Vampyr sein oder die Leiche des ersten an der Pest verstorbenen Wehmüllers, die hier den Leuten das Blut aussaugen wolle; der Feuerwerker meinte, er könne die Pest bringen, er habe wahrscheinlich den Kordon überschritten
35 und sei wieder zurückgeschlichen; der Tiroler bewies, er würde niemand fressen; die Kammerjungfer verkroch sich hinter dem Franzosen, der, nebst dem Hofmeister, die Gastfreiheit und Menschlichkeit verteidigte. Devillier sagte, er könne

---

[1]'love affairs' [2]'tutor' [3]'assembly of local representatives' [4]=*Teppichhändler* [5]'boy from Savoy' (Alpine province) [6]'marmot' (Savoyards went about displaying these small animals for money) [7]Austrian unit named for the Graf von Wurmser (1724-1797) [8]braided Husar jacket [9]*Büffel* 'wild ox'

nicht erwarten, daß eine so auserwählte Gesellschaft, in der er sich befände, jemals aus Furcht und Aberglauben die Rechte der Menschheit so sehr verletzen werde, einen Fremden wegen einer bloßen Grille auszusperren, er wolle mit dem Manne reden; der Zigeuner aber ergriff in dem allgemeinen, ziemlich lauten Wortwechsel
5 seine Violine und machte ein wunderbares Schariwari[1] dazu, und da die ungarischen Bauern nicht leicht eine Fiedel hören, ohne den Tanzkrampf in den Füßen zu fühlen, so versammelte sich bald Horia und Klotzka[2] vor der Schenke — was so viel heißt als Hinz und Kunz bei uns zulande — die Mädchen wurden aus den Betten getrieben und vor die Schenke gezogen, und sie begannen zu jauchzen und
10 zu tanzen. Durch den Lärm ward der Vizegespan[3], des Orts Obrigkeit, herbeigelockt, und Wehmüller brachte ihm seine Klagen und das Attestat des Chirurgen vor, versprach ihm auch, sein Porträt unter den Nationalgesichtern sich aussuchen zu lassen, wenn er ihm ein ruhiges Nachtquartier verschaffe und seine Persönlichkeit in
15 der Schenke attestiere[4]. Der Vizegespan ließ sich nun die Schenke öffnen und las drinnen das Attestat des Herren Chirurgen, das er allen Anwesenden zur Beruhigung mitteilte. Durch seine Autorität brachte er es dahin, daß Wehmüller endlich hereingelassen wurde, und er nahm, um der Sache mehr Ansehen zu geben, ein Protokoll über ihn auf, an dem nichts merkwürdig war, als daß es mit dem Worte
20 „sondern" anfing. Indessen hatten die Bauern den musikalischen Zigeuner herausgezerrt und waren mit ihm unter die Linde des Dorfs gezogen, der Tiroler zog hinterdrein und jodelte aus der Fistel[5], der Savoyarde gurgelte sein *„Escoutta Gianetta"*[6] und klapperte mit dem Deckel seines leeren Kastens[7] den Takt dazu bis unter die Linde. Monsieur Devillier forderte die Kammerjungfer zu einem Tänz-
25 chen auf, und Herr Lindpeindler gab der schönen Herbstnacht und dem romantischen Eindruck nach. So war die Stube ziemlich leer geworden; Wehmüller holte seine Nationalgesichter aus der Blechbüchse, und der Vizegespan hatte bald sein Porträt gefunden, versprach auch dem Maler ins Ohr, daß er ihm morgen über den Kordon helfen wolle, wenn er ihm heute nacht noch eine Reihe Knöpfe mehr auf
30 die Jacke male. Wehmüller dankte ihm herzlich und begann sogleich bei einer Kienfackel[8] seine Arbeit. Der Feuerwerker und der kroatische Edelmann rückten zu dem Tisch, auf welchem Wehmüller seine Flasche Tokaier preisgab; die Herren drehten sich die Schnauzbärte, steckten sich die Pfeifen an und ließen es sich wohlschmecken. Der Vizegespan sprach von der Jagdzeit, die am St. Egiditag,[9] da
35 der Hirsch in die Brunst[10] gehe, begonnen habe, und daß er morgen früh nach einem Vierzehnender[11] ausgehen wolle, der ihm großen Schaden in seinem Wein-

---

[1]'caterwauling' [2]'every Tom, Dick and Harry' [3]Hungarian magistrate (*Vize* 'vice') [4]*seine Persönlichkeit attestieren* 'attest his identity' [5]'in falsetto' [6]'Listen, Jeanette ...,' a folksong of the Savoy [7]i. e., where he had kept his marmot [8]'pine torch' [9]i. e., September 1 [10]'goes into heat' [11]'stag with 14 points,' i. e., tips of antlers

berge getan; zugleich lud er Herrn Wehmüller ein, mitzugehen, wobei er ihm auf
den Fuß trat. Wehmüller verstand, daß dies ein Wink sei, wie er ihm über den
Kordon helfen wolle, und wenn ihm gleich nicht so zumute war, gern von Hirsch-
geweihen[1] zu hören, nahm er doch das Anerbieten mit Dank an, nur bat er sich die
5 Erlaubnis aus, nach der Rückkehr das Bild des Herrn Vizegespans in seinem Hause fertig malen zu dürfen. Der kroatische Edelmann und der Feuerwerker sprachen
nun noch mancherlei von der Jagd, und wie der Wein so vortrefflich stehe, darum
sei das Volk auch so lustig; wenn der unbequeme Pestkordon nur erst aufgelöst sei;
aller Verkehr sei durch ihn gestört, und der Kordon sei eigentlich ärger als die Pest
10 selbst. „Es wird bald aus sein mit dem Kordon," sagte der Kroate, „die Kälte ist der
beste Doktor, und ich habe heute an den Eicheln gesehen, daß es einen strengen
Winter geben wird; denn die Eicheln kamen heuer früh und viel, und es heißt von
den Eicheln im September:

Haben sie Spinnen, so kömmt ein bös Jahr,
15   Haben sie Fliegen, kömmt Mittelzeit zwar,
Haben sie Maden, so wird das Jahr gut,
Ist nichts darin, so hält der Tod die Hut[2],
Sind die Eicheln früh und sehr viel,
So schau, was der Winter anrichten will:
20   Mit vielem Schnee kömmt er vor Weihnachten,
Darnach magst du große Kälte betrachten.
Sind die Eicheln schön innerlich,
Folgt ein schöner Sommer, glaub sicherlich;
Auch wird dieselbe Zeit wachsen schön Korn
25   Also ist Müh und Arbeit nicht verlorn.
Werden sie innerlich naß befunden,
Tuts uns einen nassen Sommer bekunden;
Sind sie mager, wird der Sommer heiß,
Das sei dir gesagt mit allem Fleiß.

30 Diesen September waren sie aber so früh und häufig, daß es gewiß bald kalt und der
Frost die Pest schon vertilgen wird." — „Ganz recht," sagte der Vizegespan, „wir
werden einen frühen Winter und einen schönen Herbst haben, denn tritt der Hirsch
an einem schönen Egiditag in Brunst, so tritt er auch an einem schönen Tag heraus,
und wenn er früh eintritt, wie dieses Jahr, so naht der Winter auch früh."
35   Über diesen Wetterbetrachtungen kamen sie auf kalte Winter zu sprechen,
und der Kroate erzählte folgende Geschichte, die ihm vor einigen Jahren im kalten
Winter in der Christnacht geschehen sein sollte, und er beschwor sie hoch und

---

[1] 'stag's horns' (a sign of cuckoldry)   [2] 'death keeps watch'

teuer[1]. Aber eben, als er beginnen wollte, schallte ein großer Spektakel von der Linde her. Lindpeindler und die Kammerjungfer stürzten mit dem Geschrei in die Stube, auf dem Tanzplatz sei wieder ein Wehmüller erschienen. „Ach," schrie die Kammerjungfer, „er hat mich wie ein Gespenst angepackt und ist mit mir so ent-

5 setzlich unter der Linde herumgetanzt, daß mir die Haube in den Zweigen blieb." Auf diese Aussage sprangen alle vom Tisch auf und wollten hinausstürzen. Der Vizegespan aber gebot dem Maler, sitzenzubleiben, bis man wisse, ob er oder der andere es sei. Da näherte sich das Spektakel, und bald trat der Zigeuner, lustig fiedelnd, von den krähenden Bauern begleitet, mit dem neuen Wehmüller vor die

10 Schenke. Da klärte sich denn bald der Scherz auf. Devillier hatte den grauen Reisekittel und den Hut Wehmüllers im Hinausgehen aufgesetzt und ein blechernes Ofenrohr, das in einem Winkel lag, umgehängt, die furchtsame Kammerjungfer zu erschrecken. Nanny ward sehr ausgelacht, und der Vizegespan befahl nun den Leuten, zu Bette zu gehen; da aber einige noch tanzen wollten und grob wurden,

15 rief er nach seinen Heiducken,[2] setzte selbst eine Bank vor die Türe, legte eigenhändig einen frechen Burschen über und ließ ihm fünf aufzählen[3], auf welche kleine Erfrischung die ganze Ballgesellschaft mit einem lauten „*Vivat noster Dominus Vicegespannus!*"[4] jubelnd nach Haus zog. Nun ordnete sich die übrige Gesellschaft in der engen Stube, wie es gehen wollte, um Tisch und Herd, auf Kübeln und Ton-

20 nen und den zur Nachtstreue von der Wirtin angeschleppten Strohbündeln[5]. Devillier ließ einige Krüge Wein bringen, und der erschrockenen Kammerjungfer wurde auf den Schreck wacker zugetrunken[6]. Man bat dann den Kroaten, seine versprochene Geschichte zu erzählen, welcher, während Wehmüller in schweren Gedanken an sein Tonerl Knöpfe malte, also begann:

25 ### *Das Pickenick des Katers Mores*
Erzählung des kroatischen Edelmanns

Mein Freihof liegt einsam, eine halbe Stunde von der türkischen Grenze, in einem sumpfichten Wald, wo alles im herrlichsten und fatalsten Überfluß ist, zum Beispiel die Nachtigallen, die einen immer vor Tag aus dem Schlafe wecken, und im

30 letzten Sommer pfiffen die Bestien so unverschämt nah und in solcher Menge vor meinem Fenster, daß ich einmal im größten Zorne den Nachttopf nach ihnen warf. Aber ich kriegte bald einen Hausgenossen, der ihnen auf den Dienst paßte[7] und mich von dem Ungeziefer befreite. Heut sind es drei Jahre, als ich morgens auf

---

[1]'swore up and down that it was true' [2]mercenary foot-soldiers in service to Hungarian nobility [3]'had him given five strokes of the lash' [4]'Long live our Lord Magistrate' (Latin) [5]'bales of straw dragged in by the hostess to be dispensed as material to sleep on' [6]*der ... zugetrunken* 'the terrified lady's maid was loudly toasted after her scare' [7]'kept a sharp watch on'

meinen Finkenherd ging, mit einem Pallasch,[1] einer guten Doppelbüchse [2]und
einem Paar doppelten Pistolen[3] versehen, denn ich hatte einen türkischen Wild-
pretdieb[4] und Händler auf dem Korn, der mir seit einiger Zeit großen Wildscha-
den[5] angetan und mir, da ich ihn gewarnt hatte, trotzig hatte sagen lassen, er störe
5 sich nicht an mir und wolle unter meinen Augen in meinem Wald jagen. Als ich
nach dem Finkenherd kam, fand ich alle meine ausgestellten Dohnen[6] und Schlin-
gen ausgeleert und merkte, daß der Spitzbube mußte da gewesen sein. Erbittert
stellte ich meinen Fang[7] wieder auf, da strich ein großer schwarzer Kater aus dem
Gesträuch murrend[8] zu mir her und machte sich so zutulich, daß ich seinen Pelz
10 mit Wohlgefallen ansah und ihn liebkoste mit der Hoffnung, ihn an mich zu
gewöhnen und mir etwa aus seinen Winterhaaren eine Mütze zu machen. Ich habe
immer so eine lebendige Wintergarderobe im Sommer in meinem Revier, ich
brauche darum kein Geld zum Kürschner zu tragen, es kommen mir auch keine
Motten in mein Pelzwerk. Vier Paar tüchtige lederne Hosen laufen immer als
15 lebendige Böcke auf meinem Hofe, und mitten unter ihnen ein herrlicher Dudelsack, der sich jetzt als lebendiger Bock schon so musikalisch zeigt, daß die zu einzelnen Hosenbeinen bestimmten Kandidaten, sobald er meckernd unter sie tritt,
zu tanzen und gegeneinander zu stutzen anfangen, als fühlten sie jetzt schon ihre
Bestimmung, einst mit meinen Beinen nach diesem Dudelsack ungarisch zu tan-
20 zen. So habe ich auch einen neuen Reisekoffer als Wildsau in meinem Forste
herumlaufen, ein prächtiger Wolfspelz hat mir im letzten Winter in der Gestalt
von sechs tüchtigen Wölfen schon auf den Leib gewollt; die Bestien hatten mir ein
tüchtiges Loch in die Kammertüre genagt, da fuhr ich einem nach dem andern
durch ein Loch über der Türe mit einem Pinsel voll Ölfarbe über den Rücken und
25 erwarte sie nächstens wieder, um ihnen das Fell über die Ohren zu ziehen.
    Aus solchen Gesichtspunkten sah ich auch den schwarzen Kater an und gab
ihm, teils weil er schwarz wie ein Mohr war, teils weil er gar vortreffliche Mores
oder Sitten hatte, den Namen Mores. Der Kater folgte mir nach Hause und wußte
sich so vortrefflich durch Mäusefangen und Verträglichkeit mit meinen Hunden
30 auszuzeichnen, daß ich den Gedanken, ihn aus seinen Pelz zu vertreiben, bald
aufgegeben hatte. Mores war mein steter Begleiter, und nachts schlief er auf einem
ledernen Stuhl neben meinem Bette. Merkwürdig war es mir besonders an dem
Tiere, daß es, als ich ihm scherzhaft bei Tage einigemal Wein aus meinem Glase
zu trinken anbot, sich gewaltig dagegen sträubte und ich es doch einst im Keller
35 erwischte, wie es den Schwanz ins Spundloch hängte und dann mit dem größten
Appetit ableckte. Auch zeichnete sich Mores vor allen Katzen durch seine Neigung, sich zu waschen, aus, da doch sonst sein Geschlecht eine Feindschaft gegen

---

[1]long, broad sword with one sharpened edge   [2]'double-barreled rifle'   [3]'pistol with two
independently-fired barrels   [4]'poachers'   [5]'damage to game'   [6]'bird nooses'   [7]'traps,'
'nooses'   [8]'purring'

das Wasser hat. Alle diese Absonderlichkeiten hatten den Mores in meiner Nachbarschaft sehr berühmt gemacht, und ich ließ ihn ruhig bei mir aus und ein gehen, er jagte auf seine eigne Hand und kostete mich nichts als Kaffee, den er über die Maßen gern soff.[1] So hatte ich meinen Gesellen bis gegen Weihnachten immer als Schlafkameraden gehabt, als ich ihn die zwei letzten Tage und Nächte vor dem Christtag ausbleiben sah. Ich war schon an den Gedanken gewöhnt, daß ihn irgendein Wildschütze[2], vielleicht gar mein türkischer Grenznachbar, möge weggeschossen oder gefangen haben, und sendete deswegen einen Knecht hinüber zu dem Wildhändler, um etwas von dem Mores auszukundschaften. Aber der Knecht kam mit der Nachricht zurück, daß der Wildhändler von meinem Kater nichts wisse, daß er eben von einer Reise von Stambul zurückgekommen sei und seiner Frau eine Menge schöner Katzen mitgebracht habe; übrigens sei es ihm lieb, daß er von meinem trefflichen Kater gehört, und wolle er auf alle Weise suchen, ihn in seine Gewalt zu bringen, da ihm ein tüchtiger Bassa[3] für sein Serail[4] fehle. Diese Nachricht erhielt ich mit Verdruß am Weihnachtsabend und sehnte mich um so mehr nach meinem Mores, weil ich ihn dem türkischen Schelm nicht gönnte. Ich legte mich an diesem Abend früh zu Bette, weil ich in der Mitternacht eine Stunde Weges nach der Kirche in die Metten gehen wollte. Mein Knecht weckte mich zur gehörigen Zeit; ich legte meine Waffen an und hängte meine Doppelbüchse, mit dem gröbsten Schrote geladen, um. So machte ich mich auf den Weg, in der kältesten Winternacht, die ich je erlebt; ich war eingehüllt wie ein Pelznickel[5], die brennende Tabakspfeife fror mir einigemal ein, der Pelz um meinen Hals starrte von meinem gefrornen Hauch wie ein Stachelschwein, der feste Schnee knarrte unter meinen Stiefeln, die Wölfe heulten rings um meinen Hof, und ich befahl meinen Knechten, Jagd auf sie zu machen.

So war ich bei sternheller Nacht auf das freie Feld hinaus gekommen und sah schon in der Ferne eine Eiche, die auf einer kleinen Insel mitten in einem zugefrornen Teiche stand und etwa die Hälfte des Weges bezeichnete, den ich zum Kirchdorf[6] hatte. Da hörte ich eine wunderbare Musik und glaubte anfangs, es sei etwa ein Zug Bauern, der mit einem Dudelsack sich den Weg zur Kirche verkürzte, und so schritt ich derber zu, um mich an diese Leute anzuschließen. Aber je näher ich kam, je toller war die kuriose Musik, sie löste sich in ein Gewimmer auf, und, schon dem Baume nah, hörte ich, daß die Musik von demselben herunter schallte. Ich nahm mein Gewehr in die Hand, spannte den Hahn und schlich über den festen[7] Teich auf die Eiche los; was sah ich, was hörte ich? Das Haar stand mir zu Berge; der ganze Baum saß voll schrecklich heulender Katzen, und in der Krone thronte mein Herr Mores mit krummem Buckel und blies ganz erbärmlich auf

---

[1]Note More's peculiar habits: secret winebibber, washes frequently (does not merely lick himself), loves coffee. What do these habits suggest?   [2]=*Wilddieb*   [3]'pasha'   [4]'harem'   [5]'St. Nick,' 'Santa Claus'   [6]'village with a church'   [7]=*gefrornen*

einem Dudelsack, wozu die Katzen unter gewaltigem Geschrei um ihn her durch
die Zweige tanzten. Ich war anfangs vor Entsetzen wie versteinert bald aber zwick-
te mich der Klang des Dudelsacks so sonderbar in den Beinen, daß ich selbst
anfing zu tanzen und beinahe in eine von Fischern gehauene Eisöffnung fiel, da
5   tönte aber die Mettenglocke[1] durch die helle Nacht, ich kam zu Sinnen und schoß
die volle Schrotladung meiner Doppelbüchse in den vermaledeiten Tanzchor hinein, und in demselben Augenblick fegte die ganze Tanzgesellschaft wie ein Hagelwetter von der Eiche herunter und wie ein Bienenschwarm über mich weg, so daß
ich auf dem Eise ausglitt und platt niederstürzte. Als ich mich aufraffte, war das
10 Feld leer, und ich wunderte mich, daß ich auch keine einzige von den Katzen
getroffen unter dem Baume fand. Der ganze Handel hatte mich so erschreckt und
so wunderlich gemacht, daß ich es aufgab, nach der Kirche zu gehen; ich eilte nach
meinem Hofe zurück und schoß meine Pistolen mehrere Male ab, um meine
Knechte herbeizurufen. Sie nahten mir bald auf dieses verabredete Zeichen; ich
15 erzählte ihnen mein Abenteuer, und der eine, ein alter, erfahrener Kerl, sagte:
„Sei'n Ihr Gnaden nur ruhig, wir werden die Katzen bald finden, die Ihr Gnaden
geschossen haben." Ich machte mir allerlei Gedanken und legte mich zu Hause,
nachdem ich auf den Schreck einen warmen Wein getrunken hatte, zu Bett.

Als ich gegen Morgen ein Geräusch vernahm, erwachte ich aus dem unruhi-
20 gen Schlaf, und sieh da: mein vermaledeiter Mores lag — mit versengtem Pelz —
wie gewöhnlich neben mir auf dem Lederstuhl. Es lief mir ein grimmiger Zorn
durch alle Glieder; „Passaveanelkiteremtete!" schrie ich, „vermaledeite Zauberka-
naille! bist du wieder da?" und griff nach einer neuen Mistgabel, die neben meinem
Bette stand; aber die Bestie stürzte mir an die Kehle und würgte mich; ich schrie
25 Zetermordio[2]. Meine Knechte eilten herbei mit gezogenen Säbeln und fegten nicht
schlecht über meinen Mores her, der an allen Wänden hinauf fuhr, endlich das
Fenster zerstieß und dem Walde zustürzte, wo es vergebens war, das Untier zu verfolgen; doch waren wir gewiß, daß Herr Mores seinen Teil Säbelhiebe weghabe,
um nie wieder auf dem Dudelsack zu blasen. Ich war schändlich zerkratzt, und der
30 Hals und das Gesicht schwoll mir gräßlich an. Ich ließ nach einer slavonischen
Viehmagd rufen, die bei mir diente, um mir einen Umschlag von ihr kochen[3] zu
lassen, aber sie war nirgends zu finden, und ich mußte nach dem Kirchdorf fahren,
wo ein Feldscheer wohnte. Als wir an die Eiche kamen, wo das nächtliche Konzert
gewesen war, sahen wir einen Menschen darauf sitzen, der uns erbärmlich um
35 Hülfe anflehte. Ich erkannte bald Mladka, die slavonische Magd; sie hing halb
erfroren mit den Röcken in den Baumästen verwickelt, und das Blut rann von ihr
nieder in den Schnee; auch sahen wir blutige Spuren von da her, wo mich die Katzen über den Haufen geworfen, nach dem Walde zu. Ich wußte nun, wie es mit der

---

[1]=*Messeglocke*   [2]'bloody murder'   [3]'heat'

Slavonierin beschaffen war, ließ sie schwebend, daß sie die Erde nicht berührte[1],
auf den Wurstwagen tragen und festbinden und fuhr eilend mit der Hexe nach
dem Dorfe. Als ich bei dem Chirurg ankam, wurde gleich der Vizegespan und der
Pfarrer des Orts gerufen, alles zu Protokoll genommen, und die Magd Mladka
5 ward ins Gefängnis geworfen; sie ist zu ihrem Glück an dem Schuß, den sie im
Leibe hatte, gestorben, sonst wäre sie gewiß auf den Scheiterhaufen gekommen.
Sie war ein wunderschönes Weibsbild, und ihr Skelett ist nach Pest[2] ins Natura-
lienkabinett als ein Muster schönen Wachstums gekommen; sie hat sich auch
herzlich bekehrt[3] und ist unter vielen Tränen gestorben. Auf ihre Aussagen sollten
10 verschiedene andere Weibspersonen in der Gegend gefangengenommen werden,
aber man fand zwei tot in ihren Betten, die anderen waren entflohen.
    Als ich wiederhergestellt war, mußte ich mit einer Kreiskommission über die
türkische Grenze reisen; wir meldeten uns bei der Obrigkeit mit unserer Anzeige
gegen den Wildhändler, aber da kamen wir schier in eine noch schlimmere Suppe;
15 es wurde uns erklärt, daß der Wildhändler nebst seiner Frau und mehreren türkischen, serbischen und slavonischen Mägden und Sklavinnen von Schrotschüssen
und Säbelhieben verwundet zu Hause angekommen, und daß der Wildhändler
gestorben sei mit der Angabe: er sei, von einer Hochzeit kommend, auf der Grenze
von mir überfallen und so zugerichtet worden. Während dies angezeigt wurde, ver-
20 sammelte sich eine Menge Volks, und die Frau des Wildhändlers mit mehreren
Weibern und Mägden, verbunden und bepflastert[4], erhoben ein mörderliches
Geschrei gegen uns. Der Richter sagte: er könne uns nicht schützen, wir möchten
sehen, daß wir fortkämen; da eilten wir nach dem Hof, sprangen zu Pferde, nahmen den Kreiskommissär in die Mitte, ich setzte mich an die Spitze der sechs
25 Szekler-Husaren, die uns begleitet hatten, und so sprengten wir, Säbel und Pistole
in der Hand, früh genug zum Orte hinaus, um nicht mehr zu erleiden als einige
Steinwürfe und blinde[5] Schüsse, eine Menge türkischer Flüche mit eingerechnet.
Die Türken verfolgten uns bis über die Grenze, wurden aber von den Szeklern, die
sich im Walde setzten[6], so zugerichtet, daß wenigstens ein paar von ihnen dem
30 Wildhändler in Mahomeds Paradies Nachricht von dem Erfolg werden gegeben
haben. Als ich nach Haus kam, war das erste, daß ich meinen Dudelsack visitierte[7],
den ich auch mit drei Schroten durchlöchert hinter meinem Bette liegen fand.
Mores hatte also auf meinem eigenen Dudelsack geblasen und war von ihm gegen
meinen Schuß gedeckt worden. Ich hatte mit der unseligen Geschichte noch viele
35 Sc.hererei, ich wurde weitläufig zu Protokoll vernommen, es kam eine Kommission
nach der andern auf meinen Hof und ließ sich tüchtig aufwarten[8]; die Türken
klagten wegen Grenzverletzung, und ich mußte es mir am Ende noch mehrere

---

[1]i. e., so that she could not come into contact with the source of her demonic powers [2]a
section of Budapest [3]here 'repented' [4]'covered with sticking plasters' (as bandages)
[5]'blind' [6]'were waiting' [7]=untersuchte [8]'demanded attention'

Stücke Wild und ein ziemliches Geld kosten lassen, daß die Gerichtsplackerei[1] endlich einschlief, nachdem ich und meine Knechte vereidigt worden waren.[2] Trotzdem wurde ich mehrmals vom Kreisphysikus untersucht, ob ich auch völlig bei Verstand sei, und dieser kam nicht eher zur völligen Gewißheit darüber, bis ich
5 ihm ein Paar doppelte Pistolen und seiner Frau eine Verbrämung von schwarzem Fuchspelz und mehrere tüchtige Wildbraten zugeschickt hatte. So wurde die Sache endlich stille; um aber in etwas auf meine Kosten zu kommen, legte ich eine Schenke unter der Eiche auf der Insel in dem Teiche an, wo seither die Bauern und Grenznachbarn aus der Gegend sich sonntags im Sommer viel einstellen und den
10 ledernen Stuhl, worauf Mores geschlafen, und an den ich ein Stück seines Schweifs, das ihm die Knechte in der Nacht abgehauen, genagelt habe, besehen; den Dudelsack habe ich flicken lassen, und mein Knecht, der den Wirt dort macht, pflegt oben in der Eiche, wo Mores gesessen, darauf den Gästen, die um den Baum tanzen, vorzuspielen. Ich habe schon ein schönes Geld da eingenommen, und
15 wenn mich Herrschaften einmal dort besuchen wollen, so sollen sie gewiß bedient werden.

Diese Erzählung, welche der Kroat mit dem ganzen Ausdruck der Wahrheit vorgebracht hatte, wirkte auf die verschiedenste Weise in der Gesellschaft. Der Vizegespan, der Tiroler und die Wirtin hatten keinen Zweifel, und der Savoyarde
20 zeigte seine Freude, daß man noch kein Beispiel gehabt habe: ein Murmeltier sei eine Hexe gewesen. Lindpeindler äußerte: es möge an der Geschichte wahr sein, was da wolle, so habe sie doch eine höhere poetische Wahrheit; sie sei in jedem Falle wahr, insofern sie den Charakter der Einsamkeit, Wildnis und der türkischen Barbarei ausdrücke; sie sei durchaus für den Ort, auf welchem sie spiele, scharf
25 bezeichnend und mythisch und darum dort wahrer als irgendeine Lafontainesche Familiengeschichte[3]. Aber es verstand keiner der Anwesenden, was Lindpeindler sagen wollte, und Devillier leugnete ihm grade ins Gesicht, daß Lafontaine irgendeine seiner *Fabeln*[4] jemals für eine wahre Familiengeschichte ausgegeben habe; Lindpeindler schwieg und wurde verkannt.
30 Nun aber wendete sich der Franzose zu der Kammerjungfer, welche sich mit stillem Schauer in einen Winkel gedrückt hatte, sprechend: „Und Sie, schöne Nanny, sind ja so stille, als fühlten Sie sich bei der Geschichte getroffen[5]." — „Wieso getroffen?" fragte Nanny. „Nun, ich meine," erwiderte Devillier lächelnd, „von einem Schrote des kroatischen Herrn. Sollte das artigste Kammerkätzchen der Ge-
35 gend nicht zu dem Teedansant[6] eingeladen gewesen sein? — Das wäre ein Fehler

---

[1]'botheration by the courts' [2]'had sworn an oath' (to tell the truth) [3]August H. J. Lafontaine (1758-1831), author of the sentimental *Familiengeschichten* in twelve volumes, 1797-1804. [4]Devillier thinks of the Frenchman, Jean de Lafontaine (1621-1695), author of fables. [5]'meant,' 'involved,' but also 'struck' [6]'tea dance'

des Herrn Mores gegen die Galanterie, wegen welchem er die Rache seines Herrn allein schon verdient hätte." Alle lachten, Nanny aber gab dem Franzosen eine ziemliche Ohrfeige und erwiderte: „Sie sind der Mann dazu, einen in den Ruf zu bringen, daß man geschossen sei, denn Sie haben selbst einen Schuß!" und dabei

5   zeigte sie ihm von neuem die fünf Finger; worauf Devillier sagte: „Erhebt das nicht den Verdacht, sind das nicht Katzenmanieren? Sie waren gewiß dabei! Frau Tschermack, die Wirtin, wird es uns sagen können, denn die hat gewiß nicht gefehlt; ich glaube, daß sie die Blessur in der Hüfte eher bei solcher Gelegenheit als bei den Wurmserschen Husaren erhalten." Alles lachte von neuem, und der Zi-

10 geuner sagte: „Ich will sie fragen."
     Der Kroate fand sich über die Ungläubigkeit Devilliers gekränkt und fing an, seine Geschichte nochmals zu beteuern, indem er seine pferdehaarne steife Halsbinde ablöste, um die Narben von den Klauen des Mores zu zeigen. Nanny drückte die Augen zu, und indessen brachte der Zigeuner die Nachricht: Frau Tschermack

15 meine, Mores müsse es selbst am besten wissen. Er setzte mit diesen Worten die große schwarze Katze der Wirtin, welche er vor der Türe gefangen hatte, der Kammerjungfer in den Schoß, welche mit einem heftigen Schrei des Entsetzens auffuhr. — „Eingestanden!"[1] rief Devillier; aber der Spaß war dumm, denn Nanny kam einer Ohnmacht nah, die Katze sprang auf den Tisch, warf das Licht um und

20 fuhr dem armen Wehmüller über seine nassen Farben; der Vizegespan riß das Fenster auf und entließ die Katze, aber alles war rebellisch geworden; die Büffelkühe im Hintergrund der Stube an den Ketten, und jeder drängte nach der Türe. Wehmüller und Lindpeindler sprangen auf den Tisch und stießen mit dem Tiroler zusammen, der es auch in demselben Augenblick tat und mit seinen nägelbeschla-

25 genen Schuhen mehr Knopflöcher in das Porträt des Vizegespans trat, als Knöpfe darauf waren. Devillier trug Nanny hinaus; der Kroate schrie immer: „Da haben wir es, das kömmt vom Unglauben!" Frau Tschermack aber, welche mit einem vollen Weinkrug in die Verstörung trat, fluchte stark und beruhigte die Kühe; der Zigeuner griff wie ein zweiter Orpheus[2] nach seiner Violine, und als Monsieur Devil-

30 lier mit Nanny, die er am Brunnen erfrischt hatte, wieder hereintrat, kniete der kecke Bursche vor ihr nieder und sang und spielte eine so rührende Weise[3] auf seinem Instrument, daß niemand widerstehen konnte und bald alles stille ward. Es war dies ein altes zigeunerisches Schlachtlied, wobei der Zigeuner endlich in Tränen zerfloß, und Nanny konnte ihm nicht widerstehen, sie weinte auch und reichte

35 ihm die Hand; Lindpeindler aber sprang auf den Sänger zu und umarmte ihn mit den Worten: „O, das ist groß, das ist ursprünglich! Bester Michaly, wollen Sie mir Ihr Lied wohl in die Feder diktieren?" — „Nimmermehr!" sagte der Zigeuner, „so was diktiert sich nicht, ich wüßte es auch jetzt nicht mehr, und wenn Sie mir den

---

[1]'she admits it'   [2]The Greek singer Orpheus was able to tame even wild animals with his song.   [3]=*Melodie*

Hals abschnitten; wenn ich einmal wieder eine schöne Jungfer betrübt habe, wird es mir auch wieder einfallen."

Da lachte die ganze Gesellschaft, und Michaly begann so tolle Melodieen aus seiner Geige herauszulocken, daß die Fröhlichkeit bald wieder hergestellt wurde und Devillier den Kroaten fragte, ob Mores nicht diesen Tanz aufgespielt hätte; Herr Lindpeindler notierte sich wenigstens den Inhalt des extemporierten Liedes; es war die Wehklage über den Tod von tausend Zigeunern. Im Jahr 1537 wurde in den Zapolischen[1] Unruhen das Kastell Nagy-Jda in der Abanywarer Gespanschaft[2] mit Belagerung von kaiserlichen Truppen bedroht. Franz von Perecey, der das Kastell verteidigte, stutzte[3], aus Truppenmangel, tausend Zigeuner in der Eile zu Soldaten und legte sie unter reichen Versprechungen von Geld und Freiheiten auf Kindeskinder, wenn sie sich wacker hielten, gegen den ersten Anlauf in äußeren Schanzen. Auf diese[4] vertrauend hielten sich diese Helden auch ganz vortrefflich, sie empfingen die Belagerer mit einem heftigen Feuer, so daß sie umwendeten. Aber nun krochen die Helden übermütig aus ihren Löchern und schrien den Fliehenden nach: „Geht zum Henker, ihr Lumpen, hätten wir noch Pulver und Blei, so wollten wir euch anders zwiebeln[5]." Da sahen sich die Abziehenden um, und als sie statt regulierter Truppen einen frechen Zigeunerschwarm auf den Wällen merkten, ergriff sie der Zorn, sie drangen in die Schanze und säbelten die armen Helden bis auf den letzten Mann nieder. Diese Niederlage, eine der traurigsten Erinnerungen der Zigeuner in jener Gegend, hatte Michaly in der Klage einer Mutter um ihren Sohn und einer Braut um ihren gefallenen Geliebten besungen. Devillier sagte nun zu dem Kroaten: „Damit Sie nicht länger meinen Glauben an den Hexenmeister Mores in Katzengestalt bezweifeln, will ich Ihnen eine Geschichte erzählen, bei welcher ich selbst geholfen habe, ein paar hundert solcher Zauberer zu töten." — „Ein paar hundert!" riefen mehrere in der Gesellschaft. „Ja!" erwiderte Devillier, „und das will ich ebenso getrost beschwören als unser Freund den musizierenden Katzenkongreß."

Devilliers Erzählung von den Hexen auf dem Austerfelsen

Vor mehreren Jahren, da ich als Lieutenant zu Dünkirchen in Garnison lag, genoß ich der vertrauten Freundschaft meines Majors, eines alten Gascogners[6]. Er war ein großer Liebhaber von Austern, und zu seiner Majorschaft gehörte der Genuß von einem großen Austerfelsen, der hinter einem Lustwäldchen einen halben Büchsenschluß weit vom Ufer in der See lag, so daß man ihn bei der Ebbe trocknen

---

[1] John Zapolya (1487-1540), Prince of Siebenbürgen, elected King of Hungary, fought against Austrian Emperor Ferdinand I with the support of the Turks. [2] ‘administrative district’ [3] *stutzte ... zu Soldaten* ‘pressed into military service’ [4] i. e., the promises [5] ‘give it to you,’ ‘drub you properly’ [6] Gascony was formerly a province in southwestern France.

Fußes erreichen konnte, um die frischen Austern vom Felsen zu schlagen. Da der
Major eine Zeit her bemerkt hatte, daß in den meisten zutage liegenden Austern
nichts drinnen war, konnte er sich gar nicht denken, wer ihm die Austern aus den
Schalen hinwegstehle, und er bat mich, ihn in einer Nacht, mit Schießgewehr
5 bewaffnet, nach dem Austerfelsen zu begleiten, um den Dieb zu belauern. Wir
hatten kaum das kleine Gehölz betreten, als uns ein schreckliches Katzengeheul
nach der See hin rief, und wie groß war unser Erstaunen, als wir den Felsen mit
einer Unzahl von Katzen besetzt fanden, die, ohne sich von der Stelle zu bewegen,
das durchdringendste Jammergeschrei ausstießen. Ich wollte unter sie schießen,
10 aber mein Freund warnte mich, indem es gewiß eine Gesellschaft von Zauberern
und Hexen sei und ich durch den Schuß ihre Rache auf uns ziehen könnte. Ich
lachte und lief mit gezogenem Säbel nach dem Felsen hin; aber wie ward mir
zumute, da ich unter die Bestien hieb und sich doch keine einzige von der Stelle
bewegte! Ich warf meinen Mantel über eine, um sie ungekratzt von der Erde auf-
15 heben zu können, aber es war unmöglich, sie von der Stelle zu bringen, sie war wie
angewurzelt. Da lief es mir eiskalt über den Rücken, und ich eilte, zu meinem
Freunde zurückzukommen, der mich wegen meiner tollkühnen Expedition tüchtig
ausschmälte. Wir standen noch, bis die Flut eintrat, um zu sehen, wie sich die
Hexenmeister betragen würden, wenn das Wasser über sie her strömte; aber da
20 ging es uns wie unserem kroatischen Freunde, als die Kirchglocke das Katzen-
picknick auf der Eiche unterbrach. Kaum rollte die erste Welle über den Felsen,
als die ganze Hexengesellschaft mit solchem Ungestüm gegen das Ufer und auf uns
los stürzte, daß wir in der größten Eile Reißaus nahmen. Am andern Morgen
begab sich der alte Major zum Gouverneur der Festung und zeigte ihm an: wie die
25 ganze Festung voll Hexen und Zauberern sei, deren Versammlung er auf seinem
Austerfelsen entdeckt habe. Der Gouverneur lachte ihn anfangs aus und begann,
als er ernsthaft Truppen begehrte, diese Zauberer in der nächsten Nacht nieder-
schießen zu lassen, an seinem Verstande zu zweifeln. Der Major stellte mich als
Zeugen auf, und ich bestätigte, was ich gesehen, und die wunderbare Erscheinung
30 von Unbeweglichkeit der Katzen. Dem Gouverneur war die Sache unbegreiflich,
und er versprach, in der nächsten Nacht selbst zu untersuchen. Er ließ allen
Wachen andeuten, ehe er in der Nacht mit uns und hundert Mann Voltigeurs[1] aus-
marschierte, keine Rücksicht darauf zu nehmen, wenn sie schießen hörten.
    Als wir dem Gehölz nahten, tönte dasselbe Katzengeschrei, und wir hatten
35 vom Ufer dasselbe eigentümlich-schauerliche Schauspiel: den lebendigen heulen-
den Felsen im Mondschein über der weiten, unbegrenzten Meeresfläche. Der
Gouverneur stutzte, er wollte hin, aber der Major hielt ihn mit ängstlicher Sorge
zurück; nun ließ der Gouverneur die hundert Mann von der Landseite den Felsen
umgeben und zwei volle Ladungen unter die Hexenmeister geben, aber es wich

---

[1] i.e., a light cavalry unit

keiner von der Stelle, wenngleich eine Menge Stimmen unter ihnen zu schweigen
begannen. Hierüber verwundert ließ sich der Gouverneur nicht länger halten, er
ging nach dem Felsen, und wir folgten ihm; er versuchte, eine der Katzen wegzu-
nehmen, aber sie waren alle wie angewachsen; da entdeckte ich, daß sie alle mit
5 einer oder mehreren Pfoten, manche auch mit dem Schwanz in die fest geschlossenen Austern eingeklemmt waren. Als ich dies angezeigt, mußten die Soldaten
heran und sie sämtlich erlegen. Da aber die Flut nahte, zogen wir uns ans Land
zurück, und die ganze Katzenversammlung, welche gestern so lebhaft vor der
ersten Woge geflohen war, wurde jetzt von der Flut mausetot ans Ufer gespült,
10 worauf wir, den guten Major herzlich mit seinen Hexen auslachend, nach Hause
marschierten. Die Sache aber war folgende: Die Katzen, welche die Austern über
alles lieben, zogen sie mit den Pfoten aus den Schalen, und das gelang nicht länger,
als bis sie von den sich schließenden Muscheln festgeklemmt wurden, wo sie sich
dann so lange mit Wehklagen unterhielten, bis die Austern, von der Flut über-
15 schwemmt, sich wieder öffneten und ihre Gefangenen entließen; und ich glaube,
bei strenger Untersuchung und weniger Phantasie würde unser Freund bei seinem
Katzenabenteuer ebensogut lauter Fischdiebe, wie wir Austerdiebe, entdeckt haben.

Baciochis Erzählung vom wilden Jäger

Nachdem die Aufklärung dieses Ereignisses die Erzählung des Kroaten in ihrer
20 Schauerlichkeit sehr gemildert hatte, kam man auf allerlei Jagdgespenster zu sprechen, und Lindpeindler fragte: ob einer in der Gesellschaft vielleicht je den wilden
Jäger gesehen oder gehört habe? Da sagte der Feuerwerker: „Mir kam er schon so
nahe, daß ich das Blanke in den Augen sah, und wenn die Jungfer Nanny sich tapfer halten und die ganze ehrsame Gesellschaft wenigstens so lange daran glauben
25 will, bis die Geschichte zu Ende ist, so will ich sie erzählen." Nanny erwiderte:
„Erzähle nur, Baciochi, du kennst mein Temperament und wirst es nicht zu arg
machen." — „Erzählen Sie", fiel Devillier ein; „wenn wir die Geschichte auch am
Ende für eine Lüge erklären, so soll Ihnen bis dahin geglaubt werden." Und bald
waren alle Stimmen vereint, den Feuerwerker einzuladen, welcher alle aufforderte,
30 sich an ihre Plätze zu setzen, und seiner Erzählung einen eigentümlichen theatra-
lischen Charakter zu geben wußte. Alle saßen an Ort und Stelle, er machte eine
Pause, steckte sich eine Pfeife Tabak an und schlug mit der Faust so unerwartet
heftig auf den Tisch, daß die Lichter verlöschten und alle laut aufschrieen.

„Meine Feuerwerke fangen immer mit einem Kanonenschuß an," sagte er,
35 „erschrecken Sie nicht!" und in demselben Augenblick brannte er mehrere Sprüh-
kegel[1] an, die er aus Pulver und vergoßnem Weine in der Stille geknetet hatte, und
sagte: „Stellen Sie sich vor, Sie wären bei meinem großen Feuerwerke in Venedig,

---

[1] 'spark cones'

welches ich am Krönungstage Napoleons dort abbrannte. Es mußten mir einige
Körner prophetischen[1] Schießpulvers in die Masse gekommen sein; kurz gesagt:
als der Thron und die Krone und das große Notabene, NB, Napoleon Bonapartes
Namenszug, im vollen Brillantfeuer, von hunderttausend Schwärmern und Rake-
5 ten umzischt, kaum eine Viertelstunde von einer hohen Generalität und dem verehrten Publikum beklatscht worden waren, fing mein Feuerwerk an, ein wenig zu
frösteln; es platzte und zischte manches zu früh und zu spät ab, eine gute Partie
einzelner Sonnen und Räder brannten mir in einer Scheune nieder, die dabei das
Dach verlor. Das Schauspiel war so grandios angelegt, daß man diesen ganzen
10 kunstlosen Scheunenbrand für seinen Triumph hielt, man klatschte, und ich pauk-
te und trompetete; schnell ließ ich alle meine übrigen Stücke in die Lücken stellen
und von neuem losfigurieren. Aber der Satan fuhr mir mit dem Schwanz drüber,
und die ganze Pastete flog mit einem großen Geprassel auf einmal in die Luft, die
Menschen fuhren gräßlich auseinander, Gerüste brachen ein, alle Einzäunungen
15 wurden niedergerissen, die Menge stürzte nach den Gondeln, die Gondelführer
wehrten ab, die Bürger prügelten sich mit den französischen Soldaten, meine Kasse
wurde geplündert; es war eine Verwirrung, als sei der Teufel in die Schweine
gefahren und diese stürzten dem Meer zu.[2] Unsereins kennt sein Handwerk, man
ist auf dergleichen gefaßt, mein persönlicher Rückzug war gedeckt. Ich ließ nichts
20 zurück als alle meine Schulden, meine Reputation und meinen halben Daumen.
Meine selige Frau, welcher der Rock am Leibe brannte, riß mich in die Gondel
ihres Bruders, eines Schiffers, und der brachte mich an einen Zufluchtsort, worauf
wir am folgenden Morgen die Stadt verließen. Als wir das Gebirg erreichten, nahten wir uns auf Abwegen einer Kapelle, bei welcher ich mit meinem liebsten
25 Gesellen Martino verabredet hatte, wieder zusammenzutreffen, wenn wir durch
irgend ein Unglück auseinander gesprengt werden sollten. Mein gutes Weib hatte
ein Stück von einer Wachsfackel, die bei der Leiche unsers seligen Töchterleins
gebrannt hatte, in der Tasche und pflegte, wenn sie nähte, ihren Zwirn damit zu
wichsen; aus diesem Wachs hatte sie während unseres Weges die Figur eines Dau-
30 mens geknetet und hängte dieselbe, nebst einem Rosenkranz von roten und
schwarzen Beeren, den sie auch sehr artig eingefädelt hatte, dem kleinen Jesulein
auf dem Schoße der Mutter Gottes in der Kapelle als ein Opfer an das Händchen,
und wir beteten beide von Herzen, daß mein Daumen heilen und wir glücklich
über die Grenze in das Österreichische kommen möchten. Wir lagen noch auf den
35 Knieen, als ich die Stimme Martinos rufen hörte: *Sia benedetto il San Marco!*[3]; da
schrie ich wieder: *E la Santissima Vergine Maria!*, wie wir verabredet hatten, und
lief mit meinem Weibe vor die Kapelle. Da trat uns Martino in einem tollen Aufzug[4] entgegen. Er hatte bei dem Feuerwerk den Meergott Neptun vorgestellt und

---

[1] i. e., prophesying Napoleon's downfall   [2] See Luke 8:26ff.   [3] 'Blessed be St. Mark! [pa-
tron saint of Venice] ... and the most holy Virgin Mary!' (Italian)   [4] 'outfit'

in seinem vollen Kostüm reißaus genommen; er hatte den Schilfgürtel noch um
den Leib, einen Wams von Seemuscheln an und eine Binsenperücke auf, sein
langer Bart war von Seegras, auf der Schulter trug er den Dreizack, auf welchem
er ein tüchtiges Bauernbrot und drei fette Schnepfen, die er mitsamt dem Neste
5 erwischte, gespießt hatte. Nach herzlicher Umarmung erzählte er uns: wie ihn
seine Kleidung glücklich gerettet habe; die Strickreiter[1] seien ihm auf der Spur
gewesen, da habe er sich in das Schilf eines Sumpfes versteckt, und sein Schilfgürtel machte ihn da nicht bemerkbar. Als er stille liegend sie vorüberreiten lassen,
hätten sich die drei Schnepfen sorglos neben ihm in ihr Nest niedergelassen, und
10 er habe sie mit der Hand alle drei ergriffen. Das Brot hatte er von einem Contre-
bandier[2] um einige Pfennige gekauft, der ihm zugleich die nächste Herberge auf
der Höhe des Gebirges beschrieben, aber nicht eben allzu vorteilhaft: denn der
ganze Wald sei nicht recht geheuer, der wilde Jäger ziehe darin um und pflege grade in dieser Herberge sein Nachtquartier zu halten. ‚Wohlauf denn!‘ sagte ich, ‚so
15 haben wir heute nacht gute Gesellschaft; ich hätte den Kerl lange gern einmal
gesehen, um seinen Jagdzug recht natürlich in einem Feuerwerk darstellen zu können.‘ Mein Weib Marinina aber, welche, um ja nichts zu versäumen, alles miteinander glaubte, machte ein saures Gesicht zu der Herberge. Das konnte aber nichts
helfen, wir mußten den Weg wählen; er war ganz entlegen und sicher und ein
20 Schleichweg der Contrebandiers, mit welchen Martino einige Bekanntschaft hatte.
Die Nacht brach herein, es nahte ein Gewitter, und wir mußten uns auf den Weg
machen. Martino machte unsere Wanderschaft etwas lustiger, er übergab meiner
Marinina die Schnepfen und sagte: ‚Rupft sie unterwegs, damit wir in der Herberge dem wilden Jäger bald einen Braten vorsetzen können‘, und nun marschierte er
25 mit tausend Späßen in seinem tollen Habit, wie ein vazierender[3] Waldteufel, voraus. Ich folgte ihm auf dem schmalen Waldpfade und hatte meinen halben Daumen, der mich nicht wenig schmerzte, meistens in dem Munde, und hinter mir zog
— daß Gott erbarm! — meine selige Marinina und rupfte die Schnepfen unter
Singen und Beten. Über der rechten Hüfte war ihr ein ziemliches Loch in den
30 Rock gebrannt, und sie schämte sich, vorauszugehen, daß Martino, der seinen
Witz in allen Nestern auszubrüten pflegte, an ihrer Blöße nicht Ärgernis nehmen
möchte. Der Weg war steil, unheimlich und beschwerlich; der Sturm sauste durch
den Wald, es blitzte in der Ferne, Marinina schlug ein Kreuz über das andre. Aber
die Müdigkeit vertrieb ihre Furcht vor dem wilden Jäger immer mehr, von wel-
35 chem Martino die tollsten Geschichten vorbrachte. ‚Es ist gut,‘ sagte er, ‚daß wir
selbst Proviant bei uns haben, denn wenn wir mit ihm essen müßten, dürften wir
leicht mit dem Schenkel eines Gehängten oder mit einem immarinierten Pferde-
kopf bewirtet werden. Fasset Mut, Frau Marinina, schaut mich nur an, ärger kann
er nicht aussehen!‘

---

[1] i. e., mounted gendarmes   [2] ‘smuggler’   [3] ‘unemployed’

Unter solchen Gesprächen hatten wir die Gebirgshöhe erstiegen und waren ein ziemlich Stück Wegs in den wilden, finstern Wald geschritten, da hörten wir ein abscheuliches Katzengeheul und kamen bald an eine Hütte, mit Stroh und Reisern gedeckt; alte Lumpen hingen auf dem Zaun, und an einer Stange war ein gro-
5 ßes Stachelschwein über der Türe herausgesteckt als Schild. ‚Da sind wir,‘ sagte Martino; ‚wie glaubt ihr, daß dies vornehme Gasthaus heiße?‘ — ‚Zum Stachelschwein!‘ sagte ich. — ‚Nein!‘ erwiderte Martino, ‚es hat mehrere Namen; einige nennen es des Teufels Zahnbürste, andre des Teufels Pelzmütze, andre gar seinen Hosenknopf.‘ Wir lachten über die närrischen Namen. Die Katze saß vor der Türe
10 auf einem zerbrochenen Hühnerkorb, machte einen Buckel gegen uns und ein Paar feurige Augen und hörte nicht auf zu solfeggieren.[1] In dem Hause aber rumpelte es wie in einem Raspelhause[2] und leeren Magen. Nun schlug Martino mit der Faust gegen die Türe und schrie: ‚Holla, Frau Susanna, für Geld und gute Worte Einlaß und Herberge; Eure Katze will auch hinein.‘ Da krähte eine Stimme her-
15 aus: ‚Wer seid ihr Schalksknechte[3] zu nachtschlafender Zeit?‘ Und Martino, der in Reimen wie ein Improvisatore schwatzen konnte, schrie: ‚Ich bin ja der Rechte und komme von weit!‘ Nun keifte die Stimme wieder: ‚Wenn die Katze nicht draußen wär, ich ließ Euch nimmermehr ein!‘ Und Martino sagte: ‚Ihr denket so zärtlich ungefähr wie Euer Schild[4], das Stachelschwein.‘ Marinina war in tausend Äng-
20 sten; sie bat immer den Martino, die alte Wirtin nicht zu schelten, sie sei gewiß eine Hexe und werde uns nichts Gutes antun. Da ging die Tür auf, ein schwarzbraunes, zerlumptes, sonst glattes und hübsches Mägdlein, glänzend und schlank wie ein brauner Aal, leuchtete uns aus der Küche mit einer Kienfackel ins Gesicht und war nicht wenig erschrocken, als Martino in seinem wilden Aufzug ihr rasch
25 entgegenschritt und, indem er drängend sie verhinderte, die Türe wieder zuzuschlagen, ihr sagte: ‚Brauner Schatz, mach uns Platz! Menschen sind wir, schönes Kind, hier: hast zum Zeichen diesen Schmatz[5]!‘ und somit küßte er sie herzlich; wir drangen indessen hinein. Die kleine Braune aber sagte: ‚Und wenn du auch nicht der Satan selbst bist, so könnt ihr heute hier doch nicht bleiben; meine
30 Großmutter ist sehr brummig, sie fürchtet, das Waldgespenst komme heut nacht, und da nimmt sie keine Gäste, um die Herberge nicht in bösen Ruf zu bringen; unsre Kammer, wo wir schlafen, ist eng, und sie rückt schon allen Hausrat vor ihr Bett, um das Gespenst nicht zu sehen, welches oft quer durch unsre Hütte zieht.‘ Martino aber erwiderte: ‚Eben in dieser Kammer wollen wir schlafen, und eben
35 dieses Waldgespenst wollen wir mit gebratenen Schnepfen bewirten; wir sind des wilden Jägers Küchengesinde!‘ Und somit packte er ein Bund Stroh auf, das in der Ecke lag, und marschierte in die Kammer; wir kamen nach, trotz allen Zeremonien[6], welche die nußbraune Jungfer machen wollte.

---

[1] ‘vocalize’ [2] ‘filing house’ (where materials are filed down), i. e., ‘workhouse’ or ‘prison’ [3] ‘rascals’ [4] ‘inn sign’ [5] ‘kiss’ [6] i. e., objections

Es war gar keine alte Großmutter in der Hütte; das Mädchen log uns etwas vor. Martino breitete das Stroh an die Erde, und Marinina, furchtsam und müde, legte sich gleich, mit dem Gesicht, über das sie noch ihre Schürze deckte, gegen die Wand gekehrt, nieder und rührte sich nicht. Martino begab sich mit den
5 Schnepfen wieder in die Küche, in welcher die braune Jungfer schmollend und brummend zurückgeblieben war, und ich sah mich einstweilen in der Stube um. Eine Kienfackel brannte in der Mitte; sie war in einen Kürbis festgesteckt, der neben schmutzigen Spielkarten auf einem breiten Eichenstumpf lag, welcher als Tisch und Hackstock[1] diente und fest genug stand, denn er steckte noch mit allen
10 seinen Wurzeln in der Erde, welche ungedielt[2] der ganzen Hütte ihren Grund und Boden gab. Ein paar Bretter, auf eingepfählte[3] Stöcke befestigt, waren die unbeweglichen Sitze; die Wände bestanden aus Flechtwerk, mit Lehm und Erde verstrichen, und einzelne hereinragende Äste bildeten mancherlei Wandhaken, an denen zerlöcherte Körbe, Lumpen, Zwiebelbündel, Hasen-, Hunde-, Katzen- und
15 Dachsfelle hingen, auch einige zerbrochene Gartenwerkzeuge. Auf einem derselben aber saß ein greuliches Tier, eine ungeheure Ohreule, welche gegen die Kienfackel mit den Augen blinzte und sich in die Schultern warf wie ein alter Professor, der soeben den Theriak[4] erfunden hat. In einem ausgebauten Winkel der Stube lag, auf zwei Baumstücken, die Bettstelle der Großmutter, die sehr dauerhaft in einer
20 ausgehöhlten Eiche bestand, an der die Rinde noch saß. Sonst war das Bett wohl bedacht[5], denn seine schmutzigen Federkissen lagen so hoch aufgebauscht, daß die niedre Hüttendecke, aus der das Stroh herabhing, weder hoch noch hart gefallen wäre, wenn sie einstürzte; aber, sich noch zu besinnen[6], schien sie unentschlossen hin und her zu schwanken. Der Hausrat, von welchem das Mädchen gelogen hatte:
25 daß die Großmutter ihn vor das Bett rücke, bestand in einer zerbrochenen Türe und einer alten Tonne, mit welcher wahrscheinlich der Lärm gemacht worden war, den wir in der Hütte hörten. Sie waren beide vor den Bettrog[7] der Großmutter gerückt. Außer allem diesen sah man nichts als eine sehr baufällige Leiter, die an einem Loche in der Ecke lehnte, durch welches ich einige Hühner oben gackern
30 hörte, die das Geräusch unsrer Ankunft erweckt hatte, die Katze nicht zu vergessen, welche auf einer alten Trommel hinter der Türe schlief. Eine Geige, ein Triangel und ein Tambourin hingen an der Wand, und neben ihnen ein zerrissener bunter Tiroler Teppich.

Ich hatte kaum alle diese Herrlichkeiten betrachtet, als Martino hereintrat und
35 zu mir sagte: ‚Meister, ich habe alle Schwierigkeiten geebnet und weiß, wo wir sind. Wir hausen bei einer alten Zigeunerin, welche außer ihren Privatgeschäften: der Wahrsagerei, Hexerei, Dieberei, Viehdoktorei, auch eine Hehlerin der Contre-

---

[1]'chopping block' [2]'unfloored,' 'bare' [3]'driven in the ground' [4]a paste made with honey and snake meat for use against snakebite [5]'covered' [6]'still trying to make up its mind' [7]'bed trough,' with overtones of filthiness

bandiers macht; die Kleine draußen ist ihr Tochterkind, das auf der hohen Schule
bei ihr ist[1] und der Großmutter Tod abwarten soll, um hinter einen Topf von Gold
zu kommen, von dem sie immer spricht, ohne doch je zu sagen, wo sie ihn hin versteckt hat. Das hat mir das Mädchen alles anvertraut; ich habe ihr Herzchen
5 gerührt, sie ist kirre wie ein Zeisig, und wenn wir wollen, läßt sie die Großmutter
und den Goldtopf im Stich, läuft morgen mit uns und verdient uns das Brot mit
Burzelbäumen[2], deren sie ganz wunderbare schlagen kann. Für all dies Vertrauen
habe ich ihr versprechen müssen, zu glauben: daß der wilde Jäger heute nacht
wirklich durch die Hütte zieht; wir sollen uns nur um Gottes willen ruhig halten.
10 Die Großmutter wird in kurzer Zeit zurückkommen; sie ist mit Lebensmitteln zu
einem Zug Schleichhändler gegangen, der über das Gebirge zieht. Der wilde Jäger,
sagt sie, treibe um Mitternacht durch die Stube, und wenn wir uns ruhig hielten,
werde er uns kein Haar krümmen, sonst aber riskieren wir Leib und Leben; ich
denke aber, wir wollen es mit ihm versuchen.' Nun legte er meinen Prügel und
15 seinen Dreizack neben uns auf das Stroh nieder und fuhr fort: ‚Es ist beinahe eilf
Uhr, die Kleine hat es an ihrer Sanduhr gesehen; die Schnepfen weiß sie nicht am
Spieß zu braten, sie hat sie mit Zwiebeln gefüllt in einen Topf gesteckt, und wenn
wir die Schnepfensuppe gegessen, sollen wir das Fleisch mit Essig und Olivenöl
als Salat verzehren; Wein muß hier in der Kammer ein Schlauch voll sein[3].‘ Da
20 suchte Martino herum und fand unter einigen alten Brettern ein tiefes Loch in der
Erde, das, als Keller, einen alten Dudelsack voll Wein enthielt. Er zog ihn heraus,
wir setzten die zwei Pfeifen an den Mund und drückten den vollen Sack so zärtlich
an das Herz, daß uns der süße Wein in die Kehle stieg. Nie hat ein Dudelsack so
liebliche Musik gemacht. Wir labten uns herzlich; ich weckte meine Marinina, und
25 sie mußte auch eins drauf spielen; dazu verzehrten wir unser Brot und einige Zwiebeln aus dem Vorrat, der an der Wand hing, und streckten uns, in der Erwartung
des weiteren, zur Ruhe auf das Stroh. Marinina schlief fest ein. Ich betete mit
Martino noch eine Litanei; dann legten wir uns neben unsere Waffen bequem, und
Martino sagte: ‚Laßt uns nun ruhen; mir ist so rund und so wohl, daß mir das Blut
30 in den Adern flimmert; wer den wilden Jäger zuerst sieht, stößt den andern, dann
springen wir mit unseren Tröstern[4] über ihn her und schlagen den Kerl zu Brei; ich
habe noch einen Schwärmer[5] in der Tasche, den will ich dem Schelm unter die
Nase brennen.‘ Ich freute mich an seinem frischen Herzen; wir empfahlen uns dem
Schutz des heiligen Markus und lauschten dem Schlafe entgegen, der uns den Rük-
35 ken hinaufkroch und uns schon hinter den Ohren krabbelte. Nun ward alles mäuschenstill; der Donner rollte fern, der Sturm hatte sich in den Waldwipfeln schlafen
gelegt, die ihn mit leisem Rauschen einwiegten. Die Kienfackel knisterte, Grillen

---

[1]'who is taking advanced instruction from her' [2]=*Purzelbäume* 'somersaults' [3]*Wein ...
sein* 'there must be a skin full of wine ...' [4]'comforters,' i. e., weapons [5]'squib'
(firework that hops about)

sangen, die Katze schnurrte auf der Trommel, welche, von dem Tone erschüttert,
das ferne Donnern zu begleiten schien; Marinina pfiff durch die Nase, denn sie
hatte sich einen Schnupfen geholt, in der Küche knackte das grüne Holz im Feuer,
die Schnepfensuppe sauste im Topf, und unsere braune Köchin sang mit einer kla-
5 ren und starken Stimme, wie ich noch keine Primadonna gehört, folgendes Lied:

Mitidika! Mitidika![1]
Wien üng quatsch,
Ba nu, Ba nu n'am tsche fatsch,
Waja, Waja, Kur libu,
10 Ich bin ich und du bist du;
Ich spricht Stolz,
Du spricht Lieb!
Wer sich scheut vor Galgenholz,
Wird im grünen Wald zum Dieb.

15 Mitidika! Mitidika!
Wien üng quatsch,
Ba nu, Ba nu n'am tsche fatsch,
Singt die Magd, so kocht der Brei,
Singt das Huhn, so legts ein Ei;
20 *Er* spricht Schimpf,
Sie spricht Fremd;
Fehlen mir gleich Schuh und Strümpf,
Hab ich doch ein buntes Hemd.

Mitidika! Mitidika!
25 Wien üng quatsch,
Ba nu, Ba nu n'am tsche fatsch,
Hör, was pocht dort an der Tür?
Draußen schrein sie nach Quartier.
Ists der *Er*?
30 Ists der *Sie*?
Mach ich auf wohl nimmermehr,
Nur *du* Lieber, *du* schläfst hie.

Mitidika! Mitidika!
Wien üng quatsch,
35 Ba nu, Ba nu n'am tsche fatsch,

[1]The first lines of each stanza are in mangeled Romanian, meaning approximately, 'O
little one, little one / come over here. / O no, o no, nothing for me there. . . .' The fourth
line of stanzas 1 and 4 is gibberish.

Waja, Waja, Kur libu,
In dem Topf hats nimmer Ruh;
Saus und Braus
'rab und 'rauf,
5   Küchenteufel drinnen haus:
Daß es mir nicht überlauf!"

Als der Feuerwerker den Anfang dieses Liedes: „Mitidika! Mitidika!" gesagt,
nahm der Zigeuner Michaly seine Violine und sang es unter den lieblichsten Vari-
ationen der Gesellschaft vor; alle dankten ihm, der Feuerwerker aber sagte:
10   „Michaly, du sangst das nämliche Lied, wie die kleine Braune, und hast eine Ähnlichkeit mit ihr in der Stimme." — „Kann sein," sagte Michaly lächelnd, „aber
erzähl nur weiter, ich bin auf den wilden Jäger sehr begierig." — „Ich hob a a
Schneid uf den soakrische Schlankl![1]" sagte der Tiroler; alle drangen auf die weitere Erzählung, und der Feuerwerker fuhr fort:
15   „Als die Kleine das Lied sang, ward sie von einem Schlag gegen die Türe
unterbrochen: „Mitidika!" rief es draußen mit einer rauhen, heiseren Stimme.
„Gleich, Großmutter!" antwortete sie, öffnete die Türe und erzählte ihr von den
Gästen; die Großmutter brummte allerlei, was ich nicht verstand, und trat sodann
zu uns in die Stube. Ihr Schatten sah aus wie der Teufel, der sich über die Leiden
20   der Verdammten bucklicht gelacht[2], und wäre er[3] nicht vor ihr her in die Stube
gefallen, um einen ein wenig vorzubereiten, ich hätte geglaubt, der Alp[4] komme,
mich zu würgen, als sie eintrat. Sie war von oben und rings herum eine Borste, ein
Pelz und eine Quaste und sah darin aus wie der Oberpriester der Stachelschweine.
Sie ging nicht, lief nicht, hüpfte nicht, kroch nicht, schwebte nicht, sie rutschte,
25   als hätte sie Rollen unter den Beinen wie großer Herren Studierstühle[5]. Wie die
kleine flinke Braune hinter ihr drein und um sie her schlüpfte, um sie zu bedienen,
dachte ich: so mag des Erzfeinds[6] Großmutter aussehen und die Schlange, ihre
Kammerjungfer.
‚Mache mir das Bett, Mitidika!' sagte sie, ‚und wenn ich ruhe, kannst du die
30   Gäste besorgen.' Während das Mädchen die Kissen aufschüttelte, begann die Alte
sich zu entkleiden, und ich weiß nicht zu sagen, ob ihre Kleidung oder ihr Bett aus
mehreren Stücken bestand. Sie zog einen Schreckenswams, eine Schauderjacke
und Zauberkapuze um die andre aus, und die ganze Wand, an der sie die Schalen
aufhängte, ward eine Art Zeughaus[7]; ich dachte alle Augenblick: noch eine Hülse
35   herunter, so liegt ein bißchen Lung und Leber an der Erde, das frißt die Katze auf,
und die Großmutter ist all; keine Zwiebel häutet sich so oft. Bei jedem Kissen,
welches die Kleine ins Bett legte und aufschüttelte, brummte die Alte und legte es

---

[1]*Ich ... Schlankl* 'I'm also curious about what happened to that devil of a fellow!'
[2]*sich bucklicht gelacht* 'laughed himself hunchbacked'   [3]i. e., *der Schatten*   [4]'nightmare'   [5]'like the office chairs of bigshots'   [6]=*Teufels*   [7]'warehouse'

anders, befahl ihr dann, es ganz sein zu lassen und ihr ein Rauchbad zu geben, sie müsse in einen Ameisenhaufen getreten haben; das Gewitter mache alles Vieh lebendig. Da setzte sich die Alte auf die zerbrochene Leiter und hängt die Tiroler Decke über sich, und die Junge zündete Kräuter unter ihr an und machte einen
5 scheußlichen Qualm, den sie uns, da sie von neuem anfing, die Federbetten hin und her zu werfen, in dicken Wolken auf den Leib jagte, als gehörten wir auch zu den Ameisen, die vertrieben werden sollten. Es sah ziemlich aus, als wenn man eine Hexe verbrennte oder einen ungeheuren Taschenkrebs[1] räuchre, als die Alte so über dem Dampf wie eine Mumie, in den bunten Tiroler Teppich gehüllt, auf
10 der Leiter saß."

„Da sieht man, Wastl," sprach der Zigeuner zu dem Tiroler, „wozu ihr die Teppiche fabriziert: um die Hexen darin zu räuchern." — „Potz Schlakri," erwiderte Wastl, „wonn's daine sakrische ziganerische Großmuetta is, so loß i's poassiera; i bin gawis, es möga a Legion Spodifankerl aus ihr raussi floga sein, un du bist a
15 ains dervo."[2] Die Gesellschaft lachte über Wastls Antwort, und die Kammerjungfer wie auch Lindpeindler baten den Feuerwerker: er möge machen, daß die Alte ins Bett komme, die Schnepfen könnten übergar[3] werden. „Ganz recht," sagte Baciochi, „das meinte Martino auch; denn als der sie in der Decke zappeln sah wie Hunde und Katzen, die in einen Sack gesteckt sind, und der Rauch zu dick zu werden
20 begann, sprang er vom Stroh auf, trat vor die Alte hin und sagte: ‚Hochverehrte Frau Wirtin, ich versichere Euch im Namen Eurer Gäste, daß wir kein Rauchfleisch zu essen bestellt haben, und daß wir auch von keinem verpesteten Orte kommen, um eines so kostbaren Rauchkerzchens zu bedürfen; seid so gütig, dem Wohlgeruch ein Ende zu machen, wir müssen sonst mit all den Ameisen, die Euch
25 plagen, davonlaufen.' Da fing die Alte eine weitläufige Gegenrede an und sagte: ‚Schicksalen und Verhältnissen haben mich so weit gebracht.' Martino aber nahm keine Vernunft an, packte die Alte mit beiden Händen und warf sie von der Leiter in ihre Federbetten; sie zappelte wie eine Meerspinne[4], aber er wälzte ein Federbett über sie und sang ihr ein Wiegenlied mit so viel gutem Humor vor, indem er sie
30 mit beiden Händen festhielt, daß sie endlich selbst mit lachte und sagte: ‚Nun, legt Euch nur wieder nieder, hätte ich doch nicht gedacht, heute von einem so lustigen Gesellen zu Bette gebracht zu werden. Mitidika, gieb den Kavalieren zu essen!' Und somit kriegte sie den Martino beim Kopf und gab ihm unter großem Gelächter einen Kuß. ‚Profiziat!'[5] sprach dieser, ‚schlaf wohl, du allerschönster Schatz!'
35 und legte sich mit einem sauern Gesichte wieder neben mich. ‚Gott sei Dank, Martino, daß sie weg ist!' flüsterte ich. ‚Hast du gewacht, Meister?' sprach der Schelm. ‚Leider Gottes!' erwiderte ich ‚du hast ein Kunststück gemacht; sie rauchte

---

[1]the common crab   [2]*Potz ... dervo* 'The dickens! If that's your devil of a gypsy grandmother, I'll let that go by; I'm certain that a legion of little devils have come from her, and that you're also one of them!'   [3]'overcooked'   [4]'sea crab'   [5]'I hope it helps!'

wie ein nasses Feuerwerk; für einen Hutmacher wäre sie ein sauberes Gestell, alle seine Mützen daran aufzuhängen, er brauchte keinen Nagel einzuschlagen.' — ,Ich werde mich wohl häuten müssen, da sie mich geküßt hat', sagte Martino. ,Warum?' fragte ich. ,Ei,' entgegnete er, ,ich werde sonst die Augen nie wieder zukriegen

5 können und die Zähne immer blecken wie ein Mops[1]; die Haut ist mir vor Schrek- ken zu kurz geworden.' — Unter diesen Scherzreden hörten wir die Alte ein- schnarchen, und Mitidika ging ab und zu und verbaute leise das Bett der Alten mit der Tonne und der alten Türe, die Küchentüre ließ sie auf, daß der Dampf hinaus- zog. Dann zupfte sie den Martino bei den Haaren und flüsterte: ,Komm hinaus,

10 deine Schnepfen sind gar, ich habe die Brühe abgegossen, ich muß das Feuer löschen, die zwölfte Stunde naht; denn fährt der wilde Jäger mir durch das Feuer, steckt er uns die ganze Hütte an.' Martino ging hinaus, und ich streckte den Kopf nach der Türe und hörte ihre Scherzreden. Mitidika sagte: ,Ich habe dir deine Vögel trefflich gekocht und dir auch Kräuter an die Suppe getan; was giebst du mir

15 nun?' — ,Geben?' sagte Martino, ,ich will dich mit der Münze bezahlen, welche hier zu gelten scheint, und in der mich deine Großmutter zahlte; einen Kuß will ich dir geben.' — ,Das läßt sich hören', erwiderte sie, ,aber die Großmutter gab dir ein altes Schaustück[2], das kann ich nicht brauchen, die Münze ist verschlagen[3].' — ,Auch du bist verschlagen[4], Schelm!' erwiderte Martino ,ich will dir kleine Münze

20 geben, wenn du herausgeben[5] und wechseln[6] kannst; wärst du nur nicht so schwarz!' — ,Und du nicht so weiß', sagte sie; ,ich werde dir einen Schein geben, einen Wechsel schwarz auf weiß, aber gib mir keine Scheidemünze[7]!' sagte sie. ,Die kriegst du morgen früh beim Abschied', erwiderte Martino, faßte sie beim Kopf, küßte sie herzlich und sagte: ,Ich habe dich lieb und bleibe dir treu.' — ,Ei so lüge,

25 daß du schwarz wirst!' sprach sie. ,Dann wäre ich deinesgleichen, und es könnte etwas daraus werden', sprach Martino und schenkte ihr eine Nadelbüchse[8] von Elfenbein und Ebenholz, die er bei sich trug. Das Mädchen dankte und sprach: ,Sieh, wie artig schwarz und weiß zusammen aussehn; bleib bei uns; wenn die Alte stirbt, finden wir den Goldtopf und contrebandieren.' — Ja, auf die Galeere!'

30 sprach Martino. ,Ich gehe mit auf die Galeere!' sagte sie; ,pitsch, patsch! geht das Ruder, und ich singe dir dazu.' — ,Das wollen wir überlegen,' meinte Martino. ,es ist eine zu glänzende Aussicht um Mitternacht.' Da traten sie mit der Suppe und den Schnepfen herein und stellten sie auf den Eichenblock; die Suppe tranken wir aus dem Topf, ich wollte meine Marinina nicht wecken und ließ ihr Teil in die

35 warme Asche setzen, die Vögel wollten wir morgen früh verzehren. Nun begann sich der Sturm in dem Walde wieder zu heben, und das Gewitter zog mit Macht heran. ,Ach Gott,' sagte Mitidika, ,lege dich nieder, Martino, und schlafe ein! Hörst du das Wetter? Der Jäger bläst sein Horn, er wird gewiß bald kommen; lege

---

[1]'pug dog'   [2]'exhibition coin'   [3]'mis-minted'   [4]'sly' (pun)   [5]'make change'   [6]'ex- change' (for other currency)   [7]'small change,' with pun on *scheiden*   [8]'needle case'

dich nieder, gleich, gleich!' dabei sah sie ängstlich in der Stube umher. ‚Nun, nun, was fehlt dir?' fragte Martino, und sie sagte: ‚Schlafen sollst du und das Angesicht von mir kehren, denn ich muß mich entkleiden und schlafen gehn, und das sollst du nicht sehen; ach, dreh dich um, Blanker[1]!' — ‚Bravo!' sagte Martino; ‚es freut mich, daß du so auf Zucht hältst, putze nur den Kien aus[2], bei der Nacht sind alle Kühe schwarz, selbst die schwarzen.' — Ja,' sagte sie, ‚auch die blanken Esel! Dreh dich um, ich bitte dich, ich will den Kien schon löschen, wenn es Zeit ist.' Da drehte sich der ehrliche Martino um. ‚Gute Nacht, Mitidika!' sagte er. — ‚Gute Nacht, Martino!' sprach sie.

Nun breitete sie sich eine bunte wollene Decke an die Erde aus neben dem Eichenblock, stellte einen halben Kürbis voll Wasser darauf, holte einen kleinen, zierlichen Kasten gar heimlich unter der Trommel hervor und setzte ihn neben sich auf die Bank, wobei sie sich ängstlich nach uns umsah. Ich blinzte durch die Augen und schnarchte, als läge ich im tiefsten Schlaf. Mitidika traute und schloß das Kästchen leise auf, musterte alle die Herrlichkeiten, die darin waren, und suchte sich einen Raum aus, die Nadelbüchse des Martino bequem hineinzulegen. Ihr könnt euch meine Verwunderung nicht denken, als ich, in dieser wüsten Zigeunerherberge, die Kleine auf einmal in einem so zierlichen und reichgefüllten Schmuckkästchen kramen sah. Es sah nicht ganz so aus, als sei ein Affe hinter die Toilette seiner Herrschaft geraten, auch nicht, als richte der Satan einen Juwelenkasten ein, um einem unschuldigen Mädchen die Augen zu blenden; aber eine indianische Prinzessin, welche die Geschenke eines englischen Gouverneurs musterte, mag wohl so aussehn. Als sie so die Perlen- und Korallenschnüre, die brillantenen Ohrringe und die Zitternadeln[3] durch die schwarzen Hände laufen ließ, konnte ich vor Augenlust gar nicht denken, daß dies gestohlnes Gut sein müsse. Nun stellte sie mehrere Kristallfläschchen mit Wohlgerüchen und Salben aus dem Kästchen auf den Block, zog feine Kämme und Zahnbürsten hervor und begann sich zu putzen und zu schmücken, wie die Nacht, die mit dem Monde Hochzeit machen will. Sie nahm die kleine, von buntem Stroh geflochtene Mütze von ihrem Kopf, und ein Strom von schwarzen Haaren stürzte ihr über die Schultern; sie gewann dadurch ein reizendes und wildes Ansehn, wenn ihre weißen Augäpfel und die blanken Zähne aus den schwarzen Mähnen hervorfunkelten. Sie kämmte sich, schlängelte sich goldene Schnüre in die Zöpfe, die sie flocht und kunstreich wie eine Krone um das schöne runde Köpfchen legte. Sie wusch sich das Gesicht und die Hände, putzte die Zähne, beschnitt sich die Nägel und tat alles mit so unbegreiflicher Zierlichkeit, Anmut und hinreißender Schnelligkeit der Bewegungen, daß es mir vor den Augen zitterte und bebte. Als sie die brillantenen Ohrringe in die kleinen schwarzen Muschelöhrchen befestigte und die glitzernden Zitternadeln

---

[1]'white man'   [2]'just put out the pine torch'   [3]decorative hair ornament that jiggled as the lady moved her head

in den Flechtenkranz steckte und die Korallen- und Bernsteinschnüre um das
braune Hälschen legte und dabei hin und her zuckte wie ein Wunderwerkchen,
gingen mir die Augen über. Sie begoß sich mit Wohlgerüchen, rieb sich die
schwarzen Patschchen mit duftendem Öl und steckte sich ein blitzendes Ringlein
5 um das andere an die schlanken Fingerchen. Nun stellte sie einen Spiegel auf und
bleckte die Zähnchen so artig hinein, es ist nicht zu beschreiben. Und bei allem
dem donnerte und blitzte es draußen, und ihre Eile ward immer größer; ich verstehe mich auf Lichtwirkungen in der Nacht, aber ich habe mein Lebtag kein solches
Feuerwerk gesehen, kein Blitzen auf so schönem dunkeln Grund als das Spiel der
10 Diamanten und Perlen auf ihr; denn sie war ein wunderschönes, frei, kühn, scheu
und züchtig bewegtes Menschenbild.

Flüchtig packte sie nun alle Geräte wieder in das Kästchen, steckte noch eine
Handvoll weißes Zuckerwerk in das Mäulchen und knupperte wie eine Maus,
während sie das Kästchen mit scheuen Blicken um sich her: ob wir auch schliefen,
15 wieder unter die alte Trommel stellte. Die schwarze Katze, die auf derselben
schlief, erhob sich dabei und machte einen hohen Buckel, als verwundere sie sich
über sie, da sie ihr mit den funkelnden Händen über den Rücken strich. Nun
brachte sie ein feines Hemd von weißer Seide, legte es über den Arm und fing an,
ihr Mieder aufzuschnüren, wobei sie uns den Rücken kehrte; es sah aus, als werfe
20 sie Kußhändchen aus, wenn sie die Nestel[1] zog; nun aber schlüpfte sie in die Küche
und trat in wenigen Minuten wieder herein in einem schneeweißen Röckchen und
einem Mieder von rotem venetianischen Samt. So stand sie mitten auf der Decke
und betrachtete ihren Staat mit kindischem Wohlgefallen; der Donner rollte heftiger, Martino wachte auf, Mitidika faßte den Teppich mit beiden Händen über
25 die Schultern, stieß mit dem Fuß die Kienfackel aus, wickelte sich schnell ein wie
eine Schmetterlingslarve, ein heller Blitz erleuchtete die Kammer, sie schoß wie
eine Schlange an die Erde nieder und krümmte sich zusammen. Martino hatte sie
im Leuchten des Blitzes noch gesehen, aber er wußte nicht, was es war; er sprach:
‚Meister, saht Ihr etwas?‘ Ich war aber so erstaunt, daß ich stumm blieb; da sprach
30 er: ‚Mitidika, schläfst du?‘ aber sie schwieg; Martino drehte sich um und schlief
auch wieder. Meine Gedanken über das, was ich gesehen, ließen mich nicht ruhen,
der wunderbare Schmuck in dem Besitz der kleinen braunen Bettlerin, und daß sie
ihn jetzt so sorgsam und heimlich angelegt, befremdete mich ungemein; alles kam
mir wie Zauberei vor. Sie erwartet ein Waldgespenst und schmückt sich wie eine
35 Braut. War dies gestohlnes Gut? Ist sie eine verkleidete, versteckte Prinzessin?
Warum geht sie in dieser Pracht schlafen, und warum wickelt sie sich mit all der
Herrlichkeit in den alten Teppich ein? Sollte alles dies geheim sein, wie war es
möglich, da wir sie morgen früh doch in ihrem Putz finden mußten? So lag ich
nachsinnend; das Gewitter war in vollem Grimme über uns, und das Licht der

---

[1] 'laces'

zuckenden Blitze zeigte mir öfters das Bild der Mitidika, welche, wie eine Mumie in den Teppich gehüllt, an der Erde ausgestreckt lag. Als ich aber durch das wilde Wetter ein Horn schallen hörte, stieß ich Martino an und flüsterte ihm zu: ‚Halte dich bereit, ich glaube, der wilde Jäger ist im Anzug[1].' Wir hörten das Horn noch-
5 mals und Pferdegetrapp und Gewieher[2], und ich bemerkte, daß Mitidika aufstand; ich kroch aber quer vor die offene Küchentüre, und als sie mit dem Fuße an mich anstieß, glaubte sie umgegangen zu sein und wendete sich nach einer andern Seite. Martino stand auf, die Haustüre öffnete sich, und es trat eine Gestalt mit raschem Schritt durch die Küche auf uns zu; ich faßte sie bei den Beinen, daß sie nieder-
10 schlug, und Martino drosch so gewaltig auf ihn los, daß der wilde Jäger Zetermordio zu schreien begann. ‚Mitidika, Hülfe, Hülfe! man mordet mich!' schrie er. — ‚Ha ha! Herr wilder Jäger,' schrie nun Martino, ‚wir haben dich!' und so zerrten wir ihn in die Stube herein und machten die Türe zu. Der Lärm ward allgemein; der Kerl wehrte sich verzweifelt. Meine Marinina erwachte und schrie: Jesus, Maria,
15 Joseph! Licht her, Licht her! was ist das, o Baciochi, Martino!' Die Alte fuhr aus ihren Betten auf, warf die alten Bretter um, die vor ihr standen, und schrie ‚Mörder, Hülfe, Mitidika!' Dabei wurden die Hühner auf dem Boden[3] rebellisch, die Trommel kollerte brummend durch die Stube; Mitidika allein ließ sich nicht hören. ‚Martino, schlage Feuer!' rief ich und drückte meinen fremden Gast fest in
20 die Gurgel, daß er sich nicht rühren konnte. Da stieß Martino einen Schwärmer in die glühende Asche des Herds, der leuchtend durch die Kammer zischte und dem ganzen Spektakel ein noch tolleres Ansehen gab. Mein Gefangener fing von neuem an zu ringen, und indem ich ihn gegen die Wand drückte, trat ich gegen einige Bretter, die auswichen — ich warf ihn nieder. Ein großer Bock, der hinter
25 den Brettern geruht hatte, sprang auf und fing nicht schlecht an zu stoßen[4], und ich warf meinen wilden Jäger so kräftig zur Erde, daß er keinen Laut mehr von sich gab. Martino brachte nun eine brennende Kienfackel herein, und wir sahen die ganze Verwirrung. Der wilde Jäger war ein schöner, schlanker Kerl in galanter Jagduniform. Er rührte sich nicht; der Gedanke, daß ich ihn gar totgedrückt hätte,
30 fuhr mir unheimlich durch die Glieder, ich stürzte zur Küche nach Wasser; Martino faßte die Alte, die fluchend und schreiend aus dem Bett gesprungen war, und warf sie wieder in die Federn mit den Worten: ‚Schweig still, Drache! Wir wollen dir kein Haar krümmen; wir haben nur den wilden Jäger abgefangen.' Nun trat ich mit einem Eimer Wasser hinein und goß ihn pratsch! über den leblosen wilden
35 Jäger; da sprang er wie eine nasse Katze in die Höhe —.“
     „Das Wasser, das kalte Wasser“, schrie hier Devillier aufspringend, „war das Allerfatalste!“ und die ganze Gesellschaft sah ihn verwundert an. „Nun, was schauen Sie,“ fuhr er fort, „soll ich länger schweigen? Habe ich nicht schrecklich ausgehalten und mich hier in der Erzählung nochmals mißhandeln lassen?“ Baciochi

---

[1] ‘is approaching'   [2] ‘neighing'   [3] ‘attic'   [4] ‘butt'

wußte nicht, was er vor Erstaunen sagen sollte über Devilliers Unterbrechung; dieser aber sprach heiter: „Ja, Herr Baciochi, ich war der wilde Jäger, mich habt Ihr so kräftig zugedeckt[1], ich habe es von Anfang der Geschichte gewußt und hätte gern geschwiegen, aber das kalte Wasser lief mir wieder erweckend über den Rük-
5   ken." Da ward die ganze Gesellschaft vergnügt, der Feuerwerker reichte Devillier die Hand, und dieser sagte: „Es freut mich, Euch wiederzusehen; alles ist längst vergessen, nur Mitidika nicht!" — „Das will ich hoffen" meinte der Zigeuner ernsthaft, „ich bitte mir das Ende der Geschichte aus." Da tranken alle lustig herum, und Devillier trank die Gesundheit der Mitidika, wozu Michaly einen Tusch geigte
10   und Lindpeindler das hochpoetische freie Leben der Zigeuner pries; der Vizegespan meinte jedoch: sie hätten nicht die reinsten Hände. Die Kammerjungfer aber fragte: „Wo hat sie nur den Schmuck hergehabt?" Der Tiroler sagte: „Den wilda Jaaga hobt's maisterli zuagdeckt[2]!" und alle drangen, Devillier möge weiter erzählen.

„Wohlan!" sagte dieser: „Ich hatte damals Geschäfte mit der Contrebande und
15   manche andere politische Berührungen diesseits und jenseits auf der Grenze. Ich dirigierte den ganzen Schleichhandel und forschte auf höhere Veranlassung dem Orden der Carbonari[3] nach. Auf meinen Streifereien hatte ich Mitidika kennengelernt und mich leidenschaftlich in dies schöne, unschuldige und geistvolle wilde Naturkind verliebt. In bestimmten Nächten besuchte ich sie; der Schmuck, den
20   Ihr, Baciochi, sie anlegen sahet, war ein Geschenk von mir. Sie hatte den Glauben der Alten[4] an den wilden Jäger benutzt, um sich unentdeckt einige Stunden von mir unterhalten zu lassen. Wenn ich kommen sollte, schmückte sie sich immer wie eine Zauberin, ich setzte sie dann mit auf mein Pferd und brachte sie nach einer Höhle, eine Viertelstunde von ihrer Hütte, welche das Warenlager meines
25   Schleichhandels war; da saß sie in einem mit dem feinsten englischen bunten Kattun ausgeschlagenen Raum mit mir und ergötzte mich und einen verstorbenen Freund mit Tanz, Gesang und freundlicher Rede. Gegen Morgen ging sie zurück, einen Bündel Holz in die Küche tragend, und wurde von der Großmutter wegen ihrem Fleiß gelobt. Ich liebte sie unaussprechlich um ihrer Tugend und Schönheit,
30   und ihr ganzes Wesen war so wunderbar und bei allem Mutwillen und aller kindlichen Ergebenheit so gebieterisch, daß ich nie daran denken konnte, ihre Unschuld auch nur mit einem Gedanken zu verletzen. O, sie war gar nicht mehr wie ein Mensch, sie war wie eine Zauberin, wie ein Berggeist, wenn sie in dem Edelsteinschmuck vor uns tanzte, sang, lachte und weinte; ich kann sie nie vergessen.
35   In der Nacht, wo Ihr und Martino mich so häßlich zerprügeltet, ging die ganze Herrlichkeit zu Ende. Anfangs hielt ich meine Angreifer für italienische Gendarmen, die mir auf die Spur kamen; als wir uns aber erklärt hatten, nahm mir die

---

[1]'given such a pounding'   [2]'You really gave the wild hunter a pounding!'   [3]secret band of Italian patriots whose goal was the liberation of Italy from the Austrian empire   [4]i. e., her grandmother

Entdeckung vom Gegenteil allen Zorn hinweg, und unsere erste Sorge war: wo
Mitidika hingekommen sei. Die alte Zigeunerin jammerte auch nach ihr, wir
suchten alle Winkel aus und fanden sie nicht, bis die Alte die Leiter vermißte.
Baciochi sagte: zur Türe könne sie nicht hinausgekommen sein, er habe davorge-
5 legen; da machte uns der Regen, der durch das Loch in der Decke hereinströmte,
aufmerksam, Martino kletterte auf den Schultern Baciochis hinan und fand die
Leiter, aber Mitidika, welche die Leiter nach sich gezogen, war durch das Stroh-
dach hinaus geklettert und nirgends zu finden. Ich eilte nach der Türe und vermißte mein Pferd; nun war ich gewiß, daß sie nach meinem Schlupfwinkel entflohen
10 sein müsse, und war ruhig. Ich durfte diesen weder an Baciochi noch an die Zigeunerin, die nichts von meinem Verhältnisse mit Mitidika wußte, verraten und suchte deshalb noch lange mit. Das Wetter war aber so abscheulich, daß wir bald wieder zurückkehrten, und die Alte jammerte nicht mehr lange, da hörten wir Hufschlag, und Mitidika stürzte in ihrem ganzen Schmuck mit wilder Gebärde in die
15 Stube auf mich zu: ‚Geschwind, fort, geflohen!' schrie sie, ‚die italienischen Gendarmen streifen in der Nähe, Euren Freund haben sie mit einem ganzen Zug
Schleichhändler gefangen; es ist ein Glück, daß hier der Spektakel losging, ich bin
aus Angst durch das Dach geschlüpft, dadurch habe ich die nahe Gefahr entdeckt;
geschwind fort!' — ‚Wohin?' schrie ich, und Baciochi, Martino und Marinina, die
20 sich auch vor der Entdeckung fürchteten, folgten alle mit mir der treibenden[1]
Mitidika zur Türe hinaus. Sie schwang sich auf mein Pferd, ich hinter sie, und so
sprengten wir beide nach unserem Schlupfwinkel, unbekümmert um Euch, Herr
Baciochi, und die Eurigen."

„Ja," sagte der Feuerwerker, „Ihr rittet nicht schlecht, und wir hatten in dem
25 wilden Wetter übles Nachsehen[2]; übrigens war es Euch nicht zu verargen, daß Ihr
uns nicht eingeladen, mitzugehen; wir hatten Euch schlecht bewillkommt. Ich will
mein Lebtag an den Mordweg denken. Meine Marinina ward krank und starb zwei
Monate nachher in Kroatien, Gott habe sie selig! Martino ließ sich bei der österreichischen Artillerie anwerben und war neulich mit in Neapel, wenn er noch lebt.
30 Ich fand mein Brot — Gott sei gelobt! — bei unserm gnädigen Herrn. Es freut
mich, daß Ihr so gut davongekommen; aber was ist denn aus der braunen Mitidika
geworden?"

„Ja, wer das wüßte!" sagte Devillier; „wir kamen vor der Höhle an und zogen
das Pferd herein. Sie war voll Sorge um mich, wusch mir meine Kopfwunden und
35 Beulen mit Wein und bewies mir unendliche Liebe. So brachten wir die Nacht in
steter Angst und Sorge zu. Gegen Morgen hatte sie keine Ruhe mehr, sie verlangte
nach der alten Mutter; sie beschwor mich, sogleich die Höhle zu verlassen und zu
fliehen. Das Schicksal meines Freundes erschütterte mich tief, ich war entschlos-

---

[1]‘urging (us on)'   [2]*wir ... Nachsehen* ‘in the wild weather all we could do was peer after
you in vain'

sen, ihn aufzusuchen. Sie schwur mir ewige Treue; ich versprach ihr, wenn ich sie nach einiger Zeit hier wieder fände, sie zu meiner Frau zu machen; sie lachte und meinte: sie wolle nie einen Mann, der kein Zigeuner sei, und nun auch keinen Zigeuner, sie wolle gar keinen Mann. Dabei scherzte und weinte sie, tanzte und sang
5 noch einmal vor mir, und als ich sie umarmen wollte, schlug sie mich ins Gesicht und floh zur Höhle hinaus. Ich verließ den Ort gegen Abend. Als ich vom Tode meines Freundes gehört hatte und zu Mitidika zurückkehrte, war ihre Hütte abgebrannt; ich ging nach der Höhle, sie war ausgeplündert. Auf der Wand aber fand ich mit Kohle geschrieben: „Wie gewonnen, so zerronnen! Ich behalte dich lieb,
10 tue, was du kannst, ich will tun, was ich muß." Ich habe das holdselige Geschöpf durch ganz Ungarn aufgesucht, aber leider nicht wiedergefunden; hundert Mitidikas sind mir vorgestellt worden, aber keine war die rechte."

„Es gibt auch nur eine," sagte hier Michaly, „und wird alle tausend Jahre nur eine geboren." — „Kennt Ihr sie?" sprach Devillier heftig. „Was geht es Euch an,"
15 erwiderte Michaly, „ob ich sie kenne? Habt Ihr nicht die Ehe ihr versprochen und doch eine Ungarin geheiratet? Sie hat Euch Treue gehalten bis jetzt, sie ist meine Schwester, und ich wollte sie abholen, da die Großmutter in Siebenbürgen gestorben, wo sie sich mit Goldwaschen[1] ernährten; der Pestkordon hat mir aber den Weg abgeschnitten." Da ward Devillier äußerst bewegt; er sagte: „Ich habe sie lan-
20 ge gesucht und nicht gefunden, sie hatte mir ausdrücklich gesagt, sie werde nie einem Blanken die Hand reichen und nun auch keinem Zigeuner; nur in der Hoffnung, sie wiederzusehen, blieb ich bis jetzt in Ungarn, und ich würde nicht die Mittel gehabt haben, hier zu bleiben, wenn ich die alte Dame nicht geheiratet hätte, die mir jetzt mein schönes Gütchen zurückgelassen. Könnt Ihr mich mit
25 Mitidika wieder zusammenbringen, so will ich sie gern heiraten und ihr alles lassen, was ich habe." — „Das ist ein nicht zu verachtender Vorschlag, Michaly," sagte der Vizegespan, „schlagt das nicht so in den Wind, Ihr habt Zeugen!" Michaly aber lachte und sprach: „Mitidika wird nicht an dem Stückchen Erde kleben, sie wird nicht in einem gemauerten[2] Hause gefangen sein wollen und sich um Abga-
30 ben und Zinsen zerquälen. Wer nichts hat, hat alles; es war immer ihr Sprüchwort: ‚Der Himmel ist mein Hut; die Erde ist mein Schuh; das heilige Kreuz ist mein Schwert; wer mich sieht, hat mich lieb und wert.'" — „Das ist echt zigeunerisch gesprochen," sagte der Vizegespan, „drum bleibt ihr auch immer vogelfreies[3] Gesindel." Michaly nahm da seine Geige und wollte ein Lied auf die Freiheit singen,
35 aber der Nachtwächter blies zwölf Uhr und mahnte die Gesellschaft zur Ruhe. Lindpeindler hatte sich mit dem Feuerwerker und der Kammerjungfer, welche durch die erwachte Neigung Devilliers für Mitidika sehr gekränkt worden war (denn sie spitzte sich selbst auf ihn), noch eine Viertelstunde nach dem Edelhof begeben. Als sie sich der Gesellschaft empfahlen, bot Devillier der Zofe seine

---

[1] 'panning for gold'   [2] 'with foundations'   [3] 'outlaw'

Begleitung an; sie sagte aber: „Ich danke, ich möchte das werte Andenken an die unbeschreibliche Mitidika nicht stören." Damit machte sie einen höhnischen Knicks und verließ die Stube mit Lindpeindler, der diese Nacht als eine der romantischsten seines Lebens pries.

5 Der Kroate, der Tiroler und der Savoyarde waren bereits eingeschlummert, und der Vizegespan lud Wehmüllern, der mit seiner Arbeit ziemlich fertig war, wie auch den Zigeuner und Devillier zu sich in sein Haus ein. Sie nahmen es mit Freuden an, da sie dort doch ein Bett zu erwarten hatten. Frau Tschermack, die Wirtin, ward bezahlt und schloß die Türe mit der Bitte: wenn sie länger hier blieben,
10 nochmals eine so schöne Gesellschaft bei ihr zu halten. Vor Schlafengehen wußten Devillier und der Zigeuner den Vizegespan zu bereden, am andern Morgen den Kordon mit durchschleichen zu dürfen, denn Michaly und Devillier sehnten sich ebensosehr nach Mitidika, die jenseits war, als Wehmüller nach seiner Tonerl. Sie schliefen bis zwei Uhr, da packte der Vizegespan jedem eine Jagdflinte auf, und sie
15 zogen, als Jäger, einem Waldrücken zu; aber kaum waren sie hundert Schritt vor dem Dorf, als sie seitwärts bei den Kordonpiketten verwirrtes Lärmen und Schießen hörten und bald einen Husaren, dem das Pferd erschossen war, querfeldein laufen sahen, welcher auf das Anrufen des Vizegespans schrie: „*Cordonus est ruptus cum armis in manibus a pestiferatis loci vicini*, der Kordon ist mit bewaffneter Hand
20 von den Pestkranken des benachbarten Ortes durchbrochen." Als der Vizegespan dies hörte, ließ er seine Gesellschaft im Stich und lief über Hals und Kopf nach dem Dorfe zurück, um seine Bauern unter die Waffen zu bringen. Wehmüller und der Zigeuner schrieen: „Gott sei Dank, nun laßt uns eilen!" Devillier besann sich auch nicht lange, und sie liefen spornstreichs nach dem verlassenen Pikettfeuer
25 hin, wo sie Bauern beschäftigt fanden, unter großem Geschrei das Brot und die anderen Vorräte zu teilen, welche das Pikett zurückgelassen hatte. Als sie sich näherten, kam ihnen ein Reiter entgegen und schrie: „Steht, oder ich schieße euch nieder!" Sie standen und warfen die Waffen hinweg. Sie wurden gefragt, wer sie seien? und als sie erklärt: sie wollten über den Kordon, und der Reiter ihre Stim-
30 men vernommen, stürzte er vom Pferde und fiel dem Zigeuner und Devillier wechselweise um den Hals und schrie immer: „Michaly! Devillier! Ich bin Mitidika."

Vor Freude des Wiedersehens ganz zitternd, riß das Mädchen sie in die Erdhütte des Piketts, wo sie dieselbe in männlicher Kleidung, mit Säbel und Pistole bewaffnet, erkannten, und sie wollte eben zu erzählen anfangen, als sie Wehmül-
35 lern scharf ansah und zu ihm sprach: „Bist du noch immer hier, Betrüger? Ich meinte, du seist gestern zu deiner angeblichen Frau nach Stuhlweißenburg gereist." Alle sahen bei diesen Worten auf den bestürzten Wehmüller; dieser sperrte das Maul auf vor Verwunderung. „Ich?" fragte er endlich, „ich, gestern zu meiner angeblichen Frau?" — „Ja, du!" sagte Mitidika, „du, der du dich Wehmüller nennst
40 und es nicht bist, du, der du deine Frau nicht einmal kennst." — „O, das ist um rasend zu werden!" schrie Wehmüller, „welche tolle Beschuldigungen, und das von

einer wildfremden Person, die ich niemals gesehen!" — „Unverschämter Gesell!"
schrie Mitidika; „du kenntest mich nicht! Hast du mir nicht seit mehreren Tagen
mit deinen Liebesversicherungen zugesetzt? Hat der wirkliche Wehmüller dir
nicht deswegen schon ins Gesicht bewiesen: daß du Wehmüller nicht sein könntest,
5 weil der rechte Wehmüller an niemand denkt als an sein liebes Tonerl?" — „Der
rechte Wehmüller?" schrie nun Wehmüller, „wo haben Sie den je gesehen? Er
wenigstens kennt Sie nicht." — „Kennt mich nicht?" erwiderte Mitidika, „und reist
mit mir?" — „Ich werde verrückt!" schrie Wehmüller, „nun ist gar noch ein dritter
auf dem Tapet; wo sind die zwei andern? Geschwind, ich will sie sehn, ich will sie
10 erwürgen!" — Den dritten lügst du hinzu", versetzte Mitidika; „der echte wird
nicht weit von hier sein, ich will ihn holen, da sollst du beschämt werden!" Nun lief
sie schnell zur Hütte hinaus.

    Dieser Wortwechsel war so schnell und heftig und die Veranlassung so wun-
derbar, daß Michaly und Devillier nicht Zeit hatten, dem verblüfften Maler zu
15 bezeugen: daß er seit gestern in ihrer Gesellschaft sei und unmöglich der sein könne, welchen Mitidika kannte. Sie waren eben noch beschäftigt, den weinenden
Wehmüller zu trösten, als eine ganz ähnliche Figur wie er selbst in die Hütte trat;
bei dem erloschenen Feuer war es unmöglich, jemand bestimmter zu erkennen.
Kaum hatte Wehmüller sein Ebenbild in derselben Gestalt und Kleidung erkannt,
20 als er wie eine Furie darauf losstürzte; der andre tat ein gleiches, und beide schrie-
en: „Ha, ertappe ich dich bei deiner Buhlerei unter meinem ehrlichen Namen!" Sie
rissen sich wie zwei Hähne herum. Devillier und Michaly brachten sie mit Gewalt
auseinander, und Mitidika führte den dritten Wehmüller herein. Wie groß war die
Bestürzung aller, da nun wirklich drei Wehmüller zugegen waren. „Nein, das ist
25 zum Verzweifeln!" rief der Wehmüller, den Mitidika mitgebracht hatte, „da ist
noch einer!" — „Herr Jesus!" schrie nun unser Wehmüller, „Tonerl, bist du es, bist
du hier, Tonerl?" — „Franzerl, lieber Franzerl!" schrie der andere, und sie sanken
sich als Mann und Frau in die Arme. Da wurde es dem einen Wehmüller, den
Devillier festhielt, nicht recht wohl, und er sank vor Schreck zur Erde. Michaly
30 schürte nun das Feuer wieder an, daß man sehen konnte, und Mitidika bezeugte
die größte Freude, daß Tonerl, die in einem ganz ähnlichen Kleide wir ihr Mann
von Stuhlweißenburg mit ihr diesem entgegengereist war, ihn endlich gefunden
habe, nachdem sie zu ihrem großen Schrecken von dem falschen Wehmüller in
dem Dorfe, das man wegen Pestverdacht eingeschlossen, sehr geplagt worden war,
35 ohne sich ihm als Wehmüllers Weib zu entdecken, denn sie war auf einen alten
Paß ihres Mannes gereist.

    Sie hatten sich kaum von der ersten Freude erholt, als Mitidika sagte: „Wir
müssen doch den falschen Wehmüller, der die Sprache verloren hat, wieder zu sich
bringen." Da aber ihr Rütteln und Schütteln ganz vergeblich war, sagte sie: „Ich
40 habe ein untrüglich Mittel von der seligen Großmutter gelernt; das Herz ist ihm

gefallen, wir wollen es ihm wieder heraufziehen." Da nahm sie ein Schoppenglas[1] und gab es Michaly nebst einem Endchen Licht[2] — das sie am Feuer anzündete — und einem Scheibchen Brot. „Aha, ich weiß schon!" sagte Michaly und öffnete dem Ohnmächtigen die Weste über dem Magen, setzte ihm das Licht, auf der

5 Brotscheibe befestigt, auf den Leib und stülpte das Glas darüber. Das brennende Licht, welches die Luft unter dem Glase verzehrte, machte ihm den Leib wie in einem Schröpfkopf[3] in das Glas aufsteigen. Die ganze Gesellschaft lachte über dieses zigeunerische Kunststück, und der falsche Wehmüller kam bald zu Sinnen; der echte ging auf ihn zu und sprach: „Wer sind Sie, der auf eine so unverschämte

10 Weise meinen Namen mißbrauchte?" Da antwortete der Patient, welchen Devillier und Michaly an der Erde festhielten: „Was Guckuck[4] habe ich auf dem Leib? Es ist, als wollten Sie mir den Magen herausreißen; tun Sie mir die vermaledeite Laterne vom Leibe, eher sage ich kein Wort; ich bin Wehmüller und bleibe Wehmüller!" — „Gut," sagte Mitidika, „wenn du noch nicht bei Sinnen bist, wollen wir

15 dir etwas Süßes eingeben." — „Recht," sagte Michaly, „Katzenkot mit Honig, Zigeunertheriak." Auf dieses Rezept bekam der Patient andere Gesinnung und sprach: „Um Gottes willen, laßt mich aufstehen, ich will alles bekennen! Ich bin der Maler Froschauer von Klagenfurt." — „Das habe gleich gedacht," sagte Wehmüller, „jetzt habe ich Sie in meinen Händen, ich kann Sie als einen Falsarius[5] bei

20 der Obrigkeit angeben, aber ich will großmütig sein, wenn Sir mir einen körperlichen Eid schwören: daß Sie auf ewige Tage resignieren, ungarische Nationalgesichter in meiner Manier zu malen." — „Das ist sehr hart," sagte Froschauer, „denn ich habe ganz darauf studiert und müßte verhungern; den Eid kann ich nicht schwören." — „Er ist noch hartnäckig!" sagte Michaly; „geschwind den Zigeuner-

25 theriak her!" Und da Mitidika sich stellte, als wolle sie ihm etwas eingeben, entschloß er sich kurz und schwor alles, was man haben wollte, worauf sie ihn losließen und ihm die Laterne vom Leib nahmen.

Die Freude und der Mutwille[6] ward nun allgemein; aber der Tag näherte sich, und Mitidika rief eben die Kordonbrecher zusammen, um mit ihrem erbeuteten

30 Proviant sich dahin zurückzuziehen, wo sie hergekommen waren. Aber der Vizegespan kam mit dem Kroaten, dem Feuerwerker, dem Gutsbesitzer und einigen Heiducken und Panduren[7] herbei und brachte die freudige Nachricht, daß sie gar nicht nötig hätten, sich zurückzuziehen, denn der Kordonkommandant habe soeben bekanntgemacht: nur durch Mißverständnis sei das Dorf, in dem sie vierzehn

35 Tage blockiert waren, in den Kordon eingeschlossen worden. Es solle ihnen deshalb verziehen sein, daß sie den Kordon durchbrachen, wenn sie dagegen auch keine Klage über den Irrtum erheben wollten; der Kordon habe sich schon nach

---

[1]'quarter-liter glass' [2]=*Kerze* [3]'cupping glass' [4]'What the deuce' [5]'forger' [6]'exuberance' [7]originally troops from southern Hungary in the Austrian army; here, 'armed guards'

einer andern Richtung bewegt. Der Gutsbesitzer bestätigte dies und lud die
Gesellschaft, von der ihm Baciochi, Nanny und Lindpeindler so viel Interessantes
erzählten, sämtlich nach seinem Edelhofe ein.

    Die Bauern und Zigeuner, die unter der Anführung Mitidikas den Kordon
5 durchbrochen hatten, waren hoch erfreut über diese Nachricht, dankten ihrer
Anführerin herzlich und kehrten singend nach ihrer Heimat zurück. Michaly aber
nahm seine Violine und spielte lustig vor der Gesellschaft her, die dem Edelmanne
folgte. Unterwegs gab es viele Aufklärungen und Herzensergießungen. Devillier
und Mitidika hatten ihre Neigung bald zärtlich erneuert und gingen Arm in Arm;
10 dann aber folgten die drei Wehmüller, Tonerl in der Mitte, und die andern gingen
hinterdrein über das Stoppelfeld. Mitidika sagte, daß sie Tonerl in Stuhlweißenburg kennengelernt, die, sehr bekümmert über das Ausbleiben ihres Mannes, eine
Reisegesellschaft nach Kroatien gesucht, und da sie selbst, nach dem Tode ihrer
Großmutter, zu ihrem Bruder Michaly habe ziehen wollen, hätten sie sich ent-
15 schlossen, zusammen zu reisen in männlicher Kleidung. Frau Tonerl sei in einem
Habit ihres Mannes und sie als ungarischer Arzneihändler gereist, bis sie in dem
Dorfe plötzlich von dem Kordon eingeschlossen worden seien, wo sie auch Froschauer unter dem Namen Wehmüller ganz in derselben Kleidung vorgefunden,
was die arme Tonerl nicht wenig erschreckt habe. Nach vierzehn Tagen sei die
20 Ungeduld und der Mangel der Einwohner, die wohl Hunger, aber keine Pest
gehabt, über alle Grenzen gestiegen, und so habe sie sich an ihre Spitze gesetzt und
den Kordon durchbrochen; das sei ihr aber gar leicht geworden, denn die Kordo-
nisten wären, aus Furcht, angesteckt zu werden, gleich ausgerissen, als sie mit
ihrem Haufen unter ihnen erschien.

25   Nun mußte Froschauer erzählen; er war eigentlich ein guter Schelm und sagte:
„Lieber Herr Wehmüller, ich will Ihnen die Wahrheit sagen; der Spaß kostet mich
fünfundzwanzig Dukaten und meine Braut. Ich bin der Maler Froschauer von
Klagenfurt und liebe die Tochter eines Fleischhauers[1]; das Mädchen aber wählte
immer zwischen mir und einem wohlhabenden Siebmacher[2], der auch um sie frei-
30 te. Er setzte dem Vater des Mädchens in den Kopf: es sei in den kaiserlichen Erb-
landen[3] kein Maler, der eine Frau ernähren könne, und der überhaupt Genie habe,
als der Wehmüller in Wien, der die ungarischen Nationalgesichter male, und der
so und so gekleidet gehe; dabei hörte er nicht auf, von Ihnen und Ihrer Arbeit zu
reden, so daß der alte Fleischhauer und seine Tochter mir endlich erklärten: sie
35 würden den Siebmacher vorziehen, wenn ich Ihnen in Ungarn den Rang nicht
abliefe[4], und nun wettete ich mit dem Siebmacher: daß ich ihm in Jahr und Tag
das Mädchen abtreten[5] und noch fünfundzwanzig Dukaten dazu geben wollte,
wenn ich Ihnen den Rang nicht ablaufen könne. Ich reiste nach Wien und nach

---

[1]=*Fleischer* 'butcher' [2]'sieve-maker' [3]'imperial (Austrian) hereditary provinces' [4]'did
not surpass' [5]'yield the girl (to him)'

Ungarn, forschte nach allen Ihren Bildern und warf mich so in Ihre Manier, daß man unsre Bilder nicht mehr unterscheiden konnte. Da ich nun erfuhr, daß Sie die Reise nach Stuhlweißenburg machen würden, wo Sie noch nicht gewesen, und sich auf dem Gute des Grafen Giulowitsch vorbereiteten, benutzte ich die Gelegenheit,
5 Ihnen zuvorzukommen, denn ich wußte durch einen Freund bei der Hofkriegskanzelei[1], daß die dortigen Regimenter verlegt werden würden. Mit einem Vorrate von Nationalgesichtern in einer Blechbüchse und ganz gekleidet wie Sie, machte ich mich nun als neuer Wehmüller auf, und als ich auf der Grenze an der Maut[2] ein Päckchen liegen sah, ‚an Herrn Wehmüller, wenn er durchreist' überschrieben,
10 ward es mir von dem Mautbeamten ausgeliefert. Es war dies das Bild Ihrer Gemahlin, welches sie auf ihrer Reise in einem Posthause[3] hatte liegen lassen; ich nahm es mit, um es ihr einhändigen zu lassen, habe es aber vergessen dem Boten abzunehmen, als er es trug, als er mich durch den Kordon brachte; denn meine Eile war groß, und ich triumphierte schon, daß ich, indem der Kordon Sie aussperrte,
15 Ihnen gewiß zuvorkommen würde. Aber wie war mir zumute, da ich mich mit Ihrer Frau, als einem zweiten Wehmüller, den ich auch nicht für den echten erkannte, weil er von der Malerei gar nichts verstand, eingesperrt sah; bald ward ich aber von der Kühnheit und Schönheit Mitidikas, die es kein Hehl hatte[4], daß sie eine verkleidete Jungfer sei, so hingerissen, daß ich gern auf meine Braut und
20 Wehmüllerschaft resigniert und alles gleich eingestanden hätte; aber Ehrgeiz und die fünfundzwanzig Dukaten hielten mich zurück. Ihr Erscheinen fuhr mir aber so durch alle Glieder[5], daß ich die Besinnung verlor; die fatale Laterne auf dem Magen und der angedrohte Theriak haben mich gänzlich hergestellt, und nun bleibt mir nichts übrig, als Sie herzlich um Verzeihung zu bitten, mit dem Vor-
25 schlag: mich in Ihren Unternehmungen zum Kompagnon zu machen; Sie können meine Arbeiten untersuchen, und gehen Sie den Vorschlag ein, so glaube ich, daß wir einen solchen Vorrat von Nationalgesichtern anfertigen, daß unser Glück begründet ist, wenn wir redlich teilen.“ — „Das läßt sich hören!“ sagte Wehmüller, „die ganze Geschichte macht mir jetzt Spaß, und wenn ich meine Tonerl nicht so
30 lieb hätte, so möchte ich, um es Ihnen wettzumachen, nach Klagenfurt reisen und Ihre Fleischerstochter und die fünfundzwanzig Dukaten Ihnen wegschnappen, aber so geht es nicht.“ Da umarmte er Tonerl herzlich und ward mit Froschauer eins: daß er ihm, wenn er seine Arbeiten untersucht, ein eigenhändiges Attest schreiben wolle: daß er ihn in allem sich gleich achte; gewänne er dann seine Wet-
35 te, so könne er sein Mädchen heiraten und sich mit ihm auf gleichen Vorteil vereinigen. „Ja,“ sagte Tonerl, „da habe ich doch eine Gesellschaft an Frau Froschauer, wenn ihr herumzieht.“

---

[1]‘royal war office’   [2]=*Zoll* ‘customs inspection’   [3]‘station where coachhorses are changed’   [4]*es ... hatte* ‘made no secret’   [5]*fuhr ... Glieder* ‘gave me such a shock’

So ward der Friede gestiftet, und sie kamen auf dem Edelhofe an. Die Kammerjungfer und Lindpeindler standen unter der Türe und waren in großem Erstaunen über die drei Wehmüller, noch mehr aber über Mitidika; schnell liefen sie, der gnädigen Frau und dem jungen Baron die interessante Gesellschaft anzukündigen, und diese trat, von dem Edelmann geführt, in eine geräumige Weinlaube, wo die Hausfrau bald mit einem guten Frühstück erschien und alle die Abenteuer nochmals berichtet werden mußten; der Tiroler und der Savoyarde stellten sich auch ein, und der Edelmann bat alle, bei der Weinlese ihm behülflich zu sein, was zugesagt wurde.

Am Abend, als noch viel über die drei Wehmüller gescherzt worden war, wollte Devillier der Gesellschaft eine Geschichte erzählen, die er selbst erlebt, und bei welcher die Verwechselung zweier Personen noch viel unterhaltender war, als der Graf Giulowitsch und Lury, sein Hofmeister, mit seinen Eleven[1] bei dem Edelmann zum Besuch kamen; sie freuten sich ungemein, den guten Wehmüller zu finden und die Aufklärung seines Abenteuers zu hören. Die Erzählung Devilliers ward aufgeschoben, aber nach dem Abendessen mußte die schöne Mitidika all ihren Schmuck, den sie einst von Devillier empfing, anlegen; die Edeldame half ihr selbst bei ihrer Toilette, denn Nanny, die Kammerjungfer, wurde unpäßlich. So geschmückt trat das braune Mädchen wie eine Zauberin vor die Gesellschaft; der Tiroler breitete seine Teppiche aus, und das reizende Geschöpf tanzte, schlug das Tambourin und sang — wozu Michaly sie begleitete — so ganz wunderbar hinreißend, daß alles vor Erstaunen versteinert war. Sie schloß ihren Tanz damit, daß sie den Teppich plötzlich erfaßte, sich schnell in ihn einpuppte und an die Erde niederstreckte, wie damals in der Hütte. Ein lebhaftes Beifallklatschen rauschte durch den Saal; Devillier aber kniete vor ihr, weinte wie ein Kind und wurde ausgelacht; so schied die Gesellschaft für diesen Abend auseinander.

Die Erzählung, welche Devillier versprochen, eine andere des Tirolers und eine des Savoyarden unterhielten an den folgenden Tagen, und ich werde sie mitteilen, wenn ich Lust dazu habe.

---

[1] 'pupils'

Achim von Arnim

Although Arnim (1781-1831) tried his hand at all the literary genres, he is primarily known as a writer of *Novellen* and a collector of folksongs, which he published with his brother-in-law, Clemens Brentano, under the title *Des Knaben Wunderhorn* (1805; 1808). In his historical *Novellen*, Arnim has a special talent for making historical events come alive; at the same time, he also reveals an almost joyous delight in the grotesque — as in our text, from 1818, when the old commandant's wooden leg catches fire. Arnim believed that it was the poet's task to seek out the higher truth about history and nature, which can only be achieved through poetic imagination. To achieve this goal Arnim often mixes surreal with realistic elements, religious symbolism with slapstick comedy: all this in the attempt to reveal a truth that cannot be found through any one narrative strategy.

Der tolle Invalide auf dem Fort Ratonneau

RAF DÜRANDE, DER GUTE alte Kommandant von Marseille, saß einsam frierend an einem kalt stürmenden Oktoberabende bei dem schlecht eingerichteten Kamine seiner prachtvollen Kommandantenwohnung und rückte immer näher und näher zum Feuer, während die Kutschen zu einem großen
5 Balle in der Straße vorüber rollten, und sein Kammerdiener Basset, der zugleich sein liebster Gesellschafter war, im Vorzimmer heftig schnarchte. Auch im südlichen Frankreich ist es nicht immer warm, dachte der alte Herr, und schüttelte mit dem Kopfe, die Menschen bleiben auch da nicht immer jung, aber die lebhafte gesellige Bewegung nimmt so wenig Rücksicht auf das Alter, wie die Baukunst auf
10 den Winter. Was sollte er, der Chef aller Invaliden, die damals (während des Sie-

111

benjährigen Krieges[1]) die Besatzung von Marseille und seiner Forts ausmachten, mit seinem hölzernen Beine auf dem Balle, nicht einmal die Lieutenants seines Regiments waren zum Tanze zu brauchen. Hier am Kamine schien ihm dagegen sein hölzernes Bein höchst brauchbar, weil er den Basset nicht wecken mochte, um den Vorrat grüner Olivenäste, den er sich zur Seite hatte hinlegen lassen, allmählich in die Flamme zu schieben. Ein solches Feuer hat großen Reiz; die knisternde Flamme ist mit dem grünen Laube wie durchflochten, halbbrennend, halbgrünend erscheinen die Blätter wie verliebte Herzen. Auch der alte Herr dachte dabei an Jugendglanz und vertiefte sich in den Konstruktionen jener Feuerwerke, die er sonst schon für den Hof angeordnet hatte und spekulierte auf neue, noch mannigfachere Farbenstrahlen und Drehungen, durch welche er am Geburtstage des Königs die Marseiller überraschen wollte. Es sah nun leerer in seinem Kopfe als auf dem Balle aus. Aber in der Freude des Gelingens, wie er schon alles strahlen, sausen, prasseln, dann wieder alles in stiller Größe leuchten sah, hatte er immer mehr Olivenäste ins Feuer geschoben und nicht bemerkt, daß sein hölzernes Bein Feuer gefangen hatte und schon um ein Dritteil abgebrannt war. Erst jetzt, als er aufspringen wollte, weil der große Schluß, das Aufsteigen von tausend Raketen seine Einbildungskraft beflügelte und entflammte, bemerkte er, indem er auf seinen Polsterstuhl zurück sank, daß sein hölzernes Bein verkürzt sei und daß der Rest auch noch in besorglichen Flammen stehe. In der Not, nicht gleich aufkommen zu können, rückte er seinen Stuhl wie einen Piekschlitten[2] mit dem flammenden Beine bis in die Mitte des Zimmers, rief seinen Diener und dann nach Wasser. Mit eifrigem Bemühen sprang ihm in diesem Augenblicke eine Frau zu Hülfe, die in das Zimmer eingelassen, lange durch ein bescheidnes Husten die Aufmerksamkeit des Kommandanten auf sich zu ziehen gesucht hatte, doch ohne Erfolg. Sie suchte das Feuer mit ihrer Schürze zu löschen, aber die glühende Kohle des Beins setzte die Schürze in Flammen und der Kommandant schrie nun in wirklicher Not nach Hülfe, nach Leuten. Bald drangen diese von der Gasse herein, auch Basset war erwacht; der brennende Fuß, die brennende Schürze brachte alle ins Lachen, doch mit dem ersten Wassereimer, den Basset aus der Küche holte, war alles gelöscht und die Leute empfahlen sich. Die arme Frau triefte vom Wasser, sie konnte sich nicht gleich vom Schrecken erholen, der Kommandant ließ ihr seinen warmen Rockelor[3] umhängen, und ein Glas starken Wein reichen. Die Frau wollte aber nichts nehmen und schluchzte nur über ihr Unglück und bat den Kommandanten: mit ihm einige Worte ins Geheim zu sprechen. So schickte er seinen nachlässigen Diener fort und setzte sich sorgsam in ihre Nähe. „Ach, mein Mann", sagte sie in einem fremden deutschen Dialekte des Französischen[4], „mein Mann

---

[1]The Seven Years' War (1756-63) was fought by Prussia, with English aid, against Austria, Saxony, Sweden, France, and Russia. [2]'toboggan' [3]a long, large-collared coat [4]'French with an outlandish German accent'

kommt von Sinnen, wenn er die Geschichte hört; ach, mein armer Mann, da spielt ihm der Teufel sicher wieder einen Streich!" Der Kommandant fragte nach dem Manne und die Frau sagte ihm: daß sie eben wegen dieses ihres lieben Mannes zu ihm gekommen, ihm einen Brief des Obersten vom Regiment Pikardie[1] zu über-

5 bringen. Der Oberste setzte die Brille auf, erkannte das Wappen seines Freundes und durchlief das Schreiben, dann sagte er: „Also Sie sind jene Rosalie, eine geborne Demoiselle[2] Lilie aus Leipzig, die den Sergeanten Francœur geheiratet hat, als er am Kopf verwundet in Leipzig gefangen lag? Erzählen Sie, das ist eine seltne Liebe! Was waren Ihre Eltern, legten die Ihnen kein Hindernis in den Weg? Und

10 was hat denn Ihr Mann für scherzhafte Grillen als Folge seiner Kopfwunde behalten, die ihn zum Felddienste untauglich machen, obgleich er als der bravste und geschickteste Sergeant, als die Seele des Regiments geachtet wurde?" — „Gnädiger Herr", antwortete die Frau mit neuer Betrübnis, „meine Liebe trägt die Schuld von allem dem Unglück, ich habe meinen Mann unglücklich gemacht und nicht jene

15 Wunde; meine Liebe hat den Teufel in ihn gebracht und plagt ihn und verwirrt seine Sinne. Statt mit den Soldaten zu exerzieren, fängt er zuweilen an, ihnen ungeheure, ihm vom Teufel eingegebene Sprünge vor zu machen, und verlangt, daß sie ihm diese nach machen; oder er schneidet ihnen Gesichter, daß ihnen der Schreck in alle Glieder fährt, und verlangt, daß sie sich dabei nicht rühren noch

20 regen und neulich, was endlich dem Fasse den Boden ausschlug[3], warf er den kommandierenden General, der in einer Affäre den Rückzug des Regiments befahl, vom Pferde, setzte sich darauf und nahm mit dem Regimente die Batterie fort." — „Ein Teufelskerl", rief der Kommandant, „wenn doch so ein Teufel in alle unsre kommandierende Generale führe, so hätten wir kein zweites Roßbach[4] zu fürchten,

25 ist Ihre Liebe *solche* Teufelsfabrik, so wünschte ich: Sie liebten unsre ganze Armee." — „Leider im Fluche meiner Mutter", seufzte die Frau. „Meinen Vater habe ich nicht gekannt. Meine Mutter sah viele Männer bei sich, denen ich aufwarten mußte, das war meine einzige Arbeit. Ich war träumerig und achtete gar nicht der freundlichen Reden dieser Männer, meine Mutter schützte mich gegen ihre Zu-

30 dringlichkeit. Der Krieg hatte diese Herren meist zerstreut, die meine Mutter besuchten und bei ihr Hazardspiele[5] heimlich spielten; wir lebten zu ihrem Ärger sehr einsam. Freund und Feind waren ihr darum gleich verhaßt, ich durfte keinem eine Gabe bringen, der verwundet oder hungrig vor dem Hause vorüberging. Das tat mir sehr leid und einstmals war ich ganz allein und besorgte unser Mittagses-

35 sen, als viele Wagen mit Verwundeten vorüberzogen, die ich an der Sprache für Franzosen erkannte, die von den Preußen gefangen worden. Immer wollte ich mit dem fertigen Essen zu jenen hinunter, doch ich fürchtete die Mutter, als ich aber

---

[1]Picardie, then a French province   [2]'Miss' (French)   [3]'the straw that broke the camel's back'   [4]In the Battle of Roßbach, November 5, 1757, the vastly outnumbered Prussian army of Frederick the Great defeated the French army.   [5]'games of chance'

Francœur mit verbundenem Kopfe auf dem letzten Wagen liegen gesehen, da weiß
ich nicht wie mir geschah, die Mutter war vergessen, ich nahm Suppe und Löffel,
und, ohne unsre Wohnung abzuschließen, eilte ich dem Wagen nach in die Plei-
ßenburg.[1] Ich fand ihn; er war schon abgestiegen, dreist redete ich die Aufseher an,
und wußte dem Verwundeten gleich das beste Strohlager zu erflehen. Und als er
darauf gelegt, welche Seligkeit, dem Notleidenden die warme Suppe zu reichen!
Er wurde munter in den Augen und schwor mir, daß ich einen Heiligenschein um
meinen Kopf trage. Ich antwortete ihm, das sei meine Haube, die sich im eiligen
Bemühen um ihn aufgeschlagen[2]. Er sagte: der Heiligenschein komme aus meinen
Augen! Ach, das Wort konnte ich gar nicht vergessen, und hätte er mein Herz
nicht schon gehabt, ich hätte es ihm dafür schenken müssen." — „Ein wahres, ein
schönes Wort!" sagte der Kommandant, und Rosalie fuhr fort: „Das war die schönste Stunde meines Lebens, ich sah ihn immer eifriger an, weil er behauptete, daß
es ihm wohltue und als er mir endlich einen kleinen Ring an den Finger steckte,
fühlte ich mich so reich, wie ich noch niemals gewesen. In diese glückliche Stille
trat meine Mutter scheltend und fluchend ein; ich kann nicht nachsagen, wie sie
mich nannte, ich schämte mich auch nicht, denn ich wußte, daß ich schuldlos war
und daß er Böses nicht glauben würde. Sie wollte mich fortreißen, aber er hielt
mich fest und sagte ihr: daß wir verlobt wären, ich trüge schon seinen Ring. Wie
verzog sich das Gesicht meiner Mutter; mir war's, als ob eine Flamme aus ihrem
Halse brenne, und ihre Augen kehrte sie in sich, sie sahen ganz weiß aus; sie verfluchte mich und übergab mich mit feierlicher Rede dem Teufel[3]. Und wie so ein
heller Schein durch meine Augen am Morgen gelaufen, als ich Francœur gesehen,
so war mir jetzt als ob eine schwarze Fledermaus ihre durchsichtigen Flügeldecken[4]
über meine Augen legte; die Welt war mir halb verschlossen, und ich gehörte mir
nicht mehr ganz. Mein Herz verzweifelte und ich mußte lachen. ‚Hörst du, der
Teufel lacht schon aus dir!' sagte die Mutter und ging triumphierend fort, während
ich ohnmächtig niederstürzte. Als ich wieder zu mir gekommen, wagte ich nicht
zu ihr zu gehen und den Verwundeten zu verlassen, auf den der Vorfall schlimm
gewirkt hatte; ja ich trotzte heimlich der Mutter wegen des Schadens, den sie dem
Unglücklichen getan. Erst am dritten Tage schlich ich, ohne es Francœur zu sagen,
Abends nach dem Hause, wagte nicht an zu klopfen, endlich trat eine Frau, die uns
bedient hatte, heraus und berichtete, die Mutter habe ihre Sachen schnell verkauft,
und sei mit einem fremden Herrn, der ein Spieler[5] sein sollte, fortgefahren, und
niemand wisse wohin. So war ich nun von aller Welt ausgestoßen und es tat mir
wohl, so entfesselt von jeder Rücksicht in die Arme meines Francœur zu fallen.
Auch meine jugendlichen Bekanntinnen in der Stadt wollten mich nicht mehr

---

[1]fortress in Leipzig that served as a barracks   [2]*das sei ... aufgeschlagen* 'it was only my
bonnet that had been pushed up during my hurried ministrations to him'   [3]'solemnly con-
signed me to the devil'   [4]'wings'   [5]'gambler'

kennen, so konnte ich ganz ihm und seiner Pflege leben. Für ihn arbeitete ich; bisher hatte ich nur mit dem Spitzenklöppeln[1] zu meinem Putze gespielt, ich schämte mich nicht, diese meine Handarbeiten zu verkaufen, ihm brachte es Bequemlichkeit und Erquickung. Aber immer mußte ich der Mutter denken, wenn

5 seine Lebendigkeit im Erzählen mich nicht zerstreute; die Mutter erschien mir schwarz mit flammenden Augen, immer fluchend vor meinen inneren Augen und ich konnte sie nicht los werden. Meinem Francœur wollte ich nichts sagen, um ihm nicht das Herz schwer zu machen; ich klagte über Kopfweh, das ich nicht hatte, über Zahnweh, das ich nicht fühlte, um weinen zu können wie ich mußte. Ach

10 hätte ich damals mehr Vertrauen zu ihm gehabt, ich hätte sein Unglück nicht gemacht, aber jedesmal, wenn ich ihm erzählen wollte: daß ich durch den Fluch der Mutter vom Teufel besessen zu sein glaubte, schloß mir der Teufel den Mund, auch fürchtete ich, daß er mich dann nicht mehr lieben könne, daß er mich verlassen würde und den bloßen Gedanken konnte ich kaum überleben. Diese innere

15 Qual, vielleicht auch die angestrengte Arbeit zerrüttete endlich meinen Körper, heftige Krämpfe, die ich ihm verheimlichte, drohten mich zu ersticken, und Arzeneien schienen diese Übel nur zu mehren. Kaum war er hergestellt, so wurde die Hochzeit von ihm angeordnet. Ein alter Geistlicher hielt eine feierliche Rede, in der er meinem Francœur alles ans Herz legte, was ich für ihn getan, wie ich ihm

20 Vaterland, Wohlstand und Freundschaft zum Opfer gebracht, selbst den mütterlichen Fluch auf mich geladen, alle diese Not müsse er mit mir teilen, alles Unglück gemeinsam tragen. Meinem Manne schauderte bei den Worten, aber er sprach doch ein vernehmliches Ja, und wir wurden vermählt. Selig waren die ersten Wochen, ich fühlte mich zur Hälfte von meinen Leiden erleichtert und ahnete

25 nicht gleich, daß eine Hälfte des Fluchs zu meinem Manne übergegangen sei. Bald aber klagte er, daß jener Prediger in seinem schwarzen Kleide ihm immer vor Augen stehe und ihm drohe, daß er dadurch einen so heftigen Zorn und Widerwillen gegen Geistliche, Kirchen und heilige Bilder empfinde, daß er ihnen fluchen müsse und wisse nicht warum, und um sich diesen Gedanken zu entschlagen, überlasse

30 er sich jedem Einfall, er tanze und trinke und so in dem Umtriebe des Bluts werde ihm besser. Ich schob alles auf die Gefangenschaft, obgleich ich wohl ahnete, daß es der Teufel sei, der ihn plage. Er wurde ausgewechselt[2] durch die Vorsorge seines Obersten, der ihn beim Regimente wohl vermißt hatte, denn Francœur ist ein außerordentlicher Soldat. Mit leichtem Herzen zogen wir aus Leipzig und bildeten

35 eine schöne Zukunft in unsern Gesprächen aus. Kaum waren wir aber aus der Not ums tägliche Bedürfnis, zum Wohlleben der gut versorgten Armee in die Winterquartiere gekommen, so stieg die Heftigkeit meines Mannes mit jedem Tage, er trommelte tagelang, um sich zu zerstreuen, zankte, machte Händel, der Oberst konnte ihn nicht begreifen; nur mit mir war er sanft wie ein Kind. Ich wurde von

---

[1]'lace-making' [2]'exchanged (as a prisoner)'

einem Knaben entbunden[1], als der Feldzug sich wieder eröffnete, und mit der Qual
der Geburt schien der Teufel, der mich geplagt, ganz von mir gebannt. Francœur
wurde immer mutwilliger und heftiger. Der Oberste schrieb mir: er sei tollkühn
wie ein Rasender, aber bisher immer glücklich gewesen; seine Kameraden meinten,
er sei zuweilen wahnsinnig und er fürchte, ihn unter die Kranken oder Invaliden
abgeben zu müssen. Der Oberst hatte einige Achtung gegen mich, er hörte auf
meine Vorbitte, bis endlich seine Wildheit gegen den kommandierenden General
dieser Abteilung, die ich schon erzählte, ihn in Arrest brachte, wo der Wundarzt
erklärte, er leide wegen der Kopfwunde, die ihm in der Gefangenschaft vernachlässigt worden, an Wahnsinn und müsse wenigstens ein paar Jahre im warmen Klima bei den Invaliden zubringen, ob[2] sich dieses Übel vielleicht ausscheide[3]. Ihm
wurde gesagt, daß er zur Strafe wegen seines Vergehens unter die Invaliden komme und er schied mit Verwünschungen vom Regimente. Ich bat mir das Schreiben
vom Obersten aus, ich beschloß Ihnen zutraulich alles zu eröffnen, damit er nicht
nach der Strenge des Gesetzes, sondern nach seinem Unglück, dessen einzige Ursache meine Liebe war, beurteilt werde, und daß Sie ihn zu seinem Besten in eine
kleine abgelegene Ortschaft legen, damit er hier in der großen Stadt nicht zum
Gerede der Leute wird. Aber, gnädiger Herr, Ihr Ehrenwort darf eine Frau schon
fordern, die Ihnen heut einen kleinen Dienst erwiesen, daß Sie dies Geheimnis seiner Krankheit, welches er selbst nicht ahnet, und das seinen Stolz empören würde,
unverbrüchlich bewahren[4]." — „Hier meine Hand", rief der Kommandant, der die
eifrige Frau mit Wohlgefallen angehört hatte, „noch mehr, ich will Ihre Vorbitte
dreimal erhören[5], wenn Francœur dumme Streiche macht. Das Beste aber ist, diese
zu vermeiden, und darum schicke ich ihn gleich zur Ablösung nach einem Fort,
das nur drei Mann Besatzung braucht; Sie finden da für sich und für Ihr Kind eine
bequeme Wohnung, er hat da wenig Veranlassung zu Torheiten, und die er
begeht, bleiben verschwiegen." Die Frau dankte für diese gütige Vorsorge, küßte
dem alten Herrn die Hand und er leuchtete ihr dafür[6], als sie mit vielen Knixen die
Treppe hinunter ging. Das verwunderte den alten Kammerdiener Basset, und es
fuhr ihm durch den Kopf, was seinem Alten ankomme: ob der wohl gar mit der
brennenden Frau eine Liebschaft gestiftet habe, die seinem Einflusse nachteilig
werden könne. Nun hatte der alte Herr die Gewohnheit, Abends im Bette, wenn
er nicht schlafen konnte, alles was am Tage geschehen, laut zu überdenken, als ob
er dem Bette seine Beichte hätte abstatten müssen. Und während nun die Wagen
vom Balle zurück rollten und ihn wach erhielten, lauerte Basset im andern Zimmer, und hörte die ganze Unterredung, die ihm um so wichtiger schien, weil Francœur sein Landsmann und Regimentskamerad gewesen, obgleich er viel älter als
Francœur war. Und nun dachte er gleich an einen Mönch, den er kannte, der

---

[1]'gave birth to a boy' [2]'to see whether' [3]'be cured' [4]'preserve inviolate' [5]'give heed
to' [6]*und ... dafür* 'and he in turn showed her out with a candle'

schon manchem den Teufel ausgetrieben hatte und zu dem wollte er Francœur bald hinführen; er hatte eine rechte Freude am Quacksalbern[1] und freute sich einmal wieder: einen Teufel austreiben zu sehen. Rosalie hatte, sehr befriedigt über den Erfolg ihres Besuchs, gut geschlafen; sie kaufte am Morgen eine neue Schürze
5 und trat mit dieser ihrem Manne entgegen, der mit entsetzlichem Gesange seine müden Invaliden in die Stadt führte. Er küßte sie; hob sie in die Luft und sagte ihr: „Du riechst nach dem trojanischen Brande, ich habe dich wieder, schöne Helena!"[2] — Rosalie entfärbte sich und hielt es für nötig, als er fragte, ihm zu eröffnen: daß sie wegen der Wohnung beim Obersten gewesen, daß diesem gerade das Bein in
10 Flammen gestanden, und daß ihre Schürze verbrannt. Ihm war es nicht recht, daß sie nicht bis zu seiner Ankunft gewartet habe, doch vergaß er das in tausend Späßen über die brennende Schürze. Er stellte darauf seine Leute dem Kommandanten vor, rühmte alle ihre leiblichen Gebrechen und geistigen Tugenden so artig, daß er des alten Herrn Wohlwollen erwarb, der so in sich meinte: die Frau liebt
15 ihn, aber sie ist eine Deutsche und versteht keinen Franzosen: ein Franzose hat immer den Teufel im Leibe! — Er ließ ihn ins Zimmer kommen, um ihn näher kennen zu lernen, fand ihn im Befestigungswesen[3] wohlunterrichtet, und was ihn noch mehr entzückte: er fand in ihm einen leidenschaftlichen Feuerkünstler, der bei seinem Regimente schon alle Arten Feuerwerke ausgearbeitet hatte. Der Kom-
20 mandant trug ihm seine neue Erfindung zu einem Feuerwerke am Geburttage des Königs vor, bei welcher ihn gestern der Beinbrand gestört hatte und Francœur ging mit funkelnder Begeisterung darauf ein. Nun eröffnete ihm der Alte, daß er mit zwei andern Invaliden die kleine Besatzung des Forts Ratonneau ablösen sollte, dort sei ein großer Pulvervorrat und dort solle er mit seinen beiden Soldaten fleißig
25 Raketen füllen, Feuerräder drehen und Frösche binden[4]. Indem der Kommandant ihm den Schlüssel des Pulverturms und das Inventarium reichte, fiel ihm die Rede der Frau ein und er hielt ihn mit den Worten noch fest: „Aber Euch plagt doch nicht der Teufel und Ihr stiftet mir Unheil?" — „Man darf den Teufel nicht an die Wand malen, sonst hat man ihn im Spiegel"[5], antwortete Francœur mit einem
30 gewissen Zutrauen. Das gab dem Kommandanten Vertrauen, er reichte ihm den Schlüssel, das Inventarium und den Befehl an die jetzige kleine Garnison, auszuziehn. So wurde er entlassen und auf dem Hausflur fiel ihm Basset um den Hals, sie hatten sich gleich erkannt und erzählten einander in aller Kürze, wie es ihnen ergangen. Doch weil Francœur an große Strenge in allem Militärischen gewöhnt
35 war, so riß er sich los, und bat ihn auf den nächsten Sonntag, wenn er abkommen könnte, zu Gast nach dem Fort Ratonneau, zu dessen Kommandanten, der er selbst zu sein die Ehre habe.

---

[1]'charlatanry' [2]*Du ... Helena* 'You smell of the fires of Troy ... beauteous Helen!' Troy was burned by the Greeks after the 10-year Trojan War over Helen. [3]'art of fortification' [4]'turn pinwheels and make firecrackers' [5]'Don't speak of the Devil or he'll appear.'

Der Einzug auf dem Fort war für alle gleich fröhlich, die abziehenden Invaliden hatten die schöne Aussicht auf Marseille bis zum Überdruß genossen, und die Einziehenden waren entzückt über die Aussicht, über das zierliche Werk[1], über die bequemen Zimmer und Betten; auch kauften sie von den Abziehenden ein paar

5 Ziegen, ein Taubenpaar[2], ein Dutzend Hühner und die Kunststücke, um in der Nähe einiges Wild in aller Stille belauern zu können[3]; denn müßige Soldaten sind ihrer Natur nach Jäger. Als Francœur sein Kommando angetreten, befahl er sogleich seinen beiden Soldaten, Brunet und Tessier, mit ihm den Pulverturm zu eröffnen, das Inventarium durchzugehen, um dann einen gewissen Vorrat zur Feu-

10 erwerkerarbeit in das Laboratorium zu tragen. Das Inventarium war richtig und er beschäftigte gleich einen seiner beiden Soldaten mit den Arbeiten zum Feuerwerk; mit dem andern ging er zu allen Kanonen und Mörsern, um die metallnen[4] zu polieren, und die eisernen schwarz anzustreichen. Bald füllte er auch eine hinlängliche Zahl Bomben und Granaten, ordnete auch alles Geschütz so, wie es stehen

15 mußte, um den einzigen Aufgang nach dem Fort zu bestreichen[5]. „Das Fort ist nicht zu nehmen!" rief er einmal über das andre begeistert. „Ich will das Fort behaupten, auch wenn die Engländer mit hunderttausend Mann landen und stürmen! Aber die Unordnung war hier groß!" — „So sieht es überall auf den Forts und Batterien aus", sagte Tessier, „der alte Kommandant kann mit seinem Stelzfuß

20 nicht mehr so weit steigen, und Gottlob! bis jetzt ist es den Engländern noch nicht eingefallen zu landen." — „Das muß anders werden", rief Francœur, „ich will mir lieber die Zunge verbrennen, ehe ich zugebe, daß unsre Feinde Marseille einäschern oder wir sie doch fürchten müssen."

Die Frau mußte ihm helfen das Mauerwerk von Gras und Moos zu reinigen,

25 es abzuweißen[6] und die Lebensmittel in den Kasematten zu lüften. In den ersten Tagen wurde fast nicht geschlafen, so trieb der unermüdliche Francœur zur Arbeit und seine geschickte Hand fertigte in dieser Zeit, wozu ein anderer wohl einen Monat gebraucht hätte. Bei dieser Tätigkeit ließen ihn seine Grillen[7] ruhen; er war hastig, aber alles zu einem festen Ziele, und Rosalie segnete den Tag, der ihn in

30 diese höhere Luftregion gebracht, wo der Teufel keine Macht über ihn zu haben schien. Auch die Witterung hatte sich durch Wendung des Windes erwärmt und erhellt, daß ihnen ein neuer Sommer zu begegnen schien; täglich liefen Schiffe im Hafen ein und aus, grüßten und wurden begrüßt von den Forts am Meere. Rosalie, die nie am Meere gewesen, glaubte sich in eine andere Welt versetzt, und ihr Kna-

35 be freute sich, nach so mancher harten Einkerkerung auf Wagen und in Wirtsstuben, der vollen Freiheit in dem eingeschlossenen kleinen Garten des Forts, den die früheren Bewohner nach Art der Soldaten, besonders der Artilleristen, mit den

---

[1]'the well-planned defenses' [2]'pair of pigeons' [3]'the means (tricks, devices) to lie quietly in wait for some game in the nearby surroundings' [4]here =*bronzenen* [5]'cover' (military) [6]'whitewash' [7]'wild ideas'

künstlichsten mathematischen Linienverbindungen in Buchsbaum geziert hatten.
Über dem Fort flatterte die Fahne mit den Lilien[1], der Stolz Francœurs, ein segen-
reiches Zeichen der Frau, die eine geborne Lilie, die liebste Unterhaltung des Kindes. So kam der erste Sonntag von allen gesegnet und Francœur befahl seiner Frau:
5 für den Mittag ihm etwas Gutes zu besorgen, wo[2] er seinen Freund Basset erwarte,
insbesondre machte er Anspruch auf einen guten Eierkuchen, denn die Hühner des
Forts legten fleißig, lieferte auch eine Zahl wilder Vögel, die Brunet geschossen
hatte, in die Küche. Unter diesen Vorbereitungen kam Basset hinaufgekeucht und
war entzückt über die Verwandlung des Forts, erkundigte sich auch im Namen des
10 Kommandanten nach dem Feuerwerke und erstaunte über die große Zahl fertiger
Raketen und Leuchtkugeln[3]. Die Frau ging nun an ihre Küchenarbeit, die beiden
Soldaten zogen aus um Früchte zur Mahlzeit zu holen, alle wollten an dem Tage
recht selig schwelgen und sich die Zeitung vorlesen lassen, die Basset mitgebracht
hatte. Im Garten saß nun Basset dem Francœur gegenüber und sah ihn still-
15 schweigend an, dieser fragte nach der Ursache. „Ich meine, Ihr seht so gesund aus
wie sonst und alles was Ihr tut, ist so vernünftig." — „Wer zweifelt daran?" fragte
Francœur mit einer Aufwallung[4], „das will ich wissen!" — Basset suchte umzulen-
ken[5], aber Francœur hatte etwas Furchtbares in seinem Wesen, sein dunkles Auge
befeuerte sich, sein Kopf erhob sich, seine Lippen drängten sich vor. Das Herz war
20 schon dem armen Schwätzer Basset gefallen, er sprach, dünnstimmig wie eine Violine, von Gerüchten beim Kommandanten: er sei vom Teufel geplagt, von seinem
guten Willen ihn durch einen Ordensgeistlichen[6], den Vater Philipp exorzieren zu
lassen, den er deswegen vor Tische hinaufbestellt habe, unter dem Vorwande, daß
er eine Messe der vom Gottesdienst entfernten Garnison in der kleinen Kapelle
25 lesen müsse. Francœur entsetzte sich über die Nachricht, er schwur, daß er sich
blutig an dem rächen wolle, der solche Lüge über ihn ausgebracht, er wisse nichts
vom Teufel, und wenn es gar keinen gebe, so habe er auch nichts dagegen einzuwenden, denn er habe nirgends die Ehre seiner Bekanntschaft gemacht. Basset
sagte: er sei ganz unschuldig, er habe die Sache vernommen, als der Kommandant
30 mit sich laut gesprochen habe, auch sei ja dieser Teufel die Ursache, warum Francœur vom Regimente fortgekommen. „Und wer brachte dem Kommandanten die
Nachricht?" fragte Francœur zitternd. „Eure Frau", antwortete jener, „aber in der
besten Absicht, um Euch zu entschuldigen, wenn Ihr hier wilde Streiche machtet."
— „Wir sind geschieden!" schrie Francœur und schlug sich vor den Kopf, „sie hat
35 mich verraten, mich vernichtet, hat Heimlichkeiten mit dem Kommandanten, sie
hat unendlich viel für mich getan und gelitten, sie hat mir unendlich wehe getan,
ich bin ihr nichts mehr schuldig, wir sind geschieden!" — Allmählich schien er
stiller zu werden, je lauter es in ihm wurde; er sah wieder den schwarzen Geist-

---

[1] *fleurs-de-lis* (emblem of France) [2] =*da* [3] 'star shells' [4] 'his temper rising' [5] 'change the subject' [6] 'member of a monastic order'

lichen vor Augen, wie die vom tollen Hunde Gebissenen den Hund immer zu
sehen meinen, da trat Vater Philipp in den Garten und er ging mit Heftigkeit auf
ihn zu, um zu fragen, was er wolle. Dieser meinte seine Beschwörung anbringen
zu müssen, redete den Teufel heftig an, indem er seine Hände in kreuzenden
5 Linien über Francœur bewegte. Das alles empörte Francœur, er gebot ihm, als
Kommandant des Forts, den Platz sogleich zu verlassen. Aber der unerschrockne
Philipp eiferte um so heftiger gegen den Teufel in Francœur und als er sogar seinen Stab erhob, ertrug Francœurs militärischer Stolz diese Drohung nicht. Mit
wütender Stärke ergriff er den kleinen Philipp bei seinem Mantel und warf ihn
10 über das Gitter, das den Eingang schützte, und wäre der gute Mann nicht an den
Spitzen des Türgitters mit dem Mantel hängen geblieben, er hätte einen schweren
Fall die steinerne Treppe hinunter gemacht. Nahe diesem Gitter war der Tisch
gedeckt, das erinnerte Francœur an das Essen. Er rief nach dem Essen und Rosalie
brachte es, etwas erhitzt vom Feuer, aber sehr fröhlich, denn sie bemerkte nicht
15 den Mönch außer dem Gitter, der sich kaum vom ersten Schrecken erholt hatte
und still vor sich betete, um neue Gefahr abzuwenden; kaum beachtete sie, daß ihr
Mann und Basset, jener finster, dieser verlegen nach dem Tische blickten. Sie fragte nach den beiden Soldaten, aber Francœur sagte: „Sie können nachessen, ich
habe Hunger, daß ich die Welt zerreißen könnte." Darauf legte sie die Suppe vor,
20 und gab Basset aus Artigkeit das meiste, dann ging sie nach der Küche, um den
Eierkuchen zu backen. „Wie hat denn meine Frau dem Kommandanten gefallen?"
fragte Francœur. „Sehr gut", antwortete Basset, „er wünschte: daß es ihm in der
Gefangenschaft so gut geworden wäre wie Euch." — „Er soll sie haben!" antwortete er. „Nach den beiden Soldaten, die fehlen, fragte sie, was mir fehlt, das fragte
25 sie nicht; Euch suchte sie als einen Diener des Kommandanten zu gewinnen,
darum füllte sie Euren Teller, daß er überfloß, Euch bot sie das größte Glas Wein
an, gebt Achtung, sie bringt Euch auch das größte Stück Eierkuchen. Wenn das
der Fall ist, dann stehe ich auf, dann führt sie nur fort, und laßt mich hier allein."
— Basset wollte antworten, aber im Augenblicke trat die Frau mit dem Eierku-
30 chen herein. Sie hatte ihn schon in drei Stücke geschnitten, ging zu Basset und
schob ihm ein Stück mit den Worten auf den Teller: „Einen bessern Eierkuchen
findet Ihr nicht beim Kommandanten, Ihr müßt mich rühmen!" — Finster blickte
Francœur in die Schüssel, die Lücke war fast so groß wie die beiden Stücke, die
noch blieben, er stand auf und sagte: „Es ist nicht anders, wir sind geschieden!"
35 Mit diesen Worten ging er nach dem Pulverturme, schloß die eiserne Türe auf, trat
ein und schloß sie wieder hinter sich zu. Die Frau sah ihm verwirrt nach und ließ
die Schüssel fallen: „Gott, ihn plagt der Böse; wenn er nur nicht Unheil stiftet im
Pulverturm." — „Ist das der Pulverturm?" rief Basset, „er sprengt sich in die Luft,
rettet Euch und Euer Kind!" Mit diesen Worten lief er fort, auch der Mönch wagte
40 sich nicht wieder herein, und lief ihm nach. Rosalie eilte in die Wohnung zu ihrem
Kinde, riß es aus dem Schlafe, aus der Wiege, sie wußte nichts mehr von sich,

bewußtlos wie sie Francœur einst gefolgt, so entfloh sie ihm mit dem Kinde und sagte vor sich hin: „Kind, das tue ich nur deinetwegen, mir wäre besser mit ihm zu sterben; Hagar[1], du hast nicht gelitten wie ich, denn ich verstoße mich selbst!" — Unter solchen Gedanken kam sie herab auf einem falschen Wege und stand am
5 sumpfigen Ufer des Flusses. Sie konnte aus Ermattung nicht mehr gehen und setzte sich deswegen in einen Nachen, der, nur leicht ans Ufer gefahren, leicht abzustoßen war und ließ sich den Fluß herabtreiben; sie wagte nicht umzublicken, wenn am Hafen ein Schuß geschah, meinte sie: das Fort sei gesprengt, und ihr halbes Leben verloren, so verfiel sie allmählich in einen dumpfen fieberartigen
10 Zustand.

Unterdessen waren die beiden Soldaten, mit Äpfeln und Trauben bepackt, in die Nähe des Forts gekommen, aber Francœurs starke Stimme rief ihnen, indem er eine Flintenkugel[2] über ihre Köpfe abfeuerte: „Zurück!" dann sagte er durch das Sprachrohr: „An der hohen Mauer werde ich mit euch reden, ich habe hier allein
15 zu befehlen und will auch allein hier leben, so lange es dem Teufel gefällt!" Sie wußten nicht, was das bedeuten solle, aber es war nichts anders zu tun, als dem Willen des Sergeanten Folge zu leisten. Sie gingen herab zu dem steilen Abhange des Forts, welcher die hohe Mauer hieß, und kaum waren sie dort angelangt, so sahen sie Rosaliens Bette und des Kindes Wiege an einem Seile niedersinken, dem
20 folgten ihre Betten und Geräte und Francœur rief durch das Sprachrohr: „Das Eurige nehmt; Bette, Wiege und Kleider meiner entlaufenen Frau bringt zum Kommandanten, da werdet ihr sie finden; sagt: das schicke ihr Satanas, und diese alte Fahne, um ihre Schande mit dem Kommandanten zu zu decken!" Bei diesen Worten warf er die große französische Flagge, die auf dem Fort geweht hatte,
25 herab und fuhr fort: „Dem Kommandanten lasse ich hierdurch Krieg erklären, er mag sich waffnen bis zum Abend, dann werde ich mein Feuer eröffnen; er soll nicht schonen, denn ich schone ihn beim Teufel nicht; er soll alle seine Hände ausstrecken, er wird mich doch nicht fangen; er hat mir den Schlüssel zum Pulverturm gegeben, ich will ihn brauchen, und wenn er mich zu fassen meint, fliege ich mit
30 ihm gen Himmel, vom Himmel in die Hölle, das wird Staub geben." — Brunet wagte endlich zu reden und rief hinauf: „Gedenkt an unsern gnädigsten König, daß der über Euch steht, ihm werdet Ihr doch nicht widerstreben." Dem antwortete Francœur: „In mir ist der König aller Könige dieser Welt, in mir ist der Teufel und im Namen des Teufels sage ich euch, redet kein Wort, sonst zerschmettere ich
35 euch!" — Nach dieser Drohung packten beide stillschweigend das Ihre zusammen und ließen das übrige stehen; sie wußten, daß oben große Steinmassen angehäuft waren, die unter der steilen Felswand alles zerschmettern konnten. Als sie nach Marseille zum Kommandanten kamen, fanden sie ihn schon in Bewegung, denn

---

[1]concubine of Abraham who, together with their son, Ishmael, was banished by him into the desert with only bread and water for sustenance. [2]'musket ball'

Basset hatte ihn von allem unterrichtet; er sendete die beiden Ankommenden mit einem Wagen nach dem Fort, um die Sachen der Frau gegen den drohenden Regen zu sichern, andere sandte er aus, um die Frau mit dem Kinde aufzufinden, während er die Offiziere bei sich versammelte, um mit ihnen zu überlegen, was zu
5 tun sei? Die Besorgnis dieses Kriegsrats richtete sich besonders auf den Verlust des schönen Forts, wenn es in die Luft gesprengt würde; bald kam aber ein Abgesandter der Stadt, wo sich das Gerücht verbreitet hatte, und stellte den Untergang des schönsten Teiles der Stadt als ganz unvermeidlich dar. Es wurde allgemein anerkannt, daß mit Gewalt nicht verfahren werden dürfe, denn Ehre sei nicht gegen
10 einen einzelnen Menschen zu erringen, wohl aber ein ungeheuerer Verlust durch Nachgiebigkeit abzuwenden; der Schlaf werde die Wut Francœurs doch endlich überwinden, dann sollten entschlossene Leute das Fort erklettern und ihn fesseln. Dieser Ratschluß war kaum gefaßt, so wurden die beiden Soldaten eingeführt, welche Rosaliens Betten und Gerät zurückgebracht hatten. Sie hatten eine Bestellung
15 Francœurs zu überbringen, daß ihm der Teufel verraten[1]: sie wollten ihn im Schlafe fangen, aber er warne sie aus Liebe zu einigen Teufelskameraden, die zu dem Unternehmen gebraucht werden sollten, denn er werde ruhig in seinem verschlossenen Pulverturme mit geladenen Gewehren schlafen und ehe sie die Türe erbrechen könnten, wäre er längst erwacht und der Turm, mit einem Schusse in die Pul-
20 verfässer, zersprengt. „Er hat recht", sagte der Kommandant, „er kann nicht anders handeln, wir müssen ihn aushungern." — „Er hat den ganzen Wintervorrat für uns alle hinaufgeschafft", bemerkte Brunet, „wir müssen wenigstens ein halbes Jahr warten, auch sagte er, daß ihm die vorbeifahrenden Schiffe, welche die Stadt versorgen, reichlichen Zoll geben sollten, sonst bohre er sie in den Grund,[2] und zum
25 Zeichen, daß niemand in der Nacht fahren sollte, ohne seine Bewilligung, werde er am Abend einige Kugeln über den Fluß sausen lassen." — „Wahrhaftig, er schießt!" rief einer der Offiziere und alle liefen nach einem Fenster des obern Stockwerks. Welch ein Anblick! an allen Ecken des Forts eröffneten die Kanonen ihren feurigen Rachen, die Kugeln sausten durch die Luft, in der Stadt versteckte
30 sich die Menge mit großem Geschrei und nur einzelne wollten ihren Mut im kühnen Anschauen der Gefahr beweisen. Aber sie wurden auch reichlich dafür belohnt, denn mit hellem Lichte schoß Francœur einen Bündel Raketen aus einer Haubitze in die Luft, und einen Bündel Leuchtkugeln aus einem Mörser, denen er aus Gewehren unzählige andre nachsandte. Der Kommandant versicherte, diese
35 Wirkung sei trefflich, er habe es nie gewagt, Feuerwerke mit Wurfgeschütz[3] in die Luft zu treiben, aber die Kunst werde dadurch gewissermaßen zu einer meteorischen, der Francœur verdiene schon deswegen begnadigt zu werden.

Diese nächtliche Erleuchtung hatte eine andre Wirkung, die wohl in keines Menschen Absicht lag; sie rettete Rosalien und ihrem Kinde das Leben. Beide

---

[1]'revealed to him'   [2]'otherwise he would sink them to the bottom'   [3]'artillery pieces'

waren in dem ruhigen Treiben des Kahnes eingeschlummert und Rosalie sah im Traume ihre Mutter von innerlichen Flammen durchleuchtet und verzehrt und fragte sie: Warum sie so leide? Da war's als ob eine laute Stimme ihr in die Ohren rief: „Mein Fluch brennt mich wie dich, und kannst du ihn nicht lösen, so bleib ich
5   eigen allem Bösen[1]." Sie wollte noch mehr sprechen, aber Rosalie war schon aufgeschreckt, sah über sich den Bündel Leuchtkugeln im höchsten Glanze, hörte neben sich einen Schiffer rufen: „Steuert links, wir fahren sonst ein Boot in den Grund, worin ein Weib mit einem Kinde sitzt." Und schon rauscht die vordere Spitze eines großen Flußschiffes wie ein geöffneter Walfischrachen[2] hinter ihr, da
10 wandte er sich links, aber ihr Nachen wurde doch seitwärts nachgerissen. „Helft meinem armen Kinde!" rief sie und der Haken[3] eines Stangenruders verband sie mit dem großen Schiffe, das bald darauf Anker warf. „Wäre das Feuerwerk auf dem Fort Ratonneau nicht aufgegangen", rief der eine Schiffer, „ich hätte Euch nicht gesehen und wir hätten Euch ohne bösen Willen in den Grund gesegelt, wie
15 kommt Ihr so spät und allein aufs Wasser, warum habt Ihr uns nicht angeschrieen?" Rosalie beantwortete schnell die Fragen und bat nur dringend, sie nach dem Hause des Kommandanten zu bringen. Der Schiffer gab ihr aus Mitleid seinen Jungen[4] zum Führer.
        Sie fand alles in Bewegung beim Kommandanten, sie bat ihn seines Verspre-
20 chens eingedenk zu sein, daß er ihrem Manne drei Versehen verzeihen wolle. Er leugnete, daß von solchen Versehen die Rede gewesen, es sei über Scherz und Grillen geklagt worden, das sei aber ein teuflischer Ernst. — „So ist das Unrecht auf Eurer Seite", sagte die Frau gefaßt, denn sie fühlte sich nicht mehr schicksallos[5], „auch habe ich den Zustand des armen Mannes angezeigt und doch habt Ihr
25 ihm einen so gefährlichen Posten vertraut, Ihr habt mir Geheimnis angelobt, und doch habt Ihr alles an Basset, Euren Diener erzählt, der uns mit seiner törichten Klugheit und Vorwitzigkeit in das ganze Unglück gestürzt hat; nicht mein armer Mann, Ihr seid an allem Unglück schuld, Ihr müßt dem Könige davon Rechenschaft geben." — Der Kommandant verteidigte sich gegen den Vorwurf, daß er
30 etwas dem Basset erzählt habe, dieser gestand: daß er ihn im Selbstgespräche belauscht, und so war die ganze Schuld auf seine Seele geschoben. Der alte Mann sagte: daß er den andern Tag sich vor dem Fort wolle totschießen lassen, um seinem Könige die Schuld mit seinem Leben abzuzahlen, aber Rosalie bat ihn, sich nicht zu übereilen, er möge bedenken, daß sie ihn schon einmal aus dem Feuer
35 gerettet habe. Ihr wurde ein Zimmer im Hause des Kommandanten angewiesen und sie brachte ihr Kind zur Ruhe, während sie selbst mit sich zu Rate ging und zu Gott flehte, ihr anzugeben, wie sie ihre Mutter den Flammen und ihren Mann dem Fluche entreißen könne. Aber auf ihren Knieen versank sie in einen tiefen

---

[1] 'prey to all evil'   [2] 'jaws of a whale'   [3] 'boathook'   [4] 'cabin boy'   [5] 'she no longer felt herself without a goal (she knew what she must do)'

Schlaf und war sich am Morgen keines Traumes, keiner Eingebung bewußt. Der Kommandant, der schon früh einen Versuch gegen das Fort gemacht hatte, kam verdrießlich zurück. Zwar hatte er keine Leute verloren, aber Francœur hatte so viele Kugeln mit solcher Geschicklichkeit links und rechts und über sie hinsausen
5 lassen, daß sie ihr Leben nur seiner Schonung dankten. Den Fluß hatte er durch Signalschüsse gesperrt, auch auf der Chaussee durfte niemand fahren, kurz, aller Verkehr der Stadt war für diesen Tag gehemmt und die Stadt drohete, wenn der Kommandant nicht vorsichtig verfahre, sondern wie in Feindes Land ihn zu belagern denke, daß sie die Bürger aufbieten und mit dem Invaliden schon fertig
10 werden wolle.

Drei Tage ließ sich der Kommandant so hinhalten, jeden Abend verherrlichte ein Feuerwerk, jeden Abend erinnerte Rosalie an sein Versprechen der Nachsicht. Am dritten Abend sagte er ihr: der Sturm sei auf den andern Mittag festgesetzt, die Stadt gebe nach, weil aller Verkehr gestört sei, und endlich Hungersnot ausbre-
15 chen könne. Er werde den Eingang stürmen, während ein andrer Teil von der andern Seite heimlich anzuklettern suche, so daß diese vielleicht früher ihrem Manne in den Rücken kämen, ehe er nach dem Pulverturm springen könne; es werde Menschen kosten, der Ausgang sei ungewiß, aber er wolle den Schimpf von sich ablenken, daß durch seine Feigheit ein toller Mensch zu dem Dünkel[1] gekom-
20 men: einer ganzen Stadt zu trotzen, das größte Unglück sei ihm lieber, als dieser Verdacht, er habe seine Angelegenheiten mit der Welt und vor Gott zu ordnen gesucht, Rosalie und ihr Kind würden sich in seinem Testamente nicht vergessen finden. Rosalie fiel ihm zu Füßen und fragte: was denn das Schicksal ihres Mannes sei, wenn er im Sturme gefangen würde? Der Kommandant wendete sich ab und
25 sagte leise: „Der Tod unausbleiblich, auf Wahnsinn würde von keinem Kriegsgerichte erkannt werden, es ist zu viel Einsicht, Vorsicht und Klugheit in der ganzen Art, wie er sich nimmt[2]; der Teufel kann nicht vor Gericht gezogen werden, er muß für ihn leiden." — Nach einem Strome von Tränen erholte sich Rosalie und sagte: Wenn sie das Fort, ohne Blutvergießen, ohne Gefahr, in die Gewalt des
30 Kommandanten brächte, würde dann sein Vergehen als ein Wahnsinn Begnadigung finden? — „Ja, ich schwör's!" rief der Kommandant, „aber es ist vergeblich, Euch haßt er vor allen, und rief gestern einem unsrer Vorposten zu, er wolle das Fort übergeben, wenn wir ihm den Kopf seiner Frau schicken könnten." — „Ich kenne ihn", sagte die Frau, „ich will den Teufel beschwören in ihm, ich will ihm
35 Frieden geben, sterben würde ich doch mit ihm, also ist nur Gewinn für mich, wenn ich von seiner Hand sterbe, der ich vermählt bin durch den heiligsten Schwur." — Der Kommandant bat sie, sich wohl zu bedenken, erforschte ihre Absicht, widerstand aber weder ihren Bitten, noch der Hoffnung, auf diesem Wege dem gewissen Untergange zu entgehen.

---

[1] 'arrogant notion' [2] =*benimmt*

Vater Philipp hatte sich im Hause eingefunden und erzählte: der unsinnige Francœur habe jetzt eine große weiße Flagge ausgesteckt, auf welcher der Teufel gemalt sei, aber der Kommandant wollte nichts von seinen Neuigkeiten wissen, und befahl ihm: zu Rosalien zu gehen, die ihm beichten wolle. Nachdem Rosalie
5 ihre Beichte in aller Ruhe eines gottergebnen Gemütes abgelegt hatte, bat sie den Vater Philipp, sie nur bis zu einem sichern Steinwalle zu begleiten, wo keine Kugel ihn treffen könne, dort wolle sie ihm ihr Kind und Geld zur Erziehung desselben übergeben, sie könne sich noch nicht von dem lieben Kinde trennen. Er versprach es ihr zögernd, nachdem er sich im Hause erkundigt hatte: ob er auch dort noch
10 sicher gegen die Schüsse sei, denn sein Glaube, Teufel austreiben zu können, hatte sich in ihm ganz verloren, er gestand, was er bisher ausgetrieben hätte, möchte wohl der rechte Teufel nicht gewesen sein, sondern ein geringerer Spuk.

Rosalie kleidete ihr Kind noch einmal unter mancher Träne weiß mit roten Bandschleifen an, dann nahm sie es auf den Arm und ging schweigend die Treppe
15 hinunter. Unten stand der alte Kommandant und konnte ihr nur die Hand drücken und mußte sich umwenden, weil er sich der Tränen vor den Zuschauern schämte. So trat sie auf die Straße, keiner wußte ihre Absicht, Vater Philipp blieb etwas zurück, weil er des Mitgehens gern überhoben gewesen, dann folgte die Menge müßiger Menschen auf den Straßen, die ihn fragten: was es bedeute? Viele fluch-
20 ten auf Rosalien, weil sie Francœurs Frau war, aber dieser Fluch berührte sie nicht.

Der Kommandant führte unterdessen seine Leute auf verborgenen Wegen nach den Plätzen, von welchen der Sturm eröffnet werden sollte, wenn die Frau den Wahnsinn des Mannes nicht beschwören könnte.

Am Tore schon verließ die Menge Rosalien, denn Francœur schoß von Zeit
25 zu Zeit über diese Fläche, auch Vater Philipp klagte, daß ihm schwach werde, er müsse sich niederlassen. Rosalie bedauerte es und zeigte ihm den Felsenwall, wo sie ihr Kind noch einmal stillen und es dann in den Mantel nieder legen wollte, dort möge es gesucht werden, da liege es sicher aufbewahrt, wenn sie nicht zu ihm zurück kehren könne. Vater Philipp setzte sich betend hinter den Felsen und
30 Rosalie ging mit festem Schritt dem Steinwalle zu, wo sie ihr Kind tränkte und segnete, es in ihren Mantel wickelte und in Schlummer brachte. Da verließ sie es mit einem Seufzer, der die Wolken in ihr brach, daß blaue Hellung und das stär-
kende Sonnenbild[1] sie bestrahlten. Nun war sie dem harten Manne sichtbar, als sie am Steinwalle heraustrat, ein Licht schlug am Tore auf, ein Druck, als ob sie
35 umstürzen müßte, ein Rollen in der Luft, ein Sausen, das sich damit mischte, zeigten ihr an: daß der Tod nahe an ihr vorüber gegangen. Es wurde ihr aber nicht mehr bange, eine Stimme sagte ihr innerlich: daß nichts untergehen könne, was diesen Tag bestanden, und ihre Liebe zum Manne, zum Kinde regte sich noch in ihrem Herzen, als sie ihren Mann vor sich auf dem Festungswerke stehen und

---

[1] 'face of the sun'

laden[1], das Kind hinter sich schreien hörte; sie taten ihr beide mehr leid als ihr eignes Unglück, und der schwere Weg war nicht der schwerste Gedanke ihres Herzens. Und ein neuer Schuß betäubte ihre Ohren und schmetterte ihr Felsstaub ins Gesicht, aber sie betete und sah zum Himmel. So betrat sie den engen Fels-

5 gang, der wie ein verlängerter Lauf, für zwei mit Kartätschen geladene Kanonen mit boshaftem Geize die Masse des verderblichen Schusses gegen die Andringenden zusammen zu halten bestimmt war.[2] — „Was siehst du Weib!" brüllte Francœur, „sieh nicht in die Luft, deine Engel kommen nicht, hier steht dein Teufel und dein Tod." — „Nicht Tod, nicht Teufel trennen mich mehr von dir", sagte sie

10 getrost, und schritt weiter hinauf die großen Stufen. „Weib", schrie er, „du hast mehr Mut als der Teufel, aber es soll dir doch nichts helfen." — Er blies die Lunte an, die eben verlöschen wollte, der Schweiß stand ihm hellglänzend über Stirn und Wangen, es war als ob zwei Naturen in ihm rangen. Und Rosalie wollte nicht diesen Kampf hemmen und der Zeit vorgreifen[3], auf die sie zu vertrauen begann; sie

15 ging nicht vor, sie kniete auf die Stufe nieder, als sie drei Stufen von den Kanonen entfernt war, wo sich das Feuer kreuzte. Er riß Rock und Weste an der Brust auf, um sich Luft zu machen, er griff in sein schwarzes Haar, das verwildert in Locken starrte und riß es sich wütend aus. Da öffnete sich die Wunde am Kopfe in dem wilden Erschüttern durch Schläge, die er an seine Stirn führte, Tränen und Blut

20 löschten den brennenden Zundstrick, ein Wirbelwind warf das Pulver von den Zündlöchern[4] der Kanonen und die Teufelsflagge vom Turm. „Der Schornsteinfeger macht sich Platz, er schreit zum Schornstein hinaus!" rief er, und deckte seine Augen. Dann besann er sich, öffnete die Gittertüre, schwankte zu seiner Frau, hob sie auf, küßte sie, endlich sagte er: „Der schwarze Bergmann hat sich durchgear-

25 beitet, es strahlt wieder Licht in meinen Kopf und Luft zieht hindurch und die Liebe soll wieder ein Feuer zünden, daß uns nicht mehr friert. Ach Gott, was hab ich in diesen Tagen verbrochen! Laß uns nicht feiern[5], sie werden mir nur wenig Stunden noch schenken, wo ist mein Kind, ich muß es küssen, weil[6] ich noch frei bin; was ist Sterben? Starb ich nicht schon einmal, als du mich verlassen und nun

30 kommst du wieder und dein Kommen gibt mir mehr, als dein Scheiden mir nehmen konnte, ein unendliches Gefühl meines Daseins, dessen Augenblicke mir genügen. Nun lebte ich gern mit dir und wäre deine Schuld noch größer als meine Verzweiflung gewesen, aber ich kenne das Kriegsgesetz und ich kann nun Gottlob in Vernunft als ein reuiger Christ sterben." — Rosalie konnte in ihrer Entzückung,

35 von ihren Tränen fast erstickt, kaum sagen, daß *ihm* verziehen, daß *sie* ohne Schuld und ihr Kind nahe sei. Sie verband seine Wunde in Eile, dann zog sie ihn die Stu-

---

[1]supply *sah* [2]'And so she entered the narrow defile cut in the rock that, like the prolongation of the gun barrels, was designed to restrict with venomous thrift the grapeshot charge of two cannons and direct its lethal mass against approaching attackers' (trans. M. M. Yuill). [3]'anticipate' [4]'touch holes' [5]'pause,' 'hesitate' [6]=*während*

fen hinunter bis zu dem Steinwalle, wo sie das Kind verlassen. Da fanden sie den
guten Vater Philipp bei dem Kinde, der allmählich hinter Felsstücken zu ihm hin-
geschlichen war, und das Kind ließ etwas aus den Händen fliegen, um nach dem
Vater sie auszustrecken. Und während sich alle drei umarmt hielten, erzählte Vater
5 Philipp, wie ein Taubenpaar vom Schloß herunter geflattert sei und mit dem Kinde artig gespielt, sich von ihm habe anrühren lassen, und es gleichsam in seiner
Verlassenheit getröstet habe. Als er das gesehen, habe er sich dem Kinde zu nahen
gewagt. „Sie waren, wie gute Engel, meines Kindes Spielkameraden auf dem Fort
gewesen, sie haben es treulich aufgesucht, sie kommen sicher wieder und werden
10 es nicht verlassen." Und wirklich umflogen sie die Tauben freundlich und trugen
in ihren Schnäbeln grüne Blätter. „Die Sünde ist uns geschieden[1]", sagte Francœur,
„nie will ich wieder auf den Frieden schelten, der Friede tut mir so gut."

Inzwischen hatte sich der Kommandant mit seinen Offizieren genähert, weil
er den glücklichen Ausgang durch sein Fernrohr gesehen. Francœur übergab ihm
15 seinen Degen, er kündigte Francœur Verzeihung an, weil seine Wunde ihn des
Verstandes beraubt gehabt und befahl einem Chirurgen: diese Wunde zu untersuchen und besser zu verbinden. Francœur setzte sich nieder und ließ ruhig alles mit
sich geschehen, er sah nur Frau und Kind an. Der Chirurg wunderte sich, daß er
keinen Schmerz zeigte, er zog ihm einen Knochensplitter aus der Wunde, der rings
20 umher eine Eiterung hervorgebracht hatte; es schien als ob die gewaltige Natur
Francœurs ununterbrochen und allmählich an der Hinausschaffung gearbeitet
habe, bis ihm endlich äußere Gewalt, die eigne Hand seiner Verzweiflung die
äußere Rinde durchbrochen. Er versicherte, daß ohne diese glückliche Fügung ein
unheilbarer Wahnsinn den unglücklichen Francœur hätte aufzehren müssen.
25 Damit ihm keine Anstrengung schade, wurde er auf einen Wagen gelegt und sein
Einzug in Marseille glich unter einem Volke, das Kühnheit immer mehr als Güte
zu achten weiß, einem Triumphzuge; die Frauen warfen Lorbeerkränze auf den
Wagen, alles drängte sich den stolzen Bösewicht kennen zu lernen, der so viele
tausend Menschen während drei Tage beherrscht hatte. Die Männer aber reichten
30 ihre Blumenkränze Rosalien und ihrem Kinde und rühmten sie als Befreierin und
schwuren ihr und dem Kinde reichlich zu vergelten, daß sie ihre Stadt vom Untergange gerettet habe.

Nach solchem Tage läßt sich in *einem* Menschenleben selten noch etwas erleben, was der Mühe des Erzählens wert wäre, wenn gleich die Wiederbeglückten,
35 die Fluchbefreiten[2], erst in diesen ruhigeren Jahren den ganzen Umfang des
gewonnenen Glücks erkannten. Der gute alte Kommandant nahm Francœur als
Sohn an und konnte er ihm auch nicht seinen Namen übertragen, so ließ er ihm
doch einen Teil seines Vermögens und seinen Segen. Was aber Rosalie noch inni-
ger berührte, war ein Bericht, der erst nach Jahren aus Prag einlief, in welchem ein

---

[1] 'gone from us'   [2] 'those freed from a curse'

Freund der Mutter anzeigte, daß diese wohl ein Jahr, unter verzehrenden Schmerzen, den Fluch bereut habe, den sie über ihre Tochter ausgestoßen, und, bei dem
sehnlichen Wunsche nach Erlösung des Leibes und der Seele, sich und der Welt
zum Überdruß[1] bis zu dem Tage gelebt habe, der Rosaliens Treue und Ergebenheit
5 in Gott gekrönt: an dem Tage sei sie, durch einen Strahl aus ihrem Innern beruhigt, im gläubigen[2] Bekenntnis des Erlösers selig entschlafen.

> *Gnade* löst den Fluch der *Sünde,*
> *Liebe* treibt den *Teufel* aus.

---

[1] 'a burden to herself and the world'   [2] 'pious'

Joseph von Eichendorff

The Freiherr (Baron) von Eichendorff (1788-1857) was a Silesian nobleman who entered the Prussian government service. He is often considered to be the greatest of the German Romantic lyrical poets; however, his Romanticism, unlike theirs, is not a striving for an unattainable ideal, but a vision of the mysterious in life and nature as emanations of God's creative force. In some ways his religious faith makes him an anti-Romantic; in their absolute belief in the sacredness of the poetic imagination, he perceives the danger of succumbing to the demonic forces of absolute subjectivism. Thus, in his work, the alluringly beautiful often masks a world of destruction  and death, as in the voluptuous Venus of our *Märchennovelle* (1819). In his most enduringly popular prose work, "Aus dem Leben eines Taugenichts," the series of wonderful coincidences that lead the naive principal character to the fulfillment of his desires are eventually demystified and given perfectly rational, and equally wonderful, explanation. Rather than follow the call of the demonic forces that tempt the soul, Eichendorff urges us to recognize the joy that in imminent in life and nature.

Das Marmorbild

ES WAR EIN SCHÖNER Sommerabend, als Florio, ein junger Edelmann, langsam auf die Tore von Lucca[1] zuritt, sich erfreuend an dem feinen Dufte, der über der wunderschönen Landschaft und den Türmen und Dächern der Stadt vor ihm zitterte, sowie an den bunten Zügen zierlicher Damen und Her-
5   ren, welche sich zu beiden Seiten der Straße unter den hohen Kastanienalleen fröhlichschwärmend ergingen[2].

---

[1]The Italian city of Lucca, a famous spa, lies north of Pisa in Tuscany.   [2]'were strolling'

Da gesellte sich, auf zierlichem Zelter[1], desselben Weges ziehend, ein anderer Reiter in bunter Tracht, eine goldene Kette um den Hals und ein samtnes Barett mit Federn über den dunkelbraunen Locken, freundlich grüßend zu ihm. Beide hatten, so nebeneinander in den dunkelnden Abend hineinreitend, gar bald ein
5 Gespräch angeknüpft, und dem jungen Florio dünkte die schlanke Gestalt des Fremden, sein frisches, keckes Wesen, ja selbst seine fröhliche Stimme so überaus anmutig, daß er gar nicht von demselben wegsehen konnte.

„Welches Geschäft führt Euch nach Lucca?" fragte endlich der Fremde. „Ich habe eigentlich gar keine Geschäfte", antwortete Florio ein wenig schüchtern. „Gar
10 keine Geschäfte? — Nun, so seid Ihr sicherlich ein Poet!" versetzte jener lustig lachend. „Das wohl eben nicht", erwiderte Florio und wurde über und über rot. „Ich habe mich wohl zuweilen in der fröhlichen Sangeskunst versucht, aber wenn ich dann wieder die alten großen Meister las, wie da alles wirklich da ist und leibt und lebt, was ich mir manchmal heimlich nur wünschte und ahnete, da komm ich
15 mir vor wie ein schwaches vom Winde verwehtes Lerchenstimmlein unter dem unermeßlichen Himmelsdom." — „Jeder lobt Gott auf seine Weise", sagte der Fremde, „und alle Stimmen zusammen machen den Frühling." Dabei ruhten seine großen, geistreichen[2] Augen mit sichtbarem Wohlgefallen auf dem schönen Jünglinge, der so unschuldig in die dämmernde Welt vor sich hinaussah.
20 „Ich habe jetzt", fuhr dieser nun kühner und vertraulicher fort, „das Reisen erwählt, und befinde mich wie aus einem Gefängnis erlöst, alle alten Wünsche und Freuden sind nun auf einmal in Freiheit gesetzt. Auf dem Lande in der Stille aufgewachsen, wie lange habe ich da die fernen blauen Berge sehnsüchtig betrachtet, wenn der Frühling wie ein zauberischer Spielmann durch unsern Garten ging und
25 von der wunderschönen Ferne verlockend sang und von großer, unermeßlicher Lust." — Der Fremde war über die letzten Worte in tiefe Gedanken versunken. „Habt Ihr wohl jemals", sagte er zerstreut aber sehr ernsthaft, „von dem wunderbaren Spielmann gehört, der durch seine Töne die Jugend in einen Zauberberg hinein verlockt, aus dem keiner wieder zurückgekehrt ist? Hütet Euch!" —
30 Florio wußte nicht, was er aus diesen Worten des Fremden machen sollte, konnte ihn auch weiter darum nicht befragen; denn sie waren soeben, statt zu dem Tore, unvermerkt dem Zuge der Spaziergänger folgend, an einen weiten, grünen Platz gekommen, auf dem sich ein fröhlichschallendes[3] Reich von Musik, bunten Zelten, Reitern und Spazierengehenden in den letzten Abendgluten schimmernd
35 hin und her bewegte.

„Hier ist gut wohnen", sagte der Fremde lustig, sich vom Zelter schwingend; „auf baldiges Wiedersehn!" und hiermit war er schnell in dem Gewühle verschwunden.

---

[1]'palfrey' (gentle saddle-horse)   [2]'intelligent'   [3]'joyfully noisy'

Florio stand in freudigem Erstaunen einen Augenblick still vor der unerwarteten Aussicht. Dann folgte auch er dem Beispiele seines Begleiters, übergab das Pferd seinem Diener und mischte sich in den muntern Schwarm. Versteckte Musikchöre erschallten da von allen Seiten aus den blühenden Ge-
5 büschen, unter den hohen Bäumen wandelten sittige Frauen auf und nieder, und ließen die schönen Augen musternd ergehen über die glänzende Wiese, lachend und plaudernd und mit den bunten Federn nickend im lauen Abendgolde wie ein Blumenbeet, das sich im Winde wiegt. Weiterhin auf einem heiter-grünen Plan vergnügten sich mehrere Mädchen mit Ballspielen. Die buntgefiederten[1] Bälle
10 flatterten wie Schmetterlinge, glänzende Bogen hin und her beschreibend, durch die blaue Luft, während die unten im Grünen auf und nieder schwebenden Mädchenbilder den lieblichsten Anblick gewährten. Besonders zog die eine durch ihre zierliche, fast noch kindliche Gestalt und die Anmut aller ihrer Bewegungen Florios Augen auf sich. Sie hatte einen vollen, bunten Blumenkranz in den Haaren
15 und war recht wie ein fröhliches Bild des Frühlings anzuschauen, wie sie so überaus frisch bald über den Rasen dahinflog, bald sich neigte, bald wieder mit ihren anmutigen Gliedern in die heitere Luft hinauflangte. Durch ein Versehen ihrer Gegnerin nahm ihr Federball eine falsche Richtung und flatterte gerade vor Florio nieder. Er hob ihn auf und überreichte ihn der nacheilenden Bekränzten.
20 Sie stand fast wie erschrocken vor ihm und sah ihn schweigend aus den schönen großen Augen an. Dann verneigte sie sich errötend und eilte schnell wieder zu ihren Gespielinnen zurück.

Der größere, funkelnde Strom von Wagen und Reitern, der sich in der Hauptallee langsam und prächtig fortbewegte, wendete indes auch Florio von jenem rei-
25 zenden Spiele wieder ab, und er schweifte wohl eine Stunde lang allein zwischen den ewig wechselnden Bildern umher.

„Da ist der Sänger Fortunato!" hörte er da auf einmal mehrere Frauen und Ritter neben sich ausrufen. Er sah sich schnell nach dem Platze um, wohin sie wiesen, und erblickte zu seinem großen Erstaunen den anmutigen Fremden, der ihn
30 vorhin hieherbegleitet. Abseits auf der Wiese an einen Baum gelehnt, stand er soeben inmitten eines zierlichen Kranzes von Frauen und Rittern, welche seinem Gesange zuhörten, der zuweilen von einigen Stimmen aus dem Kreise holdselig[2] erwidert wurde. Unter ihnen bemerkte Florio auch die schöne Ballspielerin wieder, die in stiller Freudigkeit mit weiten offenen Augen in die Klänge vor sich hinaussah.
35 Ordentlich erschrocken gedachte da Florio, wie er vorhin mit dem berühmten Sänger, den er lange dem Rufe nach verehrte, so vertraulich geplaudert, und blieb scheu in einiger Entfernung stehen, um den lieblichen Wettstreit[3] mit zu vernehmen. Er hätte gern die ganze Nacht hindurch dort gestanden, so ermutigend flo-

---

[1]'brightly feathered' (the girls are playing badminton) [2]'charmingly' [3]'contest' (between the singer and audience)

gen diese Töne ihn an, und er ärgerte sich recht, als Fortunato nun so bald endigte, und die ganze Gesellschaft sich von dem Rasen erhob.

Da gewahrte der Sänger den Jüngling in der Ferne und kam sogleich auf ihn zu. Freundlich faßte er ihn bei beiden Händen und führte den Blöden[1], ungeachtet
5 aller Gegenreden, wie einen lieblichen Gefangenen nach dem nah gelegenen offenen Zelte, wo sich die Gesellschaft nun versammelte und ein fröhliches Nachtmahl bereitet hatte. Alle begrüßten ihn wie alte Bekannte, manche schöne Augen ruhten in freudigem Erstaunen auf der jungen, blühenden Gestalt.

Nach mancherlei lustigem Gespräch lagerten sich bald alle um den runden
10 Tisch, der in der Mitte des Zeltes stand. Erquickliche Früchte und Wein in hellgeschliffenen Gläsern funkelte von dem blendend weißen Gedeck[2], in silbernen Gefäßen dufteten große Blumensträuße, zwischen denen die hübschen Mädchengesichter anmutig hervorsahen; draußen spielten die letzten Abendlichter golden auf dem Rasen und dem Flusse, der spiegelglatt vor dem Zelte dahinglitt. Florio
15 hatte sich fast unwillkürlich zu der niedlichen Ballspielerin gesellt. Sie erkannte ihn sogleich wieder und saß still und schüchtern da, aber die langen furchtsamen Augenwimpern hüteten nur schlecht die dunkelglühenden Blicke.

Es war ausgemacht worden, daß jeder in die Runde seinem Liebchen mit einem kleinen improvisierten Liedchen zutrinken solle. Der leichte Gesang, der
20 nur gaukelnd wie ein Frühlingswind die Oberfläche des Lebens berührte, ohne es in sich selbst zu versenken, bewegte fröhlich den Kranz heiterer Bilder um die Tafel. Florio war recht innerlichst vergnügt, alle blöde Bangigkeit war von seiner Seele genommen, und er sah fast träumerisch still vor fröhlichen Gedanken zwischen den Lichtern und Blumen in die wunderschöne, langsam in die Abendgluten
25 versinkende Landschaft vor sich hinaus. Und als nun auch an ihn die Reihe kam, seinen Trinkspruch zu sagen, hob er sein Glas in die Höh und sang:

„Jeder nennet froh die Seine,
Ich nur stehe hier alleine,
Denn was früge[3] wohl die Eine:
30 Wen der Fremdling eben meine?
Und so muß ich, wie im Strome dort die Welle,
Ungehört verrauschen an des Frühlings Schwelle."

Seine schöne Nachbarin sah bei diesen Worten beinah schelmisch an ihm herauf und senkte schnell wieder das Köpfchen, da sie seinem Blicke begegnete.
35 Aber er hatte so herzlich bewegt gesungen und neigte sich nun mit den schönen bittenden Augen so dringend herüber, daß sie es willig geschehen ließ, als er sie schnell auf die roten, heißen Lippen küßte. — „Bravo, bravo!" riefen mehrere Herren, ein mutwilliges aber argloses Lachen erschallte um den Tisch. — Florio

---

[1] 'shy one' [2] 'tablecloth' [3] subjunctive of *fragen* 'would ask'

stürzte hastig und verwirrt sein Glas hinunter, die schöne Geküßte schauete hoch-
rot in den Schoß und sah so unter dem vollen Blumenkranze unbeschreiblich reizend aus.

    So hatte ein jeder der Glücklichen sein Liebchen in dem Kreise sich heiter
5 erkoren. Nur Fortunato allein gehörte allen oder keiner an und erschien fast einsam in dieser anmutigen Verwirrung. Er war ausgelassen lustig und mancher hätte
ihn wohl übermütig genannt, wie er so wildwechselnd in Witz, Ernst und Scherz
sich ganz und gar losließ, hätte er dabei nicht wieder mit so fromm-klaren Augen
beinah wunderbar dreingeschaut. Florio hatte sich fest vorgenommen, ihm über
10 Tische einmal so recht seine Liebe und Ehrfurcht, die er längst für ihn hegte, zu
sagen. Aber es wollte heute nicht gelingen, alle leisen Versuche glitten an der sprö-
den[1] Lustigkeit des Sängers ab. Er konnte ihn gar nicht begreifen. —

    Draußen war indes die Gegend schon stiller geworden und feierlich, einzelne
Sterne traten zwischen den Wipfeln der dunkelnden Bäume hervor, der Fluß
15 rauschte stärker durch die erquickende Kühle. Da war auch zuletzt an Fortunato
die Reihe zu singen gekommen. Er sprang rasch auf, griff in seine Gitarre und
sang:

        „Was klingt mir so heiter
        Durch Busen und Sinn?
20   Zu Wolken und weiter
        Wo trägt es mich hin?

        Wie auf Bergen hoch bin ich
        So einsam gestellt
        Und grüße herzinnig,
25   Was schön auf der Welt.

        Ja, Bacchus, dich seh ich,
        Wie göttlich bist du!
        Dein Glühen versteh ich,
30   Die träumende Ruh.

        O rosenbekränztes
        Jünglingsbild,
        Dein Auge wie glänzt es,
        Die Flammen so mild!

35   Ist's Liebe, ist's Andacht,
        Was so dich beglückt?
        Rings Frühling dich anlacht,
        Du sinnest entzückt. —

[1]'brittle,' 'coy'

Frau Venus, du Frohe,
So klingend und weich,
In Morgenrots Lohe
Erblick ich dein Reich

5   Auf sonnigen Hügeln
Wie ein Zauberring. —
Zart' Bübchen mit Flügeln
Bedienen dich flink,

Durchsäuseln die Räume
10   Und laden, was fein,
Als goldene Träume
Zur Königin ein.

Und Ritter und Frauen
Im grünen Revier
15   Durchschwärmen die Auen
Wie Blumen zur Zier.

Und jeglicher hegt sich
Sein Liebchen im Arm,
So wirrt und bewegt sich
20   Der selige Schwarm." —

Hier änderte er plötzlich Weise[1] und Ton und fuhr fort:

„Die Klänge verrinnen,
Es bleichet das Grün,
Die Frauen stehn sinnend,
25   Die Ritter schaun kühn

Und himmlisches Sehnen
Geht singend durchs Blau,
Da schimmert von Tränen
Rings Garten und Au. —

30   Und mitten im Feste
Erblick ich, wie mild!
Den stillsten der Gäste. —
Woher, einsam Bild?

Mit blühendem Mohne,
35   Der träumerisch glänzt,

---

[1]=Melodie

Und Lilienkrone
Erscheint er bekränzt.

Sein Mund schwillt zum Küssen
So lieblich und bleich,
5 Als brächt er ein Grüßen
Aus himmlischem Reich.

Eine Fackel wohl trägt er,
Die wunderbar prangt.
‚Wo ist einer‘, frägt er,
10 ‚Den heimwärts verlangt?‘

Und manchmal da drehet
Die Fackel er um —
Tiefschauend vergehet
Die Welt und wird stumm.

15 Und was hier versunken
Als Blumen zum Spiel,
Siehst oben du funkeln
Als Sterne nun kühl. —

O Jüngling vom Himmel,
20 Wie bist du so schön!
Ich laß das Gewimmel,
Mit dir will ich gehn!

Was will ich noch hoffen?
Hinauf, ach hinauf!
25 Der Himmel ist offen,
Nimm, Vater, mich auf!"

Fortunato war still und alle die übrigen auch, denn wirklich draußen waren
nun die Klänge verronnen und die Musik, das Gewimmel und alle die gaukelnde
Zauberei nach und nach verhallend untergegangen vor dem unermeßlichen Ster-
30 nenhimmel und dem gewaltigen Nachtgesange der Ströme und Wälder. Da trat
ein hoher, schlanker Ritter in reichem Geschmeide, das grünlichgoldene Scheine
zwischen die im Winde flackernden Lichter warf, in das Zelt herein. Sein Blick aus
tiefen Augenhöhlen war irre flammend, das Gesicht schön, aber blaß und wüst[1].
Alle dachten bei seinem plötzlichen Erscheinen unwillkürlich schaudernd an den
35 stillen Gast in Fortunatos Liede. — Er aber begab sich nach einer flüchtigen Ver-

---

[1] 'wild,' 'depraved'

beugung gegen die Gesellschaft zu dem Büfett des Zeltwirtes[1] und schlürfte hastig
dunkelroten Wein mit den bleichen Lippen in langen Zügen hinunter.

    Florio fuhr ordentlich zusammen, als der Seltsame sich darauf vor allen andern
zu ihm wandte und ihn als einen früheren Bekannten in Lucca willkommen hieß.
5 Erstaunt und nachsinnend betrachtete er ihn von oben bis unten, denn er wußte
sich durchaus nicht zu erinnern, ihn jemals gesehn zu haben. Doch war der Ritter
ausnehmend beredt und sprach viel über mancherlei Begebenheiten aus Florios
früheren Tagen. Auch war er so genau bekannt mit der Gegend seiner Heimat,
dem Garten und jedem heimischen Platz, der Florio herzlich lieb war aus alter
10 Zeit, daß sich derselbe bald mit der dunkeln Gestalt auszusöhnen anfing.

    In die übrige Gesellschaft indes schien Donati, so nannte sich der Ritter, nir-
gends hineinzupassen. Eine ängstliche Störung, deren Grund sich niemand anzugeben wußte, wurde überall sichtbar. Und da unterdes auch die Nacht nun völlig
hereingekommen war, so brachen bald alle auf.

15   Es begann nun ein wunderliches Gewimmel von Wagen, Pferden, Dienern
und hohen Windlichtern, die seltsame Scheine auf das nahe Wasser, zwischen die
Bäume und die schönen wirrenden Gestalten umherwarfen. Donati erschien in der
wilden Beleuchtung noch viel bleicher und schauerlicher, als vorher. Das schöne
Fräulein mit dem Blumenkranze hatte ihn beständig mit heimlicher Furcht von
20 der Seite angesehen. Nun, da er gar auf sie zukam, um ihr mit ritterlicher Artigkeit
auf den Zelter zu helfen, drängte sie sich scheu an den zurückstehenden Florio, der
die Liebliche mit klopfendem Herzen in den Sattel hob. Alles war unterdes reisefertig, sie nickte ihm noch einmal von ihrem zierlichen Sitze freundlich zu, und
bald war die ganze schimmernde Erscheinung in der Nacht verschwunden.

25   Es war Florio recht sonderbar zumute, als er sich plötzlich so allein mit
Donati und dem Sänger auf dem weiten leeren Platze befand. Seine Gitarre im
Arme ging der letztere am Ufer des Flusses vor dem Zelte auf und nieder und
schien auf neue Weisen zu sinnen, während er einzelne Töne griff, die beschwichtigend über die stille Wiese dahinzogen. Dann brach er plötzlich ab. Ein seltsamer
30 Mißmut schien über seine sonst immer klaren Züge zu fliegen, er verlangte ungeduldig fort.

    Alle drei bestiegen daher nun auch ihre Pferde und zogen miteinander der
nahen Stadt zu. Fortunato sprach kein Wort unterwegs, desto freundlicher ergoß
sich[2] Donati in wohlgesetzten zierlichen Reden; Florio, noch im Nachklange der
35 Lust[3], ritt still wie ein träumendes Mädchen zwischen beiden.

    Als sie ans Tor kamen, stellte sich Donatis Roß, das schon vorher vor man-
chem Vorübergehenden gescheuet, plötzlich fast gerade in die Höh und wollte
nicht hinein. Ein funkelnder Zornesblitz fuhr, fast verzerrend, über das Gesicht
des Reiters, und ein wilder, nur halb ausgesprochener Fluch aus den zuckenden

---

[1]'tent proprietor' [2]'spoke fluently' [3]*noch ... Lust* 'still under the effect of the festivities'

Lippen, worüber Florio nicht wenig erstaunte, da ihm solches Wesen zu der sonstigen feinen und besonnenen Anständigkeit des Ritters ganz und gar nicht zu passen schien. Doch faßte sich dieser bald wieder. „Ich wollte Euch bis in die Herberge begleiten", sagte er lächelnd und mit der gewohnten Zierlichkeit zu Florio
5 gewendet, „aber mein Pferd will es anders, wie Ihr seht. Ich bewohne hier vor der Stadt ein Landhaus, wo ich Euch recht bald bei mir zu sehen hoffe." — Und hiermit verneigte er sich, und das Pferd, in unbegreiflicher Hast und Angst kaum mehr zu halten, flog pfeilschnell mit ihm in die Dunkelheit fort, daß der Wind hinter ihm dreinpfiff.
10 „Gott sei Dank", rief Fortunato aus, „daß ihn die Nacht wieder verschlungen hat! Kam er mir doch wahrhaftig vor, wie einer von den falben, ungestalten Nachtschmetterlingen, die wie aus einem phantastischen Traume entflogen, durch die Dämmerung schwirren, und mit ihrem langen Katzenbarte und gräßlich großen Augen ordentlich ein Gesicht haben wollen[1]." Florio, der sich mit Donati schon
15 ziemlich befreundet hatte, äußerte seine Verwunderung über dieses harte Urteil. Aber der Sänger, durch solche erstaunliche Sanftmut nur immer mehr gereizt, schimpfte lustig fort und nannte den Ritter, zu Florios heimlichem Ärger, einen Mondscheinjäger, einen Schmachthahn[2], einen Renommisten in der Melancholie.
Unter solcherlei Gesprächen waren sie endlich bei der Herberge angelangt,
20 und jeder begab sich bald in das ihm angewiesene Gemach.
Florio warf sich angekleidet auf das Ruhebett hin, aber er konnte lange nicht einschlafen. In seiner von den Bildern des Tages aufgeregten Seele wogte und hallte und sang es noch immer fort. Und wie die Türen im Hause nun immer seltener auf und zu gingen, nur manchmal noch eine Stimme erschallte, bis endlich Haus,
25 Stadt und Feld in tiefe Stille versank: da war es ihm, als führe er mit schwanenweißen Segeln einsam auf einem mondbeglänzten Meer. Leise schlugen die Wellen an das Schiff, Sirenen tauchten aus dem Wasser, die alle aussahen, wie das schöne Mädchen mit dem Blumenkranze vom vorigen Abend. Sie sang so wunderbar, traurig und ohne Ende, als müsse er vor Wehmut untergehn. Das Schiff neigte
30 sich unmerklich und sank langsam immer tiefer und tiefer. — Da wachte er erschrocken auf.
Er sprang von seinem Bett und öffnete das Fenster. Das Haus lag am Ausgange der Stadt, er übersah einen weiten stillen Kreis von Hügeln, Gärten und Tälern, vom Monde klar beschienen. Auch da draußen war es überall in den Bäu-
5 men und Strömen noch wie im Verhallen und Nachhallen der vergangenen Lust, als sänge die ganze Gegend leise, gleich den Sirenen, die er im Schlummer gehört. Da konnte er der Versuchung nicht widerstehen. Er ergriff die Gitarre, die Fortunato bei ihm zurückgelassen, verließ das Zimmer und ging leise durch das ruhige Haus hinab. Die Tür unten war nur angelehnt, ein Diener lag eingeschlafen auf der

---

[1]*ordentlich ... wollen* 'fairly seem to have a face'   [2]'a listless, languorous fellow'

Schwelle. So kam er unbemerkt ins Freie und wandelte fröhlich zwischen Wein-
gärten durch leere Alleen an schlummernden Hütten vorüber immer weiter fort.
Zwischen den Rebengeländern[1] hinaus sah er den Fluß im Tale; viele weiß-
glänzende Schlösser, hin und wieder zerstreut, ruhten wie eingeschlafne Schwäne
5 unten in dem Meer von Stille. Da sang er mit fröhlicher Stimme:

„Wie kühl schweift sich's bei nächt'ger Stunde,
Die Zither treulich in der Hand!
Vom Hügel grüß ich in die Runde
Den Himmel und das stille Land.

10 Wie ist da alles so verwandelt,
Wo ich so fröhlich war, im Tal.
Im Wald wie still, der Mond nur wandelt
Nun durch den hohen Buchensaal.

Der Winzer Jauchzen[2] ist verklungen
15 Und all der bunte Lebenslauf,
Die Ströme nur, im Tal geschlungen,
Sie blicken manchmal silbern auf[3].

Und Nachtigallen wie aus Träumen
Erwachen oft mit süßem Schall,
20 Erinnernd[4] rührt sich in den Bäumen
Ein heimlich Flüstern überall. —

Die Freude kann nicht gleich verklingen,
Und von des Tages Glanz und Lust
Ist so auch mir ein heimlich Singen
25 Geblieben in der tiefsten Brust.

Und fröhlich greif ich in die Saiten,
O Mädchen, jenseits überm Fluß,
Du lauschest wohl und hörst's von weiten
Und kennst den Sänger an dem Gruß!"

30 Er mußte über sich selber lachen, da er am Ende nicht wußte, wem er das
Ständchen brachte. Denn die reizende Kleine mit dem Blumenkranze war es lange
nicht mehr, die er eigentlich meinte. Die Musik bei den Zelten, der Traum auf
seinem Zimmer und sein[5] die Klänge und den Traum und die zierliche Erscheinung des Mädchens nachträumendes Herz hatte ihr Bild unmerklich und wunder-

---

[1]'grapevine supports'   [2]'shouts of the vintners'   [3]*blicken silbern auf* 'look up with a
silvery glance'   [4]*Erinnernd ... überall* 'Everywhere in the trees a secret whispering
rustles   [5]*sein* goes with *Herz*

sam verwandelt in ein viel schöneres, größeres und herrlicheres, wie er es noch nirgend gesehen.

So in Gedanken schritt er noch lange fort, als er unerwartet bei einem großen, von hohen Bäumen rings umgebenen Weiher anlangte. Der Mond, der eben über 5 die Wipfel trat, beleuchtete scharf ein marmornes Venusbild[1], das dort dicht am Ufer auf einem Steine stand, als wäre die Göttin soeben erst aus den Wellen aufgetaucht, und betrachte nun, selber verzaubert, das Bild[2] der eigenen Schönheit, das der trunkene Wasserspiegel zwischen den leise aus dem Grunde aufblühenden Sternen widerstrahlte. Einige Schwäne beschrieben still ihre einförmigen Kreise 10 um das Bild, ein leises Rauschen ging durch die Bäume ringsumher.

Florio stand wie eingewurzelt im Schauen, denn ihm kam jenes Bild wie eine langgesuchte, nun plötzlich erkannte Geliebte vor, wie eine Wunderblume, aus der Frühlingsdämmerung und träumerischen Stille seiner frühesten Jugend herauf gewachsen. Je länger er hinsah, je mehr schien es ihm, als schlüge es die seelenvol-15 len Augen langsam auf, als wollten sich die Lippen bewegen zum Gruße, als blühe Leben wie ein lieblicher Gesang erwärmend durch die schönen Glieder herauf. Er hielt die Augen lange geschlossen vor Blendung, Wehmut und Entzücken. —

Als er wieder aufblickte, schien auf einmal alles wie verwandelt. Der Mond sah seltsam zwischen Wolken hervor, ein stärkerer Wind kräuselte den Weiher in 20 trübe Wellen, das Venusbild, so fürchterlich weiß und regungslos, sah ihn fast schreckhaft mit den steinernen Augenhöhlen aus der grenzenlosen Stille an. Ein nie gefühltes Grausen überfiel da den Jüngling. Er verließ schnell den Ort, und immer schneller und ohne auszuruhen eilte er durch die Gärten und Weinberge wieder fort, der ruhigen Stadt zu; denn auch das Rauschen der Bäume kam ihm nun 25 wie ein verständiges, vernehmliches Geflüster vor, und die langen gespenstischen Pappeln schienen mit ihren weitgestreckten Schatten hinter ihm dreinzulangen.

So kam er sichtbar verstört in der Herberge an. Da lag der Schlafende noch auf der Schwelle und fuhr erschrocken auf, als Florio an ihm vorüberstreifte. Florio aber schlug schnell die Tür hinter sich zu und atmete erst tief auf, als er oben sein 30 Zimmer betrat. Hier ging er noch lange auf und nieder, ehe er sich beruhigte. Dann warf er sich aufs Bett und schlummerte endlich unter den seltsamsten Träumen ein.

Am folgenden Morgen saßen Florio und Fortunato unter den hohen von der 35 Morgensonne durchfunkelten Bäumen vor der Herberge miteinander beim Frühstück. Florio sah[3] blässer, als gewöhnlich, und angenehm überwacht aus. — „Der Morgen", sagte Fortunato lustig, „ist ein recht kerngesunder, wildschöner Gesell, wie er so von den höchsten Bergen in die schlafende Welt hinunterjauchzt und von den Blumen und Bäumen die Tränen schüttelt und wogt und lärmt und singt. Der

---

[1]'statue of Venus'   [2]'image,' 'reflection'   [3]'looked'

macht eben nicht sonderlich viel aus den sanften Empfindungen, sondern greift
kühl an alle Glieder und lacht einem ins lange Gesicht, wenn man so preßhaft[1] und
noch ganz wie in Mondschein getaucht vor ihn hinaustritt." — Florio schämte sich
nun, dem Sänger, wie er sich anfangs vorgenommen[2], etwas von dem schönen Ve-
5 nusbilde zu sagen, und schwieg betreten[3] still. Sein Spaziergang in der Nacht war
aber von dem Diener an der Haustür bemerkt und wahrscheinlich verraten worden,
und Fortunato fuhr lachend fort: „Nun, wenn Ihr's nicht glaubt, versucht es nur
einmal und stellt Euch jetzt hier her und sagt zum Exempel: ‚O schöne, holde
Seele, o Mondschein, du Blütenstaub zärtlicher Herzen' usw., ob das nicht recht
10 zum Lachen wäre! Und doch wette ich, habt Ihr diese Nacht dergleichen oft gesagt
und gewiß ordentlich ernsthaft dabei ausgesehen. —"
    Florio hatte sich Fortunato ehedem immer so still und sanftmütig vorgestellt,
nun verwundete ihn recht innerlichst die kecke Lustigkeit des geliebten Sängers.
Er sagte hastig, und die Tränen traten ihm dabei in die seelenvollen Augen „Ihr
15 sprecht da sicherlich anders, als Euch selber zumute ist, und das solltet Ihr nimmermehr tun. Aber ich lasse mich von Euch nicht irremachen, es gibt noch sanfte
und hohe Empfindungen, die wohl schamhaft[4] sind, aber sich nicht zu schämen
brauchen, und ein stilles Glück, das sich vor dem lauten Tage verschließt und nur
dem Sternenhimmel den heiligen Kelch öffnet wie eine Blume, in der ein Engel
20 wohnt." Fortunato sah den Jüngling verwundert an, dann rief er aus: „Nun wahrhaftig, Ihr seid recht ordentlich verliebt!"
    Man hatte unterdes Fortunato, der spazierenreiten wollte, sein Pferd vorge-
führt. Freundlich streichelte er den gebogenen Hals des zierlich aufgeputzten Röß-
leins, das mit fröhlicher Ungeduld den Rasen stampfte. Dann wandte er sich noch
25 einmal zu Florio und reichte ihm gutmütig lächelnd die Hand. „Ihr tut mir doch
leid", sagte er, „es gibt gar zu viele sanfte, gute, besonders verliebte junge Leute,
die ordentlich versessen[5] sind auf Unglücklichsein. Laßt das, die Melancholie, den
Mondschein und alle den Plunder; und geht's auch manchmal wirklich schlimm,
nur frisch heraus in Gottes freien Morgen und da draußen sich recht abgeschüttelt,
30 im Gebet aus Herzensgrund — und es müßte wahrlich mit dem Bösen zugehen,
wenn Ihr nicht so recht durch und durch fröhlich und stark werdet!" — Und hiermit schwang er sich schnell auf sein Pferd und ritt zwischen den Weinbergen und
blühenden Gärten in das farbige, schallende Land hinein, selber so bunt und freudig anzuschauen, wie der Morgen vor ihm.
35   Florio sah ihm lange nach, bis die Glanzeswogen[6] über dem fernen Meer
zusammenschlugen. Dann ging er hastig unter den Bäumen auf und nieder. Ein
tiefes unbestimmtes Verlangen war von den Erscheinungen der Nacht in seiner
Seele zurückgeblieben. Dagegen hatte ihn Fortunato durch seine Reden seltsam

---

[1]'constrained' [2]*wie … vorgenommen* 'as he had originally intended' [3]'embarrassed'
[4]'shy' [5]'bound and determined' (to be unhappy) [6]'waves of light'

verstört und verwirrt. Er wußte nun selbst nicht mehr, was er wollte, gleich einem Nachtwandler, der plötzlich bei seinem Namen gerufen wird. Sinnend blieb er oftmals vor der wunderreichen Aussicht in das Land hinab stehen, als wollte er das freudig kräftige Walten[1] da draußen um Auskunft fragen. Aber der Morgen spielte
5 nur einzelne Zauberlichter wie durch die Bäume über ihm in sein träumerisch funkelndes Herz hinein, das noch in anderer Macht stand. Denn drinnen zogen die Sterne noch immerfort ihre magischen Kreise, zwischen denen das wunderschöne Marmorbild mit neuer, unwiderstehlicher Gewalt heraufsah. —

So beschloß er denn endlich, den Weiher wieder aufzusuchen, und schlug
10 rasch denselben Pfad ein, den er in der Nacht gewandelt.

Wie sah aber dort nun alles so anders aus! Fröhliche Menschen durchirrten geschäftig die Weinberge, Gärten und Alleen, Kinder spielten ruhig auf dem sonnigen Rasen vor den Hütten, die ihn in der Nacht unter den traumhaften Bäumen oft gleich eingeschlafenen Sphinxen erschreckt hatten, der Mond stand fern und
15 verblaßt am klaren Himmel, unzählige Vögel sangen lustig im Walde durcheinander. Er konnte gar nicht begreifen, wie ihn damals hier so seltsame Furcht überfallen konnte.

Bald bemerkte er indes, daß er in Gedanken[2] den rechten Weg verfehlt. Er betrachtete aufmerksam alle Plätze und ging zweifelhaft bald zurück, bald wieder
20 vorwärts; aber vergeblich; je emsiger er suchte, je unbekannter und ganz anders kam ihm alles vor.

Lange war er so umhergeirrt. Die Vögel schwiegen schon, der Kreis der Hügel wurde nach und nach immer stiller, die Strahlen der Mittagssonne schillerten segnend über der ganzen Gegend draußen, die wie unter einem Schleier von Schwüle
25 zu schlummern und zu träumen schien. Da kam er unerwartet an ein Tor von Eisengittern, zwischen dessen zierlich vergoldeten Stäben hindurch man in einen weiten prächtigen Lustgarten hineinsehen konnte. Ein Strom von Kühle und Duft wehte den Ermüdeten erquickend daraus an. Das Tor war nicht verschlossen, er öffnete es leise und trat hinein.

30 Hohe Buchenhallen empfingen ihn da mit ihren feierlichen Schatten, zwischen denen goldene Vögel wie abgewehte Blüten hin und wieder flatterten, während große seltsame Blumen, wie sie Florio niemals gesehen, traumhaft mit ihren gelben und roten Glocken in dem leisen Winde hin und her schwankten. Unzählige Springbrunnen plätscherten, mit vergoldeten Kugeln spielend, einförmig in
35 der großen Einsamkeit. Zwischen den Bäumen hindurch sah man in der Ferne einen prächtigen Palast mit hohen schlanken Säulen hereinschimmern. Kein Mensch war ringsum zu sehen, tiefe Stille herrschte überall. Nur hin und wieder erwachte manchmal eine Nachtigall und sang wie im Schlummer fast schluchzend. Florio betrachtete verwundert Bäume, Brunnen und Blumen, denn es war ihm, als

---

[1]'prevailing power' [2]'lost in thought'

sei das alles lange versunken, und über ihm ginge der Strom der Tage mit leichten, klaren Wellen, und unten läge nur der Garten gebunden und verzaubert und träumte von dem vergangenen Leben.

Er war noch nicht weit vorgedrungen, als er Lautenklänge[1] vernahm, bald
5 stärker, bald wieder in dem Rauschen der Springbrunnen leise verhallend. Lauschend blieb er stehen, die Töne kamen immer näher und näher, da trat plötzlich in dem stillen Bogengange[2] eine hohe schlanke Dame von wundersamer Schönheit zwischen den Bäumen hervor, langsam wandelnd und ohne aufzublicken. Sie trug eine prächtige mit goldnem Bildwerk gezierte Laute im Arm, auf der sie, wie in
10 tiefe Gedanken versunken, einzelne Akkorde griff. Ihr langes goldenes Haar fiel in reichen Locken über die fast blassen, blendend weißen Achseln bis auf den Rükken hinab; die langen weiten Ärmel, wie vom Blütenschnee[3] gewoben, wurden von zierlichen goldenen Spangen gehalten; den schönen Leib umschloß ein himmelblaues Gewand, ringsum an den Enden mit buntglühenden, wunderbar ineinander
15 verschlungenen Blumen gestickt. Ein heller Sonnenblick durch eine Öffnung des Bogenganges schweifte soeben scharf beleuchtend über die blühende Gestalt. Florio fuhr innerlich zusammen — es waren unverkennbar die Züge, die Gestalt des schönen Venusbildes, das er heute Nacht am Weiher gesehen. — Sie aber sang, ohne den Fremden zu bemerken:

20   „Was weckst du, Frühling, mich von neuem wieder?
      Daß all die alten Wünsche auferstehen,
      Geht übers Land ein wunderbares Wehen;
      Das schauert mir so lieblich durch die Glieder.

      Die schöne Mutter grüßen tausend Lieder,
25   Die, wieder jung, im Brautkranz süß zu sehen;
      Der Wald will sprechen, rauschend Ströme gehen,
      Najaden[4] tauchen singend auf und nieder.

      Die Rose seh ich gehn aus grüner Klause,
      Und, wie so buhlerisch die Lüfte fächeln,
30   Errötend in die laue Luft sich dehnen.

      So mich auch ruft ihr[5] aus dem stillen Hause —
      Und schmerzlich nun muß ich im Frühling lächeln,
      Versinkend zwischen Duft und Klang vor Sehnen."

35   So singend wandelte sie fort, bald in dem Grünen verschwindend, bald wiedererscheinend, immer ferner und ferner, bis sie sich endlich in der Gegend des Palastes ganz verlor. Nun war es auf einmal wieder still, nur die Bäume und Was-

---

[1]'notes of a lute'   [2]'arched passage' (of trees)   [3]lit. 'petal snow'   [4]Naiads, nymphs presiding over rivers and streams (Greek mythology)   [5]=die Lüfte

serkünste[1] rauschten wie vorher. Florio stand in blühende Träume versunken, es war ihm, als hätte er die schöne Lautenspielerin schon lange gekannt und nur in der Zerstreuung des Lebens wieder vergessen und verloren, als ginge sie nun vor Wehmut zwischen dem Quellenrauschen unter und riefe ihn unaufhörlich, ihr zu

5 folgen. — Tiefbewegt eilte er weiter in den Garten hinein auf die Gegend zu, wo sie verschwunden war. Da kam er unter uralten Bäumen an ein verfallenes Mauerwerk, an dem noch hin und wieder schöne Bildereien halb kenntlich waren. Unter der Mauer auf zerschlagenen Marmorsteinen und Säulenknäufen[2], zwischen denen hohes Gras und Blumen üppig hervorschossen, lag ein schlafender Mann ausge-

10 streckt. Erstaunt erkannte Florio den Ritter Donati. Aber seine Mienen schienen im Schlafe sonderbar verändert, er sah fast wie ein Toter aus. Ein heimlicher Schauer überlief Florio bei diesem Anblick. Er rüttelte den Schlafenden heftig. Donati schlug langsam die Augen auf und sein erster Blick war so fremd, stier und wild, daß sich Florio ordentlich vor ihm entsetzte. Dabei murmelte er noch zwi-

15 schen Schlaf und Wachen einige dunkle Worte, die Florio nicht verstand. Als er sich endlich völlig ermuntert hatte, sprang er rasch auf und sah Florio, wie es schien, mit großem Erstaunen an. „Wo bin ich", rief dieser hastig, „wer ist die edle Herrin, die in diesem schönen Garten wohnt?" — „Wie seid Ihr", frug dagegen Donati sehr ernst, „in diesen Garten gekommen?" Florio erzählte kurz den Her-

20 gang, worüber der Ritter in ein tiefes Nachdenken versank. Der Jüngling wiederholte darauf dringend seine vorigen Fragen, und Donati sagte zerstreut: „Die Dame ist eine Verwandte von mir, reich und gewaltig, ihr Besitztum ist weit im Lande verbreitet — Ihr findet sie bald da, bald dort — auch in der Stadt Lucca ist sie zuweilen." — Florio fielen die flüchtig hingeworfenen Worte seltsam aufs

25 Herz, denn es wurde ihm nun immer deutlicher, was ihn vorher nur vorübergehend angeflogen[3], nämlich, daß er die Dame schon einmal in früherer Jugend irgendwo gesehen, doch konnte er sich durchaus nicht klar besinnen.

Sie waren unterdes rasch fortgehend unvermerkt an das vergoldete Gittertor des Gartens gekommen. Es war nicht dasselbe, durch welches Florio vorhin einge-

30 treten. Verwundert sah er sich in der unbekannten Gegend um; weit über die Felder weg lagen die Türme der Stadt im heitern Sonnenglanze. Am Gitter stand Donatis Pferd angebunden und scharrte schnaubend den Boden.

Schüchtern äußerte nun Florio den Wunsch, die schöne Herrin des Gartens künftig einmal wiederzusehen. Donati, der bis dahin noch immer in sich versunken

35 war, schien sich erst hier plötzlich zu besinnen. „Die Dame", sagte er mit der gewohnten umsichtigen Höflichkeit, „wird sich freuen, Euch kennenzulernen. Heute jedoch würden wir sie stören, und auch mich rufen dringende Geschäfte nach Hause. Vielleicht kann ich Euch morgen abholen." Und hierauf nahm er in wohl-

---

[1]'fountains'   [2]'heads of columns'   [3]'occurred' (to him)

gesetzten[1] Reden Abschied von dem Jüngling, bestieg sein Roß und war bald zwischen den Hügeln verschwunden.

Florio sah ihm lange nach, dann eilte er wie ein Trunkener der Stadt zu. Dort hielt die Schwüle noch alle lebendigen Wesen in den Häusern, hinter den dunkel-
5 kühlen Jalousien. Alle Gassen und Plätze waren so leer, Fortunato auch noch nicht zurückgekehrt. Dem Glücklichen wurde es hier zu enge, in trauriger Einsamkeit. Er bestieg schnell sein Pferd und ritt noch einmal ins Freie hinaus.

„Morgen, morgen!" schallte es in einem fort durch seine Seele. Ihm war so unbeschreiblich wohl. Das schöne Marmorbild war ja lebend geworden und von
10 seinem Steine in den Frühling hinuntergestiegen, der stille Weiher plötzlich verwandelt zur unermeßlichen Landschaft, die Sterne darin zu Blumen und der ganze Frühling ein Bild der Schönen. — Und so durchschweifte er lange die schönen Täler um Lucca, den prächtigen Landhäusern, Kaskaden und Grotten wechselnd vorüber, bis die Wellen des Abendrots über dem Fröhlichen zusammenschlugen.

15 Die Sterne standen schon klar am Himmel, als er langsam durch die stillen Gassen nach seiner Herberge zog. Auf einem der einsamen Plätze stand ein großes schönes Haus, vom Monde hell erleuchtet. Ein Fenster war oben geöffnet, an dem er zwischen künstlich gezogenen[2] Blumen hindurch zwei weibliche Gestalten bemerkte, die in ein lebhaftes Gespräch vertieft schienen. Mit Verwunderung hörte
20 er mehreremal deutlich seinen Namen nennen. Auch glaubte er in den einzelnen abgerissenen[3] Worten, die die Luft herüberwehte, die Stimme der wunderbaren Sängerin wiederzuerkennen. Doch konnte er vor den im Mondesglanz zitternden Blättern und Blüten nichts genau unterscheiden. Er hielt an, um mehr zu vernehmen. Da bemerkten ihn die beiden Damen, und es wurde auf einmal still droben.

25 Unbefriedigt ritt Florio weiter, aber wie er soeben um die Straßenecke bog, sah er, daß sich die eine von den Damen, noch einmal ihm nachblickend, zwischen den Blumen hinauslehnte und dann schnell das Fenster schloß.

Am folgenden Morgen, als Florio soeben seine Traumblüten abgeschüttelt und vergnügt aus dem Fenster über die in der Morgensonne funkelnden Türme
30 und Kuppeln der Stadt hinaussah, trat unerwartet der Ritter Donati in das Zimmer. Er war ganz schwarz gekleidet und sah heute ungewöhnlich verstört, hastig und beinah wild aus. Florio erschrak ordentlich vor Freude, als er ihn erblickte, denn er gedachte sogleich der schönen Frau. „Kann ich sie sehen?" rief er ihm schnell entgegen. Donati schüttelte verneinend mit dem Kopfe und sagte, traurig
35 vor sich auf den Boden hinsehend: „Heute ist Sonntag." — Dann fuhr er rasch fort, sich sogleich wieder ermannend: „Aber zur Jagd wollt ich Euch abholen." — „Zur Jagd?" — erwiderte Florio höchst verwundert, „heute am heiligen Tage?" — „Nun wahrhaftig", fiel ihm der Ritter mit einem ingrimmigen, abscheulichen Lachen ins

---

[1] 'formal'   [2] 'artfully trained'   [3] 'fragmentary'

Wort, „Ihr wollt doch nicht etwa mit der Buhlerin unterm Arm[1] zur Kirche wandern und im Winkel auf dem Fußschemel knieen und andächtig ‚Gott helf'[2] sagen, wenn die Frau Base niest." — „Ich weiß nicht, wie Ihr das meint", sagte Florio, „und Ihr mögt immer über mich lachen, aber ich könnte heut nicht jagen. Wie da
5 draußen alle Arbeit rastet, und Wälder und Felder so geschmückt aussehen zu Gottes Ehre, als zögen Engel durch das Himmelblau über sie hinweg — so still, so feierlich und gnadenreich ist diese Zeit!" — Donati stand in Gedanken am Fenster, und Florio glaubte zu bemerken, daß er heimlich schauderte, wie er so in die Sonntagsstille der Felder hinaussah.
10 Unterdes hatte sich der Glockenklang von den Türmen der Stadt erhoben und ging wie ein Beten durch die klare Luft. Da schien Donati erschrocken, er griff nach seinem Hut und drang beinah ängstlich in Florio, ihn zu begleiten, der es aber beharrlich verweigerte. „Fort, hinaus!" — rief endlich der Ritter halblaut und wie aus tiefster, geklemmter Brust herauf, drückte dem erstaunten Jüngling die
15 Hand, und stürzte aus dem Hause fort.
Florio wurde recht heimatlich zumute, als darauf der frische klare Sänger Fortunato, wie ein Bote des Friedens, zu ihm ins Zimmer trat. Er brachte eine Einladung auf morgen abend nach einem Landhause vor der Stadt. „Macht Euch nur gefaßt", setzte er hinzu, „Ihr werdet dort eine alte Bekannte treffen!" Florio
20 erschrak ordentlich und fragte hastig: „Wen?" Aber Fortunato lehnte lustig alle Erklärungen ab und entfernte sich bald. Sollte es die schöne Sängerin sein? — dachte Florio still bei sich, und sein Herz schlug heftig.
Er begab sich dann in die Kirche, aber er konnte nicht beten, er war zu fröhlich zerstreut. Müßig schlenderte er durch die Gassen. Da sah alles so rein und
25 festlich aus, schöngeputzte Herren und Damen zogen fröhlich und schimmernd nach den Kirchen. Aber, ach! die Schönste war nicht unter ihnen! — Ihm fiel dabei sein Abenteuer beim gestrigen Heimzuge ein. Er suchte die Gasse auf und fand bald das große schöne Haus wieder; aber sonderbar! die Tür war geschlossen, alle Fenster fest zu, es schien niemand darin zu wohnen.
30 Vergeblich schweifte er den ganzen folgenden Tag in der Gegend umher, um nähere Auskunft über seine unbekannte Geliebte zu erhalten, oder sie, wo möglich, gar wiederzusehen. Ihr Palast, sowie der Garten, den er in jener Mittagsstunde zufällig gefunden, war wie versunken, auch Donati ließ sich nicht erblicken. Ungeduldig schlug daher sein Herz vor Freude und Erwartung, als er endlich am Abend,
35 der Einladung zufolge, mit Fortunato, der fortwährend den Geheimnisvollen spielte, zum Tore hinaus dem Landhause zuritt.
Es war schon völlig dunkel, als sie draußen ankamen. Mitten in einem Garten, wie es schien, lag eine zierliche Villa mit schlanken Säulen, über denen sich von der Zinne ein zweiter Garten von Orangen und vielerlei Blumen duftig erhob.

---

[1]'on your arm'   [2]'Bless you!'

Große Kastanienbäume standen umher und streckten kühn und seltsam beleuchtet ihre Riesenarme zwischen den aus den Fenstern dringenden Scheinen in die Nacht hinaus. Der Herr vom Hause, ein feiner fröhlicher Mann von mittleren Jahren, den aber Florio früher jemals gesehn zu haben sich nicht erinnerte, empfing den Sänger und seinen Freund herzlich an der Schwelle des Hauses und führte sie die breiten Stufen hinan in den Saal.

Eine fröhliche Tanzmusik scholl ihnen dort entgegen, eine große Gesellschaft bewegte sich bunt und zierlich durcheinander im Glanze unzähliger Lichter, die gleich Sternenkreisen in kristallenen Leuchtern über dem lustigen Schwarme schwebten. Einige tanzten, andere ergötzten sich in lebhaftem Gespräch, viele waren maskiert und gaben unwillkürlich durch ihre wunderliche Erscheinung dem anmutigen Spiele oft plötzlich eine tiefe, fast schauerliche Bedeutung.

Florio stand noch still geblendet, selber wie ein anmutiges Bild, zwischen den schönen schweifenden Bildern. Da trat ein zierliches Mädchen an ihn heran, in griechischem Gewande leicht geschürzt[1], die schönen Haare in künstliche Kränze geflochten. Eine Larve verbarg ihr halbes Gesicht und ließ die untere Hälfte nun desto rosiger und reizender sehen. Sie verneigte sich flüchtig, überreichte ihm eine Rose und war schnell wieder in dem Schwarme verloren.

In demselben Augenblicke bemerkte er auch, daß der Herr vom Hause dicht bei ihm stand, ihn prüfend ansah, aber schnell wegblickte, als Florio sich umwandte. –

Verwundert durchstrich nun der letztere die rauschende Menge. Was er heimlich gehofft, fand er nirgends, und er machte sich beinah Vorwürfe, dem fröhlichen Fortunato so leichtsinnig auf dieses Meer von Lust gefolgt zu sein, das ihn nun immer weiter von jener einsamen hohen Gestalt zu verschlagen schien. Sorglos umspülten indes die losen Wellen, schmeichlerisch neckend den Gedankenvollen und tauschten ihm unmerklich die Gedanken aus[2]. Wohl kommt die Tanzmusik, wenn sie auch nicht unser Innerstes erschüttert und umkehrt, recht wie ein Frühling leise und gewaltig über uns, die Töne tasten zauberisch wie die ersten Sommerblicke nach der Tiefe und wecken alle die Lieder, die unten gebunden schliefen, und Quellen und Blumen und uralte Erinnerungen und das ganze eingefrorne, schwere, stockende Leben wird ein leichter klarer Strom, auf dem das Herz mit rauschenden Wimpeln[3] den lange aufgegebenen Wünschen fröhlich wieder zufährt. So hatte die allgemeine Lust auch Florio gar bald angesteckt, ihm war recht leicht zumute, als müßten sich alle Rätsel, die so schwül auf ihm lasteten, lösen.

Neugierig suchte er nun die niedliche Griechin wieder auf. Er fand sie in einem lebhaften Gespräch mit andern Masken, aber er bemerkte wohl, daß auch ihre Augen mitten im Gespräch suchend abseits schweiften und ihn schon von fern wahrgenommen hatten. Er forderte sie zum Tanze[4]. Sie verneigte sich freundlich, aber ihre

---

[1]'lightly clad' [2]*tauschten ... aus* 'caused him gradually to change his view' [3]'banners'
[4]supply *auf*

bewegliche Lebhaftigkeit schien wie gebrochen, als er ihre Hand berührte und festhielt. Sie folgte ihm still und mit gesenktem Köpfchen, man wußte nicht, ob schelmisch, oder traurig. Die Musik begann, und er konnte keinen Blick verwenden von der reizenden Gauklerin[1], die ihn gleich den Zaubergestalten auf den
5 alten fabelhaften Schildereien[2] umschwebte. „Du kennst mich", flüsterte sie kaum hörbar ihm zu, als sich einmal im Tanze ihre Lippen flüchtig beinah berührten.

Der Tanz war endlich aus, die Musik hielt plötzlich inne; da glaubte Florio seine schöne Tänzerin am anderen Ende des Saales *noch einmal* wiederzusehen. Es war dieselbe Tracht, dieselben Farben des Gewandes, derselbe Haarschmuck. Das
10 schöne Bild schien unverwandt auf ihn herzusehen und stand fortwährend still im Schwarme der nun überall zerstreuten Tänzer, wie ein heiteres Gestirn zwischen dem leichten fliegenden Gewölk bald untergeht, bald lieblich wieder erscheint. Die zierliche Griechin schien die Erscheinung nicht zu bemerken, oder doch nicht zu beachten, sondern verließ, ohne ein Wort zu sagen, mit einem leisen flüchtigen
15 Händedruck eilig ihren Tänzer.

Der Saal war unterdes ziemlich leer geworden. Alles schwärmte in den Garten hinab, um sich in der lauen Luft zu ergehen, auch jenes seltsame Doppelbild war verschwunden. Florio folgte dem Zuge und schlenderte gedankenvoll durch die hohen Bogengänge. Die vielen Lichter warfen einen zauberischen Schein zwischen
20 das zitternde Laub. Die hin und her schweifenden Masken, mit ihren veränderten grellen Stimmen und wunderbarem Aufzuge[3], nahmen sich hier in der ungewissen Beleuchtung noch viel seltsamer und fast gespenstisch aus[4].

Er war eben, unwillkürlich einen einsamen Pfad einschlagend, ein wenig von der Gesellschaft abgekommen, als er eine liebliche Stimme zwischen den Gebü-
25 schen singen hörte:

„Über die beglänzten Gipfel
Fernher kommt es wie ein Grüßen,
Flüsternd neigen sich die Wipfel,
Als ob sie sich wollten küssen.

30 Ist er[5] doch so schön und milde!
Stimmen gehen durch die Nacht,
Singen heimlich von dem Bilde —
Ach, ich bin so froh erwacht!

Plaudert nicht so laut, ihr Quellen!
35 Wissen darf es nicht der Morgen!

---

[1]'charmer' [2]*gleich ... Schildereien* 'like the magic figures on the old images of fabled creatures (that adorned the room)' [3]'costumes' [4]*nahmen aus* 'appeared' [5]Apparently *der Frühling* is meant.

In der Mondnacht linde Wellen,
Senk ich stille Glück und Sorgen." —

Florio folgte dem Gesange und kam auf einen offnen runden Rasenplatz, in dessen Mitte ein Springbrunnen lustig mit den Funken des Mondlichts spielte. Die
5 Griechin saß, wie eine schöne Najade, auf dem steinernen Becken. Sie hatte die Larve abgenommen und spielte gedankenvoll mit einer Rose in dem schimmernden Wasserspiegel. Schmeichlerisch schweifte der Mondschein über den blendend weißen Nacken auf und nieder, ihr Gesicht konnte er nicht sehen, denn sie hatte ihm den Rücken zugekehrt. — Als sie die Zweige hinter sich rauschen hörte,
10 sprang das schöne Bildchen rasch auf, steckte die Larve vor und floh, schnell wie ein aufgescheuchtes Reh, wieder zur Gesellschaft zurück.

Florio mischte sich nun auch wieder in die bunten Reihen der Spaziergehenden. Manch zierliches Liebeswort schallte da leise durch die laue Luft, der Mondschein hatte mit seinen unsichtbaren Fäden alle die Bilder wie in ein goldnes Liebesnetz
15 verstrickt, in das nur die Masken mit ihren ungeselligen Parodien[1] manche komische Lücke gerissen[2]. Besonders hatte Fortunato sich diesen Abend mehreremal verkleidet und trieb fortwährend seltsam wechselnd sinnreichen Spuk, immer neu und unerkannt, und oft sich selber überraschend durch die Kühnheit und tiefe Bedeutsamkeit seines Spieles, so daß er manchmal plötzlich still wurde vor Weh-
20 mut, wenn die andern sich halb totlachen wollten. —

Die schöne Griechin ließ sich indes nirgends sehen, sie schien es absichtlich zu vermeiden, dem Florio wieder zu begegnen.

Dagegen hatte ihn der Herr vom Hause recht in Beschlag genommen. Künstlich und weit ausholend befragte ihn derselbe weitläufig um sein früheres Leben,
25 seine Reisen und seinen künftigen Lebensplan. Florio konnte dabei gar nicht vertraulich werden, denn Pietro, so hieß jener, sah fortwährend so beobachtend aus, als läge hinter allen den feinen Redensarten irgendein besonderer Anschlag auf der Lauer. Vergebens sann er hin und her, dem Grunde dieser zudringlichen[3] Neugier auf die Spur zu kommen.

30 Er hatte sich soeben wieder von ihm losgemacht, als er, um den Ausgang einer Allee herumbiegend, mehreren Masken begegnete, unter denen er unerwartet die Griechin wiedererblickte. Die Masken sprachen viel und seltsam durcheinander, die eine Stimme schien ihm bekannt, doch konnte er sich nicht deutlich besinnen. Bald darauf verlor sich eine Gestalt nach der andern, bis er sich am Ende, eh er
35 sich dessen recht versah, allein mit dem Mädchen befand. Sie blieb zögernd stehen und sah ihn einige Augenblicke schweigend an. Die Larve war fort, aber ein kurzer, blütenweißer Schleier, mit allerlei wunderlichen goldgestickten Figuren verziert, verdeckte das Gesichtchen. Er wunderte sich, daß die Scheue nun so allein bei ihm aushielt.

---

[1]'antisocial parodies'   [2]supply *hatten*   [3]'impertinent'

„Ihr habt mich in meinem Gesange belauscht", sagte sie endlich freundlich. Es waren die ersten lauten Worte, die er von ihr vernahm. Der melodische Klang ihrer Stimme drang ihm durch die Seele, es war, als rührte sie erinnernd an alles Liebe, Schöne und Fröhliche, was er im Leben erfahren. Er entschuldigte seine
5 Kühnheit und sprach verwirrt von der Einsamkeit, die ihn verlockt, seiner Zerstreuung, dem Rauschen der Wasserkunst. — Einige Stimmen näherten sich unterdes[1] dem Platze. Das Mädchen blickte scheu um sich und ging rasch tiefer in die Nacht hinein. Sie schien es gern zu sehen, daß Florio ihr folgte.

Kühn und vertraulicher bat er sie nun, sich nicht länger zu verbergen, oder
10 doch ihren Namen zu sagen, damit ihre liebliche Erscheinung unter den tausend verwirrenden Bildern des Tages ihm nicht wieder verlorenginge. „Laßt das", erwiderte sie träumerisch, „nehmt die Blumen des Lebens fröhlich, wie sie der Augenblick gibt, und forscht nicht nach den Wurzeln im Grunde, denn unten ist es freudlos und still." Florio sah sie erstaunt an; er begriff nicht, wie solche rätsel-
15 hafte Worte in den Mund des heitern Mädchens kamen. Das Mondlicht fiel eben wechselnd zwischen den Bäumen auf ihre Gestalt. Da kam es ihm auch vor, als sei sie nun größer, schlanker und edler, als vorhin beim Tanze und am Springbrunnen.

Sie waren indes bis an den Ausgang des Gartens gekommen. Keine Lampe brannte mehr hier, nur manchmal hörte man noch eine Stimme in der Ferne ver-
20 hallend. Draußen ruhte der weite Kreis der Gegend still und feierlich im prächtigen Mondschein. Auf einer Wiese, die vor ihnen lag, bemerkte Florio mehrere Pferde und Menschen, in dem Dämmerlichte halbkenntlich durcheinanderwirrend.

Hier blieb seine Begleiterin plötzlich stehen. „Es wird mich erfreuen", sagte sie, „Euch einmal in meinem Hause zu sehen. Unser Freund wird Euch hingelei-
25 ten. — Lebt wohl!" — Bei diesen Worten schlug sie den Schleier zurück, und Florio fuhr erschrocken zusammen. — Es war die wunderbare Schöne, deren Gesang er in jenem mittagschwülen Garten belauscht. — Aber ihr Gesicht, das der Mond hell beschien, kam ihm bleich und regungslos vor, fast wie damals das Marmorbild am Weiher.
30 Er sah nun, wie sie über die Wiese dahinging, von mehreren reichgeschmückten Dienern empfangen wurde, und in einem schnell umgeworfenen schimmernden Jagdkleide einen schneeweißen Zelter bestieg. Wie festgebannt von Staunen, Freude und einem heimlichen Grauen, das ihn innerlichst überschlich, blieb er stehen, bis Pferde, Reiter und die ganze seltsame Erscheinung in die Nacht ver-
35 schwunden war.

Ein Rufen aus dem Garten weckte ihn endlich aus seinen Träumen. Er erkannte Fortunatos Stimme und eilte, den Freund zu erreichen, der ihn schon längst vermißt und vergebens aufgesucht hatte. Dieser wurde seiner kaum gewahr, als er ihm schon entgegensang:

---

[1] 'meantime'

„Still in Luft
Es gebart[1],
Aus dem Duft
Hebt sich's zart,
5   Liebchen ruft,
Liebster schweift
Durch die Luft;
Sternwärts greift,
Seufzt und ruft,
10   Herz wird bang,
Matt wird Duft,
Zeit wird lang —
Mondscheinduft
Luft in Luft
15   Bleibt Liebe und Liebste, wie sie gewesen!

Aber wo seid Ihr denn auch so lange herumgeschwebt?" schloß er endlich
lachend. — Um keinen Preis hätte Florio sein Geheimnis verraten können. „Lange?" erwiderte er nur, selber erstaunt. Denn in der Tat war der Garten unterdes
ganz leer geworden, alle Beleuchtung fast erloschen, nur wenige Lampen flacker-
20 ten noch ungewiß, wie Irrlichter, im Winde hin und her.

Fortunato drang[2] nicht weiter in den Jüngling, und schweigend stiegen sie in
dem still gewordenen Hause die Stufen hinan. „Ich löse nun mein Wort", sagte
Fortunato, indem sie auf der Terrasse über dem Dache der Villa anlangten, wo
noch eine kleine Gesellschaft unter dem heiter gestirnten Himmel versammelt war.
25 Florio erkannte sogleich mehrere Gesichter, die er an jenem ersten fröhlichen
Abend bei den Zelten gesehen. Mitten unter ihnen erblickte er auch seine schöne
Nachbarin wieder. Aber der fröhliche Blumenkranz fehlte heute in den Haaren,
ohne Band, ohne Schmuck wallten die schönen Locken um das Köpfchen und den
zierlichen Hals. Er stand fast betroffen[3] still bei dem Anblick. Die Erinnerung an
30 jenen Abend überflog ihn mit einer seltsam wehmütigen Gewalt. Es war ihm, als
sei das schon lange her, so ganz anders war alles seitdem geworden.

Das Fräulein wurde Bianca genannt, und ihm als Pietros Nichte vorgestellt.
Sie schien ganz verschüchtert, als er sich ihr näherte, und wagte es kaum, zu ihm
aufzublicken. Er äußerte ihr seine Verwunderung, sie diesen Abend hindurch nicht
35 gesehen zu haben. „Ihr habt mich öfter gesehen", sagte sie leise, und er glaubte dieses Flüstern wiederzuerkennen. — Währenddes wurde sie die Rose an seiner Brust
gewahr, welche er von der Griechin erhalten, und schlug errötend die Augen nie-

---

[1]'there is a stirring'   [2]*dringen in jemanden* 'press someone about something'   [3]'taken
aback'

der. Florio bemerkte es wohl, ihm fiel dabei ein, wie er nach dem Tanze die Griechin doppelt gesehen. Mein Gott! dachte er verwirrt bei sich, wer war denn das? —
„Es ist gar seltsam", unterbrach sie ablenkend das Stillschweigen, „so plötzlich aus der lauten Lust in die weite Nacht hinauszutreten. Seht nur, die Wolken gehn
5 oft so schreckhaft wechselnd über den Himmel, daß man wahnsinnig werden müßte, wenn man lange hineinsähe; bald wie ungeheure Mondgebirge mit schwindligen Abgründen und schrecklichen Zacken, ordentlich wie Gesichter, bald wieder wie Drachen, oft plötzlich lange Hälse ausstreckend, und drunter schießt der Fluß heimlich wie eine goldne Schlange durch das Dunkel, das weiße
10 Haus da drüben sieht aus wie ein stilles Marmorbild." — „Wo?" fuhr Florio, bei diesem Worte heftig erschreckt, aus seinen Gedanken auf. — Das Mädchen sah ihn verwundert an, und beide schwiegen einige Augenblicke still. — „Ihr werdet Lucca verlassen?" sagte sie endlich zögernd und leise, als fürchtete sie sich vor einer Antwort. „Nein", erwiderte Florio zerstreut, „doch, ja, ja, bald, recht sehr bald!" —
15 Sie schien noch etwas sagen zu wollen, wandte aber plötzlich, die Worte zurückdrängend, ihr Gesicht ab in die Dunkelheit.

Er konnte endlich den Zwang nicht länger aushalten. Sein Herz war so voll und gepreßt und doch so überselig. Er nahm schnell Abschied, eilte hinab und ritt ohne Fortunato und alle Begleitung in die Stadt zurück.
20 Das Fenster in seinem Zimmer stand offen, er blickte flüchtig noch einmal hinaus. Die Gegend draußen lag unkenntlich und still wie eine wunderbar verschränkte Hieroglyphe im zauberischen Mondschein. Er schloß das Fenster fast erschrocken und warf sich auf sein Ruhebett hin, wo er als ein Fieberkranker in die wunderlichsten Träume versank.
25 Bianca aber saß noch lange auf der Terrasse oben. Alle andern hatten sich zur Ruhe begeben, hin und wieder erwachte schon manche Lerche, mit ungewissem Liede hoch durch die stille Luft schweifend; die Wipfel der Bäume fingen an sich unten zu rühren, falbe Morgenlichter flogen wechselnd über ihr erwachtes, von den freigelassenen Locken nachlässig umwalltes Gesicht. — Man sagt, daß einem
30 Mädchen, wenn sie in einem, aus neunerlei[1] Blumen geflochtenen Kranze einschläft, ihr künftiger Bräutigam im Traume erscheine. So eingeschlummert hatte Bianca nach jenem Abend bei den Zelten Florio im Traume gesehen. — Nun war alles Lüge, er war ja so zerstreut, so kalt und fremde! — Sie zerpflückte die trügerischen Blumen, die sie bis jetzt wie einen Brautkranz aufbewahrt. Dann lehnte sie
35 die Stirn an das kalte Geländer und weinte aus Herzensgrunde.

Mehrere Tage waren seitdem vergangen, da befand sich Florio eines Nachmittags bei Donati auf seinem Landhause vor der Stadt. An einem mit Früchten und kühlem Wein besetzten Tische verbrachten sie die schwülen Stunden unter anmu-

---

[1] 'nine kinds of'

tigen Gesprächen, bis die Sonne schon tief hinabgesunken war. Währenddes ließ
Donati seinen Diener auf der Gitarre spielen, der ihr gar liebliche Töne zu entlok-
ken wußte. Die großen, weiten Fenster standen dabei offen, durch welche die lau-
en Abendlüfte den Duft vielfacher Blumen, mit denen das Fenster besetzt war,
5 hineinwehten. Draußen lag die Stadt im farbigen Duft zwischen den Gärten und
Weinbergen, von denen ein fröhliches Schallen durch die Fenster heraufkam. Florio
war innerlichst vergnügt, denn er gedachte im stillen immerfort der schönen Frau.
   Währenddes ließen sich draußen Waldhörner aus der Ferne vernehmen. Bald
näher, bald weit, gaben sie einander unablässig anmutig Antwort von den grünen
10 Bergen. Donati trat ans Fenster. „Das ist die Dame", sagte er, „die Ihr in dem
schönen Garten gesehen habt, sie kehrt soeben von der Jagd nach ihrem Schlosse
zurück." Florio blickte hinaus. Da sah er das Fräulein auf einem schönen Zelter
unten über den grünen Anger[1] ziehen. Ein Falke, mit einer goldenen Schnur an
ihren Gürtel befestigt, saß auf ihrer Hand, ein Edelstein an ihrer Brust warf in der
15 Abendsonne lange, grünlichgoldne Scheine über die Wiese hin. Sie nickte freundlich zu ihm herauf.
   „Das Fräulein ist nur selten zu Hause", sagte Donati, „wenn es Euch gefällig
wäre, könnten wir sie noch heute besuchen." Florio fuhr bei diesen Worten freudig
aus dem träumerischen Schauen, in das er versunken stand, er hätte dem Ritter um
20 den Hals fallen mögen. — Und bald saßen beide draußen zu Pferde.
   Sie waren noch nicht lange geritten, als sich der Palast mit seiner heitern Säu-
lenpracht vor ihnen erhob, ringsum von dem schönen Garten, wie von einem fröhlichen Blumenkranz umgeben. Von Zeit zu Zeit schwangen sich Wasserstrahlen
von den vielen Springbrunnen, wie jauchzend, bis über die Wipfel der Gebüsche,
25 hell im Abendgolde funkelnd. — Florio verwunderte sich, wie er bisher niemals
den Garten wiederfinden konnte. Sein Herz schlug laut vor Entzücken und Erwartung, als sie endlich bei dem Schlosse anlangten.
   Mehrere Diener eilten herbei, ihnen die Pferde abzunehmen. Das Schloß
selbst war ganz von Marmor, und seltsam, fast wie ein heidnischer Tempel erbaut.
30 Das schöne Ebenmaß aller Teile, die wie jugendliche Gedanken hoch aufstrebenden Säulen, die künstlichen Verzierungen, sämtliche Geschichten aus einer fröhlichen, lange versunkenen Welt darstellend, die schönen marmornen Götterbilder
endlich, die überall in den Nischen umherstanden, alles erfüllte die Seele mit einer
unbeschreiblichen Heiterkeit. Sie betraten nun die weite Halle, die durch das gan-
35 ze Schloß hindurchging. Zwischen den luftigen Säulen glänzte und wehte ihnen
überall der Garten duftig entgegen.
   Auf den breiten glattpolierten Stufen, die in den Garten hinabführten, trafen
sie endlich auch die schöne Herrin des Palastes, die sie mit großer Anmut willkommen hieß. — Sie ruhte, halb liegend, auf einem Ruhebett von köstlichen Stoffen.

---

[1]=*Wiese*

Das Jagdkleid hatte sie abgelegt, ein himmelblaues Gewand, von einem wunderbar zierlichen Gürtel zusammengehalten, umschloß die schönen Glieder. Ein Mädchen, neben ihr kniend, hielt ihr einen reichverzierten Spiegel vor, während mehrere andere beschäftigt waren, ihre anmutige Gebieterin mit Rosen zu schmücken.
5 Zu ihren Füßen war ein Kreis von Jungfrauen auf dem Rasen gelagert, die sangen mit abwechselnden Stimmen zur Laute, bald hinreißend fröhlich, bald leise klagend, wie Nachtigallen in warmen Sommernächten einander Antwort geben.
In dem Garten selbst sah man überall ein erfrischendes Wehen[1] und Regen. Viele fremde Herren und Damen wandelten da zwischen den Rosengebüschen und
10 Wasserkünsten in artigen Gesprächen auf und nieder. Reichgeschmückte Edelknaben reichten Wein und mit Blumen verdeckte Orangen und Früchte in silbernen Schalen umher. Weiter in der Ferne, wie die Lautenklänge und die Abendstrahlen so über die Blumenfelder dahinglitten, erhoben sich hin und her schöne Mädchen, wie aus Mittagsträumen erwachend, aus den Blumen, schüttelten die dunkeln Lok-
15 ken aus der Stirn, wuschen sich die Augen in den klaren Springbrunnen, und mischten sich dann auch in den fröhlichen Schwarm.
Florios Blicke schweiften wie geblendet über die bunten Bilder, immer mit neuer Trunkenheit wieder zu der schönen Herrin des Schlosses zurückkehrend. Diese ließ sich in ihrem kleinen anmutigen Geschäft nicht stören. Bald etwas an
20 ihrem dunkeln duftenden Lockengeflecht verbessernd, bald wieder im Spiegel sich betrachtend, sprach sie dabei fortwährend zu dem Jüngling, mit gleichgültigen Dingen in zierlichen Worten holdselig spielend. Zuweilen wandte sie sich plötzlich um und blickte ihn unter den Rosenkränzen so unbeschreiblich lieblich an, daß es ihm durch die innerste Seele ging. —
25 Die Nacht hatte indes schon angefangen, zwischen die fliegenden Abendlichter hinein zu dunkeln, das lustige Schallen im Garten wurde nach und nach zum leisen Liebesgeflüster, der Mondschein legte sich zauberisch über die schönen Bilder. Da erhob sich die Dame von ihrem blumigen Sitze und faßte Florio freundlich bei der Hand, um ihn in das Innere ihres Schlosses zu führen, von dem er bewun-
30 dernd gesprochen. Viele von den andern folgten ihnen nach. Sie gingen einige Stufen auf und nieder, die Gesellschaft zerstreute sich inzwischen lustig, lachend und scherzend durch die vielfachen Säulengänge, auch Donati war im Schwarme verloren, und bald befand sich Florio mit der Dame allein in einem der prächtigsten Gemächer des Schlosses.
35 Die schöne Führerin ließ sich hier auf mehrere am Boden liegende seidene Kissen nieder. Sie warf dabei, zierlich wechselnd, ihren weiten, blütenweißen Schleier in die mannigfaltigsten Richtungen, immer schönere Formen bald enthüllend, bald lose verbergend. Florio betrachtete sie mit flammenden Augen. Da begann auf einmal draußen in dem Garten ein wunderschöner Gesang. Es war ein

---

[1] 'lively undulating movement'

altes frommes Lied, das er in seiner Kindheit oft gehört und seitdem über den
wechselnden Bildern der Reise fast vergessen hatte. Er wurde ganz zerstreut, denn
es kam ihm zugleich vor, als wäre es Fortunatos Stimme. — „Kennt Ihr den Sänger?" fragte er rasch die Dame. Diese schien ordentlich erschrocken und verneinte
5 es verwirrt. Dann saß sie lange im stummen Nachsinnen da.

Florio hatte unterdes Zeit und Freiheit, die wunderlichen Verzierungen des
Gemaches genau zu betrachten. Es war nur matt durch einige Kerzen erleuchtet,
die von zwei ungeheuren, aus der Wand hervorragenden Armen gehalten wurden.
Hohe, ausländische Blumen, die in künstlichen Krügen umherstanden, verbreite-
10 ten einen berauschenden Duft. Gegenüber stand eine Reihe marmorner Bildsäu-
len, über deren reizende Formen die schwankenden Lichter lüstern auf und nieder
schweiften. Die übrigen Wände füllten köstliche Tapeten mit in Seide gewirkten
lebensgroßen Historien von ausnehmender[1] Frische.

Mit Verwunderung glaubte Florio, in allen den Damen, die er in diesen letz-
15 teren Schildereien erblickte, die schöne Herrin des Hauses deutlich wiederzuerkennen. Bald erschien sie, den Falken auf der Hand, wie er sie vorhin gesehen hatte, mit einem jungen Ritter auf die Jagd reitend, bald war sie in einem prächtigen
Rosengarten vorgestellt, wie ein anderer schöner Edelknabe auf den Knien zu ihren
Füßen lag.

20 Da flog es ihn[2] plötzlich wie von den Klängen des Liedes draußen an, daß er
zu Hause in früher Kindheit oftmals ein solches Bild gesehen, eine wunderschöne
Dame in derselben Kleidung, einen Ritter zu ihren Füßen, hinten einen weiten
Garten mit vielen Springbrunnen und künstlich geschnittenen Alleen, geradeso
wie vorhin der Garten draußen erschienen[3]. Auch Abbildungen von Lucca und
25 anderen berühmten Städten erinnerte er sich dort gesehen zu haben.

Er erzählte es nicht ohne tiefe Bewegung der Dame. „Damals", sagte er in
Erinnerungen verloren, „wenn ich so an schwülen Nachmittagen in dem einsamen
Lusthause[4] unseres Gartens vor den alten Bildern stand und die wunderlichen Türme der Städte, die Brücken und Alleen betrachtete, wie da prächtige Karossen fuh-
30 ren und stattliche Kavaliers einherritten, die Damen in den Wagen begrüßend —
da dachte ich nicht, daß das alles einmal lebendig werden würde um mich herum.
Mein Vater trat dabei oft zu mir und erzählte mir manch lustiges Abenteuer, das
ihm auf seinen jugendlichen Heeresfahrten in der und jener von den abgemalten
Städten begegnet[5]. Dann pflegte er gewöhnlich lange Zeit nachdenklich in dem
35 stillen Garten auf und ab zu gehen. — Ich aber warf mich in das tiefste Gras und
sah stundenlang zu, wie Wolken über die schwüle Gegend wegzogen. Die Gräser
und Blumen schwankten leise hin und her über mir, als wollten sie seltsame Träume weben, die Bienen summten dazwischen so sommerhaft und in einem fort —
ach! das ist alles wie ein Meer von Stille, in dem das Herz vor Wehmut untergehen

---

[1]'exceptional'   [2]'it came to him'   [3]supply *war*   [4]'pavilion,' 'gardenhouse'   [5]supply *war*

möchte!" — „Laßt nur das!" sagte hier die Dame wie in Zerstreuung, „ein jeder
glaubt mich schon einmal gesehen zu haben, denn mein Bild dämmert und blüht
wohl in allen Jugendträumen mit herauf." Sie streichelte dabei beschwichtigend
dem schönen Jüngling die braunen Locken aus der klaren Stirn. — Florio aber
5 stand auf, sein Herz war zu voll und tief bewegt, er trat ans offne Fenster. Da
rauschten die Bäume, hin und her schlug eine Nachtigall, in der Ferne blitzte es
zuweilen. Über den stillen Garten weg zog immerfort der Gesang wie ein klarer
kühler Strom, aus dem die alten Jugendträume herauftauchten. Die Gewalt dieser
Töne hatte seine ganze Seele in tiefe Gedanken versenkt, er kam sich auf einmal
10 hier so fremd, und wie aus sich selber verirrt vor. Selbst die letzten Worte der
Dame, die er sich nicht recht zu deuten wußte, beängstigten ihn sonderbar — da
sagte er leise aus tiefstem Grunde der Seele: „Herr Gott, laß mich nicht verloren-
gehen in der Welt!" Kaum hatte er die Worte innerlichst ausgesprochen, als sich
draußen ein trüber Wind, wie von dem herannahenden Gewitter, erhob und ihn
15 verwirrend anwehte. Zu gleicher Zeit bemerkte er an dem Fenstergesimse Gras
und einzelne Büschel von Kräutern wie auf altem Gemäuer. Eine Schlange fuhr
zischend daraus hervor und stürzte mit dem grünlichgoldenen Schweife sich rin-
gelnd in den Abgrund hinunter.

   Erschrocken verließ Florio das Fenster und kehrte zu der Dame zurück. Diese
20 saß unbeweglich still, als lauschte sie. Dann stand sie rasch auf, ging ans Fenster
und sprach mit anmutiger Stimme scheltend in die Nacht hinaus. Florio konnte
aber nichts verstehen, denn der Sturm riß die Worte gleich mit sich fort. — Das
Gewitter schien indes immer näher zu kommen, der Wind, zwischen dem noch
immerfort einzelne Töne des Gesanges herzzerreißend heraufflogen, strich pfei-
25 fend durch das ganze Haus und drohte die wild hin und her flackernden Kerzen zu
verlöschen. Ein langer Blitz erleuchtete soeben das dämmernde Gemach. Da fuhr
Florio plötzlich einige Schritte zurück, denn es war ihm, als stünde die Dame starr
mit geschlossenen Augen und ganz weißem Antlitz und Armen vor ihm. — Mit
dem flüchtigen Blitzesscheine jedoch verschwand auch das schreckliche Gesicht
30 wieder, wie es entstanden. Die alte Dämmerung füllte wieder das Gemach, die
Dame sah ihn wieder lächelnd an wie vorhin, aber stillschweigend und wehmütig,
wie mit schwerverhaltenen[1] Tränen.

   Florio hatte indes, im Schreck zurücktaumelnd, eines von den steinernen Bildern, die an der Wand herumstanden, angestoßen. In demselben Augenblicke
35 begann dasselbe sich zu rühren, die Regung teilte sich schnell den andern mit, und
bald erhoben sich alle die Bilder mit furchtbarem Schweigen von ihrem Gestelle.
Florio zog seinen Degen und warf einen ungewissen Blick auf die Dame. Als er
aber bemerkte, daß dieselbe, bei den indes immer gewaltiger verschwellenden
Tönen des Gesanges im Garten, immer bleicher und bleicher wurde, gleich einer

---

[1] 'barely held back'

versinkenden Abendröte, worin endlich auch die lieblich spielenden Augensterne unterzugehen schienen, da erfaßte ihn ein tödliches Grauen. Denn auch die hohen Blumen in den Gefäßen fingen an, sich wie buntgefleckte bäumende Schlangen gräßlich durcheinanderzuwinden, alle Ritter auf den Wandtapeten sahen auf ein-
5 mal aus wie er und lachten ihn hämisch an; die beiden Arme, welche die Kerzen hielten, rangen und reckten sich immer länger, als wolle ein ungeheurer Mann aus der Wand sich hervorarbeiten, der Saal füllte sich mehr und mehr, die Flammen des Blitzes warfen gräßliche Scheine zwischen die Gestalten, durch deren Gewimmel Florio die steinernen Bilder mit solcher Gewalt auf sich losdringen sah, daß
10 ihm die Haare zu Berge standen. Das Grausen überwältigte alle seine Sinne, er stürzte verworren aus dem Zimmer durch die öden, widerhallenden Gemächer und Säulengänge hinab.

Unten im Garten lag seitwärts der stille Weiher, den er in jener ersten Nacht gesehen, mit dem marmornen Venusbilde. — Der Sänger Fortunato, so kam es
15 ihm vor, fuhr abgewendet und hoch aufrecht stehend im Kahne mitten auf dem Weiher, noch einzelne Akkorde in seine Gitarre greifend. — Florio aber hielt auch diese Erscheinung für ein verwirrendes Blendwerk der Nacht und eilte fort und fort, ohne sich umzusehen, bis Weiher, Garten und Palast weit hinter ihm versunken waren. Die Stadt ruhte, hell vom Monde beschienen, vor ihm. Fernab am
20 Horizonte verhallte nur ein leichtes Gewitter, es war eine prächtig klare Sommernacht.

Schon flogen einzelne Lichtstreifen über den Morgenhimmel, als er vor den Toren ankam. Er suchte dort heftig Donatis Wohnung auf, ihn wegen der Begebenheiten dieser Nacht zur Rede zu stellen. Das Landhaus lag auf einem der höch-
25 sten Plätze mit der Aussicht über die Stadt und die ganze umliegende Gegend. Er fand daher die anmutige Stelle bald wieder. Aber anstatt der zierlichen Villa, in der er gestern gewesen, stand nur eine niedere Hütte da, ganz von Weinlaub überrankt und von einem kleinem Gärtchen umschlossen. Tauben, in den ersten Morgenstrahlen spiegelnd[1], gingen girrend auf dem Dache auf und nieder, ein tiefer, hei-
30 terer Friede herrschte überall. Ein Mann mit dem Spaten auf der Achsel kam soeben aus dem Hause und sang:

„Vergangen ist die finstre Nacht,
Des Bösen Trug und Zaubermacht,
Zur Arbeit weckt der lichte Tag;
35 Frisch auf, wer Gott noch loben mag!"

Er brach sein Lied plötzlich ab, als er den Fremden so bleich und mit verworrenem Haar daherfliegen sah. — Ganz verwirrt fragte Florio nach Donati. Der Gärtner aber kannte den Namen nicht und schien den Fragenden für wahnsinnig

---

[1]'(their feathers) reflecting brightly'

zu halten. Seine Tochter dehnte sich auf der Schwelle in die kühle Morgenluft hinaus und sah den Fremden frisch und morgenklar mit den großen, verwunderten Augen an. — „Mein Gott! wo bin ich denn so lange gewesen!" sagte Florio halb leise in sich, und floh eilig zurück durch das Tor und die noch leeren Gassen in die
5 Herberge.

Hier verschloß er sich in sein Zimmer und versank ganz und gar in ein hinstarrendes Nachsinnen. Die unbeschreibliche Schönheit der Dame, wie sie so langsam vor ihm verblich und die anmutigen Augen untergingen, hatte in seinem tiefsten Herzen eine solche unendliche Wehmut zurückgelassen, daß er sich unwider-
10 stehlich sehnte, hier zu sterben. —

In solchem unseligen Brüten und Träumen blieb er den ganzen Tag und die darauffolgende Nacht hindurch.

Die früheste Morgendämmerung fand ihn schon zu Pferde vor den Toren der
15 Stadt. Das unermüdliche Zureden seines getreuen Dieners hatte ihn endlich zu dem Entschlusse bewogen, diese Gegend gänzlich zu verlassen. Langsam und in sich gekehrt zog er nun die schöne Straße, die von Lucca in das Land hinausführte, zwischen den dunkelnden Bäumen, in denen die Vögel noch schliefen, dahin. Da gesellten sich, nicht gar fern von der Stadt, noch drei andere Reiter zu ihm. Nicht
20 ohne heimlichen Schauer erkannte er in dem einen den Sänger Fortunato. Der andere war Fräulein Biancas Oheim, in dessen Landhause er an jenem verhängnisvollen Abende getanzt. Er wurde von einem Knaben begleitet, der stillschweigend und ohne viel aufzublicken, neben ihm herritt. Alle drei hatten sich vorgenommen, miteinander das schöne Italien zu durchschweifen, und luden Florio freundlich ein,
25 mit ihnen zu reisen. Er aber verneigte sich schweigend, weder einwilligend, noch verneinend, und nahm fortwährend an allen ihren Gesprächen nur geringen Anteil.

Die Morgenröte erhob sich indes immer höher und kühler über der wunderschönen Landschaft vor ihnen. Da sagte der heitre Pietro[1] zu Fortunato: „Seht nur, wie seltsam das Zwielicht über dem Gestein der alten Ruine auf dem Berge dort
30 spielt! Wie oft bin ich, schon als Knabe, mit Erstaunen, Neugier und heimlicher Scheu dort herumgeklettert! Ihr seid so vieler Sagen kundig, könnt Ihr uns nicht Auskunft geben von dem Ursprung und Verfall dieses Schlosses, von dem so wunderliche Gerüchte im Lande gehen?" — Florio warf einen Blick nach dem Berge. In einer großen Einsamkeit lag da altes verfallenes Gemäuer umher, schöne, halb
35 in die Erde versunkene Säulen und künstlich gehauene Steine, alles von einer üppig blühenden Wildnis grünverschlungener Ranken, Hecken und hohen Unkrauts überdeckt. Ein Weiher befand sich daneben, über dem sich ein zum Teil zertrümmertes Marmorbild erhob, hell vom Morgen angeglüht. Es war offenbar dieselbe Gegend, dieselbe Stelle, wo er den schönen Garten und die Dame gesehen hatte.

---

[1]i. e., Bianca's uncle

— Er schauerte innerlichst zusammen bei dem Anblicke. — Fortunato aber sagte:
„Ich weiß ein altes Lied darauf, wenn ihr damit fürliebnehmen wollt[1]." — Und
hiermit sang er, ohne sich lange zu besinnen, mit seiner klaren fröhlichen Stimme
in die heitere Morgenluft hinaus:

5   „Von kühnen Wunderbildern
             Ein großer Trümmerhauf,
             In reizendem Verwildern
             Ein blühnder Garten drauf.

             Versunknes Reich zu Füßen,
10   Vom Himmel fern und nah,
             Aus andrem Reich ein Grüßen —
             Das ist Italia!

             Wenn Frühlingslüfte wehen
             Hold überm grünen Plan,
15   Ein leises Auferstehen
             Hebt in den Tälern an.

             Da will sich's unten rühren
             Im stillen Göttergrab,
             Der Mensch kann's schauernd spüren
20   Tief in die Brust hinab.

             Verwirrend in den Bäumen
             Gehn Stimmen hin und her,
             Ein sehnsuchtsvolles Träumen
             Weht übers blaue Meer.

25   Und unterm duft'gen Schleier,
             Sooft der Lenz erwacht,
             Webt in geheimer Feier
             Die alte Zaubermacht.

             Frau Venus hört das Locken,
30   Der Vögel heitern Chor[2]
             Und richtet froh erschrocken
             Aus Blumen sich empor.

             Sie sucht die alten Stellen,
             Das luft'ge Säulenhaus,
35   Schaut lächelnd in die Wellen
             Der Frühlingsluft hinaus.

---

[1] 'would care to hear'   [2] object of *hört*

Doch öd sind nun die Stellen,
Stumm liegt ihr Säulenhaus,
Gras wächst da auf den Schwellen,
Der Wind zieht ein und aus.

Wo sind nun die Gespielen[1]?
Diana schläft im Wald,
Neptunus ruht im kühlen
Meerschloß, das einsam hallt.

Zuweilen nur Sirenen
Noch tauchen aus dem Grund,
Und tun in irren Tönen
Die tiefe Wehmut kund. —

Sie selbst muß sinnend stehen
So bleich im Frühlingsschein,
Die Augen untergehen,
Der schöne Leib wird Stein. —

Denn über Land und Wogen
Erscheint, so still und mild,
Hoch auf dem Regenbogen
Ein andres Frauenbild.

Ein Kindlein in den Armen
Die Wunderbare hält,
Und himmlisches Erbarmen
Durchdringt die ganze Welt.

Da in den lichten Räumen
Erwacht das Menschenkind,
Und schüttelt böses Träumen
Von seinem Haupt geschwind.

Und, wie die Lerche singend,
Aus schwülen Zaubers Kluft
Erhebt die Seele ringend[2]
Sich in die Morgenluft."

---

[1] The "companions" of Frau Venus mentioned in the next lines are Diana (goddess of the hunt), Neptune (god of the sea), and the Sirens (sea nymphs who lure men to their doom).
[2] 'with effort'

Alle waren still geworden über dem Liede. — „Jene Ruine", sagte endlich Pietro, „wäre also ein ehemaliger Tempel der Venus, wenn ich Euch sonst recht verstanden?" „Allerdings", erwiderte Fortunato, „soviel man an der Anordnung des Ganzen und den noch übriggebliebenen Verzierungen abnehmen kann. Auch sagt
5 man, der Geist der schönen Heidengöttin habe keine Ruhe gefunden. Aus der erschrecklichen Stille des Grabes heißt sie das Andenken an die irdische Lust jeden Frühling immer wieder in die grüne Einsamkeit ihres verfallenen Hauses heraufsteigen und durch teuflisches Blendwerk die alte Verführung üben an jungen sorglosen Gemütern, die dann vom Leben abgeschieden, und doch auch nicht auf-
10 genommen in den Frieden der Toten, zwischen wilder Lust und schrecklicher Reue, an Leib und Seele verloren, umherirren, und in der entsetzlichsten Täuschung sich selber verzehren. Gar häufig will man auf demselben Platze Anfechtungen[1] von Gespenstern verspürt haben, wo sich bald eine wunderschöne Dame, bald mehrere ansehnliche Kavaliers, sehen lassen und die Vorübergehenden in
15 einen dem Auge vorgestellten erdichteten[2] Garten und Palast führen." — „Seid Ihr jemals droben gewesen?" fragte hier Florio rasch, aus seinen Gedanken erwachend. — „Erst vorgestern abends", entgegnete Fortunato. — „Und habt Ihr nichts Erschreckliches gesehen?" — „Nichts", sagte der Sänger, „als den stillen Weiher und die weißen rätselhaften Steine im Mondlicht umher und den weiten unendlichen
20 Sternenhimmel darüber. Ich sang ein altes frommes Lied, eines von jenen ursprünglichen Liedern, die, wie Erinnerungen und Nachklänge aus einer andern heimatlichen Welt, durch das Paradiesgärtlein unsrer Kindheit ziehen und ein rechtes Wahrzeichen sind, an dem sich alle Poetische[3] später in dem älter gewordenen Leben immer wiedererkennen. Glaubt mir, ein redlicher Dichter kann viel
25 wagen, denn die Kunst, die ohne Stolz und Frevel, bespricht[4] und bändigt die wilden Erdengeister, die aus der Tiefe nach uns langen."

Alle schwiegen, die Sonne ging soeben auf vor ihnen und warf ihre funkelnden Lichter über die Erde. Da schüttelte Florio sich an allen Gliedern, sprengte rasch eine Strecke den andern voraus, und sang mit heller Stimme:

30
    „Hier bin ich, Herr! Gegrüßt das Licht
    Das durch die stille Schwüle
    Der müden Brust gewaltig bricht,
    Mit seiner strengen Kühle.

    Nun bin ich frei! ich taumle noch
35
    Und kann mich noch nicht fassen —
    O Vater, du erkennst mich doch,
    Und wirst nicht von mir lassen!"

---

[1]'temptings' [2]'illusory' (fictional) [3]=*Poetischen* [4]'conjures'

Es kommt nach allen heftigen Gemütsbewegungen, die unser ganzes Wesen durchschüttern, eine stillklare Heiterkeit über die Seele, gleich wie die Felder nach einem Gewitter frischer grünen und aufatmen. So fühlte sich auch Florio nun innerlichst erquickt, er blickte wieder recht mutig um sich und erwartete beruhigt
5 die Gefährten, die langsam im Grünen nachgezogen kamen.

Der zierliche Knabe, welcher Pietro begleitete, hatte unterdes auch, wie Blumen vor den ersten Morgenstrahlen, das Köpfchen erhoben. — Da erkannte Florio mit Erstaunen Fräulein Bianca. Er erschrak, wie sie so bleich aussah gegen jenen Abend, da er sie zum erstenmal unter den Zelten im reizenden Mutwillen gesehen.
10 Die Arme war mitten in ihren sorglosen Kinderspielen von der Gewalt der ersten Liebe überrascht worden. Und als dann der heißgeliebte Florio, den dunkeln Mächten folgend, so fremd wurde und sich immer weiter von ihr entfernte, bis sie ihn endlich ganz verloren geben mußte, da versank sie in eine tiefe Schwermut, deren Geheimnis sie niemand anzuvertrauen wagte. Der kluge Pietro wußte es aber
15 wohl und hatte beschlossen, seine Nichte weit fortzuführen und sie in fremden Gegenden und in einem andern Himmelsstrich, wo nicht zu heilen, doch zu zerstreuen und zu erhalten. Um ungehinderter reisen zu können, und zugleich alles Vergangene gleichsam von sich abzustreifen, hatte sie Knabentracht anlegen müssen.

Mit Wohlgefallen ruhten Florios Blicke auf der lieblichen Gestalt. Eine selt-
20 same Verblendung hatte bisher seine Augen wie mit einem Zaubernebel umfangen. Nun erstaunte er ordentlich, wie schön sie war! Er sprach vielerlei gerührt und mit tiefer Innigkeit zu ihr. Da ritt sie, ganz überrascht von dem unverhofften Glück, und in freudiger Demut, als verdiene sie solche Gnade nicht, mit niedergeschlagenen Augen schweigend neben ihm her. Nur manchmal blickte sie unter den
25 langen schwarzen Augenwimpern nach ihm hinauf, die ganze klare Seele lag in dem Blick, als wollte sie bittend sagen: „Täusche mich nicht wieder!"

Sie waren unterdes auf einer luftigen Höhe angelangt, hinter ihnen versank die Stadt Lucca mit ihren dunkeln Türmen in dem schimmernden Duft. Da sagte Florio, zu Bianca gewendet: „Ich bin wie neu geboren, es ist mir, als würde noch alles
30 gut werden, seit ich Euch wiedergefunden. Ich möchte niemals wieder scheiden, wenn Ihr es vergönnt." —

Bianca blickte ihn, statt aller Antwort selber wie fragend, mit ungewisser, noch halb zurückgehaltener Freude an und sah recht wie ein heiteres Engelsbild auf dem tiefblauen Grunde des Morgenhimmels aus. Der Morgen schien ihnen,
35 in langen goldenen Strahlen über die Fläche schießend, gerade entgegen. Die Bäume standen hell angeglüht, unzählige Lerchen sangen schwirrend in der klaren Luft. Und so zogen die Glücklichen fröhlich durch die überglänzten Auen in das blühende Mailand[1] hinunter.

---

[1] the northern Italian province of Milan, but with the double meaning of *Mai-Land*

Franz Grillparzer

Grillparzer (1791-1872) is known primarily as an author of historical dramas. But Austria's most famous playwright also wrote two *Novellen*, "Das Kloster bei Sendomir" (1828) and "Der arme Spielmann" (1848), of which the latter is justly regarded as one of the prose masterpieces of the nineteenth century. Interestingly enough, it is the only work Grillparzer set in the Vienna of his own day, where he was a lifelong resident and, for much of his life, a civil servant. An enduring theme, both in Grillparzer's dramas and in his *Novellen*, is the conflict between an individual's responsibility to society, as defined by social norms, and responsibility to one's self — in our text,

responsibility to follow the call of an art form for which one is not especially gifted, or rather gifted in a way that is perceptible only to a kindred spirit who can respond to it. Here the narrator's attitude towards the *Spielmann* is as important, or more important, than the *Spielmann*'s own story.

Der arme Spielmann

N WIEN IST DER SONNTAG NACH dem Vollmonde im Monat Juli jedes Jahres samt dem darauf folgenden Tage ein eigentliches Volksfest, wenn je ein Fest diesen Namen verdient hat. Das Volk besucht es und gibt es selbst; und wenn Vornehmere dabei erscheinen, so können sie es nur in ihrer
5 Eigenschaft als Glieder des Volks. Da ist keine Möglichkeit der Absonderung; wenigstens vor einigen Jahren noch war keine.

An diesem Tage feiert die[1] mit dem Augarten, der Leopoldstadt[2], dem Prater

---

[1]goes with *Brigittenau* [2]Leopoldstadt and surrounding areas lay outside Vienna proper, between the Danube and the Danube canal.

in ununterbrochener Lustreihe zusammenhängende Brigittenau ihre Kirchweihe[1]. Von Brigittenkirchtag[2] zu Brigittenkirchtag zählt seine guten Tage das arbeitende Volk. Lange erwartet, erscheint endlich das saturnalische Fest.[3] Da entsteht Aufruhr in der gutmütig ruhigen[4] Stadt. Eine wogende Menge erfüllt die Straßen.
5 Geräusch von Fußtritten, Gemurmel von Sprechenden, das hie und da ein lauter Ausruf durchzuckt. Der Unterschied der Stände ist verschwunden; Bürger und Soldat teilt die Bewegung. An den Toren der Stadt wächst der Drang. Genommen, verloren und wiedergenommen, ist endlich der Ausgang erkämpft. Aber die Donaubrücke bietet neue Schwierigkeiten. Auch hier siegreich, ziehen endlich
10 zwei Ströme, die alte Donau[5] und die geschwollnere Woge des Volks, sich kreuzend quer unter- und übereinander, die Donau ihrem alten Flußbette nach, der Strom des Volkes, der Eindämmung der Brücke entnommen[6], ein weiter, tosender See, sich ergießend in alles deckender Überschwemmung. Ein neu Hinzugekommener[7] fände die Zeichen bedenklich. Es ist aber der Aufruhr der Freude, die Los-
15 gebundenheit der Lust.
Schon zwischen Stadt und Brücke haben sich Korbwagen[8] aufgestellt für die eigentlichen Hierophanten[9] dieses Weihfestes: die Kinder der Dienstbarkeit und der Arbeit. Überfüllt und dennoch im Galopp durchfliegen sie die Menschenmasse, die sich hart vor ihnen öffnet und hinter ihnen schließt, unbesorgt und
20 unverletzt. Denn es ist in Wien ein stillschweigender Bund zwischen Wagen und Menschen: nicht zu überfahren, selbst im vollen Lauf; und nicht überfahren werden, auch ohne alle Aufmerksamkeit.
Von Sekunde zu Sekunde wird der Abstand zwischen Wagen und Wagen kleiner. Schon mischen sich einzelne Equipagen[10] der Vornehmeren in den oft
25 unterbrochenen Zug. Die Wagen fliegen nicht mehr. Bis endlich fünf bis sechs Stunden vor Nacht die einzelnen Pferde- und Kutschen-Atome sich zu einer kompakten Reihe verdichten, die sich selber hemmend und durch Zufahrende aus allen Quergassen[11] gehemmt, das alte Sprichwort: „Besser schlecht gefahren, als zu Fuß gegangen", offenbar zuschanden macht[12]. Begafft, bedauert, bespottet, sitzen die
30 geputzten Damen in den scheinbar stille stehenden Kutschen. Des immerwährenden Anhaltens ungewohnt, bäumt sich der Holsteiner Rappe[13], als wollte er seinen, durch den ihm vorgehenden Korbwagen gehemmten Weg obenhin über diesen hinaus nehmen, was auch die schreiende Weiber- und Kinderbevölkerung des Ple-

[1]anniversary of a church's consecration [2]Viennese 'upside-down' (role reversal) festival when the master serves the servant. [3]The Roman Saturnalia, celebrated in December, were a time of unrestrained feasting and merrymaking. [4]Note the ironic tinge in these modifiers. [5]former course of the Danube, now used mostly for swimming and boating [6]'freed from the confines of the bridge' [7]'new arrival' [8]horse-drawn wagons with benches for passengers [9]in ancient Greece, those in charge of rites of worship and sacrifice [10]elegant carriages [11]'side streets' [12]'gives the lie to' [13]black Holstein horse

bejer-Fuhrwerks[1] offenbar zu befürchten scheint. Der schnell dahinschießende Fiaker,[2] zum ersten Male seiner Natur ungetreu, berechnet ingrimmig den Verlust, auf einem Wege drei Stunden zubringen zu müssen, den er sonst in fünf Minuten durchflog. Zank, Geschrei, wechselseitige Ehrenangriffe der Kutscher, mitunter
5 ein Peitschenhieb.

Endlich, wie wenn in dieser Welt jedes noch so hartnäckige Stehenbleiben doch nur ein unvermerktes Weiterrücken ist, erscheint auch diesem status quo ein Hoffnungsstrahl. Die ersten Bäume des Augartens und der Brigittenau werden sichtbar. Land! Land! Land! Alle Leiden sind vergessen. Die zu Wagen Gekom-
10 menen steigen aus und mischen sich unter die Fußgänger, Töne entfernter Tanzmusik schallen herüber, vom Jubel der neu Ankommenden beantwortet. Und so fort und immer weiter, bis endlich der breite Hafen der Lust sich auftut und Wald und Wiese, Musik und Tanz, Wein und Schmaus, Schattenspiel und Seiltänzer, Erleuchtung und Feuerwerk sich zu einem pays de cocagne,[3] einem Eldorado,
15 einem eigentlichen Schlaraffenlande vereinigen, das leider, oder glücklicherweise, wie man es nimmt, nur einen und den nächst darauffolgenden Tag dauert, dann aber verschwindet, wie der Traum einer Sommernacht, und nur in der Erinnerung zurückbleibt und allenfalls in der Hoffnung.

Ich versäume nicht leicht, diesem Feste beizuwohnen. Als ein leidenschaft-
20 licher Liebhaber der Menschen, vorzüglich des Volkes, so daß mir selbst als dramatischen Dichter der rückhaltslose Ausbruch eines überfüllten Schauspielhauses immer zehnmal interessanter, ja belehrender war, als das zusammengeklügelte Urteil eines an Leib und Seele verkrüppelten, von dem Blut ausgesogener Autoren spinnenartig aufgeschwollenen literarischen Matadors[4]; — als ein Liebhaber der
25 Menschen, sage ich, besonders wenn sie in Massen für einige Zeit der einzelnen Zwecke vergessen und sich als Teile des Ganzen fühlen, in dem denn doch zuletzt das Göttliche liegt — als einem solchen ist mir jedes Volksfest ein eigentliches Seelenfest, eine Wallfahrt, eine Andacht. Wie aus einem aufgerollten, ungeheuren, dem Rahmen des Buches entsprungenen Plutarch,[5] lese ich aus den heitern und
30 heimlich bekümmerten Gesichtern, dem lebhaften oder gedrückten Gange, dem wechselseitigen Benehmen der Familienglieder, den einzelnen halb unwillkürlichen Äußerungen, mir die Biographien der unberühmten Menschen zusammen, und wahrlich! man kann die Berühmten nicht verstehen, wenn man die Obskuren[6]

---

[1]'plebeian vehicle' [2]carriage for hire [3]mythical "land of plenty" like Eldorado and the *Schlaraffenland* [4]*Als ... Matadors* 'As a passionate lover of humanity, especially of the common people, so that even to me as a dramatic poet the unrestrained reaction of a packed theater has always been ten times more interesting than the over-subtle judgment of a literary critic (*Matador*), crippled in body and soul and swollen spider-like with the blood drained from authors sucked dry.' [5]The narrator compares the flow of humanity before his eyes to the pages of a "living" Plutarch (Greek biographer, ca. A.D. 46-120). [6]'people of low station'

nicht durchgefühlt hat. Von dem Wortwechsel weinerhitzter Karrenschieber spinnt sich ein unsichtbarer, aber ununterbrochener Faden bis zum Zwist der Göttersöhne,[1] und in der jungen Magd, die, halb wider Willen, dem drängenden Liebhaber seitab vom Gewühl der Tanzenden folgt, liegen als Embryo die Julien, die
5 Didos und die Medeen.[2]

Auch vor zwei Jahren hatte ich mich, wie gewöhnlich, den lustgierigen Kirchweihgästen als Fußgänger mit angeschlossen. Schon waren die Hauptschwierigkeiten der Wanderung überwunden, und ich befand mich bereits am Ende des Augartens die ersehnte Brigittenau hart vor mir liegend. Hier ist nun noch ein,
10 wenngleich der letzte Kampf zu bestehen. Ein schmaler Damm, zwischen undurchdringlichen Befriedungen[3] hindurchlaufend, bildet die einzige Verbindung der beiden Lustorte,[4] deren gemeinschaftliche Grenze ein in der Mitte befindliches hölzernes Gittertor bezeichnet. An gewöhnlichen Tagen und für gewöhnliche Spaziergänger bietet dieser Verbindungsweg überflüssigen Raum; am Kirchweihfeste
15 aber würde seine Breite, auch vierfach genommen, noch immer zu schmal sein für die endlose Menge, die, heftig nachdrängend und von Rückkehrenden im entgegengesetzten Sinne[5] durchkreuzt, nur durch die allseitige Gutmütigkeit der Lustwandelnden[6] sich am Ende doch leidlich zurecht findet.

Ich hatte mich mit dem Zug der Menge hingegeben und befand mich in der
20 Mitte des Dammes, bereits auf klassischem Boden, nur leider zu stets erneutem Stillestehen, Ausbeugen und Abwarten genötigt. Da war denn Zeit genug, das seitwärts am Wege Befindliche zu betrachten. Damit es nämlich der genußlechzenden[7] Menge nicht an einem Vorschmack der zu erwartenden Seligkeit mangle, hatten sich links am Abhang der erhöhten Dammstraße einzelne Musiker aufge-
25 stellt, die, wahrscheinlich die große Konkurrenz scheuend, hier an den Propyläen[8] die Erstlinge[9] der noch unabgenützten Freigebigkeit einernten wollten. Eine Harfenspielerin mit widerlich starrenden Augen. Ein alter invalider Stelzfuß,[10] der auf einem entsetzlichen, offenbar von ihm selbst verfertigten Instrumente, halb Hackbrett[11] und halb Drehorgel, die Schmerzen seiner Verwundung dem allgemeinen
30 Mitleid auf eine analoge Weise empfindbar machen wollte. Ein lahmer, verwachsener Knabe, er und seine Violine einen einzigen ununterscheidbaren Knäuel bildend, der endlos fortrollende Walzer mit all der hektischen Heftigkeit seiner verbildeten Brust herabspielte. Endlich — und er zog meine ganze Aufmerksamkeit auf sich — ein alter, leicht[12] siebzigjähriger Mann in einem fadenscheinigen,

---

[1]e. g., quarrel between Agamemnon and Achilles at the beginning of Homer's *Iliad*
[2]Three women unlucky in love: Shakespeare's Juliet, Vergil's Dido (*Aeneid*), and Euripides' Medea. [3]'enclosures' [4]'places of recreation,' i. e., the *Augarten* and the *Brigittenau*
[5]=*Richtung* [6]'those bent on pleasure' [7]'eager for pleasure' [8]pl. of *Propyläum*, in classical architecture, the entrance into a temple area [9]'first fruits' [10]'pegleg' [11]'dulcimer,' stringed instrument played with light hammers [12]'easily'

aber nicht unreinlichen Moltonüberrock[1] mit lächelnder, sich selbst Beifall gebender Miene. Barhäuptig und kahlköpfig stand er da, nach Art dieser Leute, den Hut als Sammelbüchse vor sich auf dem Boden, und so bearbeitete er eine alte vielzersprungene Violine, wobei er den Takt nicht nur durch Aufheben und Niedersetzen des Fußes, sondern zugleich durch übereinstimmende Bewegung des ganzen gebückten Körpers markierte. Aber all diese Bemühung, Einheit in seine Leistung zu bringen, war fruchtlos, denn was er spielte, schien eine unzusammenhängende Folge von Tönen ohne Zeitmaß und Melodie. Dabei war er ganz in sein Werk vertieft: die Lippen zuckten, die Augen waren starr auf das vor ihm befindliche Notenblatt gerichtet — ja wahrhaftig Notenblatt! Denn indes alle andern, ungleich mehr zu Dank[2] spielenden Musiker sich auf ihr Gedächtnis verließen, hatte der alte Mann mitten in dem Gewühle ein kleines, leicht tragbares Pult vor sich hingestellt mit schmutzigen, zergriffenen Noten, die das in schönster Ordnung enthalten mochten, was er so außer allem Zusammenhange zu hören gab. Gerade das Ungewöhnliche dieser Ausrüstung hatte meine Aufmerksamkeit auf ihn gezogen, so wie es auch die Heiterkeit des vorüberwogenden Haufens erregte, der ihn auslachte und den zum Sammeln hingestellten Hut des alten Mannes leer ließ, indes das übrige Orchester ganze Kupferminen einsackte. Ich war, um das Original ungestört zu betrachten, in einiger Entfernung auf den Seitenabhang des Dammes getreten. Er spielte noch eine Weile fort. Endlich hielt er ein, blickte, wie aus einer langen Abwesenheit zu sich gekommen, nach dem Firmament, das schon die Spuren des nahenden Abends zu zeigen anfing; darauf abwärts in seinen Hut, fand ihn leer, setzte ihn mit ungetrübter Heiterkeit auf, steckte den Geigenbogen zwischen die Saiten; „sunt certi denique fines",[3] sagte er, ergriff sein Notenpult und arbeitete sich mühsam durch die dem Feste zuströmende Menge in entgegengesetzter Richtung, als einer der heimkehrt.

Das ganze Wesen des alten Mannes war eigentlich wie gemacht, um meinen anthropologischen Heißhunger[4] aufs äußerste zu reizen. Die dürftige und doch edle Gestalt, seine unbesiegbare Heiterkeit, so viel Kunsteifer[5] bei so viel Unbeholfenheit; daß er gerade zu einer Zeit heimkehrte, wo für andere seinesgleichen erst die eigentliche Ernte anging; endlich die wenigen, aber mit der richtigsten Betonung, mit völliger Geläufigkeit gesprochenen lateinischen Worte. Der Mann hatte also eine sorgfältigere Erziehung genossen, sich Kenntnisse eigen gemacht, und nun — ein Bettelmusikant! Ich zitterte vor Begierde nach dem Zusammenhange[6]. Aber schon befand sich ein dichter Menschenwall zwischen mir und ihm. Klein, wie er war, und durch das Notenpult in seiner Hand nach allen Seiten hin störend, schob ihn einer dem andern zu, und schon hatte ihn das Ausgangsgitter

---

[1]light wool or linen overcoat [2]'immeasurably better received' [3]quotation from the Roman poet Horace (65-8 B.C.), *Satires* I, 1.104: '[There is a mean in all things,] fixed limits on either side.' [4]i. e., intense hunger to learn something about someone [5]'artistic zeal' [6]*zitterte ... Zusammenhange* 'trembled with eagerness to discover the connection'

aufgenommen, indes ich noch in der Mitte des Dammes mit der entgegenströmenden Menschenwoge kämpfte. So entschwand er mir, und als ich endlich selbst ins ruhige Freie gelangte, war nach allen Seiten weit und breit kein Spielmann mehr zu sehen.

5 Das verfehlte Abenteuer hatte mir die Lust an dem Volksfest genommen. Ich durchstrich den Augarten nach allen Richtungen und beschloß endlich, nach Hause zu kehren.

In die Nähe des kleinen Türchens gekommen, das aus dem Augarten nach der Taborstraße[1] führt, hörte ich plötzlich den bekannten Ton der alten Violine 10 wieder. Ich verdoppelte meine Schritte, und siehe da! der Gegenstand meiner Neugier stand, aus Leibeskräften spielend, im Kreise einiger Knaben, die ungeduldig einen Walzer von ihm verlangten. „Einen Walzer spiel!" riefen sie; „einen Walzer, hörst du nicht?" Der Alte geigte fort, scheinbar ohne auf sie zu achten, bis ihn die kleine Zuhörerschar schmähend und spottend verließ, sich um einen Leiermann 15 sammelnd, der seine Drehorgel in der Nähe aufgestellt hatte.

„Sie wollen nicht tanzen", sagte wie betrübt der alte Mann, seine Musikgeräte zusammenlesend. Ich war ganz nahe zu ihm getreten. „Die Kinder kennen eben keinen andern Tanz als den Walzer", sagte ich. „Ich spielte einen Walzer", versetzte er, mit dem Geigenbogen den Ort des soeben gespielten Stückes auf seinem 20 Notenblatte bezeichnend.

„Man muß derlei auch führen[2], der Menge wegen. Aber die Kinder haben kein Ohr", sagte er, indem er wehmütig den Kopf schüttelte. — „Lassen Sie mich wenigstens ihren Undank wieder gut machen", sprach ich, ein Silberstück aus der Tasche ziehend und ihm hinreichend. — „Bitte! bitte!" rief der alte Mann, wobei 25 er mit den Händen ängstlich abwehrende Bewegungen machte, „in den Hut! in den Hut!" — Ich legte das Geldstück in den vor ihm stehenden Hut, aus dem es unmittelbar darauf der Alte herausnahm und ganz zufrieden einsteckte, „das heißt einmal mit reichem Gewinn nach Hause gehen", sagte er schmunzelnd. — „Eben recht", sprach ich, „erinnern Sie mich auf einen Umstand, der schon früher meine 30 Neugier rege machte! Ihre heutige Einnahme scheint nicht die beste gewesen zu sein, und doch entfernen Sie sich in einem Augenblicke, wo eben die eigentliche Ernte angeht. Das Fest dauert, wissen Sie wohl, die ganze Nacht, und Sie könnten da leicht mehr gewinnen als an acht gewöhnlichen Tagen. Wie soll ich mir das erklären?"

35 „Wie Sie sich das erklären sollen?" versetzte der Alte. „Verzeihen Sie, ich weiß nicht, wer Sie sind, aber Sie müssen ein wohltätiger Herr sein und ein Freund der Musik", dabei zog er das Silberstück noch einmal aus der Tasche und drückte es zwischen seine gegen die Brust gehobenen Hände. „Ich will Ihnen daher nur die

---

[1]street in the Leopoldstadt leading from the Augarten to the Danube Canal   [2]'keep on hand'

Ursachen angeben, obgleich ich oft deshalb verlacht worden bin. Erstens war ich
nie ein Nachtschwärmer und halte es auch nicht für recht, andere durch Spiel und
Gesang zu einem solchen widerlichen Vergehen anzureizen; zweitens muß sich der
Mensch in allen Dingen eine gewisse Ordnung festsetzen, sonst gerät er ins Wilde
5 und Unaufhaltsame. Drittens endlich — Herr! ich spiele den ganzen Tag für die
lärmenden Leute und gewinne kaum kärglich Brot dabei; aber der Abend gehört
mir und meiner armen Kunst. „Abends halte ich mich zu Hause und" — dabei
ward seine Rede immer leiser, Röte überzog sein Gesicht, sein Auge suchte den
Boden — „da spiele ich denn aus der Einbildung, so für mich ohne Noten.
10 Phantasieren, glaub ich, heißt es in den Musikbüchern."
      Wir waren beide ganz still geworden. Er, aus Beschämung über das verratene
Geheimnis seines Innern; ich, voll Erstaunen, den Mann von den höchsten Stufen
der Kunst sprechen zu hören, der nicht imstande war, den leichtesten Walzer faß-
bar wiederzugeben. Er bereitete sich indes zum Fortgehen.
15   „Wo wohnen Sie?" sagte ich. „Ich möchte wohl einmal Ihren einsamen
Übungen beiwohnen." — „Oh", versetzte er fast flehend, „Sie wissen wohl, das
Gebet gehört ins Kämmerlein.[1]" — „So will ich Sie denn einmal am Tage besuchen", sagte ich. — „Den Tag über", erwiderte er, „gehe ich meinem Unterhalt bei
den Leuten nach." — „Also des Morgens denn." — „Sieht es doch beinahe aus",
20 sagte der Alte lächelnd, „als ob Sie, verehrter Herr, der Beschenkte wären, und ich,
wenn es mir erlaubt ist zu sagen, der Wohltäter; so freundlich sind Sie, und so
widerwärtig ziehe ich mich zurück. Ihr vornehmer Besuch wird meiner Wohnung
immer eine Ehre sein; nur bäte ich, daß Sie den Tag Ihrer Dahinkunft mir groß-
günstig[2] im voraus bestimmten, damit weder Sie durch Ungehörigkeit aufgehalten,
25 noch ich genötigt werde, ein zur Zeit etwa begonnenes Geschäft unziemlich zu
unterbrechen. Mein Morgen nämlich hat auch seine Bestimmung. Ich halte es
jedenfalls für meine Pflicht, meinen Gönnern und Wohltätern für ihr Geschenk
eine nicht ganz unwürdige Gegengabe darzureichen. Ich will kein Bettler sein,
verehrter Herr. Ich weiß wohl, daß die übrigen öffentlichen Musikleute sich damit
30 begnügen, einige auswendig gelernte Gassenhauer, Deutschwalzer[3], ja wohl gar
Melodien von unartigen Liedern, immer wieder von denselben anfangend, fort und
fort herab zu spielen, so daß man ihnen gibt, um ihrer los zu werden, oder weil ihr
Spiel die Erinnerung genossener Tanzfreuden oder sonst unordentlicher Ergötz-
lichkeiten wieder lebendig macht. Daher spielen sie auch aus dem Gedächtnis und
35 greifen falsch mitunter, ja häufig. Von mir aber sei fern zu betrügen. Ich habe deshalb, teils weil mein Gedächtnis überhaupt nicht das beste ist, teils weil es für
jeden schwierig sein dürfte, verwickelte Zusammensetzungen[4] geachteter Musik-
verfasser Note für Note bei sich zu behalten, diese Hefte mir selbst ins Reine

---

[1]Matthew 6:6 [2]'generously,' 'kindly' [3]'round dances' [4]'compositions'

geschrieben[1]." Er zeigte dabei durchblätternd auf sein Musikbuch, in dem ich zu meinem Entsetzen mit sorgfältiger, aber widerlich steifer Schrift ungeheuer schwierige Kompositionen alter berühmter Meister, ganz schwarz von Passagen[2] und Doppelgriffen erblickte. Und derlei spielte der alte Mann mit seinen unge-
5 lenken Fingern! „Indem ich nun diese Stücke spiele", fuhr er fort, „bezeige ich meine Verehrung den[3] nach Stand und Würden geachteten, längst nicht mehr lebenden Meistern und Verfassern, tue mir selbst genug und lebe der angenehmen Hoffnung, daß die mir mildest[4] gereichte Gabe nicht ohne Entgelt bleibt durch Veredlung des Geschmackes und Herzens der ohnehin von so vielen Seiten gestörten
10 und irregeleiteten Zuhörerschaft. Da derlei aber, auf daß ich bei meiner Rede bleibe[5]" — und dabei überzog ein selbstgefälliges Lächeln seine Züge — „da derlei aber eingeübt sein will, sind meine Morgenstunden ausschließlich diesem Exerzitium bestimmt. Die drei ersten Stunden des Tages der Übung, die Mitte dem Broterwerb, und der Abend mir und dem lieben Gott, das heißt nicht unehrlich
15 geteilt", sagte er, und dabei glänzten seine Augen wie feucht; er lächelte aber.
    „Gut denn", sagte ich, „so werde ich Sie einmal morgens überraschen. Wo wohnen Sie?" Er nannte mir die Gärtnergasse[6]. — „Hausnummer?" — „Nummer 34 im ersten Stocke." — „In der Tat!" rief ich, „im Stockwerke der Vornehmen?" — „Das Haus", sagte er, „hat zwar eigentlich nur ein Erdgeschoß; es ist aber oben
20 neben der Bodenkammer noch ein kleines Zimmer, das bewohne ich, gemeinschaftlich mit zwei Handwerksgesellen". — „Ein Zimmer zu dreien?" — „Es ist abgeteilt", sagte er, „und ich habe mein eigenes Bette".
    „Es wird spät", sprach ich, „und Sie wollen nach Hause. Auf Wiedersehen denn!" und dabei fuhr ich in die Tasche, um das früher gereichte, gar zu kleine
25 Geldgeschenk allenfalls zu verdoppeln. Er aber hatte mit der einen Hand das Notenpult, mit der andern seine Violine angefaßt und rief hastig: „Was ich devotest verbitten muß[7]. Das Honorarium für mein Spiel ist mir bereits in Fülle zuteil geworden, eines andern Verdienstes aber bin ich mir zur Zeit nicht bewußt." Dabei machte er mir mit einer Abart vornehmer Leichtigkeit einen ziemlich lin-
30 kischen Kratzfuß[8] und entfernte sich, so schnell ihn seine alten Beine trugen.
    Ich hatte, wie gesagt, die Lust verloren, dem Volksfeste für diesen Tag länger beizuwohnen, ich ging daher heimwärts, den Weg nach der Leopoldstadt einschlagend, und, von Staub und Hitze erschöpft, trat ich in einen der dortigen vielen Wirtsgärten, die, an gewöhnlichen Tagen überfüllt, heute ihre ganze Kundschaft
35 der Brigittenau abgegeben hatten. Die Stille des Ortes, im Abstich[9] der lärmenden Volksmenge, tat mir wohl, und mich verschiedenen Gedanken überlassend, an denen der alte Spielmann nicht den letzten Anteil hatte, war es völlig Nacht

---

[1]'made a clean copy'   [2]i. e., a series of tones, 'runs'; *Doppelgriff* 'double-stop' (two tones bowed simultaneously)   [3]goes with *Meistern*   [4]'generously'   [5]*auf ... bleibe* 'to return to my theme'   [6]street near the Augarten   [7]'Please don't think of it.'   [8]'clumsy bow'   [9]*in Abstich von* 'in contrast to'

geworden, als ich endlich des Nachhausegehens gedachte, den Betrag meiner
Rechnung auf den Tisch legte und der Stadt zuschritt.

In der Gärtnergasse, hatte der alte Mann gesagt, wohne er. „Ist hier in der
Nähe eine Gärtnergasse?" fragte ich einen kleinen Jungen, der über den Weg lief
5   „Dort, Herr!" versetzte er, indem er auf eine Querstraße hinwies, die, von der Häu-
sermasse der Vorstadt sich entfernend, gegen das freie Feld hinaus lief. Ich folgte
der Richtung. Die Straße bestand aus zerstreuten einzelnen Häusern, die, zwischen
großen Küchengärten gelegen, die Beschäftigung der Bewohner und den Ursprung
des Namens Gärtnergasse augenfällig darlegten. In welcher dieser elenden Hütten
10   wohl mein Original wohnen mochte? Ich hatte die Hausnummer glücklich vergessen, auch war in der Dunkelheit an das Erkennen irgend einer Bezeichnung kaum
zu denken. Da schritt, auf mich zukommend, ein mit Küchengewächsen schwer
beladener Mann an mir vorüber. „Kratzt der Alte einmal wieder", brummte er,
„und stört die ordentlichen Leute in ihrer Nachtruhe." Zugleich, wie ich vorwärts
15   ging, schlug der leise, langgehaltene Ton einer Violine an mein Ohr, der aus dem
offen stehenden Bodenfenster eines wenig entfernten ärmlichen Hauses zu kommen schien, das niedrig und ohne Stockwerk wie die übrigen sich durch dieses in
der Umgrenzung des Daches liegende Giebelfenster vor den andern auszeichnete.
Ich stand stille. Ein leiser, aber bestimmt gegriffener Ton schwoll bis zur Heftig-
20   keit, senkte sich, verklang, um gleich darauf wieder bis zum lautesten Gellen
emporzusteigen, und zwar immer derselbe Ton mit einer Art genußreichem
Daraufberuhen wiederholt. Endlich kam ein Intervall. Es war die Quarte. Hatte
der Spieler sich vorher an dem Klange des einzelnen Tones geweidet, so war nun
das gleichsam wollüstige Schmecken dieses harmonischen Verhältnisses noch
25   ungleich fühlbarer. Sprungweise gegriffen, zugleich gestrichen, durch die dazwischen liegende Stufenreihe höchst holperig verbunden, die Terz markiert, wiederholt. Die Quinte daran gefügt, einmal mit zitterndem Klang, wie ein stilles Weinen, ausgehalten, verhallend, dann in wirbelnder Schnelligkeit ewig wiederholt,
immer dieselben Verhältnisse, die nämlichen Töne. — Und das nannte der alte
30   Mann Phantasieren! — Obgleich es im Grunde allerdings ein Phantasieren war,
für den Spieler nämlich, nur nicht auch für den Hörer.

Ich weiß nicht, wie lange das gedauert haben mochte und wie arg es geworden war, als plötzlich die Türe des Hauses aufging, ein Mann, nur mit dem Hemde
und lose eingeknöpftem Beinkleide angetan, von der Schwelle bis in die Mitte der
35   Straße trat und zu dem Giebelfenster emporrief: „Soll das heute einmal wieder gar
kein Ende nehmen?" Der Ton der Stimme war dabei unwillig[1], aber nicht hart
oder beleidigend. Die Violine verstummte, ehe die Rede noch zu Ende war. Der
Mann ging ins Haus zurück, das Giebelfenster schloß sich, und bald herrschte eine
durch nichts unterbrochene Totenstille um mich her. Ich trat, mühsam in den mir

---

[1] 'impatient'

unbekannten Gassen mich zurechtfindend, den Heimweg an, wobei ich auch phantasierte, aber niemand störend, für mich, im Kopfe.

Die Morgenstunden haben für mich immer einen eigenen Wert gehabt. Es ist, als ob es mir Bedürfnis wäre, durch die Beschäftigung mit etwas Erhebendem,
5 Bedeutendem in den ersten Stunden des Tages mir den Rest desselben gewissermaßen zu heiligen. Ich kann mich daher nur schwer entschließen, am frühen Morgen mein Zimmer zu verlassen, und wenn ich ohne voll gültige Ursache mich einmal dazu nötige, so habe ich für den übrigen Tag nur die Wahl zwischen gedankenloser Zerstreuung oder selbstquälerischem Trübsinn. So kam es, daß ich durch
10 einige Tage den Besuch bei dem alten Manne, der verabredetermaßen in den Morgenstunden stattfinden sollte, verschob. Endlich ward die Ungeduld meiner Herr[1], und ich ging. Die Gärtnergasse war leicht gefunden, ebenso das Haus. Die Töne der Violine ließen sich auch diesmal hören, aber durch das geschlossene Fenster bis zum Ununterscheidbaren gedämpft. Ich trat ins Haus. Eine vor Erstaunen halb
15 sprachlose Gärtnersfrau wies mich eine Bodentreppe hinauf. Ich stand vor einer niedern und halb schließenden Türe, pochte, erhielt keine Antwort, drückte endlich die Klinke und trat ein.

Ich befand mich in einer ziemlich geräumigen, sonst aber höchst elenden Kammer, deren Wände von allen Seiten den Umrissen des spitz zulaufenden
20 Daches folgten. Hart neben der Türe ein schmutziges, widerlich verstörtes Bette, von allen Zutaten[2] der Unordentlichkeit umgeben; mir gegenüber, hart neben dem schmalen Fenster eine zweite Lagerstätte, dürftig, aber reinlich, und höchst sorgfältig gebettet und bedeckt. Am Fenster ein kleines Tischchen mit Notenpapier und Schreibgeräte, im Fenster ein paar Blumentöpfe. Die Mitte des Zimmers von
25 Wand zu Wand war am Boden mit einem dicken Kreidestriche bezeichnet, und man kann sich kaum einen grellern Abstich[3] von Schmutz und Reinlichkeit denken, als diesseits und jenseits der gezogenen Linie, dieses Äquators[4] einer Welt im Kleinen, herrschte.

Hart an dem Gleicher[5] hatte der alte Mann sein Notenpult hingestellt und
30 stand, völlig und sorgfältig gekleidet, davor und — exerzierte. Es ist schon bis zum Übelklang so viel von den Mißklängen meines und, ich fürchte beinahe, nur meines Lieblings die Rede gewesen, daß ich den Leser mit der Beschreibung dieses höllischen Konzertes verschonen will. Da die Übung größtenteils aus Passagen bestand, so war an ein Erkennen der gespielten Stücke nicht zu denken, was
35 übrigens auch sonst nicht leicht gewesen sein möchte. Einige Zeit Zuhörens ließ mich endlich den Faden durch dieses Labyrinth erkennen, gleichsam die Methode in der Tollheit. Der Alte genoß, indem er spielte. Seine Auffassung[6] unterschied hierbei aber schlechthin nur zweierlei, den Wohlklang[7] und den Übelklang[8], von

---

[1]*ward meiner Herr* 'got the better of me' [2]'signs' [3]'contrast' [4]'of this equator of a world in miniature' [5]i. e., *Äquator* [6]'interpretation' [7]'harmony' [8]'discord'

denen der erstere ihn erfreute, ja entzückte, indes er dem letztern, auch dem harmonisch begründeten, nach Möglichkeit aus dem Wege ging. Statt nun in einem Musikstücke nach Sinn und Rhythmus zu betonen, hob er heraus, verlängerte er die dem Gehör wohltuenden Noten und Intervalle, ja nahm keinen Anstand,[1] sie
5 willkürlich zu wiederholen, wobei sein Gesicht oft geradezu den Ausdruck der Verzückung annahm. Da er nun zugleich die Dissonanzen so kurz als möglich abtat, überdies die für ihn zu schweren Passagen, von denen er aus Gewissenhaftigkeit nicht eine Note fallen ließ, in einem gegen das Ganze viel zu langsamen Zeitmaß vortrug, so kann man sich wohl leicht eine Idee von der Verwirrung
10 machen, die daraus hervorging. Mir ward es nachgerade selbst zu viel.[2] Um ihn aus seiner Abwesenheit zurückzubringen, ließ ich absichtlich den Hut fallen, nachdem ich mehrere Mittel schon fruchtlos versucht hatte. Der alte Mann fuhr zusammen, seine Knie zitterten, kaum konnte er die zum Boden gesenkte Violine halten. Ich trat hinzu. „Ah, Sie sinds, gnädiger Herr!" sagte er, gleichsam zu sich selbst kom-
15 mend. „Ich hatte nicht auf Erfüllung Ihres hohen[3] Versprechens gerechnet." Er nötigte mich zu sitzen, räumte auf, legte hin, sah einigemal verlegen im Zimmer herum, ergriff dann plötzlich einen auf einem Tische neben der Stubentür stehenden Teller und ging mit demselben zu jener hinaus. Ich hörte ihn draußen mit der Gärtnersfrau sprechen. Bald darauf kam er wieder verlegen zur Türe herein, wobei
20 er den Teller hinter dem Rücken verbarg und heimlich wieder hinstellte. Er hatte offenbar Obst verlangt, um mich zu bewirten, es aber nicht erhalten können. „Sie wohnen hier recht hübsch", sagte ich, um seiner Verlegenheit ein Ende zu machen. „Die Unordnung ist verwiesen. Sie nimmt ihren Rückzug durch die Türe, wenn sie auch derzeit noch nicht über die Schwelle ist. — Meine Wohnung reicht nur bis
25 zu dem Striche", sagte der Alte, wobei er auf die Kreidelinie in der Mitte des Zimmers zeigte. „Dort drüben wohnen zwei Handwerksgesellen." — „Und respektieren diese Ihre Bezeichnung?" — „Sie nicht, aber ich", sagte er. „Nur die Türe ist gemeinschaftlich." — „Und werden Sie nicht gestört von Ihrer Nachbarschaft?" — „Kaum", meinte er. „Sie kommen des Nachts spät nach Hause, und wenn sie mich
30 da auch ein wenig im Bette aufschrecken, so ist dafür die Lust des Wiedereinschlafens um so größer. Des Morgens aber wecke *ich* sie, wenn ich mein Zimmer in Ordnung bringe. Da schelten sie wohl ein wenig und gehen."
    Ich hatte ihn währenddessen betrachtet. Er war höchst reinlich gekleidet, die Gestalt gut genug für seine Jahre, nur die Beine etwas zu kurz. Hand und Fuß von
35 auffallender Zartheit. — „Sie sehen mich an", sagte er, „und haben dabei Ihre Gedanken?" — „Daß ich nach Ihrer Geschichte lüstern bin", versetzte ich — „Geschichte?" wiederholte er. „Ich habe keine Geschichte. Heute wie gestern, und morgen wie heute. Übermorgen freilich und weiter hinaus, wer kann das wissen? Doch Gott wird sorgen, der weiß es." — „Ihr jetziges Leben mag wohl einförmig

---

[1]'did not hesitate'   [2]'It was even too much for me.'   [3]'solemn'

genug sein", fuhr ich fort; „aber Ihre früheren Schicksale — Wie es sich fügte[1]" —
„Daß ich unter die Musikleute kam?" fiel er in die Pause ein, die ich unwillkürlich
gemacht hatte. Ich erzählte ihm nun, wie er mir beim ersten Anblicke aufgefallen;
den Eindruck, den die von ihm gesprochenen lateinischen Worte auf mich
5 gemacht hätten. „Lateinisch", tönte er nach. „Lateinisch? das habe ich freilich auch
einmal gelernt oder vielmehr hätte es lernen sollen und können. Loqueris latine?[2]"
wandte er sich gegen mich, „aber ich könnte es nicht fortsetzen. Es ist gar zu lange
her. Das also nennen Sie meine Geschichte? Wie es kam? — Ja so! da ist denn
freilich allerlei geschehen; nichts Besonderes, aber doch allerlei. Möchte ich mirs
10 doch selbst einmal wieder erzählen. Ob ichs noch gar nicht vergessen habe. Es ist
noch früh am Morgen", fuhr er fort, wobei er in die Uhrtasche griff, in der sich
freilich keine Uhr befand. — Ich zog die meine, es war kaum neun Uhr. — „Wir
haben Zeit und fast kommt mich die Lust zu schwatzen an." Er war während des
Letzten zusehends ungezwungener[3] geworden. Seine Gestalt verlängerte sich. Er
15 nahm mir ohne zu große Umstände den Hut aus der Hand und legte ihn aufs Bette; schlug sitzend ein Bein über das andere und nahm überhaupt die Lage eines mit
Bequemlichkeit Erzählenden an.
„Sie haben" — hob er an — „ohne Zweifel von dem Hofrate *** gehört?" Hier
nannte er den Namen eines Staatsmannes, der in der zweiten Hälfte des vorigen
20 Jahrhunderts unter dem bescheidenen Titel eines Bureauchefs einen ungeheuren,
beinahe Minister-ähnlichen Einfluß ausgeübt hatte. Ich bejahte meine Kenntnis
des Mannes. — „Er war mein Vater", fuhr er fort. — Sein Vater? des alten Spiel-
manns? des Bettlers? Der Einflußreiche, der Mächtige, sein Vater? Der Alte schien
mein Erstaunen nicht zu bemerken, sondern spann, sichtbar vergnügt, den Faden
25 seiner Erzählung weiter. „Ich war der Mittlere von drei Brüdern, die in Staatsdien-
sten hoch hinauf kamen, nun aber schon beide tot sind; ich allein lebe noch", sagte
er und zupfte dabei an seinen fadenscheinigen Beinkleidern, mit niedergeschlagenen Augen einzelne Federchen davon herablesend. „Mein Vater war ehrgeizig und
heftig. Meine Brüder taten ihm genug[4]. Mich nannte man einen langsamen Kopf;
30 und ich war langsam. Wenn ich mich recht erinnere", sprach er weiter, und dabei
senkte er, seitwärts gewandt, wie in eine weite Ferne hinausblickend, den Kopf
gegen die unterstützende linke Hand — „wenn ich mich recht erinnere, so wäre
ich wohl imstande gewesen, allerlei zu erlernen, wenn man mir nur Zeit und Ordnung gegönnt hätte. Meine Brüder sprangen wie Gemsen von Spitze zu Spitze in
35 den Lehrgegenständen[5] herum, ich konnte aber durchaus nichts hinter mir lassen,
und wenn mir ein einziges Wort fehlte, mußte ich von vorne anfangen. So ward
ich denn immer gedrängt. Das Neue sollte auf den Platz, den das Alte noch nicht
verlassen hatte, und ich begann stockisch[6] zu werden. So hatten sie mir die Musik,

---

[1]'came about' [2]'Do you speak Latin?' [3]'more at ease' [4]'satisfied him' [5]'subjects' (of
study) [6]'stubborn'

die jetzt die Freude und zugleich der Stab meines Lebens ist, geradezu verhaßt gemacht. Wenn ich abends im Zwielicht die Violine ergriff, um mich nach meiner Art ohne Noten zu vergnügen, nahmen sie mir das Instrument und sagten, das verdirbt die Applikatur[1], klagten über Ohrfolter und verwiesen mich auf die Lehr-
5   stunde, wo die Folter für mich anging. Ich habe zeitlebens nichts und niemand so gehaßt, wie ich damals die Geige haßte.

„Mein Vater, aufs äußerste unzufrieden, schalt mich häufig und drohte, mich zu einem Handwerke zu geben. Ich wagte nicht zu sagen, wie glücklich mich das gemacht hätte. Ein Drechsler oder Schriftsetzer wäre ich gar zu gerne gewesen. Er
10   hätte es ja aber doch nicht zugelassen, aus Stolz. Endlich gab eine öffentliche Schulprüfung, der man, um ihn zu begütigen, meinen Vater beizuwohnen beredet hatte, den Ausschlag. Ein unredlicher Lehrer bestimmte im voraus, was er mich fragen werde, und so ging alles vortrefflich. Endlich aber fehlte mir, es waren aus-wendig zu sagende Verse des Horaz[2] — ein Wort. Mein Lehrer, der kopfnickend
15   und meinen Vater anlächelnd zugehört hatte, kam meinem Stocken zu Hilfe und flüsterte es mir zu. Ich aber, der das Wort in meinem Innern und im Zusammen-hange mit dem übrigen suchte, hörte ihn nicht. Er wiederholte es mehrere Male; umsonst. Endlich verlor mein Vater die Geduld. Cachinnum![3] (so hieß das Wort) schrie er mir donnernd zu. Nun wars geschehen. Wußte ich das eine, so hatte ich
20   dafür das übrige vergessen. Alle Mühe, mich auf die rechte Bahn zu bringen, war verloren. Ich mußte mit Schande aufstehen, und als ich, der Gewohnheit nach, hinging, meinem Vater die Hand zu küssen, stieß er mich zurück, erhob sich, machte der Versammlung eine kurze Verbeugung und ging. Ce gueux[4] schalt er mich, was ich damals nicht war, aber jetzt bin. Die Eltern prophezeien, wenn sie
25   reden! Übrigens war mein Vater ein guter Mann. Nur heftig und ehrgeizig.

„Von diesem Tage an sprach er kein Wort mehr mit mir. Seine Befehle kamen mir durch die Hausgenossen zu. So kündigte man mir gleich des nächsten Tages an, daß es mit meinem Studium ein Ende habe. Ich erschrak heftig, weil ich wußte, wie bitter es meinen Vater kränken mußte. Ich tat den ganzen Tag nichts,
30   als weinen und dazwischen jene lateinischen Verse rezitieren, die ich nun aufs Und wußte, mit den vorhergehenden und nachfolgenden dazu. Ich versprach, durch Fleiß den Mangel an Talent zu ersetzen, wenn man mich noch ferner die Schule besuchen ließe, mein Vater nahm aber nie einen Entschluß zurück.

„Eine Weile blieb ich nun unbeschäftigt im väterlichen Hause. Endlich tat
35   man mich versuchsweise zu einer Rechenbehörde[5]. Rechnen war aber nie meine Stärke gewesen. Den Antrag, ins Militär einzutreten, wies ich mit Abscheu zurück. Ich kann noch jetzt keine Uniform ohne innerlichen Schauder ansehen. Daß man werte Angehörige allenfalls auch mit Lebensgefahr schützt, ist wohl gut und

---

[1]'fingering'   [2]the poet Horace   [3]'derisive laughter' (Latin)   [4]'this beggar' (French)   [5]*tat ... Rechenbehörde* 'placed me on trial with an accounting office'

begreiflich; aber Blutvergießen und Verstümmlung als Stand, als Beschäftigung. Nein! Nein! Nein!" Und dabei fuhr er mit beiden Händen über die Arme, als fühlte er stechend eigene und fremde Wunden.

„Ich kam nun in die Kanzlei unter die Abschreiber[1]. Da war ich recht an
5 meinem Platze. Ich hatte immer das Schreiben mit Lust getrieben, und noch jetzt weiß ich mir keine angenehmere Unterhaltung, als mit guter Tinte auf gutem Papier Haar- und Schattenstriche[2] aneinander zu fügen zu Worten oder auch nur zu Buchstaben. Musiknoten sind nun gar überaus schön. Damals dachte ich aber noch an keine Musik.

10 „Ich war fleißig, nur aber zu ängstlich. Ein unrichtiges Unterscheidungszeichen[3], ein ausgelassenes Wort im Konzepte[4], wenn es sich auch aus dem Sinne ergänzen ließ, machte mir bittere Stunden. Im Zweifel, ob ich mich genau ans Original halten oder aus Eigenem[5] beisetzen sollte, verging die Zeit angstvoll, und ich kam in den Ruf, nachlässig zu sein, indes ich mich im Dienst abgequält wie
15 keiner. So brachte ich ein paar Jahre zu, und zwar ohne Gehalt, da, als die Reihe der Beförderung an mich kam, mein Vater im Rate einem andern seine Stimme gab und die übrigen ihm zufielen[6] aus Ehrfurcht.

„Um diese Zeit — Sieh nur", unterbrach er sich, „es gibt denn doch eine Art Geschichte. Erzählen wir die Geschichte! Um diese Zeit ereigneten sich zwei
20 Begebenheiten: die traurigste und die freudigste meines Lebens. Meine Entfernung aus dem väterlichen Hause nämlich und das Wiederkehren zur holden Tonkunst, zu meiner Violine, die mir treu geblieben ist bis auf diesen Tag.

„Ich lebte in dem Hause meines Vaters, unbeachtet von den Hausgenossen, in einem Hinterstübchen, das in den Nachbars-Hof hinausging[7]. Anfangs aß ich
25 am Familientische, wo niemand ein Wort an mich richtete. Als aber meine Brüder auswärts befördert[8] wurden und mein Vater beinahe täglich zu Gast geladen war — die Mutter lebte seit lange nicht mehr — fand man es unbequem, meinetwegen eine eigene Küche zu führen. Die Bedienten erhielten Kostgeld[9]; ich auch, das man mir aber nicht auf die Hand gab, sondern monatweise im Speisehaus bezahlte. Ich
30 war daher wenig in meiner Stube, die Abendstunden ausgenommen; denn mein Vater verlangte, daß ich längstens eine halbe Stunde nach dem Schluß der Kanzlei zu Hause sein sollte. Da saß ich denn, und zwar, meiner schon damals angegriffenen Augen halber, in der Dämmerung ohne Licht. Ich dachte auf das und jenes und war nicht traurig und nicht froh.

35 „Wenn ich nun so saß, hörte ich auf dem Nachbarshofe ein Lied singen. Mehrere Lieder, heißt das, worunter mir aber eines vorzüglich gefiel. Es war so einfach, so rührend und hatte den Nachdruck so auf der rechten Stelle, daß man

---

[1]'copyists' [2]'fine and shaded lines' [3]'distinctive mark' [4]'draft copy' [5]'on my own initiative' [6]'voted with him' [7]'looked out on' [8]'promoted outside the city' [9]'money for food'

die Worte gar nicht zu hören brauchte. Wie ich denn überhaupt glaube, die Worte verderben die Musik." Nun öffnete er den Mund und brachte einige heisere rauhe Töne hervor. „Ich habe von Natur keine Stimme", sagte er und griff nach der Violine. Er spielte, und zwar diesmai mit richtigem Ausdrucke, die Melodie eines
5 gemütlichen[1], übrigens gar nicht ausgezeichneten Liedes, wobei ihm die Finger auf den Saiten zitterten und endlich einzelne Tränen über die Backen liefen.

„Das war das Lied", sagte er, die Violine hinlegend. „Ich hörte es immer mit neuem Vergnügen. So sehr es mir aber im Gedächtnis lebendig war, gelang es mir doch nie, mit der Stimme auch nur zwei Töne davon richtig zu treffen. Ich ward
10 fast ungeduldig von Zuhören. Da fiel mir meine Geige in die Augen, die aus meiner Jugend her, wie ein altes Rüststück[2], ungebraucht an der Wand hing. Ich griff darnach und — es mochte sie wohl der Bediente in meiner Abwesenheit benützt haben — sie fand sich richtig gestimmt. Als ich nun mit dem Bogen über die Saiten fuhr, Herr, da war es, als ob Gottes Finger mich angerührt hätte. Der Ton
15 drang in mein Inneres hinein und aus dem Innern wieder heraus. Die Luft um mich war wie geschwängert[3] mit Trunkenheit. Das Lied unten im Hofe und die Töne von meinen Fingern an mein Ohr, Mitbewohner meiner Einsamkeit. Ich fiel auf die Knie und betete laut und konnte nicht begreifen, daß ich das holde Gotteswesen einmal gering geschätzt, ja gehaßt in meiner Kindheit, und küßte die Vio-
20 line und drückte sie an mein Herz und spielte wieder und fort.

„Das Lied im Hofe — es war eine Weibsperson, die sang — tönte derweile[4] unausgesetzt; mit dem Nachspielen ging es aber nicht so leicht.

„Ich hatte das Lied nämlich nicht in Noten. Auch merkte ich wohl, daß ich das Wenige der Geigenkunst, was ich etwa einmal wußte, so ziemlich vergessen
25 hatte. Ich konnte daher nicht das und das, sondern nur überhaupt spielen. Obwohl mir das jeweilige Was der Musik, mit Ausnahme jenes Liedes, immer ziemlich gleichgültig war und auch geblieben ist bis zum heutigen Tag. Sie spielen den Wolfgang Amadeus Mozart und den Sebastian Bach, aber den lieben Gott spielt keiner. Die ewige Wohltat und Gnade des Tons und Klangs, seine wundertätige
30 Übereinstimmung mit dem durstigen, zerlechzenden Ohr, daß" — fuhr er leiser und schamrot fort — „der dritte Ton zusammenstimmt mit dem ersten und der fünfte desgleichen und die Nota sensibilis[5] hinaufsteigt, wie eine erfüllte Hoffnung, die Dissonanz herabgebeugt wird als wissentliche Bosheit oder vermessener Stolz und die Wunder der Bindung und Umkehrung, wodurch auch die Sekunde
35 zur Gnade gelangt in den Schoß des Wohlklangs[6]. — Mir hat das alles, obwohl viel später, ein Musiker erklärt. Und, wovon ich aber nichts verstehe, die fuga[7] und

---

[1]'cheerful,' 'pleasant'   [2]'weapon'   [3]'impregnated'   [4]'meanwhile'   [5]'leading tone,' the seventh degree in the musical scale   [6]*wodurch ... Wohlklangs* 'so that the second also finds grace in the bosom of harmony'   [7]'fugue,' a musical composition based on a theme or themes repeated in various voices

das punctum contra punctum[1], und der canon[2] a duo, a tre, und so fort, ein ganzes Himmelsgebäude, eines ins andere greifend, ohne Mörtel verbunden, und gehalten von Gottes Hand. Davon will niemand etwas wissen bis auf wenige. Vielmehr stören sie dieses Ein- und Ausatmen der Seelen durch Hinzufügung allenfalls auch
5 zu sprechender Worte, wie die Kinder Gottes sich verbanden mit den Töchtern der Erde[3]; daß es hübsch angreife und eingreife in ein schwieliges[4] Gemüt. Herr", schloß er endlich, halb erschöpft, „die Rede ist dem Menschen notwendig wie Speise, man sollte aber auch den Trank rein erhalten, der da kommt von Gott."

„Ich kannte meinen Mann beinahe nicht mehr, so lebhaft war er geworden.
10 Er hielt ein wenig inne. „Wo blieb ich nur in meiner Geschichte?" sagte er endlich. „Ei ja, bei dem Liede und meinen Versuchen, es nachzuspielen. Es ging aber nicht. Ich trat ans Fenster, um besser zu hören. Da ging eben die Sängerin über den Hof. Ich sah sie nur von rückwärts, und doch kam sie mir bekannt vor. Sie trug einen Korb, mit, wie es schien, noch ungebackenen Kuchenstücken. Sie trat in ein Pfört
15 chen in der Ecke des Hofes, da wohl ein Backofen inne sein mochte, denn immer fortsingend, hörte ich mit hölzernen Geräten scharren, wobei die Stimme einmal dumpfer und einmal heller klang, wie eines, das sich bückt und in eine Höhlung hineinsingt, dann wieder erhebt und aufrecht dasteht. Nach einer Weile kam sie zurück, und nun merkte ich erst, warum sie mir vorher bekannt vorkam. Ich kannte
20 sie nämlich wirklich seit längerer Zeit. Und zwar aus der Kanzlei.

„Damit verhielt es sich so. Die Amtsstunden[5] fingen früh an und währten über den Mittag hinaus. Mehrere von den jüngeren Beamten, die nun entweder wirklich Hunger fühlten, oder eine halbe Stunde damit vor sich bringen[6] wollten, pflegten gegen eilf[7] Uhr eine Kleinigkeit zu sich zu nehmen. Die Gewerbsleute,
25 die alles zu ihrem Vorteile zu benutzen wissen, ersparten den Leckermäulern den Weg und brachten ihre Feilschaften[8] ins Amtsgebäude, wo sie sich auf Stiege[9] und Gang damit hinstellten. Ein Bäcker verkaufte kleine Weißbrote, die Obstfrau Kirschen. Vor allem aber waren gewisse Kuchen beliebt, die eines benachbarten Grieslers[10] Tochter selbst verfertigte und noch warm zu Markt brachte. Ihre
30 Kunden traten zu ihr auf den Gang hinaus, und nur selten kam sie, gerufen, in die Amtsstube, wo dann der etwas grämliche Kanzleivorsteher, wenn er ihrer gewahr wurde, ebenso selten ermangelte, sie wieder zur Türe hinauszuweisen, ein Gebot, dem sie sich nur mit Groll, und unwillige Worte murmelnd, fügte.

„Das Mädchen galt bei meinen Kameraden nicht für schön. Sie fanden sie zu
35 klein, wußten die Farbe ihrer Haare nicht zu bestimmen. Daß sie Katzenaugen habe, bestritten einige, Pockengruben aber gaben alle zu. Nur von ihrem stämmi-

---

[1]'counterpoint,' the juxtaposition to two or more themes   [2]a melody repeated by another voice ("a duo") or two other voices ("a tre"), but starting at a different time, e. g., "Row, row, row your boat"   [3]Genesis 6:2   [4]'callous'   [5]'business hours'   [6]'spend'   [7]=*elf* [8]'wares for sale'   [9]'stairs'   [10]*Griesler* (Austrian), shopkeeper who sells food and small household items.

gen Wuchs sprachen alle mit Beifall, schalten[1] sie aber grob, und einer wußte viel
von einer Ohrfeige zu erzählen, deren Spuren er noch acht Tage nachher gefühlt
haben wollte.

„Ich selbst gehörte nicht unter ihre Kunden. Teils fehlte mirs an Geld, teils
5 habe ich Speise und Trank wohl immer — oft nur zu sehr — als ein Bedürfnis
anerkennen müssen. Lust und Vergnügen darin zu suchen aber ist mir nie in den
Sinn gekommen. Wir nahmen daher keine Notiz von einander. Einmal nur, um
mich zu necken, machten ihr meine Kameraden glauben, ich hätte nach ihren
Eßwaren verlangt. Sie trat zu meinem Arbeitstisch und hielt mir ihren Korb hin.
10 Ich kaufe nichts, liebe Jungfer, sagte ich. Nun, warum bestellen Sie dann die
Leute? rief sie zornig. Ich entschuldigte mich, und so wie ich die Schelmerei gleich
weg hatte,[2] erklärte ich ihrs aufs beste. Nun, so schenken Sie mir wenigstens einen
Bogen Papier, um meine Kuchen darauf zu legen, sagte sie. Ich machte ihr begreiflich, daß das Kanzleipapier sei und nicht mir gehöre, zu Hause aber hätte ich wel-
15 ches, das mein wäre, davon wollt ich ihr bringen. Zu Hause habe ich selbst genug,
sagte sie spöttisch und schlug eine kleine Lache auf, indem sie fortging.

„Das war nur vor wenigen Tagen geschehen, und ich gedachte aus dieser Bekanntschaft sogleich Nutzen für meinen Wunsch zu ziehen. Ich knöpfte daher des
andern Morgens ein ganzes Buch Papier, an dem es bei uns zu Hause nie fehlte,
20 unter den Rock und ging auf die Kanzlei, wo ich, um mich nicht zu verraten,
meinen Harnisch mit großer Unbequemlichkeit auf dem Leibe behielt, bis ich
gegen Mittag aus dem Ein- und Ausgehen meiner Kameraden und dem Geräusch
der kauenden Backen merkte, daß die Kuchenverkäuferin gekommen war, und
glauben konnte, daß der Hauptandrang der Kunden vorüber sei. Dann ging ich
25 hinaus, zog mein Papier hervor, nahm mir ein Herz und trat zu dem Mädchen hin,
die, den Korb vor sich auf dem Boden und den rechten Fuß auf einen Schemel
gestellt, auf dem sie gewöhnlich zu sitzen pflegte, dastand, leise summend und mit
dem auf den Schemel gestützten Fuß den Takt dazu tretend. Sie maß mich vom
Kopf bis zu den Füßen, als ich näher kam, was meine Verlegenheit vermehrte. Lie-
30 be Jungfer, fing ich endlich an, Sie haben neulich von mir Papier begehrt, als keines zur Hand war, das mir gehörte. Nun habe ich welches von Hause mitgebracht
und — damit hielt ich ihr mein Papier hin. Ich habe Ihnen schon neulich gesagt,
erwiderte sie, daß ich selbst Papier zu Hause habe. Indes, man kann alles brauchen.
Damit nahm sie mit einem leichten Kopfnicken mein Geschenk und legte es in
35 den Korb. Von den Kuchen wollen Sie nicht? sagte sie, unter ihren Waren herum-
musternd, auch ist das Beste schon fort. Ich dankte, sagte aber, daß ich eine andere
Bitte hätte. Nu, allenfalls? sprach sie, mit dem Arm in die Handhabe des Korbes
fahrend und aufgerichtet dastehend, wobei sie mich mit heftigen Augen anblitzte.
Ich fiel rasch ein, daß ich ein Liebhaber der Tonkunst sei, obwohl erst seit kurzem,

---

[1]'derided' [2]*so ... hatte* 'as soon as I caught on to the joke'

daß ich sie so schöne Lieder singen gehört, besonders eines. Sie? Mich? Lieder?
fuhr sie auf, und Wo? Ich erzählte ihr weiter, daß ich in ihrer Nachbarschaft wohne und sie auf dem Hofe bei der Arbeit belauscht hätte. Eines ihrer Lieder gefiele
mir besonders, so daß ichs schon versucht hätte, auf der Violine nachzuspielen.
5 Wären Sie etwa gar derselbe, rief sie aus, der so kratzt auf der Geige? — Ich war
damals, wie ich bereits sagte, nur Anfänger und habe erst später mit vieler Mühe
die nötige Geläufigkeit in diese Finger gebracht", unterbrach sich der alte Mann,
wobei er mit der linken Hand, als einer, der geigt, in der Luft herumfingerte. „Mir
war es", setzte er seine Erzählung fort, „ganz heiß ins Gesicht gestiegen, und ich
10 sah auch ihr an, daß das harte Wort sie gereute. Werte Jungfer, sagte ich, das
Kratzen rührt von daher, daß ich das Lied nicht in Noten habe, weshalb ich auch
höflichst um die Abschrift gebeten haben wollte[1]. Um die Abschrift? sagte sie. Das
Lied ist gedruckt und wird an den Straßenecken verkauft. Das Lied? entgegnete
ich. Das sind wohl nur die Worte. — Nun ja, die Worte, das Lied. — Aber der
15 Ton, in dem mans singt. — Schreibt man denn derlei auch auf? fragte sie. Freilich!
war meine Antwort, das ist ja eben die Hauptsache. Und wie haben denn Sie's
erlernt, werte Jungfer? — Ich hörte es singen, und da sang ichs nach. — Ich
erstaunte über das natürliche Ingenium[2]; wie denn überhaupt die ungelernten Leute oft die meisten Talente haben. Es ist aber doch nicht das Rechte, die eigentliche
20 Kunst. Ich war nun neuerdings in Verzweiflung. Aber welches Lied ist es denn
eigentlich? sagte sie. Ich weiß so viele. — Alle ohne Noten? — Nun freilich; also
welches war es denn? — Es ist gar so schön, erklärte ich mich. Steigt gleich
anfangs in die Höhe, kehrt dann in sein Inwendiges zurück und hört ganz leise auf.
Sie singens auch am öftesten. Ah, das wird wohl das sein! sagte sie, setzte den
25 Korb wieder ab, stellte den Fuß auf den Schemel und sang nun mit ganz leiser und
doch klarer Stimme das Lied, wobei sie das Haupt duckte, so schön, so lieblich,
daß, ehe sie noch zu Ende war, ich nach ihrer herabhängenden Hand fuhr. Oho!
sagte sie, den Arm zurückziehend, denn sie meinte wohl, ich wollte ihre Hand
unziemlicherweise anfassen, aber nein, küssen wollte ich sie, obschon sie nur ein
30 armes Mädchen war. — Nun, ich bin ja jetzt auch ein armer Mann.

    „Da ich nun vor Begierde, das Lied zu haben, mir in die Haare fuhr, tröstete
sie mich und sagte: der Organist der Peterskirche käme öfter um Muskatnuß in
ihres Vaters Gewölbe, den wolle sie bitten, alles auf Noten zu bringen. Ich könnte
es nach ein paar Tagen dort abholen. Hierauf nahm sie ihren Korb und ging, wobei
35 ich ihr das Geleite bis zur Stiege gab[3]. Auf der obersten Stufe die letzte Verbeugung machend, überraschte mich der Kanzleivorsteher[4], der mich an meine Arbeit
gehen hieß und auf das Mädchen schalt, an dem, wie er behauptete, kein gutes
Haar sei. Ich war darüber heftig erzürnt und wollte ihm eben antworten, daß ich,

---

[1]'would like to ask' [2]'talent,' 'cleverness' (Latin) [3]*ihr ... gab* 'accompanied her to the
stairs' [4]'office chief'

mit seiner Erlaubnis, vom Gegenteile überzeugt sei, als ich bemerkte, daß er
bereits in sein Zimmer zurückgegangen war, weshalb ich mich faßte und ebenfalls
an meinen Schreibtisch ging. Doch ließ er sich seit dieser Zeit nicht nehmen[1], daß
ich ein liederlicher Beamter und ein ausschweifender[2] Mensch sei.

5   „Ich konnte auch wirklich desselben[3] und die darauffolgenden Tage kaum
etwas Vernünftiges arbeiten, so ging mir das Lied lm Kopfe herum, und ich war
wie verloren. Ein paar Tage vergangen[4], wußte ich wieder nicht, ob es schon Zeit
sei, die Noten abzuholen oder nicht. Der Organist, hatte das Mädchen gesagt, kam
in ihres Vaters Laden, um Muskatnuß zu kaufen; die konnte er nur zu Bier gebrau-
10   chen. Nun war seit einiger Zeit kühles Wetter und daher wahrscheinlich, daß der
wackere Tonkünstler sich eher an den Wein halten und daher so bald keine Muskatnuß bedürfen werde. Zu schnell anfragen schien mir unhöfliche Zudringlich-
keit, allzu langes Warten konnte für Gleichgültigkeit ausgelegt werden. Mit dem
Mädchen auf dem Gange zu sprechen, getraute ich mir nicht, da unsere erste
15   Zusammenkunft bei meinen Kameraden ruchbar geworden war, und sie vor
Begierde brannten, mir einen Streich zu spielen.

„Ich hatte inzwischen die Violine mit Eifer wieder aufgenommen und übte vorderhand das Fundament[5] gründlich durch, erlaubte mir wohl auch von Zeit zu Zeit,
aus dem Kopfe zu spielen, wobei ich aber das Fenster sorgfältig schloß, da ich wußte,
20   daß mein Vortrag mißfiel. Aber wenn ich das Fenster auch öffnete, bekam ich mein
Lied doch nicht wieder zu hören. Die Nachbarin sang teils gar nicht, teils so leise
und bei verschlossener Türe, daß ich nicht zwei Töne unterscheiden konnte.

„Endlich — es waren ungefähr drei Wochen vergangen — vermocht ichs
nicht mehr auszuhalten. Ich hatte zwar schon durch zwei Abende mich auf die
25   Gasse gestohlen — und das ohne Hut, damit die Dienstleute glauben sollten, ich
suchte nur nach etwas im Hause — sooft ich aber in die Nähe des Grieslerladens
kam, überfiel mich ein so heftiges Zittern, daß ich umkehren mußte, ich mochte
wollen oder nicht. Endlich aber — wie gesagt — konnte ichs nicht mehr aushalten. Ich nahm mir ein Herz und ging eines Abends — auch diesmal ohne Hut —
30   aus meinem Zimmer die Treppe hinab und festen Schrittes durch die Gasse bis zu
dem Grieslerladen, wo ich vorderhand stehen blieb und überlegte, was weiter zu
tun sei. Der Laden war erleuchtet und ich hörte Stimmen darin. Nach einigem Zögern beugte ich mich vor und lugte von der Seite hinein. Ich sah das Mädchen hart
vor dem Ladentische[6] am Lichte sitzen und in einer hölzernen Mulde[7] Erbsen oder
35   Bohnen lesen[8]. Vor ihr stand ein derber, rüstiger Mann, die Jacke über die Schulter
gehängt, eine Art Knittel in der Hand, ungefähr wie ein Fleischhauer. Die beiden
sprachen, offenbar in guter Stimmung, denn das Mädchen lachte einigemale laut
auf, ohne sich aber in ihrer Arbeit zu unterbrechen oder auch nur aufzusehen. War

---

[1]'could not be dissuaded'   [2]'of loose morals'   [3]'that day'   [4]'having past'   [5]'basics'
[6]'counter'   [7]'bowl'   [8]'sorting'

es meine gezwungene vorgebeugte Stellung, oder sonst was immer, mein Zittern begann wieder zu kommen; als ich mich plötzlich von rückwärts mit derber Hand angefaßt und nach vorwärts geschleppt fühlte. In einem Nu stand ich im Gewölbe[1], und als ich, losgelassen, mich umschaute, sah ich, daß es der Eigentümer
5 selbst war, der, von auswärts nach Hause kehrend, mich auf der Lauer überrascht und als verdächtig angehalten hatte. Element![2] schrie er, da sieht man, wo die Pflaumen hinkommen und die Handvoll Erbsen und Rollgerste[3], die im Dunkeln aus den Auslagkörben gemaust[4] werden. Da soll ja gleich das Donnerwetter dreinschlagen. Und damit ging er auf mich los, als ob er wirklich dreinschlagen wolle.
10 „Ich war wie vernichtet, wurde aber durch den Gedanken, daß man an meiner Ehrlichkeit zweifle, bald wieder zu mir selbst gebracht. Ich verbeugte mich daher ganz kurz und sagte dem Unhöflichen, daß mein Besuch nicht seinen Pflaumen oder seiner Rollgerste, sondern seiner Tochter gelte. Da lachte der in der Mitte des Ladens stehende Fleischer laut auf und wendete sich zu gehen, nachdem er vorher
15 dem Mädchen ein paar Worte leise zugeflüstert hatte, die sie gleichfalls lachend durch einen schallenden Schlag mit der flachen Hand auf seinen Rücken beantwortete. Der Griesler gab dem Weggehenden das Geleit zur Türe hinaus. Ich hatte derweil schon wieder all meinen Mut verloren und stand dem Mädchen gegenüber, die gleichgültig ihre Erbsen und Bohnen las[5], als ob das Ganze sie nichts anginge.
20 Da polterte der Vater wieder zur Türe herein. Mordtausendelement noch einmal, sagte er, Herr, was solls mit meiner Tochter? Ich versuchte, ihm den Zusammenhang und den Grund meines Besuches zu erklären. Was Lied? sagte er, ich will euch Lieder singen! wobei er den rechten Arm sehr verdächtig auf und ab bewegte. — Dort liegt es, sprach das Mädchen, indem sie, ohne die Mulde mit Hülsen-
25 früchten wegzusetzen, sich samt dem Sessel seitwärts überbeugte und mit der Hand auf den Ladentisch hinwies. Ich eilte hin und sah ein Notenblatt liegen. Es war das Lied. Der Alte war mir aber zuvorgekommen. Er hielt das schöne Papier zerknitternd in der Hand. Ich frage, sagte er, was das abgibt? Wer ist der Mensch? Es ist ein Herr aus der Kanzlei, erwiderte sie, indem sie eine wurmstichige Erbse
30 etwas weiter als die anderen von sich warf. Ein Herr aus der Kanzlei? rief er, im Dunkeln, ohne Hut? Den Mangel des Hutes erklärte ich durch den Umstand, daß ich ganz in der Nähe wohnte, wobei ich das Haus bezeichnete. Das Haus weiß ich, rief er. Da wohnt niemand drinnen als der Hofrat — hier nannte er den Namen meines Vaters — und die Bedienten kenne ich alle. Ich bin der Sohn des Hofrats,
35 sagte ich, leise, als obs eine Lüge wäre. — Mir sind im Leben viele Veränderungen vorgekommen, aber noch keine so plötzlich, als bei diesen Worten in dem ganzen Wesen des Mannes vorging. Der zum Schmähen geöffnete Mund blieb offen stehen, die Augen drohten noch immer, aber um den untern Teil des Gesichtes fing an eine Art Lächeln zu spielen, das sich immer mehr Platz machte. Das Mädchen

---

[1] =*Laden*   [2] 'Damnation!'   [3] 'pearl barley'   [4] 'snitched'   [5] 'sorted'

blieb in ihrer Gleichgültigkeit und gebückten Stellung, nur daß sie sich die losgegangenen Haare, fortarbeitend, hinter die Ohren zurückstrich. Der Sohn des
Herrn Hofrats? schrie endlich der Alte, in dessen Gesichte die Aufheiterung vollkommen geworden war. Wollen Euer Gnaden sichs vielleicht bequem machen?
5   Barbara, einen Stuhl! Das Mädchen bewegte sich widerwillig auf dem ihren. Nu,
wart, Tuckmauser[1]! sagte er, indem er selbst einen Korb von seinem Platze hob
und den darunter gestellten Sessel mit dem Vortuche[2] vom Staube reinigte. Hohe
Ehre, fuhr er fort. Der Herr Hofrat — der Herr Sohn, wollt ich sagen, praktizieren
also auch die Musik? Singen vielleicht, wie meine Tochter, oder vielmehr ganz
10 anders, nach Noten, nach der Kunst? Ich erklärte ihm, daß ich von Natur keine
Stimme hätte. Oder schlagen Klavizimbel[3], wie die vornehmen Leute zu tun pflegen? Ich sagte, daß ich die Geige spiele. Habe auch in meiner Jugend gekratzt auf
der Geige, rief er. Bei dem Worte kratzen blickte ich unwillkürlich auf das Mädchen hin und sah, daß sie ganz spöttisch lächelte, was mich sehr verdroß.
15   „Sollten sich des Mädels annehmen[4], heißt das[5] in Musik, fuhr er fort. Singt
eine gute Stimme, hat auch sonst ihre Qualitäten, aber das Feine[6], lieber Gott, wo
solls herkommen? wobei er Daumen und Zeigefinger der rechten Hand wiederholt
übereinander schob. Ich war ganz beschämt, daß man mir unverdienterweise so
bedeutende musikalische Kenntnisse zutraute, und wollte eben den wahren Stand
20 der Sache auseinander setzen, als ein außen Vorübergehender in den Laden herein-
rief: Guten Abend alle miteinander! Ich erschrak, denn es war die Stimme eines
der Bedienten unseres Hauses. Auch der Griesler hatte sie erkannt. Die Spitze der
Zunge vorschiebend und die Schulter emporgehoben, flüsterte er: Waren einer der
Bedienten des gnädigen Papa. Konnten Sie aber nicht erkennen, standen mit dem
25 Rücken gegen die Türe. Letzteres verhielt sich wirklich so. Aber das Gefühl des
Heimlichen, Unrechten ergriff mich qualvoll. Ich stammelte nur ein paar Worte
zum Abschied und ging. Ja selbst mein Lied hätte ich vergessen, wäre mir nicht
der Alte auf die Straße nachgesprungen, wo er mirs in die Hand steckte.
        „So gelangte ich nach Hause, auf mein Zimmer, und wartete der Dinge, die
30 da kommen sollten. Und sie blieben nicht aus. Der Bediente hatte mich dennoch
erkannt. Ein paar Tage darauf trat der Sekretär meines Vaters zu mir auf die Stube
und kündigte mir an, daß ich das elterliche Haus zu verlassen hätte. Alle meine
Gegenreden waren fruchtlos. Man hatte mir in einer entfernten Vorstadt ein Kämmerchen gemietet, und so war ich denn ganz aus der Nähe der Angehörigen
35 verbannt. Auch meine Sängerin bekam ich nicht mehr zu sehen. Man hatte ihr den
Kuchenhandel auf der Kanzlei eingestellt[7], und ihres Vaters Laden zu betreten,
konnte ich mich nicht entschließen, da ich wußte, daß es dem meinigen mißfiel.
Ja, als ich dem alten Griesler zufällig auf der Straße begegnete, wandte er sich mit

---

[1]'hypocrite' [2]'apron' [3]'harpsichord' [4]*sich etwas annehmen* 'take an interest in' (with
gen.) [5]'that is to say' [6]i. e., *das Geld* [7]'stopped'

einem grimmigen Gesichte von mir ab, und ich war wie niedergedonnert[1]. Da holte ich denn, halbe Tage lang allein, meine Geige hervor und spielte und übte.
„Es sollte aber noch schlimmer kommen. Das Glück unseres Hauses ging
abwärts. Mein jüngster Bruder, ein eigenwilliger, ungestümer Mensch, Offizier bei
5 den Dragonern, mußte[2] eine unbesonnene Wette, infolge der er, vom Ritt erhitzt,
mit Pferd und Rüstung, durch die Donau schwamm — es war tief in Ungarn —
mit dem Leben bezahlen. Der ältere, geliebteste, war in einer Provinz am Ratstisch
angestellt[3]. In immerwährender Widersetzlichkeit gegen seinen Landesvorgesetz-
ten[4] und, wie sie sagten, heimlich dazu von unserem Vater aufgemuntert, erlaubte
10 er sich sogar unrichtige Angaben, um seinem Gegner zu schaden. Es kam zur
Untersuchung, und mein Bruder ging heimlich aus dem Lande. Die Feinde unseres
Vaters, deren viele waren[5], benützten den Anlaß, ihn zu stürzen. Von allen Seiten
angegriffen, und ohnehin ingrimmig über die Abnahme seines Einflusses, hielt er
täglich die angreifendsten Reden in der Ratssitzung. Mitten in einer derselben traf
15 ihn ein Schlagfluß. Er wurde sprachlos nach Hause gebracht. Ich selbst erfuhr
nichts davon. Des andern Tages auf der Kanzlei bemerkte ich wohl, daß sie heimlich flüsterten und mit den Fingern nach mir wiesen. Ich war aber derlei schon
gewohnt und hatte kein Arges[6]. Freitags darauf — es war Mittwochs gewesen —
wurde mir plötzlich ein schwarzer Anzug mit Flor[7] auf die Stube gebracht. Ich
20 erstaunte und fragte und erfuhr. Mein Körper ist sonst stark und widerhältig[8], aber
da fiels mich an mit Macht. Ich sank besinnungslos zu Boden. Sie trugen mich ins
Bette, wo ich fieberte und irre sprach den Tag hindurch und die ganze Nacht. Des
andern Morgens hatte die Natur die Oberhand gewonnen, aber mein Vater war tot
und begraben.
25 „Ich hatte ihn nicht mehr sprechen können; ihn nicht um Verzeihung bitten
wegen all des Kummers, den ich ihm gemacht; nicht mehr danken für die unver-
dienten Gnaden — ja Gnaden! denn seine Meinung war gut, und ich hoffe ihn
einst wiederzufinden, wo wir nach unsern Absichten gerichtet werden und nicht
nach unsern Werken.
30 „Ich blieb mehrere Tage auf meinem Zimmer, kaum daß ich Nahrung zu mir
nahm. Endlich ging ich doch hervor, aber gleich nach Tische[9] wieder nach Hause,
und nur des Abends irrte ich in den dunkeln Straßen umher, wie Kain, der Bruder-
mörder. Die väterliche Wohnung war mir dabei ein Schreckbild, dem ich sorgfäl-
tigst aus dem Wege ging. Einmal aber, gedankenlos vor mich hinstarrend, fand ich
35 mich plötzlich in der Nähe des gefürchteten Hauses. Meine Kniee zitterten, daß
ich mich anhalten mußte. Hinter mir an die Wand greifend, erkenne ich die Türe
des Grieslerladens und darin sitzend Barbara, einen Brief in der Hand, neben ihr

---

[1]'thunderstruck' [2]goes with *bezahlen* 'had to pay with his life' [3]'appointed to an administrative post' [4]'chief of his province' [5]'who were numerous' [6]'had no suspicion'
[7]'mourning band' [8]'capable of resistance' [9]'after my meal'

das Licht auf dem Ladentische und hart dabei in aufrechter Stellung ihr Vater, der ihr zuzusprechen schien. Und wenn es mein Leben gegolten hätte,[1] ich mußte eintreten. Niemanden zu haben, dem man sein Leid klagen kann, niemanden, der Mitleid fühlt! Der Alte, wußte ich wohl, war auf mich erzürnt, aber das Mädchen
5 sollte mir ein gutes Wort geben. Doch kam es ganz entgegengesetzt. Barbara stand auf, als ich eintrat, warf mir einen hochmütigen Blick zu und ging in die Nebenkammer, deren Türe sie abschloß. Der Alte aber faßte mich bei der Hand, hieß mich niedersitzen, tröstete mich, meinte aber auch, ich sei nun ein reicher Mann und hätte mich um niemanden mehr zu kümmern. Er fragte, wieviel ich geerbt
10 hätte. Ich wußte das nicht. Er forderte mich auf, zu den Gerichten zu gehen, was ich versprach. In den Kanzleien, meinte er, sei nichts zu machen. Ich sollte meine Erbschaft im Handel anlegen. Knoppern[2] und Früchte würfen guten Profit ab; ein Kompagnon, der sich darauf verstände, könnte Groschen in Gulden verwandeln. Er selbst habe sich einmal viel damit abgegeben. Dabei rief er wiederholt nach dem
15 Mädchen, die aber kein Lebenszeichen von sich gab. Doch schien mir, als ob ich an der Türe zuweilen rascheln hörte. Da sie aber immer nicht kam, und der Alte nur vom Gelde redete, empfahl ich mich endlich und ging, wobei der Mann bedauerte, mich nicht begleiten zu können, da er allein im Laden sei. Ich war traurig über meine verfehlte Hoffnung und doch wunderbar getröstet. Als ich auf der
20 Straße stehenblieb und nach dem Hause meines Vaters hinüberblickte, hörte ich plötzlich hinter mir eine Stimme, die gedämpft und im Tone des Unwillens sprach: Trauen Sie nicht gleich jedermann, man meint es nicht gut mit Ihnen. So schnell ich mich umkehrte, sah ich doch niemand; nur das Klirren eines Fensters im Erdgeschosse, das zu des Grieslers Wohnung gehörte, belehrte mich, wenn ich
25 auch die Stimme nicht erkannt hätte, daß Barbara die geheime Warnerin war. Sie hatte also doch gehört, was im Laden gesprochen worden. Wollte sie mich vor ihrem Vater warnen? oder war ihr zu Ohren gekommen, daß gleich nach meines Vaters Tode, teils Kollegen aus der Kanzlei, teils andere ganz unbekannte Leute mich mit Bitten um Unterstützung und Nothilfe angegangen, ich auch zugesagt,
30 wenn ich erst zu Geld kommen würde. Was einmal versprochen, mußte ich halten, in Zukunft aber beschloß ich, vorsichtiger zu sein. Ich meldete mich wegen meiner Erbschaft.[3] Es war weniger, als man geglaubt hatte, aber doch sehr viel, nahe an eilftausend Gulden. Mein Zimmer wurde den ganzen Tag von Bittenden und Hilfesuchenden nicht leer. Ich war aber beinahe hart geworden und gab nur, wo die
35 Not am größten war. Auch Barbaras Vater kam. Er schmälte[4], daß ich sie schon drei Tage nicht besucht, worauf ich der Wahrheit gemäß erwiderte, daß ich fürchte, seiner Tochter zur Last zu sein. Er aber sagte, das sollte mich nicht kümmern,

---

[1]'And even if it had cost me my life' [2]'oak-galls,' caused by wasp larvæ, were a source of tannin, used in leather tanning. [3]'I went to claim my inheritance.' [4]*schmälen*, 'to scold'

er habe ihr schon den Kopf zurecht gesetzt[1], wobei er auf eine boshafte Art lachte, so daß ich erschrak. Dadurch an Barbaras Warnung rückerinnert, verhehlte ich, als wir bald im Gespräche darauf kamen, den Betrag meiner Erbschaft; auch seinen Handelsvorschlägen wich ich geschickt aus.

5 „Wirklich lagen mir bereits andere Aussichten im Kopfe. In der Kanzlei, wo man mich nur meines Vaters wegen geduldet hatte, war mein Platz bereits durch einen andern besetzt, was mich, da kein Gehalt damit verbunden war, wenig kümmerte. Aber der Sekretär meines Vaters, der durch die letzten Ereignisse brotlos geworden, teilte mir den Plan zur Errichtung eines Auskunfts-, Kopier- und Über10 setzungs-Comptoirs mit, wozu ich die ersten Einrichtungskosten vorschießen sollte, indes er selbst die Direktion zu übernehmen bereit war. Auf mein Andringen wurden die Kopierarbeiten auch auf Musikalien ausgedehnt, und nun war ich in meinem Glücke. Ich gab das erforderliche Geld, ließ mir aber, schon vorsichtig geworden, eine Handschrift darüber ausstellen. Die Kaution[2] für die Anstalt, die 15 ich gleichfalls vorschoß, schien, obgleich beträchtlich, kaum der Rede wert, da sie bei den Gerichten hinterlegt werden mußte und dort mein blieb, als hätte ich sie in meinem Schranke.

„Die Sache war abgetan, und ich fühlte mich erleichtert, erhoben, zum ersten Male in meinem Leben selbstständig, ein Mann. Kaum daß ich meines Vaters 20 noch gedachte. Ich bezog eine bessere Wohnung, änderte einiges in meiner Kleidung, und ging, als es Abend geworden, durch wohlbekannte Straßen nach dem Grieslerladen, wobei ich mit den Füßen schlenkerte und mein Lied zwischen den Zähnen summte, obwohl nicht ganz richtig. Das B in der zweiten Hälfte habe ich mit der Stimme nie treffen können. Froh und guter Dinge langte ich an, aber ein 25 eiskalter Blick Barbaras warf mich sogleich in meine frühere Zaghaftigkeit zurück. Der Vater empfing mich aufs beste, sie aber tat, als ob niemand zugegen wäre, fuhr fort Papierdüten[3] zu wickeln und mischte sich mit keinem Worte in unser Gespräch. Nur als die Rede auf meine Erbschaft kam, fuhr sie mit halbem Leibe empor, und sagte fast drohend, Vater! worauf der Alte sogleich den Gegenstand 30 änderte. Sonst sprach sie den ganzen Abend nichts, gab mir keinen zweiten Blick, und als ich mich endlich empfahl, klang ihr: Guten Abend! beinahe wie ein Gott sei Dank!

„Aber ich kam wieder und wieder, und sie gab allmählich nach. Nicht als ob ich ihr irgend etwas zu Danke[4] gemacht hätte. Sie schalt und tadelte mich unauf35 hörlich. Alles war ungeschickt, Gott hatte mir zwei linke Hände erschaffen; mein Rock saß wie an einer Vogelscheuche; ich ging wie die Enten, mit einer Anmahnung[5] an den Haushahn. Besonders zuwider war ihr meine Höflichkeit gegen die Kunden. Da ich nämlich bis zur Eröffnung der Kopieranstalt ohne Beschäftigung

war und überlegte, daß ich dort mit dem Publikum zu tun haben würde, so nahm
ich, als Vorübung, an dem Kleinverkauf im Grieslergewölbe tätigen Anteil, was
mich oft halbe Tage lang festhielt. Ich wog Gewürz ab, zählte den Knaben Nüsse
und Welkpflaumen[1] zu, gab klein Geld heraus; letzteres nicht ohne häufige Irrun-
gen, wo denn immer Barbara dazwischen fuhr, gewalttätig wegnahm, was ich eben
in den Händen hielt, und mich vor den Kunden verlachte und verspottete. Machte
ich einem der Käufer einen Bückling oder empfahl mich ihnen, so sagte sie barsch,
ehe die Leute noch zur Türe hinaus waren: Die Ware empfiehlt! und kehrte mir
den Rücken. Manchmal aber wieder war sie ganz Güte. Sie hörte mir zu, wenn ich
erzählte, was in der Stadt vorging; aus meinen Kinderjahren; von dem Beamten-
wesen in der Kanzlei, wo wir uns zuerst kennengelernt. Dabei ließ sie mich aber
immer allein sprechen, und gab nur durch einzelne Worte ihre Billigung oder —
was öfter der Fall war — ihre Mißbilligung zu erkennen.

„Von Musik oder Gesang war nie die Rede. Erstlich meinte sie, man müsse
entweder singen oder das Maul halten, zu reden sei da nichts. Das Singen selbst
aber ging nicht an.[2] Im Laden war es unziemlich, und die Hinterstube, die sie und
ihr Vater gemeinschaftlich bewohnten, durfte ich nicht betreten. Einmal aber, als
ich unbemerkt zur Türe hereintrat, stand sie, auf den Zehenspitzen emporgerich-
tet, den Rücken mir zugekehrt und mit den erhobenen Händen, wie man nach
etwas sucht, auf einem der höheren Stellbretter[3] herumtastend. Und dabei sang sie
leise in sich hinein. — Es war das Lied, mein Lied! — Sie aber zwitscherte wie
eine Grasmücke[4], die am Bache das Hälslein wäscht und das Köpfchen herumwirft
und die Federn sträubt und wieder glättet mit dem Schnäblein. Mir war, als ginge
ich auf grünen Wiesen. Ich schlich näher und näher und war schon so nahe, daß
das Lied nicht mehr von außen, daß es aus mir herauszutönen schien, ein Gesang
der Seelen. Da konnte ich mich nicht mehr halten und faßte mit beiden Händen
ihren in der Mitte nach vorn strebenden und mit den Schultern gegen mich
gesenkten Leib. Da aber kams. Sie wirbelte wie ein Kreisel um sich selbst. Glutrot
vor Zorn im Gesichte, stand sie vor mir da; ihre Hand zuckte, und ehe ich mich
entschuldigen konnte —

„Sie hatten, wie ich schon früher berichtet, auf der Kanzlei öfter von einer
Ohrfeige erzählt, die Barbara, noch als Kuchenhändlerin, einem Zudringlichen
gegeben. Was sie da sagten von der Stärke des eher klein zu nennenden Mädchens
und der Schwungkraft ihrer Hand, schien höchlich und zum Scherze übertrieben.
Es verhielt sich aber wirklich so, und ging ins Riesenhafte. Ich stand wie vom
Donner getroffen. Die Lichter tanzten mir vor den Augen. — Aber es waren Him-
melslichter. Wie Sonne, Mond und Sterne, wie die Engelein, die Versteckens spielen und dazu singen. Ich hatte Erscheinungen, ich war verzückt. Sie aber, kaum

---

[1]'dried plums'   [2]'But singing itself was out of the question'   [3]'storage shelves'   [4]'hedge-sparrow'

minder erschrocken als ich, fuhr mit ihrer Hand wie begütigend über die geschla-
gene Stelle. Es mag wohl zu stark ausgefallen sein[1], sagte sie, und — wie ein zweiter Blitzstrahl — fühlte ich plötzlich ihren warmen Atem auf meiner Wange und
ihre zwei Lippen, und sie küßte mich; nur leicht, leicht; aber es war ein Kuß auf
5 diese meine Wange, hier!" Dabei klatschte der alte Mann auf seine Backe, und die
Tränen traten ihm aus den Augen. „Was nun weiter geschah, weiß ich nicht", fuhr
er fort. „Nur daß ich auf sie losstürzte und sie in die Wohnstube lief und die Glas-
türe zuhielt, während ich von der andern Seite nachdrängte. Wie sie nun, zusam-
mengekrümmt und mit aller Macht sich entgegenstemmend, gleichsam an dem
10 Türfenster klebte, nahm ich mir ein Herz, verehrtester Herr, und gab ihr ihren
Kuß heftig zurück, durch das Glas.
   „Oho, hier gehts lustig her! hörte ich hinter mir rufen. Es war der Griesler,
der eben nach Hause kam. Nu, was sich neckt[2] — sagte er. Komm nur heraus, Bär-
be, und mach keine Dummheiten! Einen Kuß in Ehren kann niemand wehren. —
15 Sie aber kam nicht. Ich selbst entfernte mich nach einigen halb bewußtlos gestot-
terten Worten, wobei ich den Hut des Grieslers statt des meinigen nahm, den er
lachend mir in der Hand austauschte. Das war, wie ich ihn schon früher nannte,
der Glückstag meines Lebens. Fast hätte ich gesagt: der einzige, was aber nicht
wahr wäre, denn der Mensch hat viele Gnaden von Gott.
20   „Ich wußte nicht recht, wie ich im Sinne des Mädchens stand. Sollte ich sie
mir mehr erzürnt oder mehr begütigt denken? Der nächste Besuch kostete einen
schweren Entschluß. Aber sie war gut. Demütig und still, nicht auffahrend[3] wie
sonst, saß sie da bei einer Arbeit. Sie winkte mit dem Kopfe auf einen nebenstehenden Schemel, daß ich mich setzen und ihr helfen sollte. So saßen wir denn und
25 arbeiteten. Der Alte wollte hinausgehen. Bleibt doch da, Vater, sagte sie; was Ihr
besorgen wollt, ist schon abgetan. Er trat mit dem Fuße hart auf den Boden und
blieb. Ab- und zugehend sprach er von diesem und jenem, ohne daß ich mich in
das Gespräch zu mischen wagte. Da stieß das Mädchen plötzlich einen kleinen
Schrei aus. Sie hatte sich beim Arbeiten einen Finger geritzt, und, obgleich sonst
30 gar nicht weichlich, schlenkerte sie mit der Hand hin und her. Ich wollte zusehen,
aber sie bedeutete mich fortzufahren. Alfanzerei[4] und kein Ende! brummte der
Alte, und vor das Mädchen hintretend, sagte er mit starker Stimme: Was zu besorgen war, ist noch gar nicht getan! und so ging er schallenden Trittes zur Türe hinaus. Ich wollte nun anfangen, mich von gestern her zu entschuldigen; sie aber
35 unterbrach mich und sagte: Lassen wir das und sprechen wir jetzt von gescheiten
Dingen.
   „Sie hob den Kopf empor, maß mich vom Scheitel bis zur Zehe und fuhr in
ruhigem Tone fort: Ich weiß kaum selbst mehr den Anfang unserer Bekanntschaft,

---

[1]*Es ... sein* 'Maybe it was too hard'   [2]=*Was sich neckt, liebt sich.* (old saying)   [3]=*heftig*
[4]'foolish behavior'

aber Sie kommen seit einiger Zeit öfter und öfter, und wir haben uns an Sie gewöhnt. Ein ehrliches Gemüt wird Ihnen niemand abstreiten, aber Sie sind schwach, immer auf Nebendinge gerichtet, so daß Sie kaum imstande wären, Ihren eigenen Sachen selbst vorzustehen.[1] Da wird es denn Pflicht und Schuldigkeit von
5 Freunden und Bekannten, ein Einsehen zu haben, damit Sie nicht zu Schaden kommen. Sie versitzen[2] hier halbe Tage im Laden, zählen und wägen, messen und markten; aber dabei kommt nichts heraus. Was gedenken Sie in Zukunft zu tun, um Ihr Fortkommen zu haben? Ich erwähnte der Erbschaft meines Vaters. Die mag recht groß sein, sagte sie. Ich nannte den Betrag. Das ist viel und wenig, erwi-
10 derte sie. Viel, um etwas damit anzufangen; wenig, um vom Breiten zu zehren.[3] Mein Vater hat Ihnen zwar einen Vorschlag getan, ich riet Ihnen aber ab. Denn einmal hat er schon selbst Geld bei derlei Dingen verloren, dann, setzte sie mit gesenkter Stimme hinzu, ist er so gewohnt, von Fremden Gewinn zu ziehen, daß er es Freunden vielleicht auch nicht besser machen würde. Sie müssen jemand an
15 der Seite haben, der es ehrlich meint. — Ich wies auf sie. — Ehrlich bin ich, sagte sie. Dabei legte sie die Hand auf die Brust, und ihre Augen, die sonst ins Graulichte spielten, glänzten hellblau, himmelblau. Aber mit mir hats eigene Wege.[4] Unser Geschäft wirft wenig ab, und mein Vater geht mit dem Gedanken um, einen Schenkladen[5] aufzurichten. Da ist denn kein Platz für mich. Mir bliebe nur Hand-
20 arbeit, denn dienen[6] mag ich nicht. Und dabei sah sie aus wie eine Königin. Man hat mir zwar einen andern Antrag gemacht, fuhr sie fort, indem sie einen Brief aus ihrer Schürze zog und halb widerwillig auf den Ladentisch warf; aber da müßte ich fort von hier. — Und weit? fragte ich. — Warum? was kümmert Sie das? — Ich erklärte, daß ich an denselben Ort hinziehen wollte. — Sind Sie ein Kind! sagte
25 sie. Das ginge nicht an und wären ganz andere Dinge. Aber wenn Sie Vertrauen zu mir haben und gerne in meiner Nähe sind, so bringen Sie den Putzladen[7] an sich, der hier nebenan zu Verkauf steht. Ich verstehe das Werk, und um den bürgerlichen[8] Gewinn aus Ihrem Gelde dürften Sie nicht verlegen sein. Auch fänden Sie selbst mit Rechnen und Schreiben eine ordentliche Beschäftigung. Was sich
30 etwa noch weiter ergäbe, davon wollen wir jetzt nicht reden. — Aber ändern müßten Sie sich! Ich hasse die weibischen Männer.

   „Ich war aufgesprungen und griff nach meinem Hute. Was ist? wo wollen Sie hin? fragte sie. Alles abbestellen, sagte ich mit kurzem Atem. — Was denn? — Ich erzählte ihr nun meinen Plan zur Errichtung eines Schreib- und Auskunfts-Comp-
35 toirs. Da kommt nicht viel heraus, meinte sie. Auskunft einziehen kann ein jeder selbst und schreiben hat auch ein jeder gelernt in der Schule. Ich bemerkte, daß auch Musikalien kopiert werden sollten, was nicht jedermanns Sache sei. Kommen Sie schon wieder mit solchen Albernheiten? fuhr sie mich an. Lassen Sie das Musi-

---

[1]'manage your own affairs' [2]'waste sitting' [3]'to live off the capital' [4]'But I have other problems.' [5]'tavern' [6]'be a servant' [7]'milliner's shop' [8]'honest,' 'fair'

zieren und denken Sie auf die Notwendigkeit! Auch wären Sie nicht imstande, einem Geschäfte selbst vorzustehen. Ich erklärte, daß ich einen Compagnon gefunden hätte. Einen Compagnon? rief sie aus. Da will man Sie gewiß betrügen! Sie haben doch noch kein Geld hergegeben? — Ich zitterte, ohne zu wissen,
5 warum. — Haben Sie Geld gegeben? fragte sie noch einmal. Ich gestand die dreitausend Gulden zur ersten Einrichtung. — Dreitausend Gulden? rief sie, so vieles Geld! — Das übrige, fuhr ich fort, ist bei den Gerichten hinterlegt und jedenfalls sicher. — Also noch mehr? schrie sie auf. — Ich gab den Betrag der Kaution an. — Und haben Sie die selbst bei den Gerichten angelegt? — Es war durch meinen
10 Compagnon geschehen. — Sie haben doch einen Schein darüber? — Ich hatte keinen Schein. — Und wie heißt Ihr sauberer Compagnon? fragte sie weiter. Ich war einigermaßen beruhigt, ihr den Sekretär meines Vaters nennen zu können.
„Gott der Gerechte! rief sie aufspringend und die Hände zusammenschlagend. Vater! Vater! — Der Alte trat herein. — Was habt Ihr heute aus den
15 Zeitungen gelesen? — Von dem Sekretarius? sprach er. — Wohl, wohl! — Nun, der ist durchgegangen, hat Schulden über Schulden hinterlassen und die Leute betrogen. Sie verfolgen ihn mit Steckbriefen[1]! — Vater, rief sie, er hat ihm auch sein Geld anvertraut. Er ist zugrunde gerichtet. — Potz Dummköpfe und kein Ende! schrie der Alte. Hab ichs nicht immer gesagt? Aber das war ein Entschul-
20 digen. Einmal lachte sie über ihn, dann war er wieder ein redliches Gemüt. Aber ich will dazwischen fahren! Ich will zeigen, wer Herr im Hause ist. Du, Barbara, marsch hinein in die Kammer! Sie aber, Herr, machen Sie, daß Sie fortkommen, und verschonen uns künftig mit Ihren Besuchen. Hier wird kein Almosen gereicht. — Vater, sagte das Mädchen, seid nicht hart gegen ihn, er ist ja doch unglücklich
25 genug. — Eben darum, rief der Alte, will ichs nicht auch werden. Das, Herr, fuhr er fort, indem er auf den Brief zeigte, den Barbara vorher auf den Tisch geworfen hatte, das ist ein Mann! Hat Grütz[2] im Kopfe und Geld im Sack. Betrügt niemanden, läßt sich aber auch nicht betrügen; und das ist die Hauptsache bei der Ehrlichkeit. — Ich stotterte, daß der Verlust der Kaution noch nicht gewiß sei. — Ja,
30 rief er, wird ein Narr gewesen sein, der Sekretarius! Ein Schelm ist er, aber pfiffig. Und nun gehen Sie nur rasch, vielleicht holen Sie ihn noch ein! Dabei hatte er mir die flache Hand auf die Schulter gelegt und schob mich gegen die Türe. Ich wich dem Drucke seitwärts aus und wendete mich gegen das Mädchen, die, auf den Ladentisch gestützt, dastand, die Augen auf den Boden gerichtet, wobei die Brust
35 heftig auf und niederging. Ich wollte mich ihr nähern, aber sie stieß zornig mit dem Fuße auf den Boden, und als ich meine Hand ausstreckte, zuckte sie mit der ihren halb empor, als ob sie mich wieder schlagen wollte. Da ging ich, und der Alte schloß die Türe hinter mir zu.

---

[1]'warrant of arrest' [2]'sense,' 'brains'

Ich wankte durch die Straßen zum Tor hinaus, ins Feld. Manchmal fiel mich die Verzweiflung an, dann kam aber wieder Hoffnung. Ich erinnerte mich, bei Anlegung der Kaution den Sekretär zum Handelsgericht[1] begleitet zu haben. Dort hatte ich unter dem Torwege gewartet, und er war allein hinaufgegangen. Als er

5 herabkam, sagte er, alles sei berichtigt, der Empfangsschein werde mir ins Haus geschickt werden. Letzteres war freilich nicht geschehen, aber Möglichkeit blieb noch immer. Mit anbrechendem Tage kam ich zur Stadt zurück. Mein erster Gang war in die Wohnung des Sekretärs. Aber die Leute lachten und fragten, ob ich die Zeitungen nicht gelesen hätte? Das Handelsgericht lag nur wenige Häuser davon

10 ab. Ich ließ in den Büchern nachschlagen, aber weder sein Name noch meiner kamen darin vor. Von einer Einzahlung keine Spur. So war denn mein Unglück gewiß. Ja, beinahe wäre es noch schlimmer gekommen. Denn da ein Gesellschaftskontrakt[2] bestand, wollten mehrere seiner Gläubiger auf meine Person greifen. Aber die Gerichte gaben es nicht zu. Lob und Dank sei ihnen dafür gesagt!

15 Obwohl es auf eines herausgekommen wäre.

„In all diesen Widerwärtigkeiten war mir, gestehe ichs nur, der Griesler und seine Tochter ganz in den Hintergrund getreten. Nun da es ruhiger wurde und ich anfing zu überlegen, was etwa weiter geschehen sollte, kam mir die Erinnerung an den letzten Abend lebhaft zurück. Den Alten, eigennützig, wie er war, begriff ich

20 ganz wohl, aber das Mädchen. Manchmal kam mir in den Sinn, daß, wenn ich das Meinige zu Rate gehalten[3] und ihr eine Versorgung hätte anbieten können, sie wohl gar — Aber sie hätte mich nicht gemocht." — Dabei besah er mit auseinanderfallenden Händen seine ganze dürftige Gestalt. — „Auch war ihr mein höfliches Benehmen gegen jedermann immer zuwider.

25 ‚So verbrachte ich ganze Tage, sann und überlegte. Eines Abends im Zwielicht — es war die Zeit, die ich gewöhnlich im Laden zuzubringen pflegte — saß ich wieder und versetzte mich in Gedanken an die gewohnte Stelle. Ich hörte sie sprechen, auf mich schmähen, ja es schien, sie verlachten mich. Da raschelte es plötzlich an der Türe, sie ging auf, und ein Frauenzimmer trat herein. — Es war

30 Barbara. — Ich saß auf meinem Stuhl angenagelt, als ob ich ein Gespenst sähe. Sie war blaß und trug ein Bündel unter dem Arme. In die Mitte des Zimmers gekommen, blieb sie stehen, sah rings an den kahlen Wänden umher, dann nach abwärts auf das ärmliche Geräte[4] und seufzte tief. Dann ging sie an den Schrank, der zur Seite an der Mauer stand, wickelte ihr Packet auseinander, das einige Hemden und

35 Tücher enthielt — sie hatte in der letzten Zeit meine Wäsche besorgt — zog die Schublade heraus, schlug die Hände zusammen, als sie den spärlichen Inhalt sah, fing aber gleich darauf an, die Wäsche in Ordnung zu bringen und die mitgebrachten Stücke einzureihen. Darauf trat sie ein paar Schritte vom Schranke hinweg, und die Augen auf mich gerichtet, wobei sie mit dem Finger auf die offene Schub-

---

[1]‘commercial court’   [2]‘partnership contract’   [3]‘kept my affairs in order’   [4]‘furniture’

lade zeigte, sagte sie: Fünf Hemden und drei Tücher. So viel habe ich gehabt, so viel bringe ich zurück. Dann drückte sie langsam die Schublade zu, stützte sich mit der Hand auf den Schrank und fing laut an zu weinen. Es schien fast, als ob ihr schlimm würde, denn sie setzte sich auf einen Stuhl neben dem Schranke, verbarg
5 das Gesicht in ihr Tuch, und ich hörte aus den stoßweise geholten Atemzügen, daß sie noch immer fortweinte. Ich war leise in ihre Nähe getreten und faßte ihre Hand, die sie mir gutwillig ließ. Als ich aber, um ihre Blicke auf mich zu ziehen, an dem schlaff hängenden Arme bis zum Ellbogen emporrückte, stand sie rasch auf, machte ihre Hand los und sagte in gefaßtem Tone: Was nützt das alles? es ist
10 nun einmal so. Sie haben es selbst gewollt, sich und uns haben Sie unglücklich gemacht; aber freilich sich selbst am meisten. Eigentlich verdienen Sie kein Mitleid — hier wurde sie immer heftiger — wenn man so schwach ist, seine eigenen Sachen nicht in Ordnung halten zu können; so leichtgläubig, daß man jedem getraut, gleichviel ob es ein Spitzbube ist oder ein ehrlicher Mann. — Und doch
15 tuts mir leid um Sie. Ich bin gekommen, um Abschied zu nehmen. Ja, erschrecken Sie nur. Ists doch ihr Werk. Ich muß nun hinaus unter die groben Leute, wogegen ich mich so lange gesträubt habe. Aber da ist kein Mittel. Die Hand habe ich Ihnen schon gegeben, und so leben Sie wohl — für immer. Ich sah, daß ihr die Tränen wieder ins Auge traten, aber sie schüttelte unwillig mit dem Kopfe und
20 ging. Mir war, als hätte ich Blei in den Gliedern. Gegen die Türe gekommen, wendete sie sich noch einmal um und sagte: Die Wäsche ist jetzt in Ordnung. Sehen Sie zu, daß nichts abgeht. Es werden harte Zeiten kommen. Und nun hob sie die Hand auf, machte wie ein Kreuzeszeichen in die Luft und rief: Gott mit dir, Jakob! — In alle Ewigkeit, Amen! setzte sie leiser hinzu und ging.
25 „Nun erst kam mir der Gebrauch meiner Glieder zurück. Ich eilte ihr nach und auf dem Treppenabsatze stehend, rief ich ihr nach: Barbara! Ich hörte, daß sie auf der Stiege stehenblieb. Wie ich aber die erste Stufe hinabstieg, sprach sie von unten herauf: Bleiben Sie! und ging die Treppe vollends hinab und zum Tore hinaus.
„Ich habe seitdem harte Tage erlebt, keinen aber wie diesen; selbst der darauf
30 folgende war es minder. Ich wußte nämlich doch nicht so recht, wie ich daran war, und schlich daher am kommenden Morgen in der Nähe des Grieslerladens herum, ob mir vielleicht einige Aufklärung würde[1]. Da sich aber nichts zeigte, blickte ich endlich seitwärts in den Laden hinein und sah eine fremde Frau, die abwog und Geld herausgab und zuzählte. Ich wagte mich hinein und fragte, ob sie den Laden
35 an sich gekauft hätte? Zur Zeit noch nicht, sagte sie. — Und wo die Eigentümer wären? — Die sind heute frühmorgens nach Langenlebarn[2] gereist. — Die Tochter auch? stammelte ich. — Nun freilich auch, sagte sie, sie macht ja Hochzeit dort.

---

[1] *ob ... würde* 'to see whether I might get some clarification'   [2]locale on the Danube near Vienna

„Die Frau mochte[1] mir nun alles erzählt haben, was ich in der Folge von andern Leuten erfuhr. Der Fleischer des genannten Ortes nämlich — derselbe, den ich zur Zeit meines ersten Besuches im Laden antraf — hatte dem Mädchen seit lange Heiratsanträge gemacht, denen sie immer auswich, bis sie endlich in den
5 letzten Tagen, von ihrem Vater gedrängt und an allem übrigen verzweifelnd, einwilligte. Desselben Morgens waren Vater und Tochter dahin abgereist, und in dem Augenblick, da wir sprachen, war Barbara des Fleischers Frau.

„Die Verkäuferin mochte mir, wie gesagt, das alles erzählt haben, aber ich hörte nicht und stand regungslos, bis endlich Kunden kamen, die mich zur Seite
10 schoben, und die Frau mich anfuhr, ob ich noch sonst etwas wollte, worauf ich mich entfernte.

„Sie werden glauben, verehrtester Herr", fuhr er fort, „daß ich mich nun als den unglücklichsten aller Menschen fühlte. Und so war es auch im ersten Augenblicke. Als ich aber aus dem Laden heraustrat und, mich umwendend, auf die kleinen
15 Fenster zurückblickte, an denen Barbara gewiß oft gestanden und herausgesehen hatte, da kam eine selige Empfindung über mich. Daß sie nun alles Kummers los war, Frau im eigenen Hause, und nicht nötig[2] hatte, wie wenn sie ihre Tage an einen Herd- und Heimatlosen geknüpft hätte, Kummer und Elend zu tragen, das legte sich wie ein lindernder Balsam auf meine Brust, und ich segnete sie und ihre Wege.

20 „Wie es nun mit mir immer mehr herabkam, beschloß ich, durch Musik mein Fortkommen zu suchen; und solange der Rest meines Geldes währte, übte und studierte ich mir die Werke großer Meister, vorzüglich der alten, ein, welche ich abschrieb; und als nun der letzte Groschen ausgegeben war, schickte ich mich an, von meinen Kenntnissen Vorteil zu ziehen, und zwar anfangs in geschlossenen
25 Gesellschaften, wozu ein Gastgebot[3] im Hause meiner Mietfrau den ersten Anlaß gab. Als aber die von mir vorgetragenen Kompositionen dort keinen Anklang fanden, stellte ich mich in die Höfe der Häuser, da unter so vielen Bewohnern doch einige sein mochten, die das Ernste zu schätzen wußten — ja endlich auf die öffentlichen Spaziergänge, wo ich denn wirklich die Befriedigung hatte, daß ein-
30 zelne stehen blieben, zuhörten, mich befragten und nicht ohne Anteil weitergingen. Daß sie mir dabei Geld hinlegten, beschämte mich nicht. Denn einmal war gerade das mein Zweck, dann sah ich auch, daß berühmte Virtuosen, welche erreicht zu haben ich mir nicht schmeicheln konnte, sich für ihre Leistungen, und mitunter sehr hoch, honorieren ließen. So habe ich mich, obzwar ärmlich, aber
35 redlich fortgebracht bis diesen Tag.

„Nach Jahren sollte mir noch ein Glück zuteil werden. Barbara kam zurück. Ihr Mann hatte Geld verdient und ein Fleischhauergewerbe in einer der Vorstädte an sich gebracht. Sie war Mutter von zwei Kindern, von denen das älteste Jakob heißt, wie ich. Meine Berufsgeschäfte[4] und die Erinnerung an alte Zeiten erlaubten

---

[1]'may' [2]'need' [3]'invitation' [4]'professional duties'

mir nicht, zudringlich zu sein, endlich ward ich aber selbst ins Haus bestellt, um
dem ältesten Knaben Unterricht auf der Violine zu geben. Er hat zwar nur wenig
Talent, kann auch nur an Sonntagen spielen, da ihn in der Woche der Vater beim
Geschäft verwendet, aber Barbaras Lied, das ich ihn gelehrt, geht doch schon recht
5 gut; und wenn wir so üben und hantieren, singt manchmal die Mutter mit darein.
Sie hat sich zwar sehr verändert in den vielen Jahren, ist stark geworden und
kümmert sich wenig mehr um Musik, aber es klingt noch immer so hübsch wie
damals." Und damit ergriff der Alte seine Geige und fing an, das Lied zu spielen,
und spielte fort und fort, ohne sich weiter um mich zu kümmern. Endlich hatte
10 ichs satt, stand auf, legte ein paar Silberstücke auf den nebenstehenden Tisch und
ging, während der Alte eifrig immer fortgeigte.

Bald darauf trat ich eine Reise an, von der ich erst mit einbrechendem Winter
zurückkam. Die neuen Bilder hatten die alten verdrängt, und mein Spielmann war
so ziemlich vergessen. Erst bei Gelegenheit des furchtbaren Eisganges[1] im näch-
15 sten Frühjahre und der damit in Verbindung stehenden Überschwemmung[2] der
niedrig gelegenen Vorstädte erinnerte ich mich wieder an ihn. Die Umgegend der
Gärtnergasse war zum See geworden. Für des alten Mannes Leben schien nichts
zu besorgen, wohnte er doch hoch oben am Dache, indes unter den Bewohnern der
Erdgeschoße sich der Tod seine nur zu häufigen Opfer ausersehen hatte. Aber ent-
20 blößt von aller Hilfe, wie groß mochte seine Not sein! Solange die Überschwemmung währte, war nichts zu tun, auch hatten die Behörden nach Möglichkeit auf
Schiffen Nahrung und Beistand den Abgeschnittenen gespendet. Als aber die
Wasser verlaufen und die Straßen gangbar geworden waren, beschloß ich, meinen
Anteil an der in Gang gebrachten, zu unglaublichen Summen angewachsenen
25 Kollekte[3] persönlich an die mich zunächst angehende Adresse zu befördern.

Der Anblick der Leopoldstadt war grauenhaft. In den Straßen zerbrochene
Schiffe und Gerätschaften, in den Erdgeschoßen zum Teil noch stehendes Wasser
und schwimmende Habe. Als ich, dem Gedränge ausweichend, an ein zugelehntes
Hoftor hintrat, gab dieses nach und zeigte im Torwege eine Reihe von Leichen,
30 offenbar behufs der amtlichen Inspektion zusammengebracht und hingelegt; ja, im
Innern der Gemächer waren noch hie und da, aufrechtstehend und an die Gitterfenster angekrallt, verunglückte Bewohner zu sehen, die — es fehlte eben an Zeit
und Beamten, die gerichtliche Konstatierung so vieler Todesfälle vorzunehmen.

So schritt ich weiter und weiter. Von allen Seiten Weinen und Trauergeläute,
35 suchende Mütter und irregehende Kinder. Endlich kam ich an die Gärtnergasse.
Auch dort hatten sich die schwarzen Begleiter eines Leichenzuges aufgestellt,
doch, wie es schien, entfernt von dem Hause, das ich suchte. Als ich aber näher
trat, bemerkte ich wohl eine Verbindung von Anstalten und Hin- und Hergehen-

---

[1]breaking up of ice in thaw   [2]This calamitous flood took place at the end of February,
1830.   [3]collections for the flood victims

den zwischen dem Trauergeleite und der Gärtnerswohnung. Am Haustor stand ein
wacker aussehender, ältlicher, aber noch kräftiger Mann. In hohen Stiefeln, gelben
Lederhosen und langherabgehendem Leibrocke sah er einem Landfleischer[1] ähnlich. Er gab Aufträge, sprach aber dazwischen ziemlich gleichgültig mit den
5 Nebenstehenden. Ich ging an ihm vorbei und trat in den Hofraum. Die alte Gärt-
nerin kam mir entgegen, erkannte mich auf der Stelle wieder und begrüßte mich
unter Tränen. „Geben Sie uns auch die Ehre?" sagte sie. „Ja, unser armer Alter! der
musiziert jetzt mit den lieben Engeln, die auch nicht viel besser sein können, als
er es war. Die ehrliche Seele saß da oben sicher in seiner Kammer. Als aber das
10 Wasser kam und er die Kinder schreien hörte, da sprang er herunter und rettete
und schleppte und trug und brachte in Sicherheit, daß ihm der Atem ging wie ein
Schmiedegebläs[2]. Ja — wie man denn nicht überall seine Augen haben kann — als
sich ganz zuletzt zeigte, daß mein Mann seine Steuerbücher und die paar Gulden
Papiergeld im Wandschrank vergessen hatte, nahm der Alte ein Beil, ging ins
15 Wasser, das ihm schon an die Brust reichte, erbrach den Schrank und brachte alles
treulich. Da hatte er sich wohl verkältet, und wie im ersten Augenblicke denn
keine Hilfe zu haben war, griff er in die Phantasie[3] und wurde immer schlechter,
ob wir ihm gleich beistanden nach Möglichkeit und mehr dabei litten, als er selbst.
Denn er musizierte in einem fort, mit der Stimme nämlich, und schlug den Takt
20 und gab Lektionen. Als sich das Wasser ein wenig verlaufen hatte und wir den
Bader[4] holen konnten und den Geistlichen, richtete er sich plötzlich im Bette auf,
wendete Kopf und Ohr seitwärts, als ob er in der Entfernung etwas gar Schönes
hörte, lächelte, sank zurück und war tot. Gehen Sie nur hinauf, er hat oft von
Ihnen gesprochen. Die Madame ist auch oben. Wir haben ihn auf unsere Kosten
25 begraben lassen wollen, die Frau Fleischermeisterin gab es aber nicht zu."
　　Sie drängte mich die steile Treppe hinauf bis zur Dachstube, die offen stand
und ganz ausgeräumt war bis auf den Sarg in der Mitte, der, bereits geschlossen,
nur der Träger wartete[5]. An dem Kopfende saß eine ziemlich starke Frau, über die
Hälfte des Lebens hinaus, im buntgedruckten Kattunüberrocke, aber mit schwar-
30 zem Halstuch und schwarzem Band auf der Haube. Es schien fast, als ob sie nie
schön gewesen sein konnte. Vor ihr standen zwei ziemlich erwachsene Kinder, ein
Bursche und ein Mädchen, denen sie offenbar Unterricht gab, wie sie sich beim
Leichenzuge zu benehmen hätten. Eben, als ich eintrat, stieß sie dem Knaben, der
sich ziemlich tölpisch[6] auf den Sarg gelehnt hatte, den Arm herunter und glättete
35 sorgfältig die herausstehenden Kanten des Leichentuches wieder zurecht. Die
Gärtnersfrau führte mich vor; da fingen aber unten die Posaunen an zu blasen, und
zugleich erscholl die Stimme des Fleischers von der Straße herauf: Barbara, es ist
Zeit! Die Träger erschienen, ich zog mich zurück, um Platz zu machen. Der Sarg

---

[1]'country butcher'　[2]'bellows'　[3]*griff ... Phantasie* 'his mind began to wander'　[4]'barber-
surgeon'　[5]'was waiting for the pallbearers' (*warten* with gen.)　[6]'unmannerly'

ward erhoben, hinabgebracht, und der Zug setzte sich in Bewegung. Voraus die
Schuljugend mit Kreuz und Fahne, der Geistliche mit dem Kirchendiener. Unmittelbar nach dem Sarge die beiden Kinder des Fleischers und hinter ihnen das Ehepaar. Der Mann bewegte unausgesetzt, als in Andacht, die Lippen, sah aber dabei
5 links und rechts um sich. Die Frau las eifrig in ihrem Gebetbuche, nur machten
ihr die beiden Kinder zu schaffen, die sie einmal vorschob, dann wieder zurückhielt, wie ihr denn überhaupt die Ordnung des Leichenzuges sehr am Herzen zu
liegen schien. Immer aber kehrte sie wieder zu ihrem Buche zurück. So kam das
Geleite zum Friedhof. Das Grab war geöffnet. Die Kinder warfen die ersten
10 Handvoll Erde hinab. Der Mann tat stehend dasselbe. Die Frau kniete und hielt
ihr Buch nahe an die Augen. Die Totengräber vollendeten ihr Geschäft, und der
Zug, halb aufgelöst, kehrte zurück. An der Türe gab es noch einen kleinen Wortwechsel, da die Frau eine Forderung des Leichenbesorgers[1] offenbar zu hoch fand.
Die Begleiter zerstreuten sich nach allen Richtungen. Der alte Spielmann war
15 begraben.

Ein paar Tage darauf — es war ein Sonntag — ging ich, von meiner psycho-
logischen Neugierde getrieben, in die Wohnung des Fleischers und nahm zum
Vorwande, daß ich die Geige des Alten als Andenken zu besitzen wünschte. Ich
fand die Familie beisammen, ohne Spur eines zurückgebliebenen besondern Ein-
20 drucks[2]. Doch hing die Geige mit einer Art Symmetrie geordnet neben dem Spiegel, einem Kruzifix gegenüber, an der Wand. Als ich mein Anliegen erklärte und
einen verhältnismäßig hohen Preis anbot, schien der Mann nicht abgeneigt, ein
vorteilhaftes Geschäft zu machen. Die Frau aber fuhr vom Stuhle empor und sagte:
„Warum nicht gar![3] Die Geige gehört unserem Jakob, und auf ein paar Gulden
25 mehr oder weniger kommt es uns nicht an!“ Dabei nahm sie das Instrument von
der Wand, besah es von allen Seiten, blies den Staub herab und legte es in die
Schublade, die sie, wie einen Raub befürchtend, heftig zustieß und abschloß. Ihr
Gesicht war dabei von mir abgewandt, so daß ich nicht sehen konnte, was etwa
darauf vorging. Da nun zu gleicher Zeit die Magd mit der Suppe eintrat und der
30 Fleischer, ohne sich durch den Besuch stören zu lassen, mit lauter Stimme sein
Tischgebet anhob[4], in das die Kinder gellend einstimmten, wünschte ich gesegnete
Mahlzeit und ging zur Türe hinaus. Mein letzter Blick traf die Frau. Sie hatte sich
umgewendet, und die Tränen liefen ihr stromweise über die Backen.

---

[1]ʻfuneral directorʼ   [2]*ohne ... Eindrucks* ʻwithout a sign of anything special having taken
placeʼ   [3]ʻWhat an idea!ʼ   [4]=*anfing*

Annette von Droste-Hülshoff

The Baroness von Droste-Hülshoff (1797-1848) ranks among Germany's greatest lyrical poets; our text (1842) is her only *Novelle*. A member of an old Westphalian aristocratic family, she followed a strict conventionality deemed proper for a single woman of her social class and conservative Catholic background. It may well be that the conflict between her circumscribed life and a desire for intellectual independence, so poignantly addressed in some of her most intimate poetry, was a factor in a lifetime of (psychosomatic) frail health and an almost morbid fascination with suffering and death. In her religious poetry she expresses her doubts and laments her  lack of certain faith; her nature poetry, brooding and often melancholy in tone, calls upon all the senses to experience the details of the marshes and heaths of her homeland. Thus it may surprise us, that this reclusive and sensitive woman should write a tale of violence and retribution that ranks among the greatest German *Novellen*.

Die Judenbuche
Ein Sittengemälde aus dem gebirgichten Westfalen

> Wo ist die Hand so zart, daß ohne Irren
> Sie sondern mag[1] beschränkten Hirnes Wirren,
> So fest, daß ohne Zittern sie den Stein
> Mag[1] schleudern auf ein arm verkümmert Sein?
> Wer wagt es, eitlen Blutes Drang zu messen,
> Zu wägen jedes Wort, das unvergessen
> In junge Brust die zähen Wurzeln trieb,
> Des Vorurteils geheimen Seelendieb?

---

[1]=*darf*

Du Glücklicher, geboren und gehegt
Im lichten Raum, von frommer Hand gepflegt,
Leg hin die Waagschal[1], nimmer dir erlaubt!
Laß ruhn den Stein — er trifft dein eignes Haupt!

RIEDRICH MERGEL, GEBOREN 1738, war der einzige Sohn eines soge-
nannten Halbmeiers oder Grundeigentümers[2] geringerer Klasse im Dorfe
B., das, so schlecht gebaut und rauchig es sein mag, doch das Auge jedes
Reisenden fesselt durch die überaus malerische Schönheit seiner Lage in der
5 grünen Waldschlucht eines bedeutenden und geschichtlich merkwürdigen Gebirges[3]. Das Ländchen[4], dem es angehörte, war damals einer jener abgeschlossenen
Erdwinkel ohne Fabriken und Handel, ohne Heerstraßen[5], wo noch ein fremdes
Gesicht Aufsehen erregte und eine Reise von dreißig Meilen selbst den Vornehmeren zum Ulysses ihrer Gegend machte — kurz, ein Fleck, wie es deren sonst
10 so viele in Deutschland gab, mit all den Mängeln und Tugenden, all der Origina-
lität und Beschränktheit, wie sie nur in solchen Zuständen gedeihen. Unter höchst
einfachen und häufig unzulänglichen Gesetzen waren die Begriffe der Einwohner
von Recht und Unrecht einigermaßen in Verwirrung geraten, oder vielmehr, es
hatte sich neben dem gesetzlichen ein zweites Recht gebildet, ein Recht der öffent-
15 lichen Meinung, der Gewohnheit und der durch Vernachlässigung entstandenen
Verjährung[6]. Die Gutsbesitzer, denen die niedere Gerichtsbarkeit zustand,[7] straf-
ten und belohnten nach ihrer in den meisten Fällen redlichen Einsicht; der
Untergebene tat, was ihm ausführbar und mit einem etwas weiten Gewissen ver-
träglich schien,[8] und nur dem Verlierenden fiel es zuweilen ein, in alten staubich-
20 ten[9] Urkunden nachzuschlagen.

Es ist schwer, jene Zeit unparteiisch ins Auge zu fassen; sie ist seit ihrem Verschwinden entweder hochmütig getadelt oder albern gelobt worden, da den, der
sie erlebte, zuviel teure Erinnerungen blenden und der Spätergeborene sie nicht
begreift. Soviel darf man indessen behaupten, daß die Form schwächer, der Kern
25 fester, Vergehen häufiger, Gewissenlosigkeit seltener waren. Denn wer nach seiner
Überzeugung handelt, und sei sie noch so mangelhaft, kann nie ganz zugrunde
gehen, wogegen nichts seelentötender wirkt, als gegen das innere Rechtsgefühl das
äußere Recht in Anspruch nehmen.

Ein Menschenschlag[10], unruhiger und unternehmender als alle seine Nach-
30 barn, ließ in dem kleinen Staate, von dem wir reden, manches weit greller
hervortreten als anderswo unter gleichen Umständen. Holz- und Jagdfrevel[11] waren

---

[1]'scales' (of Justice)   [2]'landowner'   [3]i. e., the Teutoburger Wald   [4]=*kleine Provinz*
[5]'main roads'   [6]*der ... Verjährung* 'of going out of force through neglect'   [7]'who were
responsible for the lower courts'   [8]*was ... schien* 'what seemed to him practicable and
in keeping with his somewhat liberal conscience'   [9]'dusty'   [10]'breed of men'   [11]'stealing
timber and poaching'

an der Tagesordnung, und bei den häufig vorfallenden Schlägereien hatte sich
jeder selbst seines zerschlagenen Kopfes zu trösten[1]. Da jedoch große und ergiebige
Waldungen den Hauptreichtum des Landes ausmachten, ward allerdings scharf
über die Forsten gewacht, aber weniger auf gesetzlichem Wege als in stets erneuten
5 Versuchen, Gewalt und List mit gleichen Waffen zu überbieten.

Das Dorf B. galt für die hochmütigste, schlauste und kühnste Gemeinde des
ganzen Fürstentums. Seine Lage inmitten tiefer und stolzer Waldeinsamkeit
mochte schon früh den angeborenen Starrsinn der Gemüter nähren; die Nähe eines
Flusses, der in die See mündete und bedeckte Fahrzeuge trug, groß genug, um
10 Schiffbauholz bequem und sicher außer Land zu führen, trug sehr dazu bei, die
natürliche Kühnheit der Holzfrevler zu ermutigen, und der Umstand, daß alles
umher von Förstern wimmelte, konnte hier nur aufregend wirken, da bei den häufig vorkommenden Scharmützeln der Vorteil meist auf seiten der Bauern[2] blieb.
Dreißig, vierzig Wagen zogen zugleich aus in den schönen Mondnächten mit
15 ungefähr doppelt soviel Mannschaft jedes Alters, vom halbwüchsigen Knaben bis
zum siebzigjährigen Ortsvorsteher, der als erfahrener Leitbock[3] den Zug mit gleich
stolzem Bewußtsein anführte, als[4] er seinen Sitz in der Gerichtsstube einnahm. Die
Zurückgebliebenen horchten sorglos dem allmählichen Verhallen des Knarrens
und Stoßens der Räder in den Hohlwegen und schliefen sacht weiter. Ein gele-
20 gentlicher Schuß, ein schwacher Schrei ließen wohl einmal eine junge Frau oder
Braut auffahren; kein anderer achtete darauf. Beim ersten Morgengrau kehrte der
Zug ebenso schweigend heim, die Gesichter glühend wie Erz, hier und dort einer
mit verbundenem Kopf, was weiter nicht in Betracht kam, und nach ein paar Stunden war die Umgegend voll von dem Mißgeschick eines oder mehrerer Forstbeam-
25 ten, die aus dem Walde getragen wurden, zerschlagen, mit Schnupftabak geblendet
und für einige Zeit unfähig, ihrem Berufe nachzukommen.

In diesen Umgebungen ward Friedrich Mergel geboren, in einem Hause, das
durch die stolze Zugabe eines Rauchfangs und minder kleiner Glasscheiben die
Ansprüche seines Erbauers sowie durch seine gegenwärtige Verkommenheit die
30 kümmerlichen Umstände des jetzigen Besitzers bezeugte. Das frühere Geländer
um Hof und Garten war einem vernachlässigten Zaune gewichen, das Dach schad-
haft, fremdes Vieh weidete auf den Triften, fremdes Korn wuchs auf dem Acker
zunächst am Hofe, und der Garten enthielt, außer ein paar holzichten[5] Rosenstök-
ken aus besserer Zeit, mehr Unkraut als Kraut. Freilich hatten Unglücksfälle man-
35 ches hiervon herbeigeführt; doch war auch viel Unordnung und böse Wirtschaft[6]
im Spiel. Friedrichs Vater, der alte Hermann Mergel, war in seinem Junggesellen-
stande[7] ein sogenannter ordentlicher Säufer, das heißt einer, der nur an Sonn- und

---

[1]*hatte ... trösten* 'each had to comfort himself for his own battered head'   [2](who were,
in this case, the thieves)   [3]'bellwether' (male sheep that leads the flock)   [4]=*wie*
[5]'woody'   [6]'neglect'   [7]'bachelorhood'

Festtagen in der Rinne lag und die Woche hindurch so manierlich war wie ein anderer. So war denn auch seine Bewerbung um ein recht hübsches und wohlhabendes Mädchen ihm nicht erschwert. Auf der Hochzeit gings lustig zu. Mergel war gar nicht so arg betrunken, und die Eltern der Braut gingen abends vergnügt
5 heim; aber am nächsten Sonntage sah man die junge Frau schreiend und blutrünstig[1] durchs Dorf zu den Ihrigen rennen, alle ihre guten Kleider und neues Hausgerät im Stich lassend. Das war freilich ein großer Skandal und Ärger für Mergel, der allerdings Trostes bedurfte. So war denn auch am Nachmittage keine Scheibe an seinem Hause mehr ganz, und man sah ihn noch bis spät in die Nacht vor der
10 Türschwelle liegen, einen abgebrochenen Flaschenhals von Zeit zu Zeit zum Munde führend und sich Gesicht und Hände jämmerlich zerschneidend. Die junge Frau blieb bei ihren Eltern, wo sie bald verkümmerte und starb. Ob nun den Mergel Reue quälte oder Scham, genug, er schien der Trostmittel immer bedürftiger und fing bald an, den gänzlich verkommenen Subjekten zugezählt zu werden[2].
15 Die Wirtschaft verfiel; fremde Mägde brachten Schimpf und Schaden; so verging Jahr auf Jahr. Mergel war und blieb ein verlegener[3] und zuletzt ziemlich armseliger Witwer, bis er mit einemmale wieder als Bräutigam auftrat. War die Sache an und für sich unerwartet, so trug die Persönlichkeit der Braut noch dazu bei, die Verwunderung zu erhöhen. Margreth Semmler war eine brave, anständige Person,
20 so in den Vierzigen, in ihrer Jugend eine Dorfschönheit und noch jetzt als sehr klug und wirtlich geachtet[4], dabei nicht unvermögend; und so mußte es jedem unbegreiflich sein, was sie zu diesem Schritte getrieben. Wir glauben den Grund eben in dieser ihrer selbstbewußten Vollkommenheit zu finden. Am Abend vor der Hochzeit soll sie gesagt haben: „Eine Frau, die von ihrem Manne übel behandelt
25 wird, ist dumm oder taugt nicht: wenns mir schlecht geht, so sagt, es liege an mir." Der Erfolg zeigte leider, daß sie ihre Kräfte überschätzt hatte. Anfangs imponierte sie ihrem Manne; er kam nicht nach Haus oder kroch in die Scheune, wenn er sich übernommen hatte[5]; aber das Joch war zu drückend, um lange getragen zu werden, und bald sah man ihn oft genug quer über die Gasse ins Haus taumeln, hörte drin-
30 nen sein wüstes Lärmen und sah Margreth eilends Tür und Fenster schließen. An einem solchen Tage — keinem Sonntage mehr[6] — sah man sie abends aus dem Hause stürzen, ohne Haube und Halstuch, das Haar wild um den Kopf hängend, sich im Garten neben ein Krautbeet niederwerfen und die Erde mit den Händen aufwühlen, dann ängstlich um sich schauen, rasch ein Bündel Kräuter brechen und
35 damit langsam wieder dem Hause zugehen, aber nicht hinein, sondern in die Scheune.[7] Es hieß, an diesem Tage habe Mergel zuerst Hand an sie gelegt, obwohl das Bekenntnis nie über ihre Lippen kam.

---

[1]'covered with blood' [2]*fing ... werden* 'was soon accounted among the depraved' [3]here 'disorderly,' 'dissolute' [4]'having a good head for business' [5]'had too much to drink' [6]i. e., Mergel had gotten drunk on a weekday [7]i. e., the barn was attached to the house

Das zweite Jahr dieser unglücklichen Ehe ward mit einem Sohne — man kann nicht sagen — erfreut; denn Margreth soll sehr geweint haben, als man ihr das Kind reichte. Dennoch, obwohl unter einem Herzen voll Gram getragen, war Friedrich ein gesundes hübsches Kind, das in der frischen Luft kräftig gedieh. Der
5 Vater hatte ihn sehr lieb, kam nie nach Hause, ohne ihm ein Stückchen Wecken oder dergleichen mitzubringen, und man meinte sogar, er sei seit der Geburt des Knaben ordentlicher geworden; wenigstens ward der Lärmen im Hause geringer.

Friedrich stand in seinem neunten Jahre. Es war um das Fest der heiligen drei Könige[1], eine harte, stürmische Winternacht. Hermann war zu einer Hochzeit
10 gegangen und hatte sich schon beizeiten auf den Weg gemacht, da das Brauthaus dreiviertel Meilen[2] entfernt lag. Obgleich er versprochen hatte, abends wiederzukommen, rechnete Frau Mergel doch um so weniger darauf, da sich nach Sonnenuntergang dichtes Schneegestöber eingestellt hatte. Gegen zehn Uhr schürte sie die Asche am Herde zusammen und machte sich zum Schlafengehen bereit. Fried-
15 rich stand neben ihr, schon halb entkleidet, und horchte auf das Geheul des Windes und das Klappen der Bodenfenster[3].

„Mutter, kommt der Vater heute nicht?" fragte er. — „Nein, Kind, morgen." — „Aber warum nicht, Mutter? Er hats doch versprochen." — „Ach Gott, wenn der alles hielte, was er verspricht! Mach, mach voran, daß du fertig wirst!"
20   Sie hatten sich kaum niedergelegt, so erhob sich eine Windsbraut[4], als ob sie das Haus mitnehmen wollte. Die Bettstatt bebte, und im Schornstein rasselte es wie ein Kobold. — „Mutter — es pocht draußen!" — „Still, Fritzchen, das ist das lockere Brett im Giebel, das der Wind jagt." — „Nein, Mutter, an der Tür!" — „Sie schließt nicht; die Klinke ist zerbrochen. Gott, schlaf doch! Bring mich nicht
25 um das armselige bißchen Nachtruhe." — „Aber wenn nun der Vater kommt?" — Die Mutter drehte sich heftig im Bett um. — „Den hält der Teufel fest genug!" — „Wo ist der Teufel, Mutter?" — „Wart, du Unrast! Er steht vor der Tür und will dich holen, wenn du nicht ruhig bist!"

Friedrich ward still; er horchte noch ein Weilchen und schlief dann ein. Nach
30 einigen Stunden erwachte er. Der Wind hatte sich gewendet und zischte jetzt wie eine Schlange durch die Fensterritze an seinem Ohr. Seine Schulter war erstarrt; er kroch tief unters Deckbett und lag aus Furcht ganz still. Nach einer Weile bemerkte er, daß die Mutter auch nicht schlief. Er hörte sie weinen und mitunter: „Gegrüßt seist du, Maria!"[5] und „bitte für uns arme Sünder!" Die Kügelchen des
35 Rosenkranzes glitten an seinem Gesicht hin[6]. — Ein unwillkürlicher Seufzer entfuhr ihm. — „Friedrich, bist du wach?" — „Ja, Mutter." — „Kind, bete ein wenig — du kannst ja schon das halbe Vaterunser — daß Gott uns bewahre vor Wasser- und Feuersnot."

---

[1]January 6   [2]A German mile is about three English miles.   [3]'attic windows'   [4]=*Sturm*
[5]'Hail, Mary!'   [6](He is sleeping in the same bed as his mother.)

Friedrich dachte an den Teufel, wie der wohl aussehen möge. Das mannig-
fache Geräusch und Getöse im Hause kam ihm wunderlich vor. Er meinte, es
müsse etwas Lebendiges drinnen sein und draußen auch. „Hör, Mutter, gewiß, da
sind Leute, die pochen." — „Ach nein, Kind; aber es ist kein altes Brett im Hause,
5 das nicht klappert." — „Hör! hörst du nicht? Es ruft! Hör doch!"
  Die Mutter richtete sich auf; das Toben des Sturms ließ einen Augenblick
nach. Man hörte deutlich an den Fensterladen[1] pochen und mehrere Stimmen:
„Margreth! Frau Margreth, heda, aufgemacht!" — Margreth stieß einen heftigen
Laut aus: „Da bringen sie mir das Schwein wieder!"
10 Der Rosenkranz flog klappernd auf den Brettstuhl, die Kleider wurden herbei-
gerissen. Sie fuhr zum Herde, und bald darauf hörte Friedrich sie mit trotzigen
Schritten über die Tenne[2] gehen. Margreth kam gar nicht wieder, aber in der Küche war viel Gemurmel und fremde Stimmen. Zweimal kam ein fremder Mann in
die Kammer und schien ängstlich etwas zu suchen. Mit einemmale ward eine Lam-
15 pe hereingebracht; zwei Männer führten die Mutter. Sie war weiß wie Kreide und
hatte die Augen geschlossen. Friedrich meinte, sie sei tot; er erhob ein fürchter-
liches Geschrei, worauf ihm jemand eine Ohrfeige gab, was ihn zur Ruhe brachte,
und nun begriff er nach und nach aus den Reden der Umstehenden, daß der Vater
von Ohm[3] Franz Semmler und dem Hülsmeyer tot im Holze gefunden sei und
20 jetzt in der Küche liege.
  Sobald Margreth wieder zur Besinnung kam, suchte sie die fremden Leute loszuwerden. Der Bruder blieb bei ihr, und Friedrich, dem bei strenger Strafe im Bett
zu bleiben geboten war, hörte die ganze Nacht hindurch das Feuer in der Küche
knistern und ein Geräusch wie von Hin- und Herrutschen und Bürsten[4]. Gespro-
25 chen ward wenig und leise, aber zuweilen drangen Seufzer herüber, die dem Knaben, so jung er war, durch Mark und Bein gingen. Einmal verstand er, daß der
Oheim sagte: „Margreth, zieh dir das nicht zu Gemüt, wir wollen jeder drei Messen lesen lassen, und um Ostern gehen wir zusammen eine Bittfahrt zur Mutter
Gottes von Werl[5]."
30 Als nach zwei Tagen die Leiche fortgetragen wurde, saß Margreth am Herde,
das Gesicht mit der Schürze verhüllend. Nach einigen Minuten, als alles still
geworden war, sagte sie in sich hinein: „Zehn Jahre, zehn Kreuze! Wir haben sie
doch zusammen getragen, und jetzt bin ich allein!" Dann lauter: „Fritzchen, komm
her!" — Friedrich kam scheu heran; die Mutter war ihm ganz unheimlich gewor-
35 den mit den schwarzen Bändern und den verstörten Zügen. „Fritzchen," sagte sie,
„willst du jetzt auch fromm sein, daß ich Freude an dir habe, oder willst du unartig
sein und lügen, oder saufen und stehlen?" — „Mutter, Hülsmeyer stiehlt." —

---

[1]'shutters' [2]'threshing floor' (between dwelling and barn) [3]=*Oheim* 'uncle' [4](They are
washing the corpse.) [5]town in Westphalia, near Dortmund; location of a shrine

„Hülsmeyer? Gott bewahre! Soll ich dir auf den Rücken kommen?[1] Wer sagt dir so schlechtes Zeug?" — „Er hat neulich den Aaron geprügelt und ihm sechs Groschen genommen." — „Hat er dem Aaron Geld genommen, so hat ihn der verfluchte Jude gewiß zuvor darum betrogen. Hülsmeyer ist ein ordentlicher angese-
5 sener[2] Mann, und die Juden sind alle Schelme." — „Aber, Mutter, Brandis sagt auch, daß er Holz und Rehe stiehlt." — „Kind, Brandis ist ein Förster." — „Mutter, lügen die Förster?"

Margreth schwieg eine Weile, dann sagte sie: „Höre, Fritz, das Holz läßt unser Herrgott frei wachsen, und das Wild wechselt aus eines Herren Lande in das
10 andere; die können niemand angehören. Doch das verstehst du noch nicht; jetzt geh in den Schuppen und hole mir Reisig."

Friedrich hatte seinen Vater auf dem Stroh gesehen, wo er, wie man sagt, blau und fürchterlich ausgesehen haben soll. Aber davon erzählte er nie und schien ungern daran zu denken. Überhaupt hatte die Erinnerung an seinen Vater eine mit
15 Grausen gemischte Zärtlichkeit in ihm zurückgelassen, wie denn nichts so fesselt wie die Liebe und Sorgfalt eines Wesens, das gegen alles übrige verhärtet scheint, und bei Friedrich wuchs dieses Gefühl mit den Jahren durch das Gefühl mancher Zurücksetzung von seiten anderer. Es war ihm äußerst empfindlich, wenn, solange er Kind war, jemand des Verstorbenen nicht allzu löblich gedachte[3]; ein Kummer,
20 den ihm das Zartgefühl der Nachbarn nicht ersparte. Es ist gewöhnlich in jenen Gegenden, den Verunglückten die Ruhe im Grabe abzusprechen.[4] Der alte Mergel war das Gespenst des Brederholzes geworden; einen Betrunkenen führte er als Irrlicht[5] bei einem Haar in den Zellerkolk[6]; die Hirtenknaben, wenn sie nachts bei ihren Feuern kauerten und die Eulen in den Gründen[7] schrieen, hörten zuweilen
25 in abgebrochenen Tönen ganz deutlich dazwischen sein „Hör mal an, feins Liseken", und ein unprivilegierter[8] Holzhauer, der unter der breiten Eiche eingeschlafen und dem es darüber Nacht geworden war, hatte beim Erwachen sein geschwollenes blaues Gesicht durch die Zweige lauschen sehen. Friedrich mußte von andern Knaben vieles darüber hören; dann heulte er, schlug um sich, stach
30 auch einmal mit seinem Messerchen und wurde bei dieser Gelegenheit jämmerlich geprügelt. Seitdem trieb er seiner Mutter Kühe allein an das andere Ende des Tales, wo man ihn oft stundenlang in derselben Stellung im Grase liegen und den Thymian aus dem Boden rupfen sah.

Er war zwölf Jahre alt, als seine Mutter einen Besuch von ihrem jüngeren Bru-
35 der erhielt, der in Brede wohnte und seit der törichten Heirat seiner Schwester ihre Schwelle nicht betreten hatte. Simon Semmler war ein kleiner, unruhiger, magerer Mann mit vor dem Kopf liegenden Fischaugen und überhaupt einem Gesicht wie

---

[1]i. e., give you a beating [2]i. e., with local roots [3]des ... gedachte 'mentioned the dead man with deprecation' [4]den ... abzusprechen 'to claim that those who meet with an accidental death have no peace in the grave' [5]'(appearing) as a will-o'-the-wisp' [6]Kolk 'marsh,' 'quagmire' [7]'hollows' [8]'illegal'

ein Hecht, ein unheimlicher Geselle, bei dem dicktuende[1] Verschlossenheit oft mit ebenso gesuchter Treuherzigkeit wechselte, der gern einen aufgeklärten Kopf vorgestellt hätte und statt dessen für einen fatalen[2], Handel suchenden Kerl galt, dem jeder um so lieber aus dem Wege ging, je mehr er in das Alter trat, wo ohnehin
5 beschränkte Menschen leicht an Ansprüchen gewinnen, was sie an Brauchbarkeit verlieren[3]. Dennoch freute sich die arme Margreth, die sonst keinen der Ihrigen mehr am Leben hatte.

„Simon, bist du da?" sagte sie und zitterte, daß sie sich am Stuhle halten mußte. „Willst du sehen, wie es mir geht und meinem schmutzigen Jungen?" — Simon
10 betrachtete sie ernst und reichte ihr die Hand: „Du bist alt geworden, Margreth!" — Margreth seufzte: „Es ist mir derweil oft bitterlich gegangen mit allerlei Schicksalen." — „Ja, Mädchen, zu spät gefreit hat immer gereut![4] Jetzt bist du alt, und das Kind ist klein. Jedes Ding hat seine Zeit. Aber wenn ein altes Haus brennt, dann hilft kein Löschen[5]." — Über Margreths vergrämtes Gesicht flog eine Flamme, so
15 rot wie Blut.

„Aber ich höre, dein Junge ist schlau und gewichst[6]", fuhr Simon fort. — „Ei nun, so ziemlich, und dabei fromm[7]." — „Hum, 's hat mal einer eine Kuh gestohlen, der hieß auch Fromm. Aber er ist still und nachdenklich, nicht wahr? Er läuft nicht mit den anderen Buben?" — „Er ist ein eigenes[8] Kind," sagte Margreth wie
20 für sich, „es ist nicht gut." — Simon lachte hell auf: „Dein Junge ist scheu, weil ihn die anderen ein paarmal gut durchgedroschen haben[9]. Das wird ihnen der Bursche schon wieder bezahlen. Hülsmeyer war neulich bei mir, der sagte: ‚Es ist ein Junge wie 'n Reh.'"

Welcher Mutter geht das Herz nicht auf, wenn sie ihr Kind loben hört? Der
25 armen Margreth ward selten so wohl, jedermann nannte ihren Jungen tückisch und verschlossen. Die Tränen traten ihr in die Augen. „Ja, gottlob, er hat gerade Glieder." — „Wie sieht er aus?" fuhr Simon fort. — „Er hat viel von dir, Simon, viel." Simon lachte: „Ei, das muß ein rarer Kerl sein, ich werde alle Tage schöner. An der Schule soll er sich wohl nicht verbrennen[10]. Du läßt ihn die Kühe hüten?
30 Ebenso gut. Es ist doch nicht halb wahr, was der Magister[11] sagt. Aber wo hütet er? Im Telgengrund? im Roderholze? im Teutoburger Wald? auch des Nachts und früh?" — „Die ganzen Nächte durch; aber wie meinst du das?"

Simon schien dies zu überhören[12]; er reckte den Hals zur Türe hinaus: „Ei, da kommt der Gesell! Vaterssohn! Er schlenkert gerade so mit den Armen wie dein seli-
35 ger Mann. Und schau mal an! Wahrhaftig, der Junge hat meine blonden Haare!"

---

[1]'pompous' [2]'annoying' [3]*leicht … verlieren* 'are likely to grow all the more demanding, the more they decline in usefulness' [4]*zu spät …gereut* 'woo too late and you'll always regret it' [5]*wenn … Löschen* 'when an old house catches fire, it is useless to try to put it out' (Margreth is the "old house.") [6]'sharp' [7]'well-behaved' [8]'peculiar' [9]'gave him a good beating' [10]'they say he doesn't spend too much energy' [11]'teacher' [12]'not to hear'

In der Mutter Züge kam ein heimliches, stolzes Lächeln; ihres Friedrichs blonde Locken und Simons rötliche Bürsten! Ohne zu antworten, brach sie einen Zweig von der nächsten Hecke und ging ihrem Sohne entgegen, scheinbar, eine träge Kuh anzutreiben, im Grunde aber, ihm einige rasche, halbdrohende Worte
5 zuzuraunen; denn sie kannte seine störrische Natur, und Simons Weise war ihr heute einschüchternder vorgekommen als je. Doch ging alles über Erwarten gut; Friedrich zeigte sich weder verstockt noch frech, vielmehr etwas blöde und sehr bemüht, dem Ohm zu gefallen. So kam es denn dahin, daß nach einer halbstündigen Unterredung Simon eine Art Adoption des Knaben in Vorschlag brachte, ver-
10 möge deren er denselben zwar nicht gänzlich seiner Mutter entziehen, aber doch über den größten Teil seiner Zeit verfügen wollte, wofür ihm[1] dann am Ende des alten Junggesellen Erbe zufallen solle, das ihm freilich ohnedies nicht entgehen konnte[2]. Margreth ließ sich geduldig auseinandersetzen, wie groß der Vorteil, wie gering die Entbehrung ihrerseits bei dem Handel sei. Sie wußte am besten, was
15 eine kränkliche Witwe an der Hülfe eines zwölfjährigen Knaben entbehrt, den sie bereits gewöhnt hat, die Stelle einer Tochter zu ersetzen. Doch sie schwieg und gab sich in alles. Nur bat sie den Bruder, streng, doch nicht hart gegen den Knaben zu sein.

„Er ist gut," sagte sie, „aber ich bin eine einsame Frau; mein Kind ist nicht wie
20 einer, über den Vaterhand regiert hat." Simon nickte schlau mit dem Kopf: „Laß mich nur gewähren, wir wollen uns schon vertragen, und weißt du was? Gib mir den Jungen gleich mit, ich habe zwei Säcke aus der Mühle zu holen; der kleinste ist ihm grad recht, und so lernt er mir zur Hand gehen. Komm, Fritzchen, zieh deine Holzschuh an!" — Und bald sah Margreth den beiden nach, wie sie fort-
25 schritten, Simon voran, mit seinem Gesicht die Luft durchschneidend, während ihm die Schöße des roten Rocks wie Feuerflammen nachzogen. So hatte er ziemlich das Ansehen eines feurigen Mannes, der unter dem gestohlenen Sacke büßt; Friedrich ihm nach, fein und schlank für sein Alter, mit zarten, fast edlen Zügen und langen, blonden Locken, die besser gepflegt waren, als sein übriges Äußere
30 erwarten ließ; übrigens zerlumpt, sonneverbrannt und mit dem Ausdruck der Vernachlässigung und einer gewissen rohen Melancholie in den Zügen. Dennoch war eine große Familienähnlichkeit beider nicht zu verkennen, und wie Friedrich so langsam seinem Führer nachtrat, die Blicke fest auf denselben geheftet, der ihn gerade durch das Seltsame seiner Erscheinung anzog, erinnerte er unwillkürlich an
35 jemand, der in einem Zauberspiegel das Bild seiner Zukunft mit verstörter Aufmerksamkeit betrachtet.

Jetzt nahten die beiden sich der Stelle des Teutoburger Waldes, wo das Brederholz den Abhang des Gebirges niedersteigt und einen sehr dunkeln Grund ausfüllt. Bis jetzt war wenig gesprochen worden. Simon schien nachdenkend, der

---

[1] i. e., Fritz   [2] *das ... konnte* 'that was bound to be his anyway'

Knabe zerstreut, und beide keuchten unter ihren Säcken. Plötzlich fragte Simon „Trinkst du gern Branntwein?" — Der Knabe antwortete nicht. „Ich frage, trinkst du gern Branntwein? Gibt dir die Mutter zuweilen welchen?" — „Die Mutter hat selbst keinen", sagte Friedrich. — „So, so, desto besser! — Kennst du das Holz da
5 vor uns?" — „Das ist das Brederholz." — „Weißt du auch, was darin vorgefallen ist?" — Friedrich schwieg. Indessen kamen sie der düstern Schlucht immer näher. „Betet die Mutter noch so viel?" hob Simon wieder an. — „Ja, jeden Abend zwei Rosenkränze." — „So? Und du betest mit?" — Der Knabe lachte halb verlegen mit einem durchtriebenen[1] Seitenblick. — „Die Mutter betet in der Dämmerung vor
10 dem Essen den einen Rosenkranz, dann bin ich meist noch nicht wieder da mit den Kühen, und den andern im Bette, dann schlaf ich gewöhnlich ein." — „So, so, Geselle!" — Diese letzten Worte wurden unter dem Schirme einer weiten Buche gesprochen, die den Eingang der Schlucht überwölbte. Es war jetzt ganz finster; das erste Mondviertel stand am Himmel, aber seine schwachen Schimmer dienten
15 nur dazu, den Gegenständen, die sie zuweilen durch eine Lücke der Zweige berührten, ein fremdartiges Ansehen zu geben. Friedrich hielt sich dicht hinter seinem Ohm; sein Odem[2] ging schnell, und wer seine Züge hätte unterscheiden können, würde den Ausdruck einer ungeheuren, doch mehr phantastischen als furchtsamen Spannung darin wahrgenommen haben. So schritten beide rüstig voran,
20 Simon mit dem festen Schritt des abgehärteten Wanderers, Friedrich schwankend und wie im Traum. Es kam ihm vor, als ob alles sich bewegte und die Bäume in den einzelnen Mondstrahlen bald zusammen, bald voneinander schwankten. Baumwurzeln und schlüpfrige Stellen, wo sich das Regenwasser gesammelt, machten seinen Schritt unsicher; er war einige Male nahe daran, zu fallen. Jetzt schien
25 sich in einiger Entfernung das Dunkel zu brechen, und bald traten beide in eine ziemlich große Lichtung. Der Mond schien klar hinein und zeigte, daß hier noch vor kurzem die Axt unbarmherzig gewütet hatte. Überall ragten Baumstümpfe hervor, manche mehrere Fuß über der Erde, wie sie gerade in der Eile am bequemsten zu durchschneiden gewesen waren; die verpönte Arbeit mußte unversehens unter-
30 brochen worden sein, denn eine Buche lag quer über dem Pfad, in vollem Laube, ihre Zweige hoch über sich streckend und im Nachtwinde mit den noch frischen Blättern zitternd. Simon blieb einen Augenblick stehen und betrachtete den gefällten Stamm mit Aufmerksamkeit. In der Mitte der Lichtung stand eine alte Eiche, mehr breit als hoch; ein blasser Strahl, der durch die Zweige auf ihren Stamm fiel,
35 zeigte, daß er hohl sei, was ihn wahrscheinlich vor der allgemeinen Zerstörung geschützt hatte. Hier ergriff Simon plötzlich des Knaben Arm.
„Friedrich, kennst du den Baum? Das ist die breite Eiche." — Friedrich fuhr zusammen und klammerte sich mit kalten Händen an seinen Ohm. „Sieh," fuhr Simon fort, „hier haben Ohm Franz und der Hülsmeyer deinen Vater gefunden,

---

[1]'knowing'   [2]=*Atem*

als er in der Betrunkenheit ohne Buße und Ölung[1] zum Teufel gefahren war." —
„Ohm, Ohm!" keuchte Friedrich. — „Was fällt dir ein? Du wirst dich doch nicht
fürchten? Satan von einem Jungen, du kneipst mir den Arm! Laß los, los!" — Er
suchte den Knaben abzuschütteln. — „Dein Vater war übrigens eine gute Seele;
5   Gott wirds nicht so genau mit ihm nehmen. Ich hatt ihn so lieb wie meinen eigenen Bruder." — Friedrich ließ den Arm seines Ohms los; beide legten schweigend
den übrigen Teil des Waldes zurück, und das Dorf Brede lag vor ihnen mit seinen
Lehmhütten[2] und den einzelnen bessern Wohnungen von Ziegelsteinen, zu denen
auch Simons Haus gehörte.
10   Am nächsten Abend saß Margreth schon seit einer Stunde mit ihrem Rocken
vor der Tür und wartete auf ihren Knaben. Es war die erste Nacht, die sie zugebracht hatte, ohne den Atem ihres Kindes neben sich zu hören, und Friedrich kam
noch immer nicht. Sie war ärgerlich und ängstlich und wußte, daß sie beides ohne
Grund war. Die Uhr im Turm schlug sieben, das Vieh kehrte heim; er war noch
15   immer nicht da, und sie mußte aufstehen, um nach den Kühen zu schauen. Als sie
wieder in die dunkle Küche trat, stand Friedrich am Herde; er hatte sich vornüber
gebeugt und wärmte die Hände an den Kohlen. Der Schein spielte auf seinen
Zügen und gab ihnen ein widriges Ansehen von Magerkeit und ängstlichem
Zucken. Margreth blieb in der Tennentür[3] stehen, so seltsam verändert kam ihr
20   das Kind vor.
„Friedrich, wie gehts dem Ohm?" Der Knabe murmelte einige unverständliche
Worte und drängte sich dicht an die Feuermauer[4]. — „Friedrich, hast du das
Reden verlernt? Junge, tu das Maul auf! Du weißt ja doch, daß ich auf dem rechten
Ohr nicht gut höre." — Das Kind erhob seine Stimme und geriet dermaßen ins
25   Stammeln, daß Margreth es um nichts mehr begriff. — „Was sagst du? Einen
Gruß von Meister Semmler? Wieder fort? Wohin? Die Kühe sind schon zu Hause.
Verfluchter Junge, ich kann dich nicht verstehen. Wart, ich muß einmal sehen, ob
du keine Zunge im Munde hast!" — Sie trat heftig einige Schritte vor. Das Kind
sah zu ihr auf mit dem Jammerblick eines armen, halbwüchsigen Hundes, der
30   Schildwacht stehen[5] lernt, und begann in der Angst mit den Füßen zu stampfen
und den Rücken an der Feuermauer zu reiben.
Margreth stand still; ihre Blicke wurden ängstlich. Der Knabe erschien ihr wie
zusammengeschrumpft, auch seine Kleider waren nicht dieselben, nein, das war ihr
Kind nicht! und dennoch — „Friedrich, Friedrich!" rief sie.
35   In der Schlafkammer klappte eine Schranktür, und der Gerufene trat hervor,
in der einen Hand eine sogenannte Holschenvioline, das heißt einen alten Holzschuh, mit drei bis vier zerschabten Geigensaiten überspannt, in der anderen einen
Bogen, ganz des Instrumentes würdig. So ging er gerade auf sein verkümmertes

---

[1]*ohne ... Ölung* 'without the last rights' (atonement and final unction)   [2]'clay huts'
[3]'door to the threshing floor'   [4]'chimney'   [5]'stand guard'

Spiegelbild zu, seinerseits mit einer Haltung bewußter Würde und Selbständigkeit, die in diesem Augenblicke den Unterschied zwischen beiden sonst merkwürdig ähnlichen Knaben stark hervortreten ließ.

„Da, Johannes!" sagte er und reichte ihm mit einer Gönnermiene[1] das Kunst-
5 werk, „da ist die Violine, die ich dir versprochen habe. Mein Spielen ist vorbei, ich muß jetzt Geld verdienen." — Johannes warf noch einmal einen scheuen Blick auf Margreth, streckte dann langsam seine Hand aus, bis er das Dargebotene fest ergriffen hatte, und brachte es wie verstohlen unter die Flügel seines armseligen Jäckchens.

10 Margreth stand ganz still und ließ die Kinder gewähren. Ihre Gedanken hatten eine andere, sehr ernste Richtung genommen, und sie blickte mit unruhigem Auge von einem auf den andern. Der fremde Knabe hatte sich wieder über die Kohlen gebeugt mit einem Ausdruck augenblicklichen Wohlbehagens, der an Albernheit grenzte, während in Friedrichs Zügen der Wechsel eines offenbar mehr
15 selbstischen als gutmütigen Mitgefühls spielte und sein Auge in fast glasartiger Klarheit zum erstenmale bestimmt den Ausdruck jenes ungebändigten Ehrgeizes und Hanges zum Großtun[2] zeigte, der nachher als so starkes Motiv seiner meisten Handlungen hervortrat. Der Ruf seiner Mutter störte ihn aus Gedanken, die ihm ebenso neu als angenehm waren. Sie saß wieder am Spinnrade.

20 „Friedrich," sagte sie zögernd, „sag einmal — " und schwieg dann. Friedrich sah auf und wandte sich, da er nichts weiter vernahm, wieder zu seinem Schützling. — „Nein, höre — " und dann leiser: „Was ist das für ein Junge? Wie heißt er?" — Friedrich antwortete ebenso leise: „Das ist des Ohms Simon Schweinehirt, der eine Botschaft an den Hülsmeyer hat. Der Ohm hat mir ein paar Schuhe und
25 eine Weste von Drillich gegeben, die hat mir der Junge unterwegs getragen; dafür hab ich ihm meine Violine versprochen; er ist ja doch ein armes Kind; Johannes heißt er." — „Nun?" sagte Margreth — „Was willst du, Mutter?" — „Wie heißt er weiter?" — „Ja — weiter nicht — oder warte — doch: Niemand, Johannes Niemand heißt er. — Er hat keinen Vater", fügte er leiser hinzu.

30 Margreth stand auf und ging in die Kammer. Nach einer Weile kam sie heraus mit einem harten, finstern Ausdruck in den Mienen. „So, Friedrich," sagte sie, „laß den Jungen gehen, daß er seine Bestellung machen kann. — Junge, was liegst du da in der Asche? Hast du zu Hause nichts zu tun?" — Der Knabe raffte sich mit der Miene eines Verfolgten so eilfertig auf, daß ihm alle Glieder im Wege standen
35 und die Holschenvioline bei einem Haar ins Feuer gefallen wäre. — „Warte, Johannes," sagte Friedrich stolz, „ich will dir mein halbes Butterbrot geben, es ist mir doch zu groß, die Mutter schneidet allemal übers ganze Brot[3]." — „Laß doch," sagte Margreth, „er geht ja nach Hause." — „Ja, aber er bekommt nichts mehr; Ohm Simon ißt um 7 Uhr." Margreth wandte sich zu dem Knaben: „Hebt man dir

---

[1]'air of condescension' [2]'braggarty behavior' [3]i. e., lengthwise

nichts auf? Sprich: wer sorgt für dich?" — „Niemand", stotterte das Kind. — „Niemand?" wiederholte sie; „da nimm, nimm!" fügte sie heftig hinzu; „du heißt Niemand, und niemand sorgt für dich! Das sei Gott geklagt! Und nun mach dich fort! Friedrich, geh nicht mit ihm, hörst du, geht nicht zusammen durchs Dorf." — „Ich
5 will ja nur Holz holen aus dem Schuppen", antwortete Friedrich. — Als beide Knaben fort waren, warf sich Margreth auf einen Stuhl und schlug die Hände mit dem Ausdruck des tiefsten Jammers zusammen. Ihr Gesicht war bleich wie ein Tuch. „Ein falscher Eid, ein falscher Eid!" stöhnte sie. „Simon, Simon, wie willst du vor Gott bestehen!"
10 So saß sie eine Weile, starr mit geklemmten Lippen, wie in völliger Geistesabwesenheit. Friedrich stand vor ihr und hatte sie schon zweimal angeredet. „Was ists? Was willst du?" rief sie auffahrend. — „Ich bringe Euch Geld", sagte er, mehr erstaunt als erschreckt. — „Geld? Wo?" Sie regte sich, und die kleine Münze fiel klingend auf den Boden. Friedrich hob sie auf. — „Geld vom Ohm Simon, weil ich
15 ihm habe arbeiten helfen. Ich kann mir nun selber was verdienen." — „Geld vom Simon? Wirfs fort, fort! — Nein, gibs den Armen. Doch nein, behalts," flüsterte sie kaum hörbar, „wir sind selber arm; wer weiß, ob wir bei dem Betteln vorbeikommen!" — „Ich soll Montag wieder zum Ohm und ihm bei der Einsaat[1] helfen." — „Du wieder zu ihm? Nein, nein, nimmermehr!" — Sie umfaßte ihr Kind mit
20 Heftigkeit. — „Doch", fügte sie hinzu, und ein Tränenstrom stürzte ihr plötzlich über die eingefallenen Wangen, „geh, er ist mein einziger Bruder, und die Verleumdung ist groß! Aber halt Gott vor Augen und vergiß das tägliche Gebet nicht!"
Margreth legte das Gesicht an die Mauer und weinte laut. Sie hatte manche harte Last getragen, ihres Mannes üble Behandlung, noch schwerer seinen Tod,
25 und es war eine bittere Stunde, als die Witwe das letzte Stück Ackerland einem Gläubiger zur Nutznießung[2] überlassen mußte und der Pflug vor ihrem Hause stillestand. Aber so war ihr nie zumute gewesen; dennoch, nachdem sie einen Abend durchweint, eine Nacht durchwacht hatte, war sie dahin gekommen, zu denken, ihr Bruder Simon könne so gottlos nicht sein, der Knabe gehöre gewiß
30 nicht ihm, Ähnlichkeiten wollen nichts beweisen. Hatte sie doch selbst vor vierzig Jahren ein Schwesterchen verloren, das genau dem fremden Hechelkrämer[3] glich. Was glaubt man nicht gern, wenn man so wenig hat und durch Unglauben dies wenige verlieren soll!
Von dieser Zeit an war Friedrich selten mehr zu Hause. Simon schien alle
35 wärmeren Gefühle, deren er fähig war, dem Schwestersohn zugewendet zu haben; wenigstens vermißte er ihn sehr und ließ nicht nach mit Botschaften, wenn ein häusliches Geschäft ihn auf einige Zeit bei der Mutter hielt. Der Knabe war seitdem wie verwandelt, das träumerische Wesen gänzlich von ihm gewichen, er trat fest auf, fing an, sein Äußeres zu beachten und bald in den Ruf eines hübschen,

---

[1]'sowing' (of seeds)   [2]'usufruct' (right to use)   [3]'seller of flax-combs'

gewandten Burschen zu kommen. Sein Ohm, der nicht wohl ohne Projekte leben konnte, unternahm mitunter ziemlich bedeutende öffentliche Arbeiten, zum Beispiel beim Wegbau, wobei Friedrich für einen seiner besten Arbeiter und überall als seine rechte Hand galt; denn obgleich dessen Körperkräfte noch nicht ihr volles
5 Maß erreicht hatten, kam ihm doch nicht leicht jemand an Ausdauer gleich. Margreth hatte bisher ihren Sohn nur geliebt, jetzt fing sie an, stolz auf ihn zu werden und sogar eine Art Hochachtung vor ihm zu fühlen, da sie den jungen Menschen so ganz ohne ihr Zutun sich entwickeln sah, sogar ohne ihren Rat, den sie, wie die meisten Menschen, für unschätzbar hielt und deshalb die Fähigkeiten nicht hoch
10 genug anzuschlagen wußte, die eines so kostbaren Förderungsmittels entbehren konnten.

In seinem achtzehnten Jahre hatte Friedrich sich bereits einen bedeutenden Ruf in der jungen Dorfwelt gesichert durch den Ausgang einer Wette, infolge deren er einen erlegten[1] Eber über zwei Meilen weit auf seinem Rücken trug, ohne
15 abzusetzen. Indessen war der Mitgenuß des Ruhms auch so ziemlich der einzige Vorteil, den Margreth aus diesen günstigen Umständen zog, da Friedrich immer mehr auf sein Äußeres verwandte und allmählich anfing, es schwer zu verdauen, wenn Geldmangel ihn zwang, irgend jemand im Dorf darin nachzustehen. Zudem waren alle seine Kräfte auf den auswärtigen Erwerb gerichtet; zu Hause schien
20 ihm, ganz im Widerspiel mit seinem sonstigen Rufe, jede anhaltende Beschäftigung lästig, und er unterzog sich lieber einer harten, aber kurzen Anstrengung, die ihm bald erlaubte, seinem früheren Hirtenamte wieder nachzugehen, was bereits begann, seinem Alter unpassend zu werden, und ihm gelegentlichen Spott zuzog, vor dem er sich aber durch ein paar derbe Zurechtweisungen mit der Faust Ruhe
25 verschaffte. So gewöhnte man sich daran, ihn bald geputzt und fröhlich als anerkannten Dorfelegant an der Spitze des jungen Volks zu sehen, bald wieder als zerlumpten Hirtenbuben einsam und träumerisch hinter den Kühen herschleichend oder in einer Waldlichtung liegend, scheinbar gedankenlos und das Moos von den Bäumen rupfend.
30 Um diese Zeit wurden die schlummernden Gesetze doch einigermaßen aufgerüttelt durch eine Bande von Holzfrevlern, die unter dem Namen der Blaukittel alle ihre Vorgänger so weit an List und Frechheit übertraf, daß es dem Langmütigsten zuviel werden mußte. Ganz gegen den gewöhnlichen Stand der Dinge, wo man die stärksten Böcke der Herde mit dem Finger bezeichnen konnte, war es hier
35 trotz aller Wachsamkeit bisher nicht möglich gewesen, auch nur *ein* Individuum namhaft zu machen. Ihre Benennung erhielten sie von der ganz gleichförmigen Tracht, durch die sie das Erkennen erschwerten, wenn etwa ein Förster noch einzelne Nachzügler im Dickicht verschwinden sah. Sie verheerten alles wie die Wanderraupe,[2] ganze Waldstrecken wurden in einer Nacht gefällt und auf der Stelle

---

[1] 'slain' [2] i. e., caterpillars that travel in swarms

fortgeschafft, so daß man am andern Morgen nichts fand als Späne und wüste Haufen von Topholz, und der Umstand, daß nie Wagenspuren einem Dorfe zuführten, sondern immer vom Flusse her und dorthin zurück, bewies, daß man unter dem Schutze und vielleicht mit dem Beistande der Schiffeigentümer handel-
5 te. In der Bande mußten sehr gewandte Spione sein, denn die Förster konnten wochenlang umsonst wachen; in der ersten Nacht, gleichviel, ob stürmisch oder mondhell, wo sie vor Übermüdung nachließen, brach die Zerstörung ein. Seltsam war es, daß das Landvolk umher ebenso unwissend und gespannt schien als die Förster selber. Von einigen Dörfern ward mit Bestimmtheit gesagt, daß sie nicht
10 zu den Blaukitteln gehörten, aber keines konnte als dringend verdächtig bezeichnet werden, seit man das verdächtigste von allen, das Dorf B., freisprechen mußte. Ein Zufall hatte dies bewirkt, eine Hochzeit, auf der fast alle Bewohner dieses Dorfes notorisch die Nacht zugebracht hatten, während zu eben dieser Zeit die Blaukittel eine ihrer stärksten Expeditionen ausführten.
15   Der Schaden in den Forsten war indes allzugroß, deshalb wurden die Maßregeln dagegen auf eine bisher unerhörte Weise gesteigert; Tag und Nacht wurde patrouilliert, Ackerknechte, Hausbediente mit Gewehren versehen und den Forstbeamten zugesellt. Dennoch war der Erfolg nur gering, und die Wächter hatten oft kaum das eine Ende des Forstes verlassen, wenn die Blaukittel schon zum
20 andern einzogen. Das währte länger als ein volles Jahr, Wächter und Blaukittel, Blaukittel und Wächter, wie Sonne und Mond immer abwechselnd im Besitz des Terrains und nie zusammentreffend.
    Es war im Juli 1756 früh um drei; der Mond stand klar am Himmel, aber sein Glanz fing an zu ermatten, und im Osten zeigte sich bereits ein schmaler gelber
25 Streif, der den Horizont besäumte und den Eingang einer engen Talschlucht wie mit einem Goldbande schloß. Friedrich lag im Grase, nach seiner gewohnten Weise, und schnitzelte an einem Weidenstabe, dessen knotigem Ende er die Gestalt eines ungeschlachten Tieres zu geben versuchte. Er sah übermüdet aus, gähnte, ließ mitunter seinen Kopf an einem verwitterten Stammknorren[1] ruhen und Blicke,
30 dämmeriger als der Horizont, über den mit Gestrüpp und Aufschlag[2] fast verwachsenen Eingang des Grundes streifen. Ein paarmal belebten sich seine Augen und nahmen den ihnen eigentümlichen glasartigen Glanz an, aber gleich nachher schloß er sie wieder halb und gähnte und dehnte sich, wie es nur faulen Hirten erlaubt ist. Sein Hund lag in einiger Entfernung nah bei den Kühen, die, unbe-
35 kümmert um die Forstgesetze, ebenso oft den jungen Baumspitzen als dem Grase zusprachen[3] und in die frische Morgenluft schnaubten. Aus dem Walde drang von Zeit zu Zeit ein dumpfer, krachender Schall; der Ton hielt nur einige Sekunden an, begleitet von einem langen Echo an den Bergwänden, und wiederholte sich etwa alle fünf bis acht Minuten. Friedrich achtete nicht darauf; nur zuweilen, wenn

---

[1]'knotty trunk' [2]'young growth' [3]'helped themselves to'

das Getöse ungewöhnlich stark oder anhaltend war, hob er den Kopf und ließ seine Blicke langsam über die verschiedenen Pfade gleiten, die ihren Ausgang in dem Talgrunde fanden.

Es fing bereits stark zu dämmern[1] an; die Vögel begannen leise zu zwitschern, 5 und der Tau stieg fühlbar aus dem Grunde. Friedrich war an dem Stamm hinabgeglitten und starrte, die Arme über den Kopf verschlungen, in das leise einschleichende Morgenrot. Plötzlich fuhr er auf: über sein Gesicht fuhr ein Blitz, er horchte einige Sekunden mit vorgebeugtem Oberleib wie ein Jagdhund, dem die Luft Witterung[2] zuträgt. Dann schob er schnell zwei Finger in den Mund und pfiff 10 gellend und anhaltend. — „Fidel, du verfluchtes Tier!" — Ein Steinwurf traf die Seite des unbesorgten Hundes, der, vom Schlafe aufgeschreckt, zuerst um sich biß und dann heulend auf drei Beinen dort Trost suchte, von wo das Übel ausgegangen war. In demselben Augenblicke wurden die Zweige eines nahen Gebüsches fast ohne Geräusch zurückgeschoben, und ein Mann trat heraus, im grünen Jagdrock, 15 den silbernen Wappenschild am Arm, die gespannte Büchse in der Hand. Er ließ schnell seine Blicke über die Schlucht fahren und sie dann mit besonderer Schärfe auf dem Knaben verweilen, trat dann vor, winkte nach dem Gebüsch, und allmählich wurden sieben bis acht Männer sichtbar, alle in ähnlicher Kleidung, Weidmesser[3] im Gürtel und die gespannten Gewehre in der Hand.

20 „Friedrich, was war das?" fragte der zuerst Erschienene. — „Ich wollte, daß der Racker auf der Stelle krepierte. Seinetwegen können die Kühe mir die Ohren vom Kopf fressen." — „Die Canaille[4] hat uns gesehen", sagte ein anderer. „Morgen sollst du auf die Reise mit einem Stein am Halse", fuhr Friedrich fort und stieß nach dem Hunde. — „Friedrich, stell dich nicht an wie ein Narr! Du kennst mich, 25 und du verstehst mich auch!" — Ein Blick begleitete diese Worte, der schnell wirkte. — „Herr Brandis, denkt an meine Mutter!" — „Das tu ich. Hast du nichts im Walde gehört?" — „Im Walde?" — Der Knabe warf einen raschen Blick auf des Försters Gesicht. — „Eure Holzfäller, sonst nichts." — „Meine Holzfäller!"

Die ohnehin dunkle Gesichtsfarbe des Försters ging in tiefes Braunrot über. 30 „Wie viele sind ihrer, und wo treiben sie ihr Wesen[5]?" — „Wohin Ihr sie geschickt habt; ich weiß es nicht." — Brandis wandte sich zu seinen Gefährten: „Geht voran; ich komme gleich nach."

Als einer nach dem andern im Dickicht verschwunden war, trat Brandis dicht vor den Knaben: „Friedrich," sagte er mit dem Ton unterdrückter Wut, „meine 35 Geduld ist zu Ende; ich möchte dich prügeln wie einen Hund, und mehr seid ihr[6] auch nicht wert. Ihr Lumpenpack, dem kein Ziegel auf dem Dach gehört![7] Bis zum Betteln habt ihr es, gottlob, bald gebracht, und an meiner Tür soll deine Mut-

---

[1]'get light' [2]'scent' [3]'hunting knives' [4]'scum,' i. e., the timber thieves [5]'where are they at work' [6]i. e., your sort [7]*dem ... gehört* 'that doesn't own a tile on its roof'

ter, die alte Hexe, keine verschimmelte Brotrinde bekommen. Aber vorher sollt ihr mir noch beide ins Hundeloch."

    Friedrich griff krampfhaft nach einem Aste. Er war totenbleich, und seine Augen schienen wie Kristallkugeln aus dem Kopfe schießen zu wollen. Doch nur
5 einen Augenblick. Dann kehrte die größte, an Erschlaffung grenzende Ruhe zurück. „Herr," sagte er fest, mit fast sanfter Stimme, „Ihr habt gesagt, was Ihr nicht verantworten könnt, und ich vielleicht auch. Wir wollen es gegeneinander aufgehen lassen,[1] und nun will ich Euch sagen, was Ihr verlangt. Wenn Ihr die Holzfäller nicht selbst bestellt habt, so müssen es die Blaukittel sein; denn aus dem
10 Dorfe ist kein Wagen gekommen; ich habe den Weg ja vor mir, und vier Wagen sind es. Ich habe sie nicht gesehen, aber den Hohlweg hinauffahren hören." Er stockte einen Augenblick. — „Könnt Ihr sagen, daß ich je einen Baum in Eurem Revier gefällt habe? Überhaupt, daß ich je anderwärts gehauen[2] habe als auf Bestellung? Denkt nach, ob Ihr das sagen könnt."

15   Ein verlegenes Murmeln war die ganze Antwort des Försters, der nach Art der meisten rauhen Menschen leicht bereute. Er wandte sich unwirsch und schritt dem Gebüsche zu. — „Nein, Herr," rief Friedrich, „wenn Ihr zu den anderen Förstern wollt, die sind dort an der Buche hinaufgegangen." — „An der Buche?" sagte Brandis zweifelhaft, „nein, dort hinüber, nach dem Mastergrunde." — „Ich sage Euch,
20 an der Buche; des langen Heinrich Flintenriemen[3] blieb noch am krummen Ast dort hängen; ich habs ja gesehen!"

    Der Förster schlug den bezeichneten Weg ein. Friedrich hatte die ganze Zeit hindurch seine Stellung nicht verlassen; halb liegend, den Arm um einen dürren Ast geschlungen, sah er dem Fortgehenden unverrückt nach, wie er durch den
25 halbverwachsenen Steig[4] glitt, mit den vorsichtigen, weiten Schritten seines Metiers,[5] so geräuschlos, wie ein Fuchs die Hühnersteige[6] erklimmt. Hier sank ein Zweig hinter ihm, dort einer; die Umrisse seiner Gestalt schwanden immer mehr. Da blitzte es noch einmal durchs Laub. Es war ein Stahlknopf seines Jagdrocks; nun war er fort. Friedrichs Gesicht hatte während dieses allmählichen Verschwin-
30 dens den Ausdruck seiner Kälte verloren, und seine Züge schienen zuletzt unruhig bewegt. Gereute es ihn vielleicht, den Förster nicht um Verschweigung seiner Angaben gebeten zu haben?[7] Er ging einige Schritte voran, blieb dann stehen. „Es ist zu spät", sagte er vor sich hin und griff nach seinem Hute. Ein leises Picken im Gebüsche, nicht zwanzig Schritte von ihm. Es war der Förster, der den Flinten-
35 stein schärfte[8]. Friedrich horchte. — „Nein!" sagte er dann mit entschlossenem Tone, raffte seine Siebensachen zusammen[9] und trieb das Vieh eilfertig die Schlucht entlang.

---

[1]'call it even' [2]'cut' (timber) [3]'gun sling' [4]'path' [5]'profession' [6]'chicken roost'
[7]*Gereute ... haben* 'Did he perhaps regret not having asked the forester to say nothing about what he had told him?' [8]'sharpening the flint of his gun' (to make sure it will spark) [9]'gathered up his belongings'

Um Mittag saß Frau Margreth am Herd und kochte Tee. Friedrich war krank heimgekommen, er klagte über heftige Kopfschmerzen und hatte auf ihre besorgte Nachfrage erzählt, wie er sich schwer geärgert über den Förster, kurz den ganzen eben beschriebenen Vorgang mit Ausnahme einiger Kleinigkeiten, die er besser
5 fand für sich zu behalten. Margreth sah schweigend und trübe in das siedende Wasser. Sie war es wohl gewohnt, ihren Sohn mitunter klagen zu hören, aber heute kam er ihr so angegriffen[1] vor wie sonst nie. Sollte wohl eine Krankheit im Anzuge[2] sein? Sie seufzte tief und ließ einen eben ergriffenen Holzblock fallen.

„Mutter!" rief Friedrich aus der Kammer. — „Was willst du?" — „War das ein
10 Schuß?" — „Ach nein, ich weiß nicht, was du meinst." — „Es pocht mir wohl nur so im Kopfe", versetzte er.

Die Nachbarin trat herein und erzählte mit leisem Flüstern irgendeine unbedeutende Klatscherei, die Margreth ohne Teilnahme anhörte. Dann ging sie. — „Mutter!" rief Friedrich. Margreth ging zu ihm hinein. „Was erzählte die Hüls-
15 meyer[3]?" — „Ach gar nichts, Lügen, Wind!" — Friedrich richtete sich auf. — „Von der Gretchen Siemers; du weißt ja wohl, die alte Geschichte; und ist doch nichts Wahres dran." — Friedrich legte sich wieder hin. „Ich will sehen, ob ich schlafen kann", sagte er.

Margreth saß am Herde; sie spann und dachte wenig Erfreuliches. Im Dorfe
20 schlug es halb zwölf; die Tür klinkte, und der Gerichtsschreiber[4] Kapp trat herein. — „Guten Tag, Frau Mergel," sagte er, „könnt Ihr mir einen Trunk Milch geben? Ich komme von M." — Als Frau Mergel das Verlangte brachte, fragte er: „Wo ist Friedrich?" Sie war gerade beschäftigt, einen Teller hervorzulangen, und überhörte die Frage. Er trank zögernd und in kurzen Absätzen. „Wißt Ihr wohl," sagte er
25 dann, „daß die Blaukittel in dieser Nacht wieder im Masterholze eine ganze Strecke so kahl gefegt haben, wie meine Hand?" — „Ei, du frommer Gott!" versetzte sie gleichgültig. „Die Schandbuben", fuhr der Schreiber fort, „ruinieren alles; wenn sie noch Rücksicht nähmen auf das junge Holz, aber Eichenstämmchen wie mein Arm dick, wo nicht einmal eine Ruderstange[5] drin steckt! Es ist, als ob ihnen
30 anderer Leute Schaden ebenso lieb wäre wie ihr Profit!" — „Es ist schade!" sagte Margreth.

Der Amtsschreiber hatte getrunken und ging noch immer nicht. Er schien etwas auf dem Herzen zu haben. „Habt Ihr nichts von Brandis gehört?" fragte er plötzlich. — „Nichts; er kommt niemals hier ins Haus." — „So wißt Ihr nicht, was
35 ihm begegnet ist?" — „Was denn?" fragte Margreth gespannt. — „Er ist tot!" — „Tot!" rief sie, „was tot? Um Gottes willen! Er ging ja noch heute morgen ganz gesund hier vorüber mit der Flinte auf dem Rücken!" — „Er ist tot," wiederholte der Schreiber, sie scharf fixierend, „von den Blaukitteln erschlagen. Vor einer Viertelstunde wurde die Leiche ins Dorf gebracht."

---

[1]'done in'   [2]'on the way'   [3]i. e., the neighbor who stopped by   [4]'court clerk'   [5]'tiller'

Margreth schlug die Hände zusammen. — „Gott im Himmel, geh nicht mit ihm ins Gericht! Er wußte nicht, was er tat!" — „Mit ihm?" rief der Amtsschreiber, „mit dem verfluchten Mörder, meint Ihr?" Aus der Kammer drang ein schweres Stöhnen. Margreth eilte hin, und der Schreiber folgte ihr. Friedrich saß auf-

5   recht im Bette, das Gesicht in die Hände gedrückt und ächzte wie ein Sterbender. — „Friedrich, wie ist dir?" sagte die Mutter. — „Wie ist dir?" wiederholte der Amtsschreiber. — „O mein Leib, mein Kopf!" jammerte er. — „Was fehlt ihm?" — „Ach, Gott weiß es", versetzte sie, „er ist schon um vier mit den Kühen heimgekommen, weil ihm so übel war." — „Friedrich, Friedrich, antworte doch! Soll ich

10   zum Doktor?" — „Nein, nein," ächzte er, „es ist nur Kolik, es wird schon besser."

Er legte sich zurück; sein Gesicht zuckte krampfhaft vor Schmerz; dann kehrte die Farbe wieder. „Geht," sagte er matt, „ich muß schlafen, dann gehts vorüber." — „Frau Mergel," sagte der Amtsschreiber ernst, „ist es gewiß, daß Friedrich um vier zu Hause kam und nicht wieder fortging?" — Sie sah ihn starr an. „Fragt jedes

15   Kind auf der Straße. Und fortgehen? — wollte Gott, er könnt es!" — „Hat er Euch nichts von Brandis erzählt?" — „In Gottes Namen, ja, daß er ihn im Walde geschimpft und unsere Armut vorgeworfen hat[1], der Lump! — Doch Gott verzeih mir, er ist tot! — Geht!" fuhr sie heftig fort; „seid Ihr gekommen, um ehrliche Leute zu beschimpfen? Geht!" — Sie wandte sich wieder zu ihrem Sohne; der

20   Schreiber ging. — „Friedrich, wie ist dir?" sagte die Mutter. „Hast du wohl gehört? Schrecklich, schrecklich! Ohne Beichte und Absolution!" — „Mutter, Mutter, um Gottes willen, laß mich schlafen; ich kann nicht mehr!"

In diesem Augenblick trat Johannes Niemand in die Kammer; dünn und lang wie eine Hopfenstange[2], aber zerlumpt und scheu, wie wir ihn vor fünf Jahren

25   gesehen. Sein Gesicht war noch bleicher als gewöhnlich. „Friedrich," stotterte er, „du sollst sogleich zum Ohm kommen, er hat Arbeit für dich; aber sogleich." — Friedrich drehte sich gegen die Wand — „Ich komme nicht," sagte er barsch, „ich bin krank." — „Du mußt aber kommen," keuchte Johannes, „er hat gesagt, ich mußte dich mitbringen." Friedrich lachte höhnisch auf: „Das will ich doch sehen!"

30   — „Laß ihn in Ruhe, er kann nicht," seufzte Margreth, „du siehst ja, wie es steht." — Sie ging auf einige Minuten hinaus; als sie zurückkam, war Friedrich bereits angekleidet. — „Was fällt dir ein?" rief sie, „du kannst, du sollst nicht gehen!" — „Was sein muß, schickt sich wohl[3]", versetzte er und war schon zur Türe hinaus mit Johannes — „Ach Gott," seufzte die Mutter, „wenn die Kinder klein sind, tre-

35   ten sie uns in den Schoß, und wenn sie groß sind, ins Herz!"

Die gerichtliche Untersuchung hatte ihren Anfang genommen, die Tat lag klar am Tage; über den Täter aber waren die Anzeichen so schwach, daß, obschon alle Umstände die Blaukittel dringend verdächtigten, man doch nicht mehr als

---

[1]*unsere ... hat* 'reproached us for our poverty'   [2]pole on which hops are trained   [3]lit. 'is suitable,' i. e., has to be

Mutmaßungen wagen konnte. Eine Spur schien Licht geben zu wollen: doch rechnete man aus Gründen[1] wenig darauf. Die Abwesenheit des Gutsherrn hatte den
Gerichtsschreiber genötigt, auf eigene Hand die Sache einzuleiten. Er saß am
Tische; die Stube war gedrängt voll von Bauern, teils neugierigen, teils solchen,
5 von denen man in Ermangelung eigentlicher Zeugen einigen Aufschluß[2] zu erhalten hoffte. Hirten, die in derselben Nacht gehütet, Knechte, die den Acker in der
Nähe bestellt[3], alle standen stramm und fest, die Hände in den Taschen, gleichsam
als stillschweigende Erklärung, daß sie nicht einzuschreiten gesonnen seien[4]. Acht
Forstbeamte wurden vernommen. Ihre Aussagen waren völlig gleichlautend: Bran-
10 dis habe sie am zehnten abends[5] zur Runde bestellt, da ihm von einem Vorhaben
der Blaukittel müsse Kunde zugekommen sein; doch habe er sich nur unbestimmt
darüber geäußert. Um zwei Uhr in der Nacht seien sie ausgezogen und auf manche
Spuren der Zerstörung gestoßen, die den Oberförster sehr übel gestimmt; sonst sei
alles still gewesen. Gegen vier Uhr habe Brandis gesagt: „Wir sind angeführt[6], laßt
15 uns heimgehen." Als sie nun um den Bremerberg gewendet und zugleich der Wind
umgeschlagen, habe man deutlich im Masterholz fällen[7] gehört und aus der schnellen Folge der Schläge geschlossen[8], daß die Blaukittel am Werk seien. Man habe
nun eine Weile beratschlagt, ob es tunlich sei, mit so geringer Macht die kühne
Bande anzugreifen, und sich dann ohne bestimmten Entschluß dem Schalle lang-
20 sam genähert. Nun folgte der Auftritt mit Friedrich. Ferner: nachdem Brandis sie
ohne Weisung fortgeschickt, seien sie eine Weile vorangeschritten und dann, als
sie bemerkt, daß das Getöse im noch ziemlich weit entfernten Walde gänzlich aufgehört, stille gestanden, um den Oberförster zu erwarten. Die Zögerung habe sie
verdrossen, und nach etwa zehn Minuten seien sie weitergegangen und so bis an
25 den Ort der Verwüstung. Alles sei vorüber gewesen, kein Laut mehr im Walde,
von zwanzig gefällten Stämmen noch acht vorhanden, die übrigen bereits fortgeschafft. Es sei ihnen unbegreiflich, wie man dieses ins Werk gestellt, da keine
Wagenspuren zu finden gewesen. Auch habe die Dürre der Jahreszeit und der mit
Fichtennadeln bestreute Boden keine Fußstapfen unterscheiden lassen, obgleich
30 der Grund ringsumher wie festgestampft war. Da man nun überlegt, daß es zu
nichts nützen könne, den Oberförster zu erwarten, sei man rasch der andern Seite
des Waldes zugeschritten, in der Hoffnung, vielleicht noch einen Blick von den
Frevlern zu erhaschen. Hier habe sich einem von ihnen beim Ausgange des Waldes
die Flaschenschnur[9] in Brombeerranken verstrickt, und als er umgeschaut, habe er
35 etwas im Gestrüpp blitzen sehen; es war die Gurtschnalle[10] des Oberförsters, den
man nun hinter den Ranken liegend fand, grad ausgestreckt, die rechte Hand um
den Flintenlauf geklemmt, die andere geballt und die Stirn von einer Axt gespalten.

---

[1]'for certain reasons' [2]'clarification' [3]'were cultivating' [4]'had no intention of interfer-
ing' [5]'on the evening of the tenth' [6]'deceived' [7]'trees being cut' [8]'deduced' [9]'can-
teen cord' [10]'belt buckle'

Dies waren die Aussagen der Förster; nun kamen die Bauern an die Reihe, aus denen jedoch nichts zu bringen war. Manche behaupteten, um vier Uhr noch zu Hause oder anderswo beschäftigt gewesen zu sein, und keiner wollte etwas bemerkt haben. Was war zu machen? Sie waren sämtlich angesessene[1], unverdächtige Leu-
5   te. Man mußte sich mit ihren negativen Zeugnissen begnügen.

Friedrich ward hereingerufen. Er trat ein mit einem Wesen[2], das sich durchaus nicht von seinem gewöhnlichen unterschied, weder gespannt noch keck. Das Verhör währte ziemlich lange, und die Fragen waren mitunter ziemlich schlau gestellt; er beantwortete sie jedoch alle offen und bestimmt und erzählte den Vorgang zwi-
10 schen ihm und dem Oberförster ziemlich der Wahrheit gemäß, bis auf das Ende, das er geratener fand, für sich zu behalten. Sein Alibi zur Zeit des Mordes war leicht erwiesen. Der Förster lag am Ausgange des Masterholzes; über dreiviertel Stunden Weges von der Schlucht, in der er Friedrich um vier Uhr angeredet und aus der dieser seine Herde schon zehn Minuten später ins Dorf getrieben. Jeder-
15 mann hatte dies gesehen, alle anwesenden Bauern beeiferten sich, es zu bezeugen; mit diesem hatte er geredet, jenem zugenickt.

Der Gerichtsschreiber saß unmutig und verlegen da. Plötzlich fuhr er mit der Hand hinter sich und brachte etwas Blinkendes vor Friedrichs Auge. „Wem gehört dies?" — Friedrich sprang drei Schritt zurück. „Herr Jesus! Ich dachte, Ihr wolltet
20 mir den Schädel einschlagen." Seine Augen waren rasch über das tödliche Werkzeug gefahren und schienen momentan auf einem ausgebrochenen Splitter am Stiele zu haften. „Ich weiß es nicht", sagte er fest. — Es war die Axt, die man in dem Schädel des Oberförsters eingeklammert gefunden hatte. — „Sieh sie genau an", fuhr der Gerichtsschreiber fort. Friedrich faßte sie mit der Hand, besah sie
25 oben, unten, wandte sie um. „Es ist eine Axt wie andere", sagte er dann und legte sie gleichgültig auf den Tisch. Ein Blutfleck ward sichtbar; er schien zu schaudern, aber er wiederholte noch einmal sehr bestimmt: „Ich kenne sie nicht." Der Gerichtsschreiber seufzte vor Unmut. Er selbst wußte um nichts mehr und hatte nur einen Versuch zu möglicher Entdeckung durch Überraschung machen wollen.
30 Es blieb nichts übrig, als das Verhör zu schließen.

Denjenigen[3], die vielleicht auf den Ausgang dieser Begebenheit gespannt sind, muß ich sagen, daß diese Geschichte nie aufgeklärt wurde, obwohl noch viel dafür geschah und diesem Verhöre mehrere folgten. Den Blaukitteln schien durch das Aufsehen, das der Vorgang gemacht, und die darauf folgenden geschärften Maß-
35 regeln der Mut genommen; sie waren von nun an wie verschwunden, und obgleich späterhin noch mancher Holzfrevler erwischt wurde, fand man doch nie Anlaß, ihn der berüchtigten Bande zuzuschreiben. Die Axt lag zwanzig Jahre nachher als unnützes corpus delicti im Gerichtsarchiv, wo sie wohl noch jetzt ruhen mag mit

---

[1]'long-time residents,' 'natives'   [2]'manner'   [3]This whole paragraph is direct authorial intervention in the narrative.

ihren Rostflecken. Es würde in einer erdichteten Geschichte unrecht sein, die Neugier des Lesers so zu täuschen. Aber dies alles hat sich wirklich zugetragen; ich kann nichts davon oder dazutun.

Am nächsten Sonntage stand Friedrich sehr früh auf, um zur Beichte zu
5 gehen. Es war Mariä Himmelfahrt[1] und die Pfarrgeistlichen[2] schon vor Tagesanbruch im Beichtstuhle. Nachdem er sich im Finstern angekleidet, verließ er so geräuschlos wie möglich den engen Verschlag, der ihm in Simons Hause eingeräumt war. In der Küche mußte sein Gebetbuch auf dem Sims liegen, und er hoffte, es mit Hülfe des schwachen Mondlichts zu finden; es war nicht da. Er warf die
10 Augen suchend umher und fuhr zusammen; in der Kammertür stand Simon, fast unbekleidet; seine dürre Gestalt, sein ungekämmtes, wirres Haar und die vom Mondschein verursachte Blässe des Gesichts gaben ihm ein schauerlich verändertes Ansehen. „Sollte er nachtwandeln?[3]" dachte Friedrich und verhielt sich ganz still. — „Friedrich, wohin?" flüsterte der Alte. — „Ohm, seid Ihrs? Ich will beichten
15 gehen." — „Das dacht ich mir; geh in Gottes Namen, aber beichte wie ein guter Christ." — „Das will ich", sagte Friedrich. — „Denk an die zehn Gebote: du sollst kein Zeugnis ablegen gegen deinen Nächsten." — „Kein falsches!" — „Nein, gar keines; du bist schlecht unterrichtet; wer einen andern in der Beichte anklagt, der empfängt das Sakrament unwürdig."
20 Beide schwiegen. — „Ohm, wie kommt Ihr darauf?" sagte Friedrich dann; „Eu'r Gewissen ist nicht rein; Ihr habt mich belogen." — „Ich? So?" — „Wo ist Eure Axt?" — „Meine Axt? Auf der Tenne." — „Habt Ihr einen neuen Stiel hineingemacht? Wo ist der alte?" — „Den kannst du heute bei Tage im Holzschuppen finden. Geh," fuhr er verächtlich fort, „ich dachte, du seist ein Mann; aber du bist
25 ein altes Weib, das gleich meint, das Haus brennt, wenn ihr Feuertopf[4] raucht. Sieh," fuhr er fort, „wenn ich mehr von der Geschichte weiß als der Türpfosten da, so will ich ewig nicht selig werden. Längst war ich zu Haus", fügte er hinzu. — Friedrich stand beklemmt und zweifelnd. Er hätte viel darum gegeben, seines Ohms Gesicht sehen zu können. Aber während sie flüsterten, hatte der Himmel
30 sich bewölkt.

„Ich habe schwere Schuld," seufzte Friedrich, „daß ich ihn den unrechten Weg geschickt — obgleich — doch, dies hab ich nicht gedacht; nein, gewiß nicht. Ohm, ich habe Euch ein schweres Gewissen zu danken." — „So geh, beicht!" flüsterte Simon mit bebender Stimme; „verunehre das Sakrament durch Angeberei
35 und setze armen Leuten einen Spion auf den Hals, der schon Wege finden wird, ihnen das Stückchen Brot aus den Zähnen zu reißen, wenn er gleich nicht reden darf — geh!" — Friedrich stand unschlüssig; er hörte ein leises Geräusch; die Wol-

---

[1] Feast of the Assumption (of Mary), August 15 [2] 'parish priests' [3] 'Is he a sleep-walker, I wonder?' [4] small oven for warming the feet

ken verzogen sich, das Mondlicht fiel wieder auf die Kammertür: sie war geschlossen. Friedrich ging an diesem Morgen nicht zur Beichte.
Der Eindruck, den dieser Vorfall auf Friedrich gemacht, erlosch leider nur zu
bald. Wer zweifelt daran, daß Simon alles tat, seinen Adoptivsohn dieselben Wege
5   zu leiten, die er selber ging? Und in Friedrich lagen Eigenschaften, die dies nur zu
sehr erleichterten: Leichtsinn, Erregbarkeit, und vor allem ein grenzenloser Hochmut, der nicht immer den Schein verschmähte und dann alles daran setzte, durch
Wahrmachung des Usurpierten möglicher Beschämung zu entgehen. Seine Natur
war nicht unedel, aber er gewöhnte sich, die innere Schande der äußern vorzuziehen.
10   Man darf nur sagen, er gewöhnte sich zu prunken, während seine Mutter darbte.
     Diese unglückliche Wendung seines Charakters war indessen das Werk meh-
rerer Jahre, in denen man bemerkte, daß Margreth immer stiller über ihren Sohn
ward und allmählich in einen Zustand der Verkommenheit versank, den man früher bei ihr für unmöglich gehalten hätte. Sie wurde scheu, saumselig, sogar unor-
15   dentlich, und manche meinten, ihr Kopf habe gelitten. Friedrich ward desto lauter;
er versäumte keine Kirchweih oder Hochzeit, und da ein sehr empfindliches Ehrgefühl ihn die geheime Mißbilligung mancher nicht übersehen ließ, war er gleichsam immer unter Waffen[1], der öffentlichen Meinung nicht sowohl Trotz zu bieten,
als sie den Weg zu leiten, der ihm gefiel. Er war äußerlich ordentlich, nüchtern,
20   anscheinend treuherzig, aber listig, prahlerisch und oft roh, ein Mensch, an dem
niemand Freude haben konnte, am wenigsten seine Mutter, und der dennoch
durch seine gefürchtete Kühnheit und noch mehr gefürchtete Tücke ein gewisses
Übergewicht im Dorfe erlangt hatte, das um so mehr anerkannt wurde, je mehr
man sich bewußt war, ihn nicht zu kennen und nicht berechnen zu können, wessen
25   er am Ende fähig sei. Nur *ein* Bursch im Dorfe, Wilm Hülsmeyer, wagte im Bewußtsein seiner Kraft und guter Verhältnisse ihm die Spitze zu bieten; und da er
gewandter in Worten war als Friedrich und immer, wenn der Stachel saß[2], einen
Scherz daraus zu machen wußte, so war dies der einzige, mit dem Friedrich ungern
zusammentraf.
30   * * *
     Vier Jahre waren verflossen; es war im Oktober; der milde Herbst von 1760,
der alle Scheunen mit Korn und alle Keller mit Wein füllte, hatte seinen Reichtum
auch über diesen Erdwinkel strömen lassen, und man sah mehr Betrunkene, hörte
von mehr Schlägereien und dummen Streichen als je. Überall gabs Lustbarkeiten;
35   der blaue Montag[3] kam in Aufnahme,[4] und wer ein paar Taler erübrigt hatte,
wollte gleich eine Frau dazu, die ihm heute essen und morgen hungern helfen
könne. Da gab es im Dorfe eine tüchtige solide Hochzeit, und die Gäste durften
mehr erwarten als eine verstimmte Geige, ein Glas Branntwein und was sie an

---

[1]'on guard'   [2]'when the barb stuck'   [3]day on which little work is done   [4]'became popular'

guter Laune selber mitbrachten. Seit früh war alles auf den Beinen; vor jeder Tür wurden Kleider gelüftet, und B. glich den ganzen Tag einer Trödelbude[1]. Da viele Auswärtige erwartet wurden, wollte jeder gern die Ehre des Dorfes oben halten.

Es war sieben Uhr abends und alles in vollem Gange; Jubel und Gelächter an
5 allen Enden, die niederen Stuben zum Ersticken angefüllt mit blauen, roten und gelben Gestalten, gleich Pfandställen[2], in denen eine zu große Herde eingepfercht ist. Auf der Tenne ward getanzt, das heißt: wer zwei Fuß Raum erobert hatte, drehte sich darauf immer rundum und suchte durch Jauchzen zu ersetzen, was an Bewegung fehlte. Das Orchester war glänzend, die erste Geige als anerkannte
10 Künstlerin prädominierend, die zweite und eine große Baßviole mit drei Saiten von Dilettanten ad libitum[3] gestrichen; Branntwein und Kaffee in Überfluß, alle Gäste von Schweiß triefend; kurz, es war ein köstliches Fest. — Friedrich stolzierte umher wie ein Hahn, im neuen himmelblauen Rock, und machte sein Recht als erster Elegant geltend. Als auch die Gutsherrschaft[4] anlangte, saß er gerade hinter
15 der Baßgeige und strich die tiefste Saite mit großer Kraft und vielem Anstand.

„Johannes!" rief er gebieterisch, und heran trat sein Schützling von dem Tanz-platze, wo er auch seine ungelenken Beine zu schlenkern und eins zu jauchzen ver-sucht hatte. Friedrich reichte ihm den Bogen, gab durch eine stolze Kopfbewegung seinen Willen zu erkennen und trat zu den Tanzenden. „Nun lustig, Musikanten:
20 den Papen von Istrup[5]!" — Der beliebte Tanz ward gespielt, und Friedrich machte Sätze vor den Augen seiner Herrschaft, daß die Kühe an der Tenne die Hörner zurückzogen und Kettengeklirr und Gebrumm an ihren Ständern herlief. Fußhoch über die anderen tauchte sein blonder Kopf auf und nieder, wie ein Hecht, der sich im Wasser überschlägt; an allen Enden schrien Mädchen auf, denen er zum Zei-
25 chen der Huldigung mit einer raschen Kopfbewegung sein langes Flachshaar ins Gesicht schleuderte.

„Jetzt ist es gut!" sagte er endlich und trat schweißtriefend an den Kredenz-tisch; „die gnädigen Herrschaften sollen leben und alle die hochadeligen Prinzen und Prinzessinnen, und wers nicht mittrinkt, den will ich an die Ohren schlagen,
30 daß er die Engel singen hört!" — Ein lautes Vivat beantwortete den galanten Toast. — Friedrich machte seinen Bückling. — „Nichts für ungut, gnädige Herr-schaften; wir sind nur ungelehrte Bauersleute!" — In diesem Augenblick erhob sich ein Getümmel am Ende der Tenne, Geschrei, Schelten, Gelächter, alles durcheinander. „Butterdieb, Butterdieb!" riefen ein paar Kinder, und heran drängte
35 sich, oder vielmehr ward geschoben Johannes Niemand, den Kopf zwischen die Schultern ziehend und mit aller Macht nach dem Ausgange strebend. — „Was ists? Was habt ihr mit unserem Johannes?" rief Friedrich gebieterisch.

---

[1] 'secondhand clothes shop' [2] i. e., stalls for confiscated or pledged cattle [3] 'according to (the musician's) taste' [4] 'lord of the manor (and family)' [5] a dance tune

„Das sollt Ihr früh genug gewahr werden", keuchte ein altes Weib mit der Küchenschürze und einem Wischhader[1] in der Hand. — Schande! Johannes, der arme Teufel, dem zu Hause das Schlechteste gut genug sein mußte, hatte versucht, sich ein halbes Pfündchen Butter für die kommende Dürre zu sichern, und ohne
5 daran zu denken, daß er es, sauber in sein Schnupftuch gewickelt, in der Tasche geborgen, war er ans Küchenfeuer getreten, und nun rann das Fett schmählich die Rockschöße entlang. — Allgemeiner Aufruhr; die Mädchen sprangen zurück, aus Furcht, sich zu beschmutzen, oder stießen den Delinquenten vorwärts. Andere machten Platz, sowohl aus Mitleid als Vorsicht. Aber Friedrich trat vor: „Lumpen-
10 hund!" rief er; ein paar derbe Maulschellen trafen den geduldigen Schützling; dann stieß er ihn an die Tür und gab ihm einen tüchtigen Fußtritt mit auf den Weg.

Er kehrte niedergeschlagen zurück; seine Würde war verletzt, das allgemeine Gelächter schnitt ihm durch die Seele; ob er sich gleich durch einen tapfern Juch-heschrei[2] wieder in den Gang zu bringen suchte — es wollte nicht mehr recht
15 gehen. Er war im Begriff, sich wieder hinter die Baßviole zu flüchten; doch zuvor noch ein Knalleffekt: er zog seine silberne Taschenuhr hervor, zu jener Zeit ein seltener und kostbarer Schmuck. „Es ist bald zehn", sagte er. „Jetzt den Braut-menuet! Ich will Musik machen."

„Eine prächtige Uhr!" sagte der Schweinehirt und schob sein Gesicht in ehr-
20 furchtsvoller Neugier vor. — „Was hat sie gekostet?" rief Wilm Hülsmeyer, Fried-richs Nebenbuhler. — „Willst du sie bezahlen?" fragte Friedrich. — „Hast *du* sie bezahlt?" antwortete Wilm. Friedrich warf einen stolzen Blick auf ihn und griff in schweigender Majestät zum Fiedelbogen. — „Nun, nun," sagte Hülsmeyer, „der-gleichen hat man schon erlebt. Du weißt wohl, der Franz Ebel hatte auch eine
25 schöne Uhr, bis der Jude Aaron sie ihm wieder abnahm." — Friedrich antwortete nicht, sondern winkte stolz der ersten Violine, und sie begannen aus Leibeskräften zu streichen.

Die Gutsherrschaft war indessen in die Kammer getreten, wo der Braut von den Nachbarfrauen das Zeichen ihres neuen Standes, die weiße Stirnbinde, umge-
30 legt wurde. Das junge Blut[3] weinte sehr, teils weil es die Sitte so wollte, teils aus wahrer Beklemmung. Sie sollte einem verworrenen Haushalt vorstehen, unter den Augen eines mürrischen alten Mannes, den sie noch obendrein lieben sollte. Er stand neben ihr, durchaus nicht wie der Bräutigam des hohen Liedes[4], der „in die Kammer tritt wie die Morgensonne". — „Du hast nun genug geweint", sagte er
35 verdrießlich; „bedenk, du bist es nicht, die mich glücklich macht, ich mache dich glücklich!" — Sie sah demütig zu ihm auf und schien zu fühlen, daß er recht habe. — Das Geschäft war beendigt; die junge Frau hatte ihrem Manne zugetrunken,

[1] 'dish cloth'   [2] 'a shout of *juchhé!*'   [3] =*junge Frau*, i. e., the new bride   [4] 'Song of Solo-mon'

junge Spaßvögel hatten durch den Dreifuß geschaut[1], ob die Binde gerade sitze; und man drängte sich wieder der Tenne zu, von wo unauslöschliches Gelächter und Lärm herüberschallte. Friedrich war nicht mehr dort. Eine große, unerträgliche Schmach hatte ihn getroffen, da der Jude Aaron, ein Schlächter und gele-
5 gentlicher Althändler aus dem nächsten Städtchen, plötzlich erschienen war und nach einem kurzen, unbefriedigenden Zwiegespräch ihn laut vor allen Leuten um den Betrag von zehn Talern für eine schon um Ostern gelieferte Uhr gemahnt hatte. Friedrich war wie vernichtet fortgegangen und der Jude ihm gefolgt, immer schreiend: „O weh mir! Warum hab ich nicht gehört auf vernünftige Leute! Haben
10 sie mir nicht hundertmal gesagt, Ihr hättet all Eu'r Gut am Leibe und kein Brot im Schranke!" — Die Tenne tobte von Gelächter; manche hatten sich auf den Hof nachgedrängt. — „Packt den Juden! Wiegt ihn gegen ein Schwein!" riefen einige; andere waren ernst geworden. — „Der Friedrich sah so blaß aus wie ein Tuch", sagte eine alte Frau, und die Menge teilte sich, wie der Wagen des Gutsherrn in
15 den Hof lenkte.

Herr von S. war auf dem Heimwege verstimmt, die jedesmalige Folge, wenn der Wunsch, seine Popularität aufrecht zu erhalten, ihn bewog, solchen Festen beizuwohnen. Er sah schweigend aus dem Wagen. „Was sind denn das für ein paar Figuren?" — Er deutete auf zwei dunkle Gestalten, die vor dem Wagen rannten
20 wie Strauße[2]. Nun schlüpften sie ins Schloß. — „Auch ein paar selige Schweine aus unserm eigenen Stall!" seufzte Herr von S. — Zu Hause angekommen, fand er die Hausflur vom ganzen Dienstpersonal eingenommen, das zwei Kleinknechte[3] umstand, welche sich blaß und atemlos auf der Stiege[4] niedergelassen hatten. Sie behaupteten, von des alten Mergels Geist verfolgt worden zu sein, als sie durchs
25 Brederholz heimkehrten. Zuerst hatte es über ihnen an der Höhe gerauscht und geknistert; darauf hoch in der Luft ein Geklapper wie von aneinander geschlagenen Stöcken; plötzlich ein gellender Schrei und ganz deutlich die Worte: „O weh, meine arme Seele!" hoch von oben herab. Der eine wollte auch glühende Augen durch die Zweige funkeln gesehen haben, und beide waren gelaufen, was ihre Beine ver-
30 mochten.

„Dummes Zeug!" sagte der Gutsherr verdrießlich und trat in die Kammer, sich umzukleiden. Am anderen Morgen wollte die Fontäne im Garten nicht springen, und es fand sich, daß jemand eine Röhre verrückt hatte, augenscheinlich um nach dem Kopfe eines vor vielen Jahren hier verscharrten Pferdegerippes zu suchen, der
35 für ein bewährtes Mittel[5] wider allen Hexen- und Geisterspuk gilt. „Hm," sagte der Gutsherr, „was die Schelme nicht stehlen, das verderben die Narren."

Drei Tage später tobte ein furchtbarer Sturm. Es war Mitternacht, aber alles im Schlosse außer dem Bett. Der Gutsherr stand am Fenster und sah besorgt ins

---

[1]*durch ... geschaut* 'looked through the tripod' (burlesque gesture as if to ascertain the truth) [2]'ostriches' [3]i. e., servants of lower rank [4]=*Treppe* [5]'proven remedy'

Dunkle, nach seinen Feldern hinüber. An den Scheiben flogen Blätter und Zweige
her; mitunter fuhr ein Ziegel hinab und schmetterte auf das Pflaster des Hofes.
„Furchtbares Wetter!" sagte Herr von S. Seine Frau sah ängstlich aus. „Ist das
Feuer auch gewiß gut verwahrt?" sagte sie; „Gretchen, sieh noch einmal nach, gieß
5   es lieber ganz aus¹! — Kommt, wir wollen das Evangelium Johannis beten." Alles
kniete nieder, und die Hausfrau begann: „Im Anfang war das Wort, und das Wort
war bei Gott, und Gott war das Wort." — Ein furchtbarer Donnerschlag. Alle
fuhren zusammen; dann furchtbares Geschrei und Getümmel die Treppe heran.
— „Um Gottes willen! Brennt es?" rief Frau von S. und sank mit dem Gesichte auf
10 den Stuhl². Die Türe ward aufgerissen, und herein stürzte die Frau des Juden
Aaron, bleich wie der Tod, das Haar wild um den Kopf, von Regen triefend. Sie
warf sich vor dem Gutsherrn auf die Knie. „Gerechtigkeit!" rief sie, „Gerechtigkeit!
Mein Mann ist erschlagen!" und sank ohnmächtig zusammen.

Es war nur zu wahr, und die nachfolgende Untersuchung bewies, daß der Jude
15 Aaron durch einen Schlag an die Schläfe mit einem stumpfen Instrumente, wahrscheinlich einem Stabe, sein Leben verloren hatte, durch einen einzigen Schlag.
An der linken Schläfe war der blaue Fleck, sonst keine Verletzung zu finden. Die
Aussagen der Jüdin und ihres Knechtes Samuel lauteten so: Aaron war vor drei
Tagen am Nachmittage ausgegangen, um Vieh zu kaufen, und hatte dabei gesagt,
20 er werde wohl über Nacht ausbleiben, da noch einige böse Schuldner³ in B. und S.
zu mahnen seien. In diesem Falle werde er in B. beim Schlächter Salomon über-
nachten. Als er am folgenden Tage nicht heimkehrte, war seine Frau sehr besorgt
geworden und hatte sich endlich heute um drei nachmittags in Begleitung ihres
Knechtes und des großen Schlächterhundes auf den Weg gemacht. Beim Juden
25 Salomon wußte man nichts von Aaron; er war gar nicht da gewesen. Nun waren
sie zu allen Bauern gegangen, von denen sie wußten, daß Aaron einen Handel mit
ihnen im Auge hatte. Nur zwei hatten ihn gesehen, und zwar an demselben Tage,
an welchem er ausgegangen. Es war darüber sehr spät geworden. Die große Angst
trieb das Weib nach Haus, wo sie ihren Mann wiederzufinden eine schwache
30 Hoffnung nährte. So waren sie im Brederholz vom Gewitter überfallen worden
und hatten unter einer großen, am Berghange stehenden Buche Schutz gesucht;
der Hund hatte unterdessen auf eine auffallende Weise umhergestöbert und sich
endlich, trotz allem Locken, im Walde verlaufen. Mit einemmale sieht die Frau
beim Leuchten des Blitzes etwas Weißes neben sich im Moose. Es ist der Stab
35 ihres Mannes, und fast im selben Augenblicke bricht der Hund durchs Gebüsch
und trägt etwas im Maule: es ist der Schuh ihres Mannes. Nicht lange, so ist in
einem mit dürrem Laube gefüllten Graben der Leichnam des Juden gefunden. —
Dies war die Angabe des Knechtes, von der Frau nur im allgemeinen unterstützt;
ihre übergroße Spannung hatte nachgelassen, und sie schien jetzt halb verwirrt

---

¹'better drown it with water'   ²(She had been kneeling in prayer.)   ³'recalcitrant debtors'

oder vielmehr stumpfsinnig. — „Aug um Auge, Zahn um Zahn!"[1] dies waren die
einzigen Worte, die sie zuweilen hervor stieß.

In derselben Nacht noch wurden die Schützen aufgeboten, um Friedrich zu
verhaften. Der Anklage bedurfte es nicht, da Herr von S. selbst Zeuge eines Auf-
5 tritts gewesen war, der den dringendsten Verdacht auf ihn werfen mußte; zudem
die Gespenstergeschichte von jenem Abende, das Aneinanderschlagen der Stäbe
im Brederholz, der Schrei aus der Höhe. Da der Amtsschreiber gerade abwesend
war, so betrieb Herr von S. selbst alles rascher, als sonst geschehen wäre. Dennoch
begann die Dämmerung[2] bereits anzubrechen, bevor die Schützen so geräuschlos
10 wie möglich das Haus der armen Margreth umstellt hatten. Der Gutsherr selber
pochte an; es währte kaum eine Minute, bis geöffnet ward und Margreth völlig
gekleidet in der Türe erschien. Herr von S. fuhr zurück; er hätte sie fast nicht
erkannt, so blaß und steinern sah sie aus. „Wo ist Friedrich?" fragte er mit unsicherer Stimme. — „Sucht ihn", antwortete sie und setzte sich auf einen Stuhl. Der
15 Gutsherr zögerte noch einen Augenblick. „Herein, herein!" sagte er dann barsch;
„worauf warten wir?" Man trat in Friedrichs Kammer. Er war nicht da, aber das
Bett noch warm. Man stieg auf den Söller[3], in den Keller, stieß ins Stroh, schaute
hinter jedes Faß, sogar in den Backofen; er war nicht da. Einige gingen in den
Garten, sahen hinter den Zaun und in die Apfelbäume hinauf; er war nicht zu fin-
20 den. — „Entwischt!" sagte der Gutsherr mit sehr gemischten Gefühlen; der Anblick der alten Frau wirkte gewaltig auf ihn. „Gebt den Schlüssel zu jenem Koffer."
— Margreth antwortete nicht. — „Gebt den Schlüssel!" wiederholte der Gutsherr
und merkte jetzt erst, daß der Schlüssel steckte. Der Inhalt des Koffers kam zum
Vorschein: des Entflohenen gute Sonntagskleider und seiner Mutter ärmlicher
25 Staat[4]; dann zwei Leichenhemden mit schwarzen Bändern, das eine für einen
Mann, das andere für eine Frau gemacht. Herr von S. war tief erschüttert. Ganz
zu unterst auf dem Boden des Koffers lag die silberne Uhr und einige Schriften von
sehr leserlicher Hand; eine derselben von einem Manne unterzeichnet, den man
in starkem Verdacht der Verbindung mit den Holzfrevlern hatte. Herr von S.
30 nahm sie mit zur Durchsicht, und man verließ das Haus, ohne daß Margreth ein
anderes Lebenszeichen von sich gegeben hätte, als daß sie unaufhörlich die Lippen
nagte und mit den Augen zwinkerte.

Im Schlosse angelangt, fand der Gutsherr den Amtsschreiber, der schon am
vorigen Abend heimgekommen war und behauptete, die ganze Geschichte ver-
35 schlafen zu haben, da der gnädige Herr nicht nach ihm geschickt. — „Sie kommen
immer zu spät", sagte Herr von S. verdrießlich. „War denn nicht irgendein altes
Weib im Dorfe, das Ihrer Magd die Sache erzählte? Und warum weckte man Sie
dann nicht?" — „Gnädiger Herr," versetzte Kapp, allerdings hat meine Anne
Marie den Handel um eine Stunde früher erfahren als ich; aber sie wußte, daß Ihro

---

[1]Exodus 21:24   [2]=*Morgendämmerung*   [3]'attic'   [4]'finery'

Gnaden die Sache selbst leiteten, und dann," fügte er mit klagender Miene hinzu, „daß ich so todmüde war!" — „Schöne Polizei!" murmelte der Gutsherr, „jede alte Schachtel im Dorf weiß Bescheid, wenn es recht geheim zugehen soll." Dann fuhr er heftig fort: „Das müßte wahrhaftig ein dummer Teufel von Delinquenten sein,
5 der sich packen ließe!"

   Beide schwiegen eine Weile. „Mein Fuhrmann[1] hatte sich in der Nacht verirrt," hob der Amtsschreiber wieder an; „über eine Stunde lang hielten wir im Walde; es war ein Mordwetter; ich dachte, der Wind werde den Wagen umreißen. Endlich, als der Regen nachließ, fuhren wir in Gottes Namen darauf los, immer
10 in das Zellerfeld hinein, ohne eine Hand vor den Augen zu sehen. Da sagte der Kutscher: ‚Wenn wir nur nicht den Steinbrüchen zu nahe kommen!' Mir war selbst bange; ich ließ halten und schlug Feuer, um wenigstens etwas Unterhaltung an meiner Pfeife zu haben. Mit einemmale hörten wir ganz nah, perpendikulär unter uns die Glocke schlagen. Euer Gnaden mögen glauben, daß mir fatal zumute wur-
15 de. Ich sprang aus dem Wagen, denn seinen eigenen Beinen kann man trauen, aber denen der Pferde nicht. So stand ich, in Kot und Regen, ohne mich zu rühren, bis es gottlob sehr bald anfing zu dämmern. Und wo hielten wir? Dicht an der Heerser Tiefe und den Turm von Heerse gerade unter uns. Wären wir noch zwanzig Schritt weiter gefahren, wir wären alle Kinder des Todes gewesen." — „Das war
20 in der Tat kein Spaß", versetzte der Gutsherr, halb versöhnt.

   Er hatte unterdessen die mitgenommenen Papiere durchgesehen. Es waren Mahnbriefe um geliehene Gelder, die meisten von Wucherern[2]. — „Ich hätte nicht gedacht," murmelte er, „daß die Mergels so tief drin steckten." — „Ja, und daß es so an den Tag kommen muß," versetzte Kapp, „das wird kein kleiner Ärger für
25 Frau Margreth sein." — „Ach Gott, die denkt jetzt daran nicht!" Mit diesen Worten stand der Gutsherr auf und verließ das Zimmer, um mit Herrn Kapp die gerichtliche Leichenschau[3] vorzunehmen. — Die Untersuchung war kurz, gewaltsamer Tod erwiesen, der vermutliche Täter entflohen, die Anzeichen gegen ihn zwar gravierend,[4] doch ohne persönliches Geständnis nicht beweisend[5], seine
30 Flucht allerdings sehr verdächtig. So mußte die gerichtliche Verhandlung ohne genügenden Erfolg geschlossen werden.

   Die Juden der Umgegend hatten großen Anteil gezeigt. Das Haus der Witwe ward nie leer von Jammernden und Ratenden. Seit Menschengedenken waren nicht so viel Juden beisammen in L. gesehen worden. Durch den Mord ihres Glau-
35 bensgenossen aufs äußerste erbittert, hatten sie weder Mühe noch Geld gespart, dem Täter auf die Spur zu kommen. Man weiß sogar, daß einer derselben, gemeinhin der Wucherjoel genannt, einem seiner Kunden, der ihm mehrere Hunderte schuldete und den er für einen besonders listigen Kerl hielt, Erlaß der ganzen

---

[1]=*Kutscher* [2]'loan sharks' [3]'official autopsy' [4]*die ... gravierend* 'indeed the circumstantial case against him was very strong' [5]'not positive proof'

Summe angeboten hatte, falls er ihm zur Verhaftung des Mergel verhelfen wolle;
denn der Glaube war allgemein unter den Juden, daß der Täter nur mit guter Bei-
hülfe entwischt und wahrscheinlich noch in der Umgegend sei. Als dennoch alles
nichts half und die gerichtliche Verhandlung für beendet erklärt worden war,
5 erschien am nächsten Morgen eine Anzahl der angesehensten Israeliten im Schlosse, um dem gnädigen Herrn einen Handel anzutragen. Der Gegenstand war die
Buche, unter der Aarons Stab gefunden und wo der Mord wahrscheinlich verübt
worden war. — „Wollt ihr sie fällen? So mitten im vollen Laube?" fragte der Gutsherr. — „Nein, Ihro Gnaden, sie muß stehenbleiben im Winter und Sommer,
10 solange ein Span daran ist." — „Aber, wenn ich nun den Wald hauen lasse, so
schadet es dem jungen Aufschlag[1]." — „Wollen wir sie doch nicht um gewöhnlichen Preis." Sie boten zweihundert Taler. Der Handel ward geschlossen und allen
Förstern streng eingeschärft, die Judenbuche auf keine Weise zu schädigen. —
Darauf sah man an einem Abende wohl gegen sechzig Juden, ihren Rabbiner an
15 der Spitze, in das Brederholz ziehen, alle schweigend und mit gesenkten Augen.
— Sie blieben über eine Stunde im Walde und kehrten dann ebenso ernst und
feierlich zurück, durch das Dorf B. bis in das Zellerfeld, wo sie sich zerstreuten
und jeder seines Weges ging. — Am nächsten Morgen stand an der Buche mit
dem Beil eingehauen:

20 אם תעבור במקום הזה יפגע בך כאשר אתה עשית לי

Und wo war Friedrich? Ohne Zweifel fort, weit genug, um die kurzen Arme
einer so schwachen Polizei nicht mehr fürchten zu dürfen[2]. Er war bald verschollen, vergessen. Ohm Simon redete selten von ihm, und dann schlecht; die Juden-
frau tröstete sich am Ende und nahm einen anderen Mann. Nur die arme Mar-
25 greth blieb ungetröstet.

Etwa ein halbes Jahr nachher las der Gutsherr einige eben erhaltene Briefe in
Gegenwart des Amtsschreibers. — „Sonderbar, sonderbar!" sagte er. „Denken Sie
sich, Kapp, der Mergel ist vielleicht unschuldig an dem Morde. Soeben schreibt
mir der Präsident des Gerichtes zu P.: ‚Le vrai n'est pas toujours vraisemblable[3];
30 das erfahre ich oft in meinem Berufe und jetzt neuerdings. Wissen Sie wohl, daß
Ihr lieber Getreuer, Friedrich Mergel, den Juden mag ebensowenig erschlagen
haben als ich oder Sie? Leider fehlen die Beweise, aber die Wahrscheinlichkeit ist
groß. Ein Mitglied der Schlemmingschen Bande (die wir jetzt, nebenbei gesagt,
größtenteils unter Schloß und Riegel haben), Lumpenmoises genannt, hat im
35 letzten Verhöre ausgesagt, daß ihn nichts so sehr gereue als der Mord eines Glaubensgenossen, Aaron, den er im Walde erschlagen und doch nur sechs Groschen
bei ihm gefunden habe. Leider ward das Verhör durch die Mittagsstunde unterbrochen, und während wir tafelten, hat sich der Hund von einem Juden an seinem

---

[1]'new growth' [2]=*brauchen* [3]'The truth is not always plausible.' (French)

Strumpfband erhängt. Was sagen Sie dazu? Aaron ist zwar ein verbreiteter Name usw." — „Was sagen Sie dazu?" wiederholte der Gutsherr: „und weshalb wäre der Esel von einem Burschen denn gelaufen?" — Der Amtsschreiber dachte nach. — „Nun, vielleicht der Holzfrevel wegen, mit denen wir ja gerade in Untersuchung 5 waren. Heißt es nicht: der Böse läuft vor seinem eigenen Schatten? Mergels Gewissen war schmutzig genug auch ohne diesen Flecken."

Dabei beruhigte man sich. Friedrich war hin, verschwunden und — Johannes Niemand, der arme, unbeachtete Johannes, am gleichen Tage mit ihm. — —

* * *

10   Eine schöne lange Zeit war verflossen, achtundzwanzig Jahre, fast die Hälfte eines Menschenlebens; der Gutsherr war sehr alt und grau geworden, sein gutmütiger Gehülfe Kapp längst begraben. Menschen, Tiere und Pflanzen waren entstanden, gereift, vergangen, nur Schloß B. sah immer gleich grau und vornehm auf die Hütten herab, die wie alte hektische Leute immer fallen zu wollen schienen 15 und immer standen. Es war am Vorabende des Weihnachtsfestes, den 24. Dezember 1788. Tiefer Schnee lag in den Hohlwegen, wohl an zwölf Fuß hoch, und eine durchdringende Frostluft machte die Fensterscheiben in der geheizten Stube gefrieren. Mitternacht war nahe, dennoch flimmerten überall matte Lichtchen aus den Schneehügeln, und in jedem Hause lagen die Einwohner auf den Knien, um 20 den Eintritt des heiligen Christfestes mit Gebet zu erwarten, wie dies in katholischen Ländern Sitte ist oder wenigstens damals allgemein war. Da bewegte sich von der Breder Höhe herab eine Gestalt langsam gegen das Dorf; der Wanderer schien sehr matt oder krank; er stöhnte schwer und schleppte sich äußerst mühsam durch den Schnee.

25   An der Mitte des Hanges stand er still, lehnte sich auf seinen Krückenstab und starrte unverwandt auf die Lichtpunkte. Es war so still überall, so tot und kalt; man mußte an Irrlichter auf Kirchhöfen denken. Nun schlug es zwölf im Turm; der letzte Schlag verdröhnte langsam, und im nächsten Hause erhob sich ein leiser Gesang, der, von Hause zu Hause schwellend, sich über das ganze Dorf zog:

30   Ein Kindelein so löbelich
             Ist uns geboren heute,
             Von einer Jungfrau säuberlich,
             Des freun sich alle Leute;
             Und wär das Kindelein nicht geborn,
35   So wären wir alle zusammen verlorn:
             Das Heil ist unser aller.
             O du mein liebster Jesu Christ,
             Der du als Mensch geboren bist,
             Erlös uns von der Hölle![1]

---

[1] These verses are from a well-known 16th-century hymn.

Der Mann am Hange war in die Knie gesunken und versuchte mit zitternder Stimme einzufallen: es ward nur ein lautes Schluchzen daraus, und schwere, heiße Tropfen fielen in den Schnee. Die zweite Strophe begann; er betete leise mit; dann die dritte und vierte. Das Lied war geendigt, und die Lichter in den Häusern
5 begannen sich zu bewegen. Da richtete der Mann sich mühselig auf und schlich langsam hinab in das Dorf. An mehreren Häusern keuchte er vorüber, dann stand er vor einem still und pochte leise an.

„Was ist denn das?" sagte drinnen eine Frauenstimme; „die Türe klappert, und der Wind geht doch nicht." — Er pochte stärker: „Um Gottes willen, laßt einen
10 halberfrorenen Menschen ein, der aus der türkischen Sklaverei kommt!" — Geflüster in der Küche. „Geht ins Wirtshaus," antwortete eine andere Stimme, „das fünfte Haus von hier!" — „Um Gottes Barmherzigkeit willen, laßt mich ein! Ich habe kein Geld." Nach einigem Zögern ward die Tür geöffnet, und ein Mann leuchtete mit der Lampe hinaus. — „Kommt nur herein," sagte er dann, „Ihr wer-
15 det uns den Hals nicht abschneiden."

In der Küche befanden sich außer dem Manne eine Frau in den mittleren Jahren, eine alte Mutter und fünf Kinder. Alle drängten sich um den Eintretenden her und musterten ihn mit scheuer Neugier. Eine armselige Figur! Mit schiefem Halse, gekrümmtem Rücken, die ganze Gestalt gebrochen und kraftlos; langes,
20 schneeweißes Haar hing um sein Gesicht, das den verzogenen[1] Ausdruck langen Leidens trug. Die Frau ging schweigend an den Herd und legte frisches Reisig zu.
— „Ein Bett können wir Euch nicht geben", sagte sie; „aber ich will hier eine gute Streu machen[2]; Ihr müßt Euch schon so behelfen." — „Gott's Lohn!"[3] versetzte der Fremde; „ich bins wohl schlechter gewohnt." — Der Heimgekehrte ward als
25 Johannes Niemand erkannt, und er selbst bestätigte, daß er derselbe sei, der einst mit Friedrich Mergel entflohen.

Das Dorf war am folgenden Tage voll von den Abenteuern des so lange Verschollenen. Jeder wollte den Mann aus der Türkei sehen, und man wunderte sich beinahe, daß er noch aussehe wie andere Menschen. Das junge Volk hatte zwar
30 keine Erinnerungen von ihm, aber die Alten fanden seine Züge noch ganz wohl heraus[4], so erbärmlich entstellt er auch war.

„Johannes, Johannes, was seid Ihr grau geworden!" sagte eine alte Frau. „Und woher habt Ihr den schiefen Hals?" — „Vom Holz- und Wassertragen in der Sklaverei", versetzte er. — „Und was ist aus Mergel geworden? Ihr seid doch zusammen
35 fortgelaufen?" — „Freilich wohl; aber ich weiß nicht, wo er ist, wir sind voneinander gekommen. Wenn Ihr an ihn denkt, betet für ihn," fügte er hinzu, „er wird es wohl nötig haben."

---

[1]'twisted' [2]'spread straw' [3]'May God reward you!' [4]*fanden seine Züge heraus* 'discovered his features'

Man fragte ihn, warum Friedrich sich denn aus dem Staube gemacht[1], da er den Juden doch nicht erschlagen? — „Nicht?" sagte Johannes und horchte gespannt auf, als man ihm erzählte, was der Gutsherr geflissentlich[2] verbreitet hatte, um den Fleck von Mergels Namen zu löschen. — „Also ganz umsonst," sagte er nachden-
5 kend, „ganz umsonst so viel ausgestanden!" Er seufzte tief und fragte nun seiner-seits nach manchem. Simon war lange tot, aber zuvor noch ganz verarmt durch Prozesse und böse Schuldner[3], die er nicht gerichtlich belangen[4] durfte, weil es, wie man sagte, zwischen ihnen keine reine Sache war. Er hatte zuletzt Bettelbrot gegessen und war in einem fremden Schuppen auf dem Stroh gestorben. Margreth
10 hatte länger gelebt, aber in völliger Geistesstumpfheit. Die Leute im Dorf waren es bald müde geworden, ihr beizustehen, da sie alles verkommen ließ, was man ihr gab, wie es denn die Art der Menschen ist, gerade die Hülflosesten zu verlassen, solche, bei denen der Beistand nicht nachhaltig wirkt und die der Hülfe immer gleich bedürftig bleiben. Dennoch hatte sie nicht eigentlich Not gelitten; die Guts-
15 herrschaft sorgte sehr für sie, schickte ihr täglich das Essen und ließ ihr auch ärztliche Behandlung zukommen, als ihr kümmerlicher Zustand in völlige Ab-zehrung übergegangen war. In ihrem Hause wohnte jetzt der Sohn des ehemaligen Schweinehirten, der an jenem unglücklichen Abende Friedrichs Uhr so sehr bewundert hatte. — „Alles hin, alles tot!" seufzte Johannes.
20   Am Abend, als es dunkel geworden war und der Mond schien, sah man ihn im Schnee auf dem Kirchhofe umherhumpeln; er betete bei keinem Grabe, ging auch an keines dicht hinan, aber auf einige schien er aus der Ferne starre Blicke zu heften. So fand ihn der Förster Brandis, der Sohn des Erschlagenen, den die Guts-herrschaft abgeschickt hatte, ihn ins Schloß zu holen.
25   Beim Eintritt in das Wohnzimmer sah er scheu umher, wie vom Licht geblen-det, und dann auf den Baron, der sehr zusammengefallen in seinem Lehnstuhl saß, aber noch immer mit den hellen Augen und dem roten Käppchen auf dem Kopfe wie vor achtundzwanzig Jahren; neben ihm die gnädige Frau, auch alt, sehr alt geworden.
30   „Nun, Johannes," sagte der Gutsherr, „erzähl mir einmal recht ordentlich von deinen Abenteuern. Aber", er musterte ihn durch die Brille, „du bist ja erbärmlich mitgenommen[5] in der Türkei!" — Johannes begann: wie Mergel ihn nachts von der Herde abgerufen und gesagt, er müsse mit ihm fort. — „Aber warum lief der dum-me Junge denn? Du weißt doch, daß er unschuldig war?" — Johannes sah vor sich
35 nieder: „Ich weiß nicht recht, mich dünkt, es war wegen Holzgeschichten. Simon hatte so allerlei Geschäfte; mir sagte man nichts davon, aber ich glaube nicht, daß alles war, wie es sein sollte." — „Was hat denn Friedrich dir gesagt?" — „Nichts, als daß wir laufen müßten, sie wären hinter uns her. So liefen wir bis Heerse; da

---

[1]*aus ... gemacht* 'ran away'   [2]'diligently'   [3]'bad debtors'   [4]'take to court'   [5]'got pitifully run down'

war es noch dunkel, und wir versteckten uns hinter das große Kreuz am Kirchhofe, bis es etwas heller würde, weil wir uns vor den Steinbrüchen am Zellerfelde fürchteten, und wie wir eine Weile gesessen hatten, hörten wir mit einem Male über uns schnauben und stampfen und sahen lange Feuerstrahlen in der Luft gerade über
5 dem Heerser Kirchturm. Wir sprangen auf und liefen, was wir konnten, in Gottes Namen gerade aus, und wie es dämmerte, waren wir wirklich auf dem rechten Wege nach P."

Johannes schien noch vor der Erinnerung zu schaudern, und der Gutsherr dachte an seinen seligen[1] Kapp und dessen Abenteuer am Heerser Hange. —
10 „Sonderbar!" lachte er, „so nah wart ihr einander! Aber fahr fort." — Johannes erzählte nun, wie sie glücklich durch P. und über die Grenze gekommen. Von da an hatten sie sich als wandernde Handwerksbursche[2] durchgebettelt bis Freiburg im Breisgau. „Ich hatte meinen Brotsack bei mir," sagte er, „und Friedrich ein Bündelchen; so glaubte man uns." — In Freiburg hatten sie sich von den Öster-
15 reichern anwerben lassen[3]; ihn hatte man nicht gewollt, aber Friedrich bestand darauf. So kam er unter den Train[4]. „Den Winter über blieben wir in Freiburg," fuhr er fort, „und es ging uns ziemlich gut; mir auch, weil Friedrich mich oft erinnerte[5] und mir half, wenn ich etwas verkehrt machte. Im Frühling mußten wir marschieren, nach Ungarn, und im Herbst ging der Krieg mit den Türken los. Ich
20 kann nicht viel davon nachsagen, denn ich wurde gleich in der ersten Affäre gefangen und bin seitdem sechsundzwanzig Jahre in der türkischen Sklaverei gewesen!" — „Gott im Himmel! Das ist doch schrecklich!" sagte Frau von S. — „Schlimm genug, die Türken halten uns Christen nicht besser als Hunde; das schlimmste war, daß meine Kräfte unter der harten Arbeit vergingen; ich ward auch älter und
25 sollte noch immer tun wie vor Jahren."

Er schwieg eine Weile. „Ja," sagte er dann, „es ging über Menschenkräfte und Menschengeduld; ich hielt es auch nicht aus. — Von da kam ich auf ein holländisches Schiff." — „Wie kamst du denn dahin?" fragte der Gutsherr. — „Sie fischten mich auf, aus dem Bosporus", versetzte Johannes. Der Baron sah ihn befremdet an
30 und hob den Finger warnend auf; aber Johannes erzählte weiter. Auf dem Schiffe war es ihm nicht viel besser gegangen. „Der Skorbut[6] riß ein; wer nicht ganz elend war, mußte über Macht arbeiten, und das Schiffstau[7] regierte ebenso streng wie die türkische Peitsche. Endlich," schloß er, „als wir nach Holland kamen, nach Amsterdam, ließ man mich frei, weil ich unbrauchbar war, und der Kaufmann, dem
35 das Schiff gehörte, hatte auch Mitleiden mit mir und wollte mich zu seinem Pförtner machen. Aber" — er schüttelte den Kopf — „ich bettelte mich lieber durch bis hieher." — „Das war dumm genug", sagte der Gutsherr. Johannes seufzte tief: „O

---

[1]'late,' 'departed' [2]'journeyman apprentices' [3]'be recruited' (Freiburg im Breisgau was at that time under Austrian rule) [4]'column of soldiers' [5]'reminded me to do things' [6]'scurvy' (disease) [7]'rope's end' (as whip)

Herr, ich habe mein Leben zwischen Türken und Ketzern[1] zubringen müssen; soll ich nicht wenigstens auf einem katholischen Kirchhofe liegen?" Der Gutsherr hatte seine Börse gezogen: „Da, Johannes, nun geh und komm bald wieder. Du mußt mir das alles noch ausführlicher erzählen; heute ging es etwas konfus durcheinan-
5   der. — Du bist wohl noch sehr müde?" — „Sehr müde", versetzte Johannes; „und" — er deutete auf seine Stirn — „meine Gedanken sind zuweilen so kurios, ich kann nicht recht sagen, wie es so ist." — „Ich weiß schon," sagte der Baron, „von alter Zeit her. Jetzt geh! Hülsmeyers behalten dich wohl noch die Nacht über, morgen komm wieder."

10   Herr von S. hatte das innigste Mitleiden mit dem armen Schelm; bis zum folgenden Tage war überlegt worden, wo man ihn einmieten[2] könne; essen sollte er täglich im Schlosse, und für Kleidung fand sich auch wohl Rat. — „Herr," sagte Johannes, „ich kann auch noch wohl etwas tun; ich kann hölzerne Löffel machen, und Ihr könnt mich auch als Boten schicken." — Herr von S. schüttelte mitleidig
15   den Kopf: „Das würde doch nicht sonderlich ausfallen." — „O doch, Herr, wenn ich erst im Gange bin — es geht nicht schnell, aber hin komme ich doch, und es wird mir auch nicht sauer, wie man denken sollte." — „Nun," sagte der Baron zweifelnd, „willst du's versuchen? Hier ist ein Brief nach P. Es hat keine sonderliche Eile."

20   Am folgenden Tage bezog Johannes sein Kämmerchen bei einer Witwe im Dorfe. Er schnitzelte Löffel, aß auf dem Schlosse und machte Botengänge für den gnädigen Herrn. Im ganzen gings ihm leidlich; die Herrschaft war sehr gütig, und Herr von S. unterhielt sich oft lange mit ihm über die Türkei, den österreichischen Dienst und die See. — „Der Johannes könnte viel erzählen," sagte er zu seiner
25   Frau, „wenn er nicht so grundeinfältig wäre." — „Mehr tiefsinnig[3] als einfältig", versetzte sie; „ich fürchte immer, er schnappt noch über." — „Ei bewahre!" antwortete der Baron, „er war sein Leben lang ein Simpel; simple Leute werden nie verrückt."

Nach einiger Zeit blieb Johannes auf einem Botengange über Gebühr lange
30   aus. Die gute Frau von S. war sehr besorgt um ihn und wollte schon Leute aussenden, als man ihn die Treppe heraufstelzen hörte. — „Du bist lange ausgeblieben, Johannes," sagte sie; „ich dachte schon, du hättest dich im Brederholz verirrt." — „Ich bin durch den Föhrengrund gegangen." — „Das ist ja ein weiter Umweg; warum gingst du nicht durchs Brederholz?" — Er sah trübe zu ihr auf: „Die Leute
35   sagten mir, der Wald sei gefällt, und jetzt seien so viele Kreuz- und Querwege darin, da fürchtete ich, nicht wieder hinauszukommen. Ich werde alt und duselig[4]", fügte er langsam hinzu. — „Sahst du wohl," sagte Frau von S. nachher zu ihrem Manne, „wie wunderlich und quer er aus den Augen sah? Ich sage dir, Ernst, das nimmt noch ein schlimmes Ende."

---

[1]'heretics,' i. e., the Dutch Protestants   [2]'rent lodgings'   [3]'melancholic'   [4]'befuddled'

Indessen nahte der September heran. Die Felder waren leer, das Laub begann abzufallen, und mancher Hektische fühlte die Schere an seinem Lebensfaden[1]. Auch Johannes schien unter dem Einflusse des nahen Äquinoktiums zu leiden; die ihn in diesen Tagen sahen, sagen, er habe auffallend verstört ausgesehen und
5 unaufhörlich leise mit sich selber geredet, was er auch sonst mitunter tat, aber selten. Endlich kam er eines Abends nicht nach Hause. Man dachte, die Herrschaft habe ihn verschickt[2]; am zweiten auch nicht; am dritten Tage ward seine Hausfrau ängstlich. Sie ging ins Schloß und fragte nach. — „Gott bewahre," sagte der Gutsherr, „ich weiß nichts von ihm; aber geschwind den Jäger gerufen und
10 Försters Wilhelm! Wenn der armselige Krüppel", setzte er bewegt hinzu, „auch nur in einen trockenen Graben gefallen ist, so kann er nicht wieder heraus. Wer weiß, ob er nicht gar eines von seinen schiefen Beinen gebrochen hat! — Nehmt die Hunde mit", rief er den abziehenden Jägern nach, „und sucht vor allem in den Gräben; seht in die Steinbrüche!" rief er lauter.
15 Die Jäger kehrten nach einigen Stunden heim; sie hatten keine Spur gefunden. Herr von S. war in großer Unruhe: „Wenn ich mir denke, daß einer so liegen muß wie ein Stein und kann sich nicht helfen! Aber er kann noch leben; drei Tage hälts ein Mensch wohl ohne Nahrung aus." Er machte sich selbst auf den Weg; in allen Häusern wurde nachgefragt, überall in die Hörner geblasen, gerufen, die Hunde
20 zum Suchen angehetzt — umsonst! — Ein Kind hatte ihn gesehen, wie er am Rande des Brederholzes saß und an einem Löffel schnitzelte. „Er schnitt ihn aber ganz entzwei", sagte das kleine Mädchen. Das war vor zwei Tagen gewesen. Nachmittags fand sich wieder eine Spur: abermals ein Kind, das ihn an der anderen Seite des Waldes bemerkt hatte, wo er im Gebüsch gesessen, das Gesicht auf den
25 Knien, als ob er schliefe. Das war noch am vorigen Tage. Es schien, er hatte sich immer um das Brederholz herumgetrieben.
„Wenn nur das verdammte Buschwerk nicht so dicht wäre! da kann keine Seele hindurch", sagte der Gutsherr. Man trieb die Hunde in den jungen Schlag[3]; man blies und hallote und kehrte endlich mißvergnügt heim, als man sich über-
30 zeugt, daß die Tiere den ganzen Wald abgesucht hatten. — „Laßt nicht nach! laßt nicht nach!" bat Frau von S., „besser ein paar Schritte umsonst, als daß etwas versäumt wird." Der Baron war fast ebenso beängstigt wie sie. Seine Unruhe trieb ihn sogar nach Johannes' Wohnung, obwohl er sicher war, ihn dort nicht zu finden. Er ließ sich die Kammer des Verschollenen aufschließen. Da stand sein Bett noch
35 ungemacht, wie er es verlassen hatte, dort hing sein guter Rock, den ihm die gnädige Frau aus dem alten Jagdkleide des Herrn hatte machen lassen; auf dem Tische ein Napf, sechs neue hölzerne Löffel und eine Schachtel. Der Gutsherr öffnete sie;

---

[1]*und ... Lebensfaden* 'and frail ones began to feel the shears (of the Fates) on the thread of life' (In Greek mythology, the Fates spin, weave, and cut the thread of life.)   [2]'sent on an errand'   [3]=*Buschwerk*

fünf Groschen lagen darin, sauber in Papier gewickelt, und vier silberne Westen-
knöpfe; der Gutsherr betrachtete sie aufmerksam. „Ein Andenken von Mergel",
murmelte er und trat hinaus, denn ihm ward ganz beengt in dem dumpfen, engen
Kämmerchen. Die Nachsuchungen wurden fortgesetzt, bis man sich überzeugt
5   hatte, Johannes sei nicht mehr in der Gegend, wenigstens nicht lebendig. So war
er denn zum zweitenmal verschwunden; ob man ihn wiederfinden würde — vielleicht einmal nach Jahren seine Knochen in einem trockenen Graben? Ihn lebend
wiederzusehen, dazu war wenig Hoffnung, und jedenfalls nach achtundzwanzig
Jahren gewiß nicht.
10   Vierzehn Tage später kehrte der junge Brandis morgens von einer Besichtigung seines Reviers durch das Brederholz heim. Es war ein für die Jahreszeit ungewöhnlich heißer Tag, die Luft zitterte, kein Vogel sang, nur die Raben krächzten
langweilig aus den Ästen und hielten ihre offenen Schnäbel der Luft entgegen.
Brandis war sehr ermüdet. Bald nahm er seine von der Sonne durchglühte Kappe
15   ab, bald setzte er sie wieder auf. Es war alles gleich unerträglich, das Arbeiten
durch den kniehohen Schlag sehr beschwerlich. Ringsumher kein Baum außer der
Judenbuche. Dahin strebte er denn auch aus allen Kräften und ließ sich todmatt
auf das beschattete Moos darunter nieder. Die Kühle zog so angenehm durch seine
Glieder, daß er die Augen schloß. „Schändliche Pilze!" murmelte er halb im
20   Schlaf. Es gibt nämlich in jener Gegend eine Art sehr saftiger Pilze, die nur ein
paar Tage stehen, dann einfallen und einen unerträglichen Geruch verbreiten.
Brandis glaubte solche unangenehmen Nachbarn zu spüren, er wandte sich ein
paarmal hin und her, mochte aber doch nicht aufstehen; sein Hund sprang unterdessen umher, kratzte am Stamm der Buche und bellte hinauf. „Was hast du da,
25   Bello? Eine Katze?" murmelte Brandis. Er öffnete die Wimper halb, und die
Judenschrift fiel ihm ins Auge, sehr ausgewachsen, aber doch noch ganz kenntlich.
Er schloß die Augen wieder; der Hund fuhr fort zu bellen und legte endlich seinem
Herrn die kalte Schnauze ans Gesicht. — „Laß mich in Ruh! Was hast du denn?"
Hiebei sah Brandis, wie er so auf dem Rücken lag, in die Höhe, sprang dann mit
30   einem Satze auf und wie besessen ins Gestrüpp hinein. Totenbleich kam er auf
dem Schlosse an: in der Judenbuche hänge ein Mensch; er habe die Beine gerade
über seinem Gesichte hängen sehen. — „Und du hast ihn nicht abgeschnitten,
Esel?" rief der Baron. — „Herr," keuchte Brandis, „wenn Ew. Gnaden dagewesen
wären, so wüßten Sie wohl, daß der Mensch nicht mehr lebt. Ich glaubte anfangs,
35   es seien die Pilze!" Dennoch trieb der Gutsherr zur größten Eile und zog selbst mit
hinaus.
Sie waren unter der Buche angelangt. „Ich sehe nichts", sagte Herr von S. —
„Hierher müssen Sie treten, hierher, an diese Stelle!" — Wirklich, dem war so: der
Gutsherr erkannte seine eigenen abgetragenen Schuhe. — „Gott, es ist Johannes!
40   — Setzt die Leiter an! — So — nun herunter! Sacht, sacht! Laßt ihn nicht fallen!
— Lieber Himmel, die Würmer sind schon daran! Macht dennoch die Schlinge

auf und die Halsbinde." Eine breite Narbe ward sichtbar, der Gutsherr fuhr zurück. — „Mein Gott!" sagte er; er beugte sich wieder über die Leiche, betrachtete die Narbe mit großer Aufmerksamkeit und schwieg eine Weile in tiefer Erschütterung. Dann wandte er sich zu den Förstern: „Es ist nicht recht, daß der Unschuldige für den Schuldigen leide; sagt es nur allen Leuten: der da" — er deutete auf den Toten — „war Friedrich Mergel." — Die Leiche ward auf dem Schindanger[1] verscharrt.

Dies hat sich nach allen Hauptumständen wirklich so begeben im September des Jahres 1788[2]. — Die hebräische Schrift an dem Baume heißt:

„Wenn du dich diesem Orte nahest, so wird es dir ergehen, wie du mir getan hast."

---

[1] 'knacker's yard' (where dead animals are buried after being skinned by the *Knacker*)
[2] Since Mergel arrived in B. at Christmas, 1788, this date should read "1789."

Jeremias Gotthelf

Gotthelf was the pseudonym of Albert Bitzius (1797-1854), a Protestant minister in the Berner Oberland (Switzerland). In his novels and *Novellen* he uses the lives of the peasants and their rural society to illustrate — and condemn — the moral failings of society at large. The authentic flavor of his narratives is aided by his use of Bern dialect in the speeches of his characters and in the narrator's voice. Though his purpose is clearly didactic, Gotthelf knows how to tell a good story; he possesses tremendous insight into the human heart and into the intense passions that drive us and threaten to destroy our lives as well as our eternal souls. In the following work from

1843, a young woman takes on and does penance for a sin that is not really her own. While we may no longer share the values that govern her actions, we can still admire the quiet dignity with which she bears her burden and sympathize with the unresolvable conflict between her penance and the happiness offered her by a man who loves her.

Elsi, die seltsame Magd

ℜEICH AN SCHÖNEN TÄLERN ist die Schweiz, wer zählte sie wohl auf? In keinem Lehrbuch stehn sie alle verzeichnet. Wenn auch nicht eins der schönsten, so doch eines der reichsten ist das Tal, in welchem Heimiswyl liegt, und das oberhalb Burgdorf ans rechte Ufer der Berner Emme[1] sich mündet.
5 Großartig sind die Berge nicht, welche es einfassen, in absonderlichen Gestalten bieten sie dem Auge sich nicht dar, es sind mächtige Emmentaler Hügel, die unten

---

[1]river in the Swiss Canton of Bern; Heimiswyl lies ca. four Kilometers NE of Burgdorf.

heitergrün und oben schwarzgrün sind, unten mit Wiesen und Äckern eingefaßt, oben mit hohen Tannen bewachsen. Weit ist im Tale die Fernsicht nicht, da es ein Quertal[1] ist, welches in nordwestlicher Richtung ans Haupttal stößt; die Alpen sieht man daher nur auf beiden Eggen[2], welche das Tal umfassen, da aber auch in heller Pracht und gewaltigem Bogen am südlichen Himmel. Herrlich ist das Wasser, das allenthalben aus Felsen bricht, einzig sind die reichbewässerten Wiesen und trefflich der Boden zu jeglichem Anbau, reich ist das Tal und schön und zierlich die Häuser, welche das Tal schmücken. Wer an den berühmten Emmentaler Häusern sich erbauen will, der findet sie zahlreich und ausgezeichnet in genanntem Tale.

Auf einem der schönen Höfe lebte im Jahr 1796 als Magd Elsi Schindler (dies soll aber nicht der rechte Name gewesen sein); sie war ein seltsam Mädchen, und niemand wußte, wer sie war und woher sie kam. Im Frühjahr hatte es einmal noch spät an die Türe geklopft, und als der Bauer zum Läufterli[3] hinausguckte, sah er ein großes Mädchen draußen stehen mit einem Bündel unter dem Arme, das über Nacht[4] fragte nach altherkömmlicher Sitte, nach welcher jeder geldlose Wanderer, oder wer sonst gerne das Wirtshaus meidet, um Herberge frägt in den Bauernhäusern und nicht nur umsonst ein Nachtlager erhält, bald im warmen Stall, bald im warmen Bette, sondern auch abends und morgens sein Essen und manchmal noch einen Zehrpfennig[5] auf den Weg. Es gibt deren Häuser im Bernbiet[6], welche die Gastfreundschaft täglich üben den Morgenländern zum Trotz[7], und deren Haus selten eine Nacht ohne Übernächtler[8] ist. Der Bauer hieß das Mädchen hereinkommen, und da sie eben am Essen waren, hieß er es gleich zuchehocke (zu Tisch sitzen). Auf der Bäurin Geheiß mußte das Weibervolk auf dem Vorstuhl sich zusammenziehen, und zu unterst auf selbigen setzte sie die Übernächtlerin.

Man aß fort, aber einige Augenblicke hörte man des Redens nicht viel, alle mußten auf das Mädchen sehen. Dasselbe war nämlich nicht nur groß, sondern auch stark gebaut und schön von Angesicht. Gebräunt war dasselbe wohl, aber wohl geformt, länglicht war das Gesicht, klein der Mund, weiß die Zähne darin, ernst und groß waren die Augen, und ein seltsam Wesen, das an einer Übernächtlerin besonders auffiel, machte, daß die Essenden nicht fertig wurden mit Ansehen. Es war eine gewisse adelige Art an dem Mädchen, die sich weder verleugnen noch annehmen läßt, und es kam allen vor, als säße sie da unten als des Meisters Tochter oder als eine, die an einem Tische zu befehlen oder zu regieren gewohnt sei. Es verwunderten sich daher alle, als das Mädchen auf die endlich erfolgte Frage des Bauern: „Wo chunnst, und wo wottsch (wo kommst du her, und wo willst du hin)?" antwortete: es sei ein arm Meitli (Mädchen), die Eltern seien ihm gestorben, und es wolle Platz suchen als Jungfere (Magd) da in den Dörfern unten.

---

[1]'intersecting valley'　[2]=*langgestreckte Hügelrücken*　[3]=*Fenster*　[4]'a night's lodging'　[5]'donation of travelling money'　[6]i. e., Canton of Bern　[7]'to spite the peoples of the East' (not known for their hospitality)　[8]'someone who stays the night'

Das Mädchen mußte noch manche Frage ausstehen, so ungläubig waren alle am Tisch. Und als endlich der Bauer mehr zur Probe als im Ernste sagte: „Wenn es dir ernst ist, so kannst hierbleiben, ich mangelte[1] eben eine Jungfere", und das Mädchen antwortete, das wäre ihm gerade das Rechte, so brauchte es nicht länger

5 herumzulaufen, so verwunderten sich alle noch mehr und konnten es fast nicht glauben, daß das eine Jungfere werde sein wollen.

Und doch war es so und dem Mädchen bitterer Ernst, aber freilich dazu war es nicht geboren. Es war eine reiche Müllerstochter aus vornehmem Hause, aus einem der Häuser, von denen ehedem, als man das Geld nicht zu nutzen pflegte,

10 die Sage ging, bei Erbschaften und Teilungen sei das Geld nicht gezählt, sondern mit dem Mäß[2] gemessen worden. Aber in der letzten Hälfte des vergangenen Jahrhunderts war ein grenzenloser Übermut eingebrochen, und viele taten so übermütig wie der verlorne Sohn[3], ehe er zu den Trebern kam. Damals war es, daß reiche Bauernsöhne mit Neutalern[4] in die Wette über die Emme warfen und

15 machten: „Welcher weiter?" Damals war es, als ein reicher Bauer, der zwölf Füllimähren[5] auf der Weide hatte, an einem starkbesuchten Jahrmarkt austrommeln ließ: wer mit dem Rifershäuserbauer[6] zu Mittag essen und sein Gast sein wolle, der solle um zwölf Uhr im Gasthause zum Hirschen sein. So einer war auch des Mädchens Vater gewesen. Bald hielt er eine ganze Stube voll Leute zu Gast, bald prü-

20 gelte er alle, die in einem Wirtshause waren, und leerte es; am folgenden Morgen konnte er dann ausmachen[7] um schwer Geld dutzendweise. Er war imstande, als Dragoner an einer einzigen Musterung hundert bis zweihundert Taler zu brauchen und ebensoviel an einem Markt zu verkegeln.[8] Wenn er zuweilen recht einsaß in einem Wirtshause, so saß er dort acht Tage lang, und wer ins Haus kam, mußte

25 mit dem reichen Müller trinken, oder er kriegte Schläge von ihm. Auf diese Weise erschöpft man eine Goldgrube, und der Müller ward nach und nach arm, wie sehr auch seine arme Frau dagegen sich wehrte und nach Vermögen[9] zur Sache sah.

Sie sah das Ende lange voraus, aber aus falscher Scham deckte sie ihre Lage vor den Leuten zu. Ihre Verwandten hatten es ungern gesehen, daß sie den Müller

30 geheiratet, denn sie war von braven[10] Leuten her, welchen das freventliche Betragen des Müllers zuwider war; sie hatte es erzwungen und auf Besserung gehofft, aber diese Hoffnung hatte sie betrogen — wie noch manche arme Braut — und statt besser war es immer schlimmer gekommen. Sie durfte dann nicht klagen gehen, und darum merkten auch die Leute, gäb[11] wie sie sich wunderten,

35 wie lange der Müller es machen könnte, den eigentlichen Zustand der Dinge nicht, bis die arme Frau, das Herz vom Geier des Grams[12] zerfressen, ihr Haupt neigte

---

[1]'have need of' [2]'meter stick' [3]'Prodigal Son,' who "wasted his substance in riotous living" and finally had to eat husks (*Treber*) meant for pigs (see Luke 15:11-24) [4]'newly minted *Taler*' [5]'foals' [6]farmer who owns the place called Rifershaus [7]'even accounts,' 'pay for damages' [8]'lose at bowling' [9]'to the best of her ability' [10]'honest,' 'upright' [11]'no matter' [12]'vulture of affliction'

und starb. Da war nun niemand mehr, der sorgte und zudeckte; Geldmangel riß ein, und wo der sichtbar wird, da kommen wie Raben, wenn ein Aas gefallen, die Gläubiger gezogen und immer mehrere, denn einer zieht den andern nach und keiner will der letzte sein. Eine ungeheure Schuldenlast kam an Tag, der Geltstag
5 (Konkurs) brach aus, verzehrte alles, und der reiche Müller ward ein alter, armer Hudel[1], der in der Kehr gehen[2] mußte von Haus zu Haus gar manches Jahr, denn Gott gab ihm ein langes Leben. So aus einem reichen Mann ein armer Hudel zu werden, der in der Kehr gehen mußte von Haus zu Haus gar manches Jahr, ist eine gerechte Strafe für den, der in Schimpf und Schande seine Familie stürzt und sie
10 so oft noch um mehr bringt als um das leibliche Gut. So einer ist aber auch eine lebendige Predigt für die übermütige Jugend, ob welcher sie lernen mag das Ende, welches zumeist dem Übermute gesetzet ist.

Zwei Söhne hatte der Müller, diese waren schon früher der väterlichen Roheit entronnen, hatten vor ihr im fremden Kriegsdienst Schutz gesucht. Eine Tochter
15 war geblieben im Hause, die schönste, aber auch die stolzeste Müllerstochter das Land auf und ab. Sie hatte wenig teilgenommen an den Freuden der Jugend; sie gefielen ihr nicht, man hielt sie zu stolz dazu. Freier hatten sie umlagert haufenweise, aber einer gefiel ihr so schlecht als der andere, ein jeder erhielt so wenig ein freundlich Wort als der andere. Ein jeder derselben ward ihr Feind und verschrie[3]
20 ihren Übermut. Zu einem aber ward sie nie zu stolz erfunden, zur Arbeit nämlich und zu jeglicher Dienstleistung, wo Menschen oder Vieh derselben bedurften. Von Jugend an war sie früh auf, griff alles an,[4] und alles stund ihr wohl, und gar oft waren es die Eltern, die ihren Willen hemmten, ihr dies und jenes verboten, weil sie meinten, einer reichen Müllerstochter zieme solche Arbeit nicht. Dann schaffe
25 sie gar manches heimlich, und oft, wenn ihre kranke Mutter des Nachts erwachte, sah sie ihre Tochter am Bette sitzen, während sie doch einer Magd zu wachen befohlen, ihre Tochter aber mit allem Ernst zu Bette geheißen[5] hatte.

Als nun die Mutter gestorben war und das Unglück ausbrach, da war's, als wenn ein Blitz sie getroffen. Sie jammerte nicht, aber sie schien stumm geworden,
30 und die Leute hatten fast ein Grausen ob[6] ihr, denn man sah sie oft stehen auf hohem Vorsprung oder an tiefem Wasser und ob[7] den Mühlrädern am Bache, und alle sagten, es gebe sicher ein Unglück, aber niemand reichte die Hand, selbigem auf irgendeine Weise vorzubeugen. Alle dachten, und viele sagten es, es geschehe Elsi recht, Hochmut komme vor dem Falle, und so sollte es allen gehen, die so
35 stolz wie Elsi täten; und als dasselbe am Morgen, als alles aufgeschrieben[8] werden sollte, verschwunden war, sagten alle, da hätte man's, und sie hätten es längst gesagt, daß es diesen Ausweg nehmen würde. Man suchte es in allen Bächen, an jungen Tannen, und als man es nirgends fand, da deuteten einige darauf hin, daß

---

[1]'tramp,' 'bum'   [2]'go begging'   [3]'loudly accused'   [4]'undertook all sorts of things'
[5]'ordered'   [6]=*wegen*   [7]=*über*   [8]'tallied up' (here, the debts)

einer[1] sei, der schon viele geholt und absonderlich[2] Stolze und Übermütige, und
noch nach manchem Jahre ward stolzen Mädchen darauf hingedeutet, wie einer
sei, der gerade stolze am liebsten nehme, sie sollen nur denken an die reiche Müllerstochter, die so ungesinnet[3] verschwunden sei, daß man weder Haut noch Haar
5 je wieder von ihr gesehen.

So übel war es indes Elsi nicht ergangen, aber Böses hatte es allerdings in den
ersten Tagen im Sinne gehabt. Es war ihm gewesen, als klemme jemand ihm das
Herz entzwei, als türmten sich Mühlsteine an seiner Seele auf; es war ein Zorn,
eine Scham in ihm, und die brannten ihns[4], als ob es mitten in der Hölle wäre.
10 Allen Leuten sah es an,[5] wie sie sein Unglück ihm gönnten, und wenn man ihm
alle Schätze der Welt geboten hätte, es wäre nicht imstande gewesen, einem einzigen Menschen ein freundlich Wort zu geben.

Indessen wachte über dem armen Kinde eine höhere Hand und ließ aus dessen
Stolze eine Kraft emporwachsen, welche demselben zu einem höhern Entschlusse
15 half; denn so tut es Gott oft, eben aus dem Kerne, den die Menschen verworfen,
läßt er emporwachsen die edelste Frucht. Der Stolz des Mädchens war ein ange-
borner Ekel gegen alles Niedere, geistig Hemmende, und wer es einmal beten
gesehen hätte, hätte auch gesehen, wie es sich demütigen konnte vor dem, in dem
nichts Niederes, nichts Gemeines ist. Aber sein Inneres verstund es nicht, sein
20 Äußeres beherrschte es nicht, und darum gebärdete es sich wie eine reiche Müllerstochter, welcher die ganze Welt nicht vornehm genug ist. Da weg wollte es,
aber vor der Untat[6] schauderte es; die Schande wollte es seiner Familie nicht antun,
wollte nicht die Seele mit dem Leibe verderben, aber wie sich helfen, wußte es lange nicht. Da, in stiller Nacht, als eben seine Angst um einen Ausweg am größten
25 war, öffnete ihm Gott denselben. Weit weg wollte es ziehen, Dienst suchen als
niedere Magd an einsamem Orte, dort in Stille und Treue unbekannt sein Leben
verbringen, solange es Gott gefalle. Wie in starken Gemütern kein langes Werweisen[7] ist, wenn einmal ein Weg offen steht, so hatte es noch in selber Nacht sich
aufgemacht, alle Hoffart dahintengelassen, nur mitgenommen, was für eine Magd
30 schicklich war, keinem Menschen ein Wort gesagt und war durch einsame Steige[8]
fortgegangen aus dem heimischen Tale. Manchen Tag war es gegangen in die
Kreuz und Quere, bald gefiel es ihm nicht, bald gedachte es an bekannte Namen,
die hier oder dort wohnten, und so war es gekommen bis ins Heimiswyltal. Dort
hinten im heimeligen[9] Tale gefiel es ihm, es suchte Dienst und fand ihn.

35 Die rasche Aufnahme desselben war anfangs der Bäurin nicht recht, sie
kapitelte den Mann ab[10], daß er ihr da eine aufgebunden[11] habe, die so zimpfer[12]
aussehe und zu hochmütig, um sich etwas befehlen zu lassen. Des tröstete sie der

---

[1]i. e., the Devil   [2]'particularly'   [3]'without a trace'   [4]*ihns*, accusative of *es* (*Elsi* is referred to as *es* because -*i* indicates a diminutive)   [5]'she could tell by looking at everybody'
[6]i. e., suicide   [7]'wondering what to do'   [8]'sheep paths'   [9]'secluded'   [10]*abkapiteln* 'speak
sharply to'   [11]'burdened with'   [12]'pretentious'

Bauer, indem das Mädchen ja nicht für eine bestimmte Zeit gedungen[1] sei, man also dasselbe schicken könne, sobald es sich nicht als anständig[2] erweise. Auch dem übrigen Gesinde war die Aufnahme des Mädchens nicht recht, und lang ging dasselbe um ihns[3] herum wie Hühner um einen fremden Vogel, der in ihrem Hof 5 absitzt[4].

Aber bald erkannte die Bäurin, daß sie in Elsi ein Kleinod besitze, wie sie keines noch gehabt, wie es mit Geld nicht zu bezahlen ist. Elsi verrichtete, was es zu tun hatte, nicht nur meisterhaft, sondern es sinnete auch selbst[5], sah, was zu tun war, und tat es ungeheißen rasch und still, und wenn die Bäurin sich umsah, so war 10 alles schon abgetan als wie von unsichtbaren Händen, als ob die Bergmännlein da gewesen wären. Das nun ist einer Meisterfrau unbeschreiblich anständig, wenn sie nicht an alles sinnen, allenthalben nachsehen muß, wenn sie nicht nur das Schaffen, sondern auch das Sinnen übertragen kann, aber sie findet selten einen Dienst[6], bei welchem sie dieses kann. Viele Menschen scheinen nicht zum Sinnen 15 geboren, und viele wiederum haben ihre Gedanken nie da, wo es nötig wäre, und wenige sind, die wache Sinne haben, geleitet und gehütet von klarem Verstande, und aus diesen wenigen sind wiederum wenige, die zum Dienen kommen, oder dienen selten lange, denn das sind geborene Meisterleute. Daneben hatte Elsi nichts auf Reden[7], mit niemand Umgang, und was es sah im Hause oder hörte, das 20 blieb bei ihm, keine Nachbarsfrau vernahm davon das mindeste, sie mochte es anstellen, wie sie wollte. Mit dem Gesinde machte es sich nicht gemein. Die rohen Späße der Knechte wies es auf eine Weise zurück, daß sie dieselben nicht wiederholten, denn Elsi besaß eine Kraft, wie sie selten ist beim weiblichen Geschlechte, und dennoch ward es von demselben nicht gehaßt. Niemanden verklagte es, und 25 wenn es Knecht oder Magd einen Dienst tun konnte, so sparte Elsi es nicht, und manches tat es ab in der Stille, was die andern vergaßen und deshalb hart gescholten worden wären, wenn die Meisterleute es gesehen hätten.

So ward Elsi bald der rechte Arm der Meisterfrau, und wenn sie etwas auf dem Herzen hatte, so war es Elsi, bei dem sie es erleichterte. Aber eben deswegen 30 ärgerte es sie an Elsi, daß es nicht Vertrauen mit Vertrauen vergalt. Natürlich nahm es sie wunder, wer Elsi war und woher es kam, denn, daß es nicht sein Lebtag gedient hatte, sondern eher befohlen, das merkte sie an gar vielem, besonders eben daran, daß es selbst dachte und alles ungeheißen tat. Sie schlug daher oft auf die Stauden[8] und frug endlich geradeaus. Elsi seufzte wohl, aber sagte nichts und 35 blieb fest dabei, wie auch die Meisterfrau ansetzte auf Weiberweise, bald mit Zärtlichkeit und bald mit Giftigkeit. Heutzutage hätte man es kürzer gemacht und nach den Schriften gefragt, absonderlich nach dem Heimatschein[9], den man hin-

---

[1]'hired' [2]'suitable' [3]i. e., *das Mädchen* [4]'has landed' [5]'thought for herself' [6]=*Dienstboten* [7]*hatte ... Reden* 'Elsi put no stock in idle conversation' [8]*auf die Stauden schlagen* 'to hint strongly at' [9]'certificate of residency'

terlegen müsse, wenn man nicht in der Buße sein[1] wollte; damals dachte man an solche Dinge nicht, und im Bernbiet konnte man sein Lebtag inkognito verweilen, wenn man nicht auf irgendeine absonderliche Weise der Polizei sich bemerkbar machte.

5   Wie sehr dies auch die Frau verdroß, so lähmte es doch ihr Vertrauen nicht, und wenn sie donnstags[2] nicht nach Burgdorf auf den Markt konnte, wohin schon damals die Heimiswyler Weiber alle Donnstage[2] gingen, so sandte sie Elsi mit dem, was Verkäufliches bei der Hand war, und Aufträgen, wie des Hauses Bedarf sie forderte. Und Elsi richtete aufs treulichste alles aus und war heim, ehe man

10 daran dachte, denn nie ging es in ein Wirtshaus, weder an Markttagen noch an Sonntagen, wie ihm auch zugeredet ward von alt und jung. Anfangs meinte man, sein Weigern sei nichts als die übliche Ziererei, und fing an, nach Landessitte zu schreißen und zu zerren[3], aber es half nichts, Elsi blieb standhaft. Man sah es mit Erstaunen; denn ein solch Mädchen, das sich nicht zum Weine schreißen ließ, war

15 noch keinem vorgekommen. Am Ende setzte man ab mit Versuchen und kriegte Respekt vor ihm.

    Wenn aber einmal die jungen Leute vor einem schönen Mädchen Respekt kriegen, da mag es wohl nach und nach sicher werden vor denen, welche Mädchen wie Blumen betrachten, mit denen man umgehen kann nach Gelüsten. Aber nun

20 erst kommen die herbei, welche Ernst machen wollen, welche eine schöne Frau möchten und eine gute. Deren waren nun damals im Heimiswylergraben[4] viele, und sie waren einstimmig der Meinung, daß nicht für jeden eine im Graben selbst zu finden sei. Freilich wollten die meisten zu guten und schönen noch reiche Weiber. Aber man weiß, wie das beim jungen Volke geht, welches alle Tage eine ande-

25 re Rechnung macht und immer das am höchsten in Rechnung stellt, was ihm gerade am besten gefällt. Darum war Elsi vor diesen alle Tage weniger sicher, sie sprachen es an auf dem Kirchweg und auf dem Märitweg[5], und des Nachts hoscheten[6] sie an sein Fenster, sagten ihm Sprüche her, und wenn sie hintenaus[7] waren, fingen sie sie wieder von vornen an, aber alles umsonst. Elsi gab auf dem Wege wohl

30 freundlichen Bescheid, aber aus dem Gaden[8] denen vor den Fenstern nie Gehör. Und wenn, wie es im Bernbiet oft geschieht, die Fenster eingeschlagen, die Gadentüre zertrümmert wurde, so half das seinen Liebhabern durchaus nichts. Entweder schaffte es sich selbsten Schutz und räumte das Gaden wieder, oder es stieg durchs Ofenloch[9] in die untere Stube hinab; dorthin folgt kein Kiltbub[10]

35 einem Mädchen.

---

[1]*in der Buße sein* 'be faced with a penalty'   [2]*Donnstag=Donnerstag*   [3]'argue and pull' (i. e., lure into a wine-house) [4]*=Heimiswyler Tal* [5]*=Marktweg* [6]*=huschten* 'rushed past' [7]'run out' (of *Sprüche*) [8]*=Schlafkammer im oberen Stockwerk* [9]opening in the ceiling next to the chimney that leads to the *Gaden* [10]lad who visits his sweetheart during the night

Unter denen, welche gerne eine schöne und gute Frau gehabt hätten, war ein Bauer, nicht mehr ganz jung. Aber noch nie war eine ihm schön und gut genug gewesen, und wenn er auch eine gefunden zu haben glaubte, so brauchte die nur mit einem andern Burschen ein freundlich Wort zu wechseln, so war er fertig mit
5 ihr und sah sie nie mehr an. Christen hieß der Bursche, der von seiner Mutter her einen schönen Hof besaß, während sein Vater mit einer zweiten Frau und vielen Kindern einen andern Hof bewirtschaftete. Christen war hübsch und stolz, keinen schönern Kanonier sah man an den Musterungen, keinen tüchtigern Bauer in der Arbeit und keinen kuraschierteren[1] Menschen im Streit. Aber allgemach hatte er
10 sich aus den Welthändeln zurückgezogen. Die Mädchen, welche am Weltstreit vordem die Hauptursache waren — jetzt ist es das Geld — waren ihm erleidet, er hielt keines für treu, und um ihn konnte der Streit toben, konnten Gläser splittern neben ihm und Stuhlbeine krachen, er bewegte sich nicht von seinem Schoppen. Nur zuweilen an einem Burgdorfmarkt, wenn die Heimiswyler mit ihren Erbfein-
15 den, den Krauchthalern, nicht fahren mochten[2] und Bott um Bott[3] kam, ihn zu entbieten und zuletzt der tusig Gottswillen[4], stund er auf und half mit wackeren Streichen seinen bedrängten Kameraden wieder auf die Beine.

Mit Mägden[5] hatte er sich, wie es einem jungen Bauer ziemt, natürlich nie abgegeben, aber Elsi hatte so etwas Apartes in seinem Wesen, daß man es nicht
20 zu den Mägden zählte, und daß alle darüber einig waren, von der Gasse sei es nicht. Um so begieriger forschte man, woher denn eigentlich, aber man erforschte es nicht. Dies war zum Teil Zufall, zum Teil war der Verkehr damals noch gar sparsam, und was zehn Stunden auseinanderlag, das war sich fremder, als was jetzt fünfmal weiter auseinander ist. Wie allenthalben, wo ein Geheimnis ist, Dichtun-
25 gen entstehen, und wie, wo Weiber sind, Gerüchte umgehen, so ward gar man-cherlei erzählt von Elsis Herkommen und Schicksalen. Die einen machten eine entronnene Verbrecherin aus ihm, andere eine entlaufene Ehefrau, andere eine Bauerntochter, welche einer widerwärtigen Heirat entflohen, noch andere eine uneheliche Schwester der Bäurin oder eine uneheliche Tochter des Bauern, welche
30 auf diese Weise ins Haus geschmuggelt worden[6]. Aber weil Elsi unwandelbar sei-nen stillen Weg ging, fast wie ein Sternlein am Himmel, so verloren all diese Gerüchte ihre Kraft, und eben das Geheimnisvolle, Besondere in seiner Erschei-nung zog die junge Mannschaft an und absonderlich Christen. Sein Hof war nicht entfernt von Elsis Dienstort, das Land stieß fast aneinander, und wenn Christen
35 ins Tal hinunterwollte, so mußte er an ihrem Hause vorbei. Anfangs tat er sehr kaltblütig. Wenn er Elsi zufällig antraf, so sprach er mit ihm, stellte sich wohl auch bei ihm, wenn es am Brunnen unterm breiten Dache Erdäpfel[7] wusch oder was

---

[1]'more courageous' [2]'did not want to get along with' [3]=*Bote um Bote* [4]=*um tausend Gotteswillen* 'in God's name' [5]'servant girls' [6]i. e., by pretending to be a *Magd* [7]=*Kartoffeln*

anderes. Elsi gab ihm freundlichen Bescheid, und ein Wort zog das andere Wort nach sich, daß sie oft gar nicht fertig werden konnten mit Reden, was andern Leuten aber eher auffiel als ihnen selbst. Auch Christen wollte Elsi Wein zahlen, wenn er es in Burgdorf traf oder mit ihm heimging am Heimiswyler Wirtshause vorbei.

5 Aber ihm so wenig als andern wollte Elsi in ein Wirtshaus folgen, ein Glas Wein ihm abtrinken[1]. Das machte Christen erst bitter und bös, er war der Meinung, daß, wenn ein junger Bauer einer Magd eine Halbe[2] zahlen wolle, so sei das eine Ehre für sie, und übel an stünde es ihr[3], diese auszuschlagen. Da er aber sah, daß sie es allen so machte, hörte, daß sie nie noch ein Wirtshaus betreten, seit sie hier sei, so

10 gefiel ihm das und zwar immer mehr. Das wäre eine Treue, dachte er, die nicht liebäugelte mit jedem Türlistock[4], nicht um einen halben Birenstiel[5] mit jedem hinginge, wo er hinwollte; wer so eine hätte, könnte sie zur Kirche und auf den Markt schicken oder allein daheim lassen, ohne zu fürchten, daß jemand anders ihm ins Gehege käme[6]. Und doch konnte er die Versuche nicht lassen, sooft er Elsi

15 auf einem Wege traf, dasselbe zum Weine zu laden oder ihm zu sagen, am nächsten Sonntag gehe er dorthin, es solle auch kommen, und allemal ward er böse, daß er einen Abschlag erhielt.

Es ist kurios mit dem Weibervolke und dem Männervolk. Solange sie ledig sind, bloß werben oder Brautleute sind, da ist das Weibervolk liebenswürdig aus

20 dem ff[7] und das Männervolk freigebig, daß einem fast übel wird, und zwar gleich zu Stadt und Land. So ein Bursche zum Beispiel läßt Braten aufstellen[8] oder wenigstens einen Kuchen, und sollte er ihn unter den Nägeln hervorpressen, versteigt sich zu rotem Weine, gegenwärtig sogar zu Champagner aus dem Welschland,[9] und nicht oft genug kann er sein Mädchen zum Wein bestellen; er tut, als

25 ob er ein Krösus[10] wäre und sein Vater daheim nicht mehr Platz hätte zum Absitzen vor lauter Zäpfen und Päcklein[11]. Ist derselbe aber einmal verheiratet, dann hat die Herrlichkeit ein Ende, und je freigebiger er gewesen, desto karger wird er, und allemal wenn sein Weib mit ihm ins Wirtshaus will, so setzt es Streit ab, und wenn das Weib es einmal im Jahr erzwängt, so hält der Mann es ihr sieben Jahre lang

30 vor. Ähnlich haben es die Mädchen mit der Liebenswürdigkeit, wenn sie Weiber werden. Eins zahlt immer das andere, heißt es, aber schwer ist's, zu entscheiden, ob der Mann zuerst von der Freigebigkeit läßt oder das Weib von der Liebenswürdigkeit. Es wird halt auch so sein wie mit dem Speck, mit welchem man die Mäuse fängt; ist die Maus gefangen und der Speck gefressen, so wächst auch nicht

35 neuer Speck nach, und der alte ist und bleibt gefressen.

---

[1]*ihm abtrinken* 'at his expense'   [2]'half-measure'   [3]*übel ... ihr* 'it would not stand to her credit'   [4]'first one that came along' (lit. 'door post')   [5]'trifle' (lit. 'pear stem')   [6]=*ins Gehege kommen* 'infringe on her rights'   [7]=*mit Nachdruck* (from *ff 'fortissimo'* in music)   [8]'serve (in a tavern)'   [9]here 'France'   [10]6th century B.C. King of Lydia whose wealth was legendary   [11]*nicht ... Päcklein* 'hat no more room to sit down because of all the rolls [of coins] and packets [of money]'

Aus diesem Grunde wahrscheinlich kömmt es, daß die meisten städtischen Väter ihren Töchtern ein Sackgeld[1] vorbehalten, welches aber sehr oft nicht ausgerichtet[2] wird; auf dem Lande ist man noch nicht so weit und namentlich im Heimiswylgraben nicht.

5 Trotz dem Bösewerden ward Elsi dem Christen doch immer lieber, immer mehr drang sich ihm die Überzeugung auf: „Die oder keine!" Ihm zu Lieb und Ehr tat er manchen Gang, war oft zu Abendsitz[3] in des Bauern Haus und immer öfters vor des Mädchens Fenster, doch immer vergeblich, und allemal nahm er sich vor, nie mehr zu gehen, und nie konnte er seinen Vorsatz halten. Elsi kam, wenn es 10 seine Stimme hörte, wohl unters Fenster und redete mit ihm, aber weiter brachte Christen es nicht. Je zärtlicher er redete, desto mehr verstummte das Mädchen; wenn er von Heiraten redete, so brach es ab, und wenn er traulich wurde, die eigenen Verhältnisse auseinandersetzte und nach denen von Elsi forschte, so machte dasselbe das Fenster zu. Dann ward Christen sehr böse, er ahnete nicht, welchen 15 Kampf Elsi im Herzen bestand.

Anfänglich war es Elsi wohl in der Fremde so alleine und ohne alles Kreuz[4] vom Vater her, aber allgemach war eben dieses Alleinestehen ihm zur Pein, denn ohne Bürde auf der Welt soll der Mensch nicht sein. So niemand zu haben auf der Welt, zu dem man sich flüchten, auf den man in jeder Not bauen kann, das ist ein 20 Weh, an dem manches Herz verblutet. Als Christen der stattlichen Maid sich nahte, tat es Elsi unendlich wohl; Christen war ja eine Brücke in seine alten Verhältnisse, von der Magd zur Meisterfrau. Aber um zu heiraten, mußte es sagen, wer es war, mußte seine Verhältnisse offenbaren, mußte in der Heimat sagen, wohin es gekommen; das war's, was es nicht konnte. Es war überzeugt, daß Christen, 25 sobald er wußte, wer es war, ihns sitzen ließe,[5] und das wollte es nicht ertragen. Es wußte zu gut, wie übel berüchtigt sein Vater war landauf, landab, und daß man in diesem Tale hundertmal lieber ein arm Söhniswyb[6] wollte als eines von übel berüchtigter Familie her. Wie manches arme Kind sich eines reichen Mannes freut seiner Eltern wegen, weil es hofft, Sonnenschein bringen zu können in ihre trüben 30 alten Tage, so kann ein Kind schlechter Eltern sich nicht freuen. Es bringt nichts als die Schande mit in die neue Familie, den schlechten Eltern kann es nicht helfen, nicht helfen von ihrer Schande, nicht helfen von ihren Lastern. So wußte auch Elsi, daß seinem Vater nicht zu helfen war, auf keine Weise. Geld war nur Öl ins Feuer, und ihn bei sich ertragen, das hätte es nicht vermocht und hätte es viel 35 weniger einem Manne zugemutet, was die leibliche Tochter nicht ertrug. Das ist eben der Fluch, der auf schlechten Eltern liegt, daß sie das Gift werden in ihrer Kinder Leben; ihr schlechter Name ist das Gespenst, das umgeht, wenn sie selbst schon lange in ihren Gräbern modern, das sich an die Fersen der Kinder hängt und

---

[1]'cash' [2]'handed over' [3]'to wait out the evening' [4]'burden,' 'affliction' [5]'abandon her' [6]'daughter-in-law'

unheilbringend ihnen erscheinet, wenn Glück sich ihnen nahen, bessere Tage
ihnen aufgehen wollen.

Es kämpfte hart in dem armen Mädchen, aber sein Geheimnis konnte es nicht
offenbaren. Wenn Christen je gesehen hätte, wie der Kampf Elsi Tränen auspreß-
5 te, wie es seufzte und betete, er wäre nicht so böse geworden, er hätte vielleicht in
verdoppelter Liebe das Geheimnis entdeckt; aber was da innen in uns sich regt,
das hat Gott nicht umsonst dem Auge anderer verborgen. Es kam Elsi oft an, weg-
zuziehen in dunkler Nacht, wieder zu verschwinden, wie es in seiner Heimat
verschwunden war, und doch vermochte es dasselbe nicht. Es redete sich ein, die
10 Leute würden ihm Böses nachreden, es sei mit dem Schelmen (einem Diebe
gleich) davongegangen, oder noch Schlimmeres, aber es war etwas anderes, welches ihns hielt, was es sich aber selbst nicht gestand. So litt das arme Mädchen
sehr, das höchste Glück ihm so nahe und doch ein Gespenst zwischen ihm und
seinem Glück, das ihns ewig von selbigem schied. Und dieses Gespenst sahen
15 andere Augen nicht, es durfte nicht schreien, es mußte die bittersten Vorwürfe
ertragen, als ob es schnöde und übermütig das Glück von sich stieße.

Diese Vorwürfe machten[1] ihm nicht nur Christen, sondern auch die Bäuerin,
welche Christens Liebe sah und ihrer Magd, welche ihr lieb wie eine Schwester
war, dieses Glück wohl gönnte, was nicht alle Meisterfrauen getan hätten, aufsät-
20 zig. Bei diesen Anlässen konnte sie[2] recht bitter werden in den Klagen über Mangel an Zutrauen, ja, manchmal sich des Deutens nicht enthalten, daß Elsi wohl
etwas Böses zu bewahren hätte, weil es dasselbe nicht einmal ihr, welche es doch
so gut meine, anvertrauen wolle.

Das fühlte Elsi mit Bitterkeit, es sah recht elend aus, und doch konnte es nicht
25 fort, konnte noch viel weniger das Gespenst bannen, das zwischen ihm und seinem
Glücke stand. Da geschah es am alten Neujahr, das heißt an dem Tage, auf welchen nach dem alten Dato, nach russischem Kalender das Neujahr gefallen wäre,
und welches sowie die alte Weihnacht, ehedem noch allgemein gefeiert wurde auf
dem Lande, jetzt nur noch in einigen Berggegenden, daß Elsi mit der Bäuerin nach
30 Burgdorf mußte. Der Tag war auf einen Markttag gefallen, es war viel Volk da,
und lustig ging es her unterm jungen Volk, während unter den Alten viel verkehrt[3]
wurde von den Franzosen, von welchen die Rede war, wie sie Lust hätten an das
Land hin[4], wie man sie aber bürsten[5] wollte, bis sie genug hätten. Nur vorsichtig
ließen hier und da einige verblümte[6] Worte fallen von Freiheit und Gleichheit und
35 den gestrengen Herren zu Bern,[7] und sie taten wohl mit der Vorsicht, denn Teufel
und Franzos war denen aus den Bergen ungefähr gleichbedeutend.

---

[1]goes with *aufsätzig* ('hostile')   [2]i. e., *die Bäuerin*   [3]=*gesprochen*   [4]*Lust ... hin* 'had
designs on their land'   [5]'give them a going over'   [6]'ambiguous'   [7]i. e., the politicians
in the Canton's capital

Als die Bäurin ihre Geschäfte verrichtet hatte, steuerte sie ihrem üblichen Stübli¹ zu, denn z'leerem² ging sie von Burgdorf nicht heim und namentlich am alten Neujahr nicht. Sie wollte Elsi mitnehmen, welches aber nicht wollte, sondern sich entschuldigte, es hätte nichts nötig, und wenn sie beide hineingingen, so müß-
5 ten sie pressieren, weil niemand daheim die Sache mache; gehe es aber voran, so könne die Bäurin bleiben, solange es ihr anständig sei, bis sie Kameradschaft fände für heim oder gar eine Gelegenheit zum Reiten.

Wie sie da so märteten³ miteinander, kam Christen dazu, stund auf Seite der Meisterfrau und sagte Elsi, jetzt müsse es hinein; das wäre ihm doch seltsam, wenn
10 ein Meitschi wie es in kein Wirtshaus wollte, es wäre das erste. Elsi blieb fest und lehnte manierlich ab: es möge den Wein nicht erleiden, sagte es, und daheim mache niemand die Haushaltung. Es müßte kommen, sagte Christen, trinken kön-ne es, so wenig es wolle, und gehen, wenn es wolle, aber einmal wolle er wissen, ob es sich seiner verschäme oder nicht.

15 Das sei einfältig von ihm, sagte Elsi, er solle doch denken, wie eine arme Magd eines Bauern sich verschämen sollte, und zürnen solle er nicht, aber es sei sein Lebtag sein Brauch gewesen, sich nicht eigelich (keine Komplimente) zu machen, sondern erst zu sinnen, dann zu reden, dann bei dem zu bleiben, was geredet worden. Die gute Bäurin, welche wenig von andern Gründen wußte, als
20 von Mögen und nicht Mögen, half drängen und sagte, das sei doch wunderlich getan, und wenn zu ihrer Zeit sie ein ehrlicher, braver Bursche zum Weine habe führen wollen, so hätte sie sich geschämt, es ihm abzusagen und ihm diese Schande anzutun.

Es ist nun nichts, welches den Zorn des Menschen eher entzündet, sein Be-
25 gehren stählt als ein solcher Beistand, darum ward Christen immer ungestümer und wollte mit Gewalt Elsi zwingen. Aber Elsi widerstand. Da sagte Christen im Zorn: „He nun so denn, du wirst am besten wissen, warum du in kein Wirtshaus darfst, aber wenn du nicht willst, so gibt es andere." Somit ließ er Elsi fahren und griff rasch nach einem andern Heimiswyler Mädchen, welches eben vorüberging
30 und willig ihm folgte. Die Bäurin warf Elsi einen bösen Blick zu und sagte „Gell, jetzt hast's!"⁴ und ging nach. Da stund nun Elsi, und fast das Herz wollte es ihm zerreißen, und der Zorn über Christens verdächtige Worte und die Eifersucht gegen das willige Mädchen hätten fast vollbracht, was die Liebe nicht vermochte, und es Christen nachgetrieben. Indessen hielt es sich, denn vor den Wirtshäusern,
35 in welchen ihre Familienehre, ihr Familienglück zugrunde gegangen, hatte es einen Abscheu, und zugleich floh es sie, weil es in denselben am meisten Gefahr lief, erkannt zu werden oder etwas von seinem Vater vernehmen zu müssen. In den Wirtshäusern ist's, wo die Menschen zusammenströmen und sich Zeit nehmen, zu

---

¹=*Wirtshaus, Weinstube* ²'having had a drink' ³'argued' ⁴'See there, now you've done it!'

betrachten und heimzuweisen[1], was beim flüchtigen Begegnen auf der Straße unbeachtet vorübergeht. Es ging heim; aber so finster war es in seinem Herzen nie gewesen seit den Tagen, an welchen das Unglück über sie eingebrochen war. Anfangs konnte es sich des Weinens fast nicht enthalten, aber es unterdrückte das-5   selbe mit aller Gewalt der Leute wegen. Da nahm ein bitterer, finsterer Groll immer mehr Platz in demselben. So ging es ihm also; so sollte es nicht nur nie glücklich sein, sondern noch eigens geplagt und verdächtigt werden, mußte das sich gefallen lassen, konnte sich nicht rechtfertigen; so gingen die Leute mit ihm um, um welche es das am wenigsten verdient hatte, welche es am besten kennen 10   sollten! Wie ehedem in gewaltigen Revolutionen die Berge aus der Erde gewachsen sein sollen, so wuchs aus den Wehen seines Herzens der Entschluß empor, von allen Menschen mehr und mehr sich abzuschließen, mit niemand mehr etwas zu haben, nicht mehr zu reden als es mußte, und so bald möglich da wegzugehen, wo man so gegen ihns sein könnte.

15   Als die Meisterfrau heimkam, stärkte sie diesen Entschluß; sie beabsichtigte freilich das Gegenteil, aber es ist nicht allen Menschen gegeben, richtig zu rechnen, nicht einmal in Beziehung auf die Zahlen, geschweige denn in bezug auf die Worte. Sie erzählte, wie Christen sich lustig mache in Burgdorf, und sicher gehe er mit dem Mädchen heim, und was es dann gebe, könne niemand wissen, das 20   Mädchen sei hübsch und reich und pfiffig genug, einen Vogel im Lätsch[2] zu fangen. Das würde Elsi recht geschehen, und sie möchte es ihm gönnen, denn das sei keine Manier für eine Magd mit einem Bauer so umzugehen. Aber sie fange auch an zu glauben, da müsse was dahinter sein, das nicht gut sei, anders könne sie es sich nicht erklären, oder sei es anders, so solle es es sagen. Diesem setzte Elsi 25   nichts als trotziges Schweigen entgegen.

In trotzigem Schweigen ging es zu Bette und wachte in ihm auf, als es an sein Fenster klopfte und Christens Stimme laut ward vor demselben. Derselbe hatte es doch nicht übers Herz bringen können, einen neuen Tag aufgehen zu lassen über seinem Zwist mit Elsi. Er trank, wie man sagt, guten Wein, und je mehr er trank, 30   desto besser ward er. Je mehr der Wein auf dem Heimweg über ihn kam, desto mehr zog es ihn zu Elsi, mit ihm Frieden zu machen. Im Wirtshaus zu Heimiswyl kehrte er mit seinem Meitschi ein, aber nur, um desselben loszuwerden mit Manier, ließ eine Halbe bringen, bestellte Essen, ging unter einem Vorwand hinaus, bezahlte und erschien nicht wieder. Das Mädchen war, wie gesagt, nicht von den 35   dummen eines, es merkte bald, woran es war, jammerte und schimpfte nicht, hielt nun mit dem, was Christen bezahlt hatte, einen andern zu Gast, und so fehlte es ihm an einem Begleiter nach Hause nicht. Dem armen Christen ging es nicht so gut. Elsi, durch die Bäurin neu aufgeregt, hielt an seinem Entschluß fest und antwortete nichts, gäb[3] wie Christen bat und sich unterzog; es mußte den Kopf ins

---

[1] 'get to the bottom of'   [2] 'snare' (*Strick*) for bird-catching   [3] =*egal* 'no matter'

Kissen bergen, damit er sein Weinen nicht höre, aber es blieb fest und antwortete nicht einen Laut. Christen tat endlich wild, aber Elsi bewegte sich nicht, zuletzt entfernte sich derselbe halb zornig und halb im Glauben, Elsi habe zu hart geschlafen und ihn nicht gehört. Er ward aber bald inne, wie Elsi es meine. Die
5 frühere Freundlichkeit war dahin; Elsi tat durchaus fremd gegen ihn, antwortete ihm nur das Notwendigste, dankte, wenn er ihm die Zeit wünschte[1], in allem übrigen aber war es unbeweglich. Christen ward fuchswild darob und konnte Elsi doch nicht lassen. Hundertmal nahm er sich vor, an dasselbe nicht mehr zu sinnen, sich ganz von ihm loszumachen, und doch stund es beständig vor seinen Augen; seine
10 weißen Hemdeärmel am Brunnen sah er durch sieben Zäune schimmern, und an allen Haaren zog es ihn, bis er unter dessen Fenster stand. Hundertmal nahm er sich vor, rasch eine andere zu freien und so dem Ding ein Ende zu machen, aber er konnte mit keinem Mädchen freundlich sein, und wenn eines gegen ihn freundlich war, so ward er böse, es war ihm, als trügen alle andern Mädchen die Schuld,
15 daß Elsi sich so gegen ihn verhärte.

Während Christen sein Weh im Herzen wuchs als wie ein bös Gewächs, wuchs auch der Lärm mit den Franzosen von Tag zu Tag. Schon lange waren Soldaten auf den Beinen, viele Bataillone standen gesammelt den Franzosen bereits gegenüber, welche an den Grenzen lagen und im Waadtlande[2]. Immer mehr bilde-
20 te sich beim Volk der Glaube aus, der Franzos fürchte sich, dürfe nicht angreifen, und unterdessen schlichen viele herum, die das Gerücht zu verbreiten suchten, die Herren wollten das Volk verraten; wäre dieses nicht, der Franzos wäre längstens abgezogen, aber er passe auf die Gelegenheit und bis er mit den Herren einig sei. Das echte Landvolk haßte den Franzos wie den Antichrist, ärger als einen men-
25 schenfressenden Kannibalen, daher ärgerte es sich schwer an dem Werweisen[3] der Herren auf dem Rathause; das Schwanken und Zögern dort war eben nicht geeignet, jene Verleumdungen Lügen zu strafen. Eine schauerliche Nachricht jagte die andere. Da kam plötzlich die Botschaft, losgebrochen sei der Krieg, und die Postboten flogen durch die Täler, alle noch übrige eingeteilte Mannschaft[4] auf die
30 Sammelplätze zu entbieten. Es war den ersten März spät abends als Christen den Befehl erhielt. Alsobald rüstete er sich und bestellte sein Haus[5], und Nachbar um Nachbar kam, bot seine Dienste an und keiner vergaß die Mahnung: „Schont sie nicht, die Ketzere, laßt keinen entrinnen, schießt ihnen Köpfe und Beine ab, verbrennt sie dann noch lebendig! Sie wissen es dann in Zukunft, daß sie uns ruhig
35 lassen sollen, die Mordiotüfle[6]!"

Christen mochte nicht warten, bis der letzte fort war und er die abgeschüsselet[7] hatte, welche ihn begleiten wollten, denn ohne Abschied von Elsi wollte er

---

[1]e. g., *Guten Morgen!* etc.   [2]Canton Waadt (Vaud), which shares a border with France
[3]'shilly-shallying'   [4]*alle ... Mannschaft* 'all other mustered units'   [5]'put his house in order'   [6]aprox. 'murderous devils'   [7]'hurried off'

nicht fort. Als er an dessen Fenster kam, ging es ihm wie früher; er erhielt auf Reden und Klopfen keine Antwort. Da sprach er: „Hör, Elsi, ich bin da eben in der Montur[1] und auf dem Weg in den Krieg, und wer weiß, ob du mich lebendig wieder siehst, einmal wenn du so tust, gewiß nicht. Komm hervor, sonst könntest du
5   dich reuig werden, solange du lebst!" Die Worte drangen Elsi ins Herz, es mußte aufstehen und zum Fenster gehen. Da sagte Christen: „So kommst du doch noch, aber jetzt gib mir die Hand und sag mir, du zürnest mir nicht mehr, und wenn mich Gott gesund spart, so wollest du mein Weib werden, versprich mirs!" Elsi gab seine Hand, aber schwieg. „Versprichst mirs?" fragte Christen. Es wollte Elsi das
10 Herz abdrücken, und lange fand es keinen Laut, und erst als Christen noch einmal sagte: „So red doch! Sag mir, du wollest mich, daß ich auch weiß, woran ich bin", antwortete es: „Ich kann nicht." „Aber Elsi, besinn dich!" sagte Christen, „mach nichts Lätzes,[2] denk, du könntest reuig werden, sage ja!" „Ich kann nicht", wiederholte Elsi. „Elsi, besinn dich!" bat Christen drungelich[3], „sag mir das nicht zum
15 drittenmal; wer weiß ob du mir dein Lebtag noch etwas sagen kannst! Sag ja, dr tusig Gottswille[4] bitt ich dich." Ein Krampf faßte Elsis Brust, endlich hauchte es: „Ich kann nicht." „So sieh, was machst!" antwortete Christen, „und verantworte es dann vor Gott!" Mit diesen Worten stürzte er fort; Elsi sank bewußtlos zusammen.
    Still ging der zweite Tag März über dem Tale auf. Die meisten Bewohner
20 waren am Abend vorher lange aufgewesen, hatten Abziehenden das Geleit gegeben, und so begann erst spät des Tages Geräusch. Elsi war betäubt und ging herum wie ein Schatten an der Wand. Die Meisterfrau hatte wohl gemerkt, daß Christen oben am Fenster Abschied genommen, aber nichts verstanden. Sie hoffte, daß sie sich verständigt, und fühlte Mitleid mit Elsis Aussehen, welches sie der Angst um
25 Christens Leben zuschrieb. Sie tröstete, so gut sie konnte, und sagte, es sei noch nicht gewiß, daß es Krieg gäbe, vielleicht sei es wieder nur blinder Lärm. Und wenn schon, so hätte sie gehört, unter hundert Kugeln treffe nicht eine einzige, und Christen sei alt genug, um aufzupassen, daß ihn keine treffe, und nicht so wie ein Sturm dreinzurennen, ohne sich zu achten, wohin. Elsi sollte nur nicht Kum-
30 mer haben, es werde noch alles gut gehen, und ehe Pfingsten da sei, könne es ein schön Hochzeit geben.
    Dieser Trost wirkte aber wiederum umgekehrt, und Elsi begann, ganz gegen seine bisherige Gewohnheit, laut aufzujammern. „Er kommt nicht wieder, ich weiß es, und ich bin schuld daran", rief es verzweiflungsvoll. „Aber, mein Gott",
35 sagte die Frau, „hast du es denn nicht mit ihm ausgemacht und ihm das Wort gegeben? Er wird doch expreß deswegen gekommen sein und vielleicht dir den Hof noch lassen verschreiben[5], ehe er von Burgdorf ausrückt." „Nein habe ich gesagt", versetzte Elsi, „und er hat gesagt, lebendig werde ich ihn nicht wieder-

---

[1]=*Uniform*   [2]'Don't do anything foolish/unjust'   [3]=*dringend*   [4]=*um tausend Gotteswillen*
[5]*dir ... verschreiben* 'will even have his farm made over to you'

sehen." Da schlug die Bäurin die Hände über dem Kopfe zusammen und sagte:
„Aber, mein Gott, mein Gott, bist du verrückt oder eine Kindsmörderin oder eine
Schinderstochter[1]? Eins von diesen dreien muß es sein, sonst hättest du es nicht
übers Herz gebracht, einen solchen Burschen von der Hand zu weisen, der dir
5 noch so anständig ist, wie ich es wohl gesehen. Bist eine Schinderstochter oder
eine Kindesmörderin? Seh, red, ich will es jetzt wissen!" „Keins von beiden bin
ich", sagte Elsi, tief verletzt über solchen Verdacht; „von vornehmen Leuten bin
ich her, wie hier in der ganzen Kirchhöre[2] keine wohnen; und was mein Vater
getan hat, dessen vermag ich mich nichts[3]." „So, was hat der gemacht?" fragte die
10 Frau, „er wird jemand gemordet haben oder falsches Geld gemacht und ins Schel-
lenwerk[4] gekommen oder gar gerichtet worden sein." „Nein, Frau", sagte Elsi, „ich
weiß nicht, warum Ihr mir das Wüsteste alles ansinnet." „Aber etwas muß es doch
sein, das dir im Weg ist wegen einer Heirat; so wegen nichts schlägt man einen
solchen Mann nicht aus. Vielleicht hat er falsche Schriften gemacht, oder er wird
15 sich selber gemordet haben und nicht im Kirchhof begraben worden sein." „Nein,
Frau", sagte Elsi, „selb ist nicht wahr; aber geltstaget[5] hat er und muß jetzt in der
Kehre gehen. Ich will es gleich heraussagen, sonst meint man, wie schlecht ich sei,
und es wird ohnehin bald alles aus sein, und da möchte ich nicht, daß man mir
Schlechtes ins Grab redete." „Was, geltstaget[5] hat er, und deswegen willst du nicht
20 heiraten, du Tropf du? Und das darfst du nicht sagen? Je weniger du hast, desto
einen reichern Mann bedarfst du. Wenn ja keins heiraten wollte, wenn jemand in
der Familie geltstaget hat, denk nur, wieviel doch ledig bleiben müßten, denen das
Heiraten so wohl ansteht!" „O Frau", sagte Elsi, „Ihr wißt darum nicht, wer wir
gewesen sind, und was unser Unglück für mich war!" „Oh, doch öppe nicht[6] unse-
25 rem Herrgott seine Geschwister!"

„O Herr, o Herr, o Mutter, o Mutter, sie kommen, sie kommen!" schrie draußen ein Kind. „Wer?" schrie die Frau. „Die Franzosen, sie sind schon im Lochbach
oder doch in Burgdorf; hör, wie sie schießen!" „ O Christen, o Christen!" schrie
Elsi; alle liefen hinaus. Draußen stand alles vor den Häusern, so weit man sehen
30 konnte, und „Pung, Pung!" tönte es Schuß um Schuß dumpf über den Berg her.
Ernst horchten die Männer, bebend standen die Weiber, und womöglich stund
jedes neben oder hinter dem Mann, rührte ihn an oder legte die Hand in seine, und
gar manches Weib, das lange dem Mann kein gut Wort gegeben, ward zärtlich und
bat: „Verlaß mich nicht, dr tusig Gottswille, verlaß mich nicht, mein Lebtag will
35 ich dir kein böses Wort mehr geben!" Endlich sagte ein alter Mann am Stecken[7]:
„Gefährlich ist das nicht, es ist weit noch, jenseits der Aare[8], wahrscheinlich am
Berg. Wenn sie in Grenchen mustern[9], hört man das Schießen akkurat gleich. In

---

[1]'knacker's (mule skinner's) daughter' (skinning animals was a dishonorable trade)
[2]'parish' [3]'I can do nothing about that' [4]'prisoners' chains' [5]'went bankrupt' [6]*=nicht
etwa* [7]'with a crutch' [8]'name of a river' [9]'conduct manœuvres in [the village of] Grenchen'

Lengnau stehen die Berner, und oben auf dem Berg sollen auch deren sein; da werden die Franzosen probieren wollen, aber warten die nur, die sind gerade am rechten Ort, in Solothurn¹ wird man es ihnen schön machen, das sind die rechten, die Solothurner, an den Schießeten² immer die lustigsten." Das machte den Weibern
5 wieder Mut, aber manchem Knaben, der Gabel oder Hellbarde in der Hand schon auf dem Sprunge zum Ablauf stand, war der Ausspruch nicht recht. „Wir gehen gleich", sagte einer, „und sollte es bis Solothurn gehen. Wenn wir gleich ablaufen, so kommen wir vielleicht noch zur rechten Gauzeten (Hauptstreit)." „Ihr wartet!" befahl der Alte. „Wenn einer hier läuft, der andere dort, so richtet man nichts aus,
10 mit einzelnen Tropfen treibt man kein Mühlerad. Wenn in Solothurn die Franzosen durchbrechen, dann ergeht der Sturm, die Glocken gehen, auf den Hochwachten wird geschossen, und die Feuer brennen auf, dann läuft alles miteinander in Gottes Namen drauf, was Hand und Füße hat, dann geht's los, und der Franzos wird erfahren, was es heißt, ins Bernbiet kommen. Bis dahin aber wartet!" Das war
15 manchem wilden Buben nicht recht, er drückte sich auf die Seite, verschwand, und mehr als einer kam nie wieder. „Du glaubst also nicht, daß unsere Leute schon im Krieg seien?" frug bebend Elsi an des Alten Seite. „O nein", sagte der Alte, „die werden wohl erst jetzt von Burgdorf ausrücken gegen Fraubrunnen oder Bätterkinden zu; was für Befehl sie bekommen, weiß ich nicht. Aber schaden würde es
20 nicht, wenn jemand auf Burgdorf ginge, um da zu hören, was geht."

Aber in Burgdorf war es nicht viel besser als hinten im Heimiswylgraben; ein Gerücht jagte das andere, eines war abenteuerlicher als das andere. Die Franzosenfeinde wußten zu erzählen, wie die Feinde geschlagen worden, und die, wo nicht tot seien, seien doch schon mehr als halbtot; die Franzosenfreunde wußten das
25 Umgekehrte: das ganze Bernerheer geschlagen, gefangen oder verraten, und predigten laut, man solle sich doch nicht wehren, man gewinne nichts damit als eine zerschossene oder zerstochene Haut. So wogten die Gerüchte hin und her, wie vor einem Gewitter die Wolken durcheinandergehen.

Gegen Abend hatte das Schießen aufgehört, es war ruhig geworden auf der
30 Landschaft, man hoffte, die Franzosen seien in Solothurn gefangen genommen worden gleich wie in einer Falle von denen vom Berge her und von Büren³. Elsi war auch ruhiger geworden auf diese Hoffnung hin. Es hatte der Bäurin sagen müssen, wer es eigentlich sei, und da hatte diese wiederum die Hände ob dem Kopf zusammengeschlagen. Von dem Müller hatte sie gehört, von seinem Tun und
35 Reichtum, und da ihr nur dieser recht in die Augen schien, so betrachtete sie Elsi mit rechtem Respekt. Keinem Menschen hätte sie geglaubt, sagte sie, daß so eine reiche Müllerstochter sich so stellen könne, aber daß es nicht seiner Lebtag Magd gewesen, das hätte sie ihm doch gleich anfangs angesehen. „Und das, du Tröpf-

---

¹town on the Aare, east of Grenchen and Lengnau and north of (downriver from) Burgdorf and Heimiswyl ²=*Schießereien* ³village on the Aare, west of Solothurn

lein[1], hast du ihm nicht sagen dürfen? Du vermagst dich ja der ganzen Sache nichts,[2] und wenn dein Vater schon ein Hudel ist, so ist deine Familie doch reich und vornehm und sonst nichts Unsauberes darin, und da muß einer eins gegen das andere rechnen. Oh, wenn ich Christen doch das nur gleich sagen könnte; du wür-
5 dest sehen, das machte Christen nicht nur nichts, er nähme noch den Vater zu sich, nur daß er ab der Gemeinde käme.[3]" "Das begehre ich nicht", sagte Elsi, "ich begehre nicht mehr, mit dem Vater zusammenzukommen, und Christen kann ich doch nicht heiraten, ich will gar nicht heiraten, nie und nimmermehr. Ich müßte mir doch meinen Vater vorhalten lassen,[4] oder daß ich arm sei. Ich weiß wohl, wie
10 das Mannevolk ist, und das möchte ich nicht ertragen, ich hintersinnete mich[5]; wie nahe ich dem schon war, weiß niemand besser als ich. Aber wenn Christen nur nicht im Zorne tut, was unrecht ist, und den Tod sucht, ich überlebte es nicht."
"Du bist ein Tröpflein", sagte die Bäurin, "so etwas ihm nicht zu sagen; das war nur der Hochmut, der dich plagte. Aber wart, wir wollen ihm morgen Bescheid
15 machen, es wird wohl der eine oder der andere Alte seinen Söhnen, die bei den Soldaten sind, etwas schicken wollen, Käs oder Hamme[6] oder Kirschenwasser[7]; ich will mich eine Hamme für Christen nicht reuen lassen, und da kann man ihm ja Bescheid machen dazu, es sei daheim ander Wetter, und er solle machen, daß er so bald als möglich heimkäme, aber gesund und gerecht. Er wird schon merken,
20 was gemeint ist." Elsi wollte davon lange nichts hören, klagte, wie reuig es sei, daß es ein Wort gesagt, drohte, es laufe fort, jammerte, daß es nicht schon lange gestorben, und wenn Christen nur lebendig heimkomme, so wolle es gerne auf der Stelle sterben, aber heiraten wolle und könne es nicht. Die Bäurin ließ sich aber nicht irre machen; sie hatte die Heirat im Kopf, und wenn eine Frau eine Heirat
25 auf dem Korn hat,[8] so ist's schwer, sie davon abzubringen. Ein Hammli mußte herunter, und sie ruhte nicht, bis sie einen aufgefunden, der mit Proviant den Soldaten nachgeschickt wurde von einer sorgsamen Mutter, und scharf schärfte sie dem es ein, wem er das Hammli zu geben, und was er dazu zu sagen hätte. Was die Bäurin getan, goß Balsam in Elsis Herz, aber es gestund es nicht ein. Es zankte
30 mit der Bäurin, daß sie ihns verraten hätte, es zankte mit sich, daß es sein Geheimnis vor den Mund gelassen, es wußte nicht, sollte es bleiben oder gehen; es mochte ihm fast sein wie einem Festungskommandanten, der erst von Verteidigung bis in den Tod, von in die Luft Sprengen gesprochen, und dem allgemach die Überzeugung kömmt, das trüge nichts ab,[9] und leben bleiben sei doch besser.
35   Der dritte März lief ab ohne Kanonendonner, aber Gerüchte kamen, Freiburg sei über[10] und Solothurn, die Stadt Büren sei verbrannt; die Herren[11] wollten das

---

[1]'(little) fool' [2]*Du ... nichts* 'you have no responsibility for any of it' [3]'would not be a burden on the community' [4]*Ich ... lassen* 'I'd have to endure having my father thrown up to me' [5]'would go mad' [6]=*Schinken* [7]=*Kirschwasser* (a brandy) [8]*auf ... hat* 'in her sights,' 'drawn a bead on' [9]'that would solve nothing' [10]'has surrendered' [11]'the politicians'

Land übergeben ohne Krieg. Dieses Gerücht entzündete furchtbaren Zorn, so weit
es kam. Da wollten sie doch auch noch dabeisein, sagten die Bauern, aber erst müßten die Schelme an den Tanz[1], die Dinge verkauften, welche ihnen nicht gehörten.
Gegen Abend wollte man Soldaten gesehen haben, die, von Wynigen[2] kommend,
5 quer durchs Tal gegangen seien. Die sollten gesagt haben, sie kämen vom Weißen-
stein[3], und alles sei aus, die einen hätten kapituliert, die andern seien sonst ausein-
andergegangen, und die Franzosen würden da sein, ehe man daran denke.
      Dieser Bericht ging mit Blitzesschnelle durchs ganze Tal, regte alles auf, aber
wie ein Blitz verschwand er auch; am Ende wußte man nicht, wer die Soldaten
10 gesehen hatte, man wußte nicht mehr, waren es eigentliche Soldaten gewesen oder
Spione, welche das Land auskundschaften sollten, denn es seien viele Deutsche bei
den Franzosen, hieß es, die akkurat gleich redeten, wie man hier rede und überhaupt beschaffen seien wie andere Menschen. Diese Nachricht hinterließ nichts
als vermehrte Unschlüssigkeit; man wußte nicht, sollte man die ausgerückten Leu-
15 te zurückerwarten, oder sollte man nachrücken. Man stund umher, packte auf,
packte ab, es war akkurat, als ob es eigens dazu angelegt wäre, den Volksmut wir-
kungslos verpuffen und verrauchen zu lassen.
      Der Bursche, der ausgesandt worden war, kam erst am zweiten Tag, am vier-
ten März, zurück, ohne Hammli, aber mit bösem Bescheid. Christen hätte er nicht
20 finden können, sagte er aus. Es hätte geheißen, er sei gegen Bätterkinden zuge-
rückt mit seiner Batterie, dahin habe er ihm nicht nachwollen; es heiße, ungesinnet
trappe man in die Franzosen hinein wie in ein Hornissennest, und ihre Dragoner
kämen daher wie in den Lüften; wenn man meine, sie seien noch eine Stunde weit,
so hätte man sie schon auf dem Hals. Er habe daher das Hammli in Fraubrunnen[4]
25 abgegeben mit dem Befehle, es dem Christen zuzustellen, wenn man ihn sehe.
Zurück kämen die Leute aber nicht; sie wollten den Franzosen warten, heiße es,
und andere meinten, man warte nur auf Zuzug und wolle dann auf die Franzosen
zDorf[5], welche sich nicht aus Solothurn hervorlassen dürften. Bald werde es losge-
hen, darauf könne man zählen.
30   Dieser Bescheid regte Elsi fürchterlich auf. Also Krieg gab's, und z'vorderist
war Christen und sicher expreß, von Elsis Nein gejagt, und niemand besänftigte
ihn, und die gute Botschaft hatte er nicht vernommen; lebendig sähe es ihn also
nicht wieder! Es drängte ihns, ihm die Botschaft selbst zu bringen, aber es wußte
keinen Weg und fürchtete, so alleine in die Franzosen zu laufen, und die Bäurin
35 tröstete es, der Landsturm[6] werde allweg bald ergehen, da gehe alles, da könne es
mit, sie wolle für ihns daheim bleiben, denn von wegen dem Vieh könne doch

---

[1]'get what's coming to them'   [2]village north of Heimiswyl   [3]mountain ridge north of
Solothurn; i. e., the troops have retreated south across the Aare Valley from the captured
towns below   [4]village lying between occupied Solothurn and Burgdorf   [5]*auf ... zDorf*
'pay a visit to the French'   [6]'home guard,' i. e., old men and boys

nicht alles fort. So werde es früh genug kommen, denn man werde dSach doch
nicht lassen angehen, bis alles beieinander sei.

Alles rüstete sich, jeder suchte seine Waffe sich aus; eine tüchtige zweizinkige
Schoßgabel[1] an langem Stiele, mit welcher man in der Ernte die Garben ladet,
5 stellte Elsi sich zur Hand und wartete mit brennender Ungeduld des Aufbruchs.

Am fünften März war's, als der Franzos ins Land drang, im Lande der Sturm
erging, die Glocken hallten, die Feuer brannten auf den Hochwachten, die Böller
krachten, und der Landsturm aus allen Tälern brach, der Landsturm, der nicht
wußte, was er sollte, während niemand daran dachte, was er mit ihm machen soll-
10 te. Aus den nächsten Tälern strömte er Burgdorf zu; dort hieß es, man solle auf
Fraubrunnen, die Nachricht sei gekommen, daß die Franzosen von Solothurn
aufgebrochen; auf dem Fraubrunnen Felde sollte geschlagen werden, dort warteten
die Berner und namentlich Füsiliere und Kanoniere aus dieser Gegend. Der Strom
wälzte sich das Land ab, Kinder, Greise, Weiber bunt durcheinander, an eine Ord-
15 nung ward auch nicht von ferne gedacht, dachte doch selten jemand daran, was er
eigentlich machen sollte vor dem Feinde. Von einem wunderbaren, fast unerklär-
lichen Gefühle getrieben, lief jeder dem Feinde zu, so stark er mochte, als ob es
gälte, eine Herde Schafe aus einem Acker zu treiben. Das beginnende schießen
minderte die Eile nicht, es schien jedem angst zu sein, er käme zu spät.

20 Unter den vordersten war immer Elsi, und jeder Schuß traf sein Herz, und es
mußte denken: „Hat der Christen getroffen?" So wie sie aus dem Walde bei Ker-
nenried kamen, erblickten sie den beginnenden Kampf am äußersten Ende des
Fraubrunnen Feldes gegen Solothurn zu. Kanonen donnerten, Bataillonsfeuer
krachten, jagende Reiter wurden sichtbar, Rauchmassen wälzten sich über das
25 Moos hin. Erstaunt standen die Landstürmer, sie hatten nie ein Gefecht gesehen,
wenigstens unter Hunderten nicht einer. Wie das so fürchterlich zuging hin und
her, und von weitem wußte man nicht einmal, wer Feind, wer Freund war! Je länger sie zusahen, desto mehr erstaunten sie, es begann ihnen zu grusen (grauen) vor
dem wilden Feuer mit Flinten und Kanonen und alles scharf geladen, sie fanden,
30 man müsse warten und zusehen, welchen Weg es gehe; wenn man da so aufs
Geratewohl zumarschiere, so könne man unter die Lätzen (Unrechten) kommen.
Kein Mensch war da, sie zu ordnen, zu begeistern, rasch in den Feind sie zu führen. Es waren in jenen Tagen die Berner mit heilloser Blindheit geschlagen. Das
Feuer der Soldaten ließ man auf die gräßlichste Weise erkalten, und wenns erkaltet
35 war ob dem langen, nutzlosen Stehen, manchmal lange Zeit ohne Führer, liefen
sie halt[2] auseinander. Das einzige Mal, wo die Soldaten vorwärts geführt wurden
statt zurück, erfuhren die Franzosen, was Schweizerkraft und -mut noch dato[3]
kann, bei Neuenegg erfuhren sie es.

---

[1]'pitchfork' [2]=*einfach* [3]=*heutzutage*

Elsi ward es himmelangst, als man so müßig und werweisend dastand, als gar hier und da eine Stimme laut wurde: „Ihr guten Leute, am besten wär's, wir gingen heim, wir richten da doch nichts aus." Und wenn niemand da zu Hülfe wolle, so gehe es,[1] wofür man dann bis hierher gekommen, sagte es. Wenn es nur den kür-
5 zesten Weg übers Moos[2] wüßte. Sie kämen mit, riefen einige junge Bursche, und die Masse verlassend, eilten sie auf dem nächsten Weg Fraubrunnen zu. Als sie dort auf die Landstraße kamen, war ein hart Gedränge, eine Verwirrung ohnegleichen. Mit Gewalt fast mußte es sich drängen durch Berner Soldaten, die auf der Straße standen und müßig zusahen, wie vorwärts ein ander Bataillon mit dem
10 Feinde sich schlug. Auf die wunderlichste Weise stund man da vereinzelt, schlug sich vereinzelt mit dem Feind oder wartete geduldig, bis es ihm gefiel, anzugreifen. Keiner unterstützte den andern, höchstens, wenn ein Bataillon vernichtet war, gab ein anderes zu verstehen, es sei auch noch da und harre des gleichen Schicksals.

Das alles sah Elsi im Flug, und wenn die Soldaten, die es mit Püffen[3] nicht
15 schonte, schimpften und ihm zuriefen, es solle heimgehen und Kuder[4] spinnen, so sagte es, wenn sie dastünden wie die Tröpfe, so müßte das Weibervolk voran, um das Vaterland zu retten, und wenn sie was nutz wären, so gingen sie vorwärts und hülfen den andern. Elsi hatte vom Moos weg eine große Linde auf dem Felde gesehen, und bei derselben sah es den Rauch von Kanonen, dort mußte sein Chri-
20 sten sein, dorthin eilte es mit aller Hast. Als es auf die Höhe kam, hinter welcher von Fraubrunnen her die berühmte Linde liegt, donnerten die Kanonen noch, aber Elsi sah, wie rechts zwischen Straße und Moos, vom Rande des Raines bedeckt, Reiter dahergesprengt kamen wie der Byswind,[5] fremdländisch anzusehen. „Franzosen! Franzosen!" rief es, so laut es konnte, aber seine Stimme verhallte im Kano-
25 nendonner. Die Reiter wußten, was sie wollten, sie wollten die Batterie, welche ihnen lästig geworden war. Ebenfalls die Linde im Auge, lenkten sie, sobald sie unter ihr waren, auf die Straße herauf und stürzten sich auf die Kanoniere. Diese, ohne nähere Bedeckung, suchten zwischen ihren Kanonen sich zu verteidigen, aber einer nach dem andern fiel. Einen einzigen sah Elsi noch, der mit seinem kurzen
30 Säbel ritterlich sich wehrte; es war sein Christen. „Christen! Christen! Wehre dich, ich komme!" schrie Elsi mit lauter Stimme. Den Schrei hörte Christen, sah sein Elsi, sank aber im gleichen Augenblick zum Tode getroffen zwischen den Kanonen nieder. Elsi stürzte mit der Wut einer gereizten Löwin auf die Franzosen ein, diese riefen ihm Pardon zu, aber Elsi hörte nichts, rannte mit seiner Gabel den
35 ersten vom Pferde, rannte an, was zwischen ihm und Christen war, verwundete Pferde und Menschen; da fuhren zischende Klingen auf das Mädchen nieder, aber es rang sich durch, und erst zwischen den Kanonen fiel es zusammen. Vor ihm lag Christen. „O Christen, lebst du noch?" rief es mit dem Tode auf den Lippen. Christen wollte sich erheben, aber er vermochte es nicht, die blutige Hand reichte er

---

[1]i. e., Elsi [2]name of an area [3]'nudges,' 'shoves' [4]'flax' [5]=Nordwind

ihm, und Hand in Hand gingen sie hinüber in das Land, wo nichts mehr zwischen den Seelen steht, die sich hier gefunden.

Die Franzosen sahen gerührt diesen Tod, die wilden Husaren waren nicht unempfänglich für die Treue der Liebe. Sie erzählten der Liebenden Schicksal, und
5 sooft sie dasselbe erzählten, wurden sie wehmütig und sagten, wenn sie gewußt hätten, was beide einander wären, beide lebten noch, aber im wilden Gefecht habe man nicht Zeit zu langen Fragen.

Adalbert Stifter

Stifter (1805-1868) took as the subject of his fiction the isolated rural life of his native province of Austria, the Bohemian Forest. The focus of the narration is relatively narrow: a couple, a family, a village. The pace of Stifter's prose can be slow, for he delights in depicting the small and quiet processes in both physical and human nature, what he called "das sanfte Gesetz." The tranquility and gradual changes in nature, lovingly and carefully detailed, often provide an incongruous background against which human passions play themselves out; in the following work, from the collection *Studien* (1845), love and murderous jealousy find strange parallels in a forest hunting party. Stifter's main characters possess an inner perfection or purity which is only revealed, and then gradually and naturally, through the confrontation with a hostile force that exposes a single but powerful character flaw that has the potential to destroy them.

Der beschriebene Tännling

Der graue Strauch

WENN MAN DIE KARTE des Herzogtumes Krumau ansieht, welches im südlichen Böhmen liegt, so findet man in den dunkeln Stellen, welche die großen Wälder zwischen Böhmen und Bayern bedeuten, allerlei seltsame und wunderliche Namen eingeschrieben; zum Beispiele: ,zum Hochficht', 5 ,zum schwarzen Stocke', ,zur tiefen Lake', ,zur kalten Moldau', und dergleichen. Diese Namen bezeichnen aber nicht Ortschaften oder gar Herbergen, die solche Schilder führen, sondern ganz einfache Waldesstellen, die hervorgehoben sind, um gewisse Linien und Richtungen anzugeben, nach denen man in den weiten Forsten ohne Weg oder anderes Merkmal gehen könnte. Die Namen sind von denjenigen

Leuten erfunden worden, welche am meisten ohne Weg und Bezeichnung im Walde zu gehen pflegen, nämlich von Jägern und Schleichhändlern. Wie aber sinnliche Menschen, das heißt solche, deren Kräfte vorzugsweise auf die Anschauung gerichtet sein müssen, schnell die bezeichnenden Eigenschaften der Dinge finden,
5 sind auch diese Namen meistens von sehr augenfälligen Gegenständen der Stellen genommen.

So heißt es auch in einem großen Flecke[1], der auf der Seite des böhmischen Landes liegt, ,zum beschriebenen Tännling'. Einen Tännling nennt man aber in der Gegend eine junge Tanne, die jedoch nicht größer sein darf, als daß sie noch
10 ein Mann zu umfassen im Stande ist. Wenn nun ein Wanderer wirklich zu der Stelle geht, auf welcher es zum beschriebenen Tännling heißt, so sieht er dort allerdings eine Tanne stehen, aber dieselbe ist kein Tännling mehr, sondern ein riesenhaft großer und sehr alter Baum, der gewaltige Äste, eine rauhe aufgeworfene Rinde, und mächtige in die Erde eingreifende Wurzeln hat. An seinem Fuße
15 liegen mehrere regelmäßige Steine, die wohl zufällig dort liegen mögen, die aber wie zum Sitzen hingelegt scheinen. Den Namen ,beschrieben' mag die Tanne von den vielen Herzen, Kreuzen, Namen und andern Zeichen erhalten haben, die in ihrem Stamme eingegraben sind. Natürlich ist sie einmal ein Tännling gewesen, die Steine, an denen sie stand, mochten zum Sitzen eingeladen, und es mochte ein-
20 mal einer seinen Namen oder sonst etwas in die feine Rinde eingeschnitten haben. Die verharschenden Zeichen haben einen andern angereizt, etwas dazu zu schneiden, und so ist es fort gegangen, und so ist der Name und die Sitte geblieben. Der beschriebene Tännling steht mitten in dem stillen Walde, und die andern Tannen stehen tausendfach und unzählig um ihn herum. Oft mögen sie noch größer und
25 mächtiger sein, als er. Der Wald, dem sie angehören, ist ein Teil jener dunkelnden großen und starken Waldungen, die über den ganzen emporgehobenen Landstrich gebreitet sind, der sich zwischen Böhmen und Bayern dahin zieht.

In diesen Waldungen ist auch da, wo sie sich gegen das österreichische Land hinziehen, ein helles lichtes Tal geöffnet, von dem wir an der zweiten Stelle unse-
30 rer Geschichte nach dem beschriebenen Tännling reden müssen, weil sich in ihm ein großer Teil von dem, was wir erzählen wollen, zugetragen hat. Das Tal ist sanft und breit, es ist von Osten gegen Westen in das Waldland hinein geschnitten, und ist fast ganz von Bäumen entblößt, weil man, da man die Wälder ausrottete, viel von dem Überflusse der Bäume zu leiden hatte, und von dem Grundsatze ausging,
35 je weniger Bäume überblieben, desto besser sei es. In der Mitte des Tales ist der Marktflecken Oberplan, der seine Wiesen und Felder um sich hat, in nicht großer Ferne auf die Wasser der Moldau sieht, und in größerer[2] mehrere herumgestreute Dörfer hat. Das Tal ist selber wieder nicht eben, sondern hat größere und kleinere Erhöhungen. Die bedeutendste ist der Kreuzberg, der sich gleich hinter Oberplan

---

[1] i. e., a large, dark-colored area   [2] supply *Ferne*

erhebt, von dem Walde, mit dem er einstens bedeckt war, entblößt ist, und seinen Namen von dem blutroten Kreuze hat, das auf seinem Gipfel steht. Von ihm aus übersieht man das ganze Tal. Wenn man neben dem roten Kreuze steht, so hat man unter sich die grauen Dächer von Oberplan, dann dessen Felder und Wiesen,

5 dann die glänzende Schlange der Moldau und die obbesagten[1] Dörfer. Sonst sieht man von dem Kreuzberge aus nichts; denn ringsum schließen den Blick die umgebenden blaulichen dämmernden Bänder des böhmischen Waldes. Nur da, wo das Band am dünnsten ist, sieht man doch manchmal auch noch etwas anderes. Wenn an einem Morgen Regen bevorsteht, und die Luft so klar ist, daß man die Dinge

10 in keinem färbenden Dufte, sondern in ihrer einfachen Natürlichkeit sieht, so erblickt man zuweilen im Südost über der schmalsten Waldlinie die Norischen Alpen, so weit und märchenhaft draußen schwebend, wie mattblaue starr gewordene Wolken. Gewöhnlich überzieht sich an solchen Tagen gegen Mittag hin der ganze über dem Waldlande stehende Himmel mit einer stahlgrauen Wolkendecke,

15 und läßt nur über den Alpen einen glänzenden Strich, zum Zeichen, daß in dem niedriger gelegenen Österreich noch heiterer Sonnenschein herrscht. Am andern Tage rieselt dann der feine dichte Regen nieder, und verhüllt nicht nur die Alpen, sondern auch die umgebenden blauen Bänder des Waldes.

Aber nicht bloß wegen seiner Aussicht kömmt[2] der Kreuzberg in Betracht,

20 sondern es sind auch noch mehrere Dinge auf ihm, die ihn den Oberplanern bedeutsam und merkwürdig machen.

An einer Stelle stehen Felsen hervor, auf die man einerseits eben von dem Rasen hinzu gehen kann, und die andererseits tief und steil abfallen, fast viereckige Säulen bilden und am Fuße viele kleine Steine haben. Es ist einmal eine Bäuerin

25 gewesen, die wegen ihrer außerordentlichen Schönheit berühmt war. Sie trug immer die Milch, die sie den fernen Arbeitern auf einer Wiese zur Labung brachte, über den Kreuzberg. Weil sie aber den Worten eines Geistes kein Gehör gab, wurde sie von ihm auf ewige Zeiten verflucht, oder wie sich die Bewohner der Gegend ausdrücken, verwunschen, daß an ihrer Stelle die seltsamen Felsen hervor stehen,

30 die noch jetzt den Namen Milchbäuerin führen. Die Säulen der Milchbäuerin sind durch feine aber deutlich unterscheidbare Spalten geschieden. Einige sind höher, andere niederer. Sie sind alle von oben so glatt und eben abgeschnitten, daß man auf den niederern sitzen und sich an die höhern anlehnen kann. In der sonnigen Tiefe unter der Milchbäuerin sind die Pflanzbeete der Oberplaner, das ist, aufge-

35 lockerte Erdstellen, in denen sie im ersten Frühlinge die Pflänzchen des Weißkohles ziehen, um sie später auf die gehörigen Äcker zu verpflanzen. Warum die Leute diese von ihren Wohnungen so entlegene Stelle wählen, ist unbekannt, nur ist es seit Jahrhunderten so gewesen; befindet sich etwas Eigentümliches in der Erde, oder ist es nur die warme Lage des Bodens, der sich gegen Mittag hinab-

---

[1]'above-mentioned'   [2]=*kommt*

zieht, oder ist es die Abhärtung, welche die Pflänzchen auf dem steinigen Grunde erhalten: genug[1], die Leute sagen, sie gedeihen von keiner Stelle weg so gut auf den Feldern, wie von dieser, und Versuche, die man unten in Gärten gemacht hat, fielen schlecht aus, und die Setzlinge verkamen nachher auf den Äckern.

5 Nahe an der Milchbäuerin stehen zwei Häuschen auf dem Rasen. Sie sind rund, schneeweiß, und haben zwei runde spitzige Schindeldächer. Sie haben keine Fenster und Simse, sondern nur eine kleine Tür. Wenn man bei dieser Tür hinein schaut, so sieht man keinen Fußboden, sondern unten, durch den Kreis der Ummauerung eingefangen, ein ruhiges klares Wasser, das den Sand und den Kies sei-
10 nes Grundes so deutlich herauf schimmern läßt, wie durch feines geschliffenes Glas. Auf jedem der zwei Wasserspiegel schwimmt ein kleiner hölzerner Kübel, der einen langen Stiel hat, welcher bei der Tür heraus ragt, daß man ihn fassen und sich Wasser herauf schöpfen kann. Zwischen den zwei Häuschen steht eine sehr alte und sehr große Linde. Ihr Stamm ist so mächtig, daß eine kleine Wohnung
15 darin Platz hätte, und ihre mannsdicken Äste gehen weit über die zwei spitzigen Schindeldächer hinaus.

Wieder nicht weit von den Häuschen, so daß man etwa mit zwei Steinwürfen hinreichen könnte, steht ein Kirchlein. Es ist das Gnadenkirchlein[2] der schmerzhaften Mutter Gottes zum guten Wasser, weil ein Bildnis der heiligen Jungfrau
20 mit den Schwertern des Schmerzes im Herzen auf dem Hochaltare steht. Zwischen Oberplan und dem Kirchlein ist ein junger Weg mit jungen Bäumen an den Seiten, so wie von dem Kirchlein zu den Brunnenhäuschen ein breiter Sandweg mit alten schattigen Linden ist.

Außer den drei Dingen, der Milchbäuerin, den Brunnenhäuschen und dem
25 Kirchlein, ist noch ein viertes, das die Aufmerksamkeit auf sich zieht. Es ist ein alter Weg, der ein wenig unterhalb des Kirchleins ein Stück durch den Rasen dahin geht, und dann aufhört, ohne zu etwas zu führen. Er ist von alten gehauenen Steinen gebaut, und an seinen Seiten stehen alte Linden; aber die Steine sind schon eingesunken und an manchen Stellen in Unordnung geraten; die Bäume jedoch, obwohl
30 sie schon manchen dürren Ast zum Himmel strecken, haben noch so viel Lebenskraft bewahrt, daß sie alle Jahre im Herbste eine ganze Wucht von gelben Blättern auf die verwitternden und verkommenden Steine zu ihren Füßen fallen lassen.

Wenn man das Kreuz auf dem Gipfel ausnimmt, so ist nun nichts mehr auf dem Berge, das Merkwürdigkeit ansprechen[3] könnte. Die obenerwähnten Bäume
35 sind die einzigen, die der Berg hat, so wie der Felsen der Milchbäuerin der einzige bedeutende ist. Von Oberplan bis zu dem Kirchlein ist der Berg mit feinem dichten Rasen bedeckt, der wie geschoren aussieht, und an manchen Stellen den Granit und den steinigen Gries des Grundes hervor schauen läßt. Von dem Kirchlein bis zu dem Gipfel und von da nach Ost, Nord und West hinunter stehen dichte rauhe

---

[1]'in any case' [2]'pilgrimage church' [3]'claim'

knorrige aber einzelne Wachholderstauden, zwischen denen wieder der obgenann-
te Rasen ist, aber auch manches größere und gewaltigere Stück des verwitternden
Granitsteines hervorragt.

Von der Entstehung des Kirchleins und der Brunnenhäuschen gibt eine alte
5 Erzählung folgende Aufklärung:

In dem Hause zu Oberplan, auf welchem es ‚zum Sommer‘ heißt, und welches
schon zu denjenigen gehört, die sehr nahe an dem Berge sind, so daß Schoppen[1]
und Scheune schon manchmal in denselben hinein gehen, träumte einem Blinden
drei Nächte hintereinander, daß er auf den Berg gehen und dort graben solle. Es
10 träumte ihm, daß er dreieckige Steine finden würde, dort solle er graben, es würde
Wasser kommen, mit dem solle er sich die Augen waschen, und er würde sehen.
Am Morgen nach der dritten Nacht nahm er eine Haue, ohne daß er jemanden
etwas sagte, und ging auf den Berg. Er fand die dreieckigen Steine und grub. Als
er eine Weile gegraben hatte, hörte er es rauschen, wie wenn Wasser käme, und
15 da er genauer hin horchte, vernahm er das feine Geriesel. Er legte also die Haue
weg, tauchte die Hand in das Wasser, und fuhr sich damit über die Stirne und über
die Augen. Als er die Hand weg getan hatte, sah er. Er sah nicht nur seinen Arm
und die daliegende Haue, sondern er sah auch die ganze Gegend, auf welche die
Sonne recht schön hernieder schien, den grünen Rasen, die grauen Steine und die
20 Wachholderbüsche. Aber auch etwas anderes sah er, worüber er in einen fürchterlichen Schrecken geriet. Dicht vor ihm mitten in dem Wasser saß ein Gnadenbild
der schmerzhaften Mutter Gottes. Das Bildnis hatte einen lichten Schein um das
Haupt, es hatte den toten gekreuzigten Sohn auf dem Schoße und sieben Schwerter in dem Herzen. Er trat auf dem Rasen zurück, fiel auf seine Knie und betete zu
25 Gott. Als er eine Weile gebetet hatte, stand er auf, und rührte das Bild an. Er
nahm es aus dem Wasser, und setzte es neben dem größten der dreieckigen Steine
auf den Rasen in die Sonne. Dann betete er noch einmal, blieb lange auf dem Berge, ging endlich nach Hause, breitete die Sache unter den Leuten aus[2], und blieb
sehend bis an das Ende seines Lebens. Noch an demselben Tage gingen mehrere
30 Menschen auf den Berg, um an dem Bilde zu beten; später kamen auch andere;
und da noch mehrere Wunder geschahen, besonders an armen und gebrechlichen
Leuten, so baute man ein Dächelchen über das Bild, daß es nicht von dem Wetter
und der Sonne zu leiden hätte. Man weiß nicht, wann sich das begeben hatte, aber
es muß in sehr alten Zeiten gewesen sein. Eben so weiß man nicht, was später mit
35 dem Bilde geschehen sei, und aus welcher Ursache es einmal in dem Laufe der
Zeiten nach dem Marktflecken Untermoldau geliehen worden ist: aber das ist
gewiß, daß der Hagelschlag sieben Jahre hintereinander die Felder von Oberplan
verwüstete. Da kam das Volk auf den Gedanken, daß man das Bild wieder holen
müsse, und ein Mann aus dem Christelhause, das auf der kurzen Zeile[3] steht, trug

---

[1]'shed' [2]'spread the news among' [3]street name

es auf seinem Rücken von Untermoldau nach Oberplan. Der Hagelschlag hörte auf, und man baute für das Bild eine sehr schöne Kapelle aus Holz, und strich dieselbe mit roter Farbe an. Man baute die Kapelle an das Wasser des Blinden, und setzte hinter ihr eine Linde. Auch fing man einen breiten Pflasterweg mit Linden

5 von der Kapelle bis nach Oberplan hinab zu bauen an, allein der Weg ist in späteren Zeiten nicht fertig geworden. Nach vielen Jahren war einmal ein sehr frommer Pfarrer in Oberplan, und da sich die Kreuzfahrer zu dem Bilde stets mehrten, ja sogar andächtige Scharen über den finstern Wald aus Bayern herüber kamen, so machte er den Vorschlag, daß man ein Kirchlein bauen solle. Das Kirchlein wurde

10 auf einem etwas höheren und tauglicheren Orte erbaut, und man brachte das Bild in einer frommen Pilgerfahrt in dasselbe hinüber, nachdem man es vorher mit zierlichen und schönen Gewändern angetan hatte. Die rote Kapelle wurde weggeräumt, und über dem Wasser des Blinden, das sich seither in zwei Quellen gespalten hatte, wurden die zwei Brunnenhäuschen gebaut. Dadurch geschah es, daß die

15 Linde, die hinter der Kapelle gestanden war, nun zwischen den Brunnenhäuschen steht, und dadurch geschah es, daß der Pflasterweg, der früher zur Kapelle hätte führen sollen und unvollendet geblieben war, nun ohne Ziel und Zweck in dem Rasen liegt. Ein Nachfolger des Pfarrers ließ den jungen Weg von Oberplan zu dem Kirchlein machen, pflanzte die jungen Bäume an seine Seiten, und ließ von

20 den Schulkindern die kleinen Steine von ihm weg lesen, die sich aus Zufall dort eingefunden hatten.

Das Kirchlein ist das nämliche, das noch heut zu Tage steht. Das Türmchen mit den hellklingenden Glocken steht gegen Sonnenaufgang, die Mauern sind weiß, nur daß sie an den Simsen und Fenstern hochgelbe Streifen haben, die lan-

25 gen Fenster schauen alle gegen Mittag, daß eine freundliche Helle ist, und an schönen Tagen sich der Sonnenschein über die Kirchstühle legt. Das Gnadenbild befindet sich auf dem Hochaltare so daß, wenn am Morgen die Sonne aufgeht, ein lichter Schein um sein Haupt ist, wie einstens im Wasser, da es sich dem Blinden entdeckte. Manche Menschen haben Kostbarkeiten und andere Dinge in das

30 Kirchlein gespendet. Wie sehr es gehegt und gepflegt werde, hängt jedesmal von dem Pfarrer in Oberplan ab. Jetzt ist immer, wenn nicht gar schlechtes Wetter ist, die zweite Messe oben, und immer finden sich Andächtige ein, die ihr beiwohnen. Selbst in der heißen Erntezeit, wo alles auf den Feldern ist, sitzen wenigstens einige Mütterlein da, und beten zu dem wundertätigen Bilde. Die Bewohner der

35 Gegend verehren das Kirchlein sehr, und mancher, wenn er in den fernen Wäldern geht und durch einen ungefähren Durchschlag[1] derselben das weiße Gebäude auf dem Berge sieht, macht ein Kreuz, und tut ein kurzes Gebet.

Wann das Kreuz auf dem Gipfel gesetzt worden ist, ob es samt dem Namen des Berges schon vor dem Kirchlein vorhanden gewesen, oder erst später entstan-

---

[1]'opening'

den ist, weiß kein Bewohner von Oberplan oder von den umliegenden Ortschaften
anzugeben.

Die Oberplaner gehen sehr gerne auf den Berg, besonders an Sonntagnach-
mittagen, wenn es Sommer und schön ist. Sie gehen in das Kirchlein, gehen unter
5 den Wachholderstauden herum, gehen zu dem roten Kreuze und zu den zwei
Brunnenhäuschen. Da kosten sie von dem Wasser, und waschen sich ein wenig die
Stirne und die Augenlider. Die Kinder gehen wohl auch an andern Tagen hinauf,
um unter den Wachholdersträuchen gestreifte Schneckenhäuser zu suchen.

Nachdem wir nun den Schauplatz beschrieben haben, gehen wir zu dem über,
10 was sich dort zugetragen hat.

Wenn man von dem roten Kreuze über den Berg nach Westen hinabgeht, so daß
die Häuser von Oberplan vor den Augen versinken, so geht man anfangs zwischen
den dichten Wachholderstauden, dann beginnt feiner Rasen, und dann stehen zuerst
dünne und dann dichter einzelne Föhrenstämme, welche die Pichlerner Weide hei-
15 ßen, weil einstens das Vieh zwischen ihnen herum ging und weidete. Wenn man aber
aus den Föhrenstämmen hinaus getreten ist, so steht ein weißes Häuschen. Nicht
weit davon, etwa zwei Büchsenschüsse[1], beginnen Felder und Wiesen, in denen das
Dorf Pichlern liegt, durch das ein schöner Bach der Moldau zufließt.

Das weiße Häuschen ist vor vielen Jahren von den Besitzern der Schwarzmüh-
20 le zu Pichlern zu dem Zwecke erbaut worden, daß es allemal einem alten Dienstboten, der lange und treu in der Schwarzmühle gedient hatte, als Wohnung gegeben werde. Wenn auch das Häuschen einsam am Rande der Weide liegt, so liegt
es doch, wie es für das Alter nötig ist, gegen die Sonne gekehrt, und ist durch die
Bäume vor den Winden geschützt.

25 Zur Zeit, als das Kirchlein auf dem Berge schon stand, als es aber noch so früh
war, daß eben die Tage unserer Großeltern im Anbrechen[2] waren, lebte in dem
weißen Häuschen eine Frau, die zwar kein Dienstbote in der Schwarzmühle gewesen war, der man aber doch aus Mildtätigkeit das Häuschen eingeräumt hatte, weil
eben kein geeigneter Dienstbote vorhanden gewesen war. Die Frau hatte nur eine
30 Ziege, welche in dem Ställchen des Häuschens angebunden war. Sie selber hatte
das Stübchen daneben. Das Winterholz, welches aus lauter dünnen Stäben bestand,
die sich die Frau im Walde gesammelt hatte, war um das Häuschen aufgeschlich-
tet, so daß nur die Fenster durch kleine Öffnungen heraus schauten, und das Dach
auf dem Holze aufzuliegen schien. Wenn sehr schönes Wetter herrschte, ging sie
35 gerne mit ihrer Ziege an den Zäunen gegen den Kramwiesbach hinaus, und ließ sie
die verschiedenen Blätter von den Gesträuchen des Zaunes fressen, oder sie war
häufig auf dem Kreuzberge, wo sie zwischen den Steinen und den Wachholder-
gesträuchen die schlechten Blätter[3] ausraufte, oder die blauen Beeren in ihre Schür-

---

[1]'rifle shots'   [2]'beginning to dawn'   [3]'harmful plants'

ze sammelte. Manchmal kniete sie auch an dem roten Kreuze und betete, oder sie saß auf den flachen Steinen vor demselben, und die Ziege stand vor ihr. Diese Frau hatte ein Kind. Das Kind war ein Mädchen, und war so außerordentlich schön, daß man sich kaum etwas Schöneres auf Erden zu denken vermag.
5 Aber wenige Menschen bekamen das Kind zu sehen; denn es war immer in dem Stübchen, und wenn die Frau auf längere Zeit fortging, sperrte sie dasselbe ein. Sie nährte es von der Milch der Ziege, von dem Mehle, das ihr der Schwarzmüller oder andere gaben, und von manchem Haupte Kohl oder Gemüse, das ihr die Leute auf Rainen[1] oder auf Äckern auszusetzen erlaubten.
10 Als das Kind größer geworden war, erschien es wohl auch bei den Spielen der Kinder auf dem Platze zu Pichlern, allein es stand nur immer da, und sah zu, entweder weil es nicht mitspielen durfte, oder weil es nicht mitspielen wollte. Gegen Abend ging es allein unter den Föhrenstämmen herum, oder es ging in das weiße Häuschen zurück.
15 In Oberplan herrscht der Glaube, daß dasjenige, um was man die schmerzhafte Mutter Gottes zum guten Wasser am ersten Beichttage inbrünstig und aufrichtig bittet, in Erfüllung gehen werde. Der erste Beichttag der Kinder ist aber immer vor Ostern, dem wichtigsten Feste des ganzen Jahres. So wichtig ist das Fest, daß die Sonne an demselben nicht wie an jedem andern Tage langsam aufgeht, sondern
20 in drei freudenreichen Sprüngen über die Berge empor hüpft. An diesem Feste bekommen die Leute schöne Kleider, die frischen Fahnen und Kirchenbehänge werden ausgelegt, und die Natur feiert die Ankunft des Frühlings. Damit nun auch die Kinder so rein seien, wie die Kleider, die Kirchenfahnen und der Frühling, müssen diejenigen, welche zum ersten Male zur Beichte gehen, dieses vor dem
25 Ostersonntage tun. Viele Wochen vorher werden sie schon unterrichtet, und die Vorbereiteten ausgelesen. Wenn der Tag angebrochen ist, werden die Erwählten gewaschen, schön angezogen, und von ihren Eltern zur Tür des Pfarrhofes geführt. Wenn der Pfarrer öffnet, dürfen die Kinder eintreten, und die Eltern gehen wieder nach Hause. In dem Innern des Pfarrhofes werden sie geordnet, und da stehen sie
30 mäuschenstille, und jedes hat einen Zettel in der Hand, auf welchem Name und Alter steht. Wenn an einem die heilige Handlung vorüber ist, geht es zerknirscht und demütig in den Hintergrund. Wenn alle fertig sind, wird gebetet, es wird eine Anrede gehalten, und dann dürfen sie zu ihren Eltern nach Hause zurückkehren. Zum Tische des Herrn[2] dürfen sie nach der ersten Beichte noch nicht gehen, weil
35 dazu eine sehr große Würdigkeit gehört, die sie nur den Eltern und erwachsenen Leuten zuschreiben. Nach dem Essen gehen sie, wenn es schön ist, auf den Kreuzberg. Wie sie bei der Beichte allein waren, so dürfen nun auch schon andere Menschen mitgehen, meistens Eltern und Verwandte. Besonders gesellen sich gerne alte Mütterlein hinzu, die ebenfalls geputzt neben den Kindern gehen, sie zur An-

---

[1] 'ridges between furrows'   [2] 'communion table'

dacht ermahnen und ihnen heilige Geschichten erzählen. Man betet in dem Kirchlein, man geht auf dem Berge herum, und gegen Abend begeben sie sich wieder
nach Hause. So kann dieser Tag, der der merkwürdigste ihres Lebens ist, nach und
nach ausklingen, und es können sich wieder die andern gewöhnlichen anschließen.

5   Einen solchen ersten Beichttag hatte auch Hanna, das Kind des Weibes in
dem weißen Häuschen. Das Mädchen war vorbereitet und würdig befunden worden. Am Morgen führte es die Mutter auf dem ebenen Wege, der von Pichlern
nach Oberplan geht, hinüber. Viele andere Menschen hatten ihre Kinder auch
dahin geführt. Unter der dichten geputzten Schar, die sich vor dem Pfarrhause ver-
10   sammelt hatte, stand nun auch Hanna, und aus dem großen Kleide sah das feine
Angesichtchen und die blauen Äderchen heraus. Allen Mädchen waren ihre Haare
von den Eltern straff zurück gekämmt worden, und es war Puder auf dieselben
gestreut, damit sie schön wären, und in der festlich weißen Farbe da stünden. Nur
Hannas Haare waren dunkel geblieben, weil ihre Mutter keinen Puder zu kaufen
15   vermochte. An die Hüften des Unterkleides hatte sie ihr zwei kleine feste längliche
Puffchen angenäht, daß das darüber angelegte Röckchen doch ein wenig wegstehe,
und einen Reifrock mache, wie er von den andern so schön wegragte, gleichsam
ein faltenreiches sanft hinab gebogenes Rädchen. Als die Kinder in den Pfarrhof
hinein gegangen waren, begab sich die Mutter wieder nach Pichlern zurück. Da
20   die Beichte aus war, ging Hanna auf dem ebenen Feldwege nach Hause. Nach dem
Essen ging sie abermals nach Oberplan, und ging mit einer Schar von Mädchen,
bei denen auch keine Eltern waren, auf den Berg. Die Kinder gingen zuerst in das
Kirchlein zum Gebete, wo sie in den sonnenhellen Bänken kaum mit den Häuptern hervorragten. Dann gingen sie auf den höheren Teil des Berges empor und
25   suchten Veilchen; denn der Berg war bekannt, daß auf ihm die ersten dieser Blüm-
chen wachsen, weil sie in dem kurzen Grase unter dem schützenden Geflechte des
Wachholders einen sichern Stand haben, und die mittägliche Sonne auf dem
Abhange des Berges leicht auf sie scheinen kann. Dann suchten sie auch Steinchen
und andere Dinge, und kamen bis zu dem roten Kreuze empor. Von dem Kreuze
30   gingen sie zu den Brunnenhäuschen hinab. Sie schöpften sich Wasser, und benetz-
ten sich die Lippen, die Stirne und die Augenlider. Als der Abend erschienen war,
gingen manche, bei denen sich ihre Eltern befanden, nach Hause; andere aber, die
allein waren, blieben noch; denn die Kinder haben keine Rechnung der Zeit und
geben sich dem Augenblicke unbedingt hin. Einige Mädchen, worunter auch Han-
35   na war, gingen gar gegen die Felsen der Milchbäuerin zu, und setzten sich dort auf
die Steine. Es hatte den ganzen Tag die Sonne auf die Felsen geschienen, daß sich
die Wärme in ihnen ansammeln und länger nachhalten konnte, als an irgend einer
andern Stelle des Berges. Die Pflänzchen schauten aus den bebauten Pflanzbeeten
am Fuße der Felsen schon heraus, über der Gegend war ein leichter grüner Hauch,
40   und die Kinder erkannten recht gut diese Verheißung. Sie blieben sitzen, manches

der Mädchen nahm die Hand seiner Nachbarin, legte sie an den Stein und sagte: „Siehe nur, wie warm er ist."

Als die Sonne schon hinter dem Rande des Waldes hinab gegangen war, fragte eines der Mädchen ein anderes: „Um was hast du denn heute die heilige Jungfrau gebeten, Elisabeth?"

„Ich habe sie um ein langes Leben und um eine gute Aufführung gebeten", antwortete die Gefragte.

„Und um was hast denn du gebeten, Veronika?"

„Ich habe auch um einen guten Lebenswandel gebeten", sagte diese.

„Und du, Agnes?"

„Ich habe um gar nichts gebeten."

„Und du, Cäcilia?"

„Ich auch nicht, mir ist nichts eingefallen."

„Und du, Hanna?"

„Ich werde etwas sehr Schönes und sehr Ausgezeichnetes bekommen," sagte diese, „denn als ich zu der heiligen Jungfrau recht inbrünstig betete, und das feste seidene Kleid sah, das sie anhat, und die goldenen Flimmer, die an feinen Fäden am Saume des Kleides hängen, und die grünen Stengel, die darauf gewebt sind, und die silbernen Blumen, die an den grünen Stengeln sind, und da ich den großen Blumenstrauß von Silber und Seide sah, den die Jungfrau in der Hand hat, und von dem die breiten weißen Bänder nieder gehen: da erblickte ich, wie sie mich ansah, und auf die goldenen Flimmer, auf die Blätter, auf die Stengel und auf die Bänder nieder wies."

„Geh, du bist nicht recht vernünftig", sagte eines der Mädchen.

„Ich bin doch vernünftig, und werde die Sachen bekommen", antwortete Hanna.

Die Kinder fing es an zu schauern, und da die Dämmerung auch schon sehr stark herein zu brechen begann, gingen sie allmählich nach Hause. Einige gingen um die Wölbung des Berges herum nach Oberplan; aber Hanna ging über den Berg nach Pichlern. Sie ging an den grauen kaum mehr recht sichtbaren Steinen vorbei, an den schwarzen Wachholderstauden, an den dunkeln Föhrenstämmen, und kam in das weiße Häuschen, als auf der Leuchte[1] schon das helle Feuer brannte, und ihr ihre Mutter daran eine Suppe kochte.

Von dieser Zeit an wuchs Hanna heran, und entwickelte sich immer mehr und mehr.

Sie ging noch in die Schule, sie ging immer allein, und wenn sie zum Lesen aufgerufen wurde, stand sie sittsam auf und erhob die Stimme.

Sie hatte immer ein weißes leinenes Tüchlein um den Busen, auf welches ihre dunklen Augen hinab schauten, und ihre noch dunkleren Wimpern hinab zielten. Um das Haupt hatte sie ein färbiges Tuch gebunden, das nach der Sitte der

---

[1]=*Herd*

Gegend im Nacken in einen Knopf gewunden war und die breiten Zipfel auf den Rücken hinab gehen ließ. Als Röcklein hatte sie dasjenige an, das sie bisher immer angehabt hatte.

    Als sie erwachsen und so groß war, wie die andern Mädchen von Pichlern, die
5 man für erwachsen erklärte, ging sie nicht mehr in die Schule, und war meistens in dem weißen Häuschen ihrer Mutter. Man wußte nicht, ob sie dort etwas arbeitete, oder was sie sonst tat. Wenn sie aber doch mit den Leuten des Müllers auf die Wiese Heu zu rechen, oder sonst irgend wohin ging, war sie nicht, wie die andern, sondern wie eine, die am Sonntage aus der Kirche geht. Sie gab sehr Acht, daß sie sich nicht
10 beschmutze, und wich mit ihren Füßen den rauhen Stellen und der Nässe aus. Seit sie erwachsen war, ging sie auch nicht mehr barfuß, sondern hatte immer Strümpfe und Schuhe an, die besser waren, als die andern an Feiertagen hatten.

    Obwohl sie sehr wenig gesehen wurde, so ward die zarte Schönheit ihrer Wangen und der Glanz ihrer Augen doch weit und breit bekannt, und mancher
15 Wandersmann, den man durch die Föhren gehen sah, ging ihretwegen, und manches Lied, das nachts in der Gegend erschallte, wurde ihretwegen gesungen. Selbst Söhne reicher Bauern waren darunter, und wenn auch ihre Eltern dachten, das arme Mädchen könne keine Schwiegertochter abgeben, so meinten die Söhne, daß sie eine sehr gute Schwiegertochter wäre, und hielten es für ein Glück, wenn sie
20 nur einmal mit ihr an dem Holzstoße vor dem Häuschen oder unter den grauen Wachholderstauden des Berges reden, und von ihr zärtliche Worte und freundliche Blicke erhalten könnten.

    Aber das Glück wurde keinem zu Teil, außer einem einzigen. Er war nicht der Schönste unter allen, ja er war vielleicht weniger schön, als alle andern, er war ein
25 schlanker Mann mit blitzenden Augen und ungemeiner Kraft in seinem Körper, und die Leute sagten, Hanna fürchte und liebe ihn. Er war ein Holzknecht in den oberen Wäldern, der lange Hanns geheißen, aber er war sehr ehrbegierig und stolz, arbeitete tüchtig, trug Sonntags schöne Kleider, klimperte mit dem Gelde in der Tasche, und litt keinen Schimpf und Hohn, wie gering er auch war, sondern nahm
30 den Schimpfenden an dem Kragen des Hemdes oder an der Schulter, und warf ihn in das Gras, oder in den Sand, oder in eine Rinne, wie es kam. Dieser Hanns ging oft in das weiße Häuschen zu Hanna, er brachte ihr alles, was er erarbeiten konnte, daß sie nichts entbehre und ihren Leib schmücken könne. Die Leute behaupteten, sie sei auch dankbar, indem sie sagten, daß sie gesehen hätten, wie sie neben den
35 grauen Steinen und grauen Sträuchen ihre Arme um ihn geschlungen, und mit ihren Lippen ihn geküßt hätte.

    So war es auch, Hanns hatte selber kein Hehl darüber, er ging immer zu Hanna, und alle Menschen wußten, daß sie Liebende und Geliebte seien.

Der bunte Schlag

Wenn man gegen das Oberplaner Tal hingeht, und sein Angesicht gegen Westen wendet, so sieht man in dem fernen Blau der Wälder, die man da vor sich hat, allerlei seltsame Streifen hinziehen, die meistens rötlich matt leuchtend und
5 dämmerig sind. Sie sind Holzschläge[1], und die großen Wälder, von denen man den oberen Wald rechts hat, die Seewand[2] gerade vor sich, und die Alm[3] links, enthalten viele derselben. Eigene Menschen werden das ganze Jahr hindurch beschäftigt, und das Geschäft eines Holzhauers ist nicht freudenlos, und nicht entblößt von dichterischen Reizen, und wenn ein Mann ein reicheres und weicheres Herz hat,
10 so hängt er mit einer gewissen Schwermut an seinem Tun und an den Schauplätzen desselben. Wenn man von Pichlern durch die Felder westwärts geht, und das Dorf Pernek[4] hinter sich hat, so beginnen schon die Wälder. Es steht hinter Pernek der Hausberg, der mit all den folgenden Wäldern zusammen hängt. Aber auf ihm stehen zarte Birken und andere gesellige Gruppen von Bäumen auf Rasen-
15 plätzen, die man einst gereutet[5] hat, damit die Rinder dort weiden können. Weiter aufwärts sind die Wälder schon dichter, und in dem Innern ihrer großen Ausbreitungen hegen sie die Holzschläge. Wenn man den Rand eines solchen Streifens betritt, wie wir sie oben genannt haben, so ist er in der Nähe größer und ausgedehnter, als man sich in der Ferne gedacht hätte, und die Menschen sind auf ihm
20 beschäftigt. Es liegen wie Halmen gemähten Getreides die unzähligen Tannenstämme verwirrt herum, und man ist beschäftigt, sie teils mit der Säge, die langsam hin und her geht, in Blöcke zu trennen, teils von den Ästen, die noch an ihnen sind, zu reinigen. Diese Äste, welche sonst so schön und immer grün sind, haben ihre Farbe verloren und das brennende Ansehen eines Fuchsfelles[6] gewonnen,
25 daher sie in der Holzsprache[7] auch Füchse heißen. Diese Füchse werden gewöhnlich auf Haufen geworfen, und die Haufen angezündet, daher sieht man in dem Holzschlage hie und da zwischen den Stämmen brennende Feuer. An anderen Stellen werden Keile auf die abgeschnittenen Blöcke gestellt, auf die Keile fällt der Schlegel, und die Blöcke werden so getrennt und zerfallen in Scheite. Wieder an
30 andern Stellen ist eine Gruppe beschäftigt, das Wirrsal der Scheite in Stöße zu schichten, die nach einem Ausmaße aufgestellt sind, und in denen das Holz trocknet. Diese Stöße stehen oft in langen Reihen und Ordnungen dahin, daß sie von ferne aussehen, wie Bänke von rötlich und weiß blinkenden Felsen, die durch die Waldhöhen hinziehen. An einer Stelle des Holzschlages ist die Hütte der Arbeiter,
35 das ist, ein von der Erde aufsteigendes Dach, das vorne mit Stämmen gestützt und seitwärts mit Zweigen und Reisig gepolstert ist. Sein Raum enthält das Heulager der Arbeiter, die Truhen mit ihren Kleidungsstücken, manche Geräte und Geschirre und allerlei anderes, was ihnen in diesem Waldleben nötig oder nützlich ist.

---

[1]'clearings' [2]place name [3]the Alm River in Austria (generally south of Wels) [4]Pernek lies across the River Traun from Ischl. [5]'cleared' [6]'fox pelt' [7]'woodsmen's language'

Vor der Hütte brennt das Feuer, an dem sich das Mittag- oder Abendmahl bereitet. Es ist nicht viele Sorge auf Genauigkeit und Holzersparung verwendet, indem
um die kochenden Töpfe gleich ganze Stämme herum liegen, die da verkohlen.
Von solchen verkohlenden Stämmen rührt der schöne blaue Rauch her, den man
5 oft tagelang aus den fernen Wäldern aufsteigen sieht. Von den Füchsen, die man
in den Holzschlägen verbrennt, kömmt wenig oder gar kein Rauch; denn anfangs
brennen sie mit einem glänzenden rauchlosen Feuer, dann, wenn die Nadeln und
das Reisig verbrasselt[1] haben, und sich die dickeren Äste in der Glut krümmen,
erscheint wohl etwas Rauch, aber er ist zu machtlos, kräuselt sich dünne durch die
10 Zweige der noch stehenden Bäume, und verliert sich am Himmel. So sieht ein
Holzschlag aus, auf ihm ist Leben, Regung und scheinbare Verwirrung, an seinem
Rande, wo er aufhört, ist es stille, und dort steht wieder, wie es erscheint, der feste,
dichte, unerschöpfliche, ergiebige Wald.

Wenn eine Fläche des Waldes abgeschlagen ist, wenn die Scheite geordnet,
15 getrocknet, weggeführt sind, wenn die Reisige[2] verbrannt wurden, wenn man keine
Hütte der Holzhauer mehr sieht, und die Arbeiter fortgegangen sind, dann ist der
erste Teil des Lebens eines Holzschlages aus, und es beginnt nun ein ganz anderer,
stillerer, einfacherer, aber innigerer. Wenn die Halde leer dasteht, wenn sie nur mehr
manchen schlechten stehengelassenen Baum wie eine Rute gekrümmt trägt, wenn
20 die bloßgelegten Kräuter und Gesträuche des Waldes zerrüttet und welkend herum
hängen, wenn mancher nicht ganz verbrannte Reisighaufen im Verwittern begriffen,
und ein anderer in den Boden getreten und verkohlt ist: dann steht die einsame verlassene Bevölkerung von Strünken dahin, und es schaut der blaue Himmel und
schauen die Wolken auf das offene Erdreich herein, das sie so viele Jahre nicht zu
25 sehen bekommen haben. — Das erste, was nach langen Zeiten herbei kömmt, um
die umgewandelte Stätte zu besetzen, ist die kleine Erdbeere mit den kurzen zurück
geschobenen Blättern. Sie sproßt zuerst auf der schwarzen Erde einzeln hervor,
siedelt sich dann um Steine und liegen gebliebene Blöcke an, überrankt fleißig den
Boden, bis nichts mehr zu sehen ist, und erfreut sich so sehr der Verlassenheit und
30 der Hitze um die alten sich abschälenden Stöcke herum, daß es oft nicht anders ist,
als wäre über Ganze Flecke ein brennendes scharlachrotes Tuch ausgebreitet worden.
Wenn es so ist, dann sammelt sich allgemach unter ihren Blättern die Nässe, und es
erscheint auch schon die größere langstielige Erdbeere mit den gestreckten Blättern
und den schlanken Früchten. Es beeilt sich die Himbeere, die Einbeere kömmt,
35 manche seltsame fremdäugige Blume, Gräser, Gestrippe und breite Blätter von
Kräutern; dann die Eidechse, die Käfer, Falter und summende Fliegen; mancher
Schaft schießt empor mit den jungen feuchtgrünen Blättern; es wird ein neuer, rau-
her hochrutiger[3] Anflug, der unter sich einen nassen sumpfigen Boden hat, und endlich nach Jahren ist wieder die Pracht des Waldes.

---

[1] =*verbrasselt* 'burned down'   [2]'heaps of brushwood'   [3]'high-stemmed'

Dies ist der zweite Teil des Lebens eines Holzschlages. Wenn es nicht so schön ist, wenn kein Wald mehr entstehen soll, dann werden die Waldgäste mit Absicht hintan gehalten[1], es wird gereutet[2], und lieber statt all des Anfluges der Geselle des Menschen, das Wiesengras, heran gelockt, daß Mäheplätze entstehen oder Weideplätze für das Vieh werden, wie man es mit dem Hausberge[3] hinter Pernek getan hat, der auch einmal eine schöne Wildnis war, und es jetzt nicht mehr ist.

Wenn der Holzhauer auch schon die Stätte seines Wirkens verlassen hat, so liebt er sie doch noch immer, und wenn er nach langen Jahren durch den neuen Anwuchs geht, durch die Himbeergesträuche, durch die Gezweige, die Axt auf der Schulter oder die breite Säge über den Rücken gebunden, so wandelt er in seinem Reiche, er gedenkt der Tage, wo er hier gewirkt hat, und wenn er auch nun in andern frischen Wäldern beschäftigt ist, so gehört doch auch ein Teil seines Herzens der Stelle, auf der einst seine Hütte gestanden war.

Der lange Hanns arbeitete in dem Schlage des Thußwaldes. Der Thußwald aber liegt so weit in der Tiefe der Bergrücken zurück, daß die Holzarbeiter die ganze Woche dort beschäftigt sein mußten, und nur an Sonntägen den weiten Weg zu den Menschen und in die Kirche hinaus machen konnten. Hanns war wie ein König in seinem bunten, einsamen, entfernten Schlage. Teils gehorchten manche ihm freiwillig, weil er ein guter Anordner war, teils scheuten sich manche, weil er große Körperkräfte besaß, und teils ehrten ihn viele, weil er ein vorzüglicher Arbeiter war. Da stand er nun entweder an einem Stamme, zirkelte die Stelle, wo er angesägt werden solle, daß er wanke, weiche, und sausend und krachend in das andere Gehölz nieder stürze — oder er war um den gefallenen Baum beschäftigt, im Gestrippe und Geniste stehend, daß die Äste und Zweige weg kämen, und der Stamm frei zur Arbeit würde — oder er half schon ihn in Stücke zu zerteilen, und da rollte seine Säge frisch und tüchtig hin und her — oder sein Arm schwang den Schlegel, daß er klingend auf den Keil fiel — oder er stand hoch auf einem Stoße, die dargereichten Scheite schnell legend, daß ihm zwei Handreicher nicht folgen konnten, und daß es unter ihm zusehends wuchs. Er war gewöhnlich zur Arbeit gehörig gekleidet. An seinem Oberleibe hatte er schier kein Gewand; denn das grobe Hemd war zurück geschlagen, und an den Armen weit über den Ellbogen aufgestellt; um die Lenden war das linnene Kleid, an den Füßen hatte er die starken jedem Dorne und Splitter trotzenden Bundschuhe an, und auf dem Haupte war gewöhnlich nichts, als das rötliche leuchtende Haar.

So ging die Woche dahin, und so vollendete die Sonne fünfmal ihren Kreislauf um den Himmel, und beschien fünfmal die seltsamen verschiedenartigen Dinge des Holzschlages.

---

[1]'kept down' [2]=*gerodet* 'cleared' [3]place name

Wenn es am Samstage Mittag wurde, da hörte das Wochenwerk auf, und es wurden Anstalten zum Fortgehen getroffen. Ruhe herrschte auf dem Platze, alle Werkzeuge, Kleiderstücke, Töpfe und dergleichen wurden zusammen gelesen, die Arbeiter trafen bei der Hütte ein, dort wurde einiges zusammengeschnürt, daß
5 man es mitnehme, anderes wurde geborgen, daß es da bleibe, schönere Kleider wurden aus den Truhen hervor gesucht, es wurden Angesichter gewaschen, manches wurde noch genestelt, und einige und andere schlugen den Weg ein, der sie eben ihrer Heimat zuführte. Mancher ganz Faule blieb auch da und verschlief den Sonntag vor der Hütte in der lautlosen Stille des Holzschlages, von nichts besucht,
10 als von dem raschelnden Grase und von der stummen Hitze des Tages.
    Der größere Teil der Arbeiter ging gegen Pernek und Pichlern hinaus. Sie mußten anfangs durch den Thußwald, dann über die Thußecke, dann über einen Berg, die rauhe Hochstraß geheißen, dann durch Auen, und dann führte der Weg in das Tal, durch das man gegen Pernek kommen konnte. Man plauderte gerne auf
15 diesem Gange, man klapperte mit den eisernen Keilen, man jauchzte oder sang, man schlug sich Feuer und rauchte. Vom Holzschlage weg gingen alle miteinander, die diese Richtung hatten, aber je weiter der Weg führte, desto wenigere wurden sie immer; denn bald nahm der eine Abschied und ging seitwärts, bald der andere, so wie ihr Weg in ihre Heimat von dem allgemein eingeschlagenen Wege abführte,
20 und nicht selten geschah es, daß, wenn die untergehende Sonne glutig am Rande der Seewand lag, und jeder emporragende Zaunpfahl, ja eine herausstehende Ähre einen langen Schattenstreifen über das Getreide warf, Hanns allein durch die Perneker Felder ging, und den Weg hinab gegen Pichlern einschlug. Er ging auf dem Fahrwege hinab, er bog um die große Linde des Schwarzmüllers, zielte gegen die
25 ferneren dünnen Föhrenstämme, und schritt auf das weiße Häuschen zu.
    Wenn er dort anlangte, war meistens die Mutter wie sie es am Abende gewohnt war, außen herum. Sie schlichtete etwas an dem Holze, oder tat sonst etwas, oder betete, indem sie herum ging, und häufig zur Ziege redete, die sie nicht eher in den Stall tat, als bis sie selber in die Stube ging. Im Innern saß Hanna
30 in einem reinen schimmernden Gewande. Sie hatte vorher jedes Stäubchen von dem Tische, der Bank, dem Stuhle und dem Fußboden gefegt; denn auch das gehörte mit zu ihren Eigentümlichkeiten, daß sie außerordentlich reinlich war. Sie wollte nicht mit der Hand und nicht mit dem Gewande an Staub rühren.
    „Die wird Gott strafen, daß sie so stolz ist," sagten oft die Leute, „und ihn
35 dazu, daß er so verblendet ist, und ihr alles anhängt."
    Hanns ging hinein, Hanna sprang auf und grüßte ihn. Er blieb bis spät abends, sie plauderten, koseten, aßen; die Mutter war bei ihnen, sprach mit, aß, oder nickte schlummernd ein wenig mit dem Kopfe, wie es eben kam.
    Erst im Sternenscheine ging Hanns fort, und begab sich zu den Leuten, wo
40 seine Schwester war, und wo er eine Lagerstätte hatte; denn sein Vater und seine Mutter waren längstens gestorben.

Daß Hanns aber an Hanna etwas verwendete, schien ihm gar nicht leid zu tun. Wenn er mit ihr bei einem Tanze oder bei sonst einer Gelegenheit war, wo sie viele sehen konnten, und wenn nun der eine oder andere junge Mann mit seinen Augen schier nicht von ihr lassen konnte, und stundenlang sie mit denselben gleich-
5 sam verschlang, so hatte Hanns seine außerordentliche Freude darüber und triumphierte. Wenn sie spät mit einander nach Hause gingen, wo die einsame Wachholderstaude stand, oder der graue verschwiegene Stein des Brunnberges lag, da schlang sie ihren Arm um seinen Nacken, drückte ihn heiß an sich, sah ihn an und flüsterte gute Worte. Daß da eine außerordentliche unheimliche Seligkeit in ihm
10 war, bewies der Umstand, daß er ihr von seinen Habseligkeiten alles, alles gab.

Am andern Tage, wenn er so einen Feiertag bei ihr zugebracht hatte, sah man ihn dann wieder in frischen Linnenkleidern, die Axt oder die Keile auf der Schulter tragend, durch die Felder schreiten und seinem Walde zueilen.

Einmal fragte ihn Hanna, um was er denn am ersten Beichttage die heilige
15 Jungfrau Maria gebeten habe.

„Ich habe um nichts gebeten," antwortete er, „du weißt ja, daß ich nicht oft zu ihr in ihr Kirchlein hinauf komme, weil ich nicht Zeit habe; aber von ferne und von dem Walde aus, wo er eine Lücke hat, sehe ich das weiße Kirchlein sehr gerne, weil von ihm nach abwärts die Wachholderstauden anfangen, dann die Föhren der
20 Pichlerner Weide stehen, und noch weiter unten das Häuschen ist, in dem du bist."

„Du solltest aber doch gebeten haben", sagte Hanna; „denn sie ist sehr wundertätig und stark, und was man am ersten Beichttage mit Inbrunst und Andacht verlangt, das muß in Erfüllung gehen, es geschehe auch, was da wolle."

„Das habe ich ja gar nicht gewußt," sagte Hanns, „es hat es mir damals nie-
25 mand gesagt, und wenn ich es auch gewußt hätte, so hätte ich sie doch gewiß um nichts gebeten, weil mir nichts gefehlt hat. — Meinst du denn im Ernste, daß sie etwas tun kann, um was man sie recht bittet?"

„Freilich kann sie es tun," antwortete Hanna, „weil sie sehr mächtig ist, und sie tut es auch, weil sie sehr gut ist."
30 „Aber am ersten Beichttage muß man sie darum bitten?" fragte Hanns.

„Um was man sie am ersten Beichttage bittet," sagte Hanna, „das tut sie immer und jedes Mal; aber auch an jedem andern Tage kann man sie bitten, und sie kann die Bitte gewähren, weil ihre Macht außerordentlich ist."

„Aber das ist ja kaum denklich," erwiderte Hanns, „weil sonst alle Leute daher
35 kämen, und um die verwirrtesten und verkehrtesten Dinge bäten."

„Wenn sie um verwirrte und verkehrte Dinge bitten," sagte Hanna, „so läßt sie diese nicht in Erfüllung gehen; aber bitten muß man sie immer, weil man nicht wissen kann, welches Ding verwirrt oder verkehrt ist, und weil sie allein die Entscheidung hat, was in Erfüllung gehen solle und was nicht."
40 Hanns antwortete nun nichts mehr darauf.

Die Liebe, die Zuneigung und die Anhänglichkeit wuchs immer mehr und mehr. Hanns tat alles, was ihm sein Herz einflößte. Er ehrte die Zeiten[1], wie es in jener Gegend gebräuchlich ist. Er setzte Hanna den schönsten Maibaum vor die Türe, er wand das schönste Tuch um ihr Haupt und band die schönste Schürze um
5 ihren Leib, er trug den größten Palmbaum am Palmsonntage für sie in die Kirche, er steckte sogar eine goldene Nadel in ihr Haar, er brachte ihr den schönsten Strauß von Walddingen aus seinem Schlage[2] nach Hause, er führte sie an Sonntagen in die Kirche, und ging mit ihr, wenn schönes Wetter war, in den Feldern und Wiesen spazieren. Sogar zu Zeiten, wo es nicht schicklich war, daß er sich bei
10 Hanna im Häuschen befand, sahen ihn die Leute unter den Föhrenstämmen und Steinen in großen Kreisen um das Häuschen herum gehen.

Der grüne Wald

Im Herbste, da die Blätter sich mit schönen Farben zu mischen begannen, und Hannsens Schlag noch brennender, feuriger und seltsamer war, erhob sich die
15 Sage, daß in der Gegend von Oberplan ein großes Jagen sein werde, daß der Fürst und Grundherr kommen werde, und daß ihn eine Menge Herren und Frauen begleiten würden. Die Diener hatten das Gerücht ausgebreitet, aber man wußte nicht, ob ihm die Herren eine Folge geben würden, oder nicht. So erhielt sich die Sache lange. Endlich aber erschienen wirklich einige Abgeordnete in Oberplan,
20 welche die Voranstalten zu dem Feste machen sollten.

Von nun an hatte das Gerücht freien Spielraum, und es ging durch die ganze Gegend.

Im Stegwalde, hieß es, werde ein Netzjagen[3] sein, in welchem man Gespinste aus Seilen aufspannen und das Wild darinnen einfangen werde. Im oberen Walde,
25 im Langwalde und an der Flaniz sollen Treibjagden[4] sein, wie man seit Menschengedenken nicht gehört hätte, und sie sollten sich über tagelange Wälder ausbreiten. Außer dem Jagen sollen auch andere Feste angeordnet sein. Auf den Oberplaner Wiesen, den nämlichen, von denen wir am Eingange unserer Geschichte gesagt haben, daß die Moldau in großen Schlangenwindungen durch sie geht, soll ein
30 Essen sein, an dem mehrere hundert Personen würden Teil nehmen können. Wer nur wolle, dürfe zuschauen, und auf Schrägen[5] würden Weinfässer aufgestellt sein, von denen jedem, der mit einem Geschirr hinzu ginge, herab gelassen würde[6]. Die Diener würden bei der Tafel aufwarten, und die angesehensten Männer der Gegend würden eingeladen sein. Außer dem Essen aber soll noch ein Tanzboden
35 errichtet sein, auf welchem man durch unzählige Blumengewinde Tänze aufführen würde. Dieses und noch viel anderes, das man noch gar nicht wisse, solle gesche-

---

[1]'observed the holidays'   [2]'forest cutting'   [3]hunt where animals are guided into netted area (described in detail below)   [4]'battue' (hunt where game is driven towards the hunters)   [5]'slanting supports'   [6]'would be served'

hen. In der Gegend sollen schon tausend Taglöhner zu Handlangern, Arbeitern und Treibern gedungen worden sein. Alles werde durch eine feierliche Messe in dem Gnadenkirchlein zum guten Wasser eingeleitet werden.

Auf was sich die Leute am meisten freuten, war das Netzjagen, das sich keiner
5 vorstellen konnte, und von dem keiner eine Ahnung hatte. Nur der achtzigjährige Schmied in Vorderstift erinnerte sich, als ganz kleiner Knabe einem solchen Jagen beigewohnt zu haben. In der Dürrau waren Stricknetze und Tücher, unabsehlich zu schauen, aufgespannt gewesen, zuerst weiter, dann enger, und dann durch einen Vorhang zu schließen, wodurch das Wild in einem Raume eingesperrt war, in dem
10 es von dem Rande der Tücher herab erschossen werden konnte. Er unterließ nie, wenn er die Sache erzählte, eines Bären zu erwähnen, der mit den andern ins Netz getrieben worden war, und der bald zum allgemeinen Ergötzen diente, indem jeder so schnell als möglich sein Geschick an ihm versuchen wollte. Da nun die Hirsche oft himmelhohe Sprünge wagten, ob sie die Leinwand übersetzen könnten, ohne
15 daß es ihnen gelang, so fuhr der Bär, der bereits verwundet war, in seiner Verzweiflung gegen das Gewebe, packte es mit seinen Tatzen, und riß von dem furchtbar starken Geflechte eine ganze Strecke heraus, so daß Tuch und Netz weg waren, und daß man von den draußen stehenden Bühnen die nackten Füße und das Gerüste samt Verlattung[1] sehen konnte. Der Bär und der ganze gehetzte Schwarm,
20 der noch übrig war, fuhr nun mit großem Getöse durch das Loch hinaus, und alle, die zugegen waren, mußten in ein Gelächter ausbrechen.

Ein solches Fest erwartete nun Oberplan, und die Leute waren begierig, wann die Herren kommen würden. Aber sie kamen immer nicht, weil die Vorbereitungen noch dauerten. Es war noch der Haber auf den Feldern gestanden, es war das
25 Sommerkorn noch nicht geschnitten gewesen, und hie und da lag selbst noch eine Gerste auf den Äckern, als die Bevollmächtigten angekommen waren: aber die Gerste wurde eingeführt, das Sommerkorn geschnitten, der Haber gemäht, beides in die Scheunen gebracht, und man war noch immer nicht fertig, weil alles vortrefflich werden sollte. Die Axt der Zimmerer erklang im Walde, Verzeichnisse[2]
30 von Treibern und andern wurden angefertigt, Abmessungen wurden vorgenommen, die Forste, welche durchstrichen werden sollten, wurden begangen, und Versammlungen und Rate sind gehalten worden.

Endlich, als auf den Feldern nur mehr das braungedörrte Kraut[3] der Kartoffeln und die blaubetauten Häupter des Weißkohles standen, wurde der Tag bekannt
35 gemacht, an welchem die Jagdgesellschaft eintreffen würde. Man rüstete sich zu dem Empfange, und alles war gespannt.

Am Tage vorher trafen Diener, Pferde und Troß ein.

Als am andern Morgen die Sonne aufgegangen war, und ein recht heiterer funkelnder Herbsthimmel über der Gegend stand, war schon alles in Bereitschaft.

---

[1]'crossed supports' [2]'lists' [3]'tops'

Um zehn Uhr, als auf dem Turme das Zeichen gegeben wurde, daß sie kommen, sah man es auf der Straße von Honetschlag her durch den Staub von Pferden und Wagen blitzen, und als eine Viertelstunde vergangen war, fuhren sie bei der oberen Gasse herein. Sie fuhren dann über das Steinbrückchen des heiligen Johannes, und
5 hielten auf der Gasse vor dem Pfarrhofe und der Schule an, wo der Pfarrer, dann der Schulmeister mit weiß gekleideten Mädchen und geputzten Buben und die Obrigkeiten standen. Es war eine ganze Reihe von Wägen. Männer und Frauen saßen darinnen. Die Frauen waren nicht geschmückt, sie waren kaum geputzt. Sie hatten nicht einmal Reifröcke an, sondern nur ein schlichtes einfach hinab fallen-
10 des Jägerkleid. An den Männern war auch nicht zu erkennen, ob sie in Feierkleidern seien oder nicht; sie hatten sämtlich Mäntel um; denn es war kühl, und am Morgen war ein schneeweißer Reif über alle Wiesen gewesen. Sie hatten alle ungepuderte Haare, weil sie nicht im Amte oder in einer festlichen Gesellschaft, sondern nur auf einer Reise begriffen waren. Nur zwei alte Männer hatten schön
15 gelockte Perücken mit blütenweißem Staube darauf. Im ersten Wagen saß der Grundherr, seine Frau und sein Sohn. Die Buben hatten ein klingendes Lebehoch[1] gerufen, und die Forstmeister, Revierjäger[2], Heger[4] und Holzmeister[4] des Herrn standen in Ordnung da. Die Mädchen warfen grüne Zweige unter die Räder des Wagens. Der Pfarrer trat hervor, und grüßte den Herrn in einer Rede. Desgleichen
20 taten die Richter und Geschwornen[5]. Als der Herr allen gedankt hatte, als er mit dem Förster von Vorderstift, in dessen Reviere der erste Jagdplatz lag, gesprochen hatte, als er sich besonders freundlich gegen den Schulmeister und die weißen Mädchen verneigt hatte, und der gelüftete Hut wieder auf seinem Haupte saß: fuhren sie weiter. Man fuhr zu dem Rathause, in welchem dem Grundherrn für die
25 Dauer der Feste seine Wohnung war zubereitet worden. Er stieg aus, und ging mit den Seinigen in seine Zimmer. Alle Mitgekommenen stiegen ebenfalls aus ihren Wägen, um sich in ihre bereit gehaltenen Wohnungen zu verfügen, und sich zu den Festen vorzubereiten. Für die Diener und Pferde waren an einer Straße, die der Minnegraben hieß, und auf der Weide des oberen Anspaches bretterne Hütten
30 aufgeschlagen worden, aus denen am ganzen Tage und einen Teil der Nacht hindurch Zechen und Jubeln vernommen wurde.

Der Tag verging ohne besonderes Ereignis, außer daß die Oberplaner in Angst und Besorgnis waren, dem Küchen- und Kellermeister alles Erforderliche auszuliefern, und es den hohen Herrschaften recht zu Danke zu machen.
35 Am nächsten Tage war bloß die Jagdmesse. Das Kirchlein zum guten Wasser war mit Menschen angefüllt. In den Stühlen, zu denen man noch vorne mehrere mit Tuch ausgeschlagene gefügt hatte, saßen die Herren und Frauen. Weiter rückwärts befanden sich die Bewohner der Gegend und alle, die von ferne herbei gekommen waren. Sie sangen zu den Tönen der Orgel das schöne Marienlied, das

---

[1]'hurrah'   [2]'local huntsman'   [3]'tenders'   [4]'woodsmen'   [5]'(permanent) jurymen'

man einst eigens für diese Kirche gedichtet hatte, und das sie alle kannten. Am
Nachmittage begaben sich die Herren nach Vorderstift, um im Jägerhause zu über-
nachten, und dem Jagdschauplatze näher zu sein.

Am Tage, der nun folgte, sollte das große Netzjagen sein.

5   Die Bewohner der Gegend waren äußerst begierig darauf.

Schon vor Anbruch des Taglichtes gingen die Gruppen auf verschiedenen
Wegen und in gedämpften Gesprächen dem Stegwalde zu. Sie ergötzten sich
schon in vorhinein an den Dingen, die kommen sollten. Das Wild, hieß es, sei
schon alles in dem Netzraume eingeschlossen. Es sollen Hirsche dabei sein, Hasen,
10 Rehe, auch Dachse, Füchse, Marder und vieles dergleichen, ein Luchs soll zugegen
sein und manches seltene Tier. Ob ein Bär eingegangen sei, wisse man nicht
genau, aber gewiß sei auch einer darunter. Die ganze Sache sei sehr künstlich. Der
Jagdraum, in welchem sich Gesträuche, hohe Bäume, Steine und selbst Klüfte
befinden, sei in einem großen Kreise von den stärksten Stricknetzen umfangen, die
15 in eisernen Ringen an gehauenen Bäumen befestiget wären. Innerhalb der Netze
seien Tücher gespannt, daß alles hübscher aussähe. Außerhalb derselben befänden
sich die Schießstände der Herren, und gleich hinter denen seien die Bühnen für
die Zuschauer; denn die Herren hätten es selber gerne, wenn viele Zuschauer
kämen und ihre Kunst bewunderten. Um die Tiere in den Raum zu bringen, seien
20 Wege angelegt worden, nämlich Räume, an welchen zu beiden Seiten Netze
empor gespannt wären; diese Räume wären zuerst sehr weit, würden immer enger
und mündeten endlich mit einer Öffnung in den Jagdraum. Da, wo diese Öffnung
sei, befinde sich eine Netztür, die man sehr schnell von dem Boden empor ziehen
und befestigen könne, damit das Wild, wenn es einmal in den Kreis eingegangen
25 sei, nicht mehr hinaus zu kommen vermöge. Durch zehn Tage habe man schon das
Wild gegen den Stegwald zusammen treiben lassen. Es seien Jäger, Heger und
Treiber verwendet worden, und hätten auf der einen Seite gar bei dem Schlosse
Sankt Thomas und dem Jungwalde angefangen, den Forst zu durchstreifen, und
auf der andern vom Almwalde und dem Hochficht, um die Tiere gegen den Steg-
30 wald zu drängen. Damit die Herren zu ihren Schießstätten könnten, sei von der
Glöckelberger Straße aus ein Weg mitten durch den grünen Wald angelegt wor-
den, auf dem man gehen, reiten und fahren könne.

So erzählten sich die Leute und gingen fort. Sie fanden den Weg, der in den
Wald hinein gemacht worden war, und gelangten zu dem Jagdraume.

35   Lange bevor der Tag angebrochen war, waren schon alle Zuschauerräume
dicht mit Menschen besetzt.

Nach Aufgang der Sonne kamen auch die Herren, und stiegen zu ihren
Bühnen empor. Jeder hatte einen geräumigen Platz, auf dem ein Gestelle angebracht war, an welchem die glänzenden Jagdbüchsen[1] lehnten. Jeder hatte auch

---

[1] 'hunting rifles'

zwei Diener hinter sich, die beständig laden und die Gewehre darreichen sollten. Heute waren die Herren alle in vollem Putze und hatten die Mäntel in den Wägen, in denen sie gegen den Wald gekommen waren, liegen gelassen. An den Westen und Röcken hatten sie goldene Borden, und alle hatten kleine mit Gold ausgelegte
5 Hirschfänger an den Schößen, sie trugen sämtlich gepuderte Haare und darauf einen dreieckigen Hut. Die meisten waren in Tannengrün gekleidet, und nur einige hatten auch Kleiderteile von hochgelbem Lederstoffe. Wo nicht Borden waren, war häufig schöne Stickerei auf den Gewändern, und die Troddeln des auf die Weste herab gehenden Halstuches hatten goldene Fransen.
10 Von den Frauen und Mädchen, die zu den Herren gehörten, war keine einzige zugegen, nicht einmal die, die doch in Jägerkleidern nach Oberplan gekommen waren. Der Schulmeister von Oberplan sagte, die Frauen dürften wohl Jägerkleider anhaben, aber nicht jagen; die Sitte erlaube nicht einmal, daß die Frauen bei dem Töten der Tiere zugegen seien, weil sie zu zart und zu fein sind, so daß sich nur
15 das Schäferspiel für sie schicke, daß ihnen die Herren nur Blumensträuße reichen, sie mit der Laute begleiten, oder beim Menuette führen dürfen.
Die Mädchen und Frauen der Gegend und des Landes hatten diese Gesinnungen nicht; denn es waren sehr viele zum Zuschauen herbei gekommen, und ihre Augen und Mienen verrieten fast die brennende Neugierde und das klopfende
20 Herz. Sie waren sonntäglich gekleidet, trugen zum Teile Reifröcke, zum Teile das kurze faltenreiche Röckchen und meistens auch Zwickelstrümpfe[1] und Stöckelschuhe. Manche Vornehmere hatte weißbestäubtes Haar.
Als alle Schützen an ihrem Platze standen, und als auch sonst alles in Ordnung war, begann eine rauschende Waldmusik von Hörnern und andern klingen-
25 den Instrumenten; aber von dem Jagdraume herauf erschollen Schrecktöne und plötzliche Rufe der Angst; denn die Ohren des Waldes kannten nur die Laute des Donners und Sturmes, nicht den Schreckklang tönender Musik. Als dieses große Musikstück aus war, tat ein einzelnes Jagdhorn helle auffordernde liebliche Rufe, und dies war das Zeichen, daß die Jagd beginne. Man ließ, da das Horn geendet
30 hatte, die Hunde aus ihren Behältern gegen den Raum los, daß das Wild auffahre und gegen seine umstrickenden Wände ankämpfe. Plötzlich wurde es nun in dem Netzraume lebendig, man sah das schlanke Waldwild durch die Gesträuche huschen, und hie und da legte sich eine Büchse an das weißbestäubte Haar. Man vernahm von einer Seite her einen Schuß, dann von einer andern her wieder einen,
35 und da es unten immer lebendiger wurde, und da die Tiere immer heftiger durcheinander fuhren, blitzte und krachte es von allen Seiten. Ein Hirsch setzte über alle Gebüsche, sprang endlich gegen das Linnen so hoch auf, als wollte er eine Himmelsleiter überspringen, wurde im Sprunge getroffen, überstürzte sich und fiel hernieder. Eine wilde Katze schoß jäh an einem Baume empor, um sich von ihm aus

---

[1]stockings with woven or embroidered ornaments from the ankle upward

über die Netze hinaus zu werfen, aber sie wurde von einer Kugel auf ihrem Baume erreicht, schnellte in einem Bogen hoch über den Wipfel und fiel auf die Erde. So ereigneten sich auf verschiedenen Stellen verschiedene Dinge. Als es schon eine ganze Weile fast ununterbrochen geknallt, und der Raum sich mit Pulverdampf 5 gefüllt hatte, als endlich die Schüsse immer seltener wurden, und nur mehr einzelne zu hören waren: so erschallte wieder die klingende Musik und ertönte wieder nach ihr das einzelne Jägerhorn, zum Zeichen, daß man nun aufhören solle. Die Schüsse hörten auch auf, die Büchsen wurden in die Stände gestellt, und der weiße Rauch verzog sich durch die schön gezackten grünen Wipfel der Tannen und 10 durch die entfernteren Buchen. Man ließ nun an verschiedenen Stellen die Netze hernieder, und das Wild, das übrig geblieben war, weil es sich in die Gesträuche oder gar in Klüfte geduckt hatte, konnte in den schützenden Wald entrinnen, und den größten Angsttag seines Lebens vergessen. Die Diener lockten die Hunde zu sich, um die verwundeten zu salben, und den hungrigen Nahrung zu geben. Hier-15 auf erschienen mehrere Jäger, Heger und andere Leute, und suchten in dem Jagdraume herum, um das gefallene Wild zu finden und zusammen zu tragen. Auch manche Herren und andere Leute stiegen in den Jagdraum nieder, um sich das Wild zu betrachten und die Spuren der eben vergangenen Begebenheit zu sehen.

Die Schützen und die Zuschauer mischten sich auf ihren Bühnen, und da das 20 Vergnügen allgemein gewesen war, so redeten jetzt auch alle mit einander. Da wollte es der Zufall, daß Hanna, die Tochter des armen Weibes, die auch herbei gekommen war, dem Feste zuzuschauen, neben einen außerordentlich schönen jungen Mann von vornehmem Stande zu stehen kam. Dieser Mann war schon früher aufgefallen. Er war, der allgemeinen Sitte zuwider, der einzige, der keine weiß-25 bestäubten Haare trug, sondern seine eigenen Locken, die von wunderschönem Gelb waren, bis auf die Schultern und auf den Rockkragen niederfallen ließ. Er hatte sehr gut geschossen, hatte immer auf die unsichersten Punkte gezielt und immer getroffen. Er war so schön, daß er, wie die Landleute sagen, wie Milch und Blut aussah, seine Augen waren groß und sanft, und er war schier prächtiger 30 gekleidet, als alle andern.

Da Hanna so neben ihm stand, erblickte sie ein Mann aus dem Volke, der sich unten in dem Netzraume befand, zeigte mit dem Finger hinauf und rief: „Das ist das schönste Paar!"

Das Volk, welches ohnehin schon in eine höhere Stimmung gekommen war, 35 welches an der Jagd den lebhaftesten Anteil genommen, mit den Fingern nach dieser und jener Stelle gezeigt und freudig gejubelt hatte, wenn sich etwas Merkwürdiges zugetragen hatte, war zu dem Ungewöhnlichsten aufgelegt. Kaum hatte es also die Worte des Mannes vernommen, so rief es gleichsam mit einer Stimme und laut: „Das ist das schönste Paar, das ist das schönste Paar!"

Der junge Mann wandte sich in seiner Verwirrung gegen Hanna und sah sie an. Da wurde sein Angesicht so scharlachrot, wie die Bänder, an denen er seinen Hirschfänger hängen hatte.

Hanna wandte sich ebenfalls nach dem Rufe gegen ihren Nachbar, und da sie
5 den ausgezeichneten Mann gesehen hatte, wurde ihr Antlitz gleichsam mit dem dunkelsten Blute übergossen. Sie sah ihn eine Weile mit offenen Augen an, dann drängte sie sich unter das Volk und ging über die Treppe hinab. Ihr Benehmen war wie das einer Trunkenen.

Da das Hin- und Hergehen und Sprechen noch eine Zeit gedauert hatte, fing
10 man an, sich zu entfernen. Die Diener sammelten die Gewehre auf den Schießständen und trugen sie fort. Die einzelnen Herren begaben sich gegen die Treppen, und suchten ihre Wägen zu gewinnen. Den jungen Mann umringten seine Freunde und wünschten ihm Glück. Von Hanna war nichts mehr zu sehen; sie ging bereits mit mehreren schön geputzten Freundinnen, die sich zu ihr gesellt
15 hatten auf dem durch den Wald gehauenen Wege hinaus. Die jüngeren Schützen hatten sich meistens Reitpferde kommen lassen. Diese wurden vorgeführt und in Ordnung gerichtet, daß man sie besteigen und in Gesellschaft davon reiten könnte.

Auch das Volk, dessen Erregung und Übermut durch den Ausruf über Hanna gleichsam den höchsten Gipfel erreicht hatte, begann sich zu entfernen. Aber es
20 ging fast insgesamt, wie es gewöhnlich bei Vergnügungen unersättlich ist, gegen Vorderstift hinaus, um dem Mittagsessen der Herren zuzuschauen, von dem es hieß, daß es offen auf der grünen Weide würde abgehalten werden.

Bald war es auf dem Jagdraume leer. Der feinste Rauch hatte sich verzogen, und die Bäume standen in ihrem glänzenden Nadelgrün oder in der stillen Glut
25 ihres roten und gelben Laubes da. Nur die leeren Gerüste und die zerknickten Zweige gaben Zeugnis von der hier statt gehabten Versammlung.

Die letzten, welche den Schauplatz verließen, waren diejenigen, denen die Obsorge über das gefallene Wild anvertraut war. Sie hatten Karren in den Netzplatz bringen lassen, hatten das Wild aufgeladen, und fuhren in Begleitung von
30 Jägern, die die lechzenden Hunde an der Leine führten, durch die stille von dem Dufte der zerquetschten Kräuter geschwängerte Waldluft auf dem einsamen Wege hinaus, der vor ihnen von so vielen Pferden und Menschen betreten worden war.

Das Mittagsmahl hatte wirklich auf der Weide vor dem Jägerhause zu Vorderstift statt. Bei demselben waren auch die Frauen zugegen. Sie waren so einge
35 teilt, daß immer zwischen zwei Herren eine Frau oder ein Fräulein saß. Die angesehenen Männer der Gegend, welche als geladene Schützen der Jagd beigewohnt hatten, waren auch zu dem Mahle geladen, und hatten ihre Frauen und Töchter bringen müssen. Die ganze Gesellschaft saß an zwei langen Tischen dahin. Über ihren Häuptern war ein rot und weiß[1] gestreiftes Tuch gespannt. Zwischen den

---

[1]Austrian national colors

Pfeilern, welche das Tuch trugen, waren die Räume hie und da frei, hie und da aber mit feinem fast durchsichtigem Gewebe bespannt. Auf den Tafeln standen die Speisen, standen die feinen Gläser mit den Weinen, und standen in schönen Geschirren die wenigen Blumen der Gärten und Felder, die man in dieser Jahreszeit
5 noch hatte auftreiben können. Rings herum waren auch noch allerlei andere Geräte, namentlich Körbe, die die Herren von der Ferne mitgebracht hatten, und aus denen die Diener, welche aufwarteten und Speisen trugen, kostbare Gebäcke und andere Dinge auspackten. Das Volk stand in großer Menge und dicht um das linnene Gebäude der Speisenden herum, und sah zu. Man hatte von den großen Fäs-
10 sern mit Wein, welche herbei gebracht worden waren und im Grase lagen, auch den Gebrauch gemacht, daß man die Flüssigkeit in großen Krügen herabließ, und dem Volke, wenn es wollte, einen Willkommenstrunk gab. Es waren deshalb eine Menge Gläser und Krüglein vorhanden. Auch war auf mehreren Tischen auf dem Raume der Weide Braten und anderes Speisengemische zur Bewirtung aufgestellt.
15 Die Armen und auch andere, welche sich nicht scheuten, gingen hinzu, ließen es sich schmecken und tranken von dem Weine. Die aber, welche das nicht tun wollten, begaben sich zu dem Schmied in Vorderstift, dessen Sohn zu dieser Gelegenheit große Vorräte von Bier, Wein und Speisen auf seine Wiese hatte bringen lassen, hielten dort gegen Bezahlung ihr Mittagmahl, und begaben sich wieder zum
20 Anschauen des Festes. Das Fest aber dauerte bis in die Nacht. Da es dunkel wurde, ließ man gläserne Ballen kommen, in denen Lichter brannten, die auf die Tische gestellt wurden und eine überraschende Wirkung hervor brachten. Draußen war die dunkle Nacht auf der Haide[1], an deren Saume die schwarzen Wälder warteten, dunkle Menschen, von einzelnen getragenen Lichtern unterbrochen, bewegten sich
25 auf der Haide, dichte Menschen, hell in den Angesichtern beleuchtet, standen um das glänzende Bauwerk, und feine Strahlen spannen sich aus dem Gewebe in die Räume hinaus. Da die Herren von den Weinen tranken, wurden sie gesprächiger, und da die Gläser und Krüge in dem Volke viel herum gingen, sprach es auch unter sich und wurde heiter. Zuletzt, da an der Tafel Lebehoch ausgebracht wurden auf
30 Seine Majestät den Kaiser, auf alle wackeren Heerführer, auf den Grundherrn, auf jeden rechtschaffenen Mann und sämtliche schöne Frauen, da wurde die Freude allgemein, viele Gläser streckten sich, von den Händen der Herren gehalten, bei dem Linnengebäude des Speisesaales heraus, um mit dem Volke anzustoßen, und die Rufe auf das Glück und die Gesundheit aller, die es gut mit uns meinen, und
35 die wir lieben, tönten weit in die Nacht hinaus. Endlich wurde das Fest aus, man erhob sich von der Tafel, um sich in das Jägerhaus zu begeben. Den Beschluß des Tages machte ein schöner Zug von Fackeln, bei derem Scheine sich die Herren, von denen jeder eine Frau oder ein Jungfräulein führte, zu Fuße nach Oberplan verfügten. Das gesamte Volk ging mit. Erst als die Schützen und Gäste ihre Her-

---

[1]*=Heide*

bergen gesucht, und man die Fackeln eine nach der andern ausgelöscht hatte, zerstreute sich die Menge und begab sich auf die verschiedenen Wege nach Hause. In dieser einsamen Gegend, wo selten andere Abwechslungen vorkommen, als die des Wetters, der Jahreszeiten, und fruchtbarer und unfruchtbarer Jahre, wird,
5 konnte man vorhersagen, das Andenken an diesen Tag nicht so leicht erlöschen, und Enkel und Urenkel werden sich von dem merkwürdigen Feste, das in dem Stegwalde und in Vorderstift einst gefeiert worden ist, erzählen.

Nach diesem Festtage sollten, wie es ausgemacht worden war, mehrere Zwischentage folgen, bis das zweite Jagen statt haben konnte. Diese Zwischentage
10 sollten namentlich dazu dienen, daß der Grundherr manche Orte und manche Werke und Anlagen besuchen und besehen konnte, die er in dieser Gegend hatte, und zu denen er nicht so bald wieder kommen würde. Seine Gäste könnten es sich in dieser Zeit einrichten, wie sie wollten, und sich die Zeit mit Spielen, Herumgehen und andern Dingen, die sie erlustigten, vertreiben.
15 Der Herr ritt mit mehreren Begleitern auf dem neugemachten Wege nach dem Hüttenwalde, und durch diesen gegen den Hüttenhof und gegen die Alm, wo er eine Viehzüchterei und Käsewirtschaft hatte, er ritt dahin, um diese Dinge zu besehen, die Waldbesamungen[1] zu besuchen, und die Geisberge[2], den Urbach und die Rathschläge zu besehen. Der Weg, den er nach und nach zurückzulegen hatte,
20 war ein sehr langer.

Die zurückgeblieben waren, schafften Kähne herbei, und machten eine Fahrt auf der Moldau unter Schalmeien und Tannenkränzen. Dann fischten einige, dann besuchten sie Höhen, von denen man weit herum sah, oder sie gingen mit den Frauen und Fräulein in den Fluren spazieren.
25 In Oberplan war wegen dieser Dinge eine ganz außergewöhnliche Stimmung. Weil die Gegend so einsam liegt, so war der Vorstellungskreis der Bewohner durch die Ankunft der Herren verrückt[3] worden. Es kam ihnen vor, als ob Jahrmarkt wäre, oder als ob Theaterspieler gekommen wären, oder als ob zur Fastnachtszeit Vermummungen aufgeführt würden. Jeder ging nach Verrichtung seiner Geschäfte
30 noch gerne aus dem Hause, um einem der fremden Gäste zu begegnen, oder sie gehen zu sehen, oder sonst seine Neugierde zu befriedigen. Alle waren darin einig, daß die Herren sehr leutselig wären, daß sie mit jedem Weibe und jedem Kinde sprachen und sich sehr freundlich betrügen.

Das zufällige Nebeneinanderstehen Hannas und des schönen jungen Herrn
35 war nicht ohne weitere Folgen geblieben. Er hatte ausgeforscht, wer das Mädchen wäre und wo es wohne. Er war nach Pichlern zu dem weißen Häuschen gegangen, und hatte mit Hanna und der Mutter geredet. Er war öfter hinüber gegangen und hatte öfter mit Hanna geredet. Auch in Oberplan hatte er sie gesehen, wenn sie Neugierde halber hinüber kam, er hatte sie begleitet, und einmal hatte man ihn gar

---

[1]*Besamungen* 'new plantings'   [2]place names   [3]'displaced'

vor ihr im hohen Erlengebüsche auf den Knieen liegen gesehen, ihre Hand mit inbrünstigem Bitten haltend, und mit den wunderschönen Augen zu ihr hinauf blickend. Weil die andern Herren, welche zur Besichtigung mancher Werke der Gegend fortgeritten waren, viele Tage ausblieben, konnte die Sache in den Gang
5 kommen, und Hanna auch von Empfindungen ergriffen werden. Die beiden gingen mit einander im Kosen durch die Fluren, sie gingen an dem Wachholder und den grauen Steinen vorbei, sie gingen an der niedern Mauer, die als Feldeinfassung von dem weißen Häuschen durch die Talniederung gegen das Gemurmel des Baches hinan lief, sie gingen an den blutroten Blättern des Kirschengeheges[1], oder
10 saßen auf den geraden und senkrechten Pfeilern des Felsens der Milchbäuerin. Er ging an dem hellen lichten Tage in das weiße Häuschen hinüber, oder er sendete sehr prächtig gekleidete Diener mit Botschaften an Hanna dahin. Man erstaunte über diese Dinge, und die alte Mutter war wie blödsinnig, und machte Knixe, wenn der schöne Herr oder seine Diener in das Häuschen traten.
15 Endlich bemächtigte sich der Ruf dieser Sache, und trug seine Gerüchte in der Gegend herum. Guido, wie die mitgekommenen Freunde den jungen Mann immer nannten, werde Hanna heiraten, sie werde zu einem erstaunlich hohen Stande erhoben werden, die Gegend, in welche man nur zu jagen gekommen sei, werde ein ganz anderes Fest, ein unglaubliches Fest und ein unvergeßlicheres Fest
20 zu sehen bekommen, als die anfänglich bestellten Jagdfeste. Es sei schon alles gewiß, und dem weißen Häuschen stehe eine Freude bevor, die man sich gar nicht vorstellen könne. Es seien jetzt nur erst die Edelsteine, die goldgewirkten Kleider und die spinnengewebefeine Wäsche unter Weges, und wenn diese angekommen wären, dann werde alles öffentlich bekannt gemacht werden, und kein Zweifel
25 mehr sein.

Weil jetzt alles nach ganz anderem Maßstabe in Oberplan geschah, als zu sonstigen Zeiten, so waren auch alle Köpfe verrückt, und hatten nur schöne Kleider und Hoffart und gnädige Frauen und gnädige Herren vor Augen. Die Bewohner von Pichlern, die weniger in Berührung mit den Gästen kamen, schauten nur mit
30 Scheu und Verwunderung auf das weiße Häuschen.

Der dunkle Baum

Hanns wußte von dem allem nichts. Der Grundherr wollte nämlich auch alle seine Holzschläge[2] besuchen, und hatte deshalb den Befehl ergehen lassen, daß kein Arbeiter seinen Platz verlassen dürfe, bis er nicht dort gewesen und den Fort-
35 gang des Geschäftes gesehen hätte. Dies war die Ursache, daß Hanns nicht nur das Jagdfest nicht hatte besehen können, sondern daß er auch trotz des Sonntages, der in diese Zeit fiel, nicht in die Gegend hinaus gekommen war.

---

[1]'cherry orchard' [2]'areas of felled timber'

Endlich aber war der Grundherr mit den Herren, die ihn begleitet hatten, überall, wo er zu tun hatte, und also auch in Hannsens Holzschlage gewesen. Die Folge hievon war, daß er nicht nur selber nach Oberplan zurückkehrte, sondern auch seinen Arbeitern in Betracht seiner Zufriedenheit mit ihnen und in Betracht
5 der außerordentlichen Zeit erlaubte, mehrere Tage zu feiern und hinaus zu gehen, und die Feste anzuschauen.

Hanns ging von seinem Walde nach Pichlern.

Als er dort angekommen war, ging er zu dem weißen Häuschen; aber er fand es verschlossen. Auf sein Befragen erfuhr er nun alles.
10 Er ging zu seiner Schwester und zog die Sonntagskleider an.

Dann ging er wieder zu dem Häuschen, das noch verschlossen war. Die Mutter, hieß es, sei mit ihrer Ziege auf den Brunnberg gegangen oder sonst irgend wohin; und Hanna befinde sich in Oberplan oder in einem andern Orte, wo man die Vorbereitungen zu dem großen morgigen Jagen im Langwalde treffe.
15 Hanns ging nun in die grauen Steine. Er setzte sich dort auf einen derselben nieder, und hielt den Kopf fest in beiden Händen, gleichsam als warte er.

Da aber eine Zeit vergangen war, stand er wieder auf und schlug den Weg nach Oberplan ein. Als er gegen die Wiesen kam, in denen die Moldau in einer Schlange geht, erstaunte er über das, was er sah. Eine große Menge von Menschen war ver-
20 sammelt. Das Bretterhaus, das zu dem großen Tanzfeste dienen sollte, war schon aufgebaut und ragte aus dem Menschengewühle hervor. Hanns wußte nicht, was das zu bedeuten habe. Als er aber sah, daß sich um dieses hölzerne Gebäude die meisten Leute drängten, ging er auch auf dasselbe zu. Er erreichte den Platz und sah, daß um das Gebäude eine Treppenrundung lief, über die man hinaufgehen konnte, wo dann
25 Säulen standen, die den Bau zierten, und zwischen denen man in das Innere sehen und auch an vielen Stellen hinein gehen konnte. Er stieg die Stufen zwischen den Menschen empor und stellte sich neben eine Säule. Da sah er im Innern einen großen Raum, auf dem geputzte Herren herum gingen oder standen, er sah einen erhöhteren Raum, der um den ersten herumlief, auf dem sich Tische und Stühle befanden, und
30 er sah noch ganz oben rings herum einen Bau, wie eine zierliche Bühne, auf der man sitzen und nach abwärts schauen konnte. Überall gab es Menschen. An den Säulen und Brettern waren schon die Nägel und Latten, an denen man die Lampen, die Tuchverzierungen und Blumen befestigen würde.

Hanns fragte einen Mann, an dem er dicht gedrängt stand, was es gäbe.
35 „Es werden die Treiber, die Heger, die Jäger und alles andere verlesen, was morgen bei der Treibjagd im Langwalde statt haben solle", antwortete der Mann.

Wirklich sah Hanns mehrere Herren an einem Tische mit Papieren beschäftigt, er sah wie sie sprachen, und an manche Bewohner der Gegend Zettel verteilten.

Oben auf der zierlichen Bühne sah er nebst vielen andern Menschen auch
40 Hanna sitzen. Sie saß neben dem wunderschönen Guido, hatte ihre weiche Hand in seine beiden gelegt, und so sahen sie in den Saal hinab.

Jetzt trat ein Herr von dem Tische weg und rief: „Nun wollen wir die Schützen verlesen, auf welchen Ständen sie sich morgen vor Tagesanbruch einfinden sollen, und auf welchen jeder, ehe die Sonne aufgeht, gerüstet dastehen muß."

Es ward in dem Saale etwas stiller, und der Herr las mit lauter Stimme aus
5 einem Papiere vor: „Herr Andreas bei der roten Lake."

„Weiß sie nicht."

„Gidi wird dich führen."

„Herr Gunibald in der Kreixe."

„Weiß sie."

10 „Herr Friedrich von Eschberg am gebrannten Steine."

„Weiß ihn nicht."

„Der Schmied Feirer wird Euch begleiten."

„Herr Guido beim beschriebenen Tännling."

„Weiß ihn."

15 „Herr Albrecht Hammermann im Fuchslug."

„Weiß es."

„Herr Thorngar am Brunnkreß — Herr Wenhard am Obergehag — Herr Emerich im Auwörth."

„Wissen es."

20 Und so ging es fort, bis sämtliche Herren und Schützen herab gelesen waren. Da dies das Letzte war, was verkündet werden mußte, so gingen die meisten Herren und mit ihnen auch andere Leute von dem Holzgebäude fort. Hanna und Guido erhoben sich und verschwanden hinter dem Volke. Hanns drängte sich durch die Leute, die an der äußeren Treppe waren, um die Stelle zu gewinnen, an der
25 Hanna aus dem Gebäude kommen mußte. Als er dahin gelangte, sah er, daß sie bereits in einem leichten schönen Wagen saß, daß Guido bei ihr saß, daß sich ein prächtig gekleideter Diener hinten hinauf schwang, und daß der Wagen fort rollte. Er rollte an den nächsten Häusern, wo man einen Weg über die Wiesen gemacht hatte, herum, und schlug die Straße nach Vorderstift ein.

30 Hanns wendete sich um und ging nach Pichlern. Er hatte dort bei seiner Schwester einen Schrein, in welchem er seine Arbeitsgeräte, die er eben nicht auf dem Holzplatze brauchte, aufbewahrt hatte. Er öffnete die Tür des Schreines, und sah auf die Dinge, die da in angebrachten Querhölzern in Einschnitten steckten. Er nahm zuerst einen Bohrer heraus und steckte ihn wieder hin, dann nahm er ein
35 Sägeblatt, besah es und steckte es wieder in die Rinne. Dann nahm er eine Axt, wie er sie gerne anwendete, wenn er keilförmige Einschnitte in die Bäume auszuschrotten[1] hatte. Diese Äxte haben gerne einen langen Stiel, sie selber sind schmal und von scharfer Schneide. Diese Axt nahm er heraus und tat die Tür des Schreines wieder zu. Dann ging er in die Schwarzmühle, wo sie hinter dem Gebäude der

---

[1] 'break out'

Brettersäge unter einem Überdache einen Schleifstein haben, den man mittelst eines Wässerleins, das man auf sein Rad leitete, in Bewegung setzen konnte. Hanns rückte das Brett, das das Wasser dämmte, setzte den Stein in Bewegung und schliff seine Axt. Als er damit fertig war, lenkte er das Wasser wieder ab, still-
5 te den Stein, nahm die Axt auf seine Schulter, wie er sie gerne hatte, wenn er sich nach dem Thußwalde begab, und ging davon. Er ging hinter dem Dorfe durch die Gärten des Weißkohles gegen den Brunnberg zu.

Das Töchterlein eines armen Weibes, das man die Sittibwitwe nannte, sah ihn dort gehen und sagte: „Mutter, da geht Hanns."
10 „Laß ihn gehen," sagte diese, „das ist eine sehr unglückselige Geschichte."

Hanns stieg über die sehr niedere Mauer, die um die Kohlgärten aus losen Steinen gelegt war, und ging durch die verkrüppelten Erlenstauden und durch die Wachholdergebüsche empor, durch welche Hanna an ihrem ersten Beichttage in der Dämmerung hernieder gegangen war. Er ging an der Milchbäuerin vorüber
15 und begab sich zu den zwei Brunnenhäuschen. Dort lehnte er die Axt an den Stamm der Linde, kniete vor der Tür des einen Häuschens nieder, nahm den Stiel des Schöpfers, schöpfte sich Wasser heraus und trank einen Teil davon. Mit dem Reste benetzte er sich die Stirne, benetzte sich die Augenbrauen, die Augenlider und dann die Augen selber. Er ließ eine geraume Zeit das Naß auf diesen Teilen
20 des Körpers liegen, dann zog er ein Taschentuch hervor und trocknete sich ab. Als dies geschehen war, schüttete er das Wasser, das noch in dem kleinen Schöpfkübel war, aus, und schöpfte sich neues. Von diesem tat er noch einmal einen Trunk und schüttete den Rest in den Brunnen zurück. Hierauf legte er den Schöpfkübel in seine gewöhnliche schwimmende Lage auf das Wasser und erhob sich von den
25 Knieen. Er nahm wieder die Axt und schlug den Weg zwischen den Baumreihen zu dem Kirchlein zum guten Wasser ein.

Als er bei dem Kirchlein angekommen war, dessen Tür offen stand, blieb er auf dem Grabsteine, der vor der Türe liegt, stehen, und tat seinen Hut ab. Dann ging er hinein, den Hut in der einen seiner Hände haltend. Mit der andern nahm
30 er die Axt, die er trug, von der Schulter, und lehnte sie neben dem Becken, das das Weihwasser enthielt, in eine Mauerecke. Hierauf ging er bis zu dem Hochaltare hinvor. In dem Kirchlein war niemand, als zwei sehr alte Mütterlein, die vielleicht die einzigen waren, welche von dem Verhältnisse zwischen Hanns und Hanna nichts wußten. Hanns kniete an den Stufen des Hochaltares, auf welchem sich die
35 schmerzhafte Jungfrau Maria befand, nieder. Er legte den Hut neben sich, faltete die Hände und betete. Er betete sehr lange. Dann löste er die gefalteten Hände auf, neigte sich vorwärts, neigte sich immer mehr und legte sich endlich auf den kalten Stein, daß seine Arme auf demselben lagen, und seine Lippen denselben berührten. Er küßte den Stein mehrere und wiederholte Male. Dann richtete er
40 sich nach und nach auf, und blieb wieder knien und betete wieder. Als er genug gebetet hatte, tat er die gefalteten Hände wieder auseinander, fuhr mit der rechten

gegen die Stirne und machte das Zeichen des heiligen Kreuzes. Dann nahm er den
neben sich liegenden Hut, stand auf und ging wieder in der Kirche zurück. Die
Mütterlein machten einen demütigen und kirchlichen Gruß gegen ihn mit Neigen
des Hauptes. An der Tür nahm er mit den Fingerspitzen Weihwasser aus dem
5 Becken, bespritzte sich das Antlitz und machte wieder das Kreuzzeichen. Dann
nahm er wieder seine Axt aus der Mauerecke, tat sie auf die Schulter, trat aus der
Kirche und setzte den Hut auf.

Von der Kirche ging er zu dem Kreuze empor. An demselben legte er wieder
den Hut und die Axt ab, kniete auf den flachen Stein, der vor dem Holze lag, er
10 kniete so nahe, daß seine Brust fast dicht an dem roten Stamme war, und betete
da wieder. Nachdem er gebetet hatte, nahm er abermals Hut und Axt.

Gegen den Gipfel des Kreuzberges sehen dunkle Waldhäupter herein. Man
sieht sie, wenn man den fernen blauen Alpen, die im Süden sind, den Rücken
zuwendet. Die Waldhäupter sind durch ein Tal von dem Kreuzberge geschieden,
15 führen den Namen des oberen Waldes, und leiten quer über ein Tal in den Lang-
wald. Hanns, nachdem er von dem Beten aufgestanden war, wendete gar nicht den
Rücken, der gegen Oberplan und seine Bewohner gerichtet war, sondern sah gegen
die Waldhäupter. Er ging in der Richtung gegen sie über den Berg hinab. Im Tale
unten beginnen dünnstehende Föhrenstämme, die den Namen der Schieder füh-
20 ren. Hanns ging zwischen den Stämmen und auf dem sumpfigen Boden, der sich
unter ihnen befindet, dahin. Er ging durch die Wiesen, die jenseits der Schieder
sind, und klomm endlich die Höhen des oberen Waldes hinan, der dichten verworrenen Baumwuchs und in ihm das eigentümliche Gedämmer schwerer Wälder hat.
Er klomm zwischen den Stämmen immer weiter und weiter hinan. Die Kuppe des
25 oberen Waldes ist ein von Bäumen entblößter Fels, von dem man aus das böhmi-
sche Waldland wie ein graues Gewebe liegen, und seine Teiche darin wie Licht-
blicke glänzen sieht. Als Hanns diese Kuppe erreicht hatte, blieb er eine Weile stehen und betrachtete das Land, vielleicht die höchste menschliche Gestalt, die man
heute in den Lüften hätte erblicken können. Er blieb eine gute Weile stehen und
30 sah hinaus. Die Sonne war nur mehr einen kleinen Bogen von dem Rande der
Westwälder entfernt. Dann ging er wieder weiter.

Er ging jetzt einen sanften Abhang schief abwärts, der mit Gebüschen, Laub-
bäumen und Steinen besetzt war. Er ging immer fort. Wo die Dachung[1] des Ge-
hölzes minder schief war, und wieder fast sich ebenem Lande gleich gestaltete, tat
35 sich eine längliche Waldwiese auf, auf der neben einem grauen Steinhaufen ein
Schoppen stand, in den man im Sommer das Heu tut, um es im Winter auf dem
gefrorenen Hochschnee mit Handschlitten nach Hause zu bringen. Hanns stand
vor dem Schoppen, und sah eine Weile in das Heu hinein. Dann sah er mit der
Hand über den Augen nach dem Stande der Sonne. Diese blickte nur mehr durch

---

[1]=*Boden*

die niederen vergoldeten Tannenzweige herein. Dann ging er wieder weiter. Er ging jetzt durch dichten dunkelnden Wald. Er ging an starken Stämmen vorüber, die die rauhe Rinde hatten, und von deren verdorrten Ästen die grünen Bärte des Mooses herunter hingen. Er ging an großen Steinen vorüber, die mit einer wei-
5 chen Hülle bedeckt waren, auf der zarte Fäden und feuchte Blättchen wuchsen. Er ging auf dem modrigen Boden, der die tausendjährigen Abfälle der Bäume enthielt, und dem Tritte keinen Widerstand leistete. Er ging auf keinem Wege, weil er die Gestalt und Richtungen des Waldes auch ohne Weg sehr gut kannte. — Endlich war er an seinem Ziele. Ein sehr hoher Baum stand unter den andern
10 ebenfalls hohen und alten Bäumen des Waldes. Hanns lehnte die Axt an den Stamm und sah den Baum an. In seiner Rinde waren die Zeichen der Liebe eingegraben: ein Herz mit Flammen, die durch auseinander gehende Striche angedeutet waren, ein Ring, der zwei Namen umfaßte, ein Kreuz, das aus Keilen empor ragte, der Name Marias, der aus verschlungenen Buchstaben zusammengesetzt war, dann
15 andere Namen, in zwei Buchstaben bestehend, oft verziert mit einem Kränzlein oder dergleichen, oft ohne Verzierung, zuweilen frisch, so wie die Besitzer noch in Jugend unter den Lebenden wandeln, zuweilen vernarbt und unkenntlich, so wie die Liebenden schon durch Alter eingebückt, oder im Grabe bereits zerfallen sind. Der Baum stand sehr hoch in die Abendluft empor, und zeichnete seine Zacken,
20 weil er eine Tanne war, in dieselbe. Die waagrechten Äste ruhten wie die ausgebreiteten Fittiche eines Vogels in der Luft. An dem Fuße des Stammes lagen einige Steine, als wären sie zum Sitzen und Ausruhen her gelegt worden. Auch ging ein schwaches Waldweglein an dem Baume vorbei, auf dem aber Hanns nicht gekommen war.
25   Nachdem Hanns den Baum so betrachtet hatte, nachdem er eine Weile so gestanden war, knöpfte er sich den Rock bis ans Kinn zu und setzte sich auf die Steine, die an dem Fuße des Stammes lagen. Es war der Abend schon sehr stark herein gebrochen, und Hanns sah mit seinen Augen in das Dunkel und in die Dämmerung. Die Baumgitter[1], die emporwachsenden und nun verdorrten Kräuter
30 und der Boden waren nicht mehr zu unterscheiden, nur daß ein feuchter Punkt oder ein schwaches Wässerlein noch zeitweilig blitzte. Aber endlich hörte auch dieses auf, und es war nur eine einzige Finsternis, in der alles still war.
    Hanns saß mit dem Rücken an dem Stamme und schlummerte.
    Da kam in der Nacht eine seltsame Erscheinung. Um den Baum wurde es
35 immer lichter und lichter, so daß seine Zacken deutlich in der Helle standen und erkennbar waren. Der Baum war so hoch, daß er bis in den Himmel reichte, und bis in den Himmel reichte die Helle um seine Zacken. In den Zweigen hoch im Himmel stand das Bildnis der heiligen Jungfrau, wie es im Kirchlein zum guten Wasser ist, und doch war sein Antlitz und seine Züge recht deutlich zu erkennen.

---

[1] 'gridwork formed by the trees'

Auf dem Haupte war die Krone, aus der Brust standen die sieben Schwerter und in dem Schoße ruhte der gekreuzigte Sohn. Das Bild hatte den Blumenstrauß in der Hand, von dem die Bänder nieder gehen, es hatte das starre seidene Kleid an mit den Flimmern, mit den gestickten Blumen und den gewundenen Stengeln. Das
5 Antlitz aber sah strenge, unerbittlich strenge auf Hanns hernieder. Es sah unverwandt und ernst auf ihn nieder. Da ermannte sich Hanns, er erwachte, er wandte das Haupt aufwärts und sah in den Baum. Der Baum war wieder so klein geworden wie sonst, die heilige Jungfrau stand nicht mehr in den Zweigen, aber ein großes Stück Mond, das, indessen Hanns geschlafen hatte, aufgegangen und über den
10 Wald herüber gerückt war, stand fast gerade über dem Baum, daß seine Zweige glänzten, daß zwischen ihnen lange Lichtstreifen wie silberne Bänder auf Hanns nieder gingen, und daß die Dinge des Waldes in einem zweifelhaften aber doch erkennbaren Lichte da standen. Hanns erhob sich von seinem Sitze, trat ein wenig seitwärts, und sah wieder auf den Baum. Aber es war immer das nämliche. Da fuhr
15 Hanns mit der Hand über sein Angesicht, und sagte die Worte: „Es muß etwas Verworrenes gewesen sein, um das ich gebeten habe."

Da nahm er den Rock etwas enger zusammen, und drückte die Oberarme gegen den Leib; denn es war ihm im Schlafe sehr kalt geworden. Dann ging er wieder gegen den Baumstamm, und griff mit den Händen in der Gegend, wo er
20 die Axt hingelehnt hatte. Als er sie gefunden hatte, nahm er sie in die Hand, trat weg und sah wieder auf den Baum. Dann sah er noch einmal hinauf, schulterte dann seine Axt und ging von der Stelle fort.

Er ging in anderer Richtung als er gekommen war, er ging zwischen den Stämmen und an den hie und da von dem Monde beleuchteten Gesträuchen dahin.
25 Als der Morgen anbrach, an dem die Treibjagd im Langwalde sein sollte, war er schon weit von demselben entfernt. Er ging auf den baumentblößten Höhen dahin, die nicht weit von dem Markte Wallern sich hinziehen.

Der Mann schien ganz gebrochen zu sein. In einer Hütte, die eine halbe Stunde Weges von Wallern liegt, bat er um eine Suppe. Als man ihm dieselbe aus
30 Milch und Mehl gemacht hatte, und als er dieselbe getrunken hatte, begab er sich wieder auf den Weg. Er lenkte von der bisherigen Richtung ab und schlug die nach dem Thußwalde ein.

Als er in seinem Holzschlage angekommen war, legte er sich unter der Bretterhütte in das Heu und in die getrockneten Kräuter des Waldes, die dort zur
35 Lagerstelle waren. Dort blieb er immer liegen, so lange die Festlichkeiten in Oberplan dauerten, und so lange die anderen Holzknechte, welche freie Zeit hatten, zur Beschauung derselben sich draußen befanden. Nur ein paar alte Weiber waren wegen Beschwerlichkeit des langen Weges zurück geblieben, sie unterhielten das Feuer vor der Hütte, kochten sich und gaben auch Hanns zu essen.
40 Die Jagd im Langwalde war an dem Tage abgehalten worden. Guido stand schon vor Aufgang der Sonne an dem beschriebenen Tännlinge. Weiter unten im

Dickichte stand sein Diener, und so waren in dem ganzen Walde die einzelnen
Männer zerstreut, daß das Wild, wenn es vor dem Lärme der Treiber dahin strich,
zu Schusse käme, und seinen Zoll, bevor es in unbesetzte Reviere ausbrechen
konnte, abgäbe. Die meisten Schützen zogen diese Art Jagd bei weitem einer
5 Netzjagd vor, weil dem Wilde der Raum zur Flucht gegeben ist, und eine
Geschicklichkeit erfordert wird, den Augenblick zu benützen, um das flüchtende
Gewild nieder zu strecken. Nur das Volk hatte von dieser Jagd weniger Vergnügen,
weil es nicht zuschauen und sich nur an dem heimgebrachten Wilde, an den Sträu-
ßen auf den Hüten und an den fröhlichen Mienen der Schützen ergötzen konnte.
10 Guido hatte einen Hirsch an dem beschriebenen Tännlinge geschossen, ein anderer etwas anderes, und so vergnügt waren alle Schützen, daß man noch ein zweites
Treibjagen verabredete, ehe es zu dem Balle auf den Moldauwiesen käme, obwohl
dieses zweite Treibjagen nicht in dem ursprünglichen Plane gelegen war.

An der Ausschmückung und Herstellung der Gebäude auf den Moldauwiesen
15 zu dem großen Tanzfeste wurde auch auf das eifrigste gearbeitet.

Indessen geschah das Außerordentliche, was manche geahnt, manche vorausgesagt, und doch wenige eigentlich geglaubt hatten. Hanna wurde öffentlich als
Guidos Braut erklärt. Sie sollte mit ihm samt ihrer Mutter auf seine Besitzungen
geführt und dort getraut werden. Von dem Augenblicke der Erklärung an stand
20 immer ein schöner leichter Wagen vor dem weißen Häuschen, den sie beliebig
gebrauchen konnte. Kleider und Schmuck waren auch angekommen. Die Bewohner von Pichlern sahen sie in einem schönen Gewande, um den Hals hatte sie ein
glänzendes kostbares Ding, und um den schönen Arm einen goldenen Ring.

Das zweite Treibjagen war in einer andern Waldgegend abgehalten worden.
25 Jetzt kam auch die Nacht des Tanzfestes, des letzten Festes, das gefeiert werden sollte. Die Holzgebäude mit allen ihren Ausschmückungen waren fertig
geworden. Unermeßliche Zuschauermengen strömten von allen Gegenden zusammen, und drängten sich in dem Raume außerhalb der Säulen. So viele Lichter
waren angezündet worden, daß man meinte, der ganze innere Bau lodere im Feuer.
30 So viele kunstreich gemachte Blumen waren verschwendet worden, daß man meinte, so viele natürliche könnten in zwei Jahren nicht in Oberplan wachsen. Die Herren und Frauen waren so schön, so außerordentlich schön, daß alles, was man bisher gesehen hatte, nur ein Spielwerk und ein kindisches Ding dagegen war. Sie
führten angenehme Tänze auf, Menuette und andere. Das feinste Backwerk und
35 süße Weine wurden an die Frauen verteilt. Das Höchste waren Spiele und Masken. Es waren Schäfer und Schäferinnen, Bauern und Bäuerinnen, Jäger, Berg-
leute, Zauberinnen, dann Götter und Göttinnen, insbesondere Venus und Adonis
zugegen. Hanna nahm schon an dem Feste in dem kostbaren Gewande der vornehmen Frauen Anteil. Erst gegen Morgen entfernten sich die Gäste, erloschen
40 die Lichter, und begaben sich die mit Verwunderung überladenen Zuschauer auf
den Heimweg.

Der Tag war der Ruhe gewidmet. Der nächste war zur Abfahrt bestimmt. Als dieser Tag angebrochen war, geschah der Abzug aller Herren und Frauen zu Wagen und zu Pferd mit Dienerschaft und Troß, wie es der Jagdmarschall vorher bestimmt hatte. Hanna und ihre Mutter, die bereits Dienerinnen hatten, waren
5 in dem Zuge.

In Oberplan und in der Umgegend war es nun leer und stille. Das Gebäude auf den Wiesen wurde abgetragen, das Gerüste im Stegwalde wurde abgebrochen, und bald war das Ganze in der Erinnerung der Menschen, wie ein Traum.

Nach einiger Zeit kam die amtliche Kunde von der Vermählung Hannas und
10 Guidos. Die Leute sagten, daß sie in einem sehr schönen Schlosse wohne, und daß auch die Mutter in demselben sitze, aber traurig sei.

Hanns hatte lange nach diesen Ereignissen erst erzählt, was ihm am beschriebenen Tännlinge begegnet wäre.

Jahre nach Jahren waren vergangen. Hanns blieb immer im Holzschlage. Als
15 seine Schwester, die geheiratet hatte, kurz nach ihrem Manne gestorben war, nahm er die drei hinterlassenen Kinder zu sich, und ernährte sie.

Als nach vielen Jahren Hanna wieder einmal in die Gegend kam, begegnete sie Hanns. Sie fuhr eben auf dem Wege zwischen Pichlern und Pernek. Sie hatte eine dunkle samtne Überhülle um ihren Körper und war in dem Wagen zurück
20 gelehnt. Ihr Angesicht war fein und bleich, die Augen standen ruhig unter der Stirne, die Lippen waren ebenfalls schier bleich, und der Leib war runder und voller geworden. Hanns, dessen Angesicht Furchen hatte, stand auf dem Wege. Er hatte sich an ein mit Leinwand überspanntes Wägelchen gespannt, in dem er die drei Kinder eben in seinen Holzschlag führte. Hanna, die ihn nicht kannte, wollte
25 dem armen Manne eine Wohltat erweisen, und warf einen Taler aus ihrem Wagen auf die Erde. Hanns aber hatte sie gar wohl erkannt.

Er ließ später den Taler in eine Fassung geben, und hing ihn in dem Kirchlein zum guten Wasser auf, wie man silberne oder wächserne Füße und Hände in solchen Kirchen aufzuhängen pflegt. — —
30 Als eine Zeit nach Hannas Vermählung sich ihre Gespielinnen an den Abend ihres ersten Beichttages erinnerten und sagten, daß Hannas Voraussagung in Erfüllung gegangen sei, daß sie nun schöne Kleider habe mit gewundenen Stengeln und Gold- und Silberstickerei, und daß sich an ihr die Gnade der heiligen Jungfrau recht sichtlich erwiesen habe, erwiderte der uralte Schmied in Vorderstift: „An ihr
35 hat sich eher ihre Verwünschung als ihre Gnade gezeigt — ihre Weisheit, Gnade und Wundertätigkeit haben sich an jemand ganz anderem erwiesen.“

Theodor Storm

Storm (1817-1888) was equally gifted as a lyrical poet and a prose stylist. He was born and spent much of his life in the small city of Husum, on the North Sea; the gray water and monotonous, flat landscape of Schleswig-Holstein contribute greatly to the often lyrical — and melancholy — atmosphere of his *Novellen.* Storm was one of the great masters of the *Novelle*-form, and many of his contributions to the genre rank among the most enduringly popular German *Novellen* ever written: "Immensee" (1850), "Aquis submersus" (1876), "Hans und Heinz Kirch" (1882), and "Der Schimmelreiter" (1888), to name but a few.

Storm saw the *Novelle* as related to the drama, in that it explores, or should explore, the deepest problems confronting humanity. The plot is based upon a central conflict upon which all events should depend and from which all subsequent action must flow. While Storm did not always succeed himself in the execution of his theory, the following text demonstrates that when he did, the achievement was noteworthy.

Hans und Heinz Kirch

UF EINER UFERHÖHE DER OSTSEE liegt hart am Wasser hingelagert eine kleine Stadt, deren stumpfer Turm schon über ein Halbjahrtausend auf das Meer hinausschaut. Ein paar Kabellänge[1] vom Lande streckt sich quervor[2] ein schmales Eiland, das sie dort den „Warder"[3] nennen, von wo aus im
5 Frühling unablässiges Geschrei der Strand- und Wasservögel nach der Stadt herübertönt. Bei hellem Wetter tauchen auch wohl drüben auf der Insel, welche das jenseitige Ufer des Sundes bildet, rotbraune Dächer und die Spitze eines Turmes

---

[1]way of measuring nautical distance: 185.2 m. [2]'parallel to the coast' [3]=*Werder* 'river island'

auf, und wenn die Abenddämmerung das Bild verlöscht hat, entzünden dort zwei
Leuchttürme ihre Feuer und werfen über die dunkle See einen Schimmer nach
dem diesseitigen Strand herüber. Gleichwohl, wer als Fremder durch die auf- und
absteigenden Straßen der Stadt wandert, wo hie und da roh gepflasterte Stufen
5 über die Vorstraße zu den kleinen Häusern führen, wird sich des Eindrucks ab-
geschlossener Einsamkeit wohl kaum erwehren können, zumal wenn er von der
Landseite über die langgestreckte Hügelkette hier herabgekommen ist. In einem
Balkengestelle¹ auf dem Markte hing noch vor kurzem, wie seit Jahrhunderten,
die sogenannte Bürgerglocke; um zehn Uhr abends, sobald es vom Kirchturme
10 geschlagen hatte, wurde auch dort geläutet, und wehe dem Gesinde oder auch
dem Haussohn, der diesem Ruf nicht Folge leistete; denn gleich danach konnte
man straßab und -auf sich alle Schlüssel in den Haustüren drehen hören.
   Aber in der kleinen Stadt leben tüchtige Menschen, alte Bürgergeschlechter²,
unabhängig von dem Gelde und dem Einfluß der umwohnenden großen Grund-
15 besitzer; ein kleines Patriziat³ ist aus ihnen erwachsen, dessen stattlichere Wohnungen, mit breiten Beischlägen⁴ hinter mächtig schattenden Linden, mitunter
die niedrigen Häuserreihen unterbrechen. Aber auch aus diesen Familien mußten
bis vor dem letzten Jahrzehnt die Söhne den Weg gehen, auf welchem Eltern und
Vorfahren zur Wohlhabenheit und bürgerlichen Geltung gelangt waren; nur
20 wenige ergaben sich den Wissenschaften, und kaum war unter den derzeitig noch
studierten⁵ Bürgermeistern jemals ein Eingeborener dagewesen; wenn aber bei
den jährlichen Prüfungen in der Rektorschule⁶ der Propst⁷ den einen oder andern
von den Knaben frug: „Mein Junge, was willst du werden?", dann richtete der sich
stolz von seiner Bank empor, der mit der Antwort „Schiffer!"⁸ herauskommen
25 durfte. Schiffsjunge, Kapitän auf einem Familien-, auf einem eignen Schiffe,
dann mit etwa vierzig Jahren Reeder⁹ und bald Senator in der Vaterstadt, so lautete der Stufengang der bürgerlichen Ehren.
   Auf dem Chor der von einem Landesherzog im dreizehnten Jahrhundert
erbauten Kirche befand sich der geräumige Schifferstuhl,¹⁰ für den Abendgottes-
30 dienst mit stattlichen Metalleuchtern an den Wänden prangend, durch das an der
Decke schwebende Modell eines Barkschiffes¹¹ in vollem Takelwerke kenntlich.
Auf diesen Raum hatte jeder Bürger ein Recht, welcher das Steuermannsexamen
gemacht hatte und ein eigenes Schiff besaß; aber auch die schon in die Kauf-
mannschaft Übergetretenen, die ersten Reeder der Stadt, hielten, während unten
35 in der Kirche ihre Frauen saßen, hier oben unter den andern Kapitänen ihren

---

¹'structure of wooden beams' ²'upper-class families' ³'patrician class' ⁴i. e., stone
slabs at the sides of an exterior stairway ⁵'with advanced education' ⁶'upper grades'
⁷'director,' 'headmaster' ⁸'skipper' ⁹'owner of a ship (or shipyard)' ¹⁰pew reserved
for important merchants and traders ¹¹sailing vessel with three or more square-rigged
sails

Gottesdienst; denn sie waren noch immer und vor allem meerbefahrene[1] Leute, und das kleine schwebende Barkschiff war hier ihre Hausmarke.

Es ist begreiflich, daß auch manchen jungen Matrosen oder Steuermann aus dem kleinen Bürgerstande beim Eintritt in die Kirche statt der Andacht ein ehr-
5 geiziges Verlangen anfiel, sich auch einmal den Platz dort oben zu erwerben, und daß er trotz der eindringlichen Predigt dann statt mit gottseligen Gedanken mit erregten weltlichen Entschlüssen in sein Quartier oder auf sein Schiff zurückkehrte.

Zu diesen strebsamen Lauten gehörte Hans Adam Kirch. Mit unermüdli-
chem Tun und Sparen hatte er sich vom Setzschiffer[2] zum Schiffseigentümer hin-
10 aufgearbeitet; freilich war es nur eine kleine Jacht, zu der seine Mittel gereicht hatten, aber rastlos und in den Winter hinein, wenn schon alle andern Schiffer daheim hinter ihrem Ofen saßen, befuhr er mit seiner Jacht die Ostsee, und nicht nur Frachtgüter für andre, bald auch für eigne Rechnung brachte er die Erzeug-
nisse der Umgegend, Korn und Mehl, nach den größeren und kleineren Küsten-
15 plätzen; erst wenn bereits außen vor den Buchten das Wasser fest zu werden drohte, band auch er sein Schiff an den Pfahl und saß beim Sonntagsgottesdienste droben im Schifferstuhl unter den Honoratioren[3] seiner Vaterstadt. Aber lang vor Frühlingsanfang war er wieder auf seinem Schiffe; an allen Ostseeplätzen kannte man den kleinen hageren Mann in der blauen schlotternden Schifferjacke, mit
20 dem gekrümmten Rücken und dem vornüberhängenden dunkelhaarigen Kopfe; überall wurde er aufgehalten und angeredet, aber er gab nur kurze Antworten, er hatte keine Zeit; in einem Tritte, als ob er an der Fallreepstreppe[4] hinauflaufe, sah man ihn eilfertig durch die Gassen wandern. Und diese Rastlosigkeit trug ihre Früchte; bald wurde zu dem aus der väterlichen Erbschaft übernommenen Hause
25 ein Stück Wiesenland erworben, genügend für die Sommer- und Winterfütterung zweier Kühe; denn während das Schiff zu Wasser, sollten diese zu Lande die Wirtschaft vorwärtsbringen. Eine Frau hatte Hans Kirch sich im stillen vor ein paar Jahren schon genommen; zu der Hökerei[5], welche diese bisher betrieben, kam nun noch eine Milchwirtschaft; auch ein paar Schweine konnten jetzt gemä-
30 stet werden, um das Schiff auf seinen Handelsfahrten zu verproviantieren; und da die Frau, welche er im Widerspruch mit seinem sonstigen Tun aus einem armen Schulmeisterhause heimgeführt hatte, nur seinen Willen kannte und überdies aus Furcht vor dem bekannten Jähzorn ihres Mannes sich das Brot am Munde sparte, so pflegte dieser bei jeder Heimkehr auch zu Hause einen hübschen Haufen
35 Kleingeld vorzufinden.

In dieser Ehe wurde nach ein paar Jahren ein Knabe geboren und mit derselben Sparsamkeit erzogen. „All wedder 'n Dreling umsünst utgeb'n!"[6] Dies geflü-

---

[1]'seafaring' [2]seaman who works on others' boats, having none of his own [3]'distin-guished citizens' [4]'rope ladder' [5]'little shop' [6]'Once again I've spent a three-penny piece for nothing!'

gelte Wort[1] lief einmal durch die Stadt; Hans Adam hatte es seiner Frau zu-
geworfen, als sie ihrem Jungen am Werktag einen Sirupskuchen gekauft hatte.
Trotz dieser dem Geize recht nahe verwandten Genauigkeit war und blieb der
Kapitän ein zuverlässiger Geschäftsmann, der jeden ungeziemenden[2] Vorteil von
5 sich wies; nicht nur infolge einer angeborenen Rechtschaffenheit, sondern ebensosehr seines Ehrgeizes. Den Platz im Schifferstuhle hatte er sich errungen; jetzt
schwebten höhere Würden, denen er nichts vergeben[3] durfte, vor seinen Sinnen;
denn auch die Sitze im Magistratskollegium, wenn sie auch meist den größeren
Familien angehörten, waren mitunter von dem kleineren Bürgerstande aus besetzt
10 worden. Jedenfalls, seinem Heinz sollte der Weg dazu gebahnt werden; sagten die
Leute doch, er sei sein Ebenbild: die festauslugenden[4] Augen, der Kopf voll
schwarzbrauner Locken seien väterliche Erbschaft, nur statt des krummen Rük-
kens habe er den schlanken Wuchs der Mutter.

Was Hans Kirch an Zärtlichkeit besaß, das gab er seinem Jungen; bei jeder
15 Heimkehr lugte er schon vor dem Warder durch sein Glas, ob er am Hafenplatz
ihn nicht gewahren könne; kamen dann nach der Landung Mutter und Kind auf
Deck, so hob er zuerst den kleinen Heinz auf seinen Arm, bevor er seiner Frau
die Hand zum Willkommen gab.

Als Heinz das sechste Jahr erreicht hatte, nahm ihn der Vater zum ersten
20 Male mit sich auf die Fahrt, als „Spielvogel"[5], wie er sagte; die Mutter sah ihnen
mit besorgten Augen nach; der Knabe aber freute sich über sein blankes Hütchen
und lief jubelnd über das schmale Brett an Bord; er freute sich, schon jetzt ein
Schiffer zu werden wie sein Vater, und nahm sich im stillen vor, recht tüchtig
mitzuhelfen. Frühmorgens waren sie ausgelaufen; nun beschien sie die Mittags-
25 sonne auf der blauen Ostsee, über die ein lauer Sommerwind das Schiff nur langsam vorwärts trieb. Nach dem Essen, bevor der Kapitän zur Mittagsruhe in die
Kajüte ging, wurde Heinz dem Schiffsjungen anvertraut, der mit dem Spleißen[6]
zerrissener Taue auf dem Deck beschäftigt war; auch der Knabe erhielt ein paar
Tauenden, die er eifrig ineinander zu verflechten strebte.

30 Nach einer Stunde etwa stieg Hans Kirch wieder aus seiner Kajüte und rief,
noch halb im Taumel: „Heinz! Komm her, Heinz, wir wollen Kaffee trinken!"
Aber weder der Knabe selbst noch eine Antwort kam auf diesen Ruf; statt dessen
klang drüben vom Bugspriet[7] her der Gesang einer Kinderstimme. Hans Kirch
wurde blaß wie der Tod; denn dort, fast auf der äußersten Spitze, hatte er seinen
35 Heinz erblickt. Auf der Luvseite,[8] behaglich an das matt geschwellte Segel
lehnend, saß der Knabe, als ob er hier von seiner Arbeit ruhe. Als er seinen Vater
gewahrte, nickte er ihm freundlich zu; dann sang er unbekümmert weiter, wäh-

---

[1]'pregnant saying' [2]'improper' [3]'neglect,' 'endanger' [4]'on sharp look-out' [5]one who
sails more for fun than for the work [6]'splice' [7]'bowsprit' [8]'windward'

rend am Bug das Wasser rauschte; seine großen Kinderaugen leuchteten, sein schwarzbraunes Haar wehte in der sanften Brise.

Hans Kirch aber stand unbeweglich, gelähmt von der Ratlosigkeit der Angst; nur er wußte, wie leicht bei der schwachen Luftströmung das Segel flattern und
5 vor seinen Augen das Kind in die Tiefe schleudern konnte. Er wollte rufen; aber noch zwischen den Zähnen erstickte er den Ruf; Kinder, wie Nachtwandler, muß man ja gewähren lassen; dann wieder wollte er das Boot aussetzen und nach dem Bug des Schiffes rudern; aber auch das verwarf er. Da kam von dem Knaben selbst die Entscheidung; das Singen hatte er satt, er wollte jetzt zu seinem Vater und
10 dem seine Taue zeigen. Behutsam, entlang dem unteren Rande des Segels, das nach wie vor sich ihm zur Seite blähte, nahm er seinen Rückweg; eine Möwe schrie hoch oben in der Luft, er sah empor und kletterte dann ruhig weiter. Mit stockendem Atem stand Hans Kirch noch immer neben der Kajüte; seine Augen folgten jeder Bewegung seines Kindes, als ob er es mit seinen Blicken halten müs-
15 se. Da plötzlich, bei einer kaum merklichen Wendung des Schiffes, fuhr er mit dem Kopf herum. „Backbord!"[1] schrie er nach der Steuerseite; „Backbord!", als ob es ihm die Brust zersprengen solle. Und der Mann am Steuer folgte mit leisem Druck der Hand, und die eingesunkene Leinewand des Segels füllte sich aufs neue.
20 Im selben Augenblicke war der Knabe fröhlich aufs Verdeck gesprungen; nun lief er mit ausgebreiteten Armen auf den Vater zu. Die Zähne des gefahrgewohn-ten Mannes schlugen noch aneinander: „Heinz, Heinz, das tust du mir nicht wie-der!" Krampfhaft preßte er den Knaben an sich; aber schon begann die überstan-dene Angst dem Zorne gegen ihren Urheber Platz zu machen. „Das tust du mir
25 nicht wieder!" Noch einmal sagte er es; aber ein dumpfes Grollen klang jetzt in seiner Stimme; seine Hand hob sich, als wolle er sie auf den Knaben fallen lassen, der erstaunt und furchtsam zu ihm aufblickte.

Es sollte für diesmal nicht dahin kommen; der Zorn des Kapitäns sprang auf den Schiffsjungen über, der eben in seiner lässigen Weise an ihnen vorüberschie-
30 ben wollte; aber mit entsetzten Augen mußte der kleine Heinz es ansehen, wie sein Freund Jürgen, er wußte nicht weshalb, von seinem Vater auf das grausamste gezüchtigt wurde.

— — Als im nächsten Frühjahr Hans Kirch seinen Heinz wieder einmal mit aufs Schiff nehmen wollte, hatte dieser sich versteckt und mußte, als er endlich
35 aufgefunden wurde, mit Gewalt an Bord gebracht werden; auch saß er diesmal nicht mehr singend unterm Klüversegel[2]; er fürchtete seinen Vater und trotzte ihm doch zugleich. Die Zärtlichkeit des letzteren kam gleicherweise immer selte-ner zutage, je mehr der eigne Wille in dem Knaben wuchs; glaubte er doch selber nur den Erben seiner aufstrebenden Pläne in dem Sohn zu lieben.

---

[1]'port' [2]jib (triangular sail) fixed to the bowmast

Als Heinz das zwölfte Jahr erreicht hatte, wurde ihm noch eine Schwester geboren, was der Vater als ein Ereignis aufnahm, das eben nicht zu ändern sei. Heinz war zu einem wilden Jungen aufgeschossen; aber in der Rektorschule hatte er nur noch wenige über sich. „Der hat Gaben!" meinte der junge Lehrer, „der
5 könnte hier einmal die Kanzel zieren." Aber Hans Kirch lachte: „Larifari[1], Herr Rektor! Ums Geld ist es nicht; aber man sieht doch gleich, daß Sie hier nicht zu Hause sind."

Gleichwohl ging er noch an demselben Tage zu seinem Nachbarn, dem Pastoren, dessen Garten sich vor dem Hause bis zur Straße hinab erstreckte. Der
10 Pastor empfing den Eintretenden etwas stramm. „Herr Kirch", sagte er, bevor noch dieser das Wort zu nehmen vermochte, „Ihr Junge, der Heinz, hat mir schon wieder einmal die Scheiben in meinem Stallgiebel eingeworfen!"

„Hat er das", erwiderte Hans Kirch, „so muß ich sie einsetzen lassen, und Heinz bekommt den Stock; denn das Spielwerk[2] ist zu teuer."
15 Dann, während der andre zustimmend nickte, begann er mit dem, was ihn hergeführt, herauszurücken: der Pastor sollte seinen Heinz in die Privatstunden aufnehmen, welche er zur Aufbesserung seines etwas schmalen Ehrensoldes einigen Kostgängern und Söhnen der Honoratioren zu erteilen pflegte. Als dieser sich nach einigen Fragen bereit erklärte, machte Hans Kirch noch einen Versuch,
20 das Stundengeld[3] herabzudrücken; da aber der Pastor nicht darauf zu hören schien, so wiederholte er ihn nicht; denn Heinz sollte mehr lernen, als jetzt noch in der Rektorschule für ihn zu holen war.

Am Abend dieses Tages erhielt Heinz die angelobte Strafe und am Nachmittage des folgenden, als er zwischen den andern Schülern oben in des Pastors Stu-
25 dierzimmer saß, von Wohlehrwürden[4] noch einen scharf gesalzenen Text dazu. Kaum aber war nach glücklich verflossener Stunde die unruhige Schar die Treppe hinab- und in den Garten hinausgestürmt, als der erlöste Mann von dorten unter seinem Fenster ein lautes Wehgeheul vernahm. „Ich will dich klickern[5] lehren!" rief eine wütende Knabenstimme, und wiederum erscholl das klägliche Geheul.
30 Als aber der Pastor sein Fenster öffnete, sah er unten nur seinen fahlblonden Kostgänger[6], der ihm am Morgen Heinzens Missetat verraten hatte, jetzt in eifriger Beschäftigung, mit seinem Schnupftuch sich das Blut von Mund und Nase abzutrocknen. Daß er selbst an jenem Spielwerk mitgeholfen hatte, fand er freilich sich nicht veranlaßt zu verraten; aber ebensowenig verriet er jetzt, wer ihm
5 den blutigen Denkzettel auf den Weg gegeben hatte.

Der Pastor war des Segens eines Sohnes nicht teilhaftig geworden; nur zwei Töchter besaß er, einige Jahre jünger als Heinz und von nicht üblem Aussehen; aber Heinz kümmerte sich nicht um sie, und man hätte glauben können, daß auch

---

[1]'nonsense' [2]'entertainment' [3]'tuition' [4]'the Reverend' [5]'snitch,' 'be a tattle-tale'
[6]'boarder'

er der Bubenregel[1] folge, ein tüchtiger Junge dürfe sich nicht mit Dirnen abgeben, wenn in dem Hause dem Pastorgarten gegenüber nicht die kleine Wieb gewesen wäre. Ihre Mutter war die Frau eines Matrosen, eine Wäscherin, die ihr Kind sauberer hielt als, leider, ihren Ruf. „Deine Mutter ist auch eine Amphibie!" hatte
5 einmal ein großer Junge dem Mädchen ins Gesicht geschrien, als eben in der Schule die Lehre von diesen Kreaturen vorgetragen war. — „Pfui doch, warum?" hatte entrüstet die kleine Wieb gefragt. — „Warum? Weil sie einen Mann zu Wasser und einen zu Lande hat!" — Der Vergleich hinkte; aber der Junge hatte doch seiner bösen Lust genuggetan.
10   Gleichwohl hielten die Pastorstöchter eine Art von Spielkameradschaft mit dem Matrosenkinde; freilich meist nur für die Werkeltage[2] und wenn die Töchter des Bürgermeisters nicht bei ihnen waren; wenn sie ihre weißen Kleider mit den blauen Schärpen trugen, spielten sie lieber nicht mit der kleinen Wieb. Trafen sie diese dann etwa still und schüchtern vor der Gartenpforte stehen oder hatte gar
15 die jüngste, gutmütige Bürgermeisterstochter sie hereingeholt, dann sprachen sie wohl zu ihr sehr freundlich, aber auch sehr eilig: „Nicht wahr, kleine Wieb, du kommst doch morgen zu uns in den Garten?" Im Nachsommer steckten sie ihr auch wohl einen Apfel in die Tasche und sagten: „Wart, wir wollen dir noch einen mehr suchen!" Und die kleine Wieb schlich dann mit ihren Äpfeln ganz
20 begossen[3] aus dem Garten auf die Gasse. Wenn aber Heinz darüber zukam, dann riß er sie ihr wohl wieder fort und warf sie zornig in den Garten zurück, mitten zwischen die geputzten Kinder, daß sie schreiend ins Haus stoben; und wenn dann Wieb über die Äpfel weinte, wischte er mit seinem Schnupftuch ihr die Tränen ab: „Sei ruhig, Wieb; für jeden Apfel hol ich dir morgen eine ganze
25 Tasche voll aus ihrem Garten!" — Und sie wußte wohl, er pflegte Wort zu halten.
    Wieb hatte ein Madonnengesichtlein, wie der kunstliebende Schulrektor einmal gesagt hatte, ein Gesichtlein, das man nicht gut leiden sehen konnte; aber die kleine Madonna aß gleichwohl gern des Pastors rote Äpfel, und Heinz stieg bei erster Gelegenheit in die Bäume und stahl sie ihr. Dann zitterte die kleine Wieb;
30 nicht weil sie den Äpfeldiebstahl für eine Sünde hielt, sondern weil die größeren Kostgänger des Pastors ihren Freund dabei mitunter überfielen und ihm den Kopf zu bluten schlugen. Wenn aber nach wohlbestandenem Abenteuer Heinz ihr hinten nach der Allee gewinkt hatte, wenn er vor ihr auf dem Boden kniete und seinen Raub in ihre Täschchen pfropfte, dann lächelte sie ihn ganz glückselig an,
35 und der kräftige Knabe hob seinen Schützling mit beiden Armen in die Luft: „Wieb, Wiebchen, kleines Wiebchen!" rief er jubelnd; und er schwenkte sich mit ihr im Kreise, bis die roten Äpfel aus den Taschen flogen.
    Mitunter auch, bei solchem Anlaß, nahm er die kleine Madonna bei der Hand und ging mit ihr hinunter an den Hafen. War auf den Schiffen alles unter

---

[1]'boys' rule'   [2]=*Werktage*   [3]'downcast'

Deck, dann löste er wohl ein Boot, ließ seinen Schützling sacht hineintreten und
ruderte mit ihr um den Warder herum, weit in den Sund hinein; wurde der Raub
des Bootes hinterher bemerkt und drangen nun von dem Schiffe zornige Schelt-
laute über das Wasser zu ihnen herüber, dann begann er hell zu singen, damit die
5 kleine Wieb nur nicht erschrecken möge; hatte sie es aber doch gehört, so ruderte
er nur um so lustiger und rief: „Wir wollen weit von all den schlechten Menschen
fort!" — Eines Nachmittags, da Hans Kirch mit seinem Schiffe auswärts war,
wagten sie es sogar, drüben bei der Insel¹ anzulegen, wo Wieb in dem großen
Dorfe eine Verwandte wohnen hatte, die sie „Möddersch"² nannte. Es war dort
10 eben der große Michaelis³-Jahrmarkt, und nachdem sie bei Möddersch eine Tasse
Kaffee bekommen hatten, liefen sie zwischen die Buden und in den Menschen-
drang hinein, wo Heinz für sie beide mit tüchtigen Ellenbogenstößen Raum zu
schaffen wußte. Sie waren schon im Karussell gefahren, hatten Kuchenherzen
gegessen und bei mancher Drehorgel stillgestanden, als Wiebs blaue Augen an
15 einem silbernen Ringlein haftenblieben, das zwischen Ketten und Löffeln in einer
Goldschmiedsbude auslag. Hoffnungslos drehte sie ihr nur aus drei Kupfersechs-
lingen⁴ bestehendes Vermögen zwischen den Fingern; aber Heinz, der gestern alle
seine Kaninchen verkauft hatte, besaß nach der heutigen Verschwendung noch
acht Schillinge, und dafür und für die drei Sechslinge wurde glücklich der Ring
20 erhandelt. Nun freilich waren beider Taschen leer; zum Karussell für Wieb spen-
dierte Möddersch noch einmal einen Schilling — denn soviel kostete es, da Wieb
nicht wie vorhin in einem Stuhle fahren, sondern auf dem großen Löwen reiten
wollte —; dann, als eben alle Lampen zwischen den schmelz-⁵ und goldgestickten
Draperien angezündet wurden, waren für sie die Freuden aus, und auch die alte
25 Frau trieb jetzt zur Rückfahrt. Manchmal, während Heinz mit kräftigen Schlägen
seine Ruder brauchte, blickten sie noch zurück, und das Herz wurde ihnen groß,
wenn sie im zunehmenden Abenddunkel den Lichtschein von den vielen Karus-
sellampen über der Stelle des unsichtbaren Dorfes schweben sahen; aber Wieb
hatte ihren silbernen Ring, den sie nun nicht mehr von ihrem Finger ließ.

30 Inzwischen hatte Kapitän Kirch seine Jacht verkauft. Mit einem stattlichen
Schoner⁶, der auf der heimischen Werft gebaut worden war, brachte er für fremde
und mehr und mehr für eigne Rechnung Korn nach England und nahm als Rück-
fracht Kohlen wieder mit. So war zu dem Korn- nun auch ein Kohlenhandel
gekommen, und auch diesen mußte, gleich der Milchwirtschaft, die Frau besor-
35 gen. Um seinen Heinz, wenn er bei seiner Heimkehr auf die kurze Frage „Hat der

---

¹i. e., the island on the other side of the *Warder* ²=*Tante*, or any adult female relative
³St. Michael's Day, September 29, or any fall market ⁴copper coin worth six pennies,
or one-half a schilling ⁵=*Schmelzglas*, 'enamel' ⁶'schooner,' two-masted sailing vessel

Junge sich geschickt[1]?" von der Mutter eine bejahende Antwort erhalten hatte, schien er sich im übrigen nicht groß zu kümmern; nur beim Quartalschlusse pflegte er den Rektor und den Pastor zu besuchen, um zu erfahren, wie der Junge lerne. Dann hieß es allemal, das Lernen sei ihm nur ein Spiel, es bleibe dabei nur
5 zuviel unnütze Zeit ihm übrig; denn wild sei er wie ein Teufel, kein Junge ihm zu groß und keine Spitze ihm zu hoch.

Auf Hans Adams Antlitz hatte sich, nach Aussage des Schulrektors, mehrmals bei solcher Auskunft ein recht ungeeignetes und fast befriedigtes Lächeln gezeigt, während er mit einem kurz hervorgestoßenen „Na, na!" zum Abschiede
10 ihm die Hand gedrückt habe.

Wie recht übrigens auch Heinzens Lehrer haben mochten, so blieb doch das Schutzverhältnis zu der kleinen Wieb dasselbe, und davon wußte mancher frevle Junge nachzusagen.[2] Auch sah man ihn wohl an Sonntagen mit seiner Mutter nach einem dürftigen, unweit der Stadt belegenen Wäldchen wandern und bei der
15 Rückkehr nebst dem leeren Proviantkorbe sein Schwesterchen auf dem Rücken tragen. Mitunter war auch die allmählich aufwachsende Wieb bei dieser Sonntagswanderung. Die stille Frau Kirch hatte Gefallen an dem feinen Mädchen und pflegte zu sagen: „Laß sie nur mitgehen, Heinz; so ist sie doch nicht bei der schlechten Mutter."
20 Nach seiner Konfirmation mußte Heinz ein paar Fahrten auf seines Vaters Schiffe machen, nicht mehr als „Spielvogel", sondern als strenggehaltener Schiffsjunge; aber er fügte sich, und nach der ersten Rückkehr klopfte Kapitän Kirch ihm auf die Schulter, während er seiner Frau durch ein kurzes Nicken ihren Anteil an seiner Befriedigung zukommen ließ. Die zweite Reise geschah mit einem
25 Setzschiffer[3]; denn der wachsende Handel daheim verlangte die persönliche Gegenwart der Geschäftsherrn. Dann, nach zwei weiteren Fahrten auf größeren Schiffen, war Heinz als Matrose in das elterliche Haus zurückgekehrt. Er war jetzt siebzehn Jahre; die blaue schirmlose Schiffermütze mit dem bunten Rande und den flatternden Bändern ließ[4] ihm so gut zu seinem frischen braunen Antlitz,
30 daß selbst die Pastorstöchter durch den Zaun lugten, wenn sie ihn nebenan im elterlichen Garten mit seiner Schwester spielen hörten. Auch Kapitän Kirch selber konnte es sonntags beim Gottesdienste nicht unterlassen, von seinem Schifferstuhle nach unten in die Kirche hinabzuschielen, wo sein schmucker Junge bei der Mutter saß. Unterweilen schweiften auch wohl seine Blicke drüben nach dem
35 Epitaphe, wo zwischen mannigfachen Siegestrophäen sich die Marmorbüste eines stattlichen Mannes in gewaltiger Allongeperücke[5] zeigte; gleich seinem Heinz nur eines Bürgers Sohn, der gleichwohl als Kommandeur von dreien Seiner Majestät Schiffen hier in die Vaterstadt zurückgekommen war. Aber nein, so hohe

---

[1]'behaved himself'   [2]'many a boy who had gone too far could tell a tale about that'
[3]'hired skipper'   [4]=stand   [5]wig with elaborate and long locks

Pläne hatte Hans Kirch doch nicht mit seinem Jungen, vorläufig galt es[1] eine Reise mit dem Hamburger Schiffe „Hammonia" in die chinesischen Gewässer, von
der die Rückkehr nicht vor einem Jahr erfolgen würde; und heute war der letzte
Tag im elterlichen Hause.

5   Die Mutter hatte diesmal nicht ohne Tränen ihres Sohnes Kiste gepackt, und
nach der Rückkehr aus der Kirche legte sie noch ihr eigenes Gesangbuch obenauf.
Der Vater hatte auch in den letzten Tagen außer dem Notwendigen nicht viel mit
seinem Sohn gesprochen; nur an diesem Abend, als er auf dem dunkeln Hausflur
ihm begegnete, griff er nach seiner Hand und schüttelte sie heftig: „Ich sitze hier
10   nicht still, Heinz; für dich, nur für dich! Und komm auch glücklich wieder!"
Hastig hatte er es hervorgestoßen; dann ließ er die Hand seines Sohnes fahren
und trabte eilig nach dem Hof hinaus.

Überrascht blickte ihm Heinz eine Weile nach; aber seine Gedanken waren
anderswo. Er hatte Wieb am Tage vorher wiedergesehen; doch nur zu ein paar
15   flüchtigen Worten war Gelegenheit gewesen; nun wollte er noch Abschied von
ihr nehmen, sie wie sonst noch einmal um den Warder fahren.

Es war ein kühler Maiabend; der Mond stand über dem Wasser, als er an den
Hafen hinabkam; aber Wieb war noch nicht da. Freilich hatte sie ihm gesagt, daß
sie abends bei einer alten Dame einige leichte Dienste zu versehen habe; desunge-
20   achtet, während er an dem einsamen Bollwerk auf und ab ging, konnte er seine
Ungeduld kaum niederzwingen: er schalt sich selbst und wußte nicht, weshalb das
Klopfen seines Blutes ihm fast den Atem raubte. Endlich sah er sie aus der höher
belegenen Straße herabkommen. Bei dem Mondlicht, das ihr voll entgegenfiel,
erschien sie ihm so groß und schlank, daß er erst fast verzagte, ob sie es wirklich
25   sei. Gleichwohl hatte sie den Oberkörper in ein großes Tuch vermummt; einer
Kopfbedeckung bedurfte sie nicht, denn das blonde Haar lag voll wie ein Häubchen über ihrem zarten Antlitz. „Guten Abend, Heinz!" sagte sie leise, als sie jetzt
zu ihm trat; und schüchtern, fast wie ein Fremder, berührte er ihre Hand, die sie
ihm entgegenstreckte. Schweigend führte er sie zu einem Boot, das neben einer
30   großen Kuff[2] im Wasser lag. „Komm nur!" sagte er, als er hineingetreten war und
der auf der Hafentreppe Zögernden die Arme entgegenstreckte; „ich habe
Erlaubnis; wir werden diesmal nicht gescholten."

Als er sie in seinen Armen aufgefangen hatte, löste er die Taue, und das Boot
glitt aus dem Schatten des großen Schiffes auf die weite, mondglitzernde Wasser-
35   fläche hinaus.

Sie saß ihm auf der Bank am Hinterspiegel[3] gegenüber; aber sie fuhren schon
um die Spitze des Warders, wo einige Möwen gackernd aus dem Schlafe auffuhren, und noch immer war kein weiteres Wort zwischen ihnen laut geworden. So
vieles hatte Heinz der kleinen Wieb in dieser letzten Stunde sagen wollen, und

---

[1]'it was a matter of'   [2]'flat coastal freighter'   [3]'back of a ship'

nun war der Mund ihm wie verschlossen. Und auch das Mädchen, je weiter sie hinausfuhren, je mehr zugleich die kurze Abendzeit verrann, desto stiller und beklommener saß sie da; zwar seine Augen verschlangen fast die kindliche Gestalt, mit der er jetzt so einsam zwischen Meer und Himmel schwebte; die ihren
5 aber waren in die Nacht hinaus gewandt. Dann stieg's wohl plötzlich in ihm auf, und das Boot schütterte unter seinen Ruderschlägen, daß sie jäh das Köpfchen wandte und das blaue Leuchten ihrer Augen in die seinen traf. Aber auch das flog rasch vorüber, und es war etwas wie Zorn, das über ihn kam, er wußte nicht, ob gegen sich selber oder gegen sie, daß sie so fremd ihm gegenübersaß, daß alle
10 Worte, die ihm durch den Kopf fuhren, zu ihr nicht passen wollten. Mit Gewalt rief er es sich zurück: hatte er doch draußen schon mehr als einmal die trotzigste Dirne im Arm geschwenkt, auch wohl ein übermütiges Wort ihr zugeraunt; aber freilich, der jungfräulichen Gestalt ihm gegenüber verschlug auch dieses Mittel nicht[1].
15   „Wieb", sagte er endlich, und es klang fast bittend, „kleine Wieb, das ist nun heut für lange Zeit das letzte Mal."
    „Ja, Heinz", und sie nickte und sah zu Boden; „ich weiß es wohl." Es war, als ob sie noch etwas andres sagen wollte, aber sie sagte es nicht. Das schwere Tuch war ihr von der Schulter geglitten; als sie es wieder aufgerafft hatte und nun mit
20 ihrer Hand über der Brust zusammenhielt, vermißte er den kleinen Ring an ihrem Finger, den er einst auf dem Jahrmarkte ihr hatte einhandeln helfen. „Dein Ring, Wieb!" rief er unwillkürlich. „Wo hast du deinen Ring gelassen?"
    Einen Augenblick noch saß sie unbeweglich; dann richtete sie sich auf und trat über die nächste Bank zu ihm hinüber. Sie mußte in dem schwankenden Boot
25 die eine Hand auf seine Schulter legen, mit der andern langte sie in den Schlitz ihres Kleides und zog eine Schnur hervor, woran der Ring befestigt war. Mit stockendem Atem nahm sie ihrem Freunde die Mütze von den braunen Locken und hing die Schnur ihm um den Hals. „Heinz, o bitte, Heinz!" Der volle blaue Strahl aus ihren Augen ruhte in den seinen; dann stürzten ihre Tränen auf sein
30 Angesicht, und die beiden jungen Menschen fielen sich um den Hals, und da hat der wilde Heinz die kleine Wieb fast totgeküßt.
    — — Es mußte schon spät sein, als sie ihr Boot nach dem großen Schiff zurückbrachten; sie hatten keine Stunden schlagen hören; aber alle Lichter in der Stadt schienen ausgelöscht.
35   Als Heinz an das elterliche Haus kam, fand er die Tür verschlossen; auf sein Klopfen antwortete die Mutter vom Flure aus; aber der Vater war schon zur Ruhe gegangen und hatte den Schlüssel mitgenommen; endlich hörte Heinz auch dessen Schritte, wie sie langsam von droben aus der Kammer die Treppe hinabkamen. Dann wurde schweigend die Tür geöffnet und, nachdem Heinz hineinge-

---

[1]*verschlug ... nicht* 'this remedy too would be in vain'

lassen war, ebenso wieder zugeschlossen; erst als er seinen „Guten Abend" vorbrachte, sah Hans Kirch ihn an: „Hast du die Bürgerglocke nicht gehört? Wo hast
du dich umhergetrieben?"

Der Sohn sah den Jähzorn in seines Vaters Augen aufsteigen; er wurde blaß
5 bis unter seine dunkeln Locken, aber er sagte ruhig: „Nicht umhergetrieben,
Vater"; und seine Hand faßte unwillkürlich nach dem kleinen Ringe, den er unter
seiner offnen Weste barg.

Aber Hans Kirch hatte zu lange auf seinen Sohn gewartet. „Hüte dich!"
schrie er und zuckte mit dem schweren Schlüssel gegen seines Sohnes Haupt.
10 „Klopf nicht noch einmal so an deines Vaters Tür! Sie könnte dir verschlossen
bleiben."

Heinz hatte sich hoch aufgerichtet; das Blut war ihm ins Gesicht geschossen;
aber die Mutter hatte die Arme um seinen Hals gelegt, und die heftige Antwort
unterblieb, die schon auf seinen Lippen saß. „Gute Nacht, Vater!" sagte er, und
15 schweigend die Hand der Mutter drückend, wandte er sich ab und ging die Treppe hinauf in seine Kammer.

Am andern Tage war er fort. Die Mutter ging still umher in dem ihr plötzlich öd gewordenen Hause; die kleine Wieb trug schwer an ihrem jungen Herzen;
20 nachdenklich und fast zärtlich betrachtete sie auf ihrem Arm die roten Striemen,
durch welche die Mutter für die Störung ihrer Nachtruhe sich an ihr erholt[1] hatte;
waren sie ihr doch fast wie ein Angedenken an Heinz, das sie immer hätte behalten mögen; nur Hans Kirchs Dichten und Trachten[2] strebte schon wieder rüstig
in die Zukunft.

25 Nach sechs Wochen war ein Brief von Heinz gekommen; er brachte gute
Nachricht; wegen kecken Zugreifens im rechten Augenblick[3] hatte der Kapitän
freiwillig seine Heuer[4] erhöht. Die Mutter trat herein, als ihr Mann den Brief
soeben in die Tasche steckte. „Ich darf doch auch mitlesen?" frug sie scheu. „Du
hast doch gute Nachricht?"

30 „Ja, ja", sagte Hans Kirch; „nun, nichts Besonderes, als daß er dich und seine
Schwester grüßen läßt."

Am Tage darauf aber begann er allerlei Gänge in der Stadt zu machen; in die
großen Häuser mit breiten Beischlägen und unter dunklem Lindenschatten sah
man ihn der Reihe nach hineingehen. Wer konnte wissen, wie bald der Junge sein
35 Steuermannsexamen hinter sich haben würde; da galt es auch für ihn noch eine
Stufe höher aufzurücken. Im Deputiertenkollegium hatte er bereits einige Jahre

---

[1]=*gerächt* [2]'thoughts and plans' [3]*wegen ... Augenblick* 'because he boldly did the right
thing at the critical moment' [4]'seaman's wages'

gesessen; jetzt war ein Ratsherrnstuhl erledigt, der von den übrigen Mitgliedern
des Rates zu besetzen war[1].

Aber Hans Adams Hoffnungen wurden getäuscht; auf dem erledigten Stuhl
saß nach einigen Tagen sein bisheriger Kollege, ein dicker Bäckermeister, mit
5 dem er freilich weder an Reichtum noch an Leibesgewicht sich messen durfte.
Verdrießlich war er eben aus einer Deputiertensitzung gekommen, wo nun der
Platz des Bäckers leer geworden war, und stand noch, an einem Tabakendchen
seinen Groll zerkauend, unter dem Schwanz des Riesenfisches, den sie Anno Sie-
benzig hier gefangen und zum Gedächtnis neben der Rathaustür aufgehangen
10 hatten, als ein ältliches, aber wehrhaftes[2] Frauenzimmer über den Markt und grade auf ihn zukam; ein mit zwei großen Schinken beladener Junge folgte ihr.

„Das ging den verkehrten Weg, Hans Adam!" rief sie ihm schon von weitem
zu.

Hans Adam hob den Kopf. „Du brauchst das nicht über die Straße hin-
15 zuschreien, Jule; ich weiß das ohne dich."

Es war seine ältere Schwester, die nach ihres Mannes Tode mit der Kirchschen Rührigkeit[3] eine Speckhökerei[4] betrieb. „Warum sollte ich nicht schreien?"
rief sie wiederum, „mir kann's recht sein, wenn sie es alle hören! Du bist ein Geiz-
hals, Hans Adam; aber du hast einen scharfen Kopf, und den können die regie-
20 renden Herren nicht gebrauchen, wenn er nicht zufällig auf ihren eignen Schultern sitzt; da paßt ihnen so eine blonde Semmel[5] besser, wenn sie denn doch einmal an uns Mittelbürgern[6] nicht vorbeikönnen."

„Du erzählst mir ganz was Neues!" sagte der Bruder ärgerlich.

„Ja, ja, Hans Adam, du bist auch mir zu klug, sonst säßest du nicht so halb
25 umsonst[7] in unserem elterlichen Hause!"

Die brave Frau konnte es noch immer nicht verwinden, daß von einem Kauf-
lustigen ihrem Bruder einst ein höherer Preis geboten war, als wofür er das Haus
in der Nachlaßteilung[8] übernommen hatte. Aber Hans Kirch war diesen Vorwurf
schon gewohnt, er achtete nicht mehr darauf, zum mindesten schien es für ihn in
30 diesem Augenblicke nur ein Spornstich[9], um sich von dem erhaltenen Schlage
plötzlich wieder aufzurichten. Äußerlich zwar ließ er den Kopf hängen, als sähe
er etwas vor sich auf dem Straßenpflaster; seine Gedanken aber waren schon rastlos tätig, eine neue Bahn nach seinem Ziele hinzuschaufeln: das war ihm klar, es
mußte noch mehr erworben und — noch mehr erspart werden; dem Druck des
35 Silbers mußte bei wiederkehrender Gelegenheit auch diese Pforte noch sich öffnen; und sollte es für ihn selbst nicht mehr gelingen, für seinen Heinz, bei dessen

---

[1]war ... war 'a councilor's seat had fallen vacant which was to be filled (by the vote of)
the other councilors' (Hans Adam is campaigning.) [2]'full of fight' [3]mit ... Rührigkeit
'with enterprisingness of the Kirchs' [4]'pork butcher's shop' [5]'blond-headed dumbbell'
(Semmel 'roll') [6]'middle-class citizens' [7]'half-free' [8]'division of inheritance' [9]'touch
of the spur'

besserer Schulbildung und stattlicherem Wesen würde es damit schon durchzu-
bringen sein, sobald er seine Seemannsjahre nach Gebrauch als Kapitän beschlossen hätte.

Mit einer raschen Bewegung hob Hans Adam seinen Kopf empor. „Weißt
5 du, Jule" — er tat wie beiläufig diese Frage —, „ob dein Nachbar Schmüser seinen
großen Speicher noch verkaufen will?"

Frau Jule, die mit ihrer letzten Äußerung ihn zu einer ganz andern Antwort
hatte reizen wollen und so lange schon darauf gewartet hatte, meinte ärgerlich,
da tue er am besten, selbst darum zu fragen.

10 „Ja, ja; da hast du recht." Er nickte kurz und hatte schon ein paar Schritte der
Straße zu getan, in der Fritz Schmüser wohnte, als die Schwester, unachtend des
Jungen, der seitwärts unter seinen Schinken stöhnte, ihn noch einmal festzuhalten
suchte; so wohlfeil sollte er denn doch nicht davonkommen. „Hans Adam!" rief
sie; „wart noch einen Augenblick! Dein Heinz. . ."

15 Hans Adam stand bei diesem Namen plötzlich still. „Was willst du, Jule?"
frug er hastig. „Was soll das mit meinem Heinz?"

„Nicht viel, Hans Adam; aber du weißt wohl nicht, was dein gewitzter Junge
noch am letzten Abend hier getrieben hat?"

„Nun?" stieß er hervor, als sie eine Pause machte, um erst die Wirkung dieses
20 Eingangs abzuwarten; „sag's nur gleich auf einmal, Jule; ein Loblied sitzt doch
nicht dahinter!"

„Je nachdem, Hans Adam, je nachdem! Bei der alten Tante war zum Ade-
sagen[1] freilich nicht viel Zeit; aber warum sollte er die schmucke Wieb, die kleine
Matrosendirne, nicht von neun bis elf spazierenfahren? Es möchte wohl ein kalt
25 Vergnügen gewesen sein da draußen auf dem Sund; aber wir Alten wissen's ja
wohl noch, die Jugend hat allezeit ihr eigen Feuer bei sich."

Hans Adam zitterte, seine Oberlippe zog sich auf und legte seine vollen Zähne bloß. „Schwatz nicht!" sagte er. „Sprich lieber, woher weißt du das?"

„Woher?" Frau Jule schlug ein fröhliches Gelächter auf — „das weiß die gan-
30 ze Stadt, am besten Christian Jensen, in dessen Boot die Lustfahrt vor sich ging!
Aber du bist ein Hitzkopf, Hans Adam, bei dem man sich leicht üblen Bescheid[2]
holen kann; und wer weiß denn auch, ob dir die schmucke Schwiegertochter recht
ist? Im übrigen" — und sie faßte den Bruder an seinem Rockkragen und zog ihn
dicht zu sich heran —, „für die neue Verwandtschaft ist's doch so am besten, daß
35 du nicht auf den Ratsherrnstuhl hinaufgekommen bist."

Als sie solcherweise ihre Worte glücklich angebracht hatte, trat sie zurück.
„Komm, Peter, vorwärts!" rief sie dem Jungen zu, und bald waren beide in einer
der vom Markte auslaufenden Gassen verschwunden.

---

[1]=*Aufwiedersehensagen* [2]'a very unfriendly answer'

Hans Kirch stand noch wie angedonnert auf derselben Stelle. Nach einer Weile setzte er sich mechanisch in Bewegung und ging der Gasse zu, worin Fritz Schmüsers Speicher lag; dann aber kehrte er plötzlich wieder um. Bald darauf saß er zu Hause an seinem Pult und schrieb mit fliegender Feder einen Brief an 5 seinen Sohn, in welchem in verstärktem Maße sich der jähe Zorn ergoß, dessen Ausbruch an jenem letzten Abend durch die Dazwischenkunft der Mutter war verhindert worden.

Monate waren vergangen; die Plätze, von denen aus Heinz nach Abrede hät-10 te schreiben sollen, mußten längst passiert sein, aber Heinz schrieb nicht; dann kamen Nachrichten von dem Schiffe, aber kein Brief von ihm. Hans Kirch ließ sich das so sehr nicht anfechten[1]. „Er wird schon kommen", sagte er zu sich selber; „er weiß gar wohl, was hier zu Haus für ihn zu holen ist." Und somit, nachdem er den Schmüserschen Speicher um billigen Preis erworben hatte, arbeitete 15 er rüstig an der Ausbreitung seines Handels und ließ sich keine Mühe verdrießen. Freilich, wenn er von den dadurch veranlaßten Reisen, teils nach den Hafenstädten des Inlandes[2], einmal sogar mit seinem Schoner nach England, wieder heimkehrte, „Brief von Heinz?" war jedesmal die erste hastige Frage an seine Frau, und immer war ein trauriges Kopfschütteln die einzige Antwort, die er darauf erhielt. 20 Die Sorge, der auch er allmählich sich nicht hatte erwehren können, wurde zerstreut, als die Zeitungen die Rückkehr der „Hammonia" meldeten. Hans Kirch ging unruhig in Haus und Hof umher, und Frau und Tochter hörten ihn oft heftig vor sich hin reden; denn der Junge mußte jetzt ja selber kommen, und er hatte sich vorgesetzt, ihm scharf den Kopf zu waschen[3]. Aber eine Woche verging, die 25 zweite ging auch bald zu Ende, und Heinz war nicht gekommen. Auf eingezogene Erkundigung erfuhr man endlich, er habe auf der Rückfahrt nach Abkommen mit dem Kapitän eine neue Heuer[4] angenommen; wohin, war nicht zu ermitteln. „Er will mir trotzen!" dachte Hans Adam. „Sehen wir, wer's am längsten aushält von uns beiden!" — Die Mutter, welche nichts von jenem Briefe ihres Mannes 30 wußte, ging in kummervollem Grübeln und konnte ihren Jungen nicht begreifen; wagte sie es einmal, ihren Mann nach Heinz zu fragen, so blieb er entweder ganz die Antwort schuldig oder hieß sie, ihm mit dem Jungen ein für allemal nicht mehr zu kommen.

In einem zwar unterschied er sich von der gemeinen Art der Männer: er bür-35 dete der armen Mutter nicht die Schuld an diesen Übelständen auf; im übrigen aber war mit Hans Adam jetzt kein leichter Hausverkehr[5].

Sommer und Herbst gingen hin, und je weiter die Zeit verrann, desto fester wurzelte der Groll in seinem Herzen; der Name seines Sohnes wurde im eignen

---

[1]=beunrihigen [2]i. e., German ports [3]ihm ... waschen 'give him a good dressing down'
[4]here =Stellung (berth) [5]'it was not easy to get along with H. A.'

Hause nicht mehr ausgesprochen, und auch draußen scheute man sich, nach
Heinz zu fragen.

Schon wurde es wieder Frühling, als er eines Morgens von seiner Haustür aus
den Herrn Pastor mit der Pfeife am Zaune seines Vorgartens stehen sah. Hans
5 Kirch hatte Geschäfte weiter oben in der Straße und wollte mit stummem Hut-
rücken vorbeipassieren; aber der Nachbar Pastor rief mit aller Würde pfarramt-
licher Überlegenheit[1] ganz laut zu ihm hinüber: „Nun, Herr Kirch, noch immer
keine Nachricht von dem Heinz?"

Hans Adam fuhr zusammen, aber er blieb stehen, die Frage war ihm lange
10 nicht geboten worden. „Reden wir von was anderem, wenn's gefällt, Herr Pastor!"
sagte er kurz und hastig.

Allein der Pastor fand sich zur Befolgung dieser Bitte nicht veranlaßt. „Mein
lieber Herr Kirch, es ist nun fast das zweite Jahr herum; Sie sollten sich doch einmal wieder um den Sohn bekümmern!"

15 „Ich dächte, Herr Pastor, nach dem vierten Gebote[2] wär das umgekehrt!"

Der Pastor tat die Pfeife aus dem Munde: „Aber nicht nach dem Gebote, in
welchem nach des Herren Wort die andern all enthalten sind,[3] und was wäre
Euch näher als Euer eigen Fleisch und Blut!"

„Weiß nicht, Ehrwürden", sagte Hans Kirch, „ich halte mich ans vierte."

20 Es war etwas in seiner Stimme, das es dem Pastor rätlich machte, nicht mehr
in diesem Tone fortzufahren. „Nun, nun", sagte er begütigend, „er wird ja schon
wiederkehren, und wenn er kommt, er ist ja von Ihrer Art, Herr Nachbar, so wird
es nicht mit leeren Händen sein!"

Etwas von dem Schmunzeln, das sich bei dieser letzten Rede auf des Pastors
25 Antlitz zeigte, war doch auch auf das des anderen übergegangen, und während
sich der erstere mit einer grüßenden Handbewegung nach seinem Hause zurück-
wandte, trabte Hans Kirch munterer als seit lange die Straße hinauf nach seinem
großen Speicher.

30 Es war am Tage danach, als der alte Postbote dieselbe Straße hinabschritt.
Er ging rasch und hielt einen dicken Brief in der Hand, den er schon im Vorwege
aus seiner Ledertasche hervorgeholt zu haben schien; aber ebenso rasch schritt,
lebhaft auf ihn einredend, ein etwa sechzehnjähriges blondes Mädchen an seiner
Seite. „Von einem guten Bekannten, sagst du? Nein, narre mich nicht länger, alter
35 Marten! Sag's doch, von wem ist er denn?"

---

[1]'of pastoral superiority' [2]'Commandment': "Honor thy father and thy mother" (Exodus
20:12) [3]i. e., the Golden Rule: "thou shalt love thy neighbor as thyself" (Leviticus
19:18)

„Ei, du junger Dummbart", rief der Alte, indem er mit dem Briefe ihr vor
den Augen gaukelte, „kann ich das wissen? Ich weiß nur, an wen ich ihn zu bringen habe."

„An wen, an wen denn, Marten?"

5   Er stand einen Augenblick und hielt die Schriftseite des Briefes ihr entgegen.
Die geöffneten Mädchenlippen versandten einen Laut, der nicht zu einem
Wort gedieh.

„Von Heinz!" kam es dann schüchtern hintennach, und wie eine helle Lohe
brannte die Freude auf dem jungen Antlitz.

10 Der Alte sah sie freundlich an. „Von Heinz?" wiederholte er schelmisch. „Ei,
Wiebchen, mit den Augen ist das nicht darauf zu lesen!"

Sie sagte nichts; aber als er jetzt in der Richtung nach dem Kirchschen Hause
zu schritt, lief sie noch immer nebenher.

„Nun?" rief er, „du denkst wohl, daß ich auch für dich noch einen in der
15 Tasche hätte?"

Da blieb sie plötzlich stehen, und während sie traurig ihr Köpfchen schüttelte, ging der Bote mit dem dicken Briefe fort.

Als er die Kirchsche Wohnung betrat, kam eben die Hausmutter mit einem
dampfenden Schüsselchen aus der Küche; sie wollte damit in das Oberhaus, wo
20 im Giebelstübchen die kleine Lina an den Masern lag. Aber Marten rief sie an:
„Frau Kirch! Frau Kirch! Was geben Sie für diesen Brief?"

Und schon hatte sie die an ihren Mann gerichtete Adresse gelesen und die
Schrift erkannt. „Heinz!" rief auch sie, „oh, von Heinz!" Und wie ein Jubel brach
es aus dieser stillen Brust. Da kam von oben her die Kinderstimme: „Mutter!
25 Mutter!"

„Gleich, gleich, mein Kind!" Und nach einem dankbaren Nicken gegen den
Boten flog sie die Treppen hinauf. „O Lina, Lina! Von Heinz, ein Brief von
unserm Heinz!"

Im Wohnzimmer unten saß Hans Kirch an seinem Pulte, zwei aufgeschla-
30 gene Handelsbücher vor sich; er war mit seinem Verlustkonto beschäftigt, das
sich diesmal ungewöhnlich groß erwiesen hatte. Verdrießlich hörte er das laute
Reden draußen, das ihn in seiner Rechnung störte; als der Postbote hereintrat,
fuhr er ihn an: „Was treibt Er[1] denn für Lärmen draußen mit der Frau?"

Statt einer Antwort überreichte Marten ihm den Brief.

35 Fast grollend betrachtete er die Aufschrift mit seinen scharfen Augen, die
noch immer der Brille nicht bedurften. „Von Heinz", brummte er, nachdem er
alle Stempel aufmerksam besichtigt hatte; „Zeit wär's denn auch einmal!"

Vergebens wartete der alte Marten, auch aus des Vaters Augen einen Freu-
denblitz zu sehen; nur ein Zittern der Hand — wie er zu seinem Trost bemerkte

---

[1]Kirch addresses the mail carrier as a servant, using the 3rd person singular.

— konnte dieser nicht bewältigen, als er jetzt nach einer Schere langte, um den
Brief zu öffnen. Und schon hatte er sie angesetzt, als Marten seinen Arm berühr-
te: „Herr Kirch, ich darf wohl noch um dreißig Schilling¹ bitten!"
— „Wofür?" — er warf die Schere hin — „ich bin der Post nichts schuldig!"
5   „Herr, Sie sehen ja wohl, der Brief ist nicht frankiert."
Er hatte es nicht gesehen; Hans Adam biß die Zähne aufeinander: dreißig
Schillinge; warum denn auch nicht die noch zum Verlust geschrieben! Aber —
die Bagatelle, die war's ja nicht; nein — was dahinterstand! Was hatte doch der
Pastor neulich hingeredet? Er würde nicht mit leeren Händen kommen! — Nicht
10 mit leeren Händen! — Hans Adam lachte grimmig in sich hinein. — Nicht mal
das Porto hatte er gehabt! Und der, der sollte im Magistrat den Sitz erobern, der
für ihn, den Vater, sich zu hoch erwiesen hatte!
Hans Kirch saß stumm und starr an seinem Pulte; nur im Gehirne tobten
ihm die Gedanken. Sein Schiff, sein Speicher, alles, was er in so vielen Jahren
15 schwer erworben hatte, stieg vor ihm auf und addierte wie von selber die stattlichen Summen seiner Arbeit. Und das, das alles sollte er diesem... Er dachte den
Satz nicht mehr zu Ende; sein Kopf brannte, es brauste ihm vor den Ohren.
„Lump!" schrie er plötzlich, „so kommst du nicht in deines Vaters Haus!"
Der Brief war dem erschrockenen Boten vor die Füße geschleudert. „Nimm",
20 schrie er, „ich kauf ihn nicht; der ist für mich zu teuer!" Und Hans Kirch griff zur
Feder und blätterte in seinen Kontobüchern.
Der gutmütige Alte hatte den Brief aufgehoben und versuchte bescheiden
noch einige Überredung; aber der Hausherr trieb ihn fort, und er war nur froh,
die Straße zu erreichen, ohne daß er der Mutter zum zweiten Mal begegnet wäre.
25 Als er seinen Weg nach dem Südende der Stadt fortsetzte, kam Wieb eben
von dort zurück; sie hatte in einer Brennerei², welche hier das letzte Haus bildete,
eine Bestellung ausgerichtet. Ihre Mutter war nach dem plötzlichen Tode „ihres
Mannes zur See" in aller Form Rechtens³ die Frau „ihres Mannes auf dem Lande"
geworden und hatte mit diesem eine Matrosenschenke am Hafenplatz errichtet.
30 Viel Gutes wurde von der neuen Wirtschaft nicht geredet; aber wenn an Herbst-
abenden die über der Haustür brennende rote Lampe ihren Schein zu den Schiffen hinabwarf, so saß es da drinnen in der Schenkstube bald Kopf an Kopf, und
der Brenner draußen am Stadtende hatte dort gute Kundschaft.
Als Wieb sich dem alten Postboten näherte, bemerkte sie sogleich, daß er
35 jetzt recht mürrisch vor sich hin sah; und dann — er hatte ja den Brief von Heinz
noch immer in der Hand. „Marten!" rief sie — sie hätte es nicht lassen können
—, „der Brief, hast du ihn noch? War denn sein Vater nicht zu Hause?"

---

¹The allusion is to Judas' betrayal of Jesus for thirty pieces of silver. ²'brandy distillery'
³'by law'

Marten machte ein grimmiges Gesicht. „Nein, Kind, sein Vater war wohl
nicht zu Hause; der alte Hans Kirch war da; aber für den war der Brief zu teuer."
Die blauen Mädchenaugen blickten ihn erschrocken an. „Zu teuer, Marten?"
— „Ja, ja; was meinst du, unter dreißig Schillingen war er nicht zu haben."
5   Nach diesen Worten steckte Marten den Brief in seine Ledertasche und trat
mit einem andern, den er gleichzeitig hervorgezogen hatte, in das nächste Haus.
Wieb blieb auf der Gasse stehen. Einen Augenblick noch sah sie auf die Tür,
die sich hinter dem alten Mann geschlossen hatte; dann, als käme ihr plötzlich ein
Gedanke, griff sie in ihre Tasche und klimperte darin, als wie mit kleiner Silber-
10 münze. Ja, Wieb hatte wirklich Geld in ihrer Tasche; sie zählte es sogar, und es
war eine ganze Handvoll, die sie schon am Vormittage hinter dem Schenktisch
eingenommen hatte. Zwar, es gehörte nicht ihr, das wußte sie recht wohl; aber
was kümmerte sie das, und mochte ihre Mutter sie doch immer dafür schlagen!
„Marten", sagte sie hastig, als dieser jetzt wieder aus dem Hause trat. und streckte
15 eine Handvoll kleiner Münze ihm entgegen, „da ist das Geld, Marten; gib mir
den Brief!"
Marten sah sie voll Verwunderung an.
„Gib ihn doch!" drängte sie. „Hier sind ja deine dreißig Schillinge!" Und als
der Alte den Kopf schüttelte, faßte sie mit der freien Hand an seine Tasche: „Oh,
20 bitte, bitte, lieber Marten, ich will ihn ja nur einmal zusammen mit seiner Mutter
lesen."
„Kind", sagte er, indem er ihre Hand ergriff und ihr freundlich in die angst-
vollen Augen blickte, „wenn's nach mir ginge, so wollten wir den Handel machen;
aber selbst der Postmeister darf dir keinen Brief verkaufen." Er wandte sich von
25 ihr ab und schritt auf seinem Botenwege weiter.
Aber sie lief ihm nach, sie hing sich an seinen Arm, ihr einfältiger Mund hatte die holdesten Bitt- und Schmeichelworte für den alten Marten und ihr Kopf
die allerdümmsten Einfälle; nur leihen sollte er ihr zum mindesten den Brief; er
sollte ihn ja noch heute abend wiederhaben.
30 Der alte Marten geriet in große Bedrängnis mit seinem weichen Herzen;
aber ihm blieb zuletzt nichts übrig, er mußte das Kind gewaltsam von sich stoßen.
Da blieb sie zurück; mit der Hand fuhr sie an die Stirn unter ihr goldblondes
Haar, als ob sie sich besinnen müsse; dann ließ sie das Geld in ihre Tasche fallen
und ging langsam dem Hafenplatze zu. Wer den Weg entgegenkam, sah ihr ver-
35 wundert nach; denn sie hatte die Hände auf die Brust gepreßt und schluchzte
überlaut.

Seitdem waren fünfzehn Jahre hingegangen. Die kleine Stadt erschien fast
unverändert; nur daß für einen jungen Kaufherrn aus den alten Familien am
40 Markt ein neues Haus erbaut war, daß Telegraphendrähte durch die Gassen liefen
und auf dem Posthausschilde jetzt mit goldenen Buchstaben „Kaiserliche Reichs-

post"¹ zu lesen war; wie immer rollte die See ihre Wogen an den Strand, und wenn der Nordwest vom Ostnordost gejagt wurde, so spülte das Hochwasser an die Mauern der Brennerei, die auch jetzt noch in der Roten Laterne ihre beste Kundschaft hatte; aber das Ende der Eisenbahn lag noch manche Meile landwärts
5 hinter dem Hügelzuge, sogar auf dem Bürgermeisterstuhle saß trotz der neuen Segnungen² noch im guten alten Stile ein studierter Mann, und der Magistrat behauptete sein altes Ansehen, wenngleich die Senatoren jetzt in „Stadträte" und die Deputierten in „Stadtverordnete" verwandelt waren; die Abschaffung der Bürgerglocke als eines alten Zopfes³ war in der Stadtverordnetenversammlung von
10 einem jungen Mitgliede zwar in Vorschlag gebracht worden, aber zwei alte Herren hatten ihr das Wort geredet⁴: die Glocke hatte sie in ihrer Jugend vor manchem dummen Streich nach Haus getrieben; weshalb sollte jetzt das junge Volk und das Gesinde nicht in gleicher Zucht gehalten werden? Und nach wie vor, wenn es zehn vom Turm geschlagen hatte, bimmelte die kleine Glocke hinter-
15 drein und schreckte die Pärchen auseinander, welche auf dem Markt am Brunnen schwatzten.

Nicht so unverändert war das Kirchsche Haus geblieben. Heinz war nicht wieder heimgekommen; er war verschollen; es fehlte nur, daß er auch noch gerichtlich für tot erklärt worden wäre; von den jüngeren Leuten wußte mancher
20 kaum, daß es hier jemals einen Sohn des alten Kirch gegeben habe. Damals freilich, als der alte Marten den Vorfall mit dem Briefe bei seinen Gängen mit herumgetragen hatte, war von Vater und Sohn genug geredet worden; und nicht nur von diesen, auch von der Mutter, von der man niemals redete, hatte man erzählt, daß sie derzeit, als es endlich auch ihr von draußen zugetragen worden, zum
25 ersten Mal sich gegen ihren Mann erhoben habe. „Hans! Hans!" so hatte sie ihn angesprochen, ohne der Magd zu achten, die an der Küchentür gelauscht hatte; „das ohne mich zu tun war nicht dein Recht! Nun können wir nur beten, daß der Brief nicht zu dem Schreiber wiederkehre; doch Gott wird ja so schwere Schuld nicht auf dich laden." Und Hans Adam, während ihre Augen voll und tränenlos
30 ihn angesehen, hatte hierauf nichts erwidert, nicht ein Sterbenswörtlein; sie aber hatte nicht nur gebetet; überallhin, wenn auch stets vergebens, hatte sie nach ihrem Sohne forschen lassen; die Kosten, die dadurch verursacht wurden, entnahm sie ohne Scheu den kleineren Kassen, welche sie verwaltete; und Hans Adam, obgleich er bald des inne wurde⁵, hatte sie still gewähren lassen. Er selbst
35 tat nichts dergleichen; er sagte es sich beharrlich vor, der Sohn, ob brieflich oder in Person, müsse anders oder niemals wieder an die Tür des Elternhauses klopfen.

---

¹This dates the action now to after 1871, when the second *Deustches Reich* was founded.
²The reference is to the integration of Schleswig-Holstein into Prussia after 1867. ³'old-fashioned arrangement' (*Zopf* 'pigtail') ⁴'stood up for it' ⁵'became aware of it' (with genitive)

Und der Sohn hatte niemals wieder angeklopft. Hans Adams Haar war nur
um etwas rascher grau geworden; der Mutter aber hatte endlich das stumme Leid
die Brust zernagt, und als die Tochter aufgewachsen war, brach sie zusammen.
Nur eins war stark in ihr geblieben, die Zuversicht, daß ihr Heinz einst wieder-
5 kehren werde; doch auch die trug sie im stillen. Erst da ihr Leben sich rasch zu
Ende neigte, nach einem heftigen Anfall ihrer Schwäche, trat es einmal über ihre
Lippen. Es war ein frostheller Weihnachtsmorgen, als sie, von der Tochter
gestützt, mühsam die Treppe nach der oben belegenen Schlafkammer emporstieg.
Eben, als sie auf halbem Wege, tief aufatmend und wie hülflos um sich blickend,
10 gegen das Geländer lehnte, brach die Wintersonne durch die Scheiben über der
Haustür und erleuchtete mit ihrem blassen Schein den dunkeln Flur. Da wandte
die kranke Frau den Kopf zu ihrer Tochter. „Lina", sagte sie geheimnisvoll, und
ihre matten Augen leuchteten plötzlich in beängstigender Verklärung, „ich weiß
es, ich werde ihn noch wiedersehen! Er kommt einmal so, wenn wir es gar nicht
15 denken!"
„Meinst du, Mutter?" frug die Tochter fast erschrocken.
„Mein Kind, ich meine nicht; ich weiß es ganz gewiß!"
Dann hatte sie ihr lächelnd zugenickt; und bald lag sie zwischen den weißen
Linnen ihres Bettes, welche in wenigen Tagen ihren toten Leib umhüllen sollten.
20 In dieser letzten Zeit hatte Hans Kirch seine Frau fast keinen Augenblick
verlassen; der Bursche, der ihm sonst im Geschäfte nur zur Hand ging, war schier
verwirrt geworden über die ihn plötzlich treffende Selbstverantwortlichkeit; aber
auch jetzt wurde der Name des Sohnes zwischen den beiden Eltern nicht genannt;
nur da die schon erlöschenden Augen der Sterbenden weit geöffnet und wie
25 suchend in die leere Kammer blickten, hatte Hans Kirch, als ob er ein Versprechen gebe, ihre Hand ergriffen und gedrückt; dann hatten ihre Augen sich zur
letzten Lebensruhe zugetan.
Aber wo war, was trieb Heinz Kirch in der Stunde, als seine Mutter starb?

30 Ein paar Jahre weiter, da war der spitze Giebel des Kirchschen Hauses abgebrochen und statt dessen ein volles Stockwerk auf das Erdgeschoß gesetzt worden; und bald hausete eine junge Wirtschaft in den neuen Zimmern des Oberbau-
es; denn die Tochter hatte den Sohn eines wohlhabenden Bürgers aus der Nach-
barstadt geheiratet, der dann in das Geschäft ihres Vaters eingetreten war. Hans
35 Kirch begnügte sich mit den Räumen des alten Unterbaues; die Schreibstube
neben der Haustür bildete zugleich sein Wohnzimmer. Dahinter, nach dem Hofe
hinaus, lag die Schlafkammer; so saß er ohne viel Treppensteigen mitten im Geschäft und konnte trotz des anrückenden Greisenalters und seines jungen Partners
die Fäden noch in seinen Händen halten. Anders stand es mit der zweiten Seite
40 seines Wesens; schon mehrmals war ein Wechsel in den Magistratspersonen eingetreten, aber Hans Kirch hatte keinen Finger darum gerührt; auch, selbst wenn

er darauf angesprochen worden[1], kein Für oder Wider über die neuen Wahlen aus seinem Munde gehen lassen.

Dagegen schlenderte er jetzt oft, die Hände auf dem Rücken, bald am Hafen, bald in den Bürgerpark, während er sonst auf alle Spaziergänger nur mit Verach-
5 tung herabgesehen hatte. Bei anbrechender Dämmerung konnte man ihn auch wohl draußen über der Bucht auf dem hohen Ufer sitzen sehen; er blickte dann in die offene See hinaus und schien keinen der wenigen, die vorübergingen, zu bemerken. Traf es sich, daß aus dem Abendrot ein Schiff hervorbrach und mit vollen Segeln auf ihn zuzukommen schien, dann nahm er seine Mütze ab und
10 strich mit der andern Hand sich zitternd über seinen grauen Kopf. — Aber nein, es geschahen ja keine Wunder mehr; weshalb sollte denn auch Heinz auf jenem Schiffe sein? — Und Hans Kirch schüttelte sich und trat fast zornig seinen Heimweg an.

Der ganze Ehrgeiz des Hauses schien jedenfalls, wenn auch in anderer Form,
15 jetzt von dem Tochtermann[2] vertreten zu werden; Herr Christian Martens hatte nicht geruht, bis die Familie unter den Mitgliedern der Harmoniegesellschaft figurierte, von der bekannt war, daß nur angesehenere Bürger zugelassen wurden. Der junge Ehemann war, wovon der Schwiegervater sich zeitig und gründlich überzeugt hatte, ein treuer Arbeiter und keineswegs ein Verschwender; aber —
20 für einen feinen Mann gelten, mit den Honoratioren einen vertraulichen Händedruck wechseln, etwa noch eine schwergoldene Kette auf brauner Sammetweste, das mußte er daneben haben. Hans Kirch zwar hatte anfangs sich gesträubt; als ihm jedoch in einem stillen Nebenstübchen eine solide Partie „Sechsundsechzig“[3] mit ein paar alten seebefahrenen Herren eröffnet wurde, ging auch er mit seinen
25 Kindern in die Harmonie.

So war die Zeit verflossen, als an einem sonnigen Vormittage im September Hans Kirch vor seiner Haustür stand; mit seinem krummen Rücken, seinem hängenden Kopfe und wie gewöhnlich beide Hände in den Taschen. Er war eben von seinem Speicher heimgekommen; aber die Neugier hatte ihn wieder hinausgetrie-
30 ben, denn durchs Fenster hatte er linkshin auf dem Markte, wo sonst nur Hühner und Kinder liefen, einen großen Haufen erwachsener Menschen, Männer und Weiber, und offenbar in lebhafter Unterhaltung miteinander, wahrgenommen; er hielt die Hand ans Ohr, um etwas zu erhorchen; aber sie standen ihm doch zu fern. Da löste sich ein starkes, aber anscheinend hochbetagtes[4] Frauenzimmer aus
35 der Menge; sie mochte halb erblindet sein, denn sie fühlte mit einem Krückstock vor sich hin; gleichwohl kam sie bald rasch genug gegen das Kirchsche Haus dahergewandert. „Jule!“ brummte Hans Adam. „Was will Jule?“

---

[1]*wenn ... worden* 'when the matter had been mentioned to him'   [2]'son-in-law'   [3]a card game in which the winner must achieve sixty-six points.   [4]'elderly'

Seitdem der Bruder ihr vor einigen Jahren ein größeres Darlehen zu einem
Einkauf abgeschlagen hatte, waren Wort und Gruß nur selten zwischen ihnen
gewechselt worden; aber jetzt stand sie vor ihm; schon von weitem hatte sie ihm
mit ihrer Krücke zugewinkt. Im ersten Antrieb hatte er sich umwenden und in
5 sein Haus zurückgehen wollen; aber er blieb doch. „Was willst du, Jule?" frug er.
„Was verakkordieren¹ die da auf dem Markt?"
„Was die verakkordieren, Hans? Ja, leihst du mir jetzt die hundert Taler,
wenn ich dir's erzähle?"
Er wandte sich jetzt wirklich, um ins Haus zu treten.
10 „Nun, bleib nur!" rief sie. „Du sollst's umsonst zu wissen kriegen; dein Heinz
ist wieder da!"
Der Alte zuckte zusammen. „Wo? Was?" stieß er hervor und fuhr mit dem
Kopf nach allen Seiten. Die Speckhökerin sah mit Vergnügen, wie seine Hände
in den weiten Taschen schlotterten.
15 „Wo?" wiederholte sie und schlug den Bruder auf den krummen Rücken.
„Komm zu dir, Hans! Hier ist er noch nicht; aber in Hamburg, beim Schlafbaas²
in der Johannisstraße!"
Hans Kirch stöhnte. „Weibergewäsch!³" murmelte er. „Siebzehn Jahre fort;
der kommt nicht wieder — der kommt nicht wieder."
20 Aber die Schwester ließ ihn nicht los. „Kein Weibergewäsch, Hans! Der Fritze Reimers, der mit ihm in Schlafstelle liegt, hat's nach Haus geschrieben!"
„Ja, Jule, der Fritze Reimers hat schon mehr gelogen!"
Die Schwester schlug die Arme unter ihrem vollen Busen umeinander. „Zit-
terst du schon wieder für deinen Geldsack?" rief sie höhnend. „Ei nun, für dreißig
25 Reichsgulden haben sie unsern Herrn Christus verraten, so konntest du dein
Fleisch und Blut auch wohl um dreißig Schillinge verstoßen. Aber jetzt kannst
du ihn alle Tage wiederhaben! Ratsherr freilich wird er nun wohl nicht mehr werden; du mußt ihn nun schon nehmen, wie du ihn dir selbst gemacht hast!"
Aber die Faust des Bruders packte ihren Arm; seine Lippen hatten sich
30 zurückgezogen und zeigten das noch immer starke, vollzählige Gebiß. „Nero!
Nero!" schrie er mit heiserer Stimme in die offene Haustür, während sogleich das
Aufrichten des großen Haushundes drinnen hörbar wurde. „Weib, verdammtes,
soll ich dich mit Hunden von der Türe hetzen!"
Frau Jules sittliche Entrüstung mochte indessen nicht so tief gegangen sein;
35 hatte sie doch selbst vor einem halben Jahre ihre einzige Tochter fast mit Gewalt
an einen reichen Trunkenbold verheiratet, um von seinen Kapitalien in ihr Geschäft zu bringen; es hatte sie nur gereizt, ihrem Bruder, wie sie später meinte, für
die hundert Taler auch einmal etwas auf den Stock zu tun⁴. Und so war sie denn

---

¹=*besprechen* ²someone who rents cheap rooms to seamen ³'women's gossip' ⁴*etwas
... tun* 'cause a bit of trouble for'

schon dabei, ihm wieder gute Worte zu geben, als vom Markte her ein älterer
Mann zu den Geschwistern trat. Es war der Krämer von der Ecke gegenüber.
„Kommt, Nachbar", sagte dieser, indem er Hans Adams Hand faßte, „wir wollen
in Ihr Zimmer gehen; das gehört nicht auf die Straße!"
5 Frau Jule nickte ein paarmal mit ihrem dicken Kopfe. „Das meine ich auch,
Herr Rickerts", rief sie, indem sie sich mit ihrem Krückstocke nach der Straße
hinunterfühlte; „erzählen Sie's ihm besser; seiner Schwester hat er es nicht glauben wollen! Aber Hans, wenn's dir an Reisegeld nach Hamburg fehlen sollte?"
   Sie bekam keine Antwort; Herr Rickerts trat mit dem Bruder schon in dessen
10 Zimmer. „Sie wissen es also, Nachbar!" sagte er; „es hat seine Richtigkeit; ich
habe den Brief von Fritze Reimers selbst gelesen."
   Hans Kirch hatte sich in seinen Lehnstuhl gesetzt und starrte, mit den Händen auf den Knien, vor sich hin. „Von Fritze Reimers?" frug er dann. „Aber Fritze
Reimers ist ein Windsack[1], ein rechter Weißfisch[2]!"
15 „Das freilich, Nachbar, und er hat auch diesmal seine eigne Schande nach
Haus geschrieben. Beim Schlafbaas in der Johannisstraße haben sie abends in der
Schenkstube beisammengesessen, deutsche Seeleute, aber aus allen Meeren, Fritze Reimers und noch zwei andre unsrer Jungens mit dazwischen. Nun haben sie
geredet über Woher und Wohin; zuletzt, wo ein jeder von ihnen denn zuerst die
20 Wand beschrieen habe.[3] Als an den Reimers dann die Reihe gekommen ist, da
hat er — Sie kennen's ja wohl, Nachbar — das dumme Lied gesungen, worin sie
den großen Fisch an unserm Rathaus in einen elenden Bütt[4] verwandelt haben;
kaum aber ist das Wort herausgewesen, so hat vom andern Ende des Tisches
einer gerufen: ‚Das ist kein Bütt, das ist der Schwanz von einem Butzkopf[5], und
25 der ist doppelt so lang als Arm und Bein bei dir zusammen!'
   Der Mann, der das gesprochen hat, ist vielleicht um zehn Jahre älter gewesen
als unsere Jungens, die da mitgesessen, und hat sich John Smidt genannt.
   Fritze Reimers aber hat nicht geantwortet, sondern weiter fortgesungen, wie
es in dem Liede heißt: ‚Und sie handeln, sagt er, da mit Macht, sagt er; hab'n
30 zwei Böte, sagt er, und 'ne Jacht!'"
   Der Schnösel[6]!" rief Hans Kirch; „und sein Vater hat bis an seinen Tod auf
meinem Schoner gefahren!"
   „Ja, ja, Nachbar; der John Smidt hat auch auf den Tisch geschlagen. ‚Pfui für
den Vogel, der sein eigen Nest beschmutzt!'"
35 „Recht so!" sagte Hans Kirch; „er hätte ihn nur auf seinen dünnen Schädel
schlagen sollen!"
   „Das tat er nicht; aber als der Reimers ihm zugerufen, was er dabei denn mit-
zureden habe, da —"

---

[1] ‘gas-bag' [2] ‘useless person' [3] i. e., where they were born [4] small flounder [5] ‘killer
whale (orca)' [6] ‘smart aleck'

Hans Kirch hatte des andern Arm gefaßt. „Da?" wiederholte er.

„Ja, Nachbar" — und des Erzählers Stimme wurde leiser —, „da hat John Smidt gesagt, er heiße eigentlich Heinz Kirch, und ob er denn auch nun noch etwas von ihm kaufen wolle. — Sie wissen es ja, Nachbar, unsre Jungens geben
5 sich da drüben manchmal andre Namen, Smidt oder Mayer, oder wie es eben kommen mag, zumal wenn's mit dem Heuerwechsel[1] nicht so ganz in Ordnung ist. Und dann, ich bin ja erst seit sechzehn Jahren hier; aber nach Hörensagen, es muß Ihrem Heinz schon ähnlich sehen, das!"

Hans Kirch nickte. Es wurde ganz still im Zimmer, nur der Perpendikel[2] der
10 Wanduhr tickte; dem alten Schiffer war, als fühle er eine erkaltende Hand, die den Druck der seinigen erwarte.

Der Krämer brach zuerst das Schweigen. „Wann wollen Sie reisen, Nachbar?" frug er.

„Heute nachmittag", sagte Hans Kirch und suchte sich so grade wie möglich
15 aufzurichten.

— „Sie werden gut tun, sich reichlich mit Gelde zu versehen; denn die Kleidung Ihres Sohnes soll just nicht im besten Stande sein."

Hans Kirch zuckte. „Ja, ja; noch heute nachmittag."

Dies Gespräch hatte eine Zuhörerin gehabt; die junge Frau, welche zu ihrem
20 Vater wollte, hatte vor der halboffenen Tür des Bruders Namen gehört und war aufhorchend stehengeblieben. Jetzt flog sie, ohne einzutreten, die Treppe wieder hinauf nach ihrem Wohnzimmer, wo eben ihr Mann, am Fenster sitzend, sich zu besonderer Ergötzung eine Havanna aus dem Sonntagskistchen angezündet hatte.
„Heinz!" rief sie jubelnd ihm entgegen, wie vor Zeiten ihre Mutter es gerufen hat-
25 te, „Nachricht von Heinz! Er lebt, er wird bald bei uns sein!" Und mit überstürzenden Worten erzählte sie, was sie unten im Flur erlauscht hatte. Plötzlich aber hielt sie inne und sah auf ihren Mann, der nachdenklich die Rauchwölkchen vor sich hin blies.

„Christian!" rief sie und kniete vor ihm hin; „mein einziger Bruder! Freust du
30 dich denn nicht?"

Der junge Mann legte die Hand auf ihren Kopf: „Verzeih mir, Lina; es kam so unerwartet; dein Bruder ist für mich noch gar nicht dagewesen; es wird ja nun so vieles anders werden." Und behutsam und verständig, wie es sich für einen wohldenkenden Mann geziemt, begann er dann ihr darzulegen, wie durch diese
35 nicht mehr vermutete Heimkehr die Grundlagen ihrer künftigen Existenz beschränkt, ja vielleicht erschüttert würden. Daß seinerseits die Verschollenheit des Haussohnes, wenn auch ihm selbst kaum eingestanden, wenigstens den zweiten

---

[1]'change of ship' (and hence employment)   [2]'pendulum'

Grund zum Werben um Hans Adams Tochter abgegeben habe, das ließ er freilich nicht zu Worte kommen, so aufdringlich es auch jetzt vor seiner Seele stand.
Frau Lina hatte aufmerksam zugehört. Da aber ihr Mann jetzt schwieg,
schüttelte sie nur lächelnd ihren Kopf: „Du sollst ihn nur erst kennenlernen; oh,
5 Heinz war niemals eigennützig."
Er sah sie herzlich an. „Gewiß, Lina; wir müssen uns darein zu finden wissen;
um desto besser, wenn er wiederkehrt, wie du ihn einst gekannt hast."
Die junge Frau schlug den Arm um ihres Mannes Nacken: „Oh, du bist gut,
Christian! Gewiß, ihr werdet Freunde werden!"
10 Dann ging sie hinaus; in die Schlafkammer, in die beste Stube, an den Herd;
aber ihre Augen blickten nicht mehr so froh, es war auf ihre Freude doch ein
Reif[1] gefallen. Nicht, daß die Bedenken ihres Mannes auch ihr Herz bedrängten;
nein, aber daß so etwas überhaupt sein könne; sie wußte selber kaum, weshalb ihr
alles jetzt so öde schien.
15

Einige Tage später war Frau Lina beschäftigt, in dem Oberbau die Kammer
für den Bruder zu bereiten; aber auch heute war ihr die Brust nicht freier. Der
Brief, worin der Vater seine und des Sohnes Ankunft gemeldet hatte, enthielt
kein Wort von einem frohen Wiedersehen zwischen beiden; wohl aber ergab der
20 weitere Inhalt, daß der Wiedergefundene sich anfangs unter seinem angenom-
menen Namen vor dem Vater zu verbergen gesucht habe und diesem wohl nur
widerstrebend in die Heimat folgen werde.
Als dann an dem bezeichneten Sonntagabend das junge Ehepaar zu dem vor
dem Hause haltenden Wagen hinausgetreten war, sahen sie bei dem Lichtschein,
25 der aus dem offenen Flur fiel, einen Mann herabsteigen, dessen wetterhartes Antlitz mit dem rötlichen Vollbart und dem kurzgeschorenen braunen Haupthaar fast
einen Vierziger anzudeuten schien; eine Narbe, die über Stirn und Auge lief,
mochte indessen dazu beitragen, ihn älter erscheinen zu lassen, als er wirklich
war. Nach ihm kletterte langsam Hans Kirch vom Wagen. „Nun, Heinz", sagte
30 er, nacheinander auf die Genannten hinweisend, „das ist deine Schwester Lina
und das ihr Mann Christian Martens; ihr müßt euch zu vertragen suchen."
Ebenso nacheinander streckte diesen jetzt Heinz die Hand entgegen und
schüttelte die ihre kurz mit einem trockenen: „Very well!" Er tat dies mit einer
unbeholfenen Verlegenheit; mochte die Art seiner Heimkehr ihn bedrücken, oder
35 fühlte er eine Zurückhaltung in der Begrüßung der Geschwister; denn freilich,
sie hatten von dem Wiederkehrenden sich ein anderes Bild gemacht.
Nachdem alle in das Haus getreten waren, geleitete Frau Lina ihren Bruder
die Treppe hinauf nach seiner Kammer. Es war nicht mehr dieselbe, in der er
einst als Knabe geschlafen hatte, es war hier oben ja alles neu geworden; aber er

---

[1]'frost,' 'chill'

schien nicht darauf zu achten. Die junge Frau legte das Reisegepäck, das sie ihm
nachgetragen hatte, auf den Fußboden. „Hier ist dein Bett", sagte sie dann, indem
sie die weiße Schutzdecke abnahm und zusammenlegte; „Heinz, mein Bruder, du
sollst recht sanft hier schlafen!"

5   Er hatte den Rock abgeworfen und war mit aufgestreiften Ärmeln an den
Waschtisch getreten. Jetzt wandte er rasch den Kopf, und seine braunen blitzenden Augen ruhten in den ihren. „Dank, Schwester", sagte er. Dann tauchte er den
Kopf in die Schale und sprudelte mit dem Wasser umher, wie es wohl Leuten
eigen ist, die dergleichen im Freien zu verrichten pflegen. Die Schwester, am
10   Türpfosten lehnend, sah dem schweigend zu; ihre Frauenaugen musterten des
Bruders Kleidung, und sie erkannte wohl, daß alles neu geschafft sein mußte;
dann blieben ihre Blicke auf den braunen sehnigen Armen des Mannes haften,
die noch mehr Narben zeigten als das Antlitz. „Armer Heinz", sagte sie, zu ihm
hinübernickend, „die[1] müssen schwere Arbeit getan haben!"

15   Er sah sie wieder an; aber diesmal war es ein wildes Feuer, das aus seinen
Augen brach. „Demonio!" rief er, die aufgestreckten Arme schüttelnd; „allerlei Ar-
beit, Schwester! Aber — basta y basta![2]" Und er tauchte wieder den Kopf in die
Schale und warf das Wasser über sich, als müsse er, Gott weiß was, herunterspülen.

       Beim Abendtee, den die Familie zusammen einnahm, wollte eine Unterhal-
20   tung nicht recht geraten. „Ihr seid weit umhergekommen, Schwager", sagte nach
einigen vergeblichen Anläufen der junge Ehemann; „Ihr müßt uns viel erzählen."

       „Weit genug", erwiderte Heinz; aber zum Erzählen kam es nicht; er gab nur
kurze allgemeine Antwort.

       „Laß ihn, Christian!" mahnte Frau Lina; „er muß erst eine Nacht zu Haus
25   geschlafen haben." Dann aber, damit es am ersten Abend nicht gar zu stille werde, begann sie selbst die wenigen Erinnerungen aus des Bruders Jugendjahren
auszukramen, die sie nach eigenem Erlebnis oder den Erzählungen der Mutter
noch bewahrte.

       Heinz hörte ruhig zu. „Und dann", fuhr sie fort, „damals, als du dir den gro-
30   ßen Anker mit deinem Namen auf den Arm geätzt hattest! Ich weiß noch, wie
ich schrie, als du so verbrannt nach Hause kamst, und wie dann der Physikus[3]
geholt wurde. Aber" — und sie stutzte einen Augenblick — „war es denn nicht
auf dem linken Unterarm?"

       Heinz nickte: „Mag wohl sein; das sind so Jungensstreiche."

35   „Aber Heinz — es ist ja nicht mehr da; ich meinte, so was könne nie vergehen!"

       „Muß doch wohl, Schwester; sind verteufelte Krankheiten da drüben; man
muß schon oft zufrieden sein, wenn sie einem nicht gar die Haut vom Leibe
ziehen."

---

[1] i. e., the arms   [2] 'enough and enough' (Spanish)   [3]=*Arzt*

Hans Kirch hatte nur ein halbes Ohr nach dem, was hier gesprochen wurde. Noch mehr als sonst in sich zusammengesunken, verzehrte er schweigend sein Abendbrot; nur bisweilen warf er von unten auf einen seiner scharfen Blicke auf den Heimgekehrten, als wolle er prüfen, was mit diesem Sohn noch zu beginnen sei.

5 —— Aber auch für die folgenden Tage blieb dies wortkarge Zusammensein. Heinz erkundigte sich weder nach früheren Bekannten, noch sprach er von dem, was weiter denn mit ihm geschehen solle. Hans Adam frug sich, ob der Sohn das erste Wort von ihm erwarte oder ob er überhaupt nicht an das Morgen denke; „ja, ja", murmelte er dann und nickte heftig mit seinem grauen Kopfe; „er ist's ja

10 siebzehn Jahre so gewohnt geworden."

Aber auch heimisch schien Heinz sich nicht zu fühlen. Hatte er kurze Zeit im Zimmer bei der Schwester seine Zigarre geraucht, so trieb es ihn wieder fort; hinab nach dem Hafen, wo er dem oder jenem Schiffer ein paar Worte zurief, oder nach dem großen Speicher, wo er teilnahmlos dem Abladen der Steinkohlen

15 oder andern Arbeiten zusah. Ein paarmal, da er unten im Kontor[1] gesessen, hatte Hans Kirch das eine oder andere der Geschäftsbücher vor ihm aufgeschlagen, damit er von dem gegenwärtigen Stande des Hauses Einsicht nehme; aber er hatte sie jedesmal nach kurzem Hin- und Herblättern wie etwas Fremdes wieder aus der Hand gelegt.

20 In einem aber schien er, zur Beruhigung des jungen Ehemannes, der Schilderung zu entsprechen, die Frau Lina an jenem Vormittage von ihrem Bruder ihm entworfen hatte; an eine Ausnutzung seiner Sohnesrechte schien der Heimgekehrte nicht zu denken.

Und noch ein zweites war dem Frauenauge nicht entgangen. Wie der Bruder

25 einst mit ihr, der soviel jüngeren Schwester, sich herumgeschleppt, ihr erzählt und mit ihr gespielt hatte, mit ihr und — wie sie von der Mutter wußte — früher auch mit einer anderen, der er bis jetzt mit keinem Worte nachgefragt und von der zu reden sie vermieden hatte, in gleicher Weise ließ er jetzt, wenn er am Nachmittage draußen auf dem Beischlag saß, den kleinen Sohn des Krämers auf

30 seinem Schoß umherklettern und sich Bart und Haar von ihm zerzausen; dann konnte er auch lachen, wie Frau Lina meinte es einst im Garten oder auf jenen Sonntagswanderungen mit der Mutter von ihrem Bruder Heinz gehört zu haben. Schon am zweiten Tage, da sie eben in Hut und Tuch aus der Haustür zu ihm treten wollte, hatte sie ihn so getroffen. Der kleine Bube stand auf seinen Knien

35 und hielt ihn bei der Nase. „Du willst mir was vorlügen, du großer Schiffer!" sagte er und schüttelte derb an ihm herum.

„Nein, nein, Karl, by Jove, es gibt doch Meerfrauen[2]; ich habe sie ja selbst gesehen."

Der Knabe ließ ihn los. „Wirklich? Kann man die denn heiraten?"

---

[1] 'business office'   [2] 'nixies,' 'mermaids' (beings part human, part fish)

„Oho, Junge! Freilich kann man das! Da drüben in Texas, könntst allerlei da zu sehen bekommen, kannte ich einen, der hatte eine Meerfrau; aber sie mußte immer in einer großen Wassertonne schwimmen, die in seinem Garten stand."

Die Augen des kleinen Burschen leuchteten; er hatte nur einmal einen jungen
5 Seehund so gesehen, und dafür hatte er einen Schilling zahlen müssen. „Du", sagte er heimlich und nickte seinem bärtigen Freunde zu; „ich will auch eine Wasserfrau heiraten, wenn ich groß geworden bin!"

Heinz sah nachdenklich den Knaben an. „Tu das nicht, Karl; die Wasserfrauen sind falsch; bleib lieber in deines Vaters Store und spiel mit deines Nach-
10 barn Katze."

Die Hand der Schwester legte sich auf seine Schulter: „Du wolltest mit mir zu unserer Mutter Grabe!"

Und Heinz setzte den Knaben zur Erde und ging mit Frau Lina nach dem Kirchhof. Ja, er hatte sich später auch von ihr bereden lassen, den alten Pastor,
15 der jetzt mit einer Magd im großen Pfarrhaus wirtschaftete, und sogar auch Tante Jule zu besuchen, um die der Knabe Heinz sich wenig einst gekümmert hatte.

So war der Sonntagvormittag herangekommen, und die jungen Eheleute rüsteten sich zum gewohnten Kirchgang; auch Heinz hatte sich bereit erklärt.
20 Hans Kirch war am Abend vorher besonders schweigsam gewesen, und die Augen der Tochter, die ihn kannte, waren mehrmals angstvoll über des Vaters Antlitz hingestreift. Jetzt kam es ihr wie eine Beruhigung, als sie ihn vorhin den großen Flurschrank hatte öffnen und wieder schließen hören, aus dem er selber seinen Sonntagsrock hervorzuholen pflegte.
25 Als aber bald danach die drei Kirchgänger in das untere Zimmer traten, stand Hans Kirch, die Hände auf dem Rücken, in seiner täglichen Kleidung an dem Fenster und blickte auf die leere Gasse; Hut und Sonntagsrock lagen wie unordentlich hingeworfen auf einem Stuhl am Pulte.

„Vater, es ist wohl an der Zeit!" erinnerte Frau Lina schüchtern.
30 Hans Adam hatte sich umgewandt. „Geht nur!" sagte er trocken, und die Tochter sah, wie seine Lippen zitterten, als sie sich über den starken Zähnen schlossen.

„Wie, du willst nicht mit uns, Vater?"

— „Heute nicht, Lina!"
35 „Heute nicht, wo Heinz nun wieder bei uns ist?"

„Nein, Lina", er sprach die Worte leise, aber es war, als müsse es gleich danach hervorbrechen; „ich mag heut nicht allein in unsern Schifferstuhl."

„Aber, Vater, du tust das ja immer", sprach Frau Lina zagend; „Christian sitzt ja auch stets unten bei mir."
40 — „Ei was, dein Mann, dein Mann!" — und ein zorniger Blick schoß unter den buschigen Brauen zu seinem Sohn hinüber, und seine Stimme wurde immer lauter

— „dein Mann gehört dahin; aber die alten Matrosen, die mit fünfunddreißig Jahren noch fremde Kapitäne ihres Vaters Schiffe fahren lassen, die längst ganz anderswo noch sitzen sollten, die mag ich nicht unter mir im Kirchstuhl sehen!"

Er schwieg und wandte sich wieder nach dem Fenster, und niemand hatte
5 ihm geantwortet; dann aber legte Heinz das Gesangbuch, das seine Schwester ihm gegeben hatte, auf das Pult. „Wenn's nur das ist, Vater", sagte er, „der alte Matrose kann zu Hause bleiben; er hat so manchen Sonntag nur den Wind in den Tauen pfeifen hören."

Aber die Schwester ergriff des Bruders, dann des Vaters Hände. „Heinz!
10 Vater! Laßt das ruhen jetzt! Hört zusammen Gottes Wort; ihr werdet mit guten Gedanken wiederkommen, und dann redet miteinander, was nun weiter werden soll!" Und wirklich, mochte es nun den heftigen Mann beruhigt haben, daß er, zum mindesten vorläufig, sich mit einem Worte Luft geschafft — was sie selber nicht erwartet hatte, sie brachte es dahin, daß beide in die Kirche gingen.

15 Aber Hans Kirch, während unten, wie ihm nicht entging, sich aller Blicke auf den Heimgekehrten richteten, saß oben unter den andern alten Kapitänen und Reedern und starrte, wie einst, nach der Marmorbüste des alten Kommandeurs; das war auch ein Stadtsjunge gewesen, ein Schulmeisterssohn, wie Heinz ein Schulmeistersenkel; wie anders war der heimgekommen!

20 — — Eine Unterredung zwischen Vater und Sohn fand weder nach dem Kirchgang noch am Nachmittage statt. Am Abend zog Frau Lina den Bruder in ihre Schlafkammer: „Nun, Heinz, hast du mit Vater schon gesprochen?"

Er schüttelte den Kopf: „Was soll ich mit ihm sprechen, Schwester?"

— „Du weißt es wohl, Heinz; er will dich droben in der Kirche bei sich
25 haben. Sag ihm, daß du dein Steuermannsexamen machen willst; warum hast du es nicht längst gesagt?"

Ein verächtliches Lächeln verzerrte sein Gesicht. „Ist das eine Gewaltssache mit dem alten Schifferstuhl!" rief er. „Todos diabolos[1], ich alter Kerl noch auf der Schulbank! Denk wohl, ich habe manche alte Bark auch ohne das gesteuert!"

30 Sie sah ihn furchtsam an; der Bruder, an den sie sich zu gewöhnen anfing, kam ihr auf einmal fremd, ja unheimlich vor. „Gesteuert?" wiederholte sie leise; „wohin hast du gesteuert, Heinz? Du bist nicht weit gekommen."

Er blickte eine Weile seitwärts auf den Boden; dann reichte er ihr die Hand. „Mag sein, Schwester", sagte er ruhig; „aber — ich kann noch nicht wie ihr; muß
35 mich immer erst besinnen, wo ich hinzutreten habe; kennt das nicht, ihr alle nicht, Schwester! Ein halbes Menschenleben — ja rechne, noch mehr als ein halbes Menschenleben kein ehrlich Hausdach überm Kopf; nur wilde See oder wildes Volk oder beides miteinander! Ihr kennt das nicht, sag ich, das Geschrei und das Gefluche, mein eignes mit darunter; ja, ja, Schwester, mein eignes auch, es

---

[1] 'all devils' (Spanish)

lärmt mir noch immer in die Ohren; laßt's erst stiller werden, sonst — es geht sonst nicht!"

Die Schwester hing an seinem Halse. „Gewiß, Heinz, gewiß, wir wollen Geduld haben; o wie gut, daß du nun bei uns bist!"

5

Plötzlich, Gott weiß woher, tauchte ein Gerücht auf und wanderte emsig von Tür zu Tür: der Heimgekehrte sei gar nicht Heinz Kirch, es sei der Hasselfritz[1], ein Knabe aus dem Armenhause, der gleichzeitig mit Heinz zur See gegangen war und gleich diesem seitdem nichts von sich hatte hören lassen. Und jetzt, nachdem
10   es[2] eine kurze Weile darum herumgeschlichen, war es auch in das Kirchsche Haus gedrungen. Frau Lina griff sich mit beiden Händen an die Schläfen; sie hatte durch die Mutter wohl von jenem anderen gehört; wie Heinz hatte er braune Augen und braunes Haar gehabt und war wie dieser ein kluger wilder Bursch gewesen; sogar eine Ähnlichkeit hatte man der Zeit[3] zwischen ihnen finden wol-
15   len. Wenn alle Freude nun um nichts sein sollte, wenn es nun nicht der Bruder wäre! Eine helle Röte schlug ihr ins Gesicht: sie hatte ja an dieses Menschen Hals gehangen, sie hatte ihn geküßt — Frau Lina vermied es plötzlich, ihn zu berühren; verstohlen aber und desto öfter hafteten ihre Augen auf den rauhen Zügen ihres Gastes, während zugleich ihr innerer Blick sich mühte, unter den Schatten
20   der Vergangenheit das Knabenantlitz ihres Bruders zu erkennen. Als dann auch der junge Ehemann zur Vorsicht mahnte, wußte Frau Lina sich auf einmal zu entsinnen, wie gleichgültig ihr der Bruder neulich an ihrer Mutter Grab erschienen sei; als ob er sich langweile, habe er mit beiden Armen sich über die Eisenstangen der Umfassung gelehnt und dabei seitwärts nach den andern Gräbern
25   hingestarrt; fast als ob, wie bei dem Vaterunser nach der Predigt, nur das Ende abgewartet werden müsse.

Beiden Eheleuten erschien jetzt auch das ganze Gebaren des Bruders noch um vieles ungeschlachter als vordem; dies Sichumherwerfen auf den Stühlen, diese Nichtachtung vor Frau Linas sauberen Dielen. Heinz Kirch, das sagten alle,
30   und den Eindruck bewahrte auch Frau Linas eigenes Gedächtnis, war ja ein feiner junger Mensch gewesen. Als beide dann dem Vater ihre Bedenken mitteilten, war es auch dem nichts Neues mehr; aber er hatte geschwiegen und schwieg auch jetzt; nur die Lippen drückte er fester aufeinander. Freilich, als er bald darauf seinen alten Pastor mit der Pfeife am Zaune seines Vorgartens stehen sah, konnte
35   er doch nicht lassen, wie zufällig heranzutreten und so von weitem an ihm herumzuforschen.

„Ja, ja", meinte der alte Herr, „es war recht schicklich von dem Heinz, daß er seinen Besuch mir gleich am zweiten Tage gönnte."

---

[1] i. e., Fritz Hassel   [2] refers to *Gerücht*   [3] 'at that time' (*der* is emphasized)

„Schuldigkeit, Herr Pastor", versetzte Kirch; „mag Ihnen aber auch wohl
ergangen sein wie mir; es kostet Künste, in diesem Burschen mit dem roten Bart
den alten Heinz herauszufinden."

Der Pastor nickte; sein Gesicht zeigte plötzlich den Ausdruck oratorischer
5 Begeisterung. „Ja, mit dem Barte!" wiederholte er nachdrücklich und fuhr mit der
Hand, wie auf der Kanzel, vor sich hin. „Sie sagen es, Herr Nachbar; und wahrlich, seit dieser unzierliche Zierat Mode worden, kann man die Knaben in den
Jünglingen nicht wiedererkennen, bevor man sie nicht selber sich bei Namen
rufen hörte; das habe ich an meinen Pensionären selbst erfahren! Da war der
10 blonde Dithmarscher[1], dem Ihr Heinz — er wollte jetzo zwar darauf vergessen
haben — einmal den blutigen Denkzettel unter die Nase schrieb; der glich wahrlich einem weißen Hammel, da er von hier fortging; und als er nach Jahren in
meine friedliche Kammer so unerwartet eintrat — ein Löwe! Ich versichere Sie,
Herr Nachbar, ein richtiger Löwe! Wenn nicht die alten Schafsaugen zum Glück
15 noch standgehalten hätten, ich alter Mann hätte ja den Tod sonst davon haben
können!" Der Pastor sog ein paarmal an seiner Pfeife und drückte sich das Sam-
metkäppchen fester auf den weißen Kopf.

„Nun freilich", meinte Hans Kirch; denn er fühlte wohl, daß er ein Lieblings-
thema wachgerufen habe, und suchte noch einmal wieder anzuknüpfen; „solche
20 Signale wie Ihr Dithmarscher hat mein Heinz nicht aufzuweisen."

Aber der alte Herr ging wieder seinen eigenen Weg. „Bewahre!" sagte er verächtlich und machte mit der Hand eine Bewegung, als ob er die Schafsaugen weit
von sich in die Büsche werfe. „Ein Mann, ein ganzer Mann!" Dann hob er den
Zeigefinger und beschrieb schelmisch lächelnd eine Linie über Stirn und Auge:
25 „Auch eine Dekorierung hat er sich erworben; im Gefecht, Herr Nachbar, ich
sage im Gefechte; gleich einem alten Studiosus[2]! Zu meiner Zeit — Seeleute und
Studenten, das waren die freien Männer, wir standen allzeit beieinander!"

Hans Kirch schüttelte den Kopf. „Sie irren, Ehrwürden; mein Heinz war nur
auf Kauffahrteischiffen[3]; im Sturm, ein Holzsplitter, eine stürzende Stenge[4] tun
30 wohl dasselbe schon."

„Crede experto![5] Traue dem Sachkundigen!" rief der alte Herr und hob
geheimnisvoll das linke Ohrläppchen, hinter welchem die schwachen Spuren
einer Narbe sichtbar wurden. „Im Gefecht, Herr Nachbar; oh, wir haben auch pro
patria geschlagen[6]."

35 Ein Lächeln flog über das Gesicht des alten Seemanns, das für einen Augenblick das starke Gebiß bloßlegte. „Ja, ja, Herr Pastor; freilich, er war kein Hasen-
fuß, mein Heinz!"

---

[1] i. e., from Ditmarsch, district on the west coast of Schleswig-Holstein [2] i. e., a university
student belonging to a fencing society or *schlagende Verbindung* [3] 'merchant vessels'
[4] 'topmast' [5] 'Believe an expert!' (Latin) [6] 'fought for the fatherland'

Aber der frohe Stolz, womit diese Worte hervorbrachen, verschwand schon wieder; das Bild seines kühnen Knaben verblich vor dem des Mannes, der jetzt unter seinem Dache hauste.

Hans Kirch nahm kurzen Abschied; er gab es auf, es noch weiter mit der
5 Geschwätzigkeit des Greisenalters aufzunehmen.

— — Am Abend war Ball in der Harmonie. Heinz wollte zu Hause bleiben, er passe nicht dahin; und die jungen Eheleute, die ihm auch nur wie beiläufig davon gesprochen hatten, waren damit einverstanden; denn Heinz, sie mochten darin nicht unrecht haben, war in dieser Gesellschaft für jetzt nicht wohl zu
10 präsentieren. Frau Lina wollte ebenfalls zu Hause bleiben; doch sie mußte dem Drängen ihres Mannes nachgeben, der einen neuen Putz für sie erhandelt hatte. Auch Hans Kirch ging zu seiner Partie Sechsundsechzig; eine innere Unruhe trieb ihn aus dem Hause.

So blieb denn Heinz allein zurück. Als alle fort waren, stand er, die Hände
15 in den Taschen, am Fenster seiner dunklen Schlafkammer, das nach Nordosten auf die See hinausging. Es war unruhiges Wetter, die Wolken jagten vor dem Mond; doch konnte er jenseit des Warders, in dem tieferen Wasser, die weißen Köpfe der Wellen schäumen sehen. Er starrte lange darauf hin; allmählich, als seine Augen sich gewöhnt hatten, bemerkte er auch drüben auf der Insel einen
20 hellen Dunst; von dem Leuchtturm konnte das nicht kommen; aber das große Dorf lag dort, wo, wie er hatte reden hören, heute Jahrmarkt war. Er öffnete das Fenster und lehnte sich hinaus; fast meinte er, durch das Rauschen des Wassers die ferne Tanzmusik zu hören; und als packe es ihn plötzlich, schlug er das Fenster eilig zu und sprang, seine Mütze vom Türhaken reißend, in den Flur hinab.
25 Als er ebenso rasch der Haustür zuging, frug die Magd ihn, ob sie mit dem Abschließen auf ihn warten solle; aber er schüttelte nur den Kopf, während er das Haus verließ.

Kurze Zeit danach, beim Rüsten[1] der Schlafgemächer für die Nacht, betrat die Magd auch die von ihrem Gaste vorhin verlassene Kammer. Sie hatte ihr
30 Lämpchen auf dem Vorplatze gelassen und nur die Wasserflasche rasch hineinsetzen wollen; als aber draußen eben jetzt der Mond sein volles Licht durch den weiten Himmelsraum ergoß, trat sie gleichfalls an das Fenster und blickte auf die wie mit Silberschaum gekrönten Wellen; bald aber waren es nicht mehr diese; ihre jungen weitreichenden Augen hatten ein Boot erkannt, das von einem ein-
35 zelnen Manne durch den sprühenden Gischt der Insel zugetrieben wurde.

Wenn Hans Kirch oder die jungen Eheleute in die Harmonie gegangen waren, um dort nähere Aufschlüsse über jenes unheimliche Gerücht zu erhalten, so mußten sie sich getäuscht finden; niemand ließ auch nur ein andeutendes Wort

---

[1] 'preparation'

darüber fallen; es war wieder wie kurz zuvor, als ob es niemals einen Heinz Kirch
gegeben hätte.

Erst am andern Morgen erfuhren sie, daß dieser am Abend bald nach ihnen
fortgegangen und bis zur Stunde noch nicht wieder da sei; die Magd teilte auf
5 Befragen ihre Vermutungen mit, die nicht weit vom Ziele treffen mochten. Als
dann endlich kurz vor Mittag der Verschwundene mit stark gerötetem Antlitz
heimkehrte, wandte Hans Kirch, den er im Flur traf, ihm den Rücken und ging
rasch in seine Stube. Frau Lina, der er auf der Treppe begegnete, sah ihn vor-
wurfsvoll und fragend an; sie stand einen Augenblick, als ob sie sprechen wolle;
10 aber — wer war dieser Mann? — Sie hatte sich besonnen und ging ihm stumm
vorüber.

Nach der schweigend eingenommenen Mittagsmahlzeit hatte Heinz sich
oben in der Wohnstube des jungen Paares in die Sofaecke gesetzt. Frau Lina ging
ab und zu[1]; er hatte den Kopf gestützt und war eingeschlafen. Als er nach gerau-
15 mer Zeit erwachte, war die Schwester fort; statt dessen sah er den grauen Kopf
des Vaters über sich gebeugt; der Erwachende glaubte es noch zu fühlen, wie die
scharfen Augen in seinem Antlitz forschten.

Eine Weile hafteten beider Blicke ineinander; dann richtete der Jüngere sich
auf und sagte: „Laßt nur, Vater; ich weiß es schon, Ihr möchtet gern, daß ich der
20 Hasselfritze aus der Armenkate[2] wäre; möcht Euch schon den Gefallen tun, wenn
ich mich selbst noch mal zu schaffen hätte."

Hans Kirch war zurückgetreten. „Wer hat dir das erzählt?" sagte er, „du
kannst nicht behaupten, daß ich dergleichen von dir gesagt hätte."

„Aber Euer Gesicht sagt mir's; und unsre junge Frau, sie zuckt vor meiner
25 Hand, als sollt sie eine Kröte fassen. Wußte erst nicht, was da unterwegs sei; aber
heut nacht, da drüben, da schrieen es beim Tanz die Eulen in die Fenster."

Hans Kirch erwiderte nichts; der andre aber war aufgestanden und sah auf die
Gasse, wo in Stößen der Regen vom Herbstwinde vorbeigetrieben wurde. „Eins
aber", begann er wieder, indem er sich finster zu dem Alten wandte, „mögt Ihr
30 mir noch sagen! Warum damals, da ich noch jung war, habt Ihr das mit dem Brief
mir angetan? Warum? Denn ich hätte Euch sonst mein altes Gesicht wohl wieder
heimgebracht."

Hans Kirch fuhr zusammen. An diesen Vorgang hatte seit dem Tode seines
Weibes keine Hand gerührt; er selbst hatte ihn tief in sich begraben. Er fuhr mit
35 den Fingern in die Westentasche und biß ein Endchen von der schwarzen
Tabaksrolle, die er daraus hervorgeholt hatte. „Einen Brief?" sagte er dann; „mein
Sohn Heinz war nicht für das Briefschreiben."

„Mag sein, Vater; aber einmal — einmal hatte er doch geschrieben; in Rio
hatte er den Brief zur Post gegeben, und später, nach langer Zeit — der Teufel

---

[1]=*hin und her* [2]small house set aside for the indigent

hatte wohl sein Spiel dabei — in San Jago[1], in dem Fiebernest, als die Briefschaf-
ten für die Mannschaft ausgeteilt wurden, da hieß es: ‚Hier ist auch was für dich.'
Und als der Sohn, vor Freude zitternd, seine Hand ausstreckte und mit den
Augen nur die Aufschrift des Briefes erst verschlingen wollte, da war's auch wirk-
5 lich einer, der von Hause kam, und auch eine Handschrift von zu Hause stand
darauf; aber — es war doch nur sein eigener Brief, der nach sechs Monaten uner-
öffnet an ihn zurückkam."

Es sah fast aus, als seien die Augen des Alten feucht geworden; als er aber
den trotzigen Blick des Jungen sich gegenüber sah, verschwand das wieder. „Viel
10 Rühmliches mag auch nicht darin gestanden haben!" sagte er grollend.

Da fuhr ein hartes Lachen aus des Jüngeren Munde und gleich darauf ein
fremdländischer Fluch, den der Vater nicht verstand. „Da mögt Ihr recht haben,
Hans Adam Kirch; ganz regulär war's just nicht hergegangen; der junge Bursche
wär auch damals gern vor seinem Vater hingefallen; lagen aber tausend Meilen
15 zwischen ihnen; und überdem — das Fieber hatte ihn geschüttelt, und er war erst
eben von seinem elenden Lazarettbett aufgestanden! Und später dann — was
meint Ihr wohl, Hans Kirch? Wen Vaters Hand verstoßen, der fragt bei der
nächsten Heuer nicht, was unterm Deck geladen ist, ob Kaffeesäcke oder schwarze Vögel, die eigentlich aber schwarze Menschen sind; wenn's nur Dublonen[2]
20 gibt; und fragt auch nicht, wo die der Teufel holt und wo dann wieder neue zu
bekommen sind!"

Die Stimme, womit diese Worte gesprochen wurden, klang so wüst und
fremd, daß Hans Kirch sich unwillkürlich frug: ‚Ist das dein Heinz, den der Kan-
tor beim Amensingen immer in die erste Reihe stellte, oder ist es doch der Junge
25 aus der Armenkate, der nur auf deinen Beutel spekuliert?' Er wandte wieder seine
Augen prüfend auf des andern Antlitz; die Narbe über Stirn und Auge flammte
brandrot. „Wo hast du dir denn das geholt?" sagte er, an seines Pastors Rede den-
kend. ‚Bist du mit Piraten im Gefecht gewesen?"

Ein desperates Lachen fuhr aus des Jüngeren Munde. „Piraten?" rief er.
30 „Glaubt nur, Hans Kirch, es sind auch dabei brave Kerle! Aber laßt das; das
Gespinst[3] ist gar zu lang, mit wem ich all zusammen war!"

Der Alte sah ihn mit erschrockenen Augen an. „Was sagst du?" frug er so
leise, als ob es niemand hören dürfe.

Aber bevor eine Antwort darauf erfolgen konnte, wurden schwerfällige
35 Schritte draußen auf der Treppe laut; die Tür öffnete sich, und von Frau Lina
geführt, trat Tante Jule in das Zimmer. Während sie, pustend und mit beiden
Händen sich auf ihren Krückstock lehnend, stehenblieb, war Heinz an ihr vorüber
schweigend aus der Tür gegangen.

---

[1]probably the Santiago in the Cape Verde islands, a center of the slave trade   [2]‚dou-
bloons' (Spanish coins)   [3]=Geschichte

„Ist er fort?" sagte sie, mit ihrem Stocke hinter ihm her weisend.

„Wer soll fort sein?" frug Hans Kirch und sah die Schwester nicht eben allzu freundlich an.

„Wer? Nun, den du seit vierzehn Tagen hier in Kost genommen."

5 — „Was willst du wieder, Jule? Du pflegst mir sonst nicht so ins Haus zu fallen."

„Ja, ja, Hans", und sie winkte der jungen Frau, ihr einen Stuhl zu bringen, und setzte sich darauf; „du hast's auch nicht um mich verdient; aber ich bin nicht so, Hans; ich will dir Abbitte tun; ich will bekennen, der Fritze Reimers mag
10 doch wohl gelogen haben, oder wenn nicht er, so doch der andre!"

„Was soll die Rederei?" sagte Hans Kirch, und es klang, als ob er müde wäre.

— „Was es soll? Du sollst dich nicht betrügen lassen! Du meinst, du hast nun deinen Vogel wieder eingefangen; aber sieh nur zu, ob's auch der rechte ist!"

„Kommst du auch mit dem Geschwätz? Warum sollt's denn nicht der rechte
15 sein?" Er sprach das unwirsch, aber doch; als ob es zu hören ihn verlange.

Frau Jule hatte sich in Positur gesetzt. „Warum, Hans? — Als er am Mittwochnachmittage mit der Lina bei mir saß — wir waren schon bei der dritten Tasse Kaffee, und noch nicht einmal hatte er, ‚Tante' zu mir gesagt! — ‚Warum', frug ich, ‚nennst du mich denn gar nicht Tante?' — ‚Ja, Tante', sagt er, ‚du hast
20 ja noch allein gesprochen!' Und, siehst du, Hans, das war beim ersten Mal denn schon gelogen; denn das soll mir keiner nachsagen; ich lasse jedermann zu Worte kommen! Und als ich ihn dann nahe zu mir zog und mit der Hand und mit meinen elenden Augen auf seinem Gesicht herumfühlte — nun, Hans, die Nase kann doch nicht von Ost nach West gewachsen sein!"

25 Der Bruder saß mit gesenktem Kopf ihr gegenüber; er hatte nie darauf geachtet, wie seinem Heinz die Nase im Gesicht gestanden hatte. „Aber", sagte er — denn das Gespräch von vorhin flog ihm durch den Kopf; doch schienen ihm die Worte schwer zu werden — „sein Brief von damals; wir redeten darüber; er hat ihn in San Jago selbst zurückerhalten!"

30 Die dicke Frau lachte, daß der Stock ihr aus den Händen fiel. „Die Briefgeschichte, Hans! Ja, die ist seit den vierzehn Tagen reichlich wieder aufgewärmt; davon konnte er für einen Dreiling bei jedem Bettelkinde einen Suppenlöffel voll bekommen[1]! Und er mußte dir doch auch erzählen, weshalb der echte Heinz denn all die Jahre draußen blieb. Laß dich nicht nasführen, Hans! Warum denn hat er
35 nicht mit dir wollen, als du ihn von Hamburg holtest? War's denn so schlimm, wieder einmal an die volle Krippe und ins warme Nest zu kommen? — Ich will's dir sagen; das ist's: er hat sich so geschwind nicht zu dem Schelmenwagstück resolvieren können!"

---

[1] i. e., you can hear that anywhere

Hans Adam hatte seinen grauen Kopf erhoben, aber er sprach nicht dazwischen; fast begierig horchte er auf alles, was die Schwester vorbrachte.

„Und dann", fuhr diese fort, „die Lina hat davon erzählt." — — Aber plötzlich stand sie auf und fühlte sich mit ihrer Krücke, die Lina ihr dienstfertig aufge-
5 hoben hatte, nach dem Fenster hin; von draußen hörte man zwei Männerstimmen in lebhafter Unterhaltung. „O Lina", sagte Tante Jule; „ich hör's, der eine ist der Justizrat, lauf doch und bitte ihn, ein paar Augenblicke hier heraufzukommen!"

Der Justizrat war der alte Physikus; bei dem früheren Mangel passender Alterstitel hierzulande waren alle älteren Physici Justizräte.

10 Hans Kirch wußte nicht, was seine Schwester mit diesem vorhatte; aber er wartete geduldig, und bald auch trat der alte Herr mit der jungen Frau ins Zimmer. „Ei, ei", rief er, „Tante Jule und Herr Kirch beisammen? Wo ist denn nun der Patient?"

„Der da", sagte Tante Jule und wies auf ihren Bruder; „er hat den Star auf
15 beiden Augen!"

Der Justizrat lachte. „Sie scherzen, liebe Madame; ich wollte, ich hätte selbst nur noch die scharfen Augen unseres Freundes."

„Mach fort, Jule", sagte Hans Kirch; „was gehst du lange um den Brei herum!1"

20 Die dicke Frau ließ sich indes nicht stören. „Es ist nur so sinnbildlich, mein Herr Justizrat", erklärte sie mit Nachdruck. „Aber besinnen Sie sich einmal darauf, wie Sie vor so ein zwanzig Jahren hier auch ins Haus geholt wurden; die Lina, die große Frau jetzt, schrie damals ein Zetermordio2 durchs Haus; denn ihr Bruder Heinz hatte sich nach Jungensart einen schönen Anker auf den Unterarm
25 geätzt und sich dabei weidlich zugerichtet."

Hans Kirch fuhr mit seinem Kopf herum; denn die ihm der Zeit unbeachtet vorübergegangene Unterhaltung bei der ersten Abendmahlzeit kam ihm plötzlich, und jetzt laut und deutlich, wieder.

Aber der alte Doktor wiegte das Haupt: „Ich besinne mich nicht; ich hatte
30 in meinem Leben so viele Jungen unter Händen."

„Nun so, mein Herr Justizrat", sagte Tante Jule; „aber Sie kennen doch dergleichen Jungensstreiche hier bei uns; es fragt sich nur, und das möchten wir von Ihnen wissen, ob denn in zwanzig Jahren solch ein Anker ohne Spur verschwinden könne."

35 „In zwanzig Jahren?" erwiderte jetzt der Justizrat ohne Zögern; „ei, das kann gar leicht geschehen!"

Aber Hans Kirch mischte sich ins Gespräch: „Sie denken, wie sie's jetzt machen, Doktor, so mit blauer Tusche; nein, der Junge war damals nach der alten

---

1'beat about the bush' 2'cry of murder,' 'a hue and cry'

gründlichen Manier ans Werk gegangen; tüchtige Nadelstiche, und dann mit Pulver eingebrannt."

Der alte Arzt rieb sich die Stirn. „Ja, ja; ich entsinne mich auch jetzt. Hm!
— Nein, das dürfte wohl unmöglich sein; das geht bis auf die cutis[1]; der alte
5 Heinrich Jakobs läuft noch heut mit seinem Anker."

Tante Jule nickte beifällig; Frau Lina stand, die Hand an der Stuhllehne, blaß
und zitternd neben ihr.

„Aber", sagte Hans Kirch, und auch bei ihm schlich sich die Stimme nur wie
mit Zagen aus der Kehle, „sollte es nicht Krankheiten geben? Da drüben, in den
10 heißen Ländern?"

Der Arzt bedachte sich eine Weile und schüttelte dann sehr bestimmt den
Kopf. „Nein, nein; das ist nicht anzunehmen; es müßten denn die Blattern[2] ihm
den Arm zerrissen haben."

Eine Pause entstand, während Frau Jule ihre gestrickten Handschuhe anzog.
15 „Nun, Hans", sagte sie dann; „ich muß nach Haus; aber du hast nun die Wahl:
den Anker oder die Blatternarben! Was hat dein neuer Heinz denn aufzuweisen?
Die Lina hat nichts von beiden sehen können; nun sieh du selber zu, wenn deine
Augen noch gesund sind!"

— — Bald danach ging Hans Kirch die Straße hinauf nach seinem Speicher;
20 er hatte die Hände über dem Rücken gefaltet, der Kopf hing ihm noch tiefer als
gewöhnlich auf die Brust. Auch Frau Lina hatte das Haus verlassen und war dem
Vater nachgegangen; als sie in den unteren dämmerhellen Raum des Speichers
trat, sah sie ihn in der Mitte desselben stehen, als müsse er sich erst besinnen,
weshalb er denn hieher gegangen sei. Bei dem Geräusche des Kornumschaufelns[3],
25 das von den oberen Böden herabscholl, mochte er den Eintritt der Tochter überhört haben; denn er stieß sie fast zurück, als er sie jetzt so plötzlich vor sich sah:
„Du, Lina! Was hast du hier zu suchen?"

Die junge Frau zitterte und wischte sich das Gesicht mit ihrem Tuche.
„Nichts, Vater", sagte sie; „aber Christian ist unten am Hafen, und da litt es mich
30 nicht so allein zu Hause, mit ihm — mit dem fremden Menschen! Ich fürchte
mich; o, es ist schrecklich, Vater!"

Hans Kirch hatte während dieser Worte wieder seinen Kopf gesenkt; jetzt
hob er wie aus einem Abgrunde seine Augen zu denen seiner Tochter und blickte
sie lange und unbeweglich an. „Ja, ja, Lina", sagte er dann hastig; „Gott Dank,
35 daß es ein Fremder ist!"

Hierauf wandte er sich rasch, und die Tochter hörte, wie er die Treppen zu
dem obersten Bodenraum hinaufstieg.

---

[1] deep layer of skin   [2] 'smallpox'   [3] 'shoveling grain'

Ein trüber Abend war auf diesen Tag gefolgt; kein Stern war sichtbar; feuchte Dünste lagerten auf der See. Im Hafen war es ungewöhnlich voll von Schiffen,
meist Jachten und Schoner; aber auch ein paar Vollschiffe[1] waren dabei und
außerdem der Dampfer, welcher wöchentlich hier anzulegen pflegte. Alles lag
5 schon in tiefer Ruhe, und auch auf dem Hafenplatz am Bollwerk entlang schlenderte nur ein einzelner Mann: wie es den Anschein hatte, müßig und ohne eine
bestimmte Absicht. Jetzt blieb er vor dem einen der beiden Barkschiffe stehen,
auf dessen Deck ein Junge sich noch am Gangspill[2] zu schaffen machte; er rief
einen „guten Abend" hinüber und fragte, wie halb gedankenlos, nach Namen und
10 Ladung des Schiffes. Als ersterer genannt wurde, tauchte ein Kopf aus der Kajüte,
schien eine Weile den am Ufer Stehenden zu mustern, spie dann weit hinaus ins
Wasser und tauchte wieder unter Deck. Schiff und Schiffer waren nicht von hier;
der am Ufer schlenderte weiter; vom Warder drüben kam dann und wann ein Vo-
gelschrei; von der Insel her drang nur ein schwacher Schein von den Leuchtfeuern
15 durch den Nebel. Als er an die Stelle kam, wo die Häuserreihe näher an das Wasser tritt, schlug von daher ein Gewirr von Stimmen an sein Ohr und veranlaßte
ihn stillzustehen. Von einem der Häuser fiel ein roter Schein in die Nacht hinaus;
er erkannte es wohl, wenngleich sein Fuß die Schwelle dort noch nicht überschritten hatte; das Licht kam aus der Laterne der Hafenschenke. Das Haus war
20 nicht wohlbeleumdet[3]; nur fremde Matrosen und etwa die Söhne von Setzschif-
fern verkehrten dort; er hatte das alles schon gehört. — Und jetzt erhob das Lärmen sich von neuem, nur daß auch eine Frauenstimme nun dazwischen kreischte.
— Ein finsteres Lachen fuhr über das Antlitz des Mannes; beim Schein der roten
Laterne und den wilden Lauten hinter den verhangenen Fenstern mochte allerlei
25 in seiner Erinnerung aufwachen, was nicht guttut, wenn es wiederkommt. Dennoch schritt er darauf zu, und als er eben von der Stadt her die Bürgerglocke läu-
ten hörte, trat er in die niedrige, aber geräumige Schenkstube.

An einem langen Tische saß eine Anzahl alter und junger Seeleute: ein Teil
derselben, zu denen sich der Wirt geseilt zu haben schien, spielte mit beschmutz-
30 ten Karten, ein Frauenzimmer[4], über die Jugendblüte hinaus, mit blassem, ver-
wachtem[5] Antlitz, dem ein Zug des Leidens um den noch immer hübschen Mund
nicht fehlte, trat mit einer Anzahl dampfender Gläser herein und verteilte sie
schweigend an die Gäste. Als sie an den Platz eines Mannes kam, dessen kleine
Augen begehrlich aus dem grobknochigen[6] Angesicht hervorschielten, schob sie
35 das Glas mit augenscheinlicher Hast vor ihn hin; aber der Mensch lachte und
suchte sie an ihren Röcken festzuhalten: „Nun, Ma'am, habt Ihr Euch noch
immer nicht besonnen? Ich bin ein höflicher Mann, versichere Euch! Aber ich
kenne die Weibergeographie: Schwarz oder Weiß, ist alles eine Sorte!"

---

[1]large sailing vessels [2]'windlass' (machine for hoisting an anchor) [3]'did not have a
good reputation' [4]=*Frau* [5]'tired from loss of sleep' [6]'large-boned'

„Laßt mich", sagte das Weib; „bezahlt Euer Glas und laßt mich gehen!"
Aber der andre war nicht ihrer Meinung; er ergriff sie und zog sie jäh zu sich
heran, daß das vor ihm stehende Glas umstürzte und der Inhalt sie beide überströmte. „Sieh nur, schöne Missis!" rief er, ohne darauf zu achten, und winkte mit
5 seinem rothaarigen Kopfe nach einem ihm gegenübersitzenden Burschen, dessen
flachsblondes Haar auf ein bleiches, vom Trunke gedunsenes Antlitz herabfiel;
„sieh nur, der Jochum mit seinem greisen Kalbsgesicht hat nichts dagegen einzuwenden! Trink aus, Jochum, ich zahle dir ein neues!"
Der Mensch, zu dem er gesprochen hatte, goß mit blödem Schmunzeln sein
10 Glas auf einen Zug hinunter und schob es dann zu neuem Füllen vor sich hin.
Einen Augenblick ruhten die Hände des Weibes, mit denen sie sich aus der
gewaltsamen Umarmung zu lösen versucht hatte; ihre Blicke fielen auf den bleichen Trunkenbold, und es war, als wenn Abscheu und Verachtung sie eine Weile
alles andere vergessen ließen.
15 Aber ihr Peiniger zog sie nur fester an sich: „Siehst du, schöne Frau! Ich
dächte doch, der Tausch wäre nicht so übel! Aber, der ist's am Ende gar nicht!
Nimm dich in acht, daß ich nicht aus der Schule schwatze[1]!" Und da sie wiederum sich sträubte, nickte er einem hübschen, braunlockigen Jungen zu, der am
unteren Ende des Tisches saß. „He, du Gründling[2]", rief er, „meinst du, ich weiß
20 nicht, wer gestern zwei Stunden nach uns aus der Roten Laterne unter Deck
gekrochen ist?"
Die hellen Flammen schlugen dem armen Weibe ins Gesicht; sie wehrte sich
nicht mehr, sie sah nur hülfesuchend um sich. Aber es rührte sich keine Hand;
der junge hübsche Bursche schmunzelte nur und sah vor sich in sein Glas.
25 Aus einer unbesetzten Ecke des Zimmers hatte bisher der zuletzt erschienene
Gast dem allen mit gleichgültigen Augen zugesehen; und wenn er jetzt die Faust
erhob und dröhnend vor sich auf die Tischplatte schlug, so schien auch dieses nur
mehr wie aus früherer Gewohnheit, bei solchem Anlaß nicht den bloßen Zuschauer abzugeben. „Auch mir ein Glas!" rief er, und es klang fast, als ob er
30 Händel suche[3].
Drüben war alles von den Sitzen aufgesprungen. „Wer ist das? Der will wohl
unser Bowiemesser schmecken? Werft ihn hinaus! Goddam, was will der Kerl?"
„Nur auch ein Glas!" sagte der andre ruhig. „Laßt euch nicht stören! Haben,
denk ich, hier wohl alle Platz!"
35 Die drüben waren endlich doch auch dieser Meinung und blieben an ihrem
Tische; aber das Frauenzimmer hatte dabei Gelegenheit gefunden, sich zu befrei-
en, und trat jetzt an den Tisch des neuen Gastes. „Was soll es sein?" frug sie höflich; aber als er ihr Bescheid gab, schien sie es kaum zu hören; er sah verwundert,

---

[1]*aus ... schwatze* 'tell tales out of school' [2]'gudgeon,' someone easily fooled [3]'looking for trouble'

wie ihre Augen starr und doch wie abwesend auf ihn gerichtet waren und wie sie
noch immer vor ihm stehenblieb.

„Kennen Sie mich?" sagte er und warf mit rascher Bewegung seinen Kopf
zurück, so daß der Schein der Deckenlampe auf sein Antlitz fiel.

5　　Das Weib tat einen tiefen Atemzug, und die Gläser, die sie in der Hand
hielt, schlugen hörbar aneinander. „Verzeihen Sie", sagte sie ängstlich; „Sie sollen
gleich bedient werden."

Er blickte ihr nach, wie sie durch eine Seitentür hinausging; der Ton der
wenigen Worte, welche sie zu ihm gesprochen, war ein so anderer gewesen, als
10　den er vorhin von ihr gehört hatte; langsam hob er den Arm und stützte seinen
Kopf darauf; es war, als ob er mit allen Sinnen in eine weite Ferne denke. Es hätte
ihm endlich auffallen müssen, daß seine Bestellung noch immer nicht ausgeführt
sei; aber er dachte nicht daran. Plötzlich, während am andern Tisch die Karten
mit den Würfeln wechselten, erhob er sich. Wäre die Aufmerksamkeit der übri-
15　gen Gäste auf ihn statt auf das neue Spiel gerichtet gewesen, er wäre sicher ihrem
Hohne nicht entgangen; denn der hohe kräftige Mann zitterte sichtbar, als er
jetzt mit auf den Tisch gestemmten Händen dastand.

Aber es war nur für einige Augenblicke; dann verließ er das Zimmer durch
dieselbe Tür, durch welche vorhin die Aufwärterin hinausgegangen war. Ein
20　dunkler Gang führte ihn in eine große Küche, welche durch eine an der Wand
hängende Lampe nur kaum erhellt wurde. Hastig war er eingetreten; seine
raschen Augen durchflogen den vor ihm liegenden wüsten[1] Raum; und dort stand
sie, die er suchte; wie unmächtig, die leeren Gläser noch in den zusammengefalte-
ten Händen, lehnte sie gegen die Herdmauer[2]. Einen Augenblick noch, dann trat
25　er zu ihr; „Wieb!" rief er; „Wiebchen, kleines Wiebchen!"

Es war eine rauhe Männerstimme, die diese Worte rief und jetzt verstummte,
als habe sie allen Odem an sie hingegeben.

Und doch, über das verblühte Antlitz des Weibes flog es wie ein Rosenschimmer, und während zugleich die Gläser klirrend auf den Boden fielen, ent-
30　stieg ein Aufschrei ihrer Brust; wer hätte sagen mögen, ob es Leid, ob Freude
war. „Heinz!" rief sie, „Heinz, du bist es; oh, sie sagten, du seist es nicht."

Ein finstres Lächeln zuckte um den Mund des Mannes: „Ja, Wieb; ich wußt's
wohl schon vorher; ich hätte nicht mehr kommen sollen. Auch dich — das alles
war ja längst vorbei — ich wollte dich nicht wiedersehen, nichts von dir hören,
35　Wieb; ich biß die Zähne aufeinander, wenn dein Name nur darüber wollte. Aber
— gestern abend — es war wieder einmal Jahrmarkt drüben — wie als Junge hab
ich mir ein Boot gestohlen, ich mußte, es ging nicht anders; vor jeder Bude, auf
allen Tanzböden hab ich dich gesucht; ich war ein Narr, ich dachte, die alte Möddersch lebe noch; o süße kleine Wieb, ich dacht wohl nur an dich; ich wußte

---

[1]'barren'　　[2]'side of (bricked in) stove'

selbst nicht, was ich dachte!" Seine Stimme bebte, seine Arme streckten sich weit geöffnet ihr entgegen.

Aber sie warf sich nicht hinein; nur ihre Augen blickten traurig auf ihn hin. „O Heinz!" rief sie; „du bist es! Aber ich, ich bin's nicht mehr! — Du bist zu spät
5 gekommen, Heinz!"

Da riß er sie an sich und ließ sie wieder los und streckte beide Arme hoch empor: „Ja, Wieb, das sind auch nicht mehr die unschuldigen Hände, womit ich damals dir die roten Äpfel stahl; by Jove, das schleißt[1], so siebzehn Jahre unter diesem Volk!"

10 Sie war neben dem Herde auf die Knie gesunken. „Heinz", murmelte sie, „o Heinz, die alte Zeit!"

Wie verlegen stand er neben ihr; dann aber bückte er sich und ergriff die eine ihrer Hände, und sie duldete es still.

„Wieb", sagte er leise, „wir wollen sehen, daß wir uns wiederfinden, du und
15 ich!"

Sie sagte nichts; aber er fühlte eine Bewegung ihrer Hand, als ob sie schmerzlich in der seinen zucke.

Von der Schenkstube her erscholl ein wüstes Durcheinander; Gläser klirrten, mitunter dröhnte ein Faustschlag. „Kleine Wieb", flüsterte er wieder, „wollen wir
20 weit von all den bösen Menschen fort?"

Sie hatte den Kopf auf den steinernen Herd sinken lassen und stöhnte schmerzlich. Da wurden schlurfende Schritte in dem Gang hörbar, und als Heinz sich wandte, stand ein Betrunkener in der Tür; es war derselbe Mensch mit dem schlaffen gemeinen Antlitz, den er vorhin unter den andern Schiffern schon
25 bemerkt hatte. Er hielt sich an dem Türpfosten, und seine Augen schienen, ohne zu sehen, in dem dämmerigen Raum umherzustarren. „Wo bleibt der Grog?" stammelte er. „Sechs neue Gläser. Der rote Jakob flucht nach seinem Grog!"

Der Trunkene hatte sich wieder entfernt; sie hörten die Tür der Schenkstube hinter ihm zufallen.

30 „Wer war das?" frug Heinz.

Wieb erhob sich mühsam. „Mein Mann", sagte sie; „er fährt als Matrose auf England; ich diene bei meinem Stiefvater hier als Schenkmagd[2]."

Heinz sagte nichts darauf; aber seine Hand fuhr nach der behaarten Brust, und es war, als ob er gewaltsam etwas von seinem Nacken reiße. „Siehst du", sagte
35 er tonlos und hielt einen kleinen Ring empor, von dem die Enden einer zerrissenen Schnur herabhingen, „da ist auch noch das Kinderspiel! Wär's Gold gewesen, er wär so lang wohl nicht bei mir geblieben. Aber auch sonst — ich weiß nicht, war's um dich? Es war wohl nur ein Aberglaube, weil's doch noch das letzte Stück von Hause war."

---

[1]takes it out of you'   [2]'barmaid'

Wieb stand ihm gegenüber, und er sah, wie ihre Lippen sich bewegten. „Was sagst du?" frug er.

Aber sie antwortete nicht; es war nur, als flehten ihre Augen um Erbarmen. Dann wandte sie sich und machte sich daran, wie es ihr befohlen war, den heißen
5 Trank zu mischen. Nur einmal stockte sie in ihrer Arbeit, als ein feiner Metallklang auf dem steinernen Fußboden ihr Ohr getroffen hatte. Aber sie wußte es, sie brauchte nicht erst umzusehen; was sollte er denn jetzt noch mit dem Ringe!

Heinz hatte sich auf einen hölzernen Stuhl gesetzt und sah schweigend zu ihr hinüber; sie hatte das Feuer geschürt, und die Flammen lohten und warfen über
10 beide einen roten Schein. Als sie fortgegangen war, saß er noch da; endlich sprang er auf und trat in den Gang, der nach der Schenkstube führte. „Ein Glas Grog; aber ein festes!" rief er, als Wieb ihm von dort her aus der Tür entgegenkam; dann setzte er sich wieder allein an seinen Tisch. Bald darauf kam Wieb und stellte das Glas vor ihm hin, und noch einmal sah er zu ihr auf; „Wieb, kleines
15 Wiebchen!" murmelte er, als sie fortgegangen war: dann trank er, und als das Glas leer war, rief er nach einem neuen, und als sie es schweigend brachte, ließ er es, ohne aufzusehen, vor sich hinstellen.

Am andern Tische lärmten sie und kümmerten sich nicht mehr um den einsamen Gast; eine Stunde der Nacht schlug nach der andern, ein Glas nach dem
20 andern trank er; nur wie durch einen Nebel sah er mitunter das arme schöne Antlitz des ihm verlorenen Weibes, bis er endlich dennoch nach den andern fortging und dann spät am Vormittag mit wüstem Kopf in seinem Bett erwachte.

In der Kirchschen Familie war es schon kein Geheimnis mehr, in welchem
25 Hause Heinz diesmal seine Nacht verbracht hatte. Das Mittagsmahl war, wie am gestrigen Tage, schweigend eingenommen; jetzt am Nachmittage saß Hans Adam Kirch in seinem Kontor und rechnete. Zwar lag unter den Schiffen im Hafen auch das seine, und die Kohlen, die es von England gebracht hatte, wurden heut gelöscht[1], wobei Hans Adam niemals sonst zu fehlen pflegte; aber diesmal
30 hatte er seinen Tochtermann geschickt; er hatte Wichtigeres zu tun: er rechnete, er summierte und subtrahierte, er wollte wissen, was ihm dieser Sohn, den er sich so unbedacht zurückgeholt hatte, oder — wenn es nicht sein Sohn war — dieser Mensch noch kosten dürfe. Mit rascher Hand tauchte er seine Feder ein und schrieb seine Zahlen nieder; Sohn oder nicht, das stand ihm fest, es mußte jetzt
35 ein Ende haben. Aber freilich — und seine Feder stockte einen Augenblick —, um weniges würde er ja schwerlich gehen; und — wenn es dennoch Heinz wäre, den Sohn durfte er mit wenigem nicht gehen heißen. Er hatte sogar daran gedacht, ihm ein für allemal das Pflichtteil seines Erbes auszuzahlen; aber die gerichtliche Quittung, wie war die zu beschaffen? Denn sicher mußte es doch

---

[1]=abgeladen

gemacht werden, damit er nicht noch einmal wiederkomme. Er warf die Feder
hin, und der Laut, der an den Zähnen ihm verstummte, klang beinahe wie ein
Lachen: es war ja aber nicht sein Heinz! Der Justizrat, der verstand es doch; und
der alte Heinrich Jakobs trug seinen Anker noch mit seinen achtzig Jahren!

5   Hans Kirch streckte die Hand nach einer neben ihm liegenden Ledertasche
aus; langsam öffnete er sie und nahm eine Anzahl Kassenscheine[1] von geringem
Werte aus derselben. Nachdem er sie vor sich ausgebreitet und dann einen Teil
und nach einigem Zögern noch einen Teil davon in die Ledertasche zurückgelegt
hatte, steckte er die übrigen in ein bereitgehaltenes Kuvert; er hatte genau die
10 mäßige Summe abgewogen.

Er war nun fertig; aber noch immer saß er da, mit herabhängendem Unter-
kiefer, die müßigen Hände an den Tisch geklammert. Plötzlich fuhr er auf, seine
grauen Augen öffneten sich weit: „Hans! Hans!" hatte es gerufen; hier im leeren
Zimmer, wo, wie er jetzt bemerkte, schon die Dämmerung in allen Winkeln lag.
15 Aber er besann sich; nur seine eigenen Gedanken waren über ihn gekommen; es
war nicht jetzt, es war schon viele Jahre her, daß ihn diese Stimme so gerufen hatte. Und dennoch, als ob er widerwillig einem außer sich Gehorsam leiste, öffneten seine Hände noch einmal die Ledertasche und nahmen zögernd eine Anzahl
großer Kassenscheine aus derselben. Aber mit jedem einzelnen, den Hans Adam
20 jetzt der vorher bemessenen kleinen Summe zugesellte, stieg sein Groll gegen
den, der dafür Heimat und Vaterhaus an ihn verkaufen sollte; denn was zum Ausbau lang gehegter Lebenspläne hatte dienen sollen, das mußte er jetzt hinwerfen,
nur um die letzten Trümmer davon wegzuräumen.

— — Als Heinz etwa eine Stunde später, von einem Gange durch die Stadt
5   zurückkehrend, die Treppe nach dem Oberhaus hinaufging, trat gleichzeitig
Hans Adam unten aus seiner Zimmertür und folgte ihm so hastig, daß beide fast
miteinander in des Sohnes Kammer traten. Die Magd, welche oben auf dem Vorplatz arbeitete, ließ bald beide Hände ruhen; sie wußte es ja wohl, daß zwischen
Sohn und Vater nicht alles in der Ordnung war, und drinnen hinter der geschlos-
10 senen Tür schien es jetzt zu einem heftigen Gespräch zu kommen. — Aber nein,
sie hatte sich getäuscht, es war nur immer die alte Stimme, die sie hörte; und
immer lauter und drohender klang es, obgleich von der andern Seite keine Antwort darauf erfolgte; aber vergebens strengte sie sich an, von dem Inhalte etwas
zu verstehen; sie hörte drinnen den offenen Fensterflügel im Winde klappern,
15 und ihr war, als würden die noch immer heftiger hervorbrechenden Worte dort
in die dunkle Nacht hinausgeredet. Dann endlich wurde es still; aber zugleich
sprang die Magd, von der aufgestoßenen Kammertür getroffen, mit einem Schrei
zur Seite und sah ihren gefürchteten Herrn mit wirrem Haar und wild blickenden

---

[1]=*Geldscheine*

Augen die Treppe hinabstolpern und hörte, wie die Kontortür aufgerissen und wieder zugeschlagen wurde.

Bald danach trat auch Heinz aus seiner Kammer; als er unten im Flur der Schwester begegnete, ergriff er fast gewaltsam ihre beiden Hände und drückte sie
5 so heftig, daß sie verwundert zu ihm aufblickte; als sie aber zu ihm sprechen wollte, war er schon draußen auf der Gasse. Er kam auch nicht zur Abendmahlzeit; aber als die Bürgerglocke läutete, stieg er die Treppe wieder hinauf und ging in seine Kammer.

— — Am andern Morgen in der Frühe stand Heinz vollständig angekleidet
10 droben vor dem offenen Fenster; die scharfe Luft strich über ihn hin, aber es schien ihm wohlzutun; fast mit Andacht schaute er auf alles, was, wie noch im letzten Hauch der Nacht, dort unten vor ihm ausgebreitet lag. Wie bleicher Stahl glänzte die breitere Wasserstraße zwischen dem Warder und der Insel drüben, während auf dem schmaleren Streifen zwischen jenem und dem Festlandsufer
15 schon der bläulichrote Frühschein spielte. Heinz betrachtete das alles; doch nicht lange stand er so; bald trat er an einen Tisch, auf welchem das Kuvert mit den so widerwillig abgezählten Kassenscheinen noch an derselben Stelle lag, wo es Hans Kirch am Abende vorher gelassen hatte.

Ein bitteres Lächeln umflog seinen Mund, während er den Inhalt hervorzog
20 und dann, nachdem er einige der geringeren Scheine an sich genommen hatte, das übrige wieder an seine Stelle brachte. Mit einem Bleistift, den er auf dem Tische fand, notierte er die kleine Summe, welche er herausgenommen hatte, unter der größeren, die auf dem Kuvert verzeichnet stand; dann, als er ihn schon fortgelegt hatte, nahm er noch einmal den Stift und schrieb darunter: „Thanks for
25 the alms and farewell for ever." Er wußte selbst nicht, warum er das nicht auf deutsch geschrieben hatte.

Leise, um das schlafende Haus nicht zu erwecken, nahm er sein Reisegepäck vom Boden; noch leiser schloß er unten im Flur die Tür zur Straße auf, als er jetzt das Haus verließ.

30 In einer Nebengasse hielt ein junger Bursche mit einem einspännigen Gefährte; das bestieg er und fuhr damit zur Stadt hinaus. Als sie auf die Höhe des Hügelzuges gelangt waren, von wo aus man diese zum letzten Male erblicken kann, wandte er sich um und schwenkte dreimal seine Mütze. Dann ging's im Trabe in das weite Land hinaus.

35

Aber einer im Kirchschen Hause war dennoch mit ihm wach gewesen. Hans Kirch hatte schon vor dem Morgengrauen aufrecht in seinem Bett gesessen; mit jedem Schlage der Turmuhr hatte er schärfer hingehorcht, ob nicht ein erstes Regen im Oberhause hörbar werde. Nach langem Harren war ihm gewesen, als
40 würde dort ein Fensterflügel aufgestoßen; aber es war wieder still geworden, und die Minuten dehnten sich und wollten nicht vorüber. Sie gingen dennoch; und

endlich vernahm er das leise Knarren einer Tür, es kam die Treppe in den Flur hinab, und jetzt — er hörte es deutlich, wie sich der Schlüssel in dem Schloß der Haustür drehte. Er wollte aufspringen; aber nein, er wollte es ja nicht; mit aufgestemmten Armen blieb er sitzen, während nun draußen auf der Straße kräftige
5 Mannestritte laut wurden und nach und nach in unhörbare Ferne sich verloren.

Als das übrige Haus allmählich in Bewegung kam, stand er auf und setzte sich zu seinem Frühstück, das ihm, wie jeden Morgen, im Kontor bereitgestellt war. Dann griff er nach seinem Hute — einen Stock hatte er als alter Schiffer bis jetzt noch nicht gebraucht — und ging, ohne seine Hausgenossen gesehen zu
10 haben, an den Hafen hinab, wo er seinen Schwiegersohn bereits mit der Leitung des Löschens[1] beschäftigt fand. Diesem von den letzten Vorgängen etwas mitzuteilen, schien er nicht für nötig zu befinden; aber er sandte ihn nach dem Kohlenschuppen und gab ihm Aufträge in die Stadt, während er selber hier am Platze blieb. Wortkarg und zornig erteilte er seine Befehle; es hielt schwer, ihm heute
15 etwas recht zu machen, und wer ihn ansprach, erhielt meist keine Antwort; aber es geschah auch bald nicht mehr, man kannte ihn ja schon.

Kurz vor Mittag war er wieder in seinem Zimmer. Wie aus unwillkürlichem Antrieb hatte er hinter sich die Tür verschlossen; aber er saß kaum in seinem Lehnstuhl, als von draußen Frau Linas Stimme dringend Einlaß begehrte. Un-
20 wirsch stand er auf und öffnete. „Was willst du?" frug er, als die Tochter zu ihm eingetreten war.

„Schelte mich nicht, Vater", sagte sie bittend; „aber Heinz ist fort, auch sein Gepäck; oh, er kommt niemals wieder!"

Er wandte den Kopf zur Seite: „Ich weiß das, Lina; darum hättest du dir die
25 Augen nicht dick zu weinen brauchen."

„Du weißt es, Vater?" wiederholte sie und sah ihn versteinert an.

Hans Kirch fuhr zornig auf: „Was stehst du noch? Die Komödie ist vorbei; wir haben gestern miteinander abgerechnet."

Aber Frau Lina schüttelte nur ernst den Kopf. „Das fand ich oben auf seiner
30 Kammer", sagte sie und reichte ihm das Kuvert mit den kurzen Abschiedsworten und dem nur kaum verkürzten Inhalt. „O Vater, er war es doch! Er ist es doch gewesen!"

Hans Kirch nahm es; er las auch, was dort geschrieben stand; er wollte ruhig bleiben, aber seine Hände zitterten, daß aus der offenen Hülle die Scheine auf
35 den Fußboden hinabfielen.

Als er sie eben mit Linas Hülfe wieder zusammengerafft hatte, wurde an die Tür gepocht, und ohne die Aufforderung dazu abzuwarten, war eine blasse Frau hereingetreten, deren erregte Augen ängstlich von dem Vater zu der Tochter flohen.

„Wieb!" rief Frau Lina und trat einen Schritt zurück.

---

[1] =*Abladung*

Wieb rang nach Atem. „Verzeihung!" murmelte sie. „Ich mußte; Ihr Heinz ist fort; Sie wissen es vielleicht nicht; aber der Fuhrmann sagte es, er wird nicht wiederkommen, niemals!"

„Was geht das dich an!" fiel ihr Hans Kirch ins Wort.

5 Ein Laut des Schmerzes stieg aus ihrer Brust, daß Linas Augen unwillkürlich voll Mitleid auf diesem einst so holden Antlitz ruhten. Aber Wieb hatte dadurch wieder Mut gewonnen. „Hören Sie mich!" rief sie. „Aus Barmherzigkeit mit Ihrem eigenen Kinde! Sie meinen, er sei es nicht gewesen; aber ich weiß es, daß es niemand anders war! Das", und sie zog die Schnur mit dem kleinen Ringe aus ihrer 10 Tasche, „es ist ja einerlei nun, ob ich's sage — das gab ich ihm, da wir noch halbe Kinder waren; denn ich wollte, daß er mich nicht vergesse! Er hat's auch wieder heimgebracht und hat es gestern vor meinen Augen in den Staub geworfen."

Ein Lachen, das wie Hohn klang, unterbrach sie. Hans Kirch sah sie mit starren Augen an: „Nun, Wieb, wenn's denn dein Heinz gewesen ist, es ist nicht 15 viel geworden aus euch beiden."

Aber sie achtete nicht darauf, sie hatte sich vor ihm hingeworfen. „Hans Kirch!" rief sie und faßte beide Hände des alten Mannes und schüttelte sie. „Ihr Heinz, hören Sie es nicht? Er geht ins Elend[1], er kommt niemals wieder! Vielleicht — o Gott, sei barmherzig mit uns allen! Es ist noch Zeit vielleicht!"

20 Auch Lina hatte sich jetzt neben ihr geworfen; sie scheute es nicht mehr, sich mit dem armen Weibe zu vereinigen. „Vater", sagte sie und streichelte die eingesunkenen Wangen des harten Mannes, der jetzt dies alles über sich ergehen ließ, „du sollst diesmal nicht allein reisen, ich reise mit dir; er muß ja jetzt in Hamburg sein; oh, ich will nicht ruhen, bis ich ihn gefunden habe, bis wir ihn wieder hier 25 in unsern Armen halten! Dann wollen wir es besser machen, wir wollen Geduld mit ihm haben; oh, wir hatten sie nicht, mein Vater! Und sag nur nicht, daß du nicht mit uns leidest, dein bleiches Angesicht kann doch nicht lügen! Sprich nur ein Wort, Vater, befiehl mir, daß ich den Wagen herbestelle, ich will gleich selber laufen, wir haben ja keine Zeit mehr zu verlieren!" Und sie warf den Kopf an ihres 30 Vaters Brust und brach in lautes Schluchzen aus.

Wieb war aufgestanden und hatte sich bescheiden an die Tür gestellt; ihre Augen sahen angstvoll auf die beiden hin.

Aber Hans Kirch saß wie ein totes Bild; sein jahrelang angesammelter Groll ließ ihn nicht los; denn erst jetzt, nach diesem Wiedersehen mit dem Heimge-35 kehrten, war in der grauen Zukunft keine Hoffnung mehr für ihn. „Geht!" sagte er endlich, und seine Stimme klang so hart wie früher; „mag er geheißen haben, wie er will, der diesmal unter meinem Dach geschlafen hat; mein Heinz hat schon vor siebzehn Jahren mich verlassen."

---

[1]'exile'

Für fremde Augen mochte es immerhin den Anschein haben, als ob Hans
Kirch auch jetzt noch in gewohnter Weise seinen mancherlei Geschäften nach-
gehe; in Wirklichkeit aber hatte er das Steuer mehr und mehr in die Hand des
jüngeren Teilhabers der Firma übergehen lassen; auch aus dem städtischen Kolle-
5 gium[1] war er, zur stillen Befriedigung einiger ruheliebender Mitglieder, seit
kurzer Zeit geschieden; es drängte ihn nicht mehr, in den Gang der kleinen Welt,
welche sich um ihn her bewegte, einzugreifen.

Seit wieder die ersten scharfen Frühlingslüfte wehten, konnte man ihn oft auf
der Bank vor seinem Hause sitzen sehen, trotz seiner jetzt fast weißen Haare als
10 alter Schiffer ohne jede Kopfbedeckung. — Eines Morgens kam ein noch weiße-
rer Mann die Straße hier herab und setzte sich, nachdem er näher getreten war,
ohne weiteres an seine Seite. Es war ein früherer Ökonom[2] des Armenhauses, mit
dem er als Stadtverordneter einst manches zu verhandeln gehabt hatte; der Mann
war später in gleicher Stellung an einen andern Ort gekommen, jetzt aber zurück-
15 gekehrt, um hier in seiner Vaterstadt seinen Alterspfennig[3] zu verzehren. Es
schien ihn nicht zu stören, daß das Antlitz seines früheren Vorgesetzten ihn keineswegs willkommen hieß; er wollte ja nur plaudern, und er tat es um so reich-
licher, je weniger er unterbrochen wurde; und eben jetzt geriet er an einen Stoff,
der unerschöpflicher als jeder andere schien. Hans Kirch hatte Unglück mit den
20 Leuten, die noch weißer als er selber waren; wo sie von Heinz sprechen sollten,
da sprachen sie von sich selber, und wo sie von allem andern sprechen konnten,
da sprachen sie von Heinz. Er wurde unruhig und suchte mit schroffen Worten
abzuwehren; aber der geschwätzige Greis schien nichts davon zu merken. „Ja, ja;
ei du mein lieber Herrgott!" fuhr er fort, behaglich in seinem Redestrome weiter-
25 schwimmend; „der Hasselfritze und der Heinz, wenn ich an die beiden Jungen
denke, wie sie sich einmal die großen Anker in die Arme brannten! Ihr Heinz, ich
hörte wohl, der mußte vor dem Doktor liegen; den Hasselfritze aber hab ich
selber mit dem Hasselstock[4] kuriert."

Er lachte ganz vergnüglich über sein munteres Wortspiel; Hans Kirch aber
30 war plötzlich aufgestanden und sah mit offenem Munde gar grimmig auf ihn
herab. „Wenn Er wieder schwatzen will, Fritz Peters", sagte er, „so suche Er sich
eine andere Bank; da drüben bei dem jungen Doktor steht just eine nagelneue[5]!"

Er war ins Haus gegangen und wanderte in seinem Zimmer hin und wider;
immer tiefer sank sein Kopf zur Brust hinab, dann aber erhob er ihn allmählich
35 wieder. Was hatte er denn eigentlich vorhin erfahren? Daß der Hasselfritze ebenfalls das Ankerzeichen hätte haben müssen? Was war's denn weiter? — Welchen
Gast er von einem Sonntag bis zum andern oder ein paar Tage noch länger bei
sich beherbergt hatte, darüber brauchte ihn kein anderer aufzuklären.

---

[1]'council'   [2]'steward'   [3]'pension'   [4]'hazelwood switch'   [5]'brand new'

Und auch dieser Tag ging vorüber, und die dann kamen, nahmen ihren gleichmäßigen Verlauf. — Im Oberhause wurde ein Kind geboren; der Großvater frug, ob es ein Junge sei; es war ein Mädchen, und er sprach dann nicht mehr darüber. Aber was hätte es ihm auch geholfen, wenn es ein künftiger Christian
5 oder günstigen Falles ein Hans Martens gewesen wäre! Nur die Unruhe, die jetzt oft nächtens über seinem Kopfe in dem Schlafzimmer des jungen Paares herrschte, störte ihn.

Eines Abends, da es schon Herbst geworden — es jährte sich grade mit der Abreise seines Sohnes —, war Hans Kirch wie gewöhnlich mit dem Schlage zehn
10 in seine nach der Hofseite gelegene Schlafkammer getreten. Es war die Zeit der Äquinoktialstürme, und hierhinaus hörte man die ganze Gewalt des Wetters; bald heulte es in den obersten Luftschichten, bald fuhr es herab und tobte gegen die kleinen Fensterscheiben. Hans Kirch hatte seine silberne Taschenuhr hervorgezogen, um sie, wie jeden Abend, aufzuziehen; aber er stand noch immer mit dem
15 Schlüssel in der Hand, hinaushorchend in die wilde Nacht.

Das Balken- und Sparrenwerk des neuen Daches krachte, als ob es aus den Fugen solle; aber er hörte es nicht; seine Gedanken fuhren draußen mit dem Sturm. „Südsüdwest!" murmelte er vor sich hin, während er den Uhrschlüssel in die Tasche steckte und die Uhr unaufgezogen über seinem Bette an den Haken
20 hing. — Wer jetzt auf See war, hatte keine Zeit zum Schlafen; aber er war ja seit lange nicht mehr auf See; er wollte schlafen, wie er es bei manchem Sturm hier schon getan hatte; die Stürme kamen ja allemal im Äquinoktium, er hatte sie so manches Mal gehört.

Aber es mußte heute noch etwas anderes dabeisein; Stunden waren schon
25 vergangen, und noch immer lag er wach in seinen Kissen. Ihm war, als könne er Hunderte von Meilen weit hinaushorchen nach einem klippenvollen Küstenwasser des Mittelländischen Meeres, das er in seiner Jugend als Matrose einst befahren hatte; und als endlich ihm die Augen zugefallen waren, riß er gleich darauf mit Gewalt sich wieder empor; denn ganz deutlich hatte er ein Schiff gesehen, ein
30 Vollschiff mit gebrochenen Masten, das von turmhohen Wellen auf und ab geschleudert wurde. Er suchte sich völlig zu ermuntern, aber wieder drückte es ihm die Augen zu, und wiederum erkannte er das Schiff; deutlich sah er zwischen Bugspriet und Vordersteven[1] die Galion[2], eine weiße mächtige Fortuna[3], bald in der schäumenden Flut versinken, bald wieder stolz emportauchen, als ob sie
35 Schiff und Mannschaft über Wasser halten wolle. Dann plötzlich hörte er einen Krach; er fuhr jäh empor und fand sich aufrecht in seinem Bette sitzend.

Alles um ihn her war still, er hörte nichts; er wollte sich besinnen, ob es nicht eben vorher noch laut gestürmt habe; da überfiel es ihn, als sei er nicht allein in seiner Kammer; er stützte beide Hände auf die Bettkanten und riß weit die Augen

---

[1]'prow'   [2]'figurehead'   [3]Roman goddess of fortune

auf. Und — da war es, dort in der Ecke stand sein Heinz; das Gesicht sah er nicht, denn der Kopf war gesenkt, und die Haare, die von Wasser trieften, hingen über die Stirn herab; aber er erkannte ihn dennoch — woran, das wußte er nicht und frug er sich auch nicht. Auch von den Kleidern und von den herabhängenden
5 Armen troff das Wasser; es floß immer mehr herab und bildete einen breiten Strom nach seinem Bette zu.

Hans Kirch wollte rufen, aber er saß wie gelähmt mit seinen aufgestemmten Armen; endlich brach ein lauter Schrei aus seiner Brust, und gleich darauf auch hörte er es über sich in der Schlafkammer der jungen Leute poltern, und auch den
10 Sturm hörte er wieder, wie er grimmig an den Pfosten seines Hauses rüttelte.

Als bald danach sein Schwiegersohn mit Licht hereintrat, fand dieser ihn in seinen Kissen zusammengesunken „Wir hörten Euch schreien", frug er, „was ist Euch, Vater?"

Der Alte sah starr nach jener Ecke. „Er ist tot", sagte er, „weit von hier."
15 — „Wer ist tot, Vater? Wen meint Ihr? Meint Ihr Eueren Heinz?"

Der Alte nickte. „Das Wasser", sagte er; „geh da fort, du stehst ja mitten in dem Wasser!"

Der Jüngere fuhr mit dem Lichte gegen den Fußboden: „Hier ist kein Wasser, Vater, Ihr habt nur schwer geträumt."
20 „Du bist kein Seemann, Christian; was weißt du davon!" sagte der Alte heftig. „Aber ich weiß es, so kommen unsere Toten."

„Soll ich Euch Lina schicken, Vater?" frug Christian Martens wieder.

„Nein, nein, sie soll bei ihrem Kinde bleiben; geh nur, laß mich allein!"

Der Schwiegersohn war mit dem Lichte fortgegangen, und Hans Kirch saß
25 im Dunkeln wieder aufrecht in seinem Bette; er streckte zitternd die Arme nach jener Ecke, wo eben noch sein Heinz gestanden hatte; er wollte ihn noch einmal sehen, aber er sah vergebens in undurchdringliche Finsternis.

— — Es ging schon in den Vormittag, als Frau Lina, da sie unten in die Stube trat, das Frühstück ihres Vaters unberührt fand; als sie dann in die Schlaf-
30 kammer ging, lag er noch in seinem Bette; er konnte nicht aufstehen, denn ein Schlaganfall hatte ihn getroffen, freilich nur an der einen Seite und ohne ihn am Sprechen zu behindern. Er verlangte nach seinem alten Arzte, und die Tochter lief selbst nach dem Hause des Justizrats und stand bald wieder zugleich mit diesem an des Vaters Lager.
35 Es war nicht gar so schlimm, es würde wohl so vorübergehen, lautete dessen Ausspruch. Aber Hans Kirch hörte kaum darauf; mehr als bei seiner Krankheit waren seine Gedanken bei den Vorgängen der verflossenen Nacht; Heinz hatte sich gemeldet, Heinz war tot, und der Tote hatte alle Rechte, die er noch eben dem Lebenden nicht mehr hatte zugestehen wollen.
40 Als Frau Lina es ihm ausreden wollte, berief er sich eifrig auf den Justizrat, der ja seit Jahr und Tag in manches Seemannshaus gekommen sei.

Der Justizrat suchte zu beschwichtigen. „Freilich", fügte er hinzu, „wir Ärzte kennen Zustände, wo die Träume selbst am hellen Werktag das Gehirn verlassen und dem Menschen leibhaftig in die Augen schauen."

Hans Kirch warf verdrießlich seinen Kopf herum: „Das ist mir zu gelehrt,
5 Doktor; wie war's denn damals mit dem Sohn des alten Rickerts?"

Der Arzt faßte den Puls des Kranken. „Es trifft, es trifft auch nicht", sagte er bedächtig; „das war der ältere Sohn; der jüngere, der sich auch gemeldet haben sollte, fährt noch heute seines Vaters Schiff."

Hans Kirch schwieg; er wußte es doch besser als alle anderen, was weit von
10 hier in dieser Nacht geschehen war.

Wie der Arzt es vorhergesagt hatte, so geschah es. Nach einigen Wochen konnte der Kranke das Bett und allmählich auch das Zimmer, ja sogar das Haus verlassen; nur bedurfte er dann, gleich seiner Schwester, eines Krückstockes, den
15 er bisher verschmäht hatte. Von seinem früheren Jähzorn schien meist nur eine weinerliche Ungeduld zurückgeblieben; wenn es ihn aber einmal wie vordem überkam, dann brach er hinterher erschöpft zusammen.

Als es Sommer wurde, verlangte er aus der Stadt hinaus, und Frau Lina begleitete ihn mehrmals auf dem hohen Uferwege um die Bucht, von wo er nicht
20 nur die Inseln, sondern ostwärts auch auf das freie Wasser sehen konnte. Da das Ufer an mehreren Stellen tief und steil gegen den Strand hinabfällt, so wagte man ihn hier nicht allein zu lassen und gab ihm zu andern Malen, wenn die Tochter keine Zeit hatte, einen der Arbeiter oder sonst eine andere sichere Person zur Seite.

25 — — Auf den Sommer war der Herbst gefolgt, und es war um die Zeit, da Heinzens kurze Einkehr in das Elternhaus zum zweiten Mal sich jährte. Hans Kirch saß auf einem sandigen Vorsprunge des steilen Ufers und ließ die Nachmittagssonne seinen weißen Kopf bescheinen, während er die Hände vor sich auf seinen Stock gefaltet hielt und seine Augen über die glatte See hinausstarrten.
30 Neben ihm stand ein Weib, anscheinend in gleicher Teilnahmlosigkeit, welche den Hut des alten Mannes in der herabhängenden Hand hielt. Sie mochte kaum über dreißig Jahre zählen; aber nur ein schärferes Auge hätte in diesem Antlitz die Spuren einer früh zerstörten Anmut finden können. Sie schien nichts davon zu hören, was der alte Schiffer, ohne sich zu rühren, vor sich hin sprach; es war
35 auch nur ein Flüstern, als ob er es den leeren Lüften anvertraue; allmählich aber wurde es lauter. „Heinz, Heinz!" rief er. „Wo ist Heinz Kirch geblieben?" Dann wieder bewegte er langsam seinen Kopf: „Es ist auch einerlei, denn es kennt ihn keiner mehr."

Da seufzte das Weib an seiner Seite, daß er sich wandte und zu ihr aufsah.
40 Als sie das blasse Gesicht zu ihm niederbeugte, suchte er ihre Hand zu fassen: „Nein, nein, Wieb, du — du kanntest ihn; dafür" — und er nickte vertraulich zu

ihr auf — „bleibst du auch bei mir, solang ich lebe, und auch nachher — ich habe
in meinem Testament das festgemacht; es ist nur gut, daß dein Taugenichts von
Mann sich totgetrunken."
   Als sie nicht antwortete, wandte er seinen Kopf wieder ab, und seine Augen
5 folgten einer Möwe, die vom Strande über das Wasser hinausflog. „Und dort",
begann er wieder, und seine Stimme klang jetzt ganz munter, während er mit seinem Krückstock nach dem Warder zeigte, „da hat er damals dich herumgefahren?
Und dann schalten sie vom Schiff herüber?" — Und als sie schweigend zu ihm
herabnickte, lachte er leise vor sich hin. Aber bald verfiel er wieder in sein
10 Selbstgespräch, während seine Augen vor ihm in die große Leere starrten. „Nur
in der Ewigkeit, Heinz! Nur in der Ewigkeit!" rief er, in plötzliches Weinen
ausbrechend, und streckte zitternd beide Arme nach dem Himmel.
   Aber seine laut gesprochenen Worte erhielten diesmal eine Antwort. „Was
haben wir Menschen mit der Ewigkeit zu schaffen?" sprach eine heisere Stimme
15 neben ihm. Es war ein herabgekommener Tischler, den sie in der Stadt den „So-
zialdemokraten" nannten; er glaubte ein Loch in seinem Christenglauben entdeckt zu haben und pflegte nun nach Art geringer Menschen gegen andere damit
zu trotzen.
   Mit einer raschen Bewegung, die weit über die Kraft des gebrochenen Man-
20 nes hinauszugehen schien, hatte Hans Kirch sich zu dem Sprechenden gewandt,
der mit verschränkten Armen stehenblieb. „Du kennst mich wohl nicht, Jürgen
Hans?" rief er, während der ganze arme Leib ihm zitterte. „Ich bin Hans Kirch,
der seinen Sohn verstoßen hat, zweimal! Hörst du es, Jürgen Hans? Zweimal hab
ich meinen Heinz verstoßen, und darum hab ich mit der Ewigkeit zu schaffen!"
25   Der andere war dicht an ihn herangetreten. „Das tut mir leid, Herr Kirch",
sagte er und wog ihm trocken jedes seiner Worte zu; „die Ewigkeit ist in den
Köpfen alter Weiber!"
   Ein fieberhafter Blitz fuhr aus den Augen des greisen Mannes. „Hund!"
schrie er, und ein Schlag des Krückstocks pfiff jäh am Kopf des anderen vorüber.
30   Der Tischler sprang zur Seite, dann stieß er ein Hohngelächter aus und
schlenderte den Weg zur Stadt hinab.
   Aber die Kraft des alten Mannes war erschöpft; der Stock entfiel seiner Hand
und rollte vor ihm den Hang hinunter, und er wäre selber nachgestürzt, wenn
nicht das Weib sich rasch gebückt und ihn in ihren Armen aufgefangen hätte.
35   Neben ihm kniend, sanft und unbeweglich, hielt sie das weiße Haupt an ihrer
Brust gebettet, denn Hans Kirch war eingeschlafen. — Das Abendrot legte sich
über das Meer, ein leichter Wind hatte sich erhoben, und drunten rauschten die
Wellen lauter an den Strand. Noch immer beharrte sie in ihrer unbequemen
Stellung; erst als schon die Sterne schienen, schlug er die Augen zu ihr auf. „Er
40 ist tot", sagte er, „ich weiß es jetzt gewiß; aber — in der Ewigkeit, da will ich
meinen Heinz schon wiederkennen."

„Ja", sagte sie leise, „in der Ewigkeit."

Vorsichtig, von ihr gestützt, erhob er sich, und als sie seinen Arm um ihren Hals und ihren Arm ihm um die Hüfte gelegt hatte, gingen sie langsam nach der Stadt zurück. Je weiter sie kamen, desto schwerer wurde ihre Last; mitunter muß-
5 ten sie stillestehn, dann blickte Hans Kirch nach den Sternen, die ihm einst so manche Herbstnacht an Bord seiner flinken Jacht geschienen hatten, und sagte: „Es geht schon wieder", und sie gingen langsam weiter. Aber nicht nur von den Sternen, auch aus den blauen Augen des armen Weibes leuchtete ein milder Strahl; nicht jener mehr, der einst in einer Frühlingsnacht ein wildes Knaben-
10 haupt an ihre junge Brust gerissen hatte, aber ein Strahl jener allbarmherzigen Frauenliebe, die allen Trost des Lebens in sich schließt.

Noch während der nächsten Jahre, meist an stillen Nachmittagen und wenn die Sonne sich zum Untergange neigte, konnte man Hans Kirch mit seiner steten
15 Begleiterin auf dem Uferwege sehen; zur Zeit des Herbstäquinoktiums war er selbst beim Nordoststurm nicht daheim zu halten. Dann hat man ihn auf dem Friedhof seiner Vaterstadt zur Seite seiner stillen Frau begraben.

Das von ihm begründete Geschäft liegt in den besten Händen; man spricht schon von dem „reichen" Christian Martens, und Hans Adams Tochtermanne
20 wird der Stadtrat nicht entgehen; auch ein Erbe ist längst geboren und läuft schon mit dem Ranzen in die Rektorschule; — wo aber ist Heinz Kirch geblieben?

Gottfried Keller

Keller (1819-1890) often used the *Novelle* to illustrate how ordinary people and common events can inadvertently turn into hilarious or grotesque situations — and occasionally even end in tragedy. In the collection *Die Leute von Seldwyla* (1856; 1874), from which the following work is taken, Keller created the fictional village of Seldwyla, located somewhere in his native Switzerland, which has not really changed for three hundred years and which is populated by simple people who are essentially indolent and easily fooled. Each story focuses on a single issue — here, for example, the difference between appearances and reality — and the question of how an individual, with his or her own psychological and sociological givens, is able to function within the context of society. It is Keller's gift, however, to make events that occur in the restrictive world of Seldwyla, however limited that milieu might appear, seem to say something about the way things are in the world at large, the world familiar to us.

Kleider machen Leute

A N EINEM UNFREUNDLICHEN Novembertage wanderte ein armes Schneiderlein auf der Landstraße nach Goldach[1], einer kleinen reichen Stadt, die nur wenige Stunden von Seldwyla[1] entfernt ist. Der Schneider trug in seiner Tasche nichts, als einen Fingerhut, welchen er, in Ermangelung irgend einer
5 Münze, unablässig zwischen den Fingern drehte, wenn er der Kälte wegen die Hände in die Hosen steckte, und die Finger schmerzten ihm ordentlich von die-

---

[1]imaginary Swiss towns

sem Drehen und Reiben, denn er hatte wegen des Fallimentes irgend eines Seldwyler Schneidermeisters seinen Arbeitslohn mit der Arbeit zugleich verlieren und auswandern müssen. Er hatte noch nichts gefrühstückt als einige Schneeflocken, die ihm in den Mund geflogen, und er sah noch weniger ab, wo das geringste Mit
5 tagsbrot herwachsen sollte. Das Fechten[1] fiel ihm äußerst schwer, ja schien ihm gänzlich unmöglich, weil er über seinem schwarzen Sonntagskleide, welches sein einziges war, einen weiten dunkelgrauen Radmantel trug, mit schwarzem Samt ausgeschlagen[2], der seinem Träger ein edles und romantisches Aussehen verlieh, zumal dessen lange schwarze Haare und Schnurrbärtchen sorgfältig gepflegt waren
10 und er sich blasser aber regelmäßiger Gesichtszüge erfreute.

Solcher Habitus[3] war ihm zum Bedürfnis geworden ohne daß er etwas Schlimmes oder Betrügerisches dabei im Schilde führte[4]; vielmehr war er zufrieden, wenn man ihn nur gewähren und im Stillen seine Arbeit verrichten ließ, aber lieber wäre er verhungert, als daß er sich von seinem Radmantel und von seiner polnischen
15 Pelzmütze getrennt hätte, die er ebenfalls mit großem Anstand zu tragen wußte.

Er konnte deshalb nur in größeren Städten arbeiten, wo solches nicht zu sehr auffiel; wenn er wanderte und keine Ersparnisse mitführte, geriet er in die größte Not. Näherte er sich einem Hause, so betrachteten ihn die Leute mit Verwunderung und Neugierde und erwarteten eher alles andere, als daß er betteln würde; so
20 erstarben ihm, da er überdies nicht beredt war, die Worte im Munde, also daß er der Märtyrer seines Mantels war und Hunger litt, so schwarz wie des letzteren Sammetfutter[5].

Als er bekümmert und geschwächt eine Anhöhe hinauf ging, stieß er auf einen neuen und bequemen Reisewagen, welchen ein herrschaftlicher Kutscher in Basel
25 abgeholt hatte und seinem Herrn überbrachte, einem fremden Grafen, der irgendwo in der Ostschweiz auf einem gemieteten oder angekauften alten Schlosse saß[6]. Der Wagen war mit allerlei Vorrichtungen zur Aufnahme des Gepäckes versehen und schien deswegen schwer bepackt zu sein, obgleich alles leer war. Der Kutscher ging wegen des steilen Weges neben den Pferden, und als er oben angekommen
30 den Bock wieder bestieg, fragte er den Schneider, ob er sich nicht in den leeren Wagen setzen wolle. Denn es fing eben an zu regnen und er hatte mit einem Blicke gesehen, daß der Fußgänger sich matt und kümmerlich durch die Welt schlug.

Derselbe nahm das Anerbieten dankbar und bescheiden an, worauf der Wagen rasch mit ihm von dannen rollte und in einer kleinen Stunde stattlich und don
35 nernd durch den Torbogen[7] von Goldach fuhr. Vor dem ersten Gasthofe, zur Waage[8] genannt, hielt das vornehme Fuhrwerk plötzlich, und alsogleich zog der Hausknecht so heftig an der Glocke, daß der Draht beinahe entzwei ging. Da stürzten Wirt und Leute herunter und rissen den Schlag[9] auf; Kinder und Nachba-

---

[1]'begging' [2]'lined' [3]'costume' [4]'had in mind' [5]'velvet lining' [6]=*wohnte* [7]'city gate'
[8]'at (the sign of) the Scales' [9]=*Wagentür*

ren umringten schon den prächtigen Wagen, neugierig, welch' ein Kern sich aus
so unerhörter Schale enthülsen werde, und als der verdutzte Schneider endlich her-
vorsprang in seinem Mantel, blaß und schön und schwermütig zur Erde blickend,
schien er ihnen wenigstens ein geheimnisvoller Prinz oder Grafensohn zu sein. Der
5 Raum zwischen dem Reisewagen und der Pforte des Gasthauses war schmal und
im übrigen der Weg durch die Zuschauer ziemlich gesperrt. Mochte es nun der
Mangel an Geistesgegenwart oder an Mut sein, den Haufen zu durchbrechen und
einfach seines Weges zu gehen, — er tat dieses nicht, sondern ließ sich willenlos
in das Haus und die Treppe hinangeleiten und bemerkte seine neue seltsame Lage
10 erst recht, als er sich in einen wohnlichen Speisesaal versetzt sah und ihm sein ehr-
würdiger Mantel dienstfertig[1] abgenommen wurde.

„Der Herr wünscht zu speisen?" hieß es, „gleich wird serviert werden, es ist
eben gekocht!"

Ohne eine Antwort abzuwarten lief der Waagwirt[2] in die Küche und rief: „Ins
15 drei Teufels Namen! Nun haben wir nichts als Rindfleisch und die Hammelskeule!
Die Rebhuhnpastete[3] darf ich nicht anschneiden, da sie für die Abendherren[4]
bestimmt und versprochen ist. So geht es! Den einzigen Tag, wo wir keinen solchen Gast erwarten und nichts da ist, muß ein solcher Herr kommen! Und der
Kutscher hat ein Wappen auf den Knöpfen und der Wagen ist wie der eines Her-
20 zogs! und der junge Mann mag kaum den Mund öffnen vor Vornehmheit!"

Doch die ruhige Köchin sagte: „Nun, was ist denn da zu lamentieren, Herr?
Die Pastete tragen Sie nur kühn auf, die wird er doch nicht aufessen! Die Abendherren bekommen sie dann portionenweise, sechs Portionen wollen wir schon noch
herausbringen!"

25 „Sechs Portionen? Ihr vergeßt wohl, daß die Herren sich satt zu essen
gewohnt sind!" meinte der Wirt, allein die Köchin fuhr unerschüttert fort: „Das
sollen sie auch! Man läßt noch schnell ein halbes Dutzend Cotelettes holen, die
brauchen wir so wie so für den Fremden, und was er übrig läßt, schneide ich in
kleine Stückchen und menge sie unter die Pastete, da lassen Sie nur mich machen!"

30 Doch der wackere Wirt sagte ernsthaft: „Köchin, ich habe Euch schon einmal
gesagt, daß dergleichen in dieser Stadt und in diesem Hause nicht angeht! Wir
leben hier solid[5] und ehrenfest und vermögen es!"

„Ei der Tausend, ja, ja!" rief die Köchin endlich, etwas aufgeregt, „wenn man
sich dann nicht zu helfen weiß, so opfere man die Sache! Hier sind zwei Schnep-
35 fen, die ich den Augenblick vom Jäger gekauft habe, die kann man am Ende der
Pastete zusetzen! Eine mit Schnepfen gefälschte Rebhuhnpastete werden die
Leckermäuler nicht beanstanden! Sodann sind auch die Forellen da, die größte
habe ich in das siedende Wasser geworfen, wie der merkwürdige Wagen kam, und

---

[1]'solicitously' [2]=*der Wirt des Gasthofs zur Waage* [3]'partridge pie' [4]'gentlemen coming for supper' [5]=*ordentlich*

da kocht auch schon die Brühe im Pfännchen; so haben wir also einen Fisch, das Rindfleisch, das Gemüse mit den Cotelettes, den Hammelsbraten und die Pastete; geben Sie nur den Schlüssel, daß man das Eingemachte[1] und den Dessert herausnehmen kann! Und den Schlüssel könnten Sie, Herr! mir mit Ehren und Zutrauen
5   übergeben, damit man Ihnen nicht allerorten nachspringen muß und oft in die größte Verlegenheit gerät!"

„Liebe Köchin! Das braucht Ihr nicht übel zu nehmen, ich habe meiner seligen Frau am Todbette versprechen müssen, die Schlüssel immer in Händen zu behalten; sonach geschieht es grundsätzlich und nicht aus Mißtrauen. Hier sind die
10   Gurken und hier die Kirschen, hier die Birnen und hier die Aprikosen; aber das alte Konfekt darf man nicht mehr aufstellen; geschwind soll die Lise zum Zuckerbeck[2] laufen und frisches Backwerk holen, drei Teller, und wenn er eine gute Torte hat, soll er sie auch gleich mitgeben!"

„Aber Herr! Sie können ja dem einzigen Gast das nicht alles aufrechnen, das
15   schlägt's beim besten Willen nicht heraus!³"

„Tut nichts, es ist um die Ehre! Das bringt mich nicht um; dafür soll ein großer Herr, wenn er durch unsere Stadt reist, sagen können, er habe ein ordentliches Essen gefunden, obgleich er ganz unerwartet und im Winter gekommen sei! Es soll nicht heißen wie von den Wirten zu Seldwyl, die alles Gute selber fressen und
20   den Fremden die Knochen vorsetzen! Also frisch, munter, sputet euch allerseits!"

Während dieser umständlichen Zubereitungen befand sich der Schneider in der peinlichsten Angst, da der Tisch mit glänzendem Zeuge gedeckt wurde, und so heiß sich der ausgehungerte Mann vor kurzem noch nach einiger Nahrung gesehnt hatte, so ängstlich wünschte er jetzt, der drohenden Mahlzeit zu entflie-
25   hen. Endlich faßte er sich einen Mut, nahm seinen Mantel um, setzte die Mütze auf und begab sich hinaus, um den Ausweg zu gewinnen. Da er aber in seiner Verwirrung, und in dem weitläufigen Hause die Treppe nicht gleich fand, so glaubte der Kellner, den der Teufel beständig umhertrieb, jener suche eine gewisse Bequemlichkeit, rief: „Erlauben Sie gefälligst, mein Herr, ich werde Ihnen den Weg
30   weisen!" und führte ihn durch einen langen Gang, der nirgend anders endigte, als vor einer schön lackierten Türe, auf welcher eine zierliche Inschrift angebracht war.

Also ging der Mantelträger ohne Widerspruch, sanft wie ein Lämmlein, dort hinein und schloß ordentlich hinter sich zu. Dort lehnte er sich bitterlich seufzend an die Wand, und wünschte der goldenen Freiheit der Landstraße wieder teilhaftig
35   zu sein, welche ihm jetzt, so schlecht das Wetter war, als das höchste Glück erschien.

Doch verwickelte er sich jetzt in die erste selbsttätige[4] Lüge, weil er in dem verschlossenen Raum ein wenig verweilte und er betrat hiermit den abschüssigen Weg des Bösen.

---

¹'preserves'   ²'confectioner'   ³'makes no profit'   ⁴'voluntary'

Unterdessen schrie der Wirt, der ihn gesehen hatte im Mantel dahin gehen: „Der Herr friert! heizet mehr ein im Saal! Wo ist die Lise, wo ist die Anne? Rasch einen Korb Holz in den Ofen und einige Hände voll Späne, daß es brennt! Zum Teufel, sollen die Leute in der Waage im Mantel zu Tisch sitzen?"

5 Und als der Schneider wieder aus dem langen Gange hervorgewandelt kam, melancholisch wie der umgehende Ahnherr eines Stammschlosses[1], begleitete er ihn mit hundert Komplimenten und Handreibungen wiederum in den verwünschten Saal hinein. Dort wurde er ohne ferneres Verweilen an den Tisch gebeten, der Stuhl zurechtgerückt und da der Duft der kräftigen Suppe, dergleichen er lange 10 nicht gerochen, ihn vollends seines Willens beraubte, so ließ er sich in Gottes Namen nieder und tauchte sofort den schweren Löffel in die braungoldene Brühe. In tiefem Schweigen erfrischte er seine matten Lebensgeister und wurde mit achtungsvoller Stille und Ruhe bedient.

Als er den Teller geleert hatte und der Wirt sah, daß es ihm so wohl schmeck-15 te, munterte er ihn höflich auf, noch einen Löffel voll zu nehmen, das sei gut bei dem rauhen Wetter. Nun wurde die Forelle aufgetragen, mit Grünem bekränzt, und der Wirt legte ein schönes Stück vor. Doch der Schneider, von Sorgen gequält, wagte in seiner Blödigkeit nicht, das blanke Messer zu brauchen, sondern hantierte schüchtern und zimperlich mit der silbernen Gabel daran herum. Das 20 bemerkte die Köchin, welche zur Tür hereinguckte, den großen Herren zu sehen, und sie sagte zu den Umstehenden: „Gelobt sei Jesus Christ! Der weiß noch einen feinen Fisch zu essen, wie es sich gehört, der sägt nicht mit dem Messer in dem zarten Wesen herum, wie wenn er ein Kalb schlachten wollte. Das ist ein Herr von großem Hause, darauf wollt' ich schwören, wenn es nicht verboten wäre! Und wie 25 schön und traurig er ist! Gewiß ist er in ein armes Fräulein verliebt, das man ihm nicht lassen will! Ja ja, die vornehmen Leute haben auch ihre Leiden!"

Inzwischen sah der Wirt, daß der Gast nicht trank, und sagte ehrerbietig: „Der Herr mögen den Tischwein nicht, befehlen Sie vielleicht ein Glas guten Bordeaux, den ich bestens empfehlen kann?"

30 Da beging der Schneider den zweiten selbsttätigen Fehler, indem er aus Gehorsam ja statt nein sagte, und alsobald verfügte sich der Waagwirt persönlich in den Keller, um eine ausgesuchte Flasche zu holen; denn es lag ihm alles daran, daß man sagen könne, es sei etwas Rechtes im Ort zu haben. Als der Gast von dem eingeschenkten Wein wiederum aus bösem Gewissen ganz kleine Schlücklein 35 nahm, lief der Wirt voll Freuden in die Küche, schnalzte mit der Zunge und rief: „Hol' mich der Teufel, der versteht's, der schlürft meinen guten Wein auf die Zunge, wie man einen Dukaten auf die Goldwaage legt!"

„Gelobt sei Jesus Christ!" sagte die Köchin, „ich hab's behauptet, daß er's versteht!"

---

[1] 'melancholy as an ancestor's ghost haunting an ancestral castle'

So nahm die Mahlzeit denn ihren Verlauf und zwar sehr langsam, weil der arme Schneider immer zimperlich und unentschlossen aß und trank und der Wirt, um ihm Zeit zu lassen, die Speisen genugsam stehen ließ. Trotzdem war es nicht der Rede wert, was der Gast bis jetzt zu sich genommen; vielmehr begann der
5 Hunger, der immerfort so gefährlich gereizt wurde, nun den Schrecken zu überwinden, und als die Pastete von Rebhühnern erschien, schlug die Stimmung des Schneiders gleichzeitig um[1] und ein fester Gedanke begann sich in ihm zu bilden. „Es ist jetzt einmal, wie es ist," sagte er sich, von einem neuen Tröpflein Weines erwärmt und aufgestachelt; „nun wäre ich ein Tor, wenn ich die kommende Schan-
10 de und Verfolgung ertragen wollte, ohne mich dafür satt gegessen zu haben! Also vorgesehen[2], weil es noch Zeit ist! Das Türmchen, was sie da aufgestellt haben, dürfte leichtlich die letzte Speise sein, daran will ich mich halten, komme was da wolle! Was ich einmal im Leibe habe, kann mir kein König wieder rauben!"
Gesagt, getan; mit dem Mute der Verzweiflung hieb er in die leckere Pastete,
15 ohne an ein Aufhören zu denken, so daß sie in weniger als fünf Minuten zur Hälfte geschwunden war und die Sache für die Abendherren sehr bedenklich zu werden begann. Fleisch, Trüffeln, Klößchen, Boden, Deckel, alles schlang er ohne Ansehen der Person hinunter, nur besorgt, sein Ränzchen voll zu packen[3], ehe das Verhängnis hereinbräche; dazu trank er den Wein in tüchtigen Zügen und steckte
20 große Brotbissen in den Mund; kurz es war eine so hastig belebte Einfuhr, wie wenn bei aufsteigendem Gewitter das Heu von der nahen Wiese gleich auf der Gabel in die Scheune geflüchtet wird[4]. Abermals lief der Wirt in die Küche und rief: „Köchin! Er ißt die Pastete auf, während er den Braten kaum berührt hat! Und den Bordeaux trinkt er in halben Gläsern!"
25 „Wohl bekomm' es ihm," sagte die Köchin, „lassen Sie ihn nur machen, der weiß, was Rebhühner sind! Wär' er ein gemeiner Kerl, so hätte er sich an den Braten gehalten!"
„Ich sag's auch," meinte der Wirt, „es sieht sich zwar nicht ganz elegant an; aber so hab' ich, als ich zu meiner Ausbildung reiste, nur Generäle und Kapitels-
30 herren[5] essen sehen!"
Unterdessen hatte der Kutscher die Pferde füttern lassen und selbst ein handfestes Essen eingenommen in der Stube für das untere Volk, und da er Eile hatte, ließ er bald wieder anspannen. Die Angehörigen des Gasthofes zur Waage konnten sich nun nicht länger enthalten und fragten, eh' es zu spät wurde, den herr-
35 schaftlichen Kutscher geradezu, wer sein Herr da oben sei, und wie er heiße? Der Kutscher, ein schalkhafter und durchtriebener Kerl, versetzte: „Hat er es noch nicht selbst gesagt?"

---

[1]*umschlagen* 'change' [2]'get prepared' [3]'get his fill' [4]'is quickly brought into' [5]'canons' (ecclesiastical officials)

„Nein," hieß es, und er erwiderte: „Das glaub' ich wohl, der spricht nicht viel in einem Tage; nun, es ist der Graf Strapinski! Er wird aber heut' und vielleicht einige Tage hier bleiben, denn er hat mir befohlen mit dem Wagen vorauszufahren."

5   Er machte diesen schlechten Spaß, um sich an dem Schneiderlein zu rächen, das, wie er glaubte, statt ihm für seine Gefälligkeit ein Wort des Dankes und des Abschiedes zu sagen, sich ohne Umsehen in das Haus begeben hatte und den Herren spielte. Seine Eulenspiegelei auf's Äußerste treibend, bestieg er auch den Wagen, ohne nach der Zeche für sich und die Pferde zu fragen, schwang die Peit-
10 sche und fuhr aus der Stadt, und alles ward so in der Ordnung befunden und dem guten Schneider auf's Kerbholz gebracht[1].

Nun mußte es sich aber fügen, daß dieser, ein geborener Schlesier, wirklich Strapinski hieß, Wenzel Strapinski, mochte es nun ein Zufall sein, oder mochte der Schneider sein Wanderbuch[2] im Wagen hervorgezogen, es dort vergessen und
15 der Kutscher es zu sich genommen haben. Genug, als der Wirt freudestrahlend und händereibend vor ihn hintrat und fragte, ob der Herr Graf Strapinski zum Nachtisch ein Glas alten Tokaier oder ein Glas Champagner nehme, und ihm meldete, daß die Zimmer soeben zubereitet würden, da erblaßte der arme Strapinski, verwirrte sich von neuem und erwiderte gar nichts.

20   „Höchst interessant!" brummte der Wirt für sich, indem er abermals in den Keller eilte und aus besonderem Verschlage nicht nur ein Fläschchen Tokaier, sondern auch ein Krügelchen Bocksbeutel holte und eine Champagnerflasche schlechthin unter den Arm nahm. Bald sah Strapinski einen kleinen Wald von Gläsern vor sich, aus welchem der Champagnerkelch wie eine Pappel emporragte.
25 Das glänzte, klingelte und duftete gar seltsam vor ihm, und was noch seltsamer war, der arme, aber zierliche Mann griff nicht ungeschickt in das Wäldchen hinein, und goß, als er sah, daß der Wirt etwas Rotwein in seinen Champagner tat, einige Tropfen Tokaier in die seinigen. Inzwischen war der Stadtschreiber und der Notar gekommen, um den Kaffee zu trinken, und das tägliche Spielchen[3] um denselben
30 zu machen; bald kam auch der ältere Sohn des Hauses Häberlin und Co., der jüngere des Hauses Pütschli-Nievergelt, der Buchhalter einer großen Spinnerei, Herr Melcher Böhni; allein statt ihre Partie zu spielen, gingen sämtliche Herren in weitem Bogen hinter dem polnischen Grafen herum, die Hände in den hintern Rocktaschen, mit den Augen blinzelnd und auf den Stockzähnen lächelnd[4]. Denn es
35 waren diejenigen Mitglieder guter Häuser, welche ihr Leben lang zu Hause blieben, deren Verwandte und Genossen aber in aller Welt saßen, weswegen sie selbst die Welt sattsam zu kennen glaubten.

---

[1]=*auf die Rechnung gesetzt*   [2]'journeyman's pass' (with record of employment)   [3]i. e., throw dice or cut cords to see who pays   [4]*auf ... lächelnd* 'smiling to themselves'

Also das sollte ein polnischer Graf sein? Den Wagen hatten sie freilich von
ihrem Comptoirstuhl[1] aus gesehen; auch wußte man nicht, ob der Wirt den Grafen
oder dieser jenen bewirte; doch hatte der Wirt bis jetzt noch keine dummen
Streiche gemacht; er war vielmehr als ein ziemlich schlauer Kopf bekannt, und so
5   wurden denn die Kreise, welche die neugierigen Herren um den Fremden zogen,
immer kleiner, bis sie sich zuletzt vertraulich an den gleichen Tisch setzten und
sich auf gewandte Weise zu dem Gelage aus dem Stegreif einluden, indem sie ohne
weiteres um eine Flasche zu würfeln begannen.

Doch tranken sie nicht zu viel, da es noch früh war; dagegen galt es, einen
10   Schluck trefflichen Kafee zu nehmen und dem Polacken, wie sie den Schneider
bereits heimlich nannten, mit gutem Rauchzeug aufzuwarten, damit er immer
mehr röche, wo er eigentlich wäre[2].

„Darf ich dem Herrn Grafen eine ordentliche Zigarre anbieten? Ich habe sie
von meinem Bruder auf Cuba direkt bekommen!" sagte der eine.
15   „Die Herren Polen lieben auch eine gute Zigarette, hier ist echter Tabak aus
Smyrna, mein Compagnon hat ihn gesandt," rief der andere, indem er ein rotsei-
denes Beutelchen hinschob.

„Dieser aus Damaskus ist feiner, Herr Graf," rief der dritte, „unser dortiger
Prokurist selbst hat ihn für mich besorgt!"
20   Der Vierte streckte einen ungefügen Zigarrenbengel[3] dar, indem er schrie:
„Wenn Sie etwas ganz Ausgezeichnetes wollen, so versuchen Sie diese Pflanzerzi-
garre aus Virginien, selbstgezogen, selbstgemacht, und durchaus nicht käuflich!"

Strapinski lächelte sauersüß, sagte nichts und war bald in feine Duftwolken
gehüllt, welche von der hervorbrechenden Sonne lieblich versilbert wurden. Der
25   Himmel entwölkte sich in weniger als einer Viertelstunde, der schönste Herbst-
nachmittag trat ein; es hieß, der Genuß der günstigen Stunde sei sich zu gönnen,[4]
da das Jahr vielleicht nicht viele solcher Tage mehr brächte; und es wurde beschlossen, auszufahren, den fröhlichen Amtsrat[5] auf seinem Gute zu besuchen, der
erst vor wenigen Tagen gekeltert hatte, und seinen neuen Wein, den roten Sauser[6],
30   zu kosten. Pütschli-Nievergelt, Sohn, sandte nach seinem Jagdwagen, und bald
schlugen seine jungen Eisenschimmel[7] das Pflaster vor der Waage. Der Wirt selbst
ließ ebenfalls anspannen, man lud den Grafen zuvorkommend ein, sich anzuschließen und die Gegend etwas kennen zu lernen.

Der Wein hatte seinen Witz erwärmt; er überdachte schnell, daß er bei dieser
35   Gelegenheit am besten sich unbemerkt entfernen und seine Wanderung fortsetzen
könne; den Schaden sollten die törichten und zudringlichen Herren an sich selbst

---

[1]=*Bürostuhl* [2]*damit ... wäre* 'so that he would gradually catch on (smell) in what company he was' [3]'stogy' [4]*der ... gönnen* 'grant themselves the enjoyment of the propi-
tious hour' [5]'councillor' (title) [6]'new wine,' still fermenting [7]'iron-gray horses'

behalten. Er nahm daher die Einladung mit einigren höflichen Worten an und
bestieg mit dem jungen Pütschli den Jagdwagen.

Nun war es eine weitere Fügung[1], daß der Schneider, nachdem er aufs seinem
Dorfe schon als junger Bursch dem Gutsherrn zuweilen Dienste geleistet, seine
5 Militärzeit bei den Husaren abgedient hatte und demnach genugsam mit Pferden
umzugehen verstand. Wie daher sein Gefährte höflich fragte, ob er vielleicht fahren möge, ergriff er sofort Zügel und Peitsche und fuhr in schulgerechter Haltung
in raschem Trabe durch das Tor und auf der Landstraße dahin, so daß die Herren
einander ansahen und flüsterten: „Es ist richtig, es ist jedenfalls ein Herr!"

10 In einer halben Stunde war das Gut des Amtsrates erreicht, Strapinski fuhr in
einem prächtigen Halbbogen auf und ließ die feurigen Pferde aufs beste anprallen;
man sprang von den Wagen, der Amtsrat kam herbei und führte die Gesellschaft
ins Haus, und alsobald war auch der Tisch mit einem halben Dutzend Karaffen
voll karneolfarbigen Sausers besetzt. Das heiße, gärende Getränk wurde vorerst
15 geprüft, belobt, und sodann fröhlich in Angriff, während der Hausherr im Hause
die Kunde herum trug, es sei ein vornehmer Graf da, ein Polacke, und eine feinere
Bewirtung vorbereitete.

Mittlerweile teilte sich die Gesellschaft in zwei Partieen, um das versäumte
Spiel nachzuholen, da in diesem Lande keine Männer zusammen sein konnten,
20 ohne zu spielen, wahrscheinlich aus angeborenem Tätigkeitstriebe. Strapinski,
welcher die Teilnahme aus verschiedenen Gründen ablehnen mußte, wurde eingeladen zuzusehen, denn das schien ihnen immerhin der Mühe wert, da sie so viel
Klugheit und Geistesgegenwart bei den Karten zu entwickeln pflegten. Er mußte
sich zwischen beide Partieen, setzen, und sie legten es nun darauf an[2], geistreich
25 und gewandt zu spielen und den Gast zu gleicher Zeit zu unterhalten. So saß er
denn wie ein kränkelnder Fürst, vor welchem die Hofleute ein angenehmes Schauspiel aufführen und den Lauf der Welt darstellen. Sie erklärten ihm die bedeutend-
sten Wendungen, Handstreiche und Ereignisse, und wenn die eine Partei für einen
Augenblick ihre Aufmerksamkeit ausschließlich dem Spiele zuwenden mußte, so
30 führte die andere dafür um so angelegentlicher die Unterhaltung mit dem Schneider. Der beste Gegenstand dünkte sie hiefür Pferde, Jagd und dergleichen; Strapinski wußte hier auch am besten Bescheid, denn er brauchte nur die Redensarten
hervorzuholen, welche er einst in Nähe von Offizieren und Gutsherren gehört und
die ihm schon dazumal ausnehmend wohl gefallen hatten. Wenn er diese Redens-
35 arten auch nur sparsam, mit einer gewissen Bescheidenheit und stets mit einem
schwermütigen Lächeln vorbrachte, so erreichte er damit nur eine größere Wirkung; wenn zwei oder drei von den Herren aufstanden und etwa zur Seite traten,
so sagten sie: „Es ist ein vollkommener Junker!"

---

[1] 'act of providence'   [2] 'made a point of'

Nur Melcher Böhni, der Buchhalter, als ein geborener Zweifler, rieb sich vergnügt die Hände und sagte zu sich selbst: „Ich sehe es kommen, daß es wieder
einen Goldacher Putsch gibt, ja, er ist gewissermaßen schon da! Es war aber auch
Zeit, denn schon sind's zwei Jahre seit dem letzten! Der Mann dort hat mir so
5 wunderlich zerstochene Finger, vielleicht von Praga oder Ostrolenka[1] her! Nun,
ich werde mich hüten, den Verlauf zu stören!"

Die beiden Partieen waren nun zu Ende, auch das Sausergelüste der Herren
gebüßt[2], und sie zogen nun vor, sich an den alten Weinen des Amtsrates ein wenig
abzukühlen, die jetzt gebracht wurden; doch war die Abkühlung etwas leiden-
10 schaftlicher Natur, indem sofort, um nicht in schnöden Müßiggang zu verfallen,
ein allgemeines Hazardspiel vorgeschlagen wurde. Man mischte die Karten, jeder
warf einen Brabantertaler[3] hin, und als die Reihe an Strapinski war, konnte er nicht
wohl seinen Fingerhut aus den Tisch setzen. „Ich habe nicht ein solches Geldstück," sagte er errötend; aber schon hatte Melcher Böhni, der ihn beobachtet, für
15 ihn eingesetzt, ohne daß jemand darauf acht gab, denn alle waren viel zu behaglich,
als daß sie auf den Argwohn geraten wären, jemand in der Welt könne kein Geld
haben. Im nächsten Augenblicke wurde dem Schneider, der gewonnen hatte, der
ganze Einsatz zugeschoben; verwirrt ließ er das Geld liegen und Böhni besorgte
für ihn das zweite Spiel, welches ein anderer gewann, sowie das dritte. Doch das
20 vierte und fünfte gewann wiederum der Polacke, der allmälig aufwachte und sich
in die Sache fand. Indem er sich still und ruhig verhielt, spielte er mit abwechseln-
dem Glücke; einmal kam er bis auf einen Taler herunter, den er setzen mußte,
gewann wieder, und zuletzt, als man das Spiel satt bekam, besaß er einige Louis-
d'ors[4], mehr als er jemals in seinem Leben besessen, welche er, als er sah, daß Je-
25 dermann sein Geld einsteckte, ebenfalls zu sich nahm, nicht ohne Furcht, daß alles
ein Traum sei. Böhni, welcher ihn fortwährend scharf betrachtete, war jetzt im
klaren über ihn und dachte: den Teufel fährt der in einem vierspännigen[5] Wagen!

Weil er aber zugleich bemerkte, daß der rätselhafte Fremde keine Gier nach
dem Gelde gezeigt, sich überhaupt bescheiden und nüchtern verhalten hatte, so
30 war er nicht übel gegen ihn gesinnt, sondern beschloß, die Sache durchaus gehen
zu lassen.

Aber der Graf Strapinski, als man sich vor dem Abendessen im Freien erging[6],
nahm jetzt seine Gedanken zusammen und hielt den rechten Zeitpunkt einer
geräuschlosen Beurlaubung für gekommen. Er hatte ein artiges Reisegeld und
35 nahm sich vor, dem Wirt zur Waage von der nächsten Stadt aus sein aufgedrunge-
nes Mittagsmahl zu bezahlen. Also schlug er seinen Radmantel malerisch um,
drückte die Pelzmütze tiefer in die Augen und schritt unter einer Reihe von hohen
Akazien in der Abendsonne langsam auf und nieder, das schöne Gelände betrach-

---

[1]Czarist troops put down Polish revolts there (1794 and 1831). [2]'satisfied' [3]French silver coin [4]French gold coin [5]'four-horse' [6]'strolled outdoors'

tend, oder vielmehr den Weg erspähend, den er einschlagen wollte. Er nahm sich
mit seiner bewölkten Stirne, seinem lieblichen, aber schwermütigen Mundbärt-
chen, seinen glänzenden schwarzen Locken, seinen dunkeln Augen, im Wehen seines faltigen Mantels vortrefflich aus[1]; der Abendschein und das Säuseln der Bäume
5 über ihm erhöhte den Eindruck, so daß die Gesellschaft ihn von Ferne mit Aufmerksamkeit und Wohlwollen betrachtete. Allmählich ging er immer etwas weiter
vom Hause hinweg, schritt durch ein Gebüsch, hinter welchem ein Feldweg vorüberging, und als er sich vor den Blicken der Gesellschaft gedeckt sah, wollte er
eben mit festem Schritt ins Feld rücken, als um eine Ecke herum plötzlich der
10 Amtsrat mit seiner Tochter Nettchen ihm entgegentrat. Nettchen war ein hübsches Fräulein, äußerst prächtig, etwas stutzerhaft[2] gekleidet und mit Schmuck
reichlich verziert.

„Wir suchen Sie, Herr Graf!" rief der Amtsrat, „damit ich Sie erstens hier
meinem Kinde vorstelle und zweitens, um Sie zu bitten, daß Sie uns die Ehre
15 erweisen möchten, einen Bissen Abendbrot mit uns zu nehmen; die anderen Herren sind bereits im Hause."

Der Wanderer nahm schnell seine Mütze vom Kopfe und machte ehrfurchts-
volle, ja furchtsame Verbeugungen, von Rot übergossen. Denn eine neue Wendung
war eingetreten, ein Fräulein beschritt den Schauplatz der Ereignisse. Doch scha-
20 dete ihm seine Blödigkeit und übergroße Ehrerbietung nicht bei der Dame; im
Gegenteil, die Schüchternheit, Demut und Ehrerbietung eines so vornehmen und
interessanten jungen Edelmanns erschien ihr wahrhaft rührend, ja hinreißend. Da
sieht man, fuhr es ihr durch den Sinn, je nobler, desto bescheidener und unverdor-
bener; merkt es euch, ihr Herren Wildfänge von Goldach, die ihr vor den jungen
25 Mädchen kaum mehr den Hut berührt!

Sie grüßte den Ritter daher auf das holdseligste, indem sie auch lieblich errötete, und sprach sogleich hastig und schnell und vieles mit ihm, wie es die Art
behaglicher Kleinstädterinnen ist, die sich den Fremden zeigen wollen. Strapinski
hingegen wandelte sich in kurzer Zeit um; während er bisher nichts getan hatte,
30 um im geringsten in die Rolle einzugehen, die man ihm aufbürdete, begann er nun
unwillkürlich, etwas gesuchter zu sprechen und mischte allerhand polnische
Brocken in die Rede, kurz, das Schneiderblütchen[3] fing in der Nähe des Frauenzimmers an seine Sprünge zu machen und seinen Reiter davon zu tragen.

Am Tisch erhielt er den Ehrenplatz neben der Tochter des Hauses; denn die
35 Mutter war gestorben. Er wurde zwar bald wieder melancholisch, da er bedachte,
nun müsse er mit den andern wieder in die Stadt zurückkehren oder gewaltsam in
die Nacht hinaus entrinnen, und da er ferner überlegte, wie vergänglich das Glück
sei, welches er jetzt genoß. Aber dennoch empfand er dies Glück und sagte sich

---

[1]*nahm sich … aus = sah … aus*   [2]'too stylishly'   [3]approx. 'tailor's instincts'

zum voraus: „Ach, einmal wirst du doch in deinem Leben etwas vorgestellt[1] und neben einem solchen höheren Wesen gesessen haben."

Es war in der Tat keine Kleinigkeit, eine Hand neben sich glänzen zu sehen, die von drei oder vier Armbändern klirrte, und bei einem flüchtigen Seitenblick
5   jedesmal einen abenteuerlich[2] reizend frisierten Kopf, ein holdes Erröten, einen vollen Augenaufschlag[3] zu sehen. Denn er mochte tun oder lassen, was er wollte, alles wurde als ungewöhnlich und nobel ausgelegt und die Ungeschicklichkeit selbst als merkwürdige Unbefangenheit liebenswürdig befunden von der jungen Dame, welche sonst stundenlang über gesellschaftliche Verstöße zu plaudern wuß-
10 te. Da man guter Dinge[4] war, sangen ein paar Gäste Lieder, die in den dreißiger Jahren[5] Mode waren. Der Graf wurde gebeten, ein polnisches Lied zu singen. Der Wein überwand seine Schüchternheit endlich, obschon nicht seine Sorgen; er hatte einst einige Wochen im Polnischen gearbeitet und wußte einige polnische Worte, sogar ein Volksliedchen auswendig, ohne ihres Inhaltes bewußt zu sein, gleich
15 einem Papagei. Also sang er mit edlem Wesen, mehr zaghaft als laut und mit einer Stimme, welche wie von einem geheimen Kummer leise zitterte, auf polnisch:

> Hunderttausend Schweine pferchen[6]
> Von der Desna bis zur Weichsel[7],
> Und Kathinka, dieses Saumensch,
20 > Geht im Schmutz bis an die Knöchel!
>
> Hunderttausend Ochsen brüllen
> Auf Volhyniens[8] grünen Weiden,
> Und Kathinka, ja Kathinka,
> Glaubt, ich sei in sie verliebt!

25 „Bravo! Bravo!" riefen alle Herren, mit den Händen klatschend, und Nettchen sagte gerührt: „Ach das Nationale ist immer so schön!" Glücklicher Weise verlangte niemand die Übersetzung dieses Gesanges.

Mit dem Überschreiten solchen Höhepunktes der Unterhaltung brach die Gesellschaft auf; der Schneider wurde wieder eingepackt und sorgfältig nach Gol-
30 dach zurückgebracht, vorher hatte er versprechen müssen, nicht ohne Abschied davon zu reisen. Im Gasthof zur Waage wurde noch ein Glas Punsch genommen; jedoch Strapinski war erschöpft und verlangte nach dem Bette. Der Wirt selbst führte ihn auf seine Zimmer, deren Stattlichkeit er kaum mehr beachtete, obgleich er nur gewohnt war, in dürftigen Herbergskammern zu schlafen. Er stand ohne alle
35 und jede Habseligkeit mitten auf einem schönen Teppich, als der Wirt plötzlich den Mangel an Gepäck entdeckte und sich vor die Stirne schlug. Dann lief er

---

[1]'been somebody' [2]'romantically' [3]'raising of the eyes' [4]'in a good mood' [5]i. e., the 1830's [6]'are in sties' [7]rivers in northern Poland and western Russia, respectively [8]Polish Ukrainian district

schnell hinaus, schellte, rief Kellner und Hausknechte herbei, wortwechselte mit ihnen, kam wieder und beteuerte: „Es ist richtig, Herr Graf, man hat vergessen, Ihr Gepäck abzuladen! Auch das Notwendigste fehlt!"

„Auch das kleine Paketchen, das im Wagen lag?" fragte Strapinski ängstlich,
5 weil er an ein handgroßes Bündelein dachte, welches er auf dem Sitze hatte liegen lassen und das ein Schnupftuch, eine Haarbürste, einen Kamm, ein Büchschen Pomade und einen Stengel Bartwichse[1] enthielt.

„Auch dieses fehlt, es ist gar nichts da," sagte der gute Wirt erschrocken, weil er darunter etwas sehr Wichtiges vermutete. „Man muß dem Kutscher sogleich
10 einen Expressen nachschicken," rief er eifrig, „ich werde das besorgen!"

Doch der Herr Graf fiel ihm eben so erschrocken in den Arm und sagte bewegt: „Lassen Sie, es darf nicht sein! Man muß meine Spur verlieren für einige Zeit," setzte er hinzu, selbst betreten über diese Erfindung.

Der Wirt ging erstaunt zu den Punsch trinkenden Gästen, erzählte ihnen den
15 Fall und schloß mit dem Ausspruche, daß der Graf unzweifelhaft ein Opfer politischer oder der Familienverfolgung sein müsse; denn um eben diese Zeit wurden viele Polen und andere Flüchtlinge wegen gewaltsamer Unternehmungen des Landes verwiesen; andere wurden von fremden Agenten beobachtet und umgarnt.

Strapinski aber tat einen guten Schlaf, und als er spät erwachte, sah er zunächst
20 den prächtigen Sonntagsschlafrock des Waagwirtes über einen Stuhl gehängt, ferner ein Tischchen mit allem möglichen Toilettenwerkzeug bedeckt. Sodann harrten eine Anzahl Dienstboten, um Körbe und Koffer, angefüllt mit feiner Wäsche, mit Kleidern, mit Zigarren, mit Büchern, mit Stiefeln, mit Schuhen, mit Sporen, mit Reitpeitschen, mit Pelzen, mit Mützen, mit Hüten, mit Socken, mit
25 Strümpfen, mit Pfeifen, mit Flöten und Geigen abzugeben von Seiten der gestrigen Freunde, mit der angelegentlichen[2] Bitte, sich dieser Bequemlichkeiten einstweilen bedienen zu wollen. Da sie die Vormittagsstunden unabänderlich in ihren Geschäften verbrachten, ließen sie ihre Besuche auf die Zeit nach Tisch ansagen.

Diese Leute waren nichts weniger, als lächerlich oder einfältig, sondern
30 umsichtige Geschäftsmänner, mehr schlau als vernagelt[3]; allein da ihre wohlbesorgte Stadt klein war und es ihnen manchmal langweilig darin vorkam, waren sie stets begierig auf eine Abwechslung, ein Ereignis, einen Vorgang, dem sie sich ohne Rückhalt hingaben. Der vierspännige Wagen, das Aussteigen des Fremden, sein Mittagessen, die Aussage des Kutschers waren so einfache und natürliche
35 Dinge, daß die Goldacher, welche keinem müßigen Argwohn nachzuhängen pflegten, ein Ereignis darauf aufbauten, wie auf einen Felsen.

Als Strapinski das Warenlager sah, das sich vor ihm ausbreitete, war seine erste Bewegung, daß er in seine Tasche griff, um zu erfahren, ob er träume oder wache. Wenn sein Fingerhut dort noch in seiner Einsamkeit weilte, so träumte er.

---

[1] 'stick of mustache wax' [2] 'urgent' [3] 'limited,' 'dull'

Aber nein, der Fingerhut wohnte traulich zwischen dem gewonnenen Spielgelde und scheuerte sich freundschaftlich an den Talern; so ergab sich auch sein Gebieter[1] wiederum in das Ding und stieg von seinen Zimmern herunter auf die Straße, um sich die Stadt zu besehen, in welcher es ihm so wohl erging. Unter der
5 Küchentüre stand die Köchin, welche ihm einen tiefen Knix machte und ihm mit neuem Wohlgefallen nachsah, auf dem Flur und an der Haustüre standen andere Hausgeister, alle mit der Mütze in der Hand, und Strapinski schritt mit gutem Anstand und doch bescheiden heraus, seinen Mantel sittsam zusammennehmend. Das Schicksal machte ihn mit jeder Minute größer.
10		Mit ganz anderer Miene besah er sich die Stadt, als wenn er um Arbeit darin ausgegangen wäre. Dieselbe bestand größtenteils aus schönen, festgebauten Häusern, welche alle mit steinernen oder gemalten Sinnbildern geziert und mit einem Namen versehen waren. In diesen Benennungen war die Sitte der Jahrhunderte deutlich zu erkennen. Das Mittelalter spiegelte sich ab in den ältesten Häusern
15 oder in den Neubauten, welche an deren Stelle getreten, aber den alten Namen behalten aus der Zeit der kriegerischen Schultheiße[2] und der Märchen. Da hieß es: zum Schwert, zum Eisenhut, zum Harnisch, zur Armbrust, zum blauen Schild, zum Schweizerdegen, zum Ritter, zum Büchsenstein, zum Türken, zum Meerwunder, zum goldenen Drachen, zur Linde, zum Pilgerstab, zur Wasserfrau, zum Para-
20 diesvogel, zum Granatbaum, zum Kämbel[3], zum Einhorn u. dgl. Die Zeit der Aufklärung[4] und der Philanthropie war deutlich zu lesen in den moralischen Begriffen, welche in schönen Goldbuchstaben über den Haustüren erglänzten, wie: zur Eintracht, zur Redlichkeit, zur alten Unabhängigkeit, zur neuen Unabhängigkeit, zur Bürgertugend a, zur Bürgertugend b, zum Vertrauen, zur Liebe, zur Hoffnung,
25 zum Wiedersehen 1 und 2, zum Frohsinn, zur inneren Rechtlichkeit, zur äußeren Rechtlichkeit, zum Landeswohl (ein reinliches Häuschen, in welchem hinter einem Kanarienkäficht[5], ganz mit Kresse behängt, eine freundliche alte Frau saß mit einer weißen Zipfelhaube und Garn haspelte), zur Verfassung (unten hauste ein Böttcher, welcher eifrig und mit großem Geräusch kleine Eimer und Fäßchen
30 mit Reifen einfaßte und unablässig klopfte); ein Haus hieß schauerlich: zum Tod! ein verwaschenes Gerippe erstreckte sich von unten bis oben zwischen den Fenstern; hier wohnte der Friedensrichter. Im Hause Geduld wohnte der Schuldenschreiber, ein ausgehungertes Jammerbild, da in dieser Stadt keiner dem anderen etwas schuldig blieb.
35		Endlich verkündete sich an den neuesten Häusern die Poesie der Fabrikanten, Bankiere und Spediteure und ihrer Nachahmer in den wohlklingenden Namen: Rosenthal, Morgenthal, Sonnenberg, Veilchenburg, Jugendgarten, Freudenberg, Henriettenthal, zur Camellia, Wilhelminenburg u.s.w. Die an Frauennamen

---

[1] i. e., Strapinksi		[2] =Bürgermeister		[3] =Kamel		[4] 'Enlightenment,' i. e., the eighteenth century		[5] -ficht = -fig

gehängten Täler und Burgen bedeuteten für den Kundigen immer ein schönes Weibergut[1].

An jeder Straßenecke stand ein alter Turm mit reichem Uhrwerk, buntem Dach und zierlich vergoldeter Windfahne. Diese Türme waren sorgfältig erhalten; denn die Goldacher erfreuten sich der Vergangenheit und der Gegenwart und taten auch Recht daran. Die ganze Herrlichkeit war aber von der alten Ringmauer eingefaßt, welche, obwohl nichts mehr nutze, dennoch zum Schmucke beibehalten wurde, da sie ganz mit dichtem altem Efeu überwachsen war und so die kleine Stadt mit einem immergrünen Kranze umschloß.

Alles dieses machte einen wunderbaren Eindruck auf Strapinski; er glaubte sich in einer anderen Welt zu befinden. Denn als er die Aufschriften der Häuser las, dergleichen er noch nicht gesehen, war er der Meinung, sie bezögen sich auf die besonderen Geheimnisse und Lebensweisen jedes Hauses und es sehe hinter jeder Haustüre wirklich so aus, wie die Überschrift angab, so daß er in eine Art moralisches Utopien hinein geraten wäre. So war er geneigt zu glauben die wunderliche Aufnahme, welche er gefunden, hänge hiemit im Zusammenhang, so daß zum Beispiel das Sinnbild der Waage, in welcher er wohnte, bedeute, daß dort das ungleiche Schicksal abgewogen und ausgeglichen und zuweilen ein reisender Schneider zum Grafen gemacht würde.

Er geriet auf seiner Wanderung auch vor das Tor, und wie er nun so über das freie Feld hinblickte, meldete sich zum letzten Male der pflichtgemäße Gedanke, seinen Weg unverweilt[2] fortzusetzen. Die Sonne schien, die Straße war schön, fest, nicht zu trocken und auch nicht naß, zum Wandern wie gemacht. Reisegeld hatte er nun auch, so daß er angenehm einkehren konnte, wo er Lust dazu verspürte, und kein Hindernis war zu erspähen.

Da stand er nun, gleich dem Jüngling am Scheidewege[3], auf einer wirklichen Kreuzstraße; aus dem Lindenkranze, welcher die Stadt umgab, stiegen gastliche Rauchsäulen, die goldenen Turmknöpfe funkelten lockend aus den Baumwipfeln; Glück, Genuß und Verschuldung, ein geheimnisvolles Schicksal winkten dort; von der Feldseite her aber glänzte die freie Ferne; Arbeit, Entbehrung, Armut, Dunkelheit harrten dort, aber auch ein gutes Gewissen und ein ruhiger Wandel; dieses fühlend, wollte er denn auch entschlossen ins Feld abschwenken. Im gleichen Augenblicke rollte ein rasches Fuhrwerk heran; es war das Fräulein von gestern, welches mit wehendem blauem Schleier ganz allein in einem schmucken leichten Fuhrwerke saß, ein schönes Pferd regierte[4] und nach der Stadt fuhr. Sobald Strapinski nur an seine Mütze griff und dieselbe demütig vor seine Brust nahm in seiner Überraschung, verbeugte sich das Mädchen rasch errötend gegen ihn, aber überaus freundlich, und fuhr in großer Bewegung, das Pferd zum Galopp antreibend, davon.

---

[1]'dowry' [2]=*sofort* [3]'youth at the crossroads' (Hercules) [4]'drove'

Strapinski aber machte unwillkürlich ganze Wendung und kehrte getrost nach
der Stadt zurück. Noch an demselben Tage galoppierte er auf dem besten Pferde
der Stadt, an der Spitze einer ganzen Reitergesellschaft, durch die Allee, welche
um die grüne Ringmauer führte, und die fallenden Blätter der Linden tanzten wie
5 ein goldener Regen um sein verklärtes Haupt.

Nun war der Geist in ihn gefahren. Mit jedem Tage wandelte er sich, gleich
einem Regenbogen, der zusehends bunter wird an der vorbrechenden Sonne. Er
lernte in Stunden, in Augenblicken, was andere nicht in Jahren, da es in ihm
gesteckt hatte, wie das Farbenwesen im Regentropfen. Er beachtete wohl die Sit-
10 ten seiner Gastfreunde und bildete sie während des Beobachtens zu einem Neuen
und Fremdartigen um; besonders suchte er abzulauschen, was sie sich eigentlich
unter ihm dächten und was für ein Bild sie sich von ihm gemacht. Dies Bild arbeitete er weiter aus nach seinem eigenen Geschmacke, zur vergnüglichen Unterhaltung der einen, welche gern etwas Neues sehen wollten, und zur Bewunderung der
15 anderen, besonders der Frauen, welche nach erbaulicher Anregung dürsteten. So
ward er rasch zum Helden eines artigen Romanes, an welchem er gemeinsam mit
der Stadt und liebevoll arbeitete, dessen Hauptbestandteil aber immer noch das
Geheimnis war.

Bei alldem verlebte Strapinski, was er in seiner Dunkelheit früher nie gekannt,
20 eine schlaflose Nacht um die andere, und es ist mit Tadel hervorzuheben, daß es
eben so viel die Furcht vor der Schande, als armer Schneider entdeckt zu werden
und dazustehen, als das ehrliche Gewissen war, was ihm den Schlaf raubte. Sein
angeborenes Bedürfnis, etwas Zierliches und Außergewöhnliches vorzustellen,
wenn auch nur in der Wahl der Kleider, hatte ihn in diesen Konflikt geführt und
25 brachte jetzt auch jene Furcht hervor, und sein Gewissen war nur insoweit mächtig, daß er beständig den Vorsatz nährte, bei guter Gelegenheit einen Grund zur
Abreise zu finden und dann durch Lotteriespiel und dergleichen die Mittel zu
gewinnen, aus geheimnisvoller Ferne zu vergüten, um was er die gastfreundlichen
Goldacher gebracht hatte.[1] Er ließ sich auch schon aus allen Städten, wo es Lot-
30 terien oder Agenten derselben gab, Lose kommen mit mehr oder weniger be-
scheidenem Einsatze, und die daraus entstehende Korrespondenz, der Empfang
der Briefe wurde wiederum als ein Zeichen wichtiger Beziehungen und Verhältnisse vermerkt.

Schon hatte er mehr als ein Mal ein paar Gulden gewonnen und dieselben
35 sofort wieder zum Erwerb neuer Lose verwendet, als er eines Tages von einem
fremden Collecteur, der sich aber Bankier nannte, eine namhafte Summe empfing,
welche hinreichte, jenen Rettungsgedanken auszuführen. Er war bereits nicht mehr
erstaunt über sein Glück, das sich von selbst zu verstehen schien, fühlte sich aber
doch erleichtert und besonders dem guten Waagwirt gegenüber beruhigt, welchen

---

[1]*um ... hatte* 'what the hospitable Goldacher had lost through him'

er seines guten Essens wegen sehr wohl leiden mochte. Anstatt aber kurz abzubin-
den, seine Schulden gradaus zu bezahlen und abzureisen, gedachte er, wie er sich
vorgenommen, eine kurze Geschäftsreise vorzugeben, dann aber von irgend einer
großen Stadt aus zu melden, daß das unerbittliche Schicksal ihm verbiete, je wie-
5 derzukehren; dabei wolle er seinen Verbindlichkeiten nachkommen[1], ein gutes
Andenken hinterlassen und seinem Schneiderberufe sich aufs neue und mit mehr
Umsicht und Glück widmen, oder auch sonst einen anständigen Lebensweg erspähen. Am liebsten wäre er freilich auch als Schneidermeister in Goldach geblieben
und hätte jetzt die Mittel gehabt, sich da ein bescheidenes Auskommen zu begrün-
10 den; allein es war klar, daß er hier nur als Graf leben konnte.

Wegen des sichtlichen Vorzuges und Wohlgefallens, dessen er sich bei jeder
Gelegenheit von Seite des schönen Nettchens zu erfreuen hatte, waren schon manche Redensarten im Umlauf[2] und er hatte sogar bemerkt, daß das Fräulein hin und
wieder die Gräfin genannt wurde. Wie konnte er diesem Wesen nun eine solche
15 Entwicklung bereiten? Wie konnte er das Schicksal, das ihn gewaltsam so erhöht
hatte, so frevelhaft Lügen strafen und sich selbst beschämen?

Er hatte von seinem Lotteriemann, genannt Bankier, einen Wechsel bekommen, welchen er bei einem Goldacher Haus einkassierte, diese Verrichtung
bestärkte abermals die günstigen Meinungen über seine Person und Verhältnisse,
20 da die soliden Handelsleute nicht im entferntesten an einen Lotterieverkehr dachten. An demselben Tage nun begab sich Strapinski auf einen stattlichen Ball, zu
dem er geladen war. In tiefes, einfaches Schwarz gekleidet erschien er und verkün-
dete sogleich den ihn Begrüßenden, daß er genötigt sei, zu verreisen.

In zehn Minuten war die Nachricht der ganzen Versammlung bekannt und
25 Nettchen, deren Anblick Strapinski suchte, schien, wie erstarrt, seinen Blicken
auszuweichen, bald rot, bald blaß werdend. Dann tanzte sie mehrmals hinter einander mit jungen Herren, setzte sich zerstreut und schnell atmend und schlug eine
Einladung des Polen, der endlich herangetreten war, mit einer kurzen Verbeugung
aus, ohne ihn anzusehen.

30 Seltsam aufgeregt und bekümmert ging er hinweg, nahm seinen famosen
Mantel um und schritt mit wehenden Locken in einem Gartenwege auf und nieder. Es wurde ihm nun klar, daß er eigentlich nur dieses Wesens halber so lange
dageblieben sei, daß die unbestimmte Hoffnung, doch wieder in ihre Nähe zu
kommen, ihn unbewußt belebte, daß aber der ganze Handel eben eine Unmöglich-
35 keit darstelle von der verzweifeltsten Art.

Wie er so dahin schritt, hörte er rasche Tritte hinter sich, leichte, doch unruhig bewegte. Nettchen ging an ihm vor über und schien, nach einigen ausgerufe-
nen Worten zu urteilen, nach ihrem Wagen zu suchen, obgleich derselbe auf der
anderen Seite des Hauses stand und hier nur Winterkohlköpfe und eingewickelte

---

[1]'discharge his obligations' [2]*waren ... Umlauf* 'people were beginning to talk'

Rosenbäumchen den Schlaf der Gerechten[1] verträumten. Dann kam sie wieder zurück und da er jetzt mit klopfendem Herzen ihr im Wege stand und bittend die Hände nach ihr ausstreckte, fiel sie ihm ohne Weiteres um den Hals und fing jämmerlich an zu weinen. Er bedeckte ihre glühenden Wangen mit seinen fein duften-
5 den dunklen Locken und sein Mantel umschlug die schlanke, stolze, schneeweiße Gestalt des Mädchens wie mit schwarzen Adlersflügeln; es war ein wahrhaft schönes Bild, das seine Berechtigung ganz allein in sich selbst zu tragen schien.

Strapinski aber verlor in diesem Abenteuer seinen Verstand und gewann das Glück, das öfter den Unverständigen hold ist. Nettchen eröffnete ihrem Vater
10 noch in selbiger Nacht beim Nachhausefahren, daß kein anderer, als der Graf der Ihrige sein werde; dieser erschien am Morgen in aller Frühe, um bei dem Vater liebenswürdig schüchtern und melancholisch, wie immer, um sie zu werben, und der Vater hielt folgende Rede: „So hat sich denn das Schicksal und der Wille dieses törichten Mädchens erfüllt! Schon als Schulkind behauptete sie fortwährend nur
15 einen Italiener oder einen Polen, einen großen Pianisten oder einen Räuberhauptmann mit schonen Locken heiraten zu wollen, und nun haben wir die Bescherung! Alle inländischen wohlmeinenden Anträge hat sie ausgeschlagen, noch neulich mußte ich den gescheiten und tüchtigen Melchior Böhni heimschicken, der noch große Geschäfte machen wird, und sie hat ihn noch schrecklich verhöhnt, weil er
20 nur ein rötliches Backenbärtchen trägt und aus einem silbernen Döschen schnupft[2]! Nun, Gott sei Dank, ist ein polnischer Graf da aus wildester Ferne! Nehmen Sie die Gans, Herr Graf, und schicken sie mir dieselbe wieder, wenn sie in Ihrer Polackei friert und einst unglücklich wird und heult! Ach, was würde die selige Mutter für ein Entzücken genießen, wenn sie noch erlebt hätte, daß das ver-
25 zogene Kind eine Gräfin geworden ist!"

Nun gab es große Bewegung; in wenig Tagen sollte rasch die Verlobung gefeiert werden, denn der Amtsrat behauptete, daß der künftige Schwiegersohn sich in seinen Geschäften und vorhabenden Reisen nicht durch Heiratssachen dürfe aufhalten lassen, sondern diese durch die Beförderung jener beschleunigen müsse.
30 Strapinski brachte zur Verlobung Brautgeschenke, welche ihn die Hälfte seines zeitlichen Vermögens kosteten; die andere Hälfte verwandte er zu einem Feste, das er seiner Braut geben wollte. Es war eben Fastnachtszeit[3] und bei hellem Himmel ein verspätetes glänzendes Winterwetter. Die Landstraßen boten die prächtigste Schlittenbahn, wie sie nur selten entsteht und sich hält, und Herr von Strapin-
35 ski veranstaltete darum eine Schlittenfahrt und einen Ball in dem für solche Feste beliebten stattlichen Gasthause, welches auf einer Hochebene mit der schönsten Aussicht gelegen war, etwa zwei gute Stunden entfernt und genau in der Mitte zwischen Goldach und Seldwyla.

---

[1]'sleep of the just'   [2]'takes snuff'   [3]'carnival time'

Um diese Zeit geschah es, daß Herr Melchior Böhni in der letzteren Stadt Geschäfte zu besorgen hatte und daher einige Tage vor dem Winterfest in einem leichten Schlitten dahin fuhr, seine beste Zigarre rauchend; und es geschah ferner, daß die Seldwyler auf den gleichen Tag, wie die Goldacher, auch eine Schlitten-
5 fahrt verabredeten, nach dem gleichen Orte, und zwar eine kostümierte oder Maskenfahrt.

So fuhr denn der Goldacher Schlittenzug gegen die Mittagsstunde unter Schellenklang, Posthorntönen und Peitschenknall durch die Straßen der Stadt, daß die Sinnbilder der alten Häuser erstaunt herniedersahen, und zum Tore hinaus. Im
10 ersten Schlitten saß Strapinski mit seiner Braut, in einem polnischen Überrock von grünem Sammet, mit Schnüren besetzt und schwer mit Pelz verbrämt und gefuttert. Nettchen war ganz in weißes Pelzwerk gehüllt; blaue Schleier schützten ihr Gesicht gegen die frische Luft und gegen den Schneeglanz. Der Amtsrat war durch irgend ein plötzliches Ereignis verhindert worden, mitzufahren, doch war
15 es sein Gespann und sein Schlitten, in welchem sie fuhren, ein vergoldetes Frauenbild als Schlittenzierat[1] vor sich, die Fortuna vorstellend; denn die Stadtwohnung des Amtsrates hieß zur Fortuna.

Ihnen folgten fünfzehn bis sechszehn Gefährte mit je einem Herren und einer Dame, alle geputzt und lebensfroh, aber keines der Paare so schön und stattlich,
20 wie das Brautpaar. Die Schlitten trugen, wie die Meerschiffe ihre Galions, immer das Sinnbild des Hauses, dem jeder angehörte, so daß das Volk rief: „Seht, da kommt die Tapferkeit! wie schön ist die Tüchtigkeit! Die Verbesserlichkeit scheint neu lackiert zu sein und die Sparsamkeit frisch vergoldet! Ah, der Jakobsbrunnen[2] und der Teich Bethesda!" Im Teiche Bethesda, welcher als bescheidener Einspän-
25 ner den Zug schloß, kutschierte Melchior Böhni still und vergnügt. Als Galion seines Fahrzeugs hatte er das Bild jenes jüdischen Männchens vor sich, welcher an besagtem Teiche dreißig Jahre auf sein Heil gewartet. So segelte denn das Geschwader im Sonnenscheine dahin und erschien bald auf der weithin schimmernden Höhe, dem Ziele sich nahend. Da ertönte gleichzeitig von der entgegengesetz-
30 ten Seite lustige Musik.

Aus einem duftig bereiften Walde heraus brach ein Wirrwarr von bunten Farben und Gestalten und entwickelte sich zu einen Schlittenzug, welcher hoch am weißen Feldrande sich auf den blauen Himmel zeichnete und ebenfalls nach der Mitte der Gegend hinglitt, von abenteuerlichem Anblick. Es schienen meistens
5 große bäuerliche Lastschlitten[3] zu sein, je zwei zusammen gebunden, um absonderlichen Gebilden und Schaustellungen zur Unterlage zu dienen. Auf dem vordersten Fuhrwerke ragte eine kolossale Figur empor, die Göttin Fortuna vorstellend,

---

[1]*Zierat = Ornament* [2]'Jacob's Well,' where Jesus asked the Samaritan woman for a drink (John 4: 5-12), symbolic of charity; Pool of Bethesda, where Jesus told the invalid to "take up thy bed, and walk" (John 5:8), symbolic of patience, since the man had waited thirty-eight years to enter the healing waters. [3]'freight sleds'

welche in den Äther hinaus zu fliegen schien. Es war eine riesenhafte Strohpuppe voll schimmernden Flittergoldes, deren Gazegewänder[1] in der Luft flatterten. Auf dem zweiten Gefährte aber fuhr ein ebenso riesenmäßiger Ziegenbock einher, schwarz und düster abstechend[2] und mit gesenkten Hörnern der Fortuna nachja-
5 gend. Hierauf folgte ein seltsames Gerüste, welches sich als ein fünfzehn Schuh hohes Bügeleisen darstellte, dann eine gewaltig schnappende Schere, welche mittelst einer Schnur auf und zugeklappt wurde und das Himmelszelt[3] für einen blau seidenen Westenstoff anzusehen schien. Andere solche landläufige Anspielungen auf das Schneiderwesen folgten noch und zu Füßen aller dieser Gebilde saß auf
10 den geräumigen, je von vier Pferden gezogenen Schlitten die Seldwyler Gesellschaft in buntester Tracht, mit lautem Gelächter und Gesang.

Als beide Züge gleichzeitig auf dem Platze vor dem Gasthause auffuhren, gab es demnach einen geräuschvollen Auftritt und ein großes Gedränge von Menschen und Pferden. Die Herrschaften von Goldach waren überrascht und erstaunt über
15 die abenteuerliche Begegnung; die Seldwyler dagegen stellten sich vorerst gemütlich und freundschaftlich bescheiden. Ihr vorderster Schlitten mit der Fortuna trug die Inschrift „Leute machen Kleider" und so ergab es sich denn, daß die ganze Gesellschaft lauter Schneidersleute von allen Nationen und aus allen Zeitaltern darstellte. Es war gewissermaßen ein historisch-ethnographischer Schneiderfest-
20 zug, welcher mit der umgekehrten und ergänzenden Inschrift abschloß „Kleider machen Leute!" In dem letzten Schlitten mit dieser Überschrift saßen nämlich, als das Werk der vorausgefahrenen heidnischen und christlichen Nahtbeflissenen aller Art[4], ehrwürdige Kaiser und Könige, Ratsherren und Stabsoffiziere, Prälaten und Stiftsdamen in höchster Gravität.
25 Diese Schneiderwelt wußte sich gewandt aus dem Wirrwarr zu ordnen und ließ die Goldacher Herren und Damen, das Brautpaar an deren Spitze, bescheiden ins Haus spazieren, um nachher die unteren Räume desselben, welche für sie bestellt waren, zu besetzen, während jene die breite Treppe empor nach dem großen Festsaale rauschten. Die Gesellschaft des Herren Grafen fand dies Benehmen
30 schicklich und ihre Überraschung verwandelte sich in Heiterkeit und beifälliges Lächeln über die unverwüstliche Laune der Seldwyler; nur der Graf selbst hegte gar dunkle Empfindungen, die ihm nicht behagten, obgleich er in der jetzigen Voreingenommenheit seiner Seele keinen bestimmten Argwohn verspürte und nicht einmal bemerkt hatte, woher die Leute gekommen waren. Melchior Böhni,
35 der seinen Teich Bethesda sorglich bei Seite gebracht hatte und sich aufmerksam in der Nähe Strapinskis befand, nannte laut, daß dieser es hören konnte, eine ganz andere Ortschaft als den Ursprungsort des Maskenzuges.

---

[1]'gauze garments' [2]'contrasting' [3]'sky' [4]*als ... Art* 'representing the work of heathen and Christian tailor-folk (*Nahtbeflissenen*) of all kinds who had already passed by'

Bald saßen beide Gesellschaften, jegliche auf ihrem Stockwerke, an den gedeckten Tafeln und gaben sich fröhlichen Gesprächen und Scherzreden hin, in Erwartung weiterer Freuden.

Die kündigten sich denn auch für die Goldacher an, als sie paarweise in den
5 Tanzsaal hinüber schritten und dort die Musiker schon ihre Geigen stimmten. Wie nun aber alles im Kreise stand und sich zum Reihen[1] ordnen wollte, erschien eine Gesandtschaft der Seldwyler, welche das freundnachbarliche Gesuch und Anerbieten vortrug, den Herren und Frauen von Goldach einen Besuch abstatten zu dürfen und ihnen zum Ergötzen einen Schautanz[2] aufzuführen. Dieses Anerbie-
10 ten konnte nicht wohl zurückgewiesen werden; auch versprach man sich von den lustigen Seldwylern einen tüchtigen Spaß und setzte sich daher nach der Anordnung der besagten Gesandtschaft in einem großen Halbring, in dessen Mitte Strapinski und Nettchen glänzten gleich fürstlichen Sternen.

Nun traten allmählich jene besagten Schneidergruppen nacheinander ein. Jede
15 führte in zierlichem Gebärdenspiel den Satz „Leute machen Kleider" und dessen Umkehrung durch, indem sie erst mit Emsigkeit irgend ein stattliches Kleidungsstück, einen Fürstenmantel, Priestertalar und dergleichen anzufertigen schien und sodann eine dürftige Person damit bekleidete, welche urplötzlich umgewandelt sich in höchstem Ansehen aufrichtete und nach dem Takte der Musik feierlich
20 einherging[3]. Auch die Tierfabel wurde in diesem Sinne in Szene gesetzt, da eine gewaltige Krähe erschien, die sich mit Pfauenfedern schmückte und quakend umherhüpfte, ein Wolf, der sich einen Schafspelz zurecht schneiderte, schließlich ein Esel, der eine furchtbare Löwenhaut von Werg trug und sich heroisch damit drapierte, wie mit einem Carbonarimantel[4].

25 Alle die so erschienen traten nach vollbrachter Darstellung zurück und machten allmählich so den Halbkreis der Goldacher zu einem weiten Ring von Zuschauern, dessen innerer Raum endlich leer ward. In diesem Augenblicke ging die Musik in eine wehmütig ernste Weise über und zugleich beschritt eine letzte Erscheinung den Kreis, dessen Augen sämtlich auf sie gerichtet waren. Es war ein
30 schlanker junger Mann in dunklem Mantel, dunkeln schönen Haaren und mit einer polnischen Mütze; es war niemand anders als der Graf Strapinski, wie er an jenem Novembertag auf der Straße gewandert und den verhängnisvollen Wagen bestiegen hatte.

Die ganze Versammlung blickte lautlos gespannt auf die Gestalt, welche feier-
35 lich schwermütig einige Gänge nach dem Takte der Musik umher trat, dann in die Mitte des Ringes sich begab, den Mantel auf den Boden breitete, sich schneidermäßig[5] darauf niedersetzte und anfing ein Bündel auszupacken. Er zog einen bei-

---

[1]=*Tanz* [2]'pantomime dance' [3]'strode about' [4]Carbonari (Italian for 'charcoal burners'), a secret political society of the early nineteenth century, particularly in Italy and France [5]'like a tailor'

nahe fertigen Grafenrock hervor, ganz wie ihn Strapinski in diesem Augenblicke trug, nähete mit großer Hast und Geschicklichkeit Troddeln und Schnüre darauf und bügelte ihn schulgerecht aus, indem er das scheinbar heiße Bügeleisen mit nassen Fingern prüfte. Dann richtete er sich langsam auf, zog seinen fadenschei-
5　nigen Rock aus und das Prachtkleid an, nahm ein Spiegelchen, kämmte sich und vollendete seinen Anzug, daß[1] er endlich als das leibhafte Ebenbild[2] des Grafen dastand. Unversehens ging die Musik in eine rasche, mutige Weise über, der Mann wickelte seine Siebensachen in den alten Mantel und warf das Pack weit über die Köpfe der Anwesenden hinweg in die Tiefe des Saales, als wollte er sich ewig von
10　seiner Vergangenheit trennen. Hierauf beging er als stolzer Weltmann in stattli-chen Tanzschritten den Kreis, hie und da sich vor den Anwesenden huldreich ver-beugend, bis er vor das Brautpaar gelangte. Plötzlich faßte er den Polen, ungeheuer überrascht fest ins Auge, stand als eine Säule vor ihm still, während gleichzeitig wie auf Verabredung die Musik aufhörte und eine fürchterliche Stille wie ein stum-
15　mer Blitz einfiel.

„Ei ei ei ei!" rief er mit weithin vernehmlicher Stimme und reckte den Arm gegen den Unglücklichen aus, „sieh da den Bruder Schlesier, den Wasserpolacken[3]! Der mir aus der Arbeit gelaufen ist, weil er wegen einer kleinen Geschäftsschwan-kung glaubte, es sei zu Ende mit mir. Nun es freut mich, daß es Ihnen so lustig
20　geht und Sie hier so fröhliche Fastnacht halten! Stehen Sie in Arbeit zu Goldach?"

Zugleich gab er dem bleich und lächelnd dasitzenden Grafensohn die Hand, welche dieser willenlos ergriff wie eine feurige Eisenstange, während der Doppel-gänger rief: „Kommt Freunde, seht hier unsern sanften Schneidergesellen, der wie ein Raphael[4] aussieht und unsern Dienstmägden, auch der Pfarrerstochter so wohl
25　gefiel, die freilich ein bißchen übergeschnappt ist!"

Nun kamen die Seldwyler Leute alle herbei und drängten sich um Strapinski und seinen ehemaligen Meister, indem sie ersterem treuherzig die Hand schüttel-ten, daß er auf seinem Stuhle schwankte und zitterte. Gleichzeitig setzte die Musik wieder ein mit einem lebhaften Marsch; die Seldwyler, sowie sie an dem Brautpaar
30　vorüber waren, ordneten sich zum Abzuge und marschierten unter Absingung eines wohl einstudierten diabolischen Lachchores aus dem Saale, während die Gol-dacher, unter welchen Böhni die Erklärung des Mirakels blitzschnell zu verbreiten gewußt hatte, durcheinander liefen und sich mit den Seldwylern kreuzten, so daß es einen großen Tumult gab.
35　Als dieser sich endlich legte, war auch der Saal beinahe leer; wenige Leute standen an den Wänden und flüsterten verlegen untereinander; ein paar junge Damen hielten sich in einiger Entfernung von Nettchen, unschlüssig, ob sie sich derselben nähern sollten oder nicht.

---

[1]=*so daß*　[2]'living image'　[3]person of Polish descent living in Silesia　[4]i. e., a painting by the Italian Renaissance painter Raphael

Das Paar aber saß unbeweglich auf seinen Stühlen gleich einem steinernen ägyptischen Königspaar, ganz still und einsam; man glaubte den unabsehbaren glühenden Wüstensand zu fühlen.

Nettchen, weiß wie ein Marmor, wendete das Gesicht langsam nach ihrem
5 Bräutigam und sah ihn seltsam von der Seite an.

Da stand er langsam auf und ging mit schweren Schritten hinweg, die Augen auf den Boden gerichtet, während große Tränen aus denselben fielen.

Er ging durch die Goldacher und Seldwyler, welche die Treppen bedeckten, hindurch wie ein Toter, der sich gespenstisch von einem Jahrmarkt stiehlt, und sie
10 ließen ihn seltsamerweise auch wie einen solchen passieren, indem sie ihm still auswichen ohne zu lachen oder harte Worte nachzurufen. Er ging auch zwischen den zur Abfahrt gerüsteten Schlitten und Pferden von Goldach hindurch, indessen die Seldwyler sich in ihrem Quartiere erst noch recht belustigten, und er wandelte halb unbewußt, nur in der Meinung, nicht mehr nach Goldach zurückzukommen,
15 dieselbe Straße gegen Seldwyla hin, auf welcher er vor einigen Monaten hergewandert war. Bald verschwand er in der Dunkelheit des Waldes, durch welchen sich die Straße zog. Er war barhäuptig, denn seine Polenmütze war im Fenstergesimse des Tanzsaales liegen geblieben nebst den Handschuhen, und so schritt er denn gesenkten Hauptes und die frierenden Hände unter die gekreuzten Arme bergend
20 vorwärts, während seine Gedanken sich allmählig sammelten und zu einigem Erkennen[1] gelangten. Das erste deutliche Gefühl, dessen er inne wurde, war dasjenige einer ungeheuren Schande, gleich wie wenn er ein wirklicher Mann von Rang und Ansehen gewesen und nun infam geworden wäre durch Hereinbrechen irgend eines verhängnisvollen Unglückes. Dann löste sich dieses Gefühl aber auf
25 in eine Art Bewußtsein erlittenen Unrechtes; er hatte sich bis zu seinem glorreichen Einzug in die verwünschte Stadt nie ein Vergehen zu Schulden kommen lassen; soweit seine Gedanken in die Kindheit zurückreichten, war ihm nicht erinnerlich, daß er je wegen einer Lüge oder einer Täuschung gestraft oder gescholten worden wäre, und nun war er ein Betrüger geworden dadurch, daß die Torheit der
30 Welt ihn in einem unbewachten und so zu sagen wehrlosen Augenblicke überfallen und ihn zu ihrem Spielgesellen gemacht hatte. Er kam sich wie ein Kind vor, welches ein anderes boshaftes Kind überredet hat, von einem Altare den Kelch zu stehlen; er haßte und verachtete sich jetzt, aber er weinte auch über sich und seine unglückliche Verirrung.

35 Wenn ein Fürst Land und Leute nimmt, wenn ein Priester die Lehre seiner Kirche ohne Überzeugung verkündet, aber die Güter seiner Pfründe mit Würde verzehrt, wenn ein dünkelvoller[2] Lehrer die Ehren und Vorteile eines hohen Lehramtes inne hat und genießt, ohne von der Höhe seiner Wissenschaft den mindesten Begriff zu haben und derselben auch nur den kleinsten Vorschub zu leisten[3];

---

[1]'to some sort of insight' [2]=*dunkelhaft* 'arrogant' [3]*den ... leisten* 'advance in the least'

wenn ein Künstler ohne Tugend, mit leichtfertigem Tun und leerer Gaukelei sich in Mode bringt und Brot und Ruhm der wahren Arbeit vorwegstiehlt; oder wenn ein Schwindler, der einen großen Kaufmannsnamen geerbt oder erschlichen hat, durch seine Torheiten und Gewissenlosigkeiten Tausende um ihre Ersparnisse und 5 Notpfennige bringt, so weinen alle diese nicht über sich, sondern erfreuen sich ihres Wohlseins und bleiben nicht einen Abend ohne aufheiternde Gesellschaft und gute Freunde.

Unser Schneider aber weinte bitterlich über sich, das heißt, er fing solches plötzlich an, als nun seine Gedanken an der schweren Kette, an der sie hingen, 10 unversehens zu der verlassenen Braut zurückkehrten und sich aus Scham vor der Unsichtbaren[1] zur Erde krümmten. Das Unglück und die Erniedrigung zeigten ihm mit einem hellen Strahle das verlorene Glück und machten aus dem unklar verliebten Irrgänger einen verstoßenen Liebenden. Er streckte die Arme gegen die kalt glänzenden Sterne empor und taumelte mehr, als er ging, auf seiner Straße 15 dahin, stand wieder still und schüttelte den Kopf, als plötzlich ein roter Schein den Schnee um ihn her erreichte und zugleich Schellenklang und Gelächter ertönte. Es waren die Seldwyler, welche mit Fackeln nach Hause fuhren. Schon näherten sich ihm die ersten Pferde mit ihren Nasen; da raffte er sich auf, tat einen gewaltigen Sprung über den Straßenrand und duckte sich unter die vordersten Stämme 20 des Waldes. Der tolle Zug fuhr vorbei und verhallte endlich in der dunklen Ferne, ohne daß der Flüchtling bemerkt worden war; dieser aber, nachdem er eine gute Weile reglos gelauscht hatte, von der Kälte wie von den erst genossenen feurigen Getränken und seiner gramvollen Dummheit übermannt, streckte unvermerkt seine Glieder aus und schlief ein auf dem knisternden Schnee, während ein eiskalter 25 Hauch von Osten heranzuwehen begann.

Inzwischen erhob auch Nettchen sich von ihrem einsamen Sitze. Sie hatte dem abziehenden Geliebten gewissermaßen aufmerksam nachgeschaut, saß länger als eine Stunde unbeweglich da und stand dann auf, indem sie bitterlich zu weinen begann und ratlos nach der Türe ging. Zwei Freundinnen gesellten sich nun zu ihr 30 mit zweifelhaft tröstenden Worten; sie bat dieselben, ihr Mantel, Tücher, Hut und dergleichen zu verschaffen, in welche Dinge sie sich sodann stumm verhüllte, die Augen mit dem Schleier heftig trocknend. Da man aber, wenn man weint, fast immer zugleich auch die Nase schneuzen muß, so sah sie sich doch genötigt, das Taschentuch zu nehmen und tat einen tüchtigen Schneuz, worauf sie stolz und 35 zornig um sich blickte. In dieses Blicken hinein geriet Melchior Böhni, der sich ihr freundlich, demütig und lächelnd näherte und ihr die Notwendigkeit darstellte, nunmehr einen Führer und Begleiter nach dem väterlichen Hause zurück zu haben. Den Teich Bethesda, sagte er, werde er hier im Gasthause zurücklassen und dafür die Fortuna mit der verehrten Unglücklichen sicher nach Goldach hingeleiten.

---

[1] i. e., Nettchen

Ohne zu antworten ging sie festen Schrittes voran nach dem Hofe, wo der Schlitten mit den ungeduldigen wohlgefütterten Pferden bereit stand, einer der letzten, welche dort waren. Sie nahm rasch darin Platz, ergriff das Leitseil und die Peitsche, und während der achtlose Böhni, mit glücklicher Geschäftigkeit sich 5 gebärdend, dem Stallknecht, der die Pferde gehalten, das Trinkgeld hervorsuchte, trieb sie unversehens die Pferde an und fuhr auf die Landstraße hinaus in starken Sätzen[1], welche sich bald in einen anhaltenden munteren Galopp verwandelten. Und zwar ging es nicht nach der Heimat, sondern auf der Seldwyler Straße hin. Erst als das leichtbeschwingte Fahrzeug schon dem Blicke entschwunden war, 10 entdeckte Herr Böhni das Ereignis und lief in der Richtung gegen Goldach mit Ho ho! und Haltrufen, sprang dann zurück und jagte mit seinem eigenen Schlitten der entflohenen oder nach seiner Meinung durch die Pferde entführten Schönen nach, bis er am Tore der aufgeregten Stadt anlangte, in welcher das Ärgernis bereits alle Zungen beschäftigte.

15 Warum Nettchen jenen Weg eingeschlagen, ob in der Verwirrung oder mit Vorsatz, ist nicht sicher zu berichten. Zwei Umstände mögen hier ein leises Licht gewähren. Einmal lagen sonderbarerweise die Pelzmütze und die Handschuhe Strapinskis, welche auf dem Fenstersimse hinter dem Sitze des Paares gelegen hatten, nun im Schlitten der Fortuna neben Nettchen; wann und wie sie diese Gegen-20 stände ergriffen, hatte niemand beachtet und sie selbst wußte es nicht; es war wie im Schlafwandel geschehen. Sie wußte jetzt noch nicht, daß Mütze und Handschuhe neben ihr lagen. Sodann sagte sie mehr als ein Mal laut vor sich hin: "Ich muß noch zwei Worte mit ihm sprechen, nur zwei Worte!"

Diese beiden Tatsachen scheinen zu beweisen, daß nicht ganz der Zufall die 25 feurigen Pferde lenkte. Auch war es seltsam, als die Fortuna in die Waldstraße gelangte, in welche jetzt der helle Vollmond hinein schien, wie Nettchen den Lauf der Pferde mäßigte und die Zügel fester anzog, so daß dieselben beinahe nur im Schritt einhertanzten, während die Lenkerin die traurigen aber dennoch scharfen Augen gespannt auf den Weg heftete, ohne links und rechts den geringsten auffäl-30 ligen Gegenstand außer acht zu lassen.

Und doch war gleichzeitig ihre Seele wie in tiefer, schwerer, unglücklicher Vergessenheit befangen; was sind Glück und Leben! von was hangen sie ab? Was sind wir selbst, daß wir wegen einer lächerlichen Fastnachtslüge glücklich oder unglücklich werden? Was haben wir verschuldet, wenn wir durch eine fröhliche 5 gläubige Zuneigung Schmach und Hoffnungslosigkeit einernten? Wer sendet uns solche einfaltige Truggestalten, die zerstörend in unser Schicksal eingreifen, während sie sich selbst daran auflösen, wie schwache Seifenblasen?

Solche mehr geträumte als gedachte Fragen umfingen die Seele Nettchens, als ihre Augen sich plötzlich auf einen länglichen dunkeln Gegenstand richteten, wel-

---

[1] 'at a good pace'

cher zur Seite der Straße sich vom mondbeglänzten Schnee abhob. Es war der langhingestreckte Wenzel, dessen dunkles Haar sich mit dem Schatten der Bäume vermischte, während sein schlanker Körper deutlich im Lichte lag.

Nettchen hielt unwillkürlich die Pferde an, womit eine tiefe Stille über den
5 Wald kam. Sie starrte unverwandt nach dem dunklen Körper, bis derselbe sich ihrem hellsehenden Auge fast unverkennbar darstellte und sie leise die Zügel festband, ausstieg, die Pferde einen Augenblick beruhigend streichelte und sich hierauf der Erscheinung vorsichtig, lautlos näherte.

Ja, er war es. Der dunkelgrüne Samt seines Rockes nahm sich selbst auf dem
10 nächtlichen Schnee schön und edel aus; der schlanke Leib und die geschmeidigen Glieder, wohl geschnürt und bekleidet, alles sagte noch in der Erstarrung, am Rande des Unterganges, im Verlorensein: Kleider machen Leute!

Als sich die einsame Schöne näher über ihn hinbeugte und ihn ganz sicher erkannte, sah sie auch sogleich die Gefahr, in der sein Leben schwebte, und fürch-
15 tete, er möchte bereits erfroren sein. Sie ergriff daher unbedenklich eine seiner Hände, die kalt und fühllos schien. Alles andere vergessend rüttelte sie den Ärmsten und rief ihm seinen Taufnamen ins Ohr: „Wenzel! Wenzel!" Umsonst, er rührte sich nicht, sondern atmete nur schwach und traurig. Da fiel sie über ihn her, fuhr mit der Hand über sein Gesicht, und gab ihm in der Beängstigung Nasen-
20 stüber[1] auf die erbleichte Nasenspitze. Dann nahm sie, hiedurch auf einen guten Gedanken gebracht, Hände voll Schnee und rieb ihm die Nase und das Gesicht und auch die Finger tüchtig, soviel sie vermochte und bis sich der glücklich Unglückliche erholte, erwachte und langsam seine Gestalt in die Höhe richtete.

Er blickte um sich und sah die Retterin vor sich stehen. Sie hatte den Schleier
25 zurückgeschlagen; Wenzel erkannte jeden Zug in ihrem weißen Gesicht, das ihn ansah mit großen Augen.

Er stürzte vor ihr nieder, küßte den Saum ihres Mantels und rief: „Verzeih mir! Verzeih mir!"

„Komm, fremder Mensch!" sagte sie mit unterdrückter zitternder Stimme, „ich
30 werde mit dir sprechen und dich fortschaffen!"

Sie winkte ihm, in den Schlitten zu steigen, was er folgsam tat; sie gab ihm Mütze und Handschuh, eben so unwillkürlich, wie sie dieselben mitgenommen hatte, ergriff Zügel und Peitsche und fuhr vorwärts.

Jenseits des Waldes, unfern der Straße, lag ein Bauernhof, auf welchem eine
35 Bäuerin hauste, deren Mann unlängst gestorben. Nettchen war die Patin[2] eines ihrer Kinder, Sowie der Vater Amtsrat ihr Zinsherr[3]. Noch neulich war die Frau bei ihnen gewesen, um der Tochter Glück zu wünschen und allerlei Rat zu holen, konnte aber zu dieser Stunde noch nichts von dem Wandel der Dinge wissen.

---

[1]'flips on the nose' [2]'godmother' [3]'landlord'

Nach diesem Hofe fuhr Nettchen jetzt, von der Straße ablenkend und mit einem kräftigen Peitschenknallen vor dem Hause haltend. Es war noch Licht hinter den kleinen Fenstern; denn die Bäuerin war wach und machte sich zu schaffen, während Kinder und Gesinde längst schliefen. Sie öffnete das Fenster und guckte
5 verwundert heraus. „Ich bin's nur, wir sind's!" rief Nettchen. „Wir haben uns verirrt wegen der neuen obern Straße, die ich noch nie gefahren bin; macht uns einen Kaffee, Frau Gevatterin[1], und laßt uns einen Augenblick hineinkommen ehe wir weiter fahren!"

Gar vergnügt eilte die Bäuerin her, da sie Nettchen sofort erkannte, und
10 bezeigte sich entzückt und eingeschüchtert zugleich, auch das große Tier, den fremden Grafen zu sehen. In ihren Augen waren Glück und Glanz dieser Welt in diesen zwei Personen über ihre Schwelle getreten; unbestimmte Hoffnungen, einen kleinen Teil daran, irgend einen bescheidenen Nutzen für sich oder ihre Kinder zu gewinnen, belebten die gute Frau und gaben ihr alle Behendigkeit, die jun-
15 gen Herrschaftsleute zu bedienen. Schnell hatte sie ein Knechtchen geweckt, die Pferde zu halten, und bald hatte sie auch einen heißen Kaffee bereitet, welchen sie jetzt hereinbrachte, wo Wenzel und Nettchen in der halbdunklen Stube einander gegenüber saßen, ein schwach flackerndes Lämpchen zwischen sich auf dem Tische.

Wenzel saß, den Kopf in die Hände gestützt, und wagte nicht aufzublicken.
20 Nettchen lehnte auf ihrem Stuhle zurück und hielt die Augen fest verschlossen, aber ebenso den bitteren schönen Mund, woran man sah, daß sie keineswegs schlief.

Als die Gevattersfrau den Trank auf den Tisch gesetzt hatte, erhob sich Nettchen rasch und flüsterte ihr zu: „Laßt uns jetzt eine Viertelstunde allein, legt Euch aufs Bett, liebe Frau, wir haben uns ein bißchen gezankt und müssen uns heute
25 noch aussprechen, da hier gute Gelegenheit ist!"

„Ich verstehe schon, Ihr macht's gut so!" sagte die Frau und ließ die zwei bald allein.

„Trinken Sie dies," sagte Nettchen, die sich wieder gesetzt hatte, „es wird Ihnen gesund sein!" Sie selbst berührte nichts. Wenzel Strapinski, der leise zitterte,
30 richtete sich auf, nahm eine Tasse und trank sie aus, mehr weil sie es gesagt hatte, als um sich zu erfrischen. Er blickte sie jetzt auch an und als ihre Augen sich begegneten und Nettchen forschend die seinigen betrachtete, schüttelte sie das Haupt und sagte dann: „Wer sind Sie? Was wollen Sie mit mir!"

„Ich bin nicht ganz so, wie ich scheine!" erwiderte er traurig, „ich bin ein
35 armer Narr, aber ich werde alles gut machen und Ihnen Genugtuung geben und nicht lange mehr am Leben sein!" Solche Worte sagte er so überzeugt und ohne allen gemachten Ausdruck, daß Nettchens Augen unmerklich aufblitzten. Dennoch wiederholte sie: „Ich wünsche zu wissen, wer Sie eigentlich seien und woher Sie kommen un wohin Sie wollen?"

---

[1]form of endearing address to an older person

„Es ist alles so gekommen, wie ich Ihnen jetzt der Wahrheit gemäß erzählen will," antwortete er und sagte ihr, wer er sei und wie es ihm bei seinem Einzug in Goldach ergangen. Er beteuerte besonders, wie er mehrmals habe fliehen wollen, schließlich aber durch ihr Erscheinen selbst gehindert worden sei, wie in einem
5 verhexten Traume.

Nettchen wurde mehrmals von einem Anflug von Lache heimgesucht[1]; doch überwog der Ernst ihrer Angelegenheit zu sehr, als daß es zum Ausbruch gekommen wäre. Sie fuhr vielmehr fort zu fragen: „Und wohin gedachten Sie mit mir zu gehen und was zu beginnen?" — „Ich weiß es kaum," erwiderte er; „ich hoffte auf
10 weitere merkwürdige oder glückliche Dinge; auch gedachte ich zuweilen des Todes in der Art, daß ich mir denselben geben wolle, nachdem ich —"

Hier stockte Wenzel und sein bleiches Gesicht wurde ganz rot.

„Nun fahren Sie fort" sagte Nettchen ihrerseits bleich werdend, indessen ihr Herz wunderlich klopfte.

15 Da flammten Wenzels Augen groß und süß auf und er rief: „Ja, jetzt ist es mir klar und deutlich vor Augen, wie es gekommen wäre! Ich wäre mit dir in die weite Welt gegangen und nachdem ich einige kurze Tage des Glückes mit dir gelebt, hätte ich dir den Betrug gestanden und mir gleichzeitig den Tod gegeben. Du wärst zu Deinem Vater zurückgekehrt, wo du wohl aufgehoben gewesen wärest
20 und mich leicht vergessen hättest. Niemand brauchte darum zu wissen; ich wäre spurlos verschollen. — Anstatt an der Sehnsucht nach einem würdigen Dasein, nach einem gütigen Herzen, nach Liebe lebenslang zu kranken," fuhr er wehmütig fort, „wäre ich einen Augenblick lang groß und glücklich gewesen und hoch über allen, die weder glücklich noch unglücklich sind und doch nie sterben wollen! O
25 hätten Sie mich liegen gelassen im kalten Schnee, ich wäre so ruhig eingeschlafen!"

Er war wieder still geworden und schaute düster sinnend[2] vor sich hin.

Nach einer Weile sagte Nettchen, die ihn still betrachtet, nachdem das durch Wenzels Reden angefachte Schlagen ihres Herzens sich etwas gelegt hatte: „Haben Sie dergleichen oder ähnliche Streiche früher schon begangen und fremde Men-
30 schen angelogen, die Ihnen nichts zu leide getan?"

„Das habe ich mich in dieser bitteren Nacht selbst schon gefragt und mich nicht erinnert, daß ich je ein Lügner gewesen bin! Ein solches Abenteuer habe ich noch gar nie gemacht oder erfahren! Ja, in jenen Tagen, als der Hang in mir entstanden, etwas Ordentliches zu sein oder zu scheinen, in halber Kindheit noch,
35 habe ich mich selbst überwunden und einem Glück entsagt, das mir beschieden schien!"

„Was ist dies?" fragte Nettchen.

„Meine Mutter war, ehe sie sich verheiratet hatte, in Diensten einer benachbarten Gutsherrin und mit derselben auf Reisen und in großen Städten gewesen.

---

[1]'tempted to laugh' [2]'with dark thoughts'

Davon hatte sie eine feinere Art bekommen, als die anderen Weiber unseres Dorfes, und war wohl auch etwas eitel; denn sie kleidete sich und mich, ihr einziges Kind, immer etwas zierlicher und gesuchter[1], als es bei uns Sitte war. Der Vater, ein armer Schulmeister, starb aber früh, und so blieb uns bei größrer Armut keine
5 Aussicht auf glückliche Erlebnisse, von welchen die Mutter gerne zu träumen pflegte. Vielmehr mußte sie sich harter Arbeit hingeben, um uns zu ernähren, und damit das Liebste, was sie hatte, etwas bessere Haltung[2] und Kleidung, aufopfern. Unerwartet sagte nun jene neu verwitwete Gutsherrin, als ich etwa sechzehn Jahre alt war, sie gehe mit ihrem Haushalt in die Residenz für immer; die Mutter solle
10 mich mitgeben, es sei schade für mich in dem Dorfe ein Taglöhner oder Bauernknecht zu werden, sie wolle mich etwas Feines lernen lassen, zu was ich Lust habe, während ich in ihrem Hause leben und diese und jene leichtere Dienstleistungen tun könne. Das schien nun das Herrlichste zu sein, was sich für uns ereignen mochte. Alles wurde demgemäß verabredet und zubereitet, als die Mutter nach-
15 denklich und traurig wurde und mich eines Tages plötzlich mit vielen Tränen bat, sie nicht zu verlassen, sondern mit ihr arm zu bleiben; sie werde nicht alt werden, sagte sie, und ich würde gewiß noch zu etwas Gutem gelangen, auch wenn sie tot sei. Die Gutsherrin, der ich das betrübt hinterbrachte, kam her und machte meiner Mutter Vorstellungen[3]; aber diese wurde jetzt ganz aufgeregt und rief einmal um
20 das andere, sie lasse sich ihr Kind nicht rauben; wer es kenne —"
      Hier stockte Wenzel Strapinski abermals und wußte sich nicht recht fortzuhelfen.
      Nettchen fragte: „Was sagte die Mutter, wer es kenne? Warum fahren Sie nicht fort?"
25   Wenzel errötete und antwortete: „Sie sagte etwas Seltsames, was ich nicht recht verstand und was ich jedenfalls seither nicht verspürt habe; sie meinte, wer das Kind kenne, könne nicht mehr von ihm lassen, und wollte wohl damit sagen, daß ich ein gutmütiger Junge gewesen sei oder etwas dergleichen. Kurz, sie war so aufgeregt, daß ich trotz alles Zuredens jener Dame entsagte und bei der Mutter
30 blieb, wofür sie mich doppelt lieb hatte, tausendmal mich um Verzeihung bittend, daß sie mir vor dem Glücke sei[4]. Als ich aber nun auch etwas verdienen lernen sollte, stellte es sich heraus, daß nicht viel anderes zu tun war, als daß ich zu unserem Dorfschneider in die Lehre ging. Ich wollte nicht, aber die Mutter weinte so sehr, daß ich mich ergab. Dies ist die Geschichte."
35   Auf Nettchens Frage, warum er denn doch von der Mutter fort sei und wann? erwiderte Wenzel: „Der Militärdienst rief mich weg. Ich wurde unter die Husaren gesteckt und war ein ganz hübscher roter Husar, obwohl vielleicht der dümmste im Regiment, jedenfalls der stillste. Nach einem Jahr konnte ich endlich für ein

---

[1]*gesucht* 'unusual'   [2]'way of living'   [3]*Vorstellungen machen* 'raise objections'   [4]*vor ...
sei* 'stand in the way of my happiness'

paar Wochen Urlaub erhalten und eilte nach Hause, meine gute Mutter zu sehen; aber sie war eben gestorben. Da bin ich denn, als meine Zeit gekommen war, einsam in die Welt gereist und endlich hier in mein Unglück geraten."

Nettchen lächelte, als er dieses vor sich hin klagte und sie ihn dabei aufmerk-
5   sam betrachtete. Es war jetzt eine Zeitlang still in der Stube; auf einmal schien ihr ein Gedanke aufzutauchen.

„Da Sie," sagte sie plötzlich, aber dennoch mit zögerndem spitzigem Wesen, „stets so wertgeschätzt und liebenswürdig waren, so haben Sie ohne Zweifel auch jederzeit Ihre gehörigen Liebschaften oder dergleichen gehabt und wohl schon
10   mehr als ein armes Frauenzimmer auf dem Gewissen — von mir nicht zu reden?"

„Ach Gott," erwiderte Wenzel, ganz rot werdend, „eh' ich zu Ihnen kam, habe ich niemals auch nur die Fingerspitzen eines Mädchens berührt, ausgenommen —"

„Nun?" sagte Nettchen.

„Nun," fuhr er fort, „das war eben jene Frau, die mich mitnehmen und bilden
15   lassen wollte, die hatte ein Kind, ein Mädchen von sieben oder acht Jahren, ein seltsames heftiges Kind und doch gut wie Zucker und schön wie ein Engel. Dem hatte ich vielfach den Diener und Beschützer machen müssen und es hatte sich an mich gewöhnt. Ich mußte es regelmäßig nach dem entfernten Pfarrhof bringen, wo es bei dem alten Pfarrer Unterricht genoß, und es von da wieder abholen. Auch
20   sonst mußte ich öfter mit ihm ins Freie, wenn sonst niemand gerade mitgehen konnte. Dieses Kind nun, als ich es zum letzten Mal im Abendschein über das Feld nach Hause führte, fing von der bevorstehenden Abreise zu reden an, erklärte mir, ich müßte dennoch mitgehen und fragte, ob ich es tun wollte. Ich sagte, daß es nicht sein könne. Das Kind fuhr aber fort, gar beweglich und dringlich zu bitten,
25   indem es mir am Arme hing und mich am Gehen hinderte, wie Kinder zu tun pflegen, so daß ich mich bedachtlos wohl etwas unwirsch frei machte. Da senkte das Mädchen sein Haupt und suchte beschämt und traurig die Tränen zu unterdrükken, die jetzt hervorbrachen, und es vermochte kaum das Schluchzen zu bemeistern. Betroffen wollte ich das Kind begütigen, allein nun wandte es sich zornig ab
30   und entließ mich in Ungnaden. Seitdem ist mir das schöne Kind immer im Sinne geblieben und mein Herz hat immer an ihm gehangen, obgleich ich nie wieder von ihm gehört habe —"

Plötzlich hielt der Sprecher, der in eine sanfte Erregung geraten war, wie erschreckt inne und starrte erbleichend seine Gefährtin an.

35   „Nun," sagte Nettchen ihrerseits mit seltsamem Tone in gleicher Weise etwas blaß geworden, „was sehen Sie mich so an?"

Wenzel aber streckte den Arm aus, zeigte mit dem Finger auf sie, wie wenn er einen Geist sähe, und rief: „Dieses habe ich auch schon erblickt. Wenn jenes Kind zornig war, so hoben sich ganz so, wie jetzt bei Ihnen, die schönen Haare um
40   Stirne und Schläfe ein wenig aufwärts, daß man sie sich bewegen sah, und so war es auch zuletzt auf dem Felde in jenem Abendglanze."

In der Tat hatten sich die zunächst den Schläfen und über der Stirne liegenden Locken Nettchens leise bewegt wie von einem ins Gesicht wehenden Lufthauche. Die allezeit etwas kokette Mutter Natur hatte hier eines ihrer Geheimnisse angewendet, um den schwierigen Handel zu Ende zu führen.

5 Nach kurzem Schweigen, indem ihre Brust sich zu heben begann, stand Nettchen auf, ging um den Tisch herum dem Manne entgegen und fiel ihm um den Hals mit den Worten: „Ich will dich nicht verlassen! Du bist mein, und ich will mit dir gehen trotz aller Welt!"

So feierte sie erst jetzt ihre rechte Verlobung aus tief entschlossener Seele, 10 indem sie in süßer Leidenschaft ein Schicksal auf sich nahm und Treue hielt.

Doch war sie keineswegs so blöde, dieses Schicksal nicht selbst ein wenig lenken zu wollen; vielmehr faßte sie rasch und keck neue Entschlüsse. Denn sie sagte zu dem guten Wenzel, der in dem abermaligen Glückeswechsel verloren träumte: „Nun wollen wir gerade nach Seldwyl gehen und den Dortigen, die uns zu zerstören 15 gedachten, zeigen, daß sie uns erst recht vereinigt und glücklich gemacht haben!"

Dem wackern Wenzel wollte dies nicht einleuchten. Er wünschte vielmehr, in unbekannte Weiten zu ziehen und geheimnisvoll romantisch dort zu leben in stillem Glücke, wie er sagte.

Allein Nettchen rief: „Keine Romane mehr! Wie du bist, ein armer Wanders- 20 mann, will ich mich zu dir bekennen und in meiner Heimat allen diesen Stolzen und Spöttern zum Trotze dein Weib sein. Wir wollen nach Seldwyla gehen und dort durch Tätigkeit und Klugheit die Menschen, die uns verhöhnt haben, von uns abhängig machen!"

Und wie gesagt, so getan! Nachdem die Bäuerin herbeigerufen und von Wen- 25 zel, der anfing seine neue Stellung einzunehmen, beschenkt worden war, fuhren sie ihres Weges weiter. Wenzel führte jetzt die Zügel. Nettchen lehnte sich so zufrieden an ihn, als ob er eine Kirchensäule wäre. Denn des Menschen Wille ist sein Himmelreich, und Nettchen war just vor drei Tagen volljährig geworden und konnte dem ihrigen[1] folgen.

30 In Seldwyla hielten sie vor dem Gasthause zum Regenbogen, wo noch eine Zahl jener Schlittenfahrer beim Glase saß. Als das Paar im Wirtssaale erschien, lief wie ein Feuer die Rede herum: „Ha, da haben wir eine Entführung; wir haben eine köstliche Geschichte eingeleitet!"

Doch ging Wenzel ohne Umsehen hindurch mit seiner Braut, und nachdem 35 sie in ihren Gemächern verschwunden war, begab er sich in den Wilden Mann, ein anderes gutes Gasthaus, und schritt stolz durch die dort ebenfalls noch hausenden Seldwyler hindurch in ein Zimmer, das er begehrte, und überließ sie ihren erstaunten Beratungen, über welchen sie sich das grimmigste Kopfweh anzutrinken genötigt waren.

---

[1] refers to *Wille*

Auch in der Stadt Goldach lief um die gleiche Zeit schon das Wort „Entführung!" herum.

In aller Frühe schon fuhr auch der Teich Bethesda nach Seldwyla, von dem aufgeregten Böhni und Nettchens betroffenem Vater bestiegen. Fast wären sie in
5 ihrer Eile ohne Anhalt durch Seldwyla gefahren, als sie noch rechtzeitig den Schlitten Fortuna wohlbehalten vor dem Gasthause stehen sahen und zu ihrem Troste vermuteten, daß wenigstens die schönen Pferde auch nicht weit sein würden. Sie ließen daher ausspannen, als sich die Vermutung bestätigte und sie die Ankunft und den Aufenthalt Nettchens vernahmen, und gingen gleichfalls in den
10 Regenbogen hinein.

Es dauerte jedoch eine kleine Weile, bis Nettchen den Vater bitten ließ, sie auf ihrem Zimmer zu besuchen und dort allein mit ihr zu sprechen. Auch sagte man, sie habe bereits den besten Rechtsanwalt der Stadt rufen lassen, welcher im Laufe des Vormittags erscheinen werde. Der Amtsrat ging etwas schweren Her-
15 zens zu seiner Tochter hinauf, überlegend, auf welche Weise er das desperate Kind am besten aus der Verirrung zurückführe, und war auf ein verzweifeltes Gebaren gefaßt[1].

Allein mit Ruhe und sanfter Festigkeit trat ihm Nettchen entgegen. Sie dankte ihrem Vater mit Rührung für alle ihr bewiesene Liebe und Güte und erklärte
20 sodann in bestimmten Sätzen: erstens sie wolle nach dem Vorgefallenen nicht mehr in Goldach leben, wenigstens nicht die nächsten Jahre; zweitens wünsche sie ihr bedeutendes mütterliches Erbe an sich zu nehmen, welches der Vater ja schon lange für den Fall ihrer Verheiratung bereit gehalten; drittens wolle sie den Wenzel Strapinski heiraten, woran vor allem nichts zu ändern sei; viertens wolle sie mit
25 ihm in Seldwyla wohnen und ihm da ein tüchtiges Geschäft gründen helfen, und fünftens und letztens werde alles gut werden; denn sie habe sich überzeugt, daß er ein guter Mensch sei und sie glücklich machen werde.

Der Amtsrat begann seine Arbeit mit der Erinnerung[2], daß Nettchen ja wisse, wie sehr er schon gewünscht habe, ihr Vermögen zur Begründung ihres wahren
30 Glückes je eher je lieber in ihre Hände legen zu können. Dann aber schilderte er mit aller Bekümmernis, die ihn seit der ersten Kunde von der schrecklichen Katastrophe erfüllte, das Unmögliche des Verhältnisses, das sie festhalten wolle, und schließlich zeigte er das große Mittel, durch welches sich der schwere Konflikt allein würdig lösen lasse. Herr Melchior Böhni sei es, der bereit sei, durch augen-
35 blickliches Einstehen mit seiner Person dem ganzen Handel niederzuschlagen und mit seinem unantastbaren Namen ihre Ehre vor der Welt zu schützen und aufrecht zu halten.

Aber das Wort Ehre brachte nun doch die Tochter in größere Aufregung. Sie rief, gerade die Ehre sei es, welche ihr gebiete, den Herrn Böhni nicht zu heiraten,

---

[1]*auf ... gefaßt* 'prepared for desperate behavior' [2]'reminder'

weil sie ihn nicht leiden könne, dagegen dem armen Fremden getreu zu bleiben, welchem sie ihr Wort gegeben habe, und den sie auch leiden könne! Es gab nun ein fruchtloses Hin- und Widerreden, welches die standhafte Schöne endlich doch zum Tränenvergießen brachte.

Fast gleichzeitig drangen Wenzel und Böhni herein, welche auf der Treppe zusammengetroffen, und es drohte eine große Verwirrung zu entstehen, als auch der Rechtsanwalt erschien, ein dem Amtsrate wohlbekannter Mann, und vor der Hand zur friedlichen Besonnenheit mahnte. Als er in wenigen vorläufigen Worten vernahm, worum es sich handle, ordnete er an, daß vor allem Wenzel sich in den Wilden Mann zurückziehe und sich dort still halte, daß auch Herr Böhni sich nicht einmische und fortgehe, daß Nettchen ihrerseits alle Formen des bürgerlichen guten Tones wahre bis zum Austrag der Sache und der Vater auf jede Ausübung von Zwang verzichte, da die Freiheit der Tochter gesetzlich unbezweifelt sei. So gab es denn einen Waffenstillstand und eine allgemeine Trennung für einige Stunden.

In der Stadt, wo der Anwalt ein paar Worte verlauten ließ von einem großen Vermögen, welches vielleicht nach Seldwyla käme durch diese Geschichte, entstand nun ein großer Lärm. Die Stimmung der Seldwyler schlug plötzlich um zu Gunsten des Schneiders und seiner Verlobten, und sie beschlossen, die Liebenden zu schützen mit Gut und Blut und in ihrer Stadt Recht und Freiheit der Person zu wahren. Als daher das Gerücht ging, die Schöne von Goldach sollte mit Gewalt zurückgeführt werden, rotteten sie sich zusammen, stellten bewaffnete Schutz- und Ehrenwachen[1] vor den Regenbogen und vor den Wilden Mann und begingen überhaupt mit gewaltiger Lustbarkeit eines ihrer großen Abenteuer, als merkwürdige Fortsetzung des gestrigen.

Der erschreckte und gereizte Amtsrat schickte seinen Böhni nach Goldach um Hülfe. Der fuhr im Galopp hin und am nächsten Tage fuhren eine Anzahl Männer mit einer ansehnlichen Polizeimacht von dort herüber, um dem Amtsrat beizustehen, und es gewann den Anschein, als ob Seldwyla ein neues Troja werden sollte. Die Parteien standen sich drohend gegenüber; der Stadttambour[2] drehte bereits an seiner Spannschraube[3] und tat einzelne Schläge mit dem rechten Schlägel. Da kamen höhere Amtspersonen, geistliche und weltliche Herren auf den Platz, und die Unterhandlungen, welche allseitig gepflogen wurden, ergaben endlich, da Nettchen fest blieb und Wenzel sich nicht einschüchtern ließ, aufgemuntert durch die Seldwyler, daß das Aufgebot ihrer Ehe[4] nach Sammlung aller nötigen Schriften förmlich stattfinden und daß gewärtigt[5] werden solle, ob und welche gesetzliche Einsprachen während dieses Verfahrens dagegen erhoben würden und mit welchem Erfolge.

---

[1]'guard for protection of life and honor' [2]'city drummer' [3]'tuning screw' [4]'proclamation of the marriage banns' [5]'wait and see'

Solche Einsprachen konnten bei der Volljährigkeit Nettchens einzig noch erhoben werden wegen der zweifelhaften Person des falschen Grafen Wenzel Strapinski.

Allein der Rechtsanwalt, der seine und Nettchens Sache nun führte, ermittel-
5 te, daß den fremden jungen Mann weder in seiner Heimat noch auf seinen bisherigen Fahrten auch nur der Schatten eines bösen Leumunds getroffen habe und von überall her nur gute und wohlwollende Zeugnisse für ihn einliefen.

Was die Ereignisse in Goldach betraf, so wies der Advokat nach, daß Wenzel sich eigentlich gar nie selbst für einen Grafen ausgegeben, sondern daß ihm dieser
10 Rang von andern gewaltsam verliehen worden; daß er schriftlich auf allen vorhandenen Belegstücken mit seinem wirklichen Namen Wenzel Strapinski ohne jede Zutat sich unterzeichnet hatte und somit kein anderes Vergehen vorlag, als daß er eine törichte Gastfreundschaft genossen hatte, die ihm nicht gewährt worden wäre, wenn er nicht in jenem Wagen angekommen wäre und jener Kutscher nicht jenen
15 schlechten Spaß gemacht hätte.

So endigte denn der Krieg mit einer Hochzeit, an welcher die Seldwyler mit ihren sogenannten Katzenköpfen[1] gewaltig schossen zum Verdrusse der Goldacher, welche den Geschützdonner ganz gut hören konnten, da der Westwind wehte. Der Amtsrat gab Nettchen ihr ganzes Gut heraus und sie sagte, Wenzel müsse nun ein
20 großer Marchand-Tailleur[2] und Tuchherr werden in Seldwyla; denn da hieß der Tuchhändler noch Tuchherr, der Eisenhändler Eisenherr u.s.w.

Das geschah denn auch, aber in ganz anderer Weise, als die Seldwyler geträumt hatten. Er war bescheiden, sparsam und fleißig in seinem Geschäfte, welchem er einen großen Umfang zu geben verstand. Er machte ihnen ihre veilchen-
25 farbigen oder weiß und blau gewürfelten[3] Sammetwesten, ihre Ballfräcke mit goldenen Knöpfen, ihre rot ausgeschlagenen[4] Mäntel, und alles waren sie ihm schuldig, aber nie zu lange Zeit. Denn um neue, noch schönere Sachen zu erhalten, welche er kommen oder anfertigen ließ, mußten sie ihm das frühere bezahlen, so daß sie unter einander klagten, er presse ihnen das Blut unter den Nägeln hervor.

30 Dabei wurde er rund und stattlich und sah beinah gar nicht mehr träumerisch aus; er wurde von Jahr zu Jahr geschäftserfahrener[5] und gewandter und wußte in Verbindung mit seinem bald versöhnten Schwiegervater, dem Amtsrat, so gute Spekulationen zu machen, daß sich sein Vermögen verdoppelte und er nach zehn oder zwölf Jahren mit ebenso vielen Kindern, die inzwischen Nettchen, die Stra-
35 pinska, geboren hatte, und mit letzterer nach Goldach übersiedelte und daselbst ein angesehener Mann ward.

Aber in Seldwyla ließ er nicht einen Stüber[6] zurück, sei es aus Undank oder aus Rache.

---

[1]kind of mortar [2]'tailor' or 'cloth merchant' (French) [3]'checked' [4]'lined' [5]'more experienced in business' [6]Westfalian coin equal to four *Pfennige*

Conrad Ferdinand Meyer

Meyer (1825-1898) was born in Zürich; but unlike his fellow Züricher, Gottfried Keller, his works are not set in a Swiss milieu. Meyer was above all a writer of historical fiction. He was attracted by the great cultural conflicts of religion and ideology — Protestantism vs. Catholicism, Reformation vs. Counter-Reformation — that illuminate basic human values and by the great historical figures who stood at their center. His focus, however, is not so much the historical event itself, but rather the exploration of the "psychology," as one might call it, of those who made these events happen. Meyer was a deeply shy and melancholy man who entered upon a literary career rela-

tively late in life; his first major work, the verse epic *Huttens letzte Tage*, appeared in 1872, and the first of his ten superb *Novellen*, "Das Amulett," was published in 1874. Our text, which appeared in 1882, takes place at the close of the Thirty Years' War and places a (fictional) young woman among the great men who held conflicting visions of the future of German civilization and were willing to kill or die for them.

Gustav Adolphs Page

N DEM KONTOR EINES UNWEIT St. Sebald[1] gelegenen nürembergischen Patrizierhauses saßen sich Vater und Sohn an einem geräumigen Schreibtische gegenüber, der Abwicklung eines bedeutenden Geschäftes mit gespanntester Aufmerksamkeit obliegend[2]. Beide, jeder für sich auf seinem Stücke
5 Papier, summierten sie dieselbe lange Reihe von Posten, um dann zu wünschbarer Sicherheit die beiden Ergebnisse zu vergleichen. Der schmächtige Jüngling, der

---

[1]famous church in Nuremberg [2]'absorbed in'

dem Vater aus den Augen geschnitten war[1], erhob die spitze Nase zuerst von seinen zierlich geschriebenen Zahlen. Seine Addition war beendigt und er wartete auf
den bedächtigeren Vater nicht ohne einen Anflug von Selbstgefälligkeit in dem
schmalen sorgenhaften Gesichte — als ein Diener eintrat und ein Schreiben in
5 großem Format mit einem schweren Siegel überreichte. Ein Kornett[2] von den
schwedischen Karabinieren habe es gebracht. Er beschaue sich jetzt nebenan den
Ratssaal mit den weltberühmten Schildereien und werde pünktlich in einer Stunde
sich wieder einfinden. Der Handelsherr erkannte auf den ersten Blick die kühnen
Schriftzüge der Majestät des schwedischen Königs Gustav Adolf[3] und erschrak ein
10 wenig über die große Ehre des eigenhändigen Schreibens. Die Befürchtung lag
nahe, der König, den er in seinem neuerbauten Hause, dem schönsten von Nüremberg, bewirtet und gefeiert hatte, möchte bei seinem patriotischen Gastfreunde ein
Anleihen machen. Da er aber unermeßlich begütert war und die Gewissenhaftigkeit der schwedischen Rentkammer[4] zu schätzen wußte, erbrach er das königliche
15 Siegel ohne sonderliche Besorgnis und sogar mit dem Anfange eines prahlerischen
Lächelns. Kaum aber hatte er die wenigen Zeilen des in königlicher Kürze verfaßten Schreibens überflogen, wurde er bleich wie über ihm die Stukkatur der Decke,
welche in hervorquellenden Massen und aufdringlicher Gruppe die Opferung
Isaaks durch den eigenen Vater Abraham[5] darstellte. Und sein guter Sohn, der ihn
20 beobachtete, erbleichte ebenfalls, aus der plötzlichen Entfärbung des vertrockneten
Gesichtes auf ein großes Unheil ratend. Seine Bestürzung wuchs, als ihn der Alte
über das Blatt weg mit einem wehmütigen Ausdrucke väterlicher Zärtlichkeit
betrachtete. „Um Gottes willen", stotterte der Jüngling, „was ist es, Vater?" Der alte
Leubelfing, denn diesem vornehmen Handelsgeschlechte gehörten die beiden an,
25 bot ihm das Blatt mit zitternder Hand. Der Jüngling las:

Lieber Herr!
Wissend und Uns wohl erinnernd, daß der Sohn des Herrn den Wunsch
nährt, als Page bei Uns einzutreten, melden hiermit, daß dieses heute
geschehen und völlig werden mag, dieweil Unser voriger Page, der Max
30 Beheim seliger † (mit nachträglicher Ehrenmeldung des vorvorigen,
Utzen Volkamers seligen †, und des fürdervorigen, Götzen Tuchers seligen †), heute bei währendem Sturme nach beiden ihme von einer Stück-
kugel abgerissenen Beinen in Unsern Armen sänftiglich entschlafen ist.
Es wird Uns zu besonderer Genugtuung gereichen, wieder einen aus der
35 evangelischen Reichsstadt Nürnberg, welcher Stadt Wir fürnehmlich
gewogen sind, in Unsern nahen Dienst zu nehmen. Eines guten Unter-

---

[1]*der ... war* 'was the living image of his father'   [2]'cadet'   [3]During the early part of the
Thirty Years' War (1618-1648), King Gustavus Adolphus of Sweden (1594-1632) was
the leader of the Protestant forces.   [4]'treasury'   [5]See Genesis 22:1-19

haltes und täglicher christlicher Vermahnung seines Sohnes kann der
Herr gewiß sein.

Des Herrn wohlaffektionierter
Gustavus Adolphus Rex.

5   „O du meine Güte", jammerte der Sohn, ohne sein zages Herz vor dem Vater
zu verbergen, „jetzt trage ich meinen Totenschein in der Tasche und Ihr, Vater —
mit dem schuldigen Respekt gesprochen — seid der Ursacher meines frühen Hin-
schieds[1], denn wer als Ihr könnte dem Könige eine so irrtümliche Meinung von
meinem Wünschen und Begehren beigebracht haben? Daß Gott erbarm!" und er
10   richtete seinen Blick aufwärts zu dem gerade über ihm schwebenden Messer des
gipsenen Erzvaters[2].
     „Kind, du brichst mir das Herz!" versetzte der Alte mit einer kargen Träne.
     „Vermaledeit sei das Glas Tokaier, das ich zuviel getrunken —"
     „Vater", unterbrach ihn der Sohn, der mitten im Elend den Kopf wo nicht
15   oben, doch klar behielt, „Vater, berichtet mir, wie sich das Unglück ereignet hat."
     „August", beichtete der Alte mit Zerknirschung, „du weißt die große Gasterei, die
ich dem Könige bei seinem ersten Einzuge gab. Sie kam mich teuer zu stehen —"
     „Dreihundertneunundneunzig Gulden elf Kreuzer, Vater, und ich habe nichts
davon gekostet", bemerkte der Junge weinerlich, „denn ich hütete die Kammer mit
20   einer nassen Bausche über dem Auge." Er wies auf sein rechtes. „Die Gustel, der
Wildfang, halb unsinnig und närrisch vor Freude, den König zu sehen, hatte mir
den Federball ins Auge geschmissen, da gerade ein Trompetenstoß schmetterte
und sie glauben ließ, der Schwede halte Einzug. Aber redet, Vater —"
     „Nach abgetragenem Essen bei den Früchten und Kelchen erging ein Sturm
25   von Jubel oben durch den Saal und unten über den Platz durch das Kopf an Kopf
versammelte Volk. Alle wollten sie den König sehen. Humpen[3] dröhnten, Gesund-
heiten wurden bei offenen Fenstern ausgebracht und oben und unten bejauchzt.
Dazwischen schreit eine klare, durchdringende Stimme: ‚Hoch Gustav, König von
Deutschland!' Jetzt wurde es mäuschenstill, denn das war ein starkes Ding. Der
30   König spitzte die Ohren und strich sich den Zwickel[4]. ‚Solches darf ich nicht
hören', sagte er. ‚Ich bringe ein Hoch der evangelischen Reichsstadt Nüremberg!'
Nun bricht erst der ganze Jubel aus. Stücke werden auf dem Platze gelöst[5], alles
geht drüber und drunter! Nach einer Weile drückt mich die Majestät von ungefähr
in eine Ecke. ‚Wer hat den König von Deutschland hochleben lassen, Leubelfing?'
35   fragte er mich unter der Stimme. Nun sticht mich alten betrunkenen Esel die
Prahlsucht[6]" — Leubelfing schlug sich vor die Stirn, als klage er sie an, ihn nicht
besser beraten zu haben — „und ich antwortete: ‚Majestät, das tat mein Sohn, der
August. Dieser spannt Tag und Nacht darauf, als Page in Euren Dienst zu treten.'

---

[1]=*Hinscheidens* [2]=*Patriarch* [3]huge drinking glasses [4]'imperial' (chin beard) [5]*Stücke
... gelöst* 'artillery pieces are fired' [6]'urge to boast'

Trotz meines Rausches wußte ich, daß der königliche Leibdienst von Götz Tucher versehen wurde und der Bürgermeister Volkamer nebst dem Schöppen[1] Beheim ihre Buben als Pagen empfohlen hatten. Ich sagte es auch nur, um hinter meinen Nachbarn, dem alten Tucher und dem Großmaul, dem Beheim, nicht zurückzu-
5 bleiben. Wer konnte denken, daß der König die ganze Nüremberger Ware in Bayern verbrauchen würde[2] —"

"Aber, hätte der König mich mit meinem blauen Auge holen lassen?"

"Auch das war vorbedacht, August! Der verschmitzte Spitzbube, der Charnacé, lärmte im Vorzimmer. Schon dreimal hatte er sich melden lassen und war nicht mehr
10 abzutreiben. Der König ließ ihn dann eintreten und hudelte[3] den Ambassadeur vor uns Patriziern, daß einem deutschen Mann das Herz im Leibe lachen mußte. Nichts von alledem hatte ich in der Geschwindigkeit unerwogen gelassen —"

"So viel und so wenig Weisheit, Vater!" seufzte der Sohn.

Dann steckten die beiden die Köpfe zusammen, um eine Remedur zu suchen,
15 wie sie es nannten, jetzt unter der Stimme flüsternd, welche sie vorher in ihrer Aufregung, uneingedenk der im Nebenzimmer hantierenden Angestellten und Lehrlinge, zu dämpfen vergessen hatten. Aber sie fanden keinen Rat und ihre Gebärden wurden immer ängstlicher und peinlicher, als im Gange draußen ein markiger Alt das Leiblied Gustav Adolfs anstimmte:

20   "Verzage nicht, du Häuflein klein,
          Ob auch die Feinde willens sein,
          Dich gänzlich zu zerstören!"[4]

und ein tannenschlankes Mädchen mit lustigen Augen, kurzgeschnittenen Haaren, knabenhaften Formen und ziemlich reitermäßigen Manieren eintrat.
25   "Willst du uns die Ohren zersprengen, Base?" zankten die beiden Leubelfinge. Sie, das trübselige Paar musternd, erwiderte: "Ich komme euch zum Essen zu rufen. Was hat's gegeben, Herr Ohm und Herr Vetter? Ihr habt ja beide ganz bleiche Nasenspitzen!" Der zwischen den Hilflosen liegende Brief, den das Mädchen ohne weiteres ergriff, und als sie die kräftig hingeworfene Unterschrift des Königs
30 gelesen, mit leidenschaftlichen Augen verschlang, erklärte ihr den Schrecken. "Zu Tische, Herren!" sagte sie und schritt den beiden voran in das Speisezimmer. Hier aber ging es dem gutherzigen Mädchen selber nahe, wie den Leubelfingen jeder Bissen im Munde quoll. Sie ließ abtragen[5], setzte ihren Stuhl zurück, kreuzte die Arme, schlug unter ihrem blauen Rocke, an dessen Gurt die Tasche und der
35 Schlüsselbund hing, ein schlankes Bein über das andere und ließ, horchend und nachdenkend, den ganzen verfänglichen Handel sich vortragen; denn sie schien

---

[1]a municipal dignitary [2]*die ganze ... würde* 'would use up the whole Nuremberg supply (of pages) in Bavaria' [3]'treated roughly' [4]from Michael Altenburg, "Herzfreudiges Trostliedlein auf das ... Kriegslosungswort: Gott mit uns" [5]'had the table cleared'

vollständig zum Hause zu gehören und sich darin mit ihrem kecken Wesen eine
entschiedene Stellung erobert zu haben.
Die Leubelfinge erzählten. „Wenn ich denke", sagte dann das Mädchen
mutig, „wer es war, der das Hoch auf den König ausbrachte!"
5 „Wer denn?" fragten die Leubelfinge, und sie antwortete: „Niemand anders als
ich."
„Hol dich der Henker, Mädchen!" grollte der Alte. „Gewiß hast du den blauen
schwedischen Soldatenrock, den du dir im Schrank hinter deinen Schürzen auf-
hebst, angezogen und dich in den Speisesaal an deinen Götzen hinangeschlichen,
10 statt dich züchtig unter den Weibern zu halten."
„Sie hätten mir den hintersten Platz gegeben", versetzte das Mädchen zornig,
„die kleine Hallerin, die große Holzschuherin, die hochmütige Ebnerin, die schiefe
Geuderin, die alberne Creßerin, tutte quante¹, die dem Könige das Geschenk
unserer Stadt, die beiden silbernen Trinkschalen, die Himmelskugel und die Erd-
15 kugel, überreichen durften."
„Wie kann ein schamhaftes Mädchen, und das bist du, Gustel, es nur über sich
bringen, Männertracht zu tragen!" maulte der zimperliche Jüngling.
„Das heißt", erwiderte das Mädchen ernst, „die Tracht meines Vaters, wo
noch neben der Brusttasche das gestopfte Loch sichtbar ist, das der Degen des
20 Franzosen gerissen hat. Ich brauche nur einen schrägen Blick zu tun" — sie tat ihn,
als trüge sie die väterliche Tracht — „so sehe ich den Riß und es wirkt wie eine
Predigt. Dann", schloß sie, aus dem Ernst nach ihrer Art in ein Lachen überspring-
gend, „wollen mir die Weiberröcke auch gar nicht sitzen. Kein Wunder, daß sie
mich schlecht kleiden, bin ich doch bis fast in mein sechzehntes Jahr mit dem
25 Vater und der Mutter in kurzem Habit zu Rosse gesessen."
„Liebe Base", jammerte der junge Leubelfing nicht ohne eine Mischung von
Zärtlichkeit, „seit dem Tode deines Vaters bist du hier wie das Kind des Hauses
gehalten, und nun hast du mir *das* eingebrockt! Du lieferst deinen leibhaftigen
Vetter wie ein Lamm auf die Schlachtbank! Der Utz wurde durch die Stirn
30 geschossen, der Götz durch den Hals!" Ihn überlief eine Gänsehaut. „Wenn du mir
wenigstens einen guten Rat wüßtest, Base!"
„Einen guten Rat", sagte sie nachdrücklich, „den will ich dir geben: halte dich
wie ein Nüremberger, wie ein Leubelfing!"
„Ein Leubelfing!" giftelte² der alte Herr. „Muß denn jeder Nüremberger und
35 jeder Leubelfing ein Raufbold sein, wie der Rupert, dein Vater, Gott hab ihn selig,
der mich, den Älteren, er ein Zehnjähriger, auf einem Leiterwagen entführte,
umwarf, heil blieb und mir zwei Rippen brach? Welche Laufbahn! Mit fünfzehn

---

¹'all of them' (Italian) ²'said ill-humoredly'

zu den Schweden durchgegangen, mit siebzehn eine Fünfzehnjährige vor der
Trommel geheiratet[1], mit neunzehn in einem Raufhandel[2] das Zeitliche gesegnet[3]!"
„Das heißt", sagte das Mädchen, „er fiel für die Ehre meiner Mutter —"
„Weißt du mir keinen Rat, Guste?" drängte der junge Leubelfing. „Du kennst
5 den schwedischen Dienst und die natürlichen Fehler, die davon frei machen. Auf
was kann ich mich bei dem Könige gültig ausreden?"
Sie brach in tolles Gelächter aus. „Wir wollen dich", sagte sie, „wie den jungen
Achill im Bildwerk am Ofen[4] dort unter die Mädchen stecken, und wenn der listi-
ge Ulysses vor ihnen das Kriegszeug ausbreitet[5], wirst du nicht auf ein Schwert los-
10 springen."
„Ich gehe nicht!" erklärte der durch diese mythologische Gelehrsamkeit Geär-
gerte. „Ich bin nicht die Person, welche der Vater dem Könige geschildert hat." Da
fühlte er sich an seinen beiden dünnen Armen gepackt. Ihm den linken klaubend[6],
zeterte der alte Leubelfing: „Willst du mich ehrwürdigen Mann dem Könige als
15 einen windigen Lügner hinstellen?" Das Mädchen aber, den rechten Arm des Vet-
ters drückend, rief entrüstet: „Willst du mit deiner Feigheit den braven Namen
meines Vaters entehren?"
„Weißt du was", schrie der Gereizte, „gehe du als Page zu dem König! Er
wird, bubenhaft wie du aussiehst und dich beträgst, das Mädchen in dir ebensowe-
20 nig vermuten, als der Ulysses am Ofen, von dem du fabelst, in mir den Buben erraten hätte! Mach dich auf zu deinem Abgott und bet ihn an! Am Ende", fuhr er
fort, „wer weiß, ob du das nicht schon lange in dir trägst? Träumest du doch von
dem Schwedenkönig, mit welchem du als Kind in der Welt herumgefahren bist,
wachend und schlafend. Als ich vorgestern auf meine Kammer ging, an der deini-
25 gen vorüber, hörte ich deine Traumstimme schon von weitem. Ich brauchte wahrlich mein Ohr nicht ans Schlüsselloch zu halten. ,Der König! Wache heraus! Prä-
sentiert Gewehr!'" Er ahmte das Kommando mit schriller Stimme nach.
Die Jungfrau wandte sich ab. Eine Purpurröte war ihr in Wangen und Stirne
geschossen. Dann zeigte sie wieder die warmen lichtbraunen Augen und sprach:
30 „Nimm dich in acht! Es könnte dahin kommen, wäre es nur, damit der Name Leubelfing nicht von lauter Memmen getragen wird!"
Das Wort war ausgesprochen und ein kindischer Traum hatte Gestalt gewonnen als ein dreistes aber nicht unmögliches Abenteuer. Das väterliche Blut lockte.
Des Mutes und der Verwegenheit war ein Überfluß. Aber die maidliche Scham
35 und Zucht — der Vetter hatte wahrhaftes Zeugnis abgelegt — und die Ehrfurcht

---

[1]vor ... geheiratet 'married on the field (in combat)' [2]'quarrel,' 'fight' [3]das ... gesegnet
'got killed' [4]the painted tiles on the Kachelofen [5]Fearing the prophecy that her son,
Achilles, would die in the Trojan War, Thetis sent him away to the court of King Lycomedes disguised as a maiden. Ulysses, disguised as a merchant, set out to find him. While
the true maidens at Lycomedes' court examined the trinkets Ulysses offered for sale,
Achilles examined the weapons, thus revealing his masculine identity. [6]'squeezing'

vor dem Könige taten Einspruch. Da ergriff sie der Strudel des Geschehens und riß sie mit sich fort.

Der schwedische Kornett, welcher das Schreiben des Königs gebracht hatte, und den neuen Pagen ins Lager führen sollte, meldete sich. Statt in die grauen Mauerbilder Meister Albrechts[1] hatte er sich in eine lustige Weinstube und in einen goldgefüllten grünen Römer[2] vertieft, ohne jedoch den Glockenschlag zu überhören. Der alte Leubelfing, in Todesangst um seinen Sohn und um seine Firma, machte eine Bewegung, die Kniee seiner Nichte zu umfangen, nicht anders als um den Körper seines Sohnes bittend der greise Priamus[3] die Kniee Achills umarmte, während der junge Leubelfing an allen Gliedern zu schlottern begann. Das Mädchen machte sich mit einem krampfhaften Gelächter los und entsprang durch eine Seitentür gerade einen Augenblick ehe sporenklirrend der Kornett eindrang, ein Jüngling, dem der Mutwille und das Lebensfeuer aus den Augen spritzte, obwohl er in der strengen Zucht seines Königs stand.

Auguste Leubelfing wirtschaftete hastvoll, wie berauscht in ihrer Kammer, packte einen Mantelsack, warf sich eilfertig in die Kleider ihres Vaters, die ihrem schlanken und knappen Wuchs wie angegossen saßen, und dann auf die Kniee zu einem kurzen Stoßseufzer[4], um Vergebung und Begünstigung des Abenteuers betend.

Als sie wieder den untern Saal betrat, rief ihr der Kornett entgegen: „Rasch, Herr Kamerad! Es eilt! Die Rosse scharren! Der König erwartet uns! Nehmt Abschied von Vater und Vetter!" und er schüttete mit einem Zug den Inhalt des ihm vorgesetzten Römers hinter seinen feinen Spitzenkragen.

Der in schwedische Uniform gekleidete Scheinjüngling neigte sich über die vertrocknete Hand des Alten, küßte sie zweimal mit Rührung und wurde von ihm dankbar gesegnet; dann aber plötzlich in eine unbändige Lustigkeit übergehend, ergriff der Page die Rechte des jungen Leubelfing, schwang sie hin und her und rief: „Lebt wohl, Jungfer Base!" Der Kornett schüttelte sich vor Lachen: „Hol mich, straf mich[5] — was der Herr Kamerad für Späße vorbringt! Mit Gunst und Verlaub, mir fiel es gleich ein: das reine alte Weib, der Herr Vetter! in jedem Zug, in jeder Gebärde, wie sie bei uns in Finnland singen:

Ein altes Weib auf einer Ofengabel ritt —

Hol mich, straf mich." Er entführte mit einem raschen Handgriff dem aufwartenden Stubenmädchen das Häubchen und stülpte es dem jungen Leubelfing auf den von sparsamen Flachshaaren umhangenen Schädel. Die spitzige Nase und das rückwärts fliehende Kinn vollendeten das Profil eines alten Weibes.

---

[1]presumably Albrecht Dürer (1471-1528), Nuremberg's most famous painter [2]glass for drinking Rhine wine [3]In Book 24 of the *Iliad*, King Priam of Troy embraces Achilles' knees, the ancient gesture when asking a favor, to plead for the body of his son, Hector, who had been killed by Achilles. [4]'hasty prayer' [5]*hol ... mich* 'devil take me!'

Jetzt legte der leichtbezechte[1] Kornett seinen Arm vertraulich in den des Pagen. Dieser aber trat einen Schritt zurück und sprach, die Hand auf dem Knopfe des Degens: „Herr Kamerad! Ich bin ein Freund der Reserve und ein Feind naher Berührung!"

5 „Potz!" sagte dieser, stellte sich aber seitwärts und gab dem Pagen mit einer höflichen Handbewegung den Vortritt. Die zwei Wildfänge rasselten die Treppe hinunter.

Lange noch ratschlagten die Leubelfinge. Daß für den jungen, welcher seine Identität eingebüßt hatte, des Bleibens in Nüremberg nicht länger sei, war ein-
10 leuchtend. Schließlich wurden Vater und Sohn einig. Dieser sollte einen Zweig des Geschäftes nach Kursachsen, und zwar nach der aufblühenden Stadt Leipzig verpflanzen, nicht unter dem verscherzten patrizischen Namen, sondern unter dem plebejischen „Laubfinger", nur auf kurze Zeit, bis der jetzige August von Leubelfing neben dem Könige vom Roß auf ein Schlachtfeld und in den Tod gestürzt sei,
15 welches Ende nicht werde auf sich warten lassen.

Als nach einer langen Sitzung der Vertauschte[2] sich erhob und seinem Bild im Spiegel begegnete, trug er über seinen verstörten Zügen noch das Häubchen, welches ihm der schwedische Taugenichts aufgesetzt hatte.

20 ## II

„Höre, Page Leubelfing! Ich habe ein Hühnchen mit dir zu pflücken[3]. Wenn du mit deinen flinken Fingern in den dringendsten Fällen dem Könige meinem Herrn eine aufgehende Naht seines Rockes zunähen oder einen fehlenden Knopf ersetzen würdest, vergäbest du deiner Pagenwürde[4] nicht das geringste. Hast du
25 denn in Nüremberg Mütterchen oder Schwesterchen nie über die Schulter auf das Nähkissen geschaut? Ist es doch eine leichte Kunst, welche dich jeder schwedische Soldat lehren kann. Du rümpfst die Stirne, Unfreundlicher? Sei artig und folgsam! Sieh da mein eigenes Besteck! Ich schenk es dir."

Und die Brandenburgerin[5], die Königin von Schweden, reichte dem Pagen
30 Leubelfing ein Besteck von englischer Arbeit mit Zwirn, Fingerhut, Nadel und Schere. Dem Könige aus eifersüchtiger Zärtlichkeit überallhin nachreisend, hatte sie ihn mitten in seinem unseligen Lager bei Nüremberg, wo er einen in dasselbe eingeschlossenen, vom Kriege halb verwüsteten Edelsitz bewohnte[6], mit ihrem kurzen Besuche überrascht. In den widerstrebenden Händen des Pagen öffnete sie
35 das Etui, enthob ihm den silbernen Fingerhut und steckte denselben dem Pagen

[1]'slightly drunk' [2]i. e., young Leubelfing, who has been "exchanged" [3]*Hühnchen ... pflücken* 'something to discuss with you' ('a crow/bone to pick') [4]*vergäbest ... Pagenwürde* 'infringe upon your dignity as a page' [5]Marie Eleonore of Brandenburg, G. A.'s queen [6]*wo ... wohnte* 'where he was living in a manor half-destroyed by war, surrounded by his camp'

an mit den holdseligen Worten: „Ich binde dir's aufs Gewissen, Leubelfing, daß mein Herr und König stets propre[1] und vollständig einhergehe."

„Den Teufel scher ich mich um Nähte und Knöpfe, Majestät", erwiderte Leubelfing unmutig errötend, aber mit einer so drolligen Miene und einer so ange-
5 nehm markigen Stimme, daß die Königin sich keineswegs beleidigt fühlte, sondern mit einem herablassenden Gelächter den Pagen in die Wange kniff. Diesem tönte das Lachen hohl und albern, und der Reizbare empfand einen Widerwillen gegen die erlauchte Fürstin, von welchem diese gutmütige Frau keine Ahnung hatte.

Doch auch der König, welcher auf der Schwelle des Gemaches den Auftritt
10 belauscht hatte, brach jetzt in ein herzliches Gelächter aus, da er seinen Pagen mit dem Raufdegen an der linken Hüfte und einem Fingerhut an der rechten Hand erblickte. „Aber Gust", sagte er dann, „du schwörst ja wie ein Papist oder Heide! Ich werde an dir zu erziehen haben."

In der Tat achtete Gustav Adolf es nicht für einen Raub[2], die Krone zu tragen.
15 Wie hätte er, welcher — ohne Abbruch der militärischen Strenge — jeden seiner Leute, auch den Geringsten, mit menschlichem Wohlwollen behandelte, dieses einem gutgearteten Jüngling von angenehmer Erscheinung versagt, der unter seinen Augen lebte und nicht von seiner Seite weichen durfte. Und einem unverdorbenen Jüngling, der bei dem geringsten Anlaß nicht anders als ein Mädchen bis
20 unter das Stirnhaar errötete! Auch vergaß er es dem jungen Nüremberger nicht, daß dieser an jenem folgenschweren Bankett ihn als den „König von Deutschland" hatte hochleben lassen, den möglichen ruhmreichen Ausgang seines heroischen Abenteuers in eine kühne prophetische Formel fassend.

Eine zärtliche und wilde, selige und ängstliche Fabel hatte der Page schon
25 neben seinem Helden gelebt, ohne daß der arglose König eine Ahnung dieses verstohlenen Glückes gehabt hätte. Berauschende Stunden, gerade nach vollendeten achtzehn unmündigen Jahren beginnend und diese auslöschend wie die Sonne einen Schatten! Eine Jagd, eine Flucht süßer und stolzer Gefühle, quälender Befürchtungen, verhehlter Wonnen, klopfender Pulse, beschleunigter Atemzüge, so-
30 viel nur eine junge Brust fassen und ein leichtsinniges Herz genießen kann in der Vorstunde einer tötenden Kugel oder am Vorabend einer beschämenden Entlarvung!

Als der nürembergische Junker August Leubelfing von dem Kornett dem Könige vorgestellt wurde, hatte der Beschäftigte kaum einen Augenblick gefunden,
5 seinen neuen Pagen flüchtig ins Auge zu fassen. So wurde dieser einer frechen Lüge überhoben[3]. Gustav Adolf war im Begriff sich auf sein Leibroß zu schwingen, um den zweiten fruchtlosen Sturm auf die uneinnehmbare Stellung des Fried-

[1] 'neat' [2] 'considered it no more than his right' [3] 'spared'

386   CONRAD FERDINAND MEYER

länders[1] vorzubereiten. Er hieß den Pagen folgen und dieser warf sich ohne Zaudern auf den ihm vorgeführten Fuchs[2], denn er war von jung an im Sattel heimisch und hatte von seinem Vater, dem weiland wildesten Reiter im schwedischen Heere, einen schlanken und ritterlichen Körper geerbt. Wenn der König, nach einer
5 Weile sich umwendend, den Pagen tödlich erblassen sah, so taten es nicht die feurigen Sprünge des Fuchses und die Ungewohnheit des Sattels, sondern es war, weil Leubelfing in einiger Entfernung eine ertappte Dirne[3] erblickte, die mit entblößtem Rücken aus dem schwedischen Lager gepeitscht wurde, und ihn das nackte Schauspiel ekelte.
10   Tag um Tag — denn der König ermüdete nicht, den abgeschlagenen Sturm mit einer ihm sonst fremden Hartnäckigkeit zu wiederholen — ritt der Page ohne ein Gefühl der Furcht an seiner Seite. Jeder Augenblick konnte es bringen, daß er den tödlich Getroffenen in seinen Armen vom Rosse hob oder selbst tödlich verwundet in den Armen Gustav Adolfs ausatmete. Wann sie dann ohne Erfolg
15 zurückritten, der König mit verdüsterter Stirn, so täuschte oder verbarg dieser seine Sorge, indem er den Neuling aufzog[4], daß er den Bügel verloren und die Mähne seines Tieres gepackt hätte. Oder er tadelte auch im Gegenteil seine Waghalsigkeit und schalt ihn einen Casse-Cou[5], wie der Lagerausdruck lautete.
     Überhaupt ließ er es sich nicht verdrießen, seinem Pagen gute väterliche Lehre
20 zu geben und ihm gelegentlich ein wenig Christentum beizubringen.
     Der König hatte die löbliche und gesunde Gewohnheit, nach beendigtem Tagewerke die letzte halbe Stunde vor Schlafengehen zu vertändeln und allerhand Allotria zu treiben, jede Sorge mit geübter Willenskraft hinter sich werfend, um sie dann im ersten Frühlicht an derselben Stelle wieder aufzuheben. Und diese
25 Gewohnheit hielt er auch jetzt und um so mehr fest, als die vereitelten Stürme und geopferten Menschenleben seine Pläne zerstörten, seinen Stolz beleidigten und seinem christlichen Gewissen zu schaffen machten. In dieser späten Freistunde saß er dann behaglich in seinen Sessel zurückgelehnt und Page Leubelfing auf einem Schemel daneben. Da wurde Dame[6] gezogen oder Schach gespielt und im Brett-
30 spiele schlug der Page zuweilen den König. Oder dieser, wenn er sehr guter Laune war, erzählte harmlose Dinge, wie sie eben in seinem Gedächtnisse obenauf lagen. Zum Beispiel von der pompösen Predigt, welche er weiland auf seiner Brautfahrt nach Berlin in der Hofkirche gehört. Sie habe das Leben einer Bühne verglichen: mit den Menschen als Schauspielern, den Engeln als Zuschauern, dem den Vor-
35 hang senkenden Tode als Regisseur. Oder auch die unglaubliche Geschichte, wie man ihm, dem Könige, nach der Geburt seines Kindes anfänglich einen Sohn ver-

---

[1]The Duke of Friedland, Albrecht von Wallenstein (1583-1634), was the commander of the Imperial (i. e., Catholic) armies fighting against Gustavus Adolphus. [2]'sorrel' (horse) [3]=Hure [4]'reprimanded' [5]'dare-devil' (French) [6]'checkers'

kündigt und er selbst eine Weile sich habe betrügen lassen,[1] oder von Festen und
Kostümen, seltsamerweise meistens Geschichten, die ein Mädchen ebensosehr
oder mehr als einen Jüngling belustigen konnten, als empfände der getäuschte
König, ohne sich Rechenschaft davon zu geben, die Wirkung des Betruges, wel-
5 chen der Page an ihm verübte, und kostete unwissend den unter dem Scheinbilde
eines gutgearteten Jünglings spielenden Reiz eines lauschenden Weibes. Darüber
befiel auch wohl den Pagen eine plötzliche Angst. Er vertiefte seine Altstimme
und wagte irgendeine männliche Gebärde. Aber ein nicht zu mißdeutendes Wort
oder eine kurzsichtige[2] Bewegung des Königs gab dem Erschreckten die Gewiß-
10 heit zurück, Gustav unterliege demselben Blendwerk wie bei der Geburt seiner
Christel. Dann geriet der wieder sicher Gewordene wohl in eine übermütige Stimmung und gab etwas so Verwegenes und Persönliches zum besten, daß er sich eine
Züchtigung zuzog. Wie jenes Mal, da er nach einem warmen ehelichen Lobe der
Königin im Munde Gustavs die kecke Frage hinwarf: wie denn die Gräfin Eva
15 Brahe eigentlich ausgesehen habe? Diese Jugendgeliebte Gustavs und spätere
Gemahlin De la Gardies,[3] welchen sie, da ihr der tapferste Mann des Jahrhunderts
entschlüpft war, als den zweittapfersten heiratete, besaß dunkles Haar, schwarze
Augen und scharfe Züge. Das erfuhr aber der neugierige Page nicht, sondern
erhielt einen ziemlich derben Schlag mit der flachen Hand auf den vorlauten
20 Mund, in dessen Winkeln Gustav die Lust zu einem mutwilligen Gelächter wahrzunehmen glaubte.
    Es begab sich eines Tages, daß der König seiner Christel das Geschenk eines
ersten Siegelringes machte. Auf den edlen Stein desselben sollte der Mode gemäß
ein Denkspruch eingegraben werden, eine Devise, wie man es hieß, welche — im
25 Unterschiede mit dem ererbten Wappenspruche — etwas dem Besitzer des Siegels
persönlich Eigenes, eine Maxime seines Kopfes, einen Wunsch seines Herzens, in
nachdrücklicher Kürze aussprechen mußte, wie z. B. das ehrgeizige „Nondum"[4] des
jungen Karls V. Gustav hätte wohl seinem Kinde selbst einen Leibspruch erfunden,
aber, wieder der Mode gemäß, mußte dieser lateinisch, italienisch oder französisch
30 lauten.
    So suchte er denn, tief auf einen Quartband[5] gebückt, unter den tausend darin
verzeichneten Sinnsprüchen berühmter oder witziger Leute mit seinen lichtgefüll-
ten, doch kurzsichtigen Augen nach demjenigen, welchen er seiner erst siebenjäh-
rigen, aber frühreifen Christel bescheren wollte. Er belustigte sich an den lakoni-

---

[1]Christine (1626-1689; ruled 1632-54), the daughter of Gustavus and Marie Eleonore,
was the king's only child; as the heir to the Swedish throne, her education was more like
that of a boy, and she often dressed as a male. It had been prophesied to the royal couple
that their first child would be a son.   [2]The king was notoriously near-sighted.   [3]Jakob
Count de la Gardies (1583-1652), Swedish military man and statesman, had married Ebba
Brahe in 1618.   [4]'not yet' (Latin); Charles V, King of Spain, 1516-1556, Holy Roman
Emperor, 1519-1556   [5]'quarto volume' (book size)

schen Sätzen, welche das Wesen ihrer Erfinder — meistenteils geschichtlicher
Persönlichkeiten — oft richtig, ja schlagend ausdrückten, oft aber auch, gemäß der
menschlichen Selbsttäuschung und Prahlerei, das gerade Gegenteil.

Jetzt wies ein feiner Finger mit einem scharfen schwarzen Schatten auf das
5 hellbeleuchtete Blatt und eine Devise von unbekanntem Ursprung. Es war der über
die Schultern des Königs guckende Page, die Devise aber lautete: „Courte et
bonne!" Das heißt: Soll ich mir ein Leben wählen, so sei es ein kurzes und genuß-
volles! Der König las, sann einen Augenblick, schüttelte bedenklich den Kopf und
zupfte über sich greifend seines Pagen wohlgebildeten Ohrlappen. Dann drückte
10 er Leubelfing auf seinen Schemel nieder, in der Absicht, ihm eine kleine Predigt
zu halten. „Gust Leubelfing", begann er lehrhaft behaglich, den Kopf rückwärts in
das Polster gedrückt, so daß das volle Kinn mit dem goldhaarigen Zwickel vorsprang und das schalkhafte Licht der halbgeschlossenen Augen auf das lauschend
gehobene Antlitz des Pagen niederblitzte, „Gust Leubelfing, mein Sohn! Ich ver-
15 mute, diesen fragwürdigen Spruch hat ein Weltkind erfunden, ein ‚Epikurer', wie
Doktor Luther[1] solche Leute nennt. Unser Leben ist Gottes. So dürfen wir es
weder lang noch kurz wünschen, sondern wir nehmen es wie Er es gibt. Und gut?
Freilich gut, das ist schlicht und recht. Aber nicht voll Rausches und Taumels wie
der französische Spruch hier unzweifelhaft bedeutet. Oder wie hast *du* ihn verstan-
20 den, mein lieber Sohn?"

Leubelfing antwortete erst schüchtern und befangen, dann aber mit jeder Silbe
freudiger und entschlossener: „Solchergestalt, mein gnädiger Herr: Ich wünsche
mir alle Strahlen meines Lebens in *ein* Flammenbündel und in den Raum *einer*
Stunde vereinigt, daß statt einer blöden Dämmerung ein kurzes, aber blendend
25 helles Licht von Glück entstünde, um dann zu löschen wie ein zuckender Blitz."
Sie hielt inne. Dem Könige schien dieser Stil und dieser „zuckende Blitz" nicht zu
gefallen, obgleich es die Lieblingsmetapher des Jahrhunderts war. Er kräuselte
spottend die feinen Lippen. Aber das noch unausgesprochene rügende Wort unterbrechend, leidenschaftlich hingerissen, rief der Page aus: „Ja, so möcht ich! Courte
30 et bonne!" Dann besann er sich plötzlich und fügte demütig bei: „Lieber Herr!
Möglicherweise mißversteh ich den Spruch. Er ist vieldeutig, wie die meisten hier
im Buche. Eines aber weiß ich und das ist die lautere Wahrheit: wenn dich, mein
liebster Herr, die Kugel, welche dich heute streifte" — er verschluckte das Wort
— „Courte et bonne! hätte es geheißen, denn du bist ein Jüngling zugleich und ein
35 Mann — und dein Leben ist ein gutes!"

Der König schloß die Augen und verfiel dann, tagesmüde wie er war, in den
Schlummer, den er erst heuchelte, um die Schmeichelei des Pagen nicht gehört zu
haben oder wenigstens nicht zu beantworten.

---

[1]Dr. Martin Luther (1483-1546), father of the Protestant Reformation

So spielte der Löwe mit dem Hündchen und auch das Hündchen mit dem Löwen. Und als ob ein neckisches oder verderbliches Schicksal es darauf absehe, dem verliebten Kinde seinen vergötterten Helden aufs innigste zu verbinden, ihm denselben in immer neuer Gestalt und in seinen tiefsten Empfindungen zeigend,
5 ließ es den Pagen mit seinem Herrn auch den herbsten Schmerz teilen, welchen es gibt, den väterlichen.

Der König bediente sich Leubelfings, dem er das unbedingteste Vertrauen bewies, um die regelmäßig aus Stockholm anlangenden Briefe der Hofmeisterin seines Prinzeßchens sich vorlesen und dann auch beantworten zu lassen. Diese
10 Dame schrieb einen kritzlichen, schmalen Buchstaben und einen breiten gründlichen Stil, so daß Gustav ihre umständlichen Schreiben meist gleich dem Pagen zuschob, dessen rasche Augen und bewegliche Lippen die Zeilen einer Briefseite nicht weniger behende hinuntersprangen als seine jungen Füße die ungezählten Stufen einer Wendeltreppe. Eines Tages bemerkte Leubelfing in der Ecke des
15 Briefumschlages das große S, womit man damals wichtige oder sekrete Schreiben zu bezeichnen pflegte, damit sie der Empfänger persönlich öffne und lese. Die Pageneigenschaften: Neugierde und Keckheit überwogen. Leubelfing brach das Siegel und eine wunderliche Geschichte kam zum Vorschein. Die Hofmeisterin des Prinzeßchens hatte — gemäß dem vom Könige selbst verfaßten und frühe
20 Erlernung der Sprachen vorschreibenden Studienplane — an der Zeit gefunden, der Christel einen Lehrer des Italienischen zu bestellen. Die mit Umsicht vorgenommene Wahl schien geglückt. Der noch junge Mann, ein Schwede von guter Abkunft, welcher sich auf langen Reisen weit in der Welt umgesehen hatte, vereinigte alle Vorzüge der Erscheinung und des Geistes, einen edelschlanken Körper-
25 bau, einnehmende Gesichtszüge, eine feingewölbte Stirn, ein gefälliges Betragen, eine befestigte Sittlichkeit, gleich weit entfernt von finsterer Strenge und lächerlicher Pedanterie, adeliges Ehrgefühl, christliche Demut. Und die Hauptsache: ein echtes Luthertum, welches, wie er selbst bekannte, erst in der modernen Babylon[1] angesichts der römischen Greuel aus einer erlernten Sache ihm zu einer selbstän-
30 digen und unerschütterlichen Überzeugung geworden sei. Die kühle und verständige Hofmeisterin wiederholte in jedem ihrer Briefe, dieser Jüngling habe es ihr angetan. Auch die junge Prinzeß lernte frisch drauflos mit ihrem aufgeweckten Kopf und unter einem solchen Lehrer. Da ertappte die Hofmeisterin eines Tages die gelehrige und phantasiereiche Christel, wie sie, in einem Winkel geduckt, sich
35 im stillen damit vergnügte, die Kugeln eines Rosenkranzes von wohlduftenden Zedernholz herunterzubeten, an denen sie von Zeit zu Zeit mit schnupperndem Näschen roch. „Ein reißender Wolf im Schafskleide!" schrieb die brave Hofmeisterin mit fünf Ausrufungszeichen. „Ich schlug die Hände über dem Kopfe zusammen und wurde zur weißen Bildsäule."

---

[1] i. e., Rome

Auch Gustav Adolf erbleichte, im Tiefsten erschüttert, und seine großen blau-
en Augen starrten in die Zukunft. Er kannte die Gesellschaft Jesu[1].

Der Jesuit war ins Gefängnis gewandert, und ihm stand, nach dem drakoni-
schen schwedischen Gesetze, eine Halsstrafe[2] bevor, wenn der König nicht Gnade
5 vor Recht ergehen ließ. Dieser aber befahl dem Pagen umgehend an die Hofmeisterin zu schreiben: Mit dem Mädchen seien nicht viel Worte zu machen, die
Sache als eine Kinderei zu behandeln; den Jesuiten schaffe man ohne Geschrei und
Aufsehen über die Grenze, „denn" — so diktierte er Leubelfing — „ich will keinen
Märtyrer machen. Der verblendete Jüngling mit seinem gefälschten Gewissen ließe
10 sich schlankweg köpfen, um in die Purpurwolke der Blutzeugen aufgenommen zu
werden und gen Himmel zu fahren mitsamt seiner geheimen bösen Lust, das bild-
same Gehirn meines Kindes mißhandelt zu haben."[3]

Aber mehrere Tage lang ließ ihn „das Unglück und das Verbrechen" — so
nannte er das Attentat auf die Seele seines Kindes — nicht mehr los und er erging
15 sich in Gegenwart seines Lieblings, weit über Mitternacht, bis zum Erlöschen seiner Ampel, rastlos auf und nieder schreitend, freilich eher im Selbst- als im Zwie-
gespräche, über die Lüge, die Sophistik und die Verlarvungen der frommen Väter,
während sich der im Halbdunkel sitzende Page entsetzt und zerknirscht an die
klopfende junge Brust schlug und die leisen beschämenden Worte sich zurief:
20 „Auch du bist eine Lügnerin, eine Sophistin, eine Verlarvte!"

Seit jenen nächtigen Stunden ängstigte sich der Page furchtbar, bis zur Zer-
rüttung, über seine Larve und sein Geschlecht. Der nichtigste Umstand konnte die
Entdeckung herbeiführen. Dieser Schande zu entgehen, beschloß der Ärmste
zehnmal im Abenddunkel oder in der Morgenfrühe, sein Roß zu satteln, bis an das
25 Ende der Welt zu reiten, und zehnmal wurde er zurückgehalten durch eine
unschuldige Liebkosung[4] des Königs, der keine Ahnung hatte, daß ein Weib um
ihn war. Leicht zumute wurde ihm nur im Pulverdampfe. Da blitzten seine Augen
und fröhlich ritt er der tödlichen Kugel entgegen, welche er herausforderte, seinen
bangen Traum zu endigen. Und wann der König hernach in seiner Abendstunde
30 beim trauten Lichtschein seinen Pagen über einer Dummheit oder Unwissenheit
ertappte, beim Kopfe kriegte und ihm mit einem ehrlichen Gelächter durch das
krause Haar fuhr, sagte sich dieser in herzlicher Lust und Angst erbebend: „Es ist
das letztemal!"

So fristete er sich[5] und genoß das höchste Leben mit der Hülfe des Todes.
35 Es war seltsam. Leubelfing fühlte es: auch der König lebte mit dem Tode auf
einem vertrauten Fuße. Der Friedländer hatte den Angriff an sich gerissen und den
Eroberer in die unerträgliche Lage eines Weichenden, beinahe Flüchtigen

---

[1]Jesuits (Society of Jesus) [2]'death sentence' [3]A foreshadowing: after her abdication,
Queen Christina did in fact convert to Catholicism [4]'gentle word or gesture' [5]'extended
his term'

gebracht. So legte der christliche Held sein Schicksal täglich, ja stündlich und fast herausfordernd in die Hände seines Gottes. Den Brustharnisch, welchen ihm der Page zu bieten pflegte, wies er beharrlich zurück unter dem Vorwand einer Schulterwunde, welche der anliegende Stahl drücke. Ein schmiegsames feines Panzer-
5 hemde[1], wie die Klugen und Vorsichtigen es auf bloßem Leibe trugen, ein Meisterstück niederländischer Schmiedekunst[2], langte an und die Königin schrieb dazu, sie hätte erfahren, der Friedländer trage ein solches, ihr Herr und Gemahl dürfe nicht schlechter beschirmt in den Kampf gehen. Dies feine Geschmiede warf Gustav als eine Feigheit verächtlich in einen Winkel.
10 Einmal in der Stille der Nacht hörte Leubelfing, dessen Haupt von demjenigen des Königs nur durch die Wand getrennt war, sich dicht an dieselbe drückend, wie Gustav inbrünstig betete und seinen Gott bestürmte, ihn im Vollwerte hinwegzunehmen, wenn seine Stunde da sei, bevor er ein Unnötiger oder Unmöglicher werde. Zuerst quollen der Lauscherin die Tränen, dann erfüllte sie vom Wir-
15 bel zur Zehe eine selbstsüchtige Freude, ein verstohlener Jubel, ein Sieg, ein Triumph über die Ähnlichkeit ihres kleinen mit diesem großen Lose, der dann mit dem albernen Kindergedanken, eine gemeinsame Silbe beendige ihren Namen und beginne den des Königs[3], sich in Schlummer verlor.
Aber der Page träumte schlecht, denn er träumte mit seinem Gewissen. In den
20 richtenden[4] Bildern, welche vor seinen Traumaugen aufstiegen, geschah es bald, daß der König den Entdeckten mit flammendem Blick und verurteilender Gebärde von sich wies, bald verjagte ihn die Königin mit einem Besenstiel und den derbsten Scheltworten, wie die gebildete Frau solche am Tage nie über die Lippen ließ, ja welche sie wohl gar nicht kannte.
25 Einmal träumte dem Pagen, seine Fuchsstute gehe mit ihm durch und rase durch eine nackte von einer zornigen Spätglut gerötete Gegend einer Schlucht zu, der König setze ihm nach[5], er aber stürze vor den Augen seines Retters oder Verfolgers in die zerschmetternde Tiefe, von einem höllischen Gelächter umklungen.

III

30 Leubelfing erwachte mit einem jähen Schrei. Der Morgen dämmerte und der Page fand seinen König, der sich in einem Zuge[6] kühl und hell geschlafen hatte, in der gelassensten und leutseligsten Laune von der Welt. Ein Brief der Königin langte an, der eben nichts Dringliches enthielt, wenn nicht die Nachschrift, worin sie ihren Gemahl bat, zum Rechten zu sehen in einem Fall und in einer Nöte, wel-
35 che der hilfreichen Frau naheging. Der Herzog von Lauenburg[7], ein unsittlicher Mensch, der vor kaum ein paar Monaten eine der vielen Basen der Königin aus politischen Gründen geheiratet hatte, gab öffentliches Ärgernis, indem er, von den

---

[1]'shirt of mail' [2]'blacksmith's art' [3]i. e., Au*gusta* and *Gusta*vus [4]'judgmental' [5]'was chasing him' [6]*in ... Zuge* 'without waking' [7]The name is real, but the event is fictitious.

blonden Flechten und wasserblauen Augen seines Weibes gelangweilt, seine Flit-
terwochen abgekürzt hatte und, in das schwedische Lager zurückgeeilt, eine blut-
junge Slavonierin neben sich hielt. Diese hatte er, als ein Wegelagerer[1] der er war,
aus der Mitte einer niedergerittenen friedländischen Eskorte weggefangen. Nun
5 ersuchte die Königin ihren Gemahl, diesem prahlerischen Ehebruch ein rasches
Ende zu machen; denn der Lauenburger, die Blicke nur des Königs ausweichend,
prunkte vor seinen Standesgenossen mit der hübschen Beute und gönnte sich, als
einem Reichsfürsten[2], die Sünde und den Skandal dazu. Gustav Adolf faßte die
Sache als eine einfache Pflichterfüllung auf und gab kurzweg den Befehl, die Sla-
10 vonierin — man nannte sie die Corinna — zu ergreifen und ihm vorzuführen in
der achten Stunde, wo er von einem kurzen Rekognoszierungsritte zurück zu sein
glaubte. Streng und menschlich zugleich, dachte er das Mädchen, dem er, den
Lauenburger kennend, den kleinern Teil der Schuld beimaß, zu ermahnen und
dann ihrem Vater in das wallensteinische Lager zuzusenden. Er verritt, den Pagen
15 Leubelfing zurücklassend mit der Weisung, die Königin brieflich zu beruhigen; er
werde eine eigenhändige Zeile beifügen. Acht Uhr verstrich und der König war
noch nicht wieder angelangt, wohl aber die Corinna, von ein paar grimmigen
schwedischen Pikenieren[3] begleitet, welche sie dem Pagen, der im Vorzimmer über
seinem Briefe saß, Degen und Pistolen neben sich auf den Tisch gelegt, überliefer-
20 ten. Vor dem Tore des Schlößchens stand ja eine Wache.

Neugierig schickte der Page einen Blick über seine Buchstaben hinweg nach
der Gefangenen, die er sich setzen hieß, und erstaunte über ihre Schönheit. Nur
von mittlerer Größe, trug sie über vollen Schultern auf einem feinen Halse ein
wohlgebildetes kleines Haupt. Wenig fehlte, stillere Augen, freiere Stirn, ruhigere
25 Naslöcher und Mundwinkel, so war es das süße Haupt einer Muse, wie unmusen-
haft die Corinna sein mochte. Pechschwarze Flechten und dunkeldrohende Augen
bleichten[4] das fesselnde Gesicht. Die in Unordnung geratene buntfarbige Kleidung, von keinem südlich leuchtenden Himmel gedämpft, erschien unter einem
nordischen grell und aufdringlich. Der Busen klopfte sichtbar.

30 Das Schweigen wurde dem Mädchen unerträglich. „Wo ist der König, Junker?" fragte sie mit einer hohen, vor Erregung schreienden Stimme. „Ist verritten.
Wird gleich zurück sein!" antwortete Leubelfing in seiner tiefsten Note.

„Der König bilde sich nur nicht ein, daß ich von dem Herzoge lasse", fuhr das
leidenschaftliche Mädchen mit unbändiger Heftigkeit fort. „Ich liebe ihn zum
35 Sterben. Und wo sollte ich hin? Zu meinem Vater? Der würde mich grausam miß-
handeln. Ich bleibe. Der König hat dem Herzog nichts zu befehlen. Mein Herzog
ist ein Reichsfürst." Offenbar plapperte die Angstvolle dem Lauenburger nach,

---

[1]'(skilled) ambusher'   [2]designation for a nobleman with a seat and vote in the Imperial
Diet (*Reichstag*)   [3]'pikemen,' *Landsknechte* (professional soldiers)   [4]'made appear pale'

welcher, ob auch an und für sich ein frevelhafter Mensch, seinen Fürstenmantel, halb im Hohn, halb im Ernst, allen seinen Missetaten umhing.

„Nutzt ihm nichts, Jungfer", versetzte der Page Gustav Adolfs. „Reichsfürst hin, Reichsfürst her, der König ist sein Kriegsherr, und der Lauenburger hat zu
5 parieren."

„Der Herzog", zankte die Slavonierin, „ist vom alleredelsten Blut, der König aber stammt von einem gemeinen schwedischen Bauer." Ihr Freund, der Lauenburger, mochte ihr das aus dem Bauerkleide Gustav Wasas[1] entstandene Märchen vorgestellt haben. Leubelfing erhob sich beleidigt und schritt bolzgerade[2] auf die
10 Corinna zu, machte dicht vor ihr halt und fragte gestreng: „Was sagst?" Auch das Mädchen hatte sich ängstlich erhoben und fiel jetzt mit plötzlich verändertem Ausdruck dem Pagen um den Hals: „Teurer Herr! Schöner Herr! Helft mir! Ihr müßt mir helfen! Ich liebe den Lauenburger und lasse nicht von ihm! Niemals!" So rief und flehte sie und küßte und herzte und drückte den Pagen, dann aber wich
15 sie in unsäglicher Verblüffung einen Schritt zurück und das seltsamste Lächeln der Welt irrte um ihren spöttisch verzogenen Mund.

Der Page wurde bleich und fahl. „Schwesterchen", lispelte die Corinna mit einem schlauen Blick, „wenn du deinen Einfluß" — in demselben Moment hatte Leubelfing sie mit kräftiger Linken am Arme gepackt, auf die Kniee niederge-
20 drückt und den Lauf seines rasch ergriffenen Pistols der Schläfe des kleinen Kopfes genähert. „Drück los", rief die Corinna halb wahnsinnig, „und der Lust und des Elends sei ein Ende!" wich aber doch dem Lauf[3] mit den behendesten und gelenkigsten Drehungen und Wendungen ihres Hälschens aus.

Jetzt setzte ihr Leubelfing den kalten Ring des Eisens mitten auf die Stirn und
25 sprach totenbleich, aber ruhig: „Der König weiß nichts davon, bei meiner Seligkeit." Ein ungläubiges Lächeln war die Antwort. „Der König weiß nichts davon", wiederholte der Page, „und du schwörst mir bei diesem Kreuz" — er hatte es ihr an einem goldenen Kettchen aus dem Busen gezerrt — „von wem hast du das? von deiner Mutter, sagst du? — Du schwörst mir bei diesem Kreuz, daß auch du nichts
30 davon weißt! Mach schnell, oder ich schieße!"

Aber der Page senkte seine Waffe, denn er vernahm Roßgestampf, das Gerassel des militärischen Saluts und die treppansteigenden schweren Tritte des Königs. Er warf noch einen Blick auf die sich von den Knieen erhebende Corinna, einen flehenden Blick, in welchem zu lesen war, was er nie ausgesprochen hätte: „Sei
35 barmherzig! Ich bin in deiner Gewalt! Verrate mich nicht! Ich liebe den König!"

Dieser trat ein, ein anderer Mann, als er vor zwei Stunden verritten war, streng wie ein Richter in Israel, in heiliger Entrüstung, in loderndem Zorn, wie ein bibli-

---

[1]King Gustav I Wasa (1496-1560), grandfather of Gustavus Adolphus, was supposed to have escaped from Danish military imprisonment dressed as a peasant.   [2]'stiff and erect'
[3]'gun barrel'

scher Held, der ein himmelschreiendes Unrecht aus dem Mittel heben muß, damit nicht das ganze Volk verderbe. Er hatte einem empörenden Auftritt, einer ekelerregenden Szene beigewohnt: der Beraubung eines vor dem Friedländer in das schwedische Lager flüchtenden Haufens deutscher Bauern durch deutschen Adel
5 unter Führung eines deutschen Fürsten.

Die Herren hatten im Gezelt eines der Ihrigen bis zur Morgendämmerung gezecht, gewürfelt, gekartet. Ein Abenteurer zweifelhaftester Art, der Bank hielt, hatte sie alle ausgebeutelt[1]. Den mutmaßlich falschen Spieler ließen sie nach einem kurzen Wortwechsel — er war von Adel — als einen Mann ihrer Gattung unange-
10 fochten ziehen, brachen dagegen, gereizt und übernächtig zu ihren Zelten kehrend, in ein Gewirr schwer beladener Wagen ein, das sich in einer Lagergasse staute. Der Lauenburger, der im Vorbeireiten sein Zelt öffnend, das Nest leer gefunden und seinen Verdacht ohne weiteres auf den König geworfen hatte, kam ihnen nachgesprengt und feuerte ihre Raubgier zu einer Tat an, von welcher er wußte,
15 daß sie, von dem Könige vernommen, Gustav Adolf in das Herz schneiden würde.

Aber dieser sollte den Frevel mit Augen sehen. Mitten in den Tumult — Kisten und Kasten wurden erbrochen, Rosse niedergestochen oder geraubt, Wehrlose mißhandelt, sich zur Wehre Setzende verwundet — ritt der König hinein, zu welchem sich flehende Arme, Gebete, Flüche, Verwünschungen erhoben nicht
20 anders als zum Throne Gottes. Der König beherrschte und verschob seinen Zorn. Zuerst gab er Befehl, für die mißhandelten Flüchtlinge zu sorgen, dann befahl er die ganze adelige Sippe zu sich auf die neunte Stunde. Heimreitend, hielt er vor dem Zelt des Generalgewaltigen[2], hieß ihn seinen roten Mantel umwerfen und — in einiger Entfernung — folgen.
25 In dieser Stimmung befand sich König Gustav, als er die Beihälterin[3] des Lauenburgers erblickte. Er maß das Mädchen, deren wilde Schönheit ihm mißfiel und deren grelle Tracht seine klaren Augen beleidigte.

„Wer sind deine Eltern?" begann er, es verschmähend, sich nach ihrem eigenen Namen oder Schicksal zu erkundigen.
30 „Ein Hauptmann von den Kroaten; die Mutter starb früh weg", erwiderte das Mädchen, mit ihren dunkeln seinen hellen Augen ausweichend.

„Ich werde dich deinem Vater zurücksenden", sagte er. „Nein", antwortete sie, „er würde mich erstechen."

Eine mitleidige Regung milderte die Strenge des Königs. Er suchte für das
35 Mädchen einen geringen Straffall. „Du hast dich im Lager in Männerkleidern umgetrieben, dieses ist verboten", beschuldigte er sie.

„Niemals", widersprach die Corinna aufrichtig entrüstet, „nie beging ich diese Zuchtlosigkeit."

---

[1]'cleaned them out' [2]'provost' [3]'mistress'

„Aber", fuhr der König fort, „du brichst die Ehe und machst eine edle junge Fürstin unglücklich."

Eine rasende Eifersucht loderte in den Augen der Slavonierin. „Wenn er nun mich mehr, mich allein liebt, was kann ich dafür? Was kümmert mich die andere?" trotzte sie wegwerfend. Der König betrachtete sie mit einem erstaunten Blicke, als frage er sich, ob sie je in eine christliche Kinderlehre gegangen sei.

„Ich werde für dich sorgen", sagte er dann. „Jetzt befehle ich dir: Du lässest von dem Lauenburger auf immer und ewig. Deine Liebe ist eine Todsünde. Wirst du gehorchen?" Sie hielt erst mit zwei lodernden Fackeln, dann mit einem festen starren Blick den des Königs aus und schüttelte das Haupt. Dieser wendete sich gegen den Generalgewaltigen, der unter der Türe stand.

„Was soll der mit mir?" frug das Mädchen schaudernd. „Ist's der Henker? Wird er mich richten?"

„Er wird dir die Haare scheren, dann bringt dich der nächste Transport nach Schweden, wo du in einem Besserungshause bleibst, bis du ein evangelisches Weib geworden bist."

Ein heftiger Stoß von wunderlichen Befürchtungen und unbekannten Schrek-ken warf das kleine Gehirn über den Haufen. Ein geschorenes Schädelchen, welche entehrendere, beschämendere Entblößung konnte es geben! Schweden, das eisige Land mit seiner Winternacht, von welchem sie hatte fabeln hören, dort sei der Eingang zum Reiche der Larven und Gespenster! Besserung? Welche ausge-suchte, grausame Folter bedeutete dieses ihr unbekannte Wort? Ein evangelisches Weib! Was war das, wenn nicht eine Ketzerin? Und so sollte sie zu alledem noch ihres bescheidenen himmlischen Teiles verlustig gehen? Sie, die kein Fasten brach und keine fromme Übung versäumte! Sie ergriff das Kreuz, das an dem zerrissenen Kettchen niederhing, und küßte es inbrünstig.

Dann ließ sie die irren Augen im Kreise laufen. Diese blieben auf dem Pagen haften und Rachelust flammte darin auf. Sie öffnete den Mund, um den König, welcher sie des Ehebruchs geziehen, gleicherweise einen Ehebrecher zu schelten. Dieser stand ruhig beiseite. Er hatte den Brief des Pagen in die Hand genommen und durchflog denselben mit nahen Blicken. Seine aufmerksamen Züge, deren aus Gerechtigkeit und Milde gemischter Ausdruck etwas Majestätisches und Göttli-ches hatte, erschreckten die Corinna; sie fürchtete sich davor als vor etwas Frem-dem und Unheimlichem. Das wildwüchsige Mädchen, welches jedes von einer faß-lichen Leidenschaft verzogene Männerantlitz richtig beurteilte, ohne davor zu erschrecken, wurde aus dieser veredelten menschlichen Miene nicht klug. Sie mochte den König nicht länger ansehen. Am Ende, dachte sie, ist der Schneekönig ein gefrorener Mensch, der die Nähe des Weibes und die ihn heimlich umschlei-chende Liebe nicht spürt. Ich könnte das junge Blut verderben. Wozu aber auch? Und dann — sie liebt ihn.

Jetzt trat der Profos[1] einen Schritt vorwärts und streckte die Hand nach der
Slavonierin aus. Diese gab sich verloren. Blitzschnell richtete sie sich an dem
Pagen auf und wisperte ihm ins Ohr: „Laß mir zehn Messen lesen, Schwesterchen!
von den teuren! Du bist mir eine dicke Kerze schuldig! Nun, eine hat das Glück,
5 die andere" — sie fuhr in die Tasche, zog einen Dolch heraus, schleuderte die
Scheide ab und zerschnitt sich in einem kunstfertigen Zug die Halsader wie einem
Täubchen. So mochte sie es in einer Feldküche gelernt und geübt haben.

Der Generalgewaltige spreitete seinen roten Mantel, legte sie der Länge nach
darauf, hüllte sie ein und trug sie wie ein schlafendes Kind auf beiden Armen durch
10 eine Seitentüre hinweg.

Jetzt wurde es im Nebenzimmer lebendig von allerhand ungebührlich laut
geführten Unterhaltungen und mit dem Schlage neun trat der König, welchem
Leubelfing die Flügeltür öffnete, unter die versammelten deutschen Fürsten und
Herren.

15 Sie bildeten in dem engen Raume einen dichtgedrängten Kreis und mochten
ihrer fünfzig oder sechzig sein. Die Herrschaften hielten sich nicht allzu ehrerbietig, manche sogar nachlässig, als ob sie ebensowenig die Farbe der Scham als die
Farbe der Furcht kennten: schlaue neben verwegenen, ehrgeizige neben beschränk-
ten, fromme neben frechen Köpfen; die Mehrzahl Leute, die ihren Mann stellten
20 und mit denen gerechnet werden mußte. Links vom Könige hielt sich in bescheidener Haltung der Hauptmann Erlach[2], der eigentlich hier nichts zu suchen hatte.
Dieser Kriegsmann war unter die Fahnen Gustav Adolfs getreten, als des gottes-
fürchtigsten Helden seiner Zeit, und hatte dem Könige oft bekannt, ihn jammere
der Sünden, die er hier außen im Reiche[3] sehen müsse: Undank, Maske, Fallstrick,
25 Intrige, Kabale, verdecktes Spiel, verteilte Rollen, verwischte Spuren, Bestechung,
Länderverkauf, Verrat, lauter in seinen helvetischen Bergen vollständig unbekannte
und unmögliche Dinge. Er hatte sich hier eingefunden, vielleicht um seinem inti-
men Freunde, dem französischen Gesandten, welcher sich von seiner Sitteneinfalt
angezogen fühlte, etwas Neues erzählen zu können, worauf die Franzosen brennen,
30 wie sie einmal sind; vielleicht auch nur, um zur Erbauung seiner Seele einem Sieg
der Tugend über das Laster beizuwohnen. Er kniff seelenruhig die Augen und wirbelte die Daumen der gefalteten Hände. Diesem Tugendbilde gegenüber, rechts
vom Könige, stand die freche Sünde: der Lauenburger, mit unruhigen Füßen in
seiner reichsten Tracht und seinem kostbarsten Spitzenkragen, dämonisch lächelnd
35 und die Augen rollend. Er war einem Knecht des Gewaltigen begegnet, welchem
dieser seinen Mantel übergeben. Unter dessen Falten hatte er eine Menschengestalt erkannt, war hinzugetreten und hatte das Tuch aufgeschlagen.

---

[1]'provost' [2]Hans Ludwig von Erlach (1595-1650), Swiss general and statesman [3]i. e.,
outside, since Switzerland (and Sweden) were not *in*side the *Reich*

Gustav maß die Versammlung mit einem verdammenden Blick. Dann brauste der Sturm. Seltsam — der König, gereizt durch den Widerspruch dieser stolzen Gesichter, dieser übermütigen Haltungen, dieser prunkenden Rüstungen mit dem Unadel der darunter schlagenden Herzen, bediente sich, um den Hochmut zu erniedrigen und das Verbrechen zu brandmarken, absichtlich einer groben, ja bäurischen Rede, wie sie ihm sonst nicht eigen war.

„Räuber und Diebe seid ihr vom ersten zum letzten! Schande über euch! Ihr bestehlet eure Landsleute und Glaubensgenossen! Pfui! Mir ekelt vor euch! Das Herz gällt¹ mir im Leibe! Für eure Freiheit habe ich meinen Schatz erschöpft — vierzig Tonnen Goldes — und nicht so viel von euch genommen um mir eine Reithose machen zu lassen! Ja, eher bar wär ich geritten, als mich aus deutschem Gute zu bekleiden! Euch schenkte ich, was mir in die Hände fiel, nicht einen Schweinestall hab ich für mich behalten!"

Mit so derben und harten Worten beschimpfte der König diesen Adel.

Dann einlenkend², lobte er die Bravour der Herren, ihre untadelige Haltung auf dem Schlachtfelde und wiederholte mehrmals: „Tapfer seid ihr, ja, das seid ihr! Über euer Reiten und Fechten ist nicht zu klagen!" ließ dann aber einen zweiten noch heftigeren Zorn aufflammen: „Rebelliert ihr gegen mich," forderte er sie heraus, „so will ich mich an der Spitze meiner Finnen und Schweden mit euch herumhauen, daß die Fetzen fliegen."

Er schloß dann mit einer christlichen Vermahnung und der Bitte, die empfangene Lehre zu beherzigen. Herr Erlach trocknete sich mit der Hand eine Träne. Die Herren gaben sich die Miene, es fechte sie nicht sonderlich an³, aber ihre Haltung war sichtlich eine bescheidenere geworden. Einige schienen ergriffen, ja gerührt. Das deutsche Gemüt erträgt eine grobe, redliche Schelte besser, als eine lahme Predigt oder einen feinen schneidenden Hohn.

Insoweit wäre es nun gut und in der Ordnung gewesen. Da ließ der Lauenburger, halb gegen den König, halb gegen seine Standesgenossen gewendet, in nackter Frechheit ein ruchloses Wort fallen:

„Wie mag Majestät über einen Dreck zürnen? Was haben wir Herren verbrochen? Unsere Untertanen erleichtert⁴!"

Gustav erbleichte. Er winkte dem Generalgewaltigen, der hinter der Türe lehnte.

„Lege diesem Herrn deine Hand auf die Schulter!" befahl er ihm. Der Profos trat heran, wagte aber nicht zu gehorchen; denn der Fürst hatte den Degen aus der Scheide gerissen und ein gefährliches Gemurmel lief durch den Kreis.

Gustav entwaffnete den Lauenburger, stemmte die Klinge gegen den Fuß und ließ sie in Stücke springen. Dann ergriff er die breite behaarte Hand des Gewal-

---

¹'turns to gall' ²'changing the subject' ³*fechte ... an* 'did not bother them especially'
⁴'relieved (of their possessions)'

tigen, legte und drückte selbst sie auf die Schulter des Lauenburgers, der wie
gelähmt war, und hielt sie dort eine gute Weile fest, sprechend: „Du bist ein
Reichsfürst, Bube, dir darf ich nicht an den Kragen, aber die Hand des Henkers
bleibe über dir!"

5   Dann wandte er sich und ging. Der Profos folgte ihm mit gemessenen Schritten.

Den Pagen Leubelfing, welchen die enge stehenden Herrschaften in eine Fen-
sternische gedrängt hatten, vor der eine schwere Damastdecke mit riesigen Qua-
sten niederhing, hatte der Vorgang bis zu einem krampfhaften Lachen ergötzt.
Nach dem blutigen Untergange der Corinna, der ihn zugleich erschüttert und
10 erleichtert hatte, waren ihm die von seinem Helden heruntergemachten[1] Fürsten
wie die Personen einer Komödie erschienen, ungefähr wie ein Knabe mit Vergnügen und unterdrücktem Gelächter seinen Vater, in dessen Hut er sich weiß und
dessen Ansehn und Macht er bewundert, einen pflichtvergessenen Knecht schelten
hört. Bei der ersten Silbe aber, welche der Lauenberger aussprach, war er zusam-
15 mengeschrocken über die unheimliche Ähnlichkeit, welche die Stimme dieses
Menschen mit der seinigen hatte. Derselbe Klang, dasselbe Mark und Metall. Und
dieser Schreck wurde zum Grauen, als jetzt, nachdem König Gustav sich entfernt
hatte, der Lauenburger eine erkünstelte Lache aufschlug und in die gellenden
Worte ausbrach: „Er hat wie ein Stallknecht geschimpft, der schwedische Bauer!
20 Donnerwetter, haben wir den heute geärgert! Pereat[2] Gustavus! Es lebe die deutsche Libertät! Machen wir ein Spielchen, Herr Bruder, in meinem Zelt! Ich lasse
ein Fäßchen Würzburger anzapfen!" und er legte seinen rechten Arm in den linken
der Fürstlichkeit, die ihm zunächst stand. Dieser Herr aber zog seinen linken Arm
höflich zurück und antwortete mit einer gemessenen Verbeugung: „Bedaure, Euer
25 Liebden. Bin schon versagt."

Sich an einen andern wendend, den Raugrafen[3], lud der Lauenburger ihn mit
noch lustigeren und dringlicheren Worten: „Du darfst es mir nicht abschlagen,
Kamerad! Du bist mir noch Revanche schuldig!" Der Raugraf aber, ein kurz ange-
bundener Herr, wandte ihm ohne weiteres den Rücken. Sooft er seine Versuche
30 wiederholte, so oft wurde er, und immer kürzer und derber abgewiesen. Vor seinen
Schritten und Gebärden bildete sich eine Leere und entfüllte sich der Raum.

Jetzt stand er allein in der Mitte des von allen verlassenen Gemaches. Ihm
wurde deutlich, daß er fortan von seinesgleichen streng werde gemieden werden.
Sein Gesicht verzerrte sich. Wütend ballte der Gebrandmarkte die Faust und
35 drohte, sie erhebend, dem Schicksal oder dem Könige. Was er murmelte, verstand
der Page nicht, aber der Ausdruck des vornehmen Kopfes war ein so teuflischer,
daß der Lauscher einer Ohnmacht nahe war.

---

[1]'dressed down'   [2]'May G. perish!' (Latin)   [3]title held by various families at that time

IV

In der Dämmerstunde desselben ereignisvollen Tages wurde dem Könige ein mit einem richtig befundenen Salvokondukt[1] versehener friedländischer Hauptmann gemeldet. Es mochte sich um die Bestattung der in dem letzten Zusammen-
5 stoße Gefallenen oder sonst um ein Abkommen handeln, wie sie zwischen sich gegenüberliegenden Heeren getroffen werden.

Page Leubelfing führte den Hauptmann in das eben leere Empfangszimmer, ihn hier zu verziehen[2] bittend; er werde ihn ansagen. Der Wallensteiner aber, ein hagerer Mann mit einem gelben verschlossenen Gesichte, hielt ihn zurück: er ruhe
10 gern einen Augenblick nach seinem raschen Ritte. Nachlässig warf er sich auf einen Stuhl und verwickelte den Pagen, der vor ihm stehen geblieben war, in ein gleichgültiges Gespräch.

„Mir ist", sagte er leichthin, „die Stimme wäre mir bekannt. Ich bitte um den Namen des Herrn." Leubelfing, der gewiß war, diese kalte und diktatorische
15 Gebärde nie in seinem Leben mit Augen gesehen zu haben, erwiderte unbefangen: „Ich bin des Königs Page, Leubelfing von Nüremberg, Gnaden zu dienen[3]."

„Eine kunstfertige[4] Stadt", bemerkte der andere gleichgültig. „Tue mir der junge Herr den Gefallen, diesen Handschuh — es ist ein linker — zu probieren. Man hat mir in meiner Jugend bei den Jesuiten, wo ich erzogen wurde, die demü-
20 tige und dienstfertige Gewohnheit eingeprägt, die sich jetzt für meine Hauptmannschaft nicht mehr recht schicken will, verlorene und am Wege liegende Gegenstände aufzuheben. Das ist mir nun so geblieben." Er zog einen ledernen Reithandschuh aus der Tasche, wie sie damals allgemein getragen wurden. Nur war dieser von einer ausnahmsweisen Eleganz und von einer auffallenden Schlank-
25 heit, so daß ihn wohl neun Zehntel der wallensteinischen oder schwedischen Soldatenhände hineinfahrend mit dem ersten Ruck aus allen seinen Nähten gesprengt hätten. „Ich hob ihn draußen von der untersten Stufe der Freitreppe."

Leubelfing, durch den kurzen Ton und die befehlende Rede des Hauptmanns etwas gestoßen, aber ohne jedes Mißtrauen, ergriff in gefälliger Höflichkeit den
30 Handschuh und zog sich denselben über die schlanken Finger. Er saß wie angegossen. Der Hauptmann lächelte zweideutig. „Er ist der Eurige", sagte er.

„Nein, Hauptmann", erwiderte der Page befremdet, „ich trage kein so feines Leder." „So gebt mir ihn zurück!" und der Hauptmann nahm den Handschuh wieder an sich.

35 Dann erhob er sich langsam von seinem Stuhl und verneigte sich, denn der König war eingetreten.

Dieser tat einige Schritte mit wachsendem Erstaunen und seine starkgewölbten strahlenden Augen vergrößerten sich. Dann richtete er an den Gast die zögernden Worte: „Ihr hier, Herr Herzog?" Er hatte den Friedländer nie von Angesicht

---

[1]'safe conduct' [2]*=warten* [3]polite phrase to a superior [4]'devoted to the arts'

gesehen, aber oft dessen überallhin verbreitete Bildnisse betrachtet, und der Kopf war so eigentümlich, daß man ihn mit keinem andern verwechseln konnte. Wallenstein bejahte mit einer zweiten Verneigung.

Der König erwiderte sie mit ernster Höflichkeit: „Ich grüße die Hoheit, und 5 stehe zu Diensten. Was wollet Ihr von mir, Herzog?" Er winkte den Pagen mit einer Gebärde weg.

Leubelfing flüchtete sich in seine anliegende Kammer, welche, ärmlich ausgerüstet, ein schmaler Riemen, zwischen dem Empfangszimmer und dem Schlafgemach des Königs, dem ruhigsten des Hauses, lag. Er war erschreckt, nicht durch 10 die Gegenwart des gefürchteten Feldherrn, sondern durch das Unheimliche dieses späten Besuches. Ein dunkles Gefühl zwang ihn, denselben mit seinem Schicksale in Zusammenhang zu bringen.

Mehr von Angst als von Neugierde getrieben, öffnete er leise einen tiefen Schrank, aus welchem er — wenn es gesagt werden muß — durch eine Wandspalte 15 den König schon einmal — nur einmal — belauscht hatte, um ihn ungestört und nach Herzenslust zu betrachten. Daß sein Auge und abwechselnd sein Ohr jetzt die Spalte nicht mehr verließ, dafür sorgte der seltsame Inhalt des belauschten Gespräches.

Die sich gegenüber Sitzenden schwiegen eine Weile, sich betrachtend, ohne 20 sich zu fixieren. Sie wußten, daß, nachdem die das Schicksal Deutschlands bestimmende Schachpartie mit vieldeutigen Zügen und verdeckten Plänen begonnen und sich auf allen Feldern verwickelt hatte, vor der entscheidenden, eine neue Lage der Dinge schaffenden Schlacht das unterhandelnde Wort nicht am Platze und ein Übereinkommen unmöglich sei.[1] Diesem Gefühle gab der Friedländer Ausdruck. 25 „Majestät", sagte er, „ich komme in einer persönlichen Angelegenheit." Gustav lächelte kühl und verbindlich. Der Friedländer aber begann:

„Ich pflege im Bette zu lesen, wann mich der Schlaf meidet. Gestern oder heute früh fand ich in einem französischen Memoirenwerke eine unterhaltende Geschichte. Eine wahrhaftige Geschichte mit wörtlicher Angabe der gericht- 30 lichen[2] Deposition des Admirals — ich meine den Admiral Coligny[3], den ich als Feldherrn zu schätzen weiß. Ich erzähle sie mit der Erlaubnis der Majestät. Bei dem Admiral trat eines Tages ein Partisan ein, Poltrot oder wie der Mensch hieß. Wie ein halb Wahnsinniger warf er sich auf einen Stuhl und begann ein Selbstgespräch, worin er sich über den politischen und militärischen Gegner des Admirals, 35 Franz Guise, leidenschaftlich äußerte und davon redete, den Lothringer aus der

---

[1]*Sie ... sei* 'They knew that after the chess games determining the fate of Germany had begun with ambiguous moves and secret plans and had become totally confused, any diplomatic discussion was misplaced and an agreement impossible until a decisive battle created a new situation.' [2]'legal' [3]Gaspard de Coligny (1519-1572), Admiral of France, was a Calvinist and spokesman for French Protestants; Coligny's political enemy, François Duke of Guise (1519-1563), was assassinated by the Protestant fanatic Poltrot.

Welt zu schaffen. Es war, wie gesagt, das Selbstgespräch eines Geistesabwesenden und es stand bei dem Admiral, welchen Wert er darauf legen wollte — ich möchte die Szene einem Dramatiker empfehlen, sie wäre wirksam. Der Admiral schwieg, da er das Gerede des Menschen für eine leere Prahlerei hielt, und Franz Guise fiel,
5 von einer Kugel —"

„Hat Coligny so gehandelt", unterbrach der König, „so tadle ich ihn. Er tat unmenschlich und unchristlich."

„Und unritterlich", höhnte der Friedländer kalt.

„Zur Sache, Hoheit", bat der König.

10 „Majestät, etwas Ähnliches ist mir heute begegnet, nur hat der zum Mord sich Erbietende eine noch künstlichere Szene ins Werk gesetzt. Einer der Eurigen wurde gemeldet, und da ich eben beschäftigt war, ließ ich ihn in das Nebenzimmer führen. Als ich eintrat, war er in der schwülen Mittagsstunde entschlummert und sprach heftig im Traume. Nur wenige gestammelte Worte, aber ein Zusammen-
15 hang ließ sich erraten. Wenn ich daraus klug geworden bin, hätte ihn Eure Majestät, ich weiß nicht womit, tödlich beleidigt, und er wäre entschlossen, ja genötigt, den König von Schweden umzubringen um jeden Preis, oder wenigstens um einen anständigen Preis, was ihm leicht sein werde, da er in der Nähe der Majestät und in deren täglichem Umgang lebe. Ich weckte dann den Träumenden, ohne ein
20 Wort mit ihm zu verlieren, wenn nicht daß ich nach seinem Begehr fragte. Es handelte sich um Auskunft über einen schon vor Jahren in kaiserlichem Dienste verschollenen Rheinländer, ob er noch lebe oder nicht. Eine Erbsache. Ich gab Bescheid und entließ den Listigen. Nach seinem Namen fragte ich ihn nicht; er hätte mir einen falschen angegeben. Ihn aber auf das Zeugnis abgerissener Worte
25 einer gestammelten Traumrede zu verhaften, wäre untunlich und eine schreiende Ungerechtigkeit gewesen."

„Freilich", stimmte der König bei.

„Majestät", sprach der Friedländer jede Silbe schwer betonend, „du bist gewarnt!"

Gustav sann. „Ich will meine Zeit nicht damit verlieren und mein Gemüt
30 nicht damit vergiften", sagte er, „so zweifelhaften und verwischten Spuren nachzugehen. Ich stehe in Gottes Hand. Hat die Hoheit keine weiteren Zeugen oder Indizien?"

Der Friedländer zog den Handschuh hervor. „Mein Ohr und diesen Lappen da! Ich vergaß der Majestät zu sagen, daß der Träumer schlank war und ein ganz
35 charakterloses, nichtssagendes Gesicht, offenbar eine jener eng anschließenden Larven trug, wie sie in Venedig mit der größten Kunst verfertigt werden. Aber seine Stimme war angenehm markig, ein Bariton oder tiefer Alt, nicht unähnlich der Stimme Eures Pagen, und der Handschuh, der ihm entfiel und bei mir liegen blieb, sitzt selbigem Herrn wie angegossen."

40 Der König lachte herzlich. „Ich will mein schlummerndes Haupt in den Schoß meines Leubelfings legen", beteuerte er.

„Auch ich", erwiderte der Friedländer, „kann den jungen Menschen nicht beargwöhnen. Er hat ein gutes ehrliches Gesicht, dasselbe kecke Bubengesicht, womit meine barfüßigen böhmischen Bauermädchen herumlaufen. Doch, Majestät, ich bürge für keinen Menschen. Ein Gesicht kann täuschen und — täuschte
5 es nicht — ich möchte keinen Pagen um mich sehen, wäre es mein Liebling, dessen Stimme klingt wie die Stimme meines Hassers, und dessen Hand dasselbe Maß hat wie die Hand meines Meuchlers. Das ist dunkel. Das ist ein Verhängnis. Das kann verderben."

Gustav lächelte. Er mochte sich denken, daß der großartige Emporkömmling
10 jetzt, da er durch seinen ungeheuerlichen Pakt mit dem Habsburger das Reich des Unausführbaren und Chimärischen betreten hatte, mehr als je allen Arten von Aberglauben huldigte.[1] Den innern Widerspruch durchschauend zwischen dem Glauben an ein Fatum und den Versuchen, dieses Fatum zu entkräften, wollte der seines lebendigen Gottes Gewisse mit keinem Worte, nicht mit einer Andeutung
15 ein Gebiet berühren, wo das Blendwerk der Hölle, wie er glaubte, sein Spiel trieb. Er ließ das Gespräch fallen und erhob sich, dem Herzoge für sein loyales Benehmen dankend. Doch griff er dabei nach dem Handschuh, welchen der Friedländer nachlässig auf ein zwischen ihnen stehendes Tischchen geworfen hatte, aber mit einer so kurzsichtigen Gebärde, daß sie dem scharf blickenden Wallenstein, der
20 sich gleichfalls erhoben hatte, seinerseits ein unwillkürliches Lächeln abnötigte.

„Ich sehe mit Vergnügen", scherzte der König, den Friedländer gegen die Türe begleitend, „daß die Hoheit um mein Leben besorgt ist."

„Wie sollt ich nicht?" erwiderte dieser. „Ob sich die Majestät und ich mit unsern Armaden bekriegen, gehören die Majestät und ich" — der Herzog wich
25 höflich einem „wir" aus — „dennoch zusammen. Einer ist undenkbar ohne den andern und" — scherzte er seinerseits — „stürzte die Majestät oder ich von dem einen Ende der Weltschaukel, schlüge das andere unsanft zu Boden."

Wieder sann der König und kam unwillkürlich auf die Vermutung, irgendeine himmlische Konjunktur, eine Sternstellung habe dem Friedländer ihre beiden
30 Todesstunden im Zusammenhange gezeigt, eine der anderen folgend mit verstohlenen Schritten und verhülltem Haupte. Seltsamerweise gewann diese Vorstellung trotz seines Gottvertrauens plötzlich Gewalt über ihn. Jetzt fühlte der christliche

---

[1]The notoriously ambitious Wallenstein was born into a poor, Protestant noble family, but converted — in name only — to advance his military career in the Imperial army, hence "ein Emporkömmling." As a result of his military successes, Emperor Ferdinand granted him vast tracts of confiscated land (the territory Friedland) and raised him to the rank of Count, Prince, and, finally, Duke of Friedland (1625); Ferdinand also gave him the Duchy of Mecklenburg in 1628. It was Wallenstein's political dream (*das Unausführbare*) to restore the power of the emperor over all of Germany and subjugate the nobility to the direct power of the emperor. Wallenstein was obsessed with the supernatural (*Aberglauben)* and believed particularly in astrology.

König, daß die Atmosphäre des Aberglaubens, welche den Friedländer umgab, ihn anzustecken beginne. Er tat wieder einen Schritt gegen den Ausgang.

„Die Majestät", endete der Friedländer fast gemütlich seinen Besuch, „sollte sich wenigstens ihrem Kinde erhalten[1]. Die Prinzeß lernt brav, wie ich höre, und
5 ist der Majestät an das Herz gewachsen. Wenn man keine Söhne hat! Ich bin auch solch ein Mädchenpapa!" Damit empfahl sich der Herzog.

Noch sah der Page, welchem das belauschte Gespräch wie ein Gespenst die Haare zu Berge getrieben hatte, daß Gustav sich in seinen Sessel warf und mit dem Handschuh spielte. Er entfernte das Auge von der Spalte, und in die Kammer
10 zurückwankend, warf er sich neben dem Lager nieder, den Himmel um die Bewahrung seines Helden anflehend, dem seine bloße Gegenwart — wie der Friedländer meinte und er selbst nun zu glauben begann — ein geheimnisvolles Unheil bereiten konnte. „Was es mich koste", gelobte sich der Verzweifelnde, „ich will mich von ihm losreißen, ihn von mir befreien, damit ihn meine unheimliche Nähe
15 nicht verderbe."

Da er ungerufen blieb, schlich er sich erst wieder zum Könige in jener Freistunde, welche dann zu ihrer größern Hälfte in gleichgültigem Gespräche verfloß. Wenn nicht, daß der König einmal hinwarf: „Wo hast du dich heute gegen Mittag umgetrieben, Leubelfing? Ich rief dich und du fehltest." Der Page antwortete dann
20 der Wahrheit gemäß: er habe mit dem Bedürfnis, nach den erschütternden Szenen des Morgens freie Luft zu schöpfen, sich auf das Roß geworfen und es in der Richtung des Wallensteinischen Lagers, fast bis in die Tragweite seiner Kanonen getummelt[2]. Er wollte sich einen freundlichen Verweis des Königs zuziehen, doch dieser blieb aus. Wieder nahm das Gespräch eine unbefangene Wendung und jetzt
25 schlug die zehnte Stunde. Da hob Gustav mit einer zerstreuten Gebärde den Handschuh aus der Tasche und ihn betrachtend sagte er: „Dieser ist nicht der meinige. Hast du ihn verloren, Unordentlicher, und ich ihn aus Versehen eingesteckt? Laß schauen!" Er ergriff spielend die linke Hand des Pagen und zog ihm das weiche Leder über die Finger. „Er sitzt", sagte er.

30 Der Page aber warf sich vor ihm nieder, ergriff seine Hände und überströmte sie mit Tränen. „Lebe wohl", schluchzte er, „mein Herr, mein Alles! Dich behüte Gott und seine Scharen!" Dann jählings aufspringend, stürzte er hinaus wie ein Unsinniger. Gustav erhob sich, rief ihn zurück. Schon aber erklang der Hufschlag eines galoppierenden Pferdes und — seltsam — der König ließ weder in der Nacht
35 noch am folgenden Tage Nachforschungen über die Flucht und das Verbleiben seines Pagen anstellen. Freilich hatte er alle Hände voll zu tun; denn er hatte beschlossen, das Lager bei Nüremberg aufzuheben.

---

[1] 'preserve himself for his child'   [2] 'raced,' 'galloped'

Leubelfing hatte den gestreckten Lauf[1] seines Tieres nicht angehalten, dieser ermüdete von selbst am äußersten Lagerende. Da beruhigten sich auch die erregten Sinne des Reiters. Der Mond schien taghell und das Roß ging im Schritt. Bei klarerer Überlegung erkannte jetzt der Flüchtling im Dunkel jenes Ereignisses, das
5   ihn von der Seite des Königs vertrieben hatte, mit den scharfen Augen der Liebe und des Hasses seinen Doppelgänger. Es war der Lauenburger. Hatte er nicht gesehen, wie der Gebrandmarkte die Faust gegen die Gerechtigkeit des Königs geballt hatte? Besaß der Gestrafte nicht den Scheinklang seiner Stimme? War er selbst nicht Weibes genug, um in jenem fürchterlichen Augenblicke die Kleinheit
10 der geballten fürstlichen Faust bemerkt zu haben? Gewiß, der Lauenburger sann Rache, sann Mord gegen das geliebte Haupt. Und in dieser Stunde unheimlicher Verfolgung und Beschleichung seines Königs hatte sich Leubelfing aus der Nähe des Bedrohten verbannt. Eine unendliche Sorge für das Liebste, was er besessen, preßte ihm das Herz zusammen und löste sich bei dem Gedanken, daß er es nicht
15 mehr besitze, in ein beklommenes Schluchzen und dann in unbändig stürzende Tränen. Eine schwedische Wacht, ein Musketier mit schon ergreistem Knebelbarte, der den schlanken Reiter weinen sah, verzog den Mund zu einer lustigen Grimasse, fragte dann aber gutmütig: „Sinnt der junge Herr nach Hause?" Leubelfing nahm sich zusammen und langsam weiterreitend entschloß er sich mit jener Keck-
20 heit, die ihm die Natur gegeben und das Schlachtfeld verdoppelt hatte, nicht aus dem Lager zu weichen. „Der König wird es abbrechen[2]", sagte er sich, „ich komme in einem Regiment unter und bleibe während der Märsche und Ermüdungen unbekannt! Dann die Schlacht!"
       Jetzt gewahrte er einen Oberst, welcher die Lagerstraßen wachsam abritt[3]. Das
25 Licht des Mondes war so kräftig, daß man einen Brief hätte entziffern können. So erkannte er auf den ersten Blick einen Freund seines Vaters, denselben, welcher dem Hauptmann Leubelfing in dem für ihn tödlichen Duell sekundiert hatte. Er trieb seinen Fuchs zu der Linken des Schweden. Der Oberst, der in der letzten Zeit meist auf Vorposten gelegen, betrachtete den jungen Reiter aufmerksam. „Ent-
30 weder ich irre mich", begann er dann, „oder ich habe Euer Gnaden, wenn auch auf einige Entfernung, als Pagen neben dem Könige reiten sehen? Wahrlich, jetzt erkenne ich Euch wieder, ob Ihr auch etwas mondenblaß und schwermütig ausschaut." Dann, plötzlich von einer Erinnerung überrascht: „Seid Ihr ein Nüremberger", fuhr er fort, „und mit dem seligen Hauptmann Leubelfing verwandt? Ihr glei-
35 chet ihm zum Erschrecken, oder eigentlich seinem Kinde, dem Wildfang, der Gustel, die bis in ihr sechzehntes Jahr mit uns geritten ist. Doch Mondenlicht trügt und hext. Steigen wir ab. Hier ist mein Zelt." Und er übergab sein Roß und das des Pagen einem ihn erwartenden Diener mit plattgedrückter Nase und breitem Gesichte, welcher seinen Gebieter mit einem gutmütigen stupiden Lächeln empfing.

---

[1]'unrestrained course'   [2]'break up (camp)'   [3]'ride up and down (on inspection)'

„Mache sich's der Herr bequem", lud der Alte den Pagen ein, ihm einen Feld-
stuhl bietend und sich auf seinen harten Schragen¹ niederlassend. Zwei Windlich-
ter gaben eine schwankende Helle.

Jetzt fuhr der Oberst ohne Zeremonie mit seiner breiten ehrlichen Hand dem
5 Pagen durch das Haar. Auf der bloßgelegten Stirnhöhle wurde eine alte, aber tief-
eingeschnittene Narbe sichtbar. „Gustel, du Narre", brach er los, „meinst, ich hätt's
vergessen, wie dich das ungrische Fohlen, die Hinterhufen aufwerfend, über seinen
Starrkopf² schleuderte, daß du durch die Luft flogest und wir dreie dich für tot
auflasen, die heulende Mutter, der Vater blaß wie ein Geist und ich selber herzlich
10 erschrocken? Ein perfekter Soldat, der selige Leubelfing, mein bester Hauptmann
und mein Herzensfreund! Nur ein bißchen toll, wie du es auch sein wirst, Gustel!
Alle Wetter, Kind, wie lange schon treibst du dein Wesen um den König? Schaust
übrigens akkurat wie ein Bube! Hast dir das blonde Kraushaar im Nacken wegra-
siert, Kobold?" und er zupfte sie. „Mach dir nur nicht vor, du seiest das einzige
15 Weibsbild im Lager! Sieh dir mal den Jakob Erichson an, meinen Kerl!" Der
Bursche trat eben mit Flaschen und Gläsern ein. „Ein Mann wie du! Keine Angst,
Gustel! Er hat nicht *ein* deutsches Wort erlernen können. Dazu ist er viel zu
dumm. Aber ein kreuzbraves, gottesfürchtiges Weib! Und garstig! Übrigens die
einfachste Geschichte von der Welt, Gustel: Sieben Schreihälse, der Ernährer
20 ausgehoben³, sein Weib für ihn eintretend. Der denkbar beste Kerl! Ich könnte ihn
nun gar nicht mehr entbehren!"

Der Page betrachtete das brave Geschöpf mit entschiedenem Widerwillen,
während der Oberst weiterpolterte. „Allewege ein starkes Stück, Gustel, neben
dem Könige dich einzunisten, der die Weibsen in Mannstracht verabscheut! Hast
25 eine Fabel gespielt, was sie auf den Bänken⁴ von Upsala ein Monodrama nennen,
wenn eine Person für sich mutterseelenallein jubelt, fürchtet, verzagt, empfindet,
tragiert, imaginiert! Und hast dir Gott weiß wieviel darauf eingebildet, ohne daß
eine sterbliche Seele etwas davon wußte oder sich einen Deut darum bekümmerte.
Du blickst unmutig? Halsgefährlich, Kind, war es gerade nicht! Wurdest du
30 entlarvt: ‚Pack dich, dummes Ding!' hätte er dich gescholten und den nächsten
Augenblick an etwas anderes gedacht. Ja, wenn dich die Königin demaskiert hätte!
Puh! Nun sag ich: man soll die Kinder nicht küssen! So 'n Kuß schläft und lodert
wieder auf, wann die Lippen wachsen und schwellen. Und wahr ist's und bleibt's,
der König hat dich mir einmal von den Armen genommen, Patchen⁵, und hat dich
35 geherzt und abgeküßt, daß es nur so klatschte! Denn du warest ein keckes und
hübsches Kind." Der Page wußte nichts mehr von dem Kuß, aber er empfand ihn
wild errötend.

---

¹'camp bed' ²'stubborn,' 'ungovernable' ³'drafted' ⁴'at the university' ⁵'godchild'

„Und nun, Wildfang, was soll werden?" Er sann einen Augenblick. „Kurz und gut, ich trete dir mein zweites Zelt ab! Du wirst mein Galopin[1], gibst mir dein Ehrenwort nicht auszureißen und reitest mit mir bis zum Frieden. Dann führ ich dich heim nach Schweden in mein Gehöft bei Gefle. Ich bin einzeln. Meine zwei
5 Jüngern, der Axel und der Erich —" er zerdrückte eine Träne. „Für König und Vaterland!" sagte er. „Der überbliebene Älteste lebt mir in Falun, ein Diener am Wort[2] mit einer fetten Pfründe. Da hast du dann die Wahl zwischen uns beiden." Page Leubelfing gelobte seinem Paten, was er sich selbst schon gelobt hatte, und erzählte ihm darauf sein vollständiges Abenteuer mit jenem Wahrheitsbedürfnis,
10 das sich nach lange getragener Larve so gebieterisch meldet, wie Hunger und Durst nach langem Fasten.

Der Alte dachte sich seine Sache und entlustigte sich dann besonders an dem Vetter Leubelfing, dessen Konterfei er sich von dem Pagen entwerfen ließ. „Der Flachskopf", philosophierte er, „kann nichts dafür, eine Memme zu sein. Es liegt
15 in den Säften. Auch mein Sohn, der Pfarrer in Falun, ist ein Hase. Er hat es von der Mutter."

Von Sommerende bis nach beendigter Lese und bis an einem frostigen Morgen die ersten dünnen Flocken über der Heerstraße wirbelten, ritt Page Leubelfing in Züchten[3] neben seinem Paten, dem Obersten Ake Tott, in die Kreuz und Quer,
20 wie es die Wechselfälle eines Feldzuges mit sich bringen. Dem Hauptquartier und dem Könige begegnete er nicht, da der Oberst meist die Vor- oder Nachhut führte. Aber Gustav Adolf füllte die Augen seines Geistes, wenn auch in verklärter und unnahbarer Gestalt, jetzt da er aufgehört hatte ihm durch die Locken zu fahren und der Page den Gebieter nachts nicht mehr an seiner Seite, nur durch eine dün-
25 ne Wand getrennt, sich umwenden und sich räuspern hörte. Da geschah es zufällig, daß Leubelfing seinen König wieder mit Augen sah. Es war auf dem Marktplatze von Naumburg, wo sich der Page eines Einkaufs halber verspätet hatte und eben seinem Obersten nachsprengen wollte, welcher, dieses Mal die Vorhut befehligend, die Stadt schon verlassen hatte. Von einer immer dichter werdenden Men-
30 ge mit seinem Roß gegen die Häuser zurückgedrängt, sah er auf dem engen Platze ein Schauspiel, wie ein ähnliches nur erst einmal menschlichen Augen sich gezeigt hatte, da vor vielen hundert Jahren der Friedestifter auf einer Eselin Einzug hielt in Jerusalem. Freilich saß Gustav auf seinem stattlichen Streithengst, von geharnischten Hauptleuten auf mutigen Tieren umringt; aber Hunderte von leiden-
35 schaftlichen Gestalten, Weiber, die mit beiden gehobenen Armen ihre Kinder über die jubelnden Häupter emporhielten, Männer, welche die Hände streckten, um die Rechte Gustavs zu ergreifen und zu drücken, Mägde, die nur seine Steigbügel küßten, geringe Leute, die sich vor ihm auf die Kniee warfen, ohne Furcht vor dem

---

[1]'helper,' 'errand boy'　[2]i. e., a pastor　[3]'with propriety'

Hufschlag seines Tieres, das übrigens sanft und ruhig schritt, ein Volk in kühnen und von einem Sturm der Liebe und der Begeisterung ergriffenen Gruppen umwogte den nordischen König, der ihm seine geistigen Güter[1] gerettet hatte. Dieser, sichtlich gerührt, neigte sich von seinem Rosse herab zu dem greisen 5 Ortsgeistlichen[2], der ihm dicht vor den Augen Leubelfings die Hand küßte, ohne daß er es verwehren konnte, und sprach überlaut: „Die Leute ehren mich wie einen Gott! Das ist zu viel und gemahnt mich an mein Ende. Prediger, ich reite mit der heidnischen Göttin Victoria und mit dem christlichen Todesengel!"

Dem Pagen quollen die Tränen. Als er aber gegenüber an einem Fenster die 10 Königin erblickte und ihr der König einen zärtlichen Abschied zuwinkte, schwoll ihm der Busen von einer brennenden Eifersucht.

Kaum eine Woche später, als die schwedischen Scharen auf dem blachen Felde[3] von Lützen[4] sich zusammenzogen, marschierte Ake Tott seitwärts unweit des Wagens, darin der König fuhr. Da erblickte Leubelfing einen Raubvogel, der unter 15 zerrissenen Wolken schwebend auf das hartnäckigste sich über der königlichen Gruppe hielt und durch die Schüsse des Gefolges sich nicht erschrecken und nicht vertreiben ließ. Er gedachte des Lauenburgers, ob seine Rache über Gustav Adolf schwebe. Das arme Herz des Pagen ängstigte sich über alles Maß. Wie es frühe dunkelte, wuchs seine Angst, und da es finster geworden war, gab er, sein Ehren- 20 wort brechend, dem Rosse die Sporen und verschwand aus den Augen des ihm „Treubrüchiger Bube!" nachrufenden Obersten.

In unaufhaltsamem Ritte erreichte er den Wagen des Königs und mischte sich unter das Gefolge, das am Vorabende der erwarteten großen Schlacht ihn nicht zu bemerken oder sich nicht um ihn zu kümmern schien. Der König gedachte dann 25 die Nacht in seinem Wagen zuzubringen, wurde aber durch die Kälte genötigt, auszusteigen und in einem bescheidenen Bauerhause ein Unterkommen zu suchen. Mit Tagesanbruch drängten sich in der niedrigen Stube, wo der König schon über seinen Karten saß, die Ordonnanzen. Die Aufstellung der Schweden war beendigt. Es begann die der deutschen Regimenter. Page Leubelfing hatte sich, von dem 30 Kammerdiener des Königs, der ihm wohlwollte, erkannt und nicht zur Rede gestellt, den in seinem Gestick das schwedische Wappen tragenden Schemel wie- dererobert, auf welchem er sonst neben dem Könige gesessen, und sich in einer Ecke niedergelassen, wo er hinter den wechselnden kriegerischen Gestalten ver- borgen blieb.

35 Der König hatte jetzt seine letzten Befehle gegeben und war in der wunder- barsten Stimmung. Er erhob sich langsam und wendete sich gegen die Anwesen- den, lauter Deutsche, unter ihnen mehr als einer von denjenigen, welche er im Lager bei Nüremberg mit so harten Worten gezüchtigt hatte. Ob ihn schon die

---

[1]i. e., their faith   [2]'local clergyman'   [3]'open field (battlefield)'   [4]town just west of Leip- zig

Wahrheit und die Barmherzigkeit jenes Reiches berührte, dem er sich nahe glaubte? Er winkte mit der Hand und sprach leise, fast wie träumend, mehr mit den gei-
sterhaften Augen als mit dem kaum bewegten Munde:
„Herren und Freunde, heute kommt wohl mein Stündlein. So möcht ich euch
5 mein Testament hinterlassen. Nicht für den Krieg sorgend — da mögen die
Lebenden zusehen. Sondern — neben meiner Seligkeit — für mein Gedächtnis
unter euch! Ich bin über Meer gekommen mit allerhand Gedanken, aber alle überwog, ungeheuchelt, die Sorge um das reine Wort. Nach der Victorie von Breiten-
feld konnte ich dem Kaiser einen läßlichen[1] Frieden vorschreiben und nach gesi-
10 chertem Evangelium[2] mit meiner Beute mich wie ein Raubtier zwischen meine
schwedischen Klippen zurückziehen. Aber ich bedachte die deutschen Dinge.
Nicht ohne ein Gelüst nach eurer Krone, Herren! Doch, ungeheuchelt, meinen
Ehrgeiz überwog die Sorge um das Reich! Dem Habsburger[3] darf es unmöglich
länger gehören, denn es ist ein evangelisches Reich. Doch ihr denkt und sprechet:
15 ein fremder König herrsche nicht über uns! Und ihr habet recht. Denn es steht
geschrieben: Der Fremdling soll das Reich nicht ererben. Ich aber dachte letztlich
an die Hand meines Kindes und an einen Dreizehnjährigen[4] . . .“ Sein leises Reden
wurde überwältigt von dem stürmischen Gesange eines thüringischen Reiterregi-
mentes, das, vor dem Quartier des Königs vorbeiziehend, mit Begeisterung die
20 Worte betonte:

„Er[5] wird durch einen Gideon,
Den er wohl weiß, dir helfen schon . . .“

Der König lauschte und ohne seine Rede zu beendigen, sagte er: „Es ist genug, alles
ist in Ordnung“, und entließ die Herren. Dann sank er auf das Knie und betete.
25   Da sah der Page Leubelfing mit einem rasenden Herzklopfen, wie der Lauenburger eintrat. Als ein gemeiner Reiter gekleidet, näherte er sich in kriechender
und zerknirschter Haltung und reckte die Hände flehend gegen den König aus, der
sich langsam erhob. Jetzt warf er sich vor ihm nieder, umfing seine Kniee,
schluchzte und schrie ihn an mit den beweglichen[6] Worten des verlorenen Sohnes:
30 „Vater, ich habe gesündigt in den Himmel und vor dir!“[7] und wiederum: „Ich habe
gesündigt in den Himmel und vor dir, ich bin hinfort nicht mehr wert, daß ich

---

[1]'tolerable'   [2]*gesichertem Evangelium* 'having assured the security of the Protestant
religion'   [3]i. e., the Catholic Holy Roman Emperor, Ferdinand   [4]The identity of this
thirteen-year-old boy is obscure. Perhaps Meyer means G. A.'s nephew, Karl Gustav von
Zweibrücken (1622-1660), later King Charles X Gustav of Sweden, whose offer of
marriage Queen Christina would later reject, although she did abdicate in his favor in
1654.   [5]i. e., God, who sent an angel to Gideon, a humble farmer, to announce that he
had been chosen to deliver Israel from the Midianites (Judges 6-8); Gideon became a
"Judge" of Israel, but refused to become king.   [6]=*rührenden*   [7]Luke 15:21

dein Sohn heiße!" und er neigte das reuige Haupt. Der König aber hob ihn vom
Boden und schloß ihn in seine Arme.

Vor den entsetzten Augen des Pagen schwammen die sich umschlungen Haltenden wie in einem Nebel. „War das, konnte das die Wahrheit sein? Hatte die
5 Heiligkeit des Königs an einem Verworfenen ein Wunder gewirkt? Oder war es
eine satanische Larve? Mißbrauchte der ruchloseste der Heuchler die Worte des
reinsten Mundes?" So zweifelte sie mit irren Sinnen und hämmernden Schläfen.
Der Augenblick verrann. Die Pferde wurden gemeldet und der König rief nach seinem Lederwams. Der Kammerdiener erschien, in der Linken den verlangten
10 Gegenstand, in der Rechten aber einen an der Halsöffnung gefaßten blanken Harnisch haltend. Da entriß ihm der Page den kugelfesten Panzer und machte Miene,
dem König behülflich zu sein, denselben anzulegen. Dieser aber, ohne über die
Gegenwart des Pagen erstaunt zu sein, weigerte sich mit einem unbeschreiblich
freundlichen Blick und fuhr Leubelfing durch das krause Stirnhaar, wie er es zu tun
15 pflegte. „Gust", sagte er, „das geht nicht. Er drückt. Gib das Wams."

Kurz nachher sprengte der König davon, links und rechts hinter sich den Lauenburger und seinen Pagen Leubelfing.

V

In der Pfarre des hinter der schwedischen Schlachtlinie liegenden Dorfes
20 Meuchen saß gegen Mitternacht der verwitwete Magister Todänus hinter seiner
Foliobibel und las seiner Haushälterin, Frau Ida, einer zarten und ebenfalls verwit-
weten Person, die Bußpsalmen Davids vor. Der Magister — übrigens ein wehrhaf-
ter Mann mit einem derben, grauen Knebelbarte, der ein paar Jugendjahre unter
den Waffen verlebt — betete dann inbrünstig mit Frau Ida für die Erhaltung des
25 protestantischen Helden, der eben jetzt in kleiner Entfernung das Schlachtfeld, er
wußte nicht, ob behauptet oder verloren hatte. Da pochte es heftig an das Hoftor
und die geistergläubige Frau Ida erriet, daß sich ein Sterbender melde.

Es war so. Dem öffnenden Pfarrer wankte ein junger Mensch entgegen, bleich
wie der Tod, mit weit geöffneten Fieberaugen, barhaupt, an der Stirn eine klaffen-
30 de Wunde. Hinter ihm hob ein anderer einen Toten vom Pferde, einen schweren
Mann. In diesem erkannte der Pfarrer trotz der entstellenden Wunden den König
von Schweden, welchen er in Leipzig einziehen gesehen und dessen wohlgetroffener[1] Holzschnitt hier in seinem Zimmer hing. Tief ergriffen bedeckte er das
Gesicht mit den Händen und schluchzte.

35 In fieberischer Geschäftigkeit und mit hastiger Zunge begehrte der verwundete Jüngling, daß sein König im Chor der anstoßenden Kirche aufgebahrt werde.
Zuerst aber forderte er laues Wasser und einen Schwamm, um das Haupt voll Blut

---

[1]'strikingly accurate'

und Wunden[1] zu reinigen. Dann legte er mit der Hilfe des Gefährten den Toten, welcher seinen Armen zu schwer war, auf ein ärmliches Ruhebett, sank daran nieder und betrachtete das wachsfarbene Antlitz liebevoll. Als er es aber mit dem Schwamm berühren wollte, wurde er ohnmächtig und glitt vorwärts auf den Leich-
5 nam. Sein Gefährte hob ihn auf, sah näher zu und bemerkte außer der Stirnwunde eine zweite, eine Brustwunde. Durch einen frischen Riß im Rocke neben einem über dem Herzen liegenden geflickten Risse sickerte Blut. Das Gewand seines Kameraden vorsichtig öffnend, traute der schwedische Kornett seinen Augen nicht. „Hol mich! straf mich!" stotterte er, und Frau Ida, welche die Schüssel mit
10 dem Wasser hielt, errötete über und über.

In diesem Augenblick wurde die Tür aufgerissen und der Oberst Ake Tott trat herein. In Proviantsachen rückwärts gesendet, war er nach verrichtetem Geschäfte dem Schlachtfelde wieder zugeeilt und hatte in der Dorfgasse, vor dem Kruge[2] ein Glas Branntwein stürzend, die Mär[3] vernommen von einem im Sattel wankenden
15 Reiter, der einen Toten vor sich auf dem Pferde gehalten.

„Ist es wahr, ist es möglich?" schrie er und stürzte auf seinen König zu, dessen Hand er ergriff und mit Tränen benetzte. Nach einer Weile sich umwendend, erblickte er den Jüngling, welcher in einem Lehnsessel ausgestreckt lag, seiner Sin-ne unmächtig. „Alle Teufel", rief er zornig, „so hat sich die Gustel doch wieder an
20 den König gehängt!"

„Ich fand den jungen Herrn, meinen Kameraden", bemerkte der Kornett vorsichtig, „wie er, den toten König vor sich auf dem Pferde haltend, über das Schlachtfeld sprengte. Er hat sich für die Majestät geopfert!"

„Nein, für mich!" unterbrach ihn ein langer Mensch mit einem Altweiber-
25 gesicht. Es war der Kaufherr Laubfinger. Um eine beträchtliche durch den Krieg gefährdete Schuld einzutreiben, hatte er sich aus dem sichern Leipzig herausge-wagt und unwissend dem Schlachtfelde genähert. In die von Gepäckwagen gestau-te Dorfgasse geraten, war er dann dem Obersten nachgegangen, ihn um eine salva guardia[4] zu ersuchen. In einem überströmenden Gefühle von Dankbarkeit und von
30 Erleichterung erzählte er jetzt den Anwesenden umständlich die Geschichte seiner Familie. „Gustel, Gustel", weinte er, „kennst du noch dein leibliches Vetterchen? Wie kann ich dir's bezahlen, was du für mich getan hast?"

„Damit, Herr, daß Ihr das Maul haltet!" fuhr ihn der Oberst an.

Der Pfarrer aber trat in das Mittel und sprach mit ruhigem Ernst: „Herrschaf-
35 ten, ihr kennt diese Welt. Sie ist voller Lästerung." Frau Ida seufzte. „Und da am meisten, wo ein großer und reiner Mensch eine große und reine Sache vertritt. Würde der leiseste Argwohn dieses Andenken trüben" — er zeigte den stillen König —- „welches Fabelgeschöpf würde nicht die papistische Verleumdung aus

---

[1]"O Haupt voll Blut und Wunden," a Protestant hymn by Paul Gerhardt (1607-1676), sung on Good Fridays [2]'tavern' [3]'tale,' 'story' [4]'security pass' (Latin)

dieser armen Mücke machen", und er deutete auf den ohnmächtigen Pagen, „die sich die Flügel an der Sonne des Ruhmes verbrannt hat! Ich bin wie von meinem Dasein überzeugt, daß der selige König von diesem Mädchen nichts wußte."

„Einverstanden, geistlicher Herr", schwur der Oberst, „auch ich bin davon, wie von meiner Seligkeit nicht durch die Werke, sondern durch den Glauben überzeugt."

„Sicherlich", bestätigte Laubfinger. „Sonst hätte der König sie heimgeschickt und auf mich gefahndet."

„Hol mich, straf mich!" beteuerte der Kornett und Frau Ida seufzte.

„Ich bin ein Diener am Wort, Ihr traget graues Haar, Herr Oberst, Ihr, Kornett, seid ein Edelmann, es liegt in Eurem Nutzen und Vorteil, Herr Laubfinger, für Frau Ida bürge ich: wir schweigen."

Jetzt öffnete der Page die sterbenden Augen. Sie irrten angstvoll umher und blieben auf Ake Tott haften: „Pate, ich habe dir nicht gehorsamt, ich konnte nicht — ich bin eine große Sünderin."

„Ein großer Sünder", unterbrach sie der Pfarrer streng. „Ihr redet irre! Ihr seid der Page August Leubelfing, ehelicher Sohn des nürembergischen Patriziers und Handelsherrn Arbogast Leubelfing, geboren den und den, Todes verblichen den siebten November eintausendsechshundertzweiunddreißig an seinen Tages vorher in der Schlacht bei Lützen empfangenen Wunden, pugnans cum rege Gustavo Adolpho[1]."

„Fortiter[2] pugnans!" ergänzte der Kornett begeistert.

„So will ich auf Euren Grabstein setzen! Jetzt aber machet Euern Frieden mit Gott! Euer Stündlein ist gekommen." Der Magister sagte das nicht ohne Härte, denn er konnte seinen Unmut gegen das abenteuerliche Kind, das den Ruf seines Helden gefährdet hatte, nicht verwinden, ob es schon in den letzten Zügen lag.

„Ich kann jetzt noch nicht sterben, ich habe noch viel zu reden!" röchelte der Page. „Der König ... im Nebel ... die Kugel des Lauenburgers —" der Tod schloß ihr den Mund, aber er konnte sie nicht hindern, mit einer letzten Anstrengung der brechenden Augen das Antlitz des Königs zu suchen.

Jeder der Anwesenden zog seinen Schluß und ergänzte den Satz nach seiner Weise. Der geistesgegenwärtige Pfarrer aber, dessen Patriotismus es beleidigte, den Retter Deutschlands und der protestantischen Sache — für ihn ein und dasselbe — von einem deutschen Fürsten sich gemeuchelt zu denken, ermahnte sie alle eindringlich, dieses Bruchstück einer durch den Tod zertrümmerten Rede mit dem Pagen zu begraben.

Jetzt, da August Leubelfing sein Schicksal vollendet hatte und leblos neben seinem Könige lag, schluchzte der Vetter: „Nun die Base verewigt und der Erbgang eröffnet ist, nehme ich doch meinen Namen wieder an mich?" und er warf einen fragenden Blick auf die Umstehenden. Der Magister Todänus betrachtete eben das

---

[1]'fighting beside King G. A.' (Latin) [2]'bravely,' 'strongly'

unschuldige Gesicht der tapferen Nürembergerin, das einen glücklichen Ausdruck hatte. Der strenge Mann konnte sich einer Rührung nicht erwehren. Jetzt entschied er: „Nein, Herr! Ihr bleibt ein Laubfinger. Euer Name wird die Ehre haben, auf dem Grabhügel eines hochgesinnten Mädchens zu stehen, das einen herrlichen
5 Helden bis in den Tod geliebt hat. Ihr aber habt Euer höchstes Gut gerettet, das liebe Leben. Damit begnüget Euch."

Die Kirche wurde gegen den Andrang der zuströmenden Menge gesperrt und verriegelt; denn das Gerücht hatte sich rasch verbreitet, hier liege der König. Die Toten wurden dann gewaschen und im Chore aufgebahrt Über alledem war es helle
10 geworden. Als die Kirchtore den mit ungeduldigen Gebärden, aber ehrfürchtigen Mienen Eindringenden sich öffneten, lagen die beiden vor dem Altare gebettet auf zwei Schragen, der König höher, der Page niedriger, und in umgekehrter Richtung, so daß sein Haupt zu den Füßen des Königs ruhte. Ein Strahl der Morgensonne — dem gestrigen Nebeltage war ein blauer wolkenloser gefolgt — glitt
15 durch das niedrige Kirchenfenster, verklärte das Heldenantlitz und sparte noch ein Schimmerchen für den Lockenkopf des Pagen Leubelfing.

Marie von Ebner-Eschenbach

The Baroness von Ebner-Eschenbach (1830-1916) was descended on her father's side from an ancient Moravian Catholic family, Dubský von Třebomyslic, and her social position was further secured by her marriage to her cousin Moritz, a professor who eventually attained the military rank of field marshal. The first fifteen years of her literary life were devoted to the drama, a genre in which she met with only modest success. Only in 1875, with the publication of her first *Novelle*, did she discover her true calling as a prose writer. While her dramas had focused mainly on the lives of the great and important, her prose work portrays the lives of everyday people  and their struggles against the political, social, and economic injustices of the dying Habsburg empire. In our text, from 1886, the narrator uses an "amusing" incident from the life of his grandmother to illustrate the dark side of the "good old days," when the nobility held absolute power over the lives of those who served them.

Er laßt[1] die Hand küssen

“SO REDEN SIE DENN in Gottes Namen!" sprach die Gräfin, „ich werde Ihnen zuhören; glauben aber — nicht ein Wort."

Der Graf lehnte sich behaglich zurück in seinem großen Lehnsessel: „Und warum nicht?" fragte er.

5 Sie zuckte leise mit den Achseln: „Vermutlich erfinden Sie nicht überzeugend genug."

„Ich erfinde gar nicht, ich erinnere mich. Das Gedächtnis ist meine Muse."

---

[1]=*lässt* (Austrian dialect); the title refers to a common phrase, *ich lass' die Hand küssen* ('I kiss your hand'), used to express devotion — or obedience.

„Eine einseitige, wohldienerische[1] Muse! Sie erinnert sich nur der Dinge, die Ihnen in den Kram passen. Und doch gibt es auf Erden noch manches Interessante und Schöne außer dem — Nihilismus." Sie hatte ihre Häkelnadel erhoben und das letzte Wort wie einen Schuß gegen ihren alten Verehrer abgefeuert.

5   Er vernahm es ohne Zucken, strich behaglich seinen weißen Bart und sah die Gräfin beinahe dankbar aus seinen klugen Augen an. „Ich wollte Ihnen etwas von meiner Großmutter erzählen", sprach er. „Auf dem Wege hierher, mitten im Walde, ist es mir eingefallen."

Die Gräfin beugte den Kopf über ihre Arbeit und murmelte: „Wird eine Räu-
10 bergeschichte sein."

„O nichts weniger! So friedlich wie das Wesen, durch dessen Anblick jene Erinnerung in mir wachgerufen wurde, Mischka IV. nämlich, ein Urenkel des ersten Mischka, der meiner Großmutter Anlaß zu einer kleinen Übereilung gab, die ihr später leid getan haben soll", sagte der Graf mit etwas affektierter Nachläs-
15 sigkeit und fuhr dann wieder eifrig fort: „Ein sauberer Heger[2], mein Mischka, das muß man ihm lassen! Er kriegte aber auch keinen geringen Schrecken, als ich ihm unvermutet in den Weg trat — hatte ihn vorher schon eine Weile beobachtet. . . . Wie ein Käfersammler[3] schlich er herum, die Augen auf den Boden geheftet, und was hatte er im Laufe[4] seines Gewehres stecken? Denken Sie: — ein Büschel Erd-
20 beeren[5]!"

„Sehr hübsch!" versetzte die Gräfin. „Machen Sie sich darauf gefaßt — in Bäl-de wandern Sie zu mir herüber durch die Steppe[6], weil man Ihnen den Wald fort-getragen haben wird."

„Der Mischka wenigstens verhindert's nicht."
25   „Und Sie sehen zu?"

„Und ich sehe zu. Ja, ja, es ist schrecklich. Die Schwäche liegt mir im Blut — von meinen Vorfahren her." Er seufzte ironisch und sah die Gräfin mit einer gewissen Tücke von der Seite an.

Sie verschluckte ihre Ungeduld, zwang sich zu lächeln und suchte ihrer Stim-
30 me einen möglichst gleichgültigen Ton zu geben, indem sie sprach: „Wie wär's, wenn Sie noch eine Tasse Tee trinken und die Schatten Ihrer Ahnen heute einmal unbeschworen lassen[7] würden? Ich hätte mit Ihnen vor meiner Abreise noch etwas zu besprechen."

„Ihren Prozeß mit der Gemeinde? — Sie werden ihn gewinnen."
35   „Weil ich recht habe."

„Weil Sie vollkommen recht haben."

Machen Sie das den Bauern begreiflich. Raten Sie ihnen, die Klage zurückzu-ziehen."

---

[1]'compliant'   [2]'forester'   [3]'beetle collector,' 'entomologist'   [4]'barrel'   [5]an indication that Mischka is stealing what he is supposed to be guarding   [6]'bare plain'   [7]'leave in peace (not conjured up)'

Er läßt die Hand küssen

415

„Das tun sie nicht."

„Verbluten sich lieber, tragen lieber den letzten Gulden zum Advokaten. Und zu welchem Advokaten, guter Gott! . . . ein ruchloser Rabulist.[1] Dem glauben sie, mir nicht, und wie mir scheint, Ihnen auch nicht, trotz all Ihrer Popularitätsha-scherei[2]."

Die Gräfin richtete die hohe Gestalt empor und holte tief Atem. „Gestehen Sie, daß es für diese Leute, die so töricht vertrauen und mißtrauen, besser wäre, wenn ihnen die Wahl ihrer Ratgeber nicht freistände."

„Besser wär's natürlich! Ein bestellter[3] Ratgeber, und — auch bestellt — der Glaube an ihn."

„Torheit!" zürnte die Gräfin.

„Wieso? Sie meinen vielleicht, der Glaube lasse sich nicht bestellen? . . . Ich sage Ihnen, wenn ich vor vierzig Jahren meinem Diener eine Anweisung auf ein Dutzend Stockprügel[4] gab und dann den Rat, aufs Amt zu gehen, um sie einzukas-sieren, nicht einmal im Rausch wäre es ihm eingefallen, daß er etwas Besseres tun könnte als diesen meinen Rat befolgen."

„Ach, Ihre alten Schnurren! — Und ich, die gehofft hatte, Sie heute aus-nahmsweise zu einem vernünftigen Gespräch zu bringen!"

Der alte Herr ergötzte sich eine Weile an ihrem Ärger und sprach dann: „Ver-zeihen Sie, liebe Freundin. Ich bekenne, Unsinn geschwatzt zu haben. Nein, der Glaube läßt sich nicht bestellen, aber leider der Gehorsam ohne Glauben. Das eben war das Unglück des armen Mischka und so mancher anderer[5], und deshalb bestehen heutzutage die Leute darauf, wenigstens auf ihre eigene Fasson[6] ins Elend zu kommen."

Die Gräfin erhob ihre nachtschwarzen, noch immer schönen Augen gegen den Himmel, bevor sie dieselben wieder auf ihre Arbeit senkte und mit einem Seufzer der Resignation sagte: „Die Geschichte Mischkas also!"

„Ich will sie so kurz machen als möglich", versetzte der Graf „und mit dem Augenblick beginnen, in dem meine Großmutter zum erstenmal auf ihn aufmerk-sam wurde. Ein hübscher Bursche muß er gewesen sein; ich besinne mich eines Bildes von ihm, das ein Künstler, der sich einst im Schlosse aufhielt, gezeichnet hatte. Zu meinem Bedauern fand ich es nicht im Nachlaß meines Vaters und weiß doch, daß er es lange aufbewahrt hat, zum Andenken an die Zeiten, in welchen wir noch das *jus gladii*[7] ausübten."

„O Gott!" unterbrach ihn die Gräfin, „spielt das *jus gladii* eine Rolle in Ihrer Geschichte?"

---

[1]'rabble-rouser'   [2]'attempts to please the crowd'   [3]'appointed,' 'prescribed'   [4]'a prescription for a beating of a dozen blows'   [5]'and of many another'   [6]'according to their own lights' (*Fasson=façon* [French])   [7]'law of the sword' (Latin), i. e., unrestricted authority, the power of life and death

Der Erzähler machte eine Bewegung der höflichen Abwehr und fuhr fort: „Es war bei einem Erntefest und Mischka einer der Kranzträger, und er überreichte den seinen[1] schweigend, aber nicht mit gesenkten Augen, sah vielmehr die hohe Gebieterin ernsthaft und unbefangen an, während ein Aufseher im Namen der
5 Feldarbeiter die übliche Ansprache herunterleierte[2].

Meine Großmutter erkundigte sich nach dem Jungen und hörte, er sei ein Häuslerssohn, zwanzig Jahre alt, ziemlich brav, ziemlich fleißig und so still, daß er als Kind für stumm gegolten hatte, für dummlich galt er noch jetzt. — Warum? wollte die Herrin wissen; warum galt er für dummlich? . . . Die befragten Dorfwei-
10 sen senkten die Köpfe, blinzelten einander verstohlen zu und mehr als: ‚So — ja eben so‘, und: ‚Je nun, wie's schon ist‘, war aus ihnen nicht herauszubringen.

Nun hatte meine Großmutter einen Kammerdiener, eine wahre Perle von einem Menschen. Wenn er mit einem Vornehmen sprach, verklärte sich sein Gesicht dergestalt vor Freude, daß es beinahe leuchtete. Den schickte meine Groß-
15 mutter anderen Tages zu den Eltern Mischkas mit der Botschaft, ihr Sohn sei vom Feldarbeiter zum Gartenarbeiter avanciert und habe morgen den neuen Dienst anzutreten.

Der eifrigste von allen Dienern flog hin und her und stand bald wieder vor seiner Gebieterin. ‚Nun‘, fragte diese, ‚was sagen die Alten?‘ Der Kammerdiener
20 schob das rechte, auswärts gedrehte Bein weit vor. . . .“

„Waren Sie dabei?“ fiel die Gräfin ihrem Gaste ins Wort.

„Bei dieser Referenz[3] gerade nicht, aber bei späteren des edlen Fritz[4]“, erwiderte der Graf, ohne sich irremachen zu lassen. „Er schob das Bein vor, sank aus Ehrfurcht völlig in sich zusammen und meldete, die Alten schwämmen in Tränen
25 der Dankbarkeit.

‚Und der Mischka?‘

‚Oh, der‘ — lautete die devote Antwort, und nun rutschte das linke Bein mit anmutigem Schwunge vor — ‚oh, der — der laßt die Hand küssen.‘

Daß es einer Tracht väterlicher Prügel bedurft hatte[5], um den Burschen zu
30 diesem Handkuß in Gedanken[6] zu bewegen, verschwieg Fritz. Die Darlegung der Gründe, die Mischka hatte, die Arbeit im freien Felde der im Garten vorzuziehen, würde sich für Damenohren nicht geschickt haben.[7] — Genug, Mischka trat die neue Beschäftigung an und versah sie schlecht und recht. ‚Wenn er fleißiger wäre, könnt's nicht schaden‘, sagte der Gärtner. Dieselbe Bemerkung machte meine
35 Großmutter, als sie einmal vom Balkon aus zusah, wie die Wiese vor dem Schlosse gemäht wurde. Was ihr noch auffiel, war, daß alle anderen Mäher von Zeit zu Zeit einen Schluck aus einem Fläschchen taten, das sie unter einem Haufen abgelegter

---

[1]=*seinen Kranz*   [2]‘mechanically recited’   [3]‘instance’   [4]name of the *Kammerdiener*
[5]‘That a good paternal drubbing had been necessary’   [6]‘imagined kiss on the hand’   [7]‘An account of the reason that Mischka had to prefer work in the open fields to that in the garden would not have been proper for the ears of ladies.’

Kleider hervorzogen und wieder darin verbargen. Mischka war der einzige der, diesen Quell der Labung verschmähend, sich aus einem irdenen, im Schatten des Gebüsches aufgestellten Krüglein erquickte. Meine Großmutter rief den Kammerdiener. ‚Was haben die Mäher in der Flasche?‘ fragte sie. — ‚Branntwein hochgräf-
5 liche Gnaden.‘ — ‚Und was hat Mischka in dem Krug?‘

Fritz verdrehte die runden Augen, neigte den Kopf auf die Seite, ganz wie unser alter Papagei, dem er ähnlich sah wie ein Bruder dem anderen, und antwortete schmelzenden Tones: ‚Mein Gott, hochgräfliche Gnaden — Wasser!‘

Meine Großmutter wurde sogleich von einer mitleidigen Regung ergriffen
10 und befahl, allen Gartenarbeitern nach vollbrachtem Tagewerk Branntwein zu reichen. ‚Dem Mischka auch‘, setzte sie noch eigens hinzu.

Diese Anordnung erregte Jubel. Daß Mischka keinen Branntwein trinken wollte, war einer der Gründe, warum man ihn für dummlich hielt. Jetzt freilich, nachdem die Einladung der Frau Gräfin an ihn ergangen, war's aus mit Wollen
15 und Nichtwollen. Als er in seiner Einfalt sich zu wehren versuchte, ward er Mores gelehrt[1], zur höchsten Belustigung der Alten und der Jungen. Einige rissen ihn auf den Boden nieder, ein handfester Bursche schob ihm einen Keil zwischen die vor Grimm zusammengebissenen Zähne, ein zweiter setzte ihm das Knie auf die Brust und goß ihm so lange Branntwein ein, bis sein Gesicht so rot und der Ausdruck
20 desselben so furchtbar wurde, daß die übermütigen Quäler sich selbst davor entsetzten. Sie gaben ihm etwas Luft, und gleich hatte er sie mit einer wütenden Anstrengung abgeschüttelt, sprang auf und ballte die Fäuste . . . aber plötzlich sanken seine Arme, er taumelte und fiel zu Boden. Da fluchte, stöhnte er, suchte mehrmals vergeblich sich aufzuraffen und schlief endlich auf dem Fleck ein, auf den er
25 hingestürzt war, im Hofe, vor der Scheune, schlief bis zum nächsten Morgen, und als er erwachte, weil ihm die aufgehende Sonne auf die Nase schien, kam just der Knecht vorbei, welcher ihm gestern den Branntwein eingeschüttet hatte. Der wollte schon die Flucht ergreifen, nichts anderes erwartend, als daß Mischka für die gestrige Mißhandlung Rache üben werde. Statt dessen reckt sich der Bursche,
30 sieht den anderen traumselig an und lallt: ‚Noch einen Schluck!‘

Sein Abscheu vor dem Branntwein war überwunden.

Bald darauf, an einem Sonntagnachmittag, begab es sich, daß meine Großmutter auf ihrer Spazierfahrt, von einem hübschen Feldweg gelockt, ausstieg und bei Gelegenheit dieser Wanderung eine idyllische Szene belauschte. Sie sah
35 Mischka unter einem Apfelbaum am Feldrain sitzen, ein Kindlein in seinen Armen. Wie er selbst, hatte auch das Kind den Kopf voll dunkelbrauner Löckchen, der wohlgebildete kleine Körper hingegen war von lichtbrauner Farbe, und das armselige Hemdchen, das denselben notdürftig bedeckte, hielt die Mitte zwischen den beiden Schattierungen. Der kleine Balg krähte förmlich vor Vergnügen, sooft
40 ihn Mischka in die Höhe schnellte, stieß mit den Füßchen gegen dessen Brust und

---

[1] 'taught manners'

suchte ihm mit dem ausgestreckten Zeigefinger in die Augen zu fahren. Und
Mischka lachte und schien sich mindestens ebensogut zu unterhalten wie das Bübchen. Dem Treiben der beiden sah ein junges Mädchen zu, auch ein braunes Ding
und so zart und zierlich, als ob ihre Wiege am Ganges[1] gestanden hätte. Sie trug
5 über dem geflickten kurzen Rocke eine ebenfalls geflickte Schürze und darin einen
kleinen Vorrat aufgelesener Ähren. Nun brach sie eine derselben vom Stiele,
schlich sich an Mischka heran und ließ ihm die Ähre zwischen der Haut und dem
Hemd ins Genick gleiten. Er schüttelte sich, setzte das Kind auf den Boden und
sprang dem Mädchen nach, das leicht und hurtig und ordentlich wie im Tanze[2] vor
10 ihm floh; einmal pfeilgerade, dann wieder einen Garbenschober[3] umkreisend, voll
Ängstlichkeit und dabei doch neckend und immer höchst anmutig. Allerdings ist
bei unseren Landleuten eine gewisse angeborene Grazie nichts Seltenes, aber diese
beiden jungen Geschöpfe gewährten in ihrer harmlosen Lustigkeit ein so angenehmes Schauspiel, daß meine Großmutter es mit wahrem Wohlgefallen genoß.
15 Einen anderen Eindruck brachte hingegen ihr Erscheinen auf Mischka und das
Mädchen hervor. Wie versteinert standen beide beim Anblick der Gutsherrin. Er,
zuerst gefaßt, neigte sich beinahe bis zur Erde, sie ließ die Schürze samt den Ähren
sinken und verbarg das Gesicht in den Händen.

Beim Souper, an welchem, wie an jeder Mahlzeit, der Hofstaat, bestehend aus
20 einigen armen Verwandten und aus den Spitzen der gräflichen Behörden, teil-
nahm, sagte meine Großmutter zum Herrn Direktor, der neben ihr saß: ‚Die
Schwester des Mischka, des neuen Gartenarbeiters, scheint mir ein nettes flinkes
Mädchen zu sein, und ich wünsche, es möge für die Kleine ein Posten ausgemittelt
werden, an dem sie sich etwas verdienen kann.‘ Der Direktor erwiderte: ‚Zu
25 Befehl, hochgräfliche Gnaden, sogleich . . . obwohl der Mischka meines Wissens
eine Schwester eigentlich gar nicht hat.‘

‚Ihres Wissens‘, versetzte meine Großmutter, ‚das ist auch etwas, Ihr Wissen!
. . . Eine Schwester hat Mischka und ein Brüderchen. Ich habe heute alle drei auf
dem Felde gesehen.‘

30 ‚Hm, hm‘, lautete die ehrerbietige Entgegnung, und der Direktor hielt die
Serviette vor den Mund, um den Ton seiner Stimme zu dämpfen, ‚es wird wohl —
ich bitte um Verzeihung des obszönen Ausdrucks — die Geliebte Mischkas und,
mit Respekt zu sagen, ihr Kind gewesen sein.‘"

Der unwilligen Zuhörerin dieser Erzählung wurde es immer schwerer, an sich
35 zu halten, und sie rief nun: „Sie behaupten, daß Sie nicht dabei waren, als diese
denkwürdigen Reden gewechselt wurden? Woher wissen Sie denn nicht nur über
jedes Wort, sondern auch über jede Miene und Gebärde zu berichten?"

„Ich habe die meisten der Beteiligten gekannt und weiß — ein bißchen Maler,
ein bißchen Dichter, wie ich nun einmal bin —, weiß aufs Haar genau, wie sie sich
40 in einer bestimmten Lage benommen und ausgedrückt haben müssen. Glauben Sie

---

[1]river in India   [2]'just as though dancing'   [3]'shock of grain'

Ihrem treuen Berichterstatter, daß meine Großmutter nach der Mitteilung, welche
der Direktor ihr gemacht, eine Wallung des Zornes und der Menschenverachtung
hatte. Wie gut und fürsorglich für ihre Untertanen sie war, darüber können Sie
nach dem bisher Gehörten nicht im Zweifel sein. Im Punkte der Moral jedoch ver-
5 stand sie nur äußerste Strenge, gegen sich selbst nicht minder als gegen andere. Sie
hatte oft erfahren, daß sie bei Männern und Frauen der Sittenverderbnis nicht zu
steuern[1] vermöge, der Sittenverderbnis bei halbreifen Geschöpfen jedoch, der
mußte ein Zügel angelegt werden können. — Meine Großmutter schickte ihren
Kammerdiener wieder zu den Eltern Mischkas. Mit der Liebschaft des Burschen
10 habe es aus zu sein[2]. Das sei eine Schande für so einen Buben, ließ sie sagen, ein
solcher Bub habe an andere Dinge zu denken.

Der Mischka, der zu Hause war, als die Botschaft kam, schämte sich in seine
Haut hinein. . . .“

„Es ist doch stark, daß Sie jetzt gar in der Haut Mischkas stecken wollen!“
15 fuhr die Gräfin höhnisch auf.

„Bis über die Ohren!“ entgegnete der Graf, „bis über die Ohren steck ich
darin! Ich fühle, als wäre ich es selbst, die Bestürzung und Beschämung, die ihn
ergriff. Ich sehe ihn, wie er sich windet in Angst und Verlegenheit, einen scheuen
Blick auf Vater und Mutter wirft, die auch nicht wissen, wo ein und aus vor
20 Schrecken, ich höre sein jammervoll klingendes Lachen bei den Worten des
Vaters: ‚Erbarmen Sie sich, Herr Kammerdiener! Er wird ein Ende machen, das
versteht sich, gleich wird er ein Ende machen!‘

Diese Versicherung genügte dem edlen Fritz, er kehrte ins Schloß zurück und
berichtete, glücklich über die treffliche Erfüllung seiner Mission, mit den gewohn-
25 ten Kniebeugungen und dem gewohnten demütigen und freudestrahlenden Ausdruck in seiner Vogelphysiognomie: ‚Er laßt die Hand küssen, er wird ein Ende
machen.‘“

„Lächerlich!“ sagte die Gräfin.

„Höchst lächerlich“, bestätigte der Graf. „Meine gute, vertrauensselige Groß-
30 mutter hielt die Sache damit für abgetan, dachte auch nicht weiter darüber nach.
Sie war sehr in Anspruch genommen durch die Vorbereitungen zu den großen
Festen, die alljährlich am zehnten September, ihrem Geburtstage, im Schlosse
gefeiert wurden und einen Vor- und Nachtrab von kleinen Festen hatten. Da kam
die ganze Nachbarschaft zusammen, und Dejeuners[3] auf dem grünen Teppich der
35 Wiesen, Jagden, Pirutschaden[4], Soupers bei schönster Waldbeleuchtung, Bälle —
und so weiter folgten einander in fröhlicher Reihe. . . . Man muß gestehen, unsere
Alten verstanden Platz einzunehmen und Lärm zu machen in der Welt. Gott weiß,
wie langweilig und öde unser heutiges Leben auf dem Schlosse ihnen erscheinen
müßte.“

---

[1]‘hinder’ [2]‘had to stop’ [3]‘luncheon’ [4]‘riding in a barouche (four-wheeled carriage with
two facing seats) through the park’

„Sie waren eben große Herren", entgegnete die Gräfin bitter „wir sind auf das
Land zurückgezogene Armenväter."

„Und — Armenmütter", versetzte der Graf mit einer galanten Verneigung, die
von derjenigen, der sie galt, nicht eben gnädig aufgenommen wurde. Der Graf aber
5 nahm sich das Mißfallen, das er erregt hatte, keineswegs zu Herzen, sondern spann
mit hellem Erzählerbehagen den Faden seiner Geschichte fort: „So groß der Die-
nertroß[1] im Schlosse auch war, während der Dauer der Festlichkeiten genügte er
doch nicht, und es mußten da immer Leute aus dem Dorfe zur Aushilfe requiriert[2]
werden. Wie es kam, daß sich gerade dieses Mal auch Mischkas Geliebte unter
10 ihnen befand, weiß ich nicht; genug, es war der Fall und die beiden Menschen, die
einander hätten meiden sollen, wurden im Dienste der Gebieterin noch öfter
zusammengeführt, als dies in früheren Tagen bei der gemeinsamen Feldarbeit
geschehen war. Er, mit einem Botengang betraut, lief vom Garten in die Küche,
sie von der Küche in den Garten — manchmal trafen sie sich auch unterwegs und
15 verweilten plaudernd ein Viertelstündchen. . . ."

„Äußerst interessant!" spottete die Gräfin — „wenn man doch nur wüßte, was
sie einander gesagt haben."

„Oh, wie Sie schon neugierig geworden sind! — aber ich verrate Ihnen nur,
was unumgänglich zu meiner Geschichte gehört. — Eines Morgens lustwandelte
20 die Schloßfrau mit ihren Gästen im Garten. Zufällig lenkte die Gesellschaft ihre
Schritte nach einem selten betretenen Laubgang und gewahrte am Ende desselben
ein junges Pärchen, das, aus verschiedenen Richtungen kommend, wie freudig
überrascht stehenblieb. Der Bursche, kein anderer als Mischka, nahm das Mädchen rasch in die Arme und küßte es, was es sich ruhig gefallen ließ. Ein schallen-
25 des Gelächter brach los — von den Herren und, ich fürchte, auch von einigen der
Damen ausgestoßen, die der Zufall zu Zeugen dieses kleinen Auftritts gemacht
hatte. Nur meine Großmutter nahm nicht teil an der allgemeinen Heiterkeit.
Mischka und seine Geliebte stoben natürlich davon. Der Bursche — man hat es
mir erzählt", kam der Graf scherzend einer voraussichtlichen Einwendung[3] der
30 Gräfin entgegen —, „glaubte in dem Augenblick sein armes Mädchen zu hassen.
Am selben Abend jedoch überzeugte er sich des Gegenteils, als er nämlich erfuhr,
die Kleine[4] werde mit ihrem Kinde nach einer anderen Herrschaft der Frau Gräfin
geschickt; zwei Tagereisen weit für einen Mann, für eine Frau, die noch dazu ein
anderthalb Jahre altes Kind mitschleppen mußte, wohl noch einmal soviel. —
35 Mehr als: ‚Herrgott! Herrgott! o du lieber Herrgott!' sprach Mischka nicht, gebärdete sich wie ein Träumender, begriff nicht, was man von ihm wolle, als es hieß,
an die Arbeit gehen — warf plötzlich den Rechen, den ein Gehilfe ihm samt einem
erweckenden Rippenstoß verabfolgte, auf den Boden und rannte ins Dorf, nach
dem Hüttchen, in dem seine Geliebte bei ihrer kranken Mutter wohnte, das heißt
40 gewohnt hatte, denn nun war es damit vorbei. Die Kleine stand reisefertig am

---

[1]'retine of servants'   [2]'requisitioned'   [3]'presumable objection'   [4]=*das Mädchen*

Lager der völlig gelähmten Alten, die ihr nicht einmal zum Abschiedsegen die Hand aufs Haupt legen konnte und die bitterlich weinte. ‚Hört jetzt auf zu weinen', sprach die Tochter, ‚hört auf, liebe Mutter. Wer soll Euch denn die Tränen abwischen, wenn ich einmal fort bin?'

5 Sie trocknete die Wangen ihrer Mutter und dann auch ihre eigenen mit der Schürze, nahm ihr Kind an die Hand und das Bündel mit ihren wenigen Habseligkeiten auf den Rücken und ging ihres Weges an Mischka vorbei und wagte nicht einmal, ihn anzusehen. Er aber folgte ihr von weitem, und als der Knecht, der dafür zu sorgen hatte, daß sie ihre Wanderung auch richtig antrete, sie auf der
10 Straße hinter dem Dorfe verließ, war Mischka bald an ihrer Seite, nahm ihr das Bündel ab, hob das Kind auf den Arm und schritt so neben ihr her.

Die Feldarbeiter, die in der Nähe waren, wunderten sich: ‚Was tut er denn, der Tropf? . . . Geht er mit? Glaubt er, weil er so dumm ist, daß er nur so mitgehen kann?'

15 Bald nachher kam keuchend und schreiend der Vater Mischkas gerannt: ‚Oh, ihr lieben Heiligen! Heilige Mutter Gottes! Hab ich mir's doch gedacht — seiner Dirne läuft er nach, bringt uns noch alle ins Unglück. . . . Mischka! Sohn — mein Junge! . . . Nichtsnutz! Teufelsbrut!' jammerte und fluchte er abwechselnd.

Als Mischka die Stimme seines Vaters hörte und ihn mit drohend geschwun-
20 genem Stocke immer näher herankommen sah, ergriff er die Flucht, zur größten Freude des Knäbleins, das ‚Hott! hott!'[1] jauchzte. Bald jedoch besann er sich, daß er seine Gefährtin, die ihm nicht so rasch folgen konnte, im Stich gelassen, wandte sich und lief zu ihr zurück. Sie war bereits von seinem Vater erreicht und zu Boden geschlagen worden. Wie wahnsinnig raste der Zornige, schlug drein mit den
25 Füßen und mit dem Stocke und ließ seinen ganzen Grimm über den Sohn an dem wehrlosen Geschöpfe aus.

Mischka warf sich dem Vater entgegen, und ein furchtbares Ringen zwischen den beiden begann, das mit der völligen Niederlage des Schwächeren, des Jüngeren, endete. Windelweich geprügelt, aus einer Stirnwunde blutend, gab er den
30 Kampf und den Widerstand auf. Der Häusler faßte ihn am Hemdkragen und zerrte ihn mit sich; der armen kleinen Frau aber, die sich inzwischen mühsam aufgerafft hatte, rief er zu: ‚Mach fort!'

Sie gehorchte lautlos, und selbst die Arbeiter auf dem Felde, stumpfes, gleichgültiges Volk, fühlten Mitleid und sahen ihr lange nach, wie sie so dahinwankte
35 mit ihrem Kinde, so hilfsbedürftig und so völlig verlassen.

In der Nähe des Schlosses trafen Mischka und sein Vater den Gärtner, den der Häusler sogleich als ‚gnädiger Herr' ansprach und flehentlichst ersuchte, nur eine Stunde Geduld zu haben mit seinem Sohne. In einer Stunde werde Mischka gewiß bei der Arbeit sein; jetzt müsse er nur geschwind heimgehen und sich waschen und

[1] 'giddap, giddap!'

sein Hemd auch. Der Gärtner fragte: ‚Was ist ihm denn? Er ist ja ganz blutig.‘ —
‚Nichts ist ihm‘, lautete die Antwort, ‚er ist nur von der Leiter gefallen.‘
Mischka hielt das Wort, das sein Vater für ihn gegeben, und war eine Stunde
später richtig wieder bei der Arbeit. Am Abend aber ging er ins Wirtshaus und
5 trank sich einen Rausch an, den ersten freiwilligen, war überhaupt seit dem Tage
wie verwandelt. Mit dem Vater, der ihn gern versöhnt hätte, denn Mischka war,
seitdem er im Schloßgarten Beschäftigung gefunden, ein Kapital geworden, das
Zinsen trug, sprach er kein Wort, und von dem Gelde, das er verdiente, brachte
er keinen Kreuzer nach Hause. Es wurde teils für Branntwein verausgabt teils für
10 Unterstützungen, die Mischka der Mutter seiner Geliebten angedeihen ließ; und
diese zweite Verwendung des von dem Burschen Erworbenen[1] erschien dem Häusler als der ärgste Frevel, den sein Sohn an ihm begehen konnte. Daß der arme
Teufel, der arme Eltern hatte, etwas wegschenkte, an eine Fremde wegschenkte,
der Gedanke wurde der Alp[2] des Alten, sein nagender Wurm. — Je wütender der
15 Vater sich gebärdete, desto verstockter zeigte sich der Sohn. Er kam zuletzt gar
nicht mehr nach Hause, oder höchstens einmal im geheimen, wenn er den Vater
auswärts wußte, um die Mutter zu sehen, an der ihm das Herz hing. Diese Mutter. . . .“ der Graf machte eine Pause — „Sie, liebe Freundin, kennen sie, wie ich
sie kenne.“
20   „Ich soll sie kennen? . . . Sie lebt noch?“ fragte die Gräfin ungläubig.
„Sie lebt; nicht im Urbilde zwar, aber in vielfachen Abbildern. Das kleine
schwächliche, immer bebende Weiblein mit dem sanften, vor der Zeit gealterten
Gesicht, mit den Bewegungen des verprügelten Hundes, das untertänigst in sich
zusammensinkt und zu lächeln versucht, wenn eine so hohe Dame, wie Sie sind,
25 oder ein so guter Herr, wie ich bin, ihm[3] einmal zuruft: ‚Wie gehts?‘ und in
demütigster Freundlichkeit antwortet: ‚Vergelt's Gott — wie's eben kann.‘ — Gut
genug für unsereins[4], ist seine Meinung, für ein Lasttier in Menschengestalt. Was
dürfte man anders verlangen, und wenn man's verlangte, wer gäbe es einem? — Du
nicht, hohe Frau, und du nicht, guter Herr. . . .“
30   „Weiter, weiter!“ sprach die Gräfin. „Sind Sie bald zu Ende?“
„Bald. — Der Vater Mischkas kam einst zu ungewohnter Stunde nach der
Hütte und fand da seinen Jungen. ‚Zur Mutter also kann er kommen, zu mir nicht‘,
schrie er, schimpfte beide Verräter und Verschwörer und begann Mischka zu miß-
handeln, was sich der gefallen ließ. Als der Häusler sich jedoch anschickte, auch
35 sein Weib zu züchtigen, fiel der Bursche ihm in den Arm. Merkwürdig genug,
warum just damals? Wenn man ihn gefragt hätte, wie oft er den Vater die Mutter
schlagen sah, hätte er antworten müssen: ‚Soviel Jahre, als ich ihrer denke,[5] mit
dreihundertfünfundsechzig multipliziert, das gibt die Zahl.‘ — Und die ganze Zeit
hindurch hatte er dazu geschwiegen, und heute loderte beim längst gewohnten

---

[1]*des ... Erworbenen* 'of the boy's earnings'   [2]'nightmare'   [3]i. e., *dem Weiblein*   [4]'a person like me'   [5]'as I can remember'

Anblick plötzlich ein unbezwinglicher Zorn in ihm empor. Zum zweiten Male nahm er gegen den Vater Partei für das schwächere Geschlecht, und dieses Mal blieb er Sieger. Er scheint aber mehr Entsetzen als Freude über seinen Triumph empfunden zu haben. Mit einem heftigen Aufschluchzen rief er dem Vater, der

5 nun klein beigeben wollte, rief er der weinenden Mutter zu: ‚Lebt wohl, mich seht ihr nie wieder!' und stürmte davon. Vierzehn Tage lang hofften die Eltern umsonst auf seine Rückkehr, er war und blieb verschwunden. Bis ins Schloß gelangte die Kunde seiner Flucht; meiner Großmutter wurde angezeigt, Mischka habe seinen Vater halbtot geschlagen und sich dann davongemacht. Nun aber war es nach der

10 Verletzung des sechsten Gebotes[1] diejenige des vierten, die von meiner Groß-mutter am schärfsten verdammt wurde; gegen schlechte und undankbare Kinder kannte sie keine Nachsicht. . . . Sie befahl, auf den Mischka zu fahnden, sie befahl, seiner habhaft zu werden, um ihn heimzubringen zu exemplarischer Bestrafung.

Ein paarmal war die Sonne auf- und untergegangen, da stand eines Morgens

15 Herr Fritz an der Gartenpforte und blickte auf die Landstraße hinaus. Lau und leise wehte der Wind über die Stoppelfelder, die Atmosphäre war voll feinen Staubes, den die Allverklärerin Sonne durchleuchtete und goldig schimmern ließ. Ihre Strahlen bildeten in dem beweglichen Element reizende kleine Milchstraßen, in denen Milliarden von winzigen Sternchen aufblitzten. Und nun kam durch das

20 flunkernde, tanzende Atomengewimmel eine schwere, graue Wolkensäule, beweg-te sich immer näher und rollte endlich so nahe an der Pforte vorbei, daß Fritz deutlich unterscheiden konnte, wen sie umhüllte. Zwei Heiducken[2] waren es und Mischka. Er sah aus, blaß und hohläugig wie der Tod, und wankte beim Gehen. In den Armen trug er sein Kind, das die Händchen um seinen Hals geschlungen,

25 den Kopf auf seine Schulter gelegt hatte und schlief. Fritz öffnete das Tor, schloß sich der kleinen Karawane an, holte rasch einige Erkundigungen ein und schwebte dann, ein Papagei im Taubenfluge, ins Haus, über die Treppe, in den Saal hinein, in welchem meine Großmutter eben die sonnabendliche Ratsversammlung hielt. Der Kammerdiener, von dem Glücksgefühl getragen, das Bedientenseelen beim

30 Überbringen einer neuesten Nachricht zu empfinden pflegen, rundete ausdrucks-voll seine Arme und sprach, vor Wonne fast platzend: ‚Der Mischka laßt die Hand küssen. Er ist wieder da.'

‚Wo war er?' fragte meine Großmutter.

‚Mein Gott, hochgräfliche Gnaden' — lispelte Fritz, schlug mehrmals schnell

35 nacheinander mit der Zunge an den Gaumen und blickte die Gebieterin so zärtlich an, als die tiefste, unterwürfigste Knechtschaft es ihm nur irgend erlaubte. ‚Wo wird er gewesen sein. . . . Bei seiner Geliebten. Ja', bestätigte er, während die Her-rin, empört über diesen frechen Ungehorsam, die Stirn runzelte, ‚ja, und gewehrt

---

[1]‘the Sixth Commandment': "Thou shalt not commit adultery"; the Fourth Command-ment: "Honor thy father and thy mother" (cf. Exodus 20:1-17)   [2]‘mercenaries'

hat er sich gegen die Heiducken, und dem Janko hat er, ja, beinahe ein Auge ausgeschlagen.'

Meine Großmutter fuhr auf: ‚Ich hätte wirklich Lust, ihn henken zu lassen.'

Alle Beamten verneigten sich stumm; nur der Oberförster warf nach einigem
5　Zagen die Behauptung hin: ‚Hochgräfliche Gnaden werden es aber nicht tun.'

‚Woher weiß Er[1] das?' fragte meine Großmutter mit der strengen Herrschermiene, die so vortrefflich wiedergegeben ist auf ihrem Bilde und die mich gruseln macht, wenn ich im Ahnensaal an ihm vorübergehe. ‚Daß ich mein Recht über Leben und Tod[2] noch nie ausgeübt habe, bürgt nicht dafür, daß ich es nie
10　ausüben werde.'

Wieder verneigten sich alle Beamten, wieder trat Schweigen ein, das der Inspektor unterbrach, indem er die Entscheidung der Gebieterin in einer wichtigen Angelegenheit erbat. Erst nach beendigter Konferenz erkundigte er sich gleichsam privatim nach der hohen Verfügung betreffs Mischkas.[3]

15　Und nun beging meine Großmutter jene Übereilung, von der ich im Anfang sprach.

‚Fünfzig Stockprügel', lautete ihr rasch gefällter Urteilsspruch; ‚gleich heute, es ist ohnehin Samstag.'

Der Samstag war nämlich zu jener Zeit, deren Sie", diesem Worte gab der
20　Graf eine besondere, sehr schalkhafte Betonung, „sich unmöglich besinnen können, der Tag der Exekutionen[4]. Da wurde die Bank vor das Amtshaus gestellt. . . .“

„Weiter, weiter!“ sagte die Gräfin, „halten Sie sich nicht auf mit unnötigen Details.“

„Zur Sache denn! — An demselben Samstag sollten die letzten Gäste abreisen,
25　es herrschte große Bewegung im Schlosse, meine Großmutter, mit den Vorbereitungen zu einer Abschiedsüberraschung, die sie den Scheidenden bereiten ließ, beschäftigt, kam spät dazu, Toilette zum Diner zu machen,[5] und trieb ihre Kammerzofen zur Eile an. In diesem allerungünstigsten Momente ließ der Doktor sich anmelden. Er war unter allen Dignitären der Herrin derjenige, der am wenigsten
30　in Gnaden[6] bei ihr stand, verdiente es auch nicht besser, denn einen langweiligeren, schwerfälligeren Pedanten hat es nie gegeben.

Meine Großmutter befahl, ihn abzuweisen, er aber kehrte sich nicht daran, sondern schickte ein zweitesmal und ließ die hochgeborene Frau Gräfin unterténigst um Gehör bitten, er hätte nur ein paar Worte über den Mischka zu sprechen.

35　‚Was will man denn noch mit dem?' rief die Gebieterin ‚gebt mir Ruhe, ich habe andere Sorgen.'

---

[1]3rd person sg. used to address social inferiors　[2]i. e., the *jus gladii* mentioned above
[3]*Erst ... Mischkas* 'Only after the conference did he inquire as though privately about his mistress's decision concerning Mischka.'　[4]the day when punishments were inflicted
[5]*Toilette ... machen* 'to dress for dinner'　[6]*am ... Gnaden* 'the lowest in [her] good graces'

Der zudringliche Arzt entfernte sich murrend.

Die Sorgen aber, von denen meine Großmutter gesprochen hatte, waren nicht etwa frivole, sondern solche, die zu den peinvollsten gehören — Sorgen, für welche Ihnen, liebe Freundin, allerdings das Verständnis und infolgedessen auch das Mit-
5 leid fehlt — Poetensorgen."

„O mein Gott!" sagte die Gräfin unbeschreiblich wegwerfend und der Erzähler entgegnete: „Verachten Sie's, soviel Sie wollen, meine Großmutter besaß poetisches Talent, und es manifestierte sich deutlich in dem Schäferspiel *Les adieux de Chloë*[1], das sie gedichtet und den Darstellern selbst einstudiert hatte[2]. Das Stück-
10 chen sollte nach der Tafel, die man im Freien abhielt aufgeführt werden, und der Dichterin, obwohl sie ihres Erfolges ziemlich sicher war, bemächtigte sich, je näher der entscheidende Augenblick kam, eine desto weniger angenehme Unruhe[3]. Beim Dessert, nach einem feierlichen, auf die Frau des Hauses ausgebrachten Toast, gab jene ein Zeichen. Die mit Laub überflochtenen Wände, welche den
15 Einblick in ein aus beschnittenen Buchenhecken gebildetes Halbrund verdeckt hatten, rollten auseinander, und eine improvisierte Bühne wurde sichtbar. Man erblickte die Wohnung der Hirtin Chloë, die mit Rosenblättern bestreute Moosbank, auf der sie schlief, den mit Tragant[4] überzogenen Hausaltar, an dem sie betete, und den mit einem rosafarbigen Band umwundenen Rocken[5], an dem sie die
20 schneeig weiße Wolle ihrer Lämmchen spann. Als idyllische Schäferin besaß Chloë das Geheimnis dieser Kunst. Nun trat sie selbst aus einem Taxusgange[6], und hinter ihr schritt ihr Gefolge, darunter ihr Liebling, der Schäfer Myrtill. Alle trugen Blumen, und in vortrefflichen Alexandrinern[7] teilte nun die zarte Chloë dem aufmerksam lauschenden Publikum mit, dies seien die Blumen der Erinnerung,
25 gepflückt auf dem Felde der Treue und bestimmt, dargebracht zu werden auf dem Altar der Freundschaft. Gleich nach dieser Eröffnung brach ungemessener Jubel im Auditorium los und steigerte sich von Vers zu Vers. Einige Damen, die Racine[8] kannten, erklärten, er könne sich vor meiner Großmutter verstecken[9], und einige Herren, die ihn nicht kannten, bestätigten es. Sie aber konnte über die Echtheit des Enthusiasmus, den ihre Dichtung erweckte, nicht im Zweifel sein. Die Ovationen dauerten noch fort, als die Herrschaften schon ihre Wagen oder ihre Pferde bestiegen hatten und teils in stattlichen Equipagen, teils in leichten Fuhrwerken, teils auf flinken Rossen aus dem Hoftor rollten oder sprengten[10].

---

[1]'Chloë's Farewells' (French), archetypal name for shepherdess in pastorals   [2]*den … hatte* 'had herself coached the players in'   [3]*der Dichterin bemächtigte sich eine Unruhe* 'the poetess was filled with anxiety'   [4]=*Bockshorn* 'fenugreek' (Greek hay), an herb with particularly aromatic seeds   [5]'distaff' (cleft stick used in spinning wool)   [6]'yew-bordered path'   [7]a six-footed poetic meter, esp. popular in the 17th and early 18th centuries   [8]Jean Baptiste Racine (1639-99), French dramatist (who also wrote in Alexandrines)   [9]*er … verstecken* 'he could hide his face in shame before my grandmother'   [10]'galloped'

Die Herrin stand unter dem Portal des Schlosses und winkte den Scheidenden grüßend und für ihre Hochrufe dankend zu[1]. Sie war so friedlich und fröhlich gestimmt, wie dies einem Selbstherrscher[2], auch des kleinsten Reiches, selten zuteil wird. Da — eben im Begriff, sich ins Haus zurückzuwenden — gewahrte sie ein
5 altes Weiblein, das in respektvoller Entfernung vor den Stufen des Portals kniete. Es hatte den günstigsten Augenblick wahrgenommen und sich durch das offenstehende Tor, im Gewirr und Gedränge unbemerkt, hereingeschlichen. Jetzt erst wurde es von einigen Lakaien erblickt. Sogleich rannten sie, Herrn Fritz an der Spitze, auf das Weiblein zu, um es gröblich hinwegzuschaffen. Zum allgemeinen
10 Erstaunen jedoch winkte meine Großmutter die dienstfertige Meute ab und befahl zu fragen, wer die Alte sei und was sie wolle. Im nämlichen Moment räusperte sich's[3] hinter der Gebieterin und nieste, und den breitkrempigen[4] Hut in der einen Hand und mit der anderen die Tabaksdose im Busen verbergend, trat der Herr Doktor bedächtig heran: ‚Es ist, hm, hm, hochgräfliche Gnaden werden entschul-
15 digen‘, sprach er, ‚es ist die Mutter des Mischka.‘

‚Schon wieder Mischka, hat das noch immer kein Ende mit dem Mischka? . . . Und was will die Alte?‘

‚Was wird sie wollen, hochgräfliche Gnaden? Bitten wird sie für ihn wollen, nichts anderes.‘
20 ‚Was denn bitten? Da gibt's nichts zu bitten.‘

‚Freilich nicht, ich habe es ihr ohnehin gesagt, aber was nutzt's? Sie will doch bitten, hm, hm.‘

‚Ganz umsonst, sagen Sie ihr das. Soll ich nicht mehr aus dem Hause treten können, ohne zu sehen, wie die Gartenarbeiter ihre Geliebten embrassieren?‘
25 Der Doktor räusperte sich, und meine Großmutter fuhr fort: ‚Auch hat er seinen Vater halbtot geschlagen.‘

‚Hm, hm, er hat ihm eigentlich nichts getan, auch nichts tun wollen, nur abhalten, die Mutter nicht ganz totzuschlagen.‘

‚So?‘
30 ‚Ja, hochgräfliche Gnaden. Der Vater, hochgräfliche Gnaden, ist ein Mistvieh[5], hat einen Zahn auf den Mischka[6], weil der der Mutter seiner Geliebten manchmal ein paar Kreuzer zukommen läßt.‘

‚Wem?‘

‚Der Mutter seiner Geliebten, hochgräfliche Gnaden, ein erwerbsunfähiges
35 Weib, dem sozusagen die Quellen der Subsistenzmittel abgeschnitten worden sind . . . dadurch, daß man die Tochter fortgeschickt hat.‘

---

[1]*winkte ... zu* 'waved farewell to the departing guests, thanking them for their cheers (*Hochrufe*)' [2]'absolute ruler' [3]'someone cleared his throat' [4]'broad-brimmed' [5]'low-down character' [6]*einen Zahn auf jemanden haben* 'have something against someone'

,Schon gut, schon gut! . . . Mit den häuslichen Angelegenheiten der Leute ver-
schonen Sie mich, Doktor, da mische ich mich nicht hinein.'
Der Doktor schob mit einer breiten Gebärde den Hut unter den Arm, zog das
Taschentuch und schneuzte sich diskret. ,So werde ich also der Alten sagen, daß
5 es nichts ist.' Er machte was die Franzosen *une fausse sortie*[1] nennen, und setzte
hinzu ,Freilich, hochgräfliche Gnaden, wenn es nur wegen des Vaters wäre. . . .'
,Nicht bloß wegen des Vaters, er hat auch dem Janko[2] ein Auge ausgeschlagen.'
Der Doktor nahm eine wichtige Miene an, zog die Augenbrauen so hoch in
die Höhe, daß seine dicke Stirnhaut förmliche Wülste bildete, und sprach: ,Was
10 dieses Auge betrifft, das sitzt fest und wird dem Janko noch gute Dienste leisten,
sobald die Sugillation[3], die sich durch den erhaltenen Faustschlag gebildet hat,
aufgesaugt sein wird. Hätte mich auch gewundert, wenn der Mischka imstande
gewesen wäre, einen kräftigen Hieb zu führen nach der Behandlung, die er von den
Heiducken erfahren hat. Die Heiducken, hochgräfliche Gnaden, haben ihn übel
15 zugerichtet.'
,Seine Schuld; warum wollte er ihnen nicht gutwillig folgen.'
,Freilich, freilich, warum wollte er nicht? Vermutlich, weil sie ihn vom Ster-
bebette seiner Geliebten abgeholt haben — da hat er sich schwer getrennt. . . . Das
Mädchen, hm, hm, war in anderen Umständen[4], soll vom Vater des Mischka sehr
20 geprügelt worden sein, bevor sie die Wanderung angetreten hat. Und dann — die
Wanderung, die weit ist, und die Person, hm, hm, die immer schwach gewesen ist
. . . kein Wunder, wenn sie am Ziele zusammengebrochen ist.'
Meine Großmutter vernahm jedes Wort dieser abgebrochenen Sätze, wenn
sie sich auch den Anschein zu geben suchte, daß sie ihnen nur eine oberflächliche
25 Aufmerksamkeit schenkte. ,Eine merkwürdige Verkettung von Fatalitäten', sprach
sie, ,vielleicht eine Strafe des Himmels.'
,Wohl, wohl', nickte der Doktor, dessen Gesicht zwar immer seinen gleichmü-
tigen Ausdruck behielt, sich aber allmählich purpurrot gefärbt hatte. ,Wohl, wohl,
des Himmels, und wenn der Himmel sich bereits dreingelegt hat, dürfen hoch-
30 gräfliche Gnaden ihm vielleicht auch das weitere in der Sache überlassen . . . ich
meine nur so!' schaltet e er, seine vorlaute Schlußfolgerung[5] entschuldigend, ein
— ,und dieser Bettlerin', er deutete nachlässig auf die Mutter Mischkas, ,huldvollst
ihre flehentliche Bitte erfüllen.'
Die kniende Alte hatte dem Gespräch zu folgen gesucht, sich aber mit keinem
35 Laut daran beteiligt. Ihre Zähne schlugen vor Angst aneinander, und sie sank
immer tiefer in sich zusammen.
,Was will sie denn eigentlich?' fragte meine Großmutter.

---

[1]'pretense of leaving' [2]one of the Heiducks [3]'swelling' [4]=*schwanger* [5]'imprudent conclusion'

,Um acht Tage Aufschub, hochgräfliche Gnaden, der ihrem Sohne diktierten Strafe untersteht sie sich zu bitten[1], und ich, hochgräfliche Gnaden, unterstütze das Gesuch, durch dessen Genehmigung der Gerechtigkeit besser Genüge geschähe, als heute der Fall sein kann.'

5   ,Warum?'

,Weil der Delinquent in seinem gegenwärtigen Zustande den Vollzug der ganzen Strafe schwerlich aushalten würde.'

Meine Großmutter machte eine unwillige Bewegung und begann langsam die Stufen des Portals niederzusteigen. Fritz sprang hinzu und wollte sie dabei unter-
10   stützen. Sie aber winkte ihn hinweg: ,Geh aufs Amt', befahl sie, ,Mischka ist begnadigt.'

,Ah!' stieß der treue Knecht bewundernd hervor und enteilte, während der Doktor bedächtig die Uhr aus der Tasche zog und leise vor sich hinbrummte: ,Hm, hm, es wird noch Zeit sein, die Exekution dürfte eben begonnen haben.'

15   Das Wort ,begnadigt' war von der Alten verstanden worden; ein Gewinsel der Rührung, des Entzückens drang von ihren Lippen, sie fiel nieder und drückte, als die Herrin näher trat das Gesicht auf die Erde, als ob sie sich vor soviel Größe und Hoheit dem Boden förmlich gleichzumachen suche.

Der Blick meiner Großmutter glitt mit einer gewissen Scheu über dieses Bild
20   verkörperter Demut: ,Steh auf', sagte sie und zuckte zusammen und horchte . . . und alle Anwesenden horchten erschaudernd, die einen starr, die andern mit dem albernen Lachen des Entsetzens. Aus der Gegend des Amtshauses hatten die Lüfte einen gräßlichen Schrei herübergetragen. Er schien ein Echo geweckt zu haben in der Brust des alten Weibleins, denn es erhob stöhnend den Kopf und murmelte ein
25   Gebet. . . .

,Nun?' fragte einige Minuten später meine Großmutter den atemlos herbeistürzenden Fritz: ,Hast du's bestellt?'

,Zu dienen'[2], antwortete Fritz mit seinem süßesten Lächeln: ,Er läßt die Hand küssen, er ist schon tot.'" —

30   „Fürchterlich!" rief die Gräfin aus, „und das nennen Sie eine friedliche Geschichte?"

„Verzeihen Sie die Kriegslist, Sie hätten mich ja sonst nicht angehört", erwiderte der Graf. „Aber vielleicht begreifen Sie jetzt, warum ich den sanftmütigen Nachkommen Mischkas nicht aus dem Dienst jage, obwohl er meine Interessen
35   eigentlich recht nachlässig vertritt."

---

[1]*Um ... bitten* 'She dares ask for a week's delay, Your Grace, of the punishment you have allotted her son.'   [2]'As you instructed' (formulaic expression)

Isolde Kurz

Kurz (1853-1944) was well-known as both a lyrical poet and a writer of *Novellen*. Much of her adult life was spent in Italy, especially in Florence, and she was herself fluent in Italian. It is not surprising, therefore, that many of her narrative works reveal a fascination with the people and events of Italian history. In her *Florentiner Novellen* (1890), from which our text is taken, she mixes historical characters from the circle of the Medici family — rulers of Florence for two centuries — with characters of her own devising to present a portrait of Florence in the High Renaissance that explores the noble intents and achievements of the Italian Humanists, who were in the process of rediscovering the cultural treasures of Classical Greece and Rome. In much of her work she highlights the contrast between Renaissance Italy and the "backwardness" of a Germany as yet largely unacquainted with and unaffected by Humanist thought.

Anno Pestis[1]

$\mathfrak{M}$AN SCHRIEB DAS JAHR des Unheils[2] 1527, das Jahr, wo die Ewige Stadt[3] unter den Piken der Lanzknechte[4] blutete, der Papst in der Engelsburg[5] gefangen saß und die Seuche[6] durch alle Gauen Italiens zahllose Opfer mähte. Unter Blut und Greueln ging jene schöne und übermütige

---

[1]'In the Year of the Plague' (Latin) [2]'misfortune' [3]=Rome [4]'pikes of the [German] mercenaries,' who were fighting under Emperor Charles V during his sack of Rome in May, 1527 [5]Pope Clement VII (r. 1523-1534), a member of the Medici family, was imprisoned in the fortified Castello Sant' Angelo (*Engelsburg*) by the emperor. [6]i. e., the Black Plague

429

Zeit, jene zweite Jugend der Menschheit, welche man die Renaissance nennt, zu Grabe.

Nur den Florentinern war ein kurzer Hoffnungsschimmer aufgegangen, denn sie hatten die Neffen des Papstes, die beiden letzten Sprößlinge vom Stamm des
5 alten Cosimo[1], ohne Blutvergießen vor die Tür gesetzt[2] und mitten in dem allgemeinen Jammer ihre Unabhängigkeit wiederhergestellt, aber bei dem frommen Dankfest, das den ruhmlosen Sieg feiern sollte, erhob die eben eingeschläferte Feindin, die Pest, das Haupt aufs neue, und genährt durch das Zusammenströmen so großer Volksmassen, griff sie um sich mit der Gewalt einer Feuersbrunst, die
10 in trockenem Holze wütet.

Der wohlhabendere Teil der Bevölkerung war auf das Land oder die naheliegenden Villen geflohen, wen Armut oder Staatsgeschäfte an die Stadt fesselten, der schloß sich in seinem Hause ein, ließ weder Freunde noch Verwandte vor sich und blieb in absichtlicher Unkenntnis ihres Schicksals, um keiner Todesnachricht
15 und keinem traurigen Gedanken Einlaß zu gestatten; andere suchten in rauschenden Bacchanalen[3] Vergessenheit. Die volkreichsten Plätze waren verödet, die ausgestorbenen Paläste wurden Diebshöhlen, gefährliches Gesindel trieb sich zur Nachtzeit durch die Straßen und plünderte die unbewachten Häuser, und die Obrigkeit[4], welche den Räubereien nicht steuern konnte, bot lieber selbst die Hand
20 und teilte die Beute[5].

Obgleich Kirchen und Klöster zu Spitälern eingeräumt wurden, konnten sie doch die Zahl der Kranken nicht fassen, und es wurde außerhalb der Mauern ein Lazarettstadt aus Holz- und Strohbaracken gebaut, die sich von der Porta alla Croce bis zu der Porta al Prato hinzog, die Hälfte der Stadt Florenz umschließend.
25 So war man bis zu Anfang des Monats August gekommen, wo die Wut der Seuche aufs höchste stieg und man innerhalb der Mauern im Tag bis zu fünfhundert Opfern zählte. Die Menschen wagten nur noch abends und tief vermummt[6] aus den Häusern zu gehen, Spezereikugeln oder von starken Essenzen getränkte Schwämme in der Hand[7], die sie an das Gesicht gedrückt hielten, ,um sich das
30 Hirn zu stärken', wie man seit Boccaccios[8] Zeiten im Volk sagte, in Wahrheit aber, um nicht die verpestete Luft in die Lungen zu ziehen. Wenn ein Freund dem Freunde, ein Bruder dem andern begegnete, wichen sie beide schon von weitem

---

[1]Cosimo de' Medici (1389-1464), the first Medici to consolidate political power in the Florentine "republic"; his illegitimate descendants (*Sprößlinge*), Alessandro and Ippolito, had been exiled by the Florentines in 1527 in the attempt to reestablish a republic. [2]'thrown out'   [3]'drunken revelries,' from the Roman festival in honor of Bacchus, god of wine   [4]'authorities'   [5]*bot ... Beute* 'preferred rather themselves to offer a hand and divide the spoils [with them]'   [6]'bundled up in concealing clothing'   [7]'holding balls of [medicinal] herbs or sponges soaked in strong distillates'   [8]Giovanni Boccaccio (1313-1375), author of the *Decamerone*, in which a group of noble Florentines flee their city to escape the Black Death of 1348.

aus oder drückten sich mit einem kurzen Kopfnicken, die Kleider fest um den Leib
ziehend, eilig aneinander vorüber. Die meisten Läden waren geschlossen, nur die
Obst- und Eßwarenhändler, die Fleischer und Bäcker setzten ihr Gewerbe fort,
aber sie hatten ihr Gewölbe mit einem eisernen Gitter umzogen, und die Käufer
5 mußten die Ware von der Straße aus in Empfang nehmen. Ja, so groß war die
Furcht vor Ansteckung, daß man das Geld nicht mehr mit bloßen Händen zu
berühren wagte, sondern die Kaufleute streckten den Kunden eine kleine hölzerne
oder eiserne Schaufel hin, um die Münzen aufzufangen, und warfen sie dann in
eine mit Wasser gefüllte Schüssel statt in die Kasse.

10   Wohl hatte man einen eigenen Magistrat zur Bekämpfung der Seuche, die
uffiziali della sanità[1], die der Volkswitz *uffiziali del morbo*[2] nannte, eingesetzt, und
von Staats wegen[3] war alles geschehen, was die ärztliche Wissenschaft jener Tage
zur Minderung des Übels vorschrieb und was schon in früheren Epidemien als
ebenso nutzlos erfunden worden war. Man hatte, um die Landleute fernzuhalten,
15 die Tore geschlossen, erst die ergriffenen[4] Häuser, dann die Straßen, am Ende das
ganze Stadtviertel abgesperrt; die Frommen hofften durch Fasten, Bußübungen[5]
und öffentliche Gebete den Zorn des Himmels zu versöhnen und hatten die
Madonna von Impruneta, die uralte Schutzherrin gegen Seuchen, in die Mauern
von Florenz geholt, während die Weltkinder[6] in starken Spezereien, mit denen sie
20 noch zu Lebzeiten ihren Leib balsamierten, und in einem reichlichen und sorglosen Leben ihre Heil suchten.

    Aber die Pest spottete aller Schranken[7]; mit einem Sprung warf sie sich von
den ergriffenen Vierteln in das gesunde, wälzte sich, Leichenhaufen im Rücken
lassend, nach dem Herzen der Altstadt, dem Mercato, wo die alten Päläste der
25 Großen standen, wie[8] nach den Villen, die als ein grüner Kranz die Stadt
umschlossen, den Priester traf der Tod am Altar, in die Versammlung der Frommen schlug er ein wie ein Strahl, der zündet und um sich frißt, die Frauen der Reichen kauften ihn in köstlichen Brokaten, die aus durchseuchten[9] Warenlagern
kamen, und machtlos blickte die heilige Jungfrau von Impruneta aus ihrem Rah-
30 men herunter in die Szenen von Not und Jammer, die sie nicht zu beschwören[10]
vermochte. Die Teuerung[11] kam hinzu, und indem sie Elend und Unreinlichkeit
mehrte, gab sie der Pest neue Nahrung.

    Bald waren wenige Häuser, die nicht durch ein weißes Tuch vor der Türe dem
Volk verkündet hätten, daß einer ihrer Bewohner der Seuche erlegen sei.

35   Da konnte man auf der Straße, vor den Häusern, oben auf den Dächern die
Notare mit ihren Schreibern die Testamente aufsetzen, Priester im Ornat auf

---

[1]'health officers'   [2]'sickness officers'   [3]'on the side of the state'   [4]'infected'   [5]'doing
penance'   [6]'worldly persons'   [7]'laughed at barriers'   [8]'as well as'   [9]'thoroughly infected'   [10]'exorcized'   [11]'dearth,' 'famine'

öffentlichen Plätzen die Beichte entgegennehmen sehen, so eilig bereiteten sich
die Bürger jeden Standes und jeden Alters zum Sterben.

   An einem schwülen Augustabend, als die durchhitzte Erde noch von einem
kurzen und darum nicht erquickenden Regen dampfte und schon ein neues Gewit-
5 ter an dem bleigrauen Himmel stand, kam ein junger Mann langsam aus der Arco
de' Pecori[1] hervor über die Piazza San Giovanni geschlendert, der sich durch Gang
und Haltung von allen Vorübergehenden unterschied. Er war von mittlerer Größe
und seinen Gesichtszügen, die sorglose Haltung und der verweichlichte[2] aber
geschmeidige Körperbau zeigten den Weltmann, das blonde Haar trug er nicht
10 nach altflorentinischer Sitte schlicht in die Stirn gekämmt, sonder kurz und frei um
die Schläfen flatternd. In kostbarer spanischer Kleidung[3] kam er so gelassen[4] seines
Weges, als ob die Bilder der Zerstörung und des Elends, die an allen Straßenecken
kauerten, von seinen Augen gar nicht zurückgespiegelt würden. In der Hand trug
er weder Spezereien noch Essenzen, sondern nur einen Jasminzweig von durch-
15 dringendem Duft, den er von Zeit zu Zeit mit einem abwesenden Lächeln an die
Lippen drückte, daß[5] es nicht schien, als suche er sich dadurch vor der Ansteckung
zu schützen, sondern als zaubere der Geruch ihn angenehme Bilder herauf.

   Die Begegnenden warfen ihm verwunderte Blicke zu, doch so ganz hatten
Rang und Reichtum ihren Zauber nicht verloren, daß man an des reichen Marco
20 Vettori einzigem Sohn vorübergegangen wäre, ohne ihm ein höfliches Guten
Abend, Ser Filippo[6]! zuzurufen.

   Als er um die Ecke des Bigallo[7]! biegen wollte, kamen ihn die vermummten
Brüder der Misericordia[8] mit einem leeren Sarg entgegen. Er wich ihnen aus, aber
statt der Sitte gemäß vor diesen Helden der Bruderliebe sein Haupt zu entblößen,
25 wandte er sich mit Widerwillen weg, und sein Auge blieb an einem in grellen Farben lächerlich aufgeputzten Quacksalber hängen, der vor der offenen Tür von San
Giovanni[9] auf einem umgestürzten Karren saß und mit einer vom Schreien heiseren Stimme seine Wunderpillen gegen die Seuche anpries.

   Wie er so mit abgewandtem Gesicht weiterging, stieß er auf einen anderen,
30 der eben im dunklen Reisemantel eilfertig um die Ecke bog, beide prallten Stirn
an Stirn zusammen und fuhren erschrocken auseinander.

   Du hier, Alessandro? rief der Blonde, nachdem er dem anderen in das bräun-
liche Gesicht geblickt hatte, das vom Reisehut halb verdeckt war. Was führt dich
nach Florenz? Aber gleichviel, du kommst zur rechten Stunde.

35   Ja, entgegnete der im Reiserock, indem er dem Freunde herzlich die Hand
schüttelte, in Zeiten wie diesen gehört der Mann seiner Vaterstadt. Darum bin ich

---

[1]street name   [2]'effeminate'   [3]The Spanish style was especially elaborate.   [4]'calmly'   [5]=*so
daß*   [6]'Sir Phillip'   [7]a *loggia* or arched structure near the cathedral   [8]The order of the
Brothers of Mercy (*Compagnia della Misericordia*) collected the corpses of those who
had died of the plague.   [9]the Baptistery opposite the cathedral

auch hier, der Signoria[1] meine Dienste anzubieten. Eher könnte ich fragen, wie kommt ein Epikuräer[2] wie du in diese ‚Stadt der Schmerzen'? Ich glaubte dich längst nach dem Mugello[3] geflüchtet, um auf einer deiner Villen einen neuen Decamerone aufzuführen.

5 Was willst du? antwortete Filippo. Ich habe fünfundzwanzig Jahre lang die Lebenskunst getrieben, jetzt will ich lernen, mit Kunst und mit Genuß zu sterben, wenn es sein soll. Ich habe die Pest herausgefordert und will sehen, wer eher vom Platze weicht, sie oder ich.

So leistet dir wohl eine schöne Frau Gesellschaft oder auch mehrere?

10 Die Zahl tut nichts zur Sache, lachte Filippo. Die Liebe ist das einzige Kapital, das durch Teilung nicht verliert. Aber sage mir, ist es wahr, daß du eine Schwester der Strozzi[4] zu heiraten denkst?

Madonna Clarice ist bereits meine Frau, antwortete Alessandro, und ich denke, diese Heirat soll mir eine Leiter zu den höchsten Ämtern bauen.

15 Ich bitte dich, rede mir nicht von Staatshändeln[5], unterbrach ihn der andere rasch. Sie sind den Ehrgeiz eines so glänzenden Kopfes nicht wert, geschweige einen Tropfen Herzblut. Was willst du auch von diesem Volk erwarten? Unser Gonfaloniere[6] ist ein Kopfhänger[7] und hält es mit der Mönchspartei. Niccolò Macchiavelli[8] ist tot, Francesco Guicciardini verbannt. Die andern sind Schafe, die 20 ein Löwenfell umhängen. Wir haben hier die lächerlichste Posse aufgeführt. Die Herren Medici[9] machten einen Spaziergang vor die Stadt, der schöne Ippolito und sein mohrenköpfiger Vetter, da schlossen wir heroisch die Tore hinter ihnen zu; das war alles. Aber nachher die langatmigen Reden von Freiheit und Bürgergröße! Ich saß eben mit ein paar Freunden bei Tische, als der Lärm anging. Ich warf eine 25 Münze in die Luft und rief: Die Republik oder die Medici! Die Lilie[10] blieb oben, da gingen wir auf die Straße und riefen: Nieder mit den Pallesken[11]! Aber als es nachher auf der Piazza blutige Köpfe gab, ward mir der Spaß zuviel, und ich ging nach Hause. Das ist die Art, wie man in Florenz Politik trieben muß. Ob uns der

---

[1]governmental body of the city [2]‘epicurean,' i. e., one given to luxury or indulgence in sensual pleasures [3]region in Tuscany whither Boccaccio's Florentine nobles had fled in the *Decamerone* [4]richest family in Florence and bitter enemy of the Medici [5]‘civic affairs' [6]military leader [7]‘low-spirited religious hypocrite' [8]Macchiavelli (1469-1527), statesman and historian, had been commissioned by Pope Clement VII to inspect Florence's fortifications in preparation for the imperial invasion; Guicciardini (1483-1540), statesman and historian, commanded Florentine and papal troops against Charles V, but was then exiled from Florence because of his Medici connections. [9]i. e., the Medici *Sprößlinge* referred to above: the cousins Cardinal Ippolito (1511-1535) and Alessandro (†1537) de' Medici; the latter, who would later become the first Duke of Florence (1531) was *mohrenköpfig*, ‘Moor-faced,' because he resembled his black mother. [10]symbol of Florence [11]i. e., *Palleschi*, supporters of the Medici, so called because the Medici emblem contained six balls (It. *Palle*)

Papst oder der Kaiser[1] in die Tasche steckt, gleichviel, er wird eine leere Stadt finden, denn dank unseren Frommen[2] ist heute der Totengräber Herr von Florenz.
    Es ist nur zu wahr, Filippo, sagte Alessandro, ich erkenne meine Heimat nicht
mehr, in den Straßen ist alles tot und still, kein Volk, das gafft und lärmt, keine
5 Jugend, die ihre Schönheit und Kleiderpracht zur Schau trägt, kein Händler, der
seine Ware ausruft. Selbst auf dem Mercato[3] kein Laut, als das Klingeln der Pest-
glocken; bei der Porta al Prato[4] sah ich ein einziges Fuhrwerk mir entgegenkommen, zwei schwarze Pferde waren vorgespannt, ich glaubte, es sei die Sänfte einer
Matrone, — es war ein grauenhafter Fasching[5], der den Triumphzug der Pest
10 bedeuten sollte, aufgeputzte Totengräber tanzten neben dem Karren, klimperten
mit Gold und schrien: Es lebe die Seuche! Durch die Barackenstadt[6] bin ich
gegangen und wollte die Hütten zählen, die da eine an der anderen aus dem Boden
gewachsen sind; ich war schon auf sechshundert gekommen, als ich des Zählens
müde wurde. Aber das Schrecklichste sah ich im Borgo San Lorenzo[7], wo ich
15 meinen alten Lehrer, den hochgelehrten, trefflichen Messer Federigo, besuchen
wollte. Als ich an sein Haus kam, der Kirchenfassade gegenüber, da sah ich den
Alten auf der steinernen Schwelle sitzen im roten Lucco[8] — denn er trug noch
immer die alte Florentiner Tracht —, den Kopf an die Türe zurückgelehnt. Ich
rufe ihm von weitem zu und winke, er hört mich nicht. Ich komme näher, sein
20 Gesicht ist schwarz, der zahnlose Kiefer hängt herunter. O Filippo, der Alte war
tot und saß auf seiner Schwelle, seit einem Tag umsonst Begräbnis heischend[9].
Seine Söhne hatten ihn krank verlassen, seine Nachbarn hatten ihn, als er tot war,
herausgeschleppt und gegen die Tür gelehnt, so erzählten mir die Kinder, die gaf-
fend herumstanden.
25   Der andere schüttelte sich und sagte verdrießlich: Ich habe meinen Dienern
bei Strafe der Entlassung anbefohlen, mir nie von Krankheits- oder Todesfällen
zu erzählen. Auf der Straße wende ich den Kopf ab, sobald ich den Leichenwagen
klingeln höre, und wenn mein eigener Vater darin läge. Welcher Dämon treibt
dich, alle diese Schrecken aufzusuchen?
30   Auch der Gatte meiner Schwester ist tot, fuhr Alessandro fort, meine Schwester selbst verschwunden, vielleicht im Lazarett, wer weiß es? Die Ricci[10], die den
Erbschaftsstreit mit mir führten, tot bis auf das letzte Glied, und haben mir nicht
nur das Meine, sondern auch das Ihre hinterlassen. So mag die Pest noch manchen
alten Zwist mit einem Mal geschlichtet[11] haben. Mein Diener Antonio tot, die
35 schöne Niccolosa tot! Ach Filippo, in eine Totenstadt bin ich gekommen, ich gehe
umher, betaste mich und frage mich, ob ich denn selbst noch lebe!

---

[1] i. e., the papal or the imperial party   [2] 'thanks to our pious ones' (explained in the next
paragraph)   [3] central market   [4] gate at the south of the city   [5] 'masquerade'   [6] barracks set
up on the outskirts to house the sick   [7] street name   [8] long, wide, vest-like garment   [9] 'demanding'   [10] one of the oldest and most noble families of Florence   [11] 'settled'

Auch der schöne Cecco hat daran glauben müssen, der Riese, der aussah, als
sollte er hundert Jahre alt werden, sagte Filippo. Bei der Porta Pinti war es, da gingen wir spazieren, als uns der Pestkarren entgegenkam; ein wunderschönes totes
Mädchen lag darin. Cecco im Übermut hält den Karren auf und steckt den Kopf
5 hinein, um die Leiche auf den Mund zu küssen. Nach ein paar Stunden erkrankte
er, und zwei Tage später lag er im selben Karren. Aber was stehen wir da und jammern wie die alten Weiber: Der ist tot und jener liegt im Sterben! Lassen wir die
Toten ihre Toten begraben und behalten wir unseren letzten Blutstropfen der
Freude vor[1]! Wohl dem, der sich keine einzige versäumte schöne Stunde vorzuwer-
10 fen hat! Wüßtest du, wie süß die Küsse sind, die der Tod würzt! Wie die streng-
sten[2] Lippen dürsten nach einem Tropfen aus dem Becher, der zur Neige geht!
Jetzt lebt man rasch, in einen Tag drängt sich der Inhalt von Jahren zusammen.
Nackt und aufrichtig, wie sie Gott erschaffen hat, steht jede Seele vor dir. Jetzt
kein langer Dienst[3] mehr mit Seufzen und Schmachten, kein Paradieren vor den
15 Fenstern der Schönen, ein Wort öffnet dir alle Türen: Madonna, es ist vielleicht
die letzte Nacht, die wir leben. O die letzte, letzte Freude zu versäumen! Diese
Zauberformel treibt die Nonne vom Altar weg in deine Arme und die Witwe von
der Leiche ihres Gatten. Morgen nicht mehr sein! Die schönen Arme, die dich
heute umfangen, ein Raub scheußlicher Verwesung! Es ist ein Tropfen im Kelch
20 des Genusses, der die Sinne umnebelt, der dich taumeln macht, ohne den[4] künftig
jeder Trank schal und nüchtern sein wird. Ich glaubte, ein Meister in der Kunst des
Lebens zu sein, und sehe, daß ich nichts genossen habe bis auf diese Tage. Komm,
Alessandro, wir wollen eine Gesellschaft gründen, von der man noch in hundert
Jahren in Florenz reden soll. Meine späten Enkel sollen sagen: Als die Freude aus
25 der Welt vertrieben war, fand sie eine Zuflucht in Filippo Vettoris Haus. Auf
meine Schwelle will ich die Statue der Pest stellen, die den blinden Cupido an der
Hand führt, vom ersten Florentiner Künstler gefertigt. Dann wollen wir umher-
gehen, eine andere und klügere Misericordia[5], und unsere Festgenossen suchen.
Was jung und schön und geistreich ist, wem noch ein Funke von Lebenslust in den
30 Adern glüht, sei bei uns willkommen. Mit den feinsten Weinen will ich meine
Tafel würzen, die auserlesenste Musik soll unseren Ohren schmeicheln, und Gespräche wollen wir führen, um die uns Sokrates[6] und Alkibiades beneiden sollen.
Wen das Schicksal ereilt, dem sei nicht weiter nachgefragt[7], keiner habe Anspruch
auf Totenklage! Stirbt das schönste Weib aus unserem Kreise, morgen umarmen
35 wir ein schöneres! Euthanasia[8] soll unsere Gesellschaft heißen, und unser Gruß soll

---

[1]*behalten ... vor* 'save our last drop of blood for pleasure'   [2]'most self-denying'   [3]i. e.,
Liebesdienst   [4]'without which'   [5]i. e., an order with a different purpose than the Brothers
of Mercy (see note above)   [6]i. e., a comparison with the Socratic dialogues of Plato; Alci-
biades, Athenian politician and general, pupil of Socrates   [7]*Wen ... nachgefragt* 'Whoever meets his fate, let him go unnoticed'   [8]'gentle death'

sein: Stirb wohl! Bist du der Unsere, Alessandro, oder hält dich Madonna Clarice zu fest im Bann?

Der andere machte eine Handbewegung, als schüttle er einen Strohhalm vom Ärmel.

5 Ich bin dabei, was die Abende betrifft, aber den Tag muß ich mir frei behalten. Morgen früh stelle ich mich den Prioren[1] der Zünfte vor, du weißt, mein Leben gehört dem Staate —

Gut, ich lasse dir den ganzen Tag, um das Vaterland zu retten, rief Filippo lustig, aber am Abend bist du mein. Ein paar Freunde und Freundinnen findest du 10 immer bei mir. So mag denn unter[2] unserem Festjubel und dem Geplärr[3] der Dominikaner das alte Florenz seinem letzten Stündlein entgegengehen! Kommst du gleich mit mir?

Nein, ich danke dir, ich habe heute noch viel zu tun, ich muß erst mein Haus in Ordnung bringen, denn den Verwalter haben sie ins Lazarett geschafft. Aber 15 morgen bin ich bei dir, morgen abend.

Morgen ist spät, komm lieber heute mit mir. Mein Herz sagt mir, daß du heute kommen sollst. Du kennst den weisen Spruch des großen Lorenzo[4]:

Chi vuol esser lieto, sia!
Di doman non c'è certezza![5]

20 Jetzt gelten keine Wechsel[6] mehr auf so langen Termin.

Er wollte sich des Freundes bemächtigen, aber dieser wehrte ab und vertröstete nur immer auf morgen.

Da mußte Filippo nachgeben, er schickte sich zum Gehen an und rief noch dem Freund zurück: Komme sicher, gute Nacht! Auf frohes Sterben!

25 Ich komme sicher, gute Nacht! war die Antwort.

Aber in den Sternen stand es anders geschrieben.

Alessandro di Francesco della Stufa stammte aus einem alten, angesehenen Florentiner Geschlecht. Er war jung, schön und reich und stand an Bildung keinem seiner Zeitgenossen nach[7]. Die ersten Humanisten Italiens waren seine Leh-30 rer gewesen, und in der Schule Francesco Guicciardinis[8] hatte er die Staatsweisheit gelernt. Er hatte die letzten Jahre auf auswärtigen Gesandtschaften zugebracht und die Vaterstadt nur auf kurzen Besuchen wiedergesehen. Er kannte die Höfe von Rom und Paris, war in Venedig vom Dogen ehrenvoll empfangen worden und hatte überall in der Gesellschaft der ersten Staatsmänner und Gelehrten, der ausge-

---

[1]'priors' (heads, leaders) [2]'amidst' [3]'monotonal singing' [4]i. e., Lorenzo de' Medici, "the Magnificent" (1449-1492), grandson of Cosimo de' Medici, ruler of Florence, 1478-1492 [5]Whoever wants to be joyous, let him / For tomorrow is uncertain!' [6]'checks' [7]*stand ... nach* 'was surpassed in cultivation by none of his contemporaries' [8]a reference to Guicciardini's reputation as an amoral, calculating, cynical, and power-hungry politician

zeichnetsten Künstler gelebt, war von den schönsten und gefeiertsten Frauen seiner Zeit verzogen[1] worden. Vor kurzem hatte er in Lucca eine Landsmännin, die stolze Clarice degli Strozzi, heimgeführt. In Florenz hatte er einst Herz und Hand einer anderen gelobt — aber das war lange her.

5   Als Filippo ihn verlassen hatte, trat er nachdenklich unter die Tür von San Giovanni[2], wo er vor sechsundzwanzig Jahren die Weihe der Taufe empfangen hatte. Beim Eintritt tauchte er den Finger in den Weihkessel, denn obwohl ein Anhänger der Platonischen Lehre[3], war er doch in allen seinen Gewohnheiten ein Sohn der Kirche geblieben. Ein blinder Bettler in Lumpen kniete am Eingang, ein
10 paar Kerzen brannten trübe auf dem Hauptaltar, der Rest der Kirche lag in Dämmerung. Die Schar der Gläubigen, die sonst abends den Tempel füllten wie ein gemeinsames Haus[4], war verschwunden. Alessandro machte ein paar Schritte durch den hallenden Raum. Dann wandte er sich zum Hauptaltar zurück und erblickte auf den Stufen des Chors eine in brünstiges[5] Gebet versunkene Gestalt,
15 die er zuerst nicht beachtet hatte, denn sie kniete nahe der Tür durch die er eingetreten war. Und von dem Gesicht, das sie dem Hochaltar zukehrte, konnte er nur ein edles blasses Oval erkennen, langes, schwarzes Trauergewand verhüllte den ganzen Wuchs, und doch sagte ihm ein unbeschreibliches Etwas, daß diese einsame Beterin jung und schön sein müsse.

20 Sobald der junge Mann dieser Erscheinung ansichtig ward, schwand der Ernst aus seinen Zügen, er nahm eine leichtere Haltung an, schlug den Mantel zurück, daß das spanische Wams darunter zum Vorschein kam, und seine Schritte hallten stärker durch die leere Runde, während sein Degen leise auf dem Mosaikboden der Kirche klirrte. Da fuhr die Beterin zusammen und wandte ihm ein schönes, aber
25 marmorbleiches Gesicht zu, dem der ungewisse Lichtschein vom Altar her einen fremden Reiz gab.

Der junge Mann trat neben sie und sagte bescheiden: Madonna, ich sehe, Ihr seid allein, bald werden sie die Kirche schließen, die Straßen wimmeln von verdächtigem Gesindel — wollt Ihr Euch meinem Schutz und meiner Begleitung ver-
30 trauen, um nach Hause zu gehen?

Die Schöne zitterte bei seinen Worten so stark, daß sie sich mit dem Arm auf die steinernen Stufen stützen mußte, neben denen sie auf den Knien lag. Sie antwortete stoßweise mit unsicherer Stimme und gesenktem Haupt: Messere[6], ich habe kein Haus mehr, — das Haus Gottes ist jetzt das meinige.
35 Der junge Mann beugte sich mit Teilnahme zu ihr nieder und sagte: Habe ich Euch erschreckt, Madonna? Ein schwerer Kummer scheint auf Euch zu lasten.

Sie richtete den Kopf auf und sagte mit lieblichem Ton: Ja, ich bin erschrocken, als ich die Stimme hörte, die ich nie weder zu vernehmen glaubte. Kennt Ihr

---

[1]'spoiled' [2]i. e., the Baptistery [3]the teachings of Plato [4]'public place' [5]*inbrünstiges* 'fervent' [6]'sir'

die arme Bianca nicht mehr, die Ihr einst glauben ließet, daß sie Eurem Herzen
die Nächste sei?

Bianca, stotterte der junge Mann, Ihr seid es und so allein zu dieser Stunde!
Ich habe zum Herrn gebetet, daß er dieses jammervolle Volk erlöse — und
5 mich zugleich.

Oh, er hat Euch gewiß erhört, Ihr werdet leben, rief Alessandro, der nicht
mehr wußte, was er sagte, und war ihr behilflich, sich aufzurichten.

Die schwarzen Augen glühten fieberhaft in ihrem blassen Gesicht, sie hielt seinen Arm fest umklammert, und ihr Atem streifte seine Wange. Sein Auge ruhte wie
10 gebannt auf ihr und suchte die wohlbekannten Züge in dem bleichen, aber herrlichen
Geschöpf, das in der vollen Entfaltung seiner Reize vor ihm stand und ihm jetzt noch
tausendmal begehrenswerter erschien, als in der ersten kindlichen Blüte.

Mein Haust ist ausgestorben, mein Mann ist tot, die Dienerschaft geflohen, flüsterte sie. Das Grauen trieb mich fort, aus jeder Ecke starrten mich Gespenster an.
15 Sie sank mit den Knien nach vorwärts, als breche sie zusammen, und er mußte
sie in den Armen auffangen, so groß schien ihre Bewegung.

Meine Bianca, sagte er, von Mitleid und Zärtlichkeit übermannt, du bist nicht
allein, ich habe dich wieder gefunden und verlasse dich nicht.

Sie schauerte in seinen Armen zusammen. Ein Blitz von Freude und Triumph
20 schoß wie ein spitzer Dolch aus ihren Augen, aber er sah es nicht, und sie senkte
gleich die Blicke wieder und fragte schüchtern: Wohin wollt Ihr mich führen?

Er schwieg einen Augenblick, und sein Gewissen sagte ihm, daß er an der
einst so heißgeliebten einen neuen Verrat zu begehen im Begriff sei.

Aber die Nähe des schönen Geschöpfs, dessen Herz er an dem seinigen klop-
25 fen fühlte, das verführerische Dunkel und die Einsamkeit rissen sein ganzes Sein
in einen Wirbel hin, in dem jede bessere Regung unterging. Filippos Reden brausten ihm verworren in den Ohren nach. Das Verderben schwebte so nahe über
ihren Häuptern, und das Leben war doch so verlockend schön. — Er dachte an die
langen Nächte, die er vor ihrem Fenster verseufzt hatte, als die Brüder sie einge-
30 schlossen hielten, und sie nur einen flüchtigen Gruß über die Straße tauschen
konnten, an ihre Schönheit, die er nur so kurze Zeit besessen hatte, ehe die Signoria[1] ihn mit einer Gesandschaft nach Frankreich betraute.

Zu mir, in mein Haus, sagte er mit einer Stimme, von der sich jeder Laut wie
ein schmeichelndes Hündchen zu ihren Füßen zu schmiegen schien. — Das deini-
35 ge ist verwüstet und ausgestorben, auch das meinige ist leer, weil kein häusliches
Feuer darin brennt. Ich bin ganz allein — Bianca, komme du mit mir — Bianca,
ich habe dich nie vergessen, es war eine höhere Macht, die uns voneinanderriß.
Diese langen Jahre — wie oft habe ich an dich gedacht! In jeden Gedanken an die

---

[1]city government

Vaterstadt hat sich dein Bild verwoben. — Und jetzt, Bianca, sind wir vielleicht Sterbende, — sollen wir nicht die kurze Stunde noch glücklich sein?

Ja, sagte sie entschlossen und drückte mit Kraft seinen Arm, ich folge Euch.

Ein böses Lächeln ging plötzlich über sein Gesicht, aber um es zu verbergen,
5 beugte er sich zu ihr herab und küßte sie rasch.

Sie riß sich los, trat einen Schritt zurück und wies mit abgewandtem Gesicht nach dem Altar. Bei dieser Bewegung kam ein weißes Tuch zum Vorschein, das sie wie eine Schärpe am Gürtel befestigt trug.

Er erblaßte, wich zurück und fragte betreten: Was bedeutet dieses Tuch?
10 Sie lachte laut au, daß es unheimlich durch das Gewölbe hallte.

Erschreckt Euch dieser Lappen? sagte sie. Sie schwieg ein wenig, dann fuhr sie gleichgültig fort: Ich habe ihn umgeknüpft, um unbehelligt hierherzukommen. Ihr sagtet ja selbst, die Stadt wimmle von verdächtigem Gesindel. Seht, unter diesem Zeichen geht man so sicher wie unter Engelsfittichen[1].

15 Ihm war das warme Blut plötzlich erkaltet. Ein Unbehagen schauderte ihm durch alle Glieder, ihr Wesen schien ihm fremd und seltsam aufgeregt. Aber er schämte sich, dieser Anwandlung[2] nachzugeben. Mit einer Art von Zorn riß er ihr das weiße Tuch ab, das wie die Klapper der Aussätzigen[3] im Orient seinen Träger in den Augen der Mitgeschöpfe zum Schreckbild machte.

20 Jetzt werde *ich* dich beschützen, sagte er.

Und von der heftigen Bewegung war ihm der Gürtel zugleich in der Hand geblieben. Ihr weites, schwarzes Oberkleid fiel auseinander und zeigte ein duftiges[4] linnenes Untergewand, das sich mit Goldstickereien um die Brust schmiegte und bis auf die Knöchel niederfiel.

25 Er umfaßte sie wieder, sie folgte dem Zug seiner Arme und legte das Gesicht an seine Schulter, daß die langen losgegangenen Haare über seinen Arm fielen, indem sie ihn mit beiden Händen festhielt, als fürchtete sie, er könnte ihr wieder entrinnen.

Komm, komm fort von hier! flüsterte sie ihm in die Ohren.

30 Er hob sie auf und trug sie wie ein Kind zum Tempel hinaus. Diesmal vergaß er, auf der Schwelle das Weihwasser zu nehmen, und wäre fast über den blinden Bettler gestolpert, der unter der Türe eingeschlafen war.

Als sie im Freien standen, war sie es, die ihn so eilig fortzog, als ob ihr in jeder Minute eine Seligkeit verloren gehen könnte.

35 Der Himmel war kohlschwarz geworden, der Wind fegte die Via Calzajuoli herunter und schleuderte ihnen einen Staubwirbel ins Gesicht. Madonna Bianca blieb plötzlich stehen, legte die Hand auf die Brust und seufzte tief und schmerzhaft auf.

---

[1]'angel wings'   [2]'passing feeling'   [3]'the clappers of lepers' warned others of their presence   [4]'flimsy'

Schließe die Augen, sagte er, ich führe dich.

Er schlug die eine Hälfte seines Mantels über sie und schlang ihr einen Arm um den Leib, sie beim Gehen leicht unterstützend, daß er sie wie ein Bündel unter dem Arm zu tragen schien.

5 Auf dem Ponte vecchio[1] machten sie halt, um Atem zu schöpfen. Die schweren Wolken zerrissen endlich wie ein Vorhang im Westen und ließen eine ungeheure schwefelgelbe Feuermasse sehen, das Tal stand einen Augenblick in Flammen, dann wurde es noch dunkler als zuvor.

Ist das nicht der Weltuntergang, den uns Frate Ambrogio täglich von der
10 Kanzel verkündet? flüsterte Madonna, in den Arm des jungen Mannes geschmiegt.

Sie gingen weiter, das Geländer streifend. Da stieß Messer Alessandro auf einen weichen Klumpen und zog mit Grausen den Fuß zurück. Ein schwarzer Fleck lag am Boden, noch dunkler als die Dunkelheit, die ringsum herrschte. Alessandro wußte augenblicklich, daß er auf einen menschlichen Körper getreten war,
15 denn so groß ist die Würde des Menschleibes, daß er auch in der äußersten Entweihung und im Dunkel der Nacht eine unbewußte Scheu um sich verbreitet. Auch war es nicht der einzige Leichnam, den man in diesen Tagen auf der Straße liegen sehen konnte.

Ein Sterndeuter sagte mir vor kurzem, auf dem Weg der Liebe werde ich den
20 Tod finden, sagte der junge Mann mit gezwungenem Lachen. Jetzt gehe ich den Weg der Liebe, und hier liegt der Tod.

Als sie in die Nähe der Via de' Bardi kamen, wo Alessandros Haus stand, fragte Bianca plötzlich: Und wo ist Madonna Clarice?

Alessandro war betroffen.

25 Sprich nicht von ihr, denke nicht an sie! war seine Antwort. Sie ist fern und hat hier nicht zu gebieten.

So liebt sie Euch nicht, daß sie darauf verzichtet, die Gefahr mit Euch zu teilen?

Sie hat nicht zu lieben, sie hat nur zu gehorchen, entgegnete er hart.

30 Und von da an sagte Madonna Bianca kein Wort mehr auf dem ganzen Wege.

Als der Morgen dämmerte, fuhr Messer Alessandro aus einem unruhigen Schlafe auf. Seine Schläfen hämmerten, seine Lippen waren wie ausgedörrt, und auf der Brust und unter der Achselhöhle empfand er ein unleidliches Zerren und Brennen.

35 Ich werde nach dem Arzt schicken müssen, sagte er beklemmt, indem er den Kopf aufrichtete.

---

[1]'Old Bridge' over the Arno River

Messere, Ihr werdet besser tun, den Priester zu rufen, antwortete Madonna
Bianca kalt, ohne sich von ihrem Sitz zu erheben, von wo sie seit Stunden bleich
und regungslos auf den Schläfer herabgeblickt hatte.

Er sah sie starr mit aufgerissenen Augen an. Da schlug sie das weiße linnene
5 Gewand zurück, und bei dem fahlen Morgenlicht sah er über der marmornen Brust
drei kleine brandrote Bläschen[1], von einem bläulichen Hof[2] umgeben.

Seht her, sagte sie, das habe ich gestern abend vergessen Euch zu zeigen.

Eine eiskalte Hand fuhr ihm ins Herz, und vor ihm stand grauenvoll das
Gespenst der Vernichtung. Im nächsten Augenblick ward ihm siedend heiß, er riß
10 sein Hemd auf, und auf seiner Brust sah er dieselben kleinen brandroten Flecken,
die schwerste Form der Pest, die man damals kannte, die Vorzeichen des sicheren
Todes.

Er sprang vom Lager auf, als wollte er das Weib erdrosseln. Aber er blieb mit
geballten Fäusten vor ihr stehen und stieß nur mit dumpfer Stimme heraus: Du —
15 du — du hast mir das getan!

Ja, sagte sie ruhig mit einem Lächeln, das dem Lächeln der Wahnsinnigen
glich, ich, die unglückliche Bianca, der du ihre Jugendblüte gestohlen hast[3], die du
dem Zorn ihrer Verwandten preisgabst und einem unwürdigen Mann in die Arme
triebst, die du auch gestern nur vom Altar wegholtest, um sie aufs neue zu
20 betrügen. Der du das Leben vergiftet hast und die jetzt auch ihr ewiges Heil ver-
wirkt hat durch die gräßlichste und abscheulichste Tat, von der die Welt jemals
hörte. Aber ich bereue sie nicht. Als das Unglück über unsere Stadt hereinbrach,
und alle auf den Knien lagen und zum Himmel flehten um Rettung, da jubelte
mein Herz allein der Vernichtung entgegen[4]. Und ich ahnte doch nicht, welche
25 Rache, welche Seligkeit mir noch vorbehalten war. Nie wird sich mehr die blonde
Clarice deiner Liebe erfreuen. Oh, was sind alle Pulver der Borgia[5] gegen die Wollust, dem Feinde den eigenen Mund wie einen Giftbecher zu reichen und zu sagen:
Trink! War der Becher nicht verlockend, war der Trank nicht süß? — Er hat
schneller gewirkt als ich dachte.

30 Er brach in wilde Verwünschungen aus und tobte wie ein Verzweifelter durchs
Zimmer. Er überhäufte sie mit den schrecklichsten Drohungen, aber war es die
Kraft der Krankheit, die ihn lähmte, oder die dämonische Natur des Weibes vor
ihm, er wagte nicht, den Finger gegen sie aufzuheben.

Sie ließ ihn wüten und saß unbeweglich.

35 Plötzlich hob sie die Hand auf und unterbrach ihn.

Still, sagte sie mit unheimlichem Lächeln. Hörst du es die Straße hinunter-
klingen? Das ist der Karren, vor dem alles, was Leben hat, sich schaudernd ver-

---

[1]from *Blase* [2]'circle' [3]'she whose youthful bloom you stole' [4]*jubelte entgegen* 'rejoiced to greet' [5]The Borgia, particularly the children of Pope Alexander VI, Cesare and
Lucrezia, were reputed to use poison to remove their enemies.

kriecht. In wenigen Stunden werden sie uns zusammen auf diesen Karren legen, in *eine* Grube werden sie uns beide werfen, *ein* Feuer der Verdammnis wird unsere Seelen empfangen. Oh, möchte doch ein Sturmwind uns in ewiger Qual dahintragen, in Ewigkeit zusammengeschmiedet wie jenes andere jammervolle Paar[1]!

5   Scheusal! Megäre[2]! sagte er mit dem tiefsten Abscheu. Pfui über deine feige Tat! Aber wenigstens sollst du nicht triumphieren, in deiner Gesellschaft will ich nicht sterben, — ich rufe meine Diener —

Er wollte hinausstürzen, aber sie hielt ihn mit Kraft am Arm zurück.

Bleib, sagte sie mit einem Ton, in dem Haß und Zärtlichkeit kämpften, wenn
10 du deine Diener rufst, schaffen sie dich hinaus in die Baracken, von wo dich erst die Totengräber wieder abholen! Bleibe hier, meine Rache ist gesättigt, jede Pflege, die dir das Sterben erleichtern kann, sollst du von meiner Hand empfangen, denn mich hält eine wunderbare Kraft aufrecht.

Er hörte schon nicht mehr, denn er starrte mit abwesenden Blicken vor sich
15 hin und ließ sich nach dem Lager zurückführen, auf das er taumelnd niedersank. Die Wut schien alle seine Lebenskraft aufgezehrt und dem Fieber die alleinige Herrschaft über seinen Körper gelassen zu haben. Er streckte noch den Kopf vor, denn er glaubte die große Glocke zu hören, die die Bürger von Florenz in Tagen der Not zum Parlamento rief.

20   Die Signoria erwartet mich, lallte er mit schwerer Zunge, aber in seinem Hirn fing es zu brausen an, tiefe Betäubung umfing ihn, und sein Blick wurde gläsern.

Nach einer Weile öffneten sich seine Lippen noch einmal und murmelten abgerissene, unverständliche Worte, und einmal schien es der bleichen Wärterin an seiner Seite, als flüsterte er: Bianca!

25   Da beugte sie sich zu ihn herab und küßte ihn mit ihren blutlosen Lippen auf die Stirn. Dann setzte sie sich neben ihn auf den Rand des Lagers, und unverwandt in das Gesicht des Sterbenden starrend, wartete sie ruhig wie ein Todesengel auf seine und ihre letzte Stunde.

Als der Freund am Abend nicht versprochenermaßen[3] beim Festmahl erschie-
30 nen war, machte sich Messer Filippo Vettori noch spät in der Nacht mit fackeltragenden[4] Dienern auf nach seinem Palast, um den Säumenden[5] abzuholen.

Als er an der Haustür den Klopfer fassen wollte, griff er in einen weichen Stoff. Die Diener leuchteten mit den Fackeln her, und Messer Filippo fuhr wie von einer Schlange gebissen zurück, denn er hielt ein weißes Tuch in der Hand.
35   Eine Weile stand er tief erschüttert.

Armer Alessandro, rief er, wer hätte gestern gedacht, daß du heute schon die weiße Fahne ausstecken würdest!

---

[1] a reference to the lovers Paolo and Francesca in Canto 5 of Dante's *Inferno*, who are whirled eternally about Hell on the wind of their passion [2] one of the avenging Furies (Greek mythology) [3] 'as promised' [4] 'torch-bearing' [5] 'tardy one'

Dann aber fiel ihm ein, daß Schreck und Kummer den Körper empfänglicher
für die Ansteckung machen. Er trat eilig den Rückweg an, indem er aus voller
Kehle in die Nacht hinaussang:

> Quant' è bella giovinezza
> Che si fugge tuttavia!
> Chi vuol esser lieto, sia!
> Di doman non c' è certezza![1]

5

---

[1]'Oh, how lovely is youth / Though it be fleeting! / Whoever wants to be joyous, let him
/ For tomorrow is uncertain!'

Helene Böhlau

As a native of Weimar, Böhlau (1859-1940)
was fascinated by life in that city during the
time in which the presence of Goethe, Schiller, Wieland, and Herder made it the center of
the German literary world. Goethe is, in fact,
a central presence in several of her best-
known works, such as the novel *Die kleine
Goethemutter* (1928) the *Novelle* "Sommer-
seele" (1904), in which a young woman falls
passionately in love with the young Goethe,
then sacrifices her own happiness for his art.
Much of her material she claims to have gathered from her grandmother, who was Goethe's contemporary and actually knew him;
Böhlau herself was as a child befriended by

his grandson, Walter. Her admiration for Goethe the artist, though great, is always
tempered by a certain skepticism towards Goethe the man; she seems to take special pleasure in targeting the Goethe-*Schwärmer* for gentle, yet pointed ridicule,
while making it clear that she also understands their passion.

Jugend

N DUNKLER SOMMERNACHT fuhr die alte, gelbe Postkutsche auf der
Erfurter Chaussee ihrem Ziele, dem Städtchen Weimar zu.
      Eine laubduftende, schwere, warme Nacht, der Mond schon unterge-
gangen, die knorrigen Obstbäume am Straßenrand wie dunkle, kaum angedeutete
5 Silhouetten, die weitausgedehnten Kornfelder[1] strömen des vergangenen Tages
Wärme und Wohlgerüche aus.
      In der Postkutsche sind beide schmale Fenster niedergelassen, und ein einziger
Passagier, ein junger Mann, atmet den Ledergeruch des alten Rumpelkastens[2],

---

[1]'fields of grain'   [2]'jolting crate'

diesen Reisegeruch jener Tage, der sich zu solcher Stunde mit der weichen, geheimnisvollen, nach Korn duftenden Finsternis mischt.

Aus dem Chausseegeldeinnehmerhaus[1] blinkt ein trübes Öllämpchen wie ein schläfriges Auge. Der einzige helle Punkt weit und breit. Der Postillion klatscht
5 mit der Peitsche — klatscht wieder und wieder, spuckt aus.

„Die Luder schlafen, — wie gewehniglich[2]." Er hat sich vom Bock geschwungen und macht sich am Halfter der Pferde zu schaffen.

So ein feuchter, dumpfer, zärtlicher Klatsch durch die Dunkelheit. Er hat dem Handpferd[3] das weiche Maul geklopft. Die zarten, mächtigen Lippen schlappen
10 feucht gegen die Trense. Durch das ganze Tier geht ein freudiger Ruck der Genugtuung.

Darauf eine Erschütterung der alten Kutsche. Der Postillion ist wieder aufgesprungen, flucht noch einmal über die verschlafenen Luder — und fort geht's, hart und rasselnd; und ein junger Schwärmer wird so der alten wunderlichen Stadt
15 zugeführt.

Der Postillion denkt bei sich: „Gewiß och wieder eener von denen, die nich alle werden[4]. Du meine Gite! Was hat denn der dervon, wenn er och en bar Mal an Herrn von Gethes Haus vorbeimarschieren dhut, oder auch, wenn's Glicke gut ist und wenn'r 'reinkimmt! Jesses ne!
20 Wenn ich Herr von Gethe wär', ich dächte mir: Blost mir in' Ärmel![5] Hab' ich 'n mehr als zwee Beene, daß 'r so ahngenärrscht kommt[6]?

Nä, mir werd's ibel, wenn ich denke, mich wullten's alle zu sehen krieche[7], die Narrn. Der drinn tät och besser, sei Gerschtel[8] firs Studium ahnzuwenden statt von Gettungen[9] rein zu machen, oder woher er kimmt. Na, wenn's en freit, mir gann's
25 wurscht sein."

Damit gab er seinen beiden Braunen eine kleine Aufmunterung und vorüber rasselte es am Galgenberg[10], der dazumal sein Warnungszeichen[11] noch trug.

Drin in der düsteren Kutsche schlug ein frisches, kühnes Herz, ein Herz voller Schwärmerei, wie jetzt keine mehr schlagen. Jetzt brennen die jungen Herzen, die
30 wirklich brennen, Anthrazitkohle, ein konzentriertes bestausgenutztes Brennen, in spitzer, scharfer, blauer Flamme.

Damals aber brannten die jungen Herzen Holzfeuerung, da knisterten Kienäste, da prasselte viel unnütz feuchter Saft in Feuergarben[12], und dunkler, schwermütiger Rauch schwelte.
35 Es war ein lustiges, träumerisches, verschwenderisches Brennen.

Ja, ein kleiner Überrest von solchen flammenden Holzstößen hat sich in unserer Zeit noch in Backfischherzen[13] hinübergerettet.

---

[1]*Geldeinnehmerhaus* 'toll-taker's house'   [2]=*gewöhnlich*   [3]'lead horse'   [4]'that never stop coming'   [5]'blow up my sleeve,' slang for 'get lost'   [6]'come fooling around'   [7]=*kriegen*   [8]=*Geld*   [9]=*Göttingen*   [10]'Gallows Hill'   [11]i. e., *der Galgen*   [12]'balls of fire'   [13]'teenagers' hearts'

Da knistern noch hin und wieder rührende Flämmchen für irgendein Idol.

Aber was ist das armselige Knistern gegen die Feuersbrunst in jener Postkale-sche[1].

Vorgebeugt, die Hand in die Haare vergraben, saß jetzt der junge Mensch.

5 Seine Nasenflügel weiteten sich, es war, als witterte er Goethe, je näher er Weimar kam.

Er wallfahrte wie zu einem Gott.

Und wenn er sich hätte durchbetteln müssen, einmal in seinem Leben mußte er in Goethes Nähe sein. Da er verstand, den Augenblick zu nützen, hatte das erste

10 Geld, das als rundes, freies Sümmchen seine Hand berührte, ihn reisefertig gemacht.

Und nun war er da!

Vor dem Erfurter Tor, am Chausseehäuschen, wurden seine Papiere beim Schein einer Laterne, in der zwei jungfräuliche[2] Talgkerzen brannten, begutachtet. Seinen Namen trug er in ein Fremdenbuch ein und wurde dann unbeanstandet

15 mitsamt der alten Rumpelpost eingelassen.

Der Postillion blies liebevoll und falsch: „Muß i denn — muß i denn zum Städtli hinaus — Städtli hinaus".[3] Was geht das einen alten Postillion an, ob er hinaus- oder hineinfährt. Völlig „wurscht" ist ihm das.

Er fuhr seinen jungen Passagier bis vor den Russischen Hof[4], weil er doch

20 einmal am Wege zur Post lag.

Un somit stand der Schwärmer also bald auf heiligem Boden.

„Da missen Se schellen, wenn Se 'nein wollen! — aber dichtig — hären Se, die hären och nich!" rief der Postillion. „Und auf Ihren Kuffert[5] geben Se Owacht-chen[6]! Seit mir[7] gar so viel bedeitende Leite ins Nest kriechen, wäre mir[7] Welt-

25 stadt."

Damit rumpelte er weiter und nahm sein Stücklein[8] wieder auf, denn er mußte blasend in den Posthof einfahren.

Der junge Mann aber stand in schweigender Nacht mitten in Goethes Stadt.

Ihm war zumute, als wäre er in einen geheimnisvollen Tempel geraten, in dem

30 ein Gott leibhaftig seinen Wohnsitz genommen hatte.

Endlich läutete er, und ein verschlafener Hausbursche nahm sich seiner verschlafen und „sachtchen"[9] an.

Es war ein echter und rechter Hausbursche mit Zipfelmütze und Laterne, kräftigen Stallgeruch um sich verbreitend.

35 „Da sin Se mit der letzten Post rein? — Ja — is'n schone nach zwelfe[10]?" fragte er bedächtig. „Da wollen Se wohl ä Zimmerchen?"

Und er bekam ein Zimmerchen, ein Riesenzimmer, in dem drei weißüberzo-gene Betten wie Nippsachen verschwanden.

---

[1]=*Postkutsche*   [2]i. e., fresh   [3]German folksong   [4]name of an inn   [5]=*Koffer*   [6]=*Obacht*
[7]=*wir*   [8]'tune'   [9]=*sachte*   [10]=*zwölf*

„Se brauchen doch nischt weiter," fragte der Hausknecht — und zwar ohne Fragezeichen; zündete eine Talgkerze, die in einem Messingleuchter stand, bedächtig an seiner Laterne an. Die Lichtputzschere[1] fiel dabei polternd zur Erde. „Daß dich der Deiwel!" gähnte er und suchte schlaftrunken ihrer wieder hab-
5 haft zu werden.

„Da sin Se wohl zum Feste rein?"

„Zu welchem Fest?"

„In Diefurt[2] unten."

„Nein." Da wußte der Fremde nichts davon. „Was ist da los? Kann man dahin?"
10 „Fremde von Distinktion schon."

„Wieso?"

„Was jetzt so hier durchkommt un sich hier aufhält, wenn's nicht Handlungsreisende sin, sind's allemal welche von Distinktion. Was soll denn eens[3] hier duhn?"

Dieser Rede dunkler Sinn wurde dem Fremden nicht sofort klar, wie er es
15 wohl auch dem Hausknecht nicht war, denn was der sich unter „Fremde von Distinktion" dachte, Gott weiß es. Seiner Erfahrung nach vielleicht Genies[4], und was von durchreisenden Genies zu halten war, das wußte er eben seiner Erfahrung nach: Unbezahlte Rechnungen, keine Trinkgelder, Scherereien aller Art, zweifelhafte Leibröcke, nicht salonfähiges Schuhwerk.

20 Ja, man erzählte sich im Russischen Hof, daß „Geheimderat" Bertuch[5] jährlich eine gewisse Summe, vom Hof aus, zu verausgaben habe, einzig dazu bestimmt, die Toilettendefekte der durchreisenden Genies zu kachieren[6]. Da gab's Geschichten, es brauchte nur einer im Russischen Hof und im Elefanten[7] nachzufragen.

Prüfend schaute der Hausknecht, bei der jetzt glänzenden Beleuchtung der
25 Laterne und der Talgkerze, noch einmal auf die Toilettenverhältnisse des Fremden und kam zu der Überzeugung, daß dieser kein Genie sei.

„Befehlen der Herr noch was zum Nachtessen?" geruhte er[8] aus diesem Grunde zu fragen.

Der Fremde bestellte sich eine Flasche Wein, was auf den Hausknecht wieder
30 einen günstigen Eindruck machte.

Ein Genie hätte sich einen Grog bestellt.

„Sag' Er mal, mein Lieber," fragte der junge Mann und hielt die schlürfende Bedienung[9] im Hinausgehen auf, „wie ist das mit dem Feste?"

„Na, da kommen Se schone hin, wenn Se wollen — worum nich? Da geht
35 morgen alles, was Beine hat und nur irgend was is."

---

[1]'wick trimmer' [2]The ducal *Lustschloß* in Tiefurt, ca. three miles northeast of Weimar on the Ilm River, was the summer retreat of the Dowager Duchess Anna Amalia of Weimar; theatrical works were often performed there out of doors in the surrounding park. [3]=*einer* [4]'conceited intellectuals' [5]Friedrich Justin Bertuch (1747-1822), keeper of the privy purse for Duke Karl August from 1775-1796 [6]'conceal' [7]another inn in Weimar [8]'he deigned' [9]=*Diener*

„Und Herr von Goethe?"

„Der allemal. Wo wäre der nich derbei? Auffihren dhun se ä Sticke von ihm.[1] Was wees ichn, was immer lus[2] is. Fragen Se nur beim Wirt, der verschafft Ihnen ä Bullet[3] so sicher wie's Amen in der Kerche[4]. Gegen Zugereiste sin mer in Wei-
5   mar immer artig."

Der junge Fremde, als der Hausknecht ihm den Wein gebracht und Gute Nacht gewünscht hatte, öffnete weit ein Fenster, goß sein Glas bis an den Rand voll und trank es dem zu, dessen Nähe er hier spürte.

Dann schaute er angestrengt in die Dunkelheit hinaus. Alte Linden, die einen
10 Weg oder einen Wassergraben beschatteten, ein kurzer, breiter Turm, allerlei Unbestimmtes, das aufdämmerte, trügerische Formen und tiefe Stille.

Ein Uhr schlug es jetzt mit traulichem Schlag. Der Nachtwächter machte die Runde und sang sein Lied.

Ob derselbe auch vor Goethes Haus singt?

15 Der junge Fremde hörte andächtig zu.

Rührung, als wäre er in seiner eigenen Heimat nach langem Umherirren ange-langt, überkam ihn. Es wurde ihm so sonderbar zumute, als er dachte, daß der gro-ße Mann keine Ahnung hatte, was für ein treuer Freund ihm hier angekommen war, und daß er wohl nie etwas davon erfahren würde.

20 Das schmerzvoll einsame Gefühl einer unglücklichen Liebe stieg in ihm auf.

Er war gekommen, einen Gott anzubeten, einen Begriff — und fühlte hier die Nähe des Menschen auf sich wirken, des Menschen, von dem er ein Echo für seine Begeisterung wollte.

Mit einemmal kam er sich so unnütz in dem dunklen, alten Städtchen vor; sei-
25 ne Reise erschien ihm lächerlich, was ihm zwingend gewesen war, zerfiel zu nichts. Ja, er mußte ihn sehen und sprechen — das war's! — das mußte sein! Und aufge-regt ging er im Zimmer auf und ab.

Doch höchst eigentümlich, daß er gerade zu diesem Feste kommen mußte! Seine Phantasie machte die tollsten Sprünge — und er ging schlafen als Goe-
30 thes ganz unentbehrlicher Freund, als der, den der große Mann längst gesucht und endlich gefunden. Er tat dem Verehrten die wichtigsten Dienste, siedelte ganz nach Weimar über und war der glücklichste Mensch.

Ein wunderbar sonniger Sommertag brach an. Der Student war mit dem Frü-hesten munter, und es währte nicht lange, da durchwanderte er die engen, wink-
35 ligen Sträßchen Weimars.

An dem großen, gußeisernen Brunnen stand er und starrte auf die lange Reihe schlichter Fenster, hinter denen der Große lebte.[5]

---

[1]=*Sie führen ein Stück von ihm auf.* [2]=*los* [3]=*Billet* [4]*wie's ... Kerche =sofort* [5]Goethe lived in the *Haus am Frauenplan*, with brief interruptions, from 1782 until his death in 1832.

Zufällig erfuhr er, daß Herr von Goethe sein Gartenhaus[1] unten am Stern schon bezogen habe. Er ging sofort dahin und sah sich die Augen halb aus.

Sonnenfrieden über den hohen Baumwipfeln, dem weißen Häuschen mit seiner hohen, grauen Schindelmütze[2], weite Wiesen, Vogelgezwitscher.

5 Die Wiesenblumen stehn in voller Pracht.

Es ist nichts Lieblicheres zu denken als dieser grüne, weiche Friede. Nirgends ein Haus. Kein Geräusch — keine Menschenseele.

Hier verbringt also dieser Glücklichste seine Sommertage! Eine Einsamkeit, die er in wenigen Augenblicken mit der reizvollsten Geselligkeit vertauschen kann.

10 Ihn lieben die Götter! Das steht fest, und zwar alle ganz einmütig.

Und so weise, diese stillen Erdenwinkel zu finden — zu halten und zu genießen!

Von hier aus strahlte also das Begeisternde über ganz Deutschland, von hier ging es aus, das frische, starke Leben, das sich in Tausende steifer und schlafender

15 Alltagsherzen ergoß und sie lebendig schlagen ließ.

Ja, wahrhaftig, so ein Student vergibt sich nichts[3], wenn er hier auf- und niederrennt in mächtiger Begeisterung.

Als er wieder in seinen Russischen Hof sonnedurchwärmt zurückkehrte, hatte der Wirt ihm bereits ein Billett vom Hofamt zur Aufführung in Tiefurt holen

20 lassen.

Mit welcher Weihe, Vorsicht und Eleganz kleidete er sich am Nachmittag an, wie ein Bräutigam.

Und stattlich und schön sah er aus, das mußte er selbst zugestehen. Er war mit sich zufrieden, — ein Fremder von Distinktion.

25 So machte er sich gegen Abend auf, nach Tiefurt zu wandern. Der Wirt wollte ihn bereden, ein Fuhrwerk zu nehmen, der Gast aber wollte gehen, den heiligen Boden berühren und auf Schritt und Tritt hoffen, daß ihm etwas Intimes, Entscheidendes begegne.

„Fehlen können Sie nicht; wo alles hinrennt, laufen Sie mit", sagte der Wirt,

30 als er seinen Gast bis vor die Haustür begleitete.

„Sehen Sie dort, mein Herr, dort die geputzten Frauenzimmer, denen gehen Sie nur getrost nach, dann sind Sie sicher nicht irregegangen."

Ein ganzer Schwarm junges Volk! Das lachte und schwatzte, flatterte in hellsten, lustigsten Farben wie ein wandelndes Blumenbeet, Eifer, Lebenslust, Ausge-

35 lassenheit.

Ah, denen war's wohl!

---

[1]Goethe's *Gartenhaus am Stern*, on the other side of the Ilm from Weimar proper, served as his principle residence from 1776 to 1782 and thereafter as a retreat. [2]'shingled roof'
[3]'is not wasting his time foolishly'

Solche lustigen Vögel wohnten auch in dem engen, grauen Nest.

An solches Nebenvolk hatte unser guter Junge noch gar nicht gedacht.

Für ihn thronte hier Goethe, der Gottmensch, daß sich irgend etwas anderes hier noch breit machen konnte! —

5 Und wie es sich breit machte, nahm die ganze Straße ein, eine an die andere gedrängt, eine ganze Kette lustig flatternder Fähnchen, blumengeschmückter Häupter und nickender Hüte — und Lachen und Kichern ohne Ende.

Das waren im Grunde ganz annehmbare Führer.

Er beeilte sich, sie nicht aus dem Auge zu verlieren.

10 Welch schöne, schattige Allee, in die sie jetzt einbogen.

O, sie wußten ihren Weg.

Hinter ihnen, vor ihnen wanderte buntes Volk, aber zwischen ihnen und dem Studenten war ein freier Raum.

Er hielt sich tapfer ihnen nah, wenn auch in gemessener Entfernung.

15 Da war eine unter den jungen Frauenzimmern, die lachte, wie er noch nie lachen gehört hatte.

Das war ein Lachen!

Und wenn sie damit anhub[1], flog ein ganzer Chor von Lachstimmen mit der ihren auf, wie ein Schwarm weißer, sonnenbeschienener Tauben.

20 So lustig waren sie hier in diesem Nest, da mußte eine gute, leichte Luft sein.

Hier mußte sich's leben lassen.

Es war nicht nur das Lachen, das ihm das fremde, kleiderumflatterte Ding merkwürdig machte, nein sie war eben ganz Lachen — da war kein Blutstropfen, der nicht mitkicherte.

25 Bald hing sie der einen am Hals, bald der andern. Da hatte sie etwas zu tuscheln, da gab sie einen Schubbs als Antwort. Jetzt nahm sie den Hut ab, da flogen die lebendigsten, blonden Locken im Sommerwind, — so volle, runde, leichte Locken.

Sie war gegen die anderen Frauenzimmer wie nicht bekleidet. Ihre Körperfor-
30 men drangen mutwillig durch alle Falten hindurch, ließen sich gar nicht verbergen. Es war so etwas Lustiges, Bewegliches in ihnen.

Sie war es auch, die den Fremden zuerst bemerkte.

Er verstand, wie sie sagte: „Da steigt uns einer nach!"[2] und darauf das köstliche Lachen, als wollte sie sich in Lachen auflösen.

35 Sie schien eine lose[3] Bemerkung geflüstert zu haben.

Den ganzen Schwarm brachte sie in Aufregung.

Und nicht lange währte es, da schaute sie sich um und wieder um.

---

[1]=anfing [2]=Da folgt uns einer nach. [3]=leichtfertige

Die Mädchen verlangsamten ihr Tempo, als sollte er an ihnen vorübergehen. Und er ging auf diesen Vorschlag ein, benutzte aber sein Recht als Fremder, zog den Hut und fragte die geputzten Frauenzimmer nach dem Tiefurter Weg.

Das bewegliche Mädchen erwiderte ihm: „Da sind Sie ja ganz recht. O, — als 5 ob Sie den Weg nicht wüßten. Wir haben Sie längst gesehn, mein Herr."

Er versicherte aber, daß er völlig fremd hier sei.

„Ihr müßt's wissen," wandte sie sich an ihre Begleiterinnen, „ob der Herr hierher gehört oder nicht. Ich bin selbst fremd hier."

„Nein, sie hatten ihn noch nie gesehen", kam es schüchtern bestätigend von 10 manchen Lippen.

„Na also, wenn's so ist, wie Sie sagen, da gehen Sie nur, wo wir gehen. Wir kommen schon an."

So war er also mitgenommen.

Unterwegs hielt er sich zu dem schönen Geschöpf. Die andern waren mehr 15 oder weniger von jetzt an wie auf den Mund geschlagen, sehr ehrbar und steif.

Ein adrett gekleidetes Demoisellchen sagte: „Ich bin nur begierig, wo wir auf Frau Rätin Tiburtius[1] und die andern ältern Damen treffen."

Die junge Schönheit, die das gehört hatte, wendete sich zu dem Studenten. „Nicht wahr, Sie fressen uns nicht, auch wenn wir ohne alte Schachteln[2] sind?"

20   „Aber Lorchen!"

„Jawohl, ihr kommt nie aus dem Steckkissen[3] raus. Sind wir nit Manns genug? Alte Weiber kann i nit leiden, wenn's einen immer auf der Nasen sitzen."

Der Student stellte sich auf das wohlerzogenste vor.

„Hoffentlich tanzen Sie?" fragte das schöne, lebhafte Mädchen.

25   „Zur Not, Demoiselle."

„Ach was, wenn man tanzt, tanzt man nit zur Not!"

Sie war Fränkin[4], das verriet sich gleich.

„Aus Koburg?" fragte er.

„Ja, nit wahr? Und wie alt sinds? Sinds verehelicht oder ledig? — Wie auf dem 30 Paßbureau?[5] Ich weiß nit, daß die Leut hier gar so schwerblütig sind."

„Lorchen!" sagte wieder eine Kameradin flüsternd ermahnend.

„Ja, steifleinen[6] sind hier die Leut! Wissens, gestern ist mir der Herr von Goeth nachgestiegen[7] — der Oberbonz[8] — der merkte auch, da läuft was nicht Weimarisches."

35   „Goethe! — Nein!" rief der Student außer sich.

„Na, als ob nit? Freilich und wie! Gestiegen ist er wie noch mal 'n Kavalier. Zu kurze Beine hat er gehabt, — das hatt' ich gleich weg![9]"

---

[1]Dr. Tiburtius' wife was known in Weimar for her sternness and severity. [2]pejorative for 'old women' [3]'pincushion,' i. e., needlework [4]from the province of Franken in central Germany [5]i. e., just like the numerous personal questions they ask at the passport office [6]'starchy,' 'stiff' [7]'followed' [8]'big shot' [9]*hätt' ... weg* 'noticed at once'

Im Eifer des Gesprächs hatte sich Lorchen in die Arme des Studenten einge-
henkt und hatte es so kindlich, reizend und lebhaft getan, als müßte es so sein.
Eine ihrer Kameradinnen sagte zur andern: „Kokette Trine, die!" —
Die Erwähnung der kurzen Beine gab dem Studenten einen Stich ins Herz.
5 So einem Frauenzimmer ist nichts heilig.

„Aber Demoiselle", sagte er verweisend.

„Der, wenn nit zu kurze Beine hat und nit zu eingebildet ist, will ich Matz
heißen. Kurzbeiniges Mannsvolk ist mir nu ma¹ zuwider. Und wenn eins schreiben
kann wie zwanzig Schulmeister zusammengenommen.

10 „Na, und wenn ich denke, wie der abgeschleckt² werden würd, wenn alles
schlecken dürft, was wollt! Nein, der könnt schon um ein Busserl³ vor mir auf der
Erde rutschen — nit um die Welt! So 'n Aff!"

Der Student hatte einen solchen Ärger über die dumme Gans, daß er sie am
liebsten abgeschüttelt hätte; — aber wie er so auf sie niedersah, stieg es ihm glut-
15 heiß zu Herzen. Da wogte und fibrierte⁴ alles in und um das herrliche Persönchen.
Das Leben jagte sich nur so in ihr. Die Augen hatten einen Glanz, als wären sie
an ganz andere Sonne gewöhnt. Ihre Schritte tanzten, der feuchte Mund glänzte
und lächelte, und die junge Brust hob und senkte sich so lustig, so in süßer Harmonie. Um dies ganze Geschöpf war ein fremdes, sonniges, warmes Klima für sich,
20 das sie von allen andern absonderte. Sie mochte tun, was sie wollte, sie tat es wie
in einer eignen Atmosphäre.

Nein, so etwas war dem braven Studenten aus gutem Haus wahrlich noch
nicht über den Weg gelaufen.

Unwillkürlich hielt er den warmen, lebendurchströmten Arm fester an sich
25 gepreßt.

„Drückens nit so!" sagte sie schelmisch.

Die meisten der jungen Frauenzimmer schauten schon mißbilligend auf sie.
Das mochte heute abend gut werden. Die würde alles an sich reißen.

„Unverschämte Person."

30 Die aber kümmerte sich um keine Billigung und keine Mißbilligung, plauder-
te mit ihrem Studenten und war drolliger Einfälle voll.

Nicht lange währte es, da hatte sie weg, daß er ein Goetheschwärmer war! Das
amüsierte sie köstlich.

„Nein, ein Mannsbild fürs andre! Daß i nit lach!⁵ Sie verrückter Tropf!"
35 Und sie lachte und guckte ihm so schelmisch von unten herauf mitten in die
Augen, als wollte sie sagen: „Da könntest du wohl was Besseres tun."

Als sie in Tiefurt angelangt waren, strömte es von erwartungsvollen Menschen
das Ilmufer⁶ entlang.

---

¹=*nun mal* ²=*geküßt* ³=*Kuß* ⁴=*vibrierte* ⁵'Don't make me laugh!' ⁶'bank of the Ilm
River'

Es dunkelte schon. Und bei völliger Dunkelheit sollte die Aufführung beginnen. Man sprach von einem wirklichen Kahn auf der Ilm und von einer kleinen Freitreppe, die zum Wasser hinunterführt.

Heutigentags sind diese paar Stufen noch zu sehen. Von einem chinesischen
5 Tempel mit kleinen Glöckchen, der Tempel mit Wachstuch überzogen, von da aus sollten die Herrschaften das Schauspiel betrachten.

Der Tiefurter Park mit seinen hohen, herrlichen Bäumen, der plaudernden Ilm, den weiten Wiesen, den bunten, heiteren Menschen machte auf unsern Studenten einen entzückenden Eindruck.
10 Vom Schlosse her sanfte Musik.

Und so in Goethes Nähe mit dem schönen Mädchen am Arm! Mit dem Mädchen, das sich gestern in Goethes Augen widergespiegelt hatte, das, wenn sie wirklich wahr gesprochen hatte, von Goethe bemerkt war, das ihn entzückt hatte.

Ja, eigentlich weshalb denn nicht, war sie denn nicht entzückend?
15 Und sie hatte ihn — Goethen vorgezogen? Toller, unsinniger Gedanke! Und dieser Gedanke packt ihn, benebelt ihn. Welch ein sonderbares Schicksal!

Er ging mit seiner heiteren Schönen die Ilm entlang, aus dem Bereich der Masse. Und ging, ohne zu denken, daß er ging. Er fühlte sie; — ihr wunderbares, lebendiges Klima erwärmte, verschönte, belebte auch ihn.
20 Das einzige, was er empfand, war — sie bald — bald zu küssen! Er wollte sie nur ganz von lästigen Spähern abtrennen, und so gingen sie und gingen ins Unbewußte hinein.

Sie an ihn fest angedrängt.

Ja, er durfte wagen, sie zu küssen! — und er küßte sie so ganz einfach, ohne
5 ein Wort zu sagen, als kennten sie sich schon lange.

Sie trank seine Küsse — ja, sie trank sie durstig.

„Ich weiß nicht,“ sagte sie, „du bist so ganz mein Gusto[1] — so ganz was ich will; gleich gefielst du mir.

„Und morgen reis' ich, du gehörst Gott weiß wohin — — und ich, Gott weiß
10 wohin. Frag nit nach mir. Küß mich halt. Ich möchte so gern grundselig heut sein!“

Ja — und er küßte sie. Die weichen, lebendigen Locken schlangen sich ihm um die Hände.

Der Mond schien, die Ilm rauschte. Sie waren weit, weit vom Festplatz entfernt. Zarter Gesang, eine wundervoll singende Frauenstimme, gedämpfte Musik,
15 fernes Aufleuchten und Flimmern.

„Jetzt spielen sie“, sagte sie lustig und dennoch wie hinsterbend vor Wonne. Die Ilm glitzerte ihnen zu Füßen.

„Die, mit ihrem dummen Kahn,“ begann das schöne, liebestrunkene Geschöpf wieder — „solche Kindereien — Nicht, du? und einen Tempel aus Wachstuch!

---

[1] *so ... Gusto* 'quite to my taste'

Weißt du, so am Wasser, wie hier, bin ich aufgewachsen; auf unserm Gut. An der Schulstub[1], in der wir beim Hauslehrer lernen mußten, floß solch ein Wässerlein vorbei.

„Die ganzen Sommertage lebten wir darin. Naß kamen wir durchs Fenster in
5 die Stub, wenn der Lehrer zum zwanzigstenmal gerufen hatte, ein ganzes Rudel Mädels und Buben.

„Triefend standen wir um den Tisch.

„Die ganze Stube schwamm.

„Er schlug nach uns. Wir lachten.
10 „Ach, weißt du, das war schön!"

Sie dehnte sich in seinen Armen bei dieser Erinnerung. Ja, das hatte ihr gefallen, das war so ganz ihr Gusto gewesen, wie es schien.

„Dann kamen böse Zeiten", sagte sie träumerisch.

Mit einemmale aber war ein ganz übersprudelndes Leben in sie geraten, als
15 wären irgendwie Lebensschleusen[2] geöffnet worden.

Sie hing an seinem Hals mit einer süßen, wallenden Leidenschaft und sagte flüsternd, mit spitzbübischer Freude an einem tollen Streich: „Gehen wir ins Wasser — weißt? — Laß die Dummen dort mit ihrem eingebildeten Zeug! Das wirkliche Leben ist so schön — — so schön! Und hier das bissel Musik, was herüber-
20 klingt, ist besser als die ganze Geschichte."

Sie zog ihn mit sich fort. „Hier", flüsterte sie im Laufen, „findet uns keine Menschenseele. Wer käm' auf die weite Wiese gegangen? Jetzt glotzen sie alle —"

Und wie im Nu waren die flatternden, leichten Kleider abgestreift, nach alter Gewohnheit, kinderhaft leicht. — Und vor ihm stand im nebelhaften, flimmern-
25 den Mondlicht, unter dichtem Zweiggewirr — ein leuchtender, süßer lockenumwallter Körper.

Ihm benahm der plötzliche Anblick den Atem.

Das war wie Zauberei geschehen, und so behende wie eine Eidechs huschte sie das Ufer hinab — und jetzt leuchtete es auf in den Wellen — lockend — silbern
30 — und das süße, unwiderstehliche Lachen erklang.

„Komm, dummer Bub, eil dich."

Ja, und auch er legte seine Kleider ab, wie im Rausch, wie im Fieber, mit klopfendem Herzen.

Und sie empfing ihn mit einem tollen Sprühregen, schlug mit den leuchtenden
35 Armen in die Wellen und warf ihm das Wasser händevoll ins Gesicht. Dabei immer das köstliche, halbunterdrückte Lachen.

Dazwischen die ferne, singende Frauenstimme, dann Chorgesang und Musik.

„Das tun sie für uns!" lachte sie. „Wenn die das wüßten!"

---

[1]'schoolroom' [2]'life's floodgates'

Sie peitschte ihn mit ihrem Haar, als er sie packte, in die Höhe riß und auf seinen Armen trug.

„Läßt du mich! ekliger Bub!" rief sie und schlug und biß um sich wie eine wilde Katze.

5 So tobten und rangen sie miteinander in süßer Wut — und wieder ausgelassen wie zwei Schulbuben, und trieben es endlos.

„Nun noch einen nassen Kuß", flüsterte sie, legte ihr feuchtes Gesicht an das seine und küßte ihn so zierlich wie ein kleines Kind. Dann in ein paar Sätzen[1] war sie beim Ufer hinauf zum Platz geeilt, wo ihre Kleider lagen. Wie ein verkörperter 10 Lichtstrahl im Mondenschein leuchtend, schüttelte sie sich, schüttelte ihre Locken und im Nu war sie in ihren Gewändern; dann stand sie und wartete auf ihn, erbat sich sein Taschentuch, um ihr feuchtes Haar zu trocknen, trocknete und rieb, steckte die lustigen Locken zierlich auf; und stand bald wieder da in ihrem fraulichen Reiz, das festlich gekleidete, junge Mädchen.

15 Für ihn war es beschwerlicher, wieder in sein Kleidergehäuse zu kommen. Das dichte Buschwerk machte es ihm nicht leichter. Zu guter Letzt wollte die hohe kunstvolle Krawatte nicht sitzen, und er kam nicht so recht vollendet in der Erscheinung zur zierlichen wartenden Nixe zurück.

Sie hing sich in den Arm ihres hingerissenen, betäubten Begleiters ein, nestel-20 te an ihrem Öhrchen und drückte ihm etwas in die Hand.

„Das behalte zu meinem Gedenken." Das sprach sie würdig wie der Priester beim Abendmahl, schlang noch einmal den Arm un ihn und küßte ihn mit hinsterbender Leidenschaft.

„Du hast mir gleich so gut gefallen", wiederholte sie noch einmal und sagte das 25 so einfach.

„Wann sehen wir uns wieder, Lorchen?" fragte er außer sich.

„Nie. — Nein gewiß, nie. Ich reise noch heut in der Früh." Da lachte sie über den Reim — und weinte dazwischen und lachte wieder.

„Laß dir ein Ringerl davon machen." Sie tippte ihn auf die verschlossene 30 Hand, in der er das Angedenken hielt.

Als sie an den Festplatz kamen, waren alle Lichter gelöscht, — das Schauspiel aus, die Herrschaften zur Tafel gegangen.

Er hatte Goethe zu sehen versäumt!

Und wie er sich dessen inne ward, ganz verblüfft stand, war ihm das feuchte 35 Nixlein schon von der Seite gekommen, entwischt wie ein Zauber — unter einer Gruppe von Leuten verschwunden.

Er lief ihr nach, — er suchte sie — suchte sie bis spät in die Nacht, wie ein Unsinniger. Einmal war es ihm, als sähe er sie auf dem Tanzplatz unter der großen

---

[1] 'jumps'

Linde im Gutshof, im Arm eines vornehmen Herrn mit dahinrasen, als er aber näher hinzukam, war sie wieder im Gedräng verschwunden.

Abgemattet kam er gegen Morgen in Weimar an, mit wirrem Kopf; trostlos, etwas Köstliches verloren zu haben und Goethe nicht gesehen zu haben.

5   Und er hatte kein Glück, während seines Aufenthalts in Weimar bekam er ihn auch nicht zu sehen.

Das hatte er verscherzt.

Das Andenken, das ihm Lorchen hinterlassen hatte, war ein rotes, ovales Muschelstück mit einer Gemme darauf, ein Apollokopf mit Sonnenstrahlenkrone, 10 und er ließ noch in Weimar dieses kleine Pfand zum Ringlein umbilden und trug es sein Lebtag.

Gerhart Hauptmann

Hauptmann (1862-1946), a native of (then) Prussian Silesia, is known primarily as a representative of the Naturalist school of literature, the main tenant of which is based upon a principle of the social sciences and materialist philosophy: a person (or character) is the product of the mental and physical traits with which he is born and the forces of his immediate environment. While it is not necessarily true that the environment must be oppressive and confining, it seems that Naturalism has often concentrated on the squalid lives of the urban oppressed and sought, through a detailed portrayal of their conditions, to reveal a greater human truth and, per-

haps, inspire the readers to positive social action. However, in our text, from 1888, Hauptmann uses naturalistic techniques to portray through a series of symbolic moments and images the destruction of an individual and the dissolution of the rational into spiritual and moral chaos. Hauptmann won the Nobel Prize for Literature in 1912.

Bahnwärter[1] *Thiel*

𝕬LLSONNTÄGLICH saß der Bahnwärter Thiel in der Kirche zu Neu-Zittau[2], ausgenommen die Tage, an denen er Dienst hatte oder krank war und zu Bette lag. Im Verlaufe von zehn Jahren war er zweimal krank gewesen; das eine Mal infolge eines vom Tender einer Maschine während des Vorbeifahrens herabgefallenen Stückes Kohle, welches ihn getroffen und mit zerschmettertem Bein in den Bahngraben[3] geschleudert hatte; das andere Mal einer Weinflasche wegen, die aus dem vorüberrasenden Schnellzuge mitten auf seine Brust geflogen

---

[1]'crossing keeper'   [2]Neu-Zittau, a small town southeast of Berlin   [3]'ditch along the railroad bed'

war. Außer diesen beiden Unglücksfällen hatte nichts vermocht, ihn, sobald er frei war, von der Kirche fern zu halten.

Die ersten fünf Jahre hatte er den Weg von Schön-Schornstein, einer Kolonie an der Spree, herüber nach Neu-Zittau allein machen müssen.[1] Eines schönen Tages war er dann in Begleitung eines schmächtigen und kränklich aussehenden Frauenzimmers erschienen, die, wie die Leute meinten, zu seiner herkulischen Gestalt wenig gepaßt hatte. Und wiederum eines schönen Sonntagnachmittags reichte er dieser selben Person am Altare der Kirche feierlich die Hand zum Bunde fürs Leben. Zwei Jahre nun saß das junge, zarte Weib ihm zur Seite in der Kirchenbank; zwei Jahre blickte ihr hohlwangiges, feines Gesicht neben seinem vom Wetter gebräunten in das uralte Gesangbuch —; und plötzlich saß der Bahnwärter wieder allein wie zuvor.

An einem der vorangegangenen Wochentage hatte die Sterbeglocke[2] geläutet; das war das ganze.

An dem Wärter hatte man, wie die Leute versicherten, kaum eine Veränderung wahrgenommen. Die Knöpfe seiner sauberen Sonntagsuniform waren so blank geputzt wie je zuvor, seine roten Haare so wohl geölt und militärisch gescheitelt wie immer, nur daß er den breiten, behaarten Nacken ein wenig gesenkt trug und noch eifriger der Predigt lauschte oder sang, als er es früher getan hatte. Es war die allgemeine Ansicht, daß ihm der Tod seiner Frau nicht sehr nahe gegangen[3] sei; und diese Ansicht erhielt eine Bekräftigung, als sich Thiel nach Verlauf eines Jahres zum zweiten Male, und zwar mit einem dicken und starken Frauenzimmer, einer Kuhmagd aus Alte-Grund[4], verheiratete.

Auch der Pastor gestattete sich, als Thiel die Trauung anmelden kam, einige Bedenken zu äußern:

„Ihr wollt also schon wieder heiraten?"

„Mit der Toten kann ich nicht wirtschaften, Herr Prediger!"

„Nun ja wohl. Aber ich meine — Ihr eilt ein wenig."

„Der Junge geht mir drauf[5], Herr Prediger."

Thiels Frau war im Wochenbett[6] gestorben, und der Junge, welchen sie zur Welt gebracht, lebte und hatte den Namen Tobias erhalten.

„Ach so, der Junge", sagte der Geistliche und machte eine Bewegung, die deutlich zeigte, daß er sich des Kleinen erst jetzt erinnere. „Das ist etwas andres — wo habt Ihr ihn denn untergebracht, während Ihr im Dienst seid?"

Thiel erzählte nun, wie er Tobias einer alten Frau übergeben, die ihn einmal beinahe habe verbrennen lassen, während er ein anderes Mal von ihrem Schoß auf die Erde gekugelt[7] sei, ohne glücklicherweise mehr als eine große Beule davonzu-

---

[1] i. e., the Spree River flows between Neu-Zittau and Schön-Schornstein.   [2] 'passing bell' (rung when someone in the parish is dying)   [3] 'affect deeply'   [4] place name   [5] 'my boy is going to ruin'   [6] 'childbirth'   [7] 'rolled'

tragen. Das könne nicht so weitergehen, meinte er, zudem da der Junge, schwäch-
lich wie er sei, eine ganz besondere Pflege benötige. Deswegen und ferner, weil er
der Verstorbenen in die Hand gelobt, für die Wohlfahrt des Jungen zu jeder Zeit
ausgiebig Sorge zu tragen, habe er sich zu dem Schritte entschlossen. —

5 Gegen das neue Paar, welches nun allsonntäglich zur Kirche kam, hatten die
Leute äußerlich durchaus nichts einzuwenden. Die frühere Kuhmagd schien für
den Wärter wie geschaffen. Sie war kaum einen halben Kopf kleiner als er und
übertraf ihn an Gliederfülle[1]. Auch war ihr Gesicht ganz so grob geschnitten wie
das seine, nur daß ihm im Gegensatz zu dem des Wärters die Seele abging.

10 Wenn Thiel den Wunsch gehegt hatte, in seiner zweiten Frau eine unverwüstliche Arbeiterin, eine musterhafte Wirtschafterin zu haben, so war dieser Wunsch
in überraschender Weise in Erfüllung gegangen. Drei Dinge jedoch hatte er, ohne
es zu wissen, mit seiner Frau in Kauf genommen[2]: eine harte, herrschsüchtige
Gemütsart, Zanksucht und brutale Leidenschaftlichkeit. Nach Verlauf eines hal-
15 ben Jahres war es ortsbekannt, wer in dem Häuschen des Wärters das Regiment
führte. Man bedauerte den Wärter.

Es sei ein Glück für das Mensch[3], daß sie so ein gutes Schaf wie den Thiel
zum Manne bekommen habe, äußerten die aufgebrachten[4] Ehemänner; es gäbe
welche, bei denen sie greulich anlaufen würde[5]. So ein Tier müsse doch kirre zu
20 machen sein, meinten sie, und wenn es nicht anders ginge denn mit Schlägen.
Durchgewalkt[6] müsse sie werden, aber dann gleich so, daß es zöge.

Sie durchzuwalken aber war Thiel trotz seiner sehnigen Arme nicht der Mann.
Das, worüber sich die Leute ereiferten, schien ihm wenig Kopfzerbrechen zu
machen. Die endlosen Predigten seiner Frau ließ er gewöhnlich wortlos über sich
25 ergehen, und wenn er einmal antwortete, so stand das schleppende Zeitmaß[7] sowie
der leise, kühle Ton seiner Rede in seltsamstem Gegensatz zu dem kreischenden
Gekeif seiner Frau. Die Außenwelt schien ihm wenig anhaben zu können: es war,
als trüge er etwas in sich, wodurch er alles Böse, was sie ihm antat, reichlich mit
Gutem aufgewogen erhielt.

30 Trotz seines unverwüstlichen Phlegmas hatte er doch Augenblicke, in denen
er nicht mit sich spaßen ließ. Es war dies immer anläßlich solcher Dinge, die
Tobiaschen betrafen. Sein kindgutes, nachgiebiges Wesen gewann dann einen
Anstrich von Festigkeit, dem selbst ein so unzähmbares Gemüt wie das Lenens[8]
nicht entgegenzutreten wagte.

35 Die Augenblicke indes, darin er diese Seite seines Wesens herauskehrte, wurden mit der Zeit immer seltener und verloren sich zuletzt ganz. Ein gewisser lei-
dender Widerstand, den er der Herrschsucht Lenens während des ersten Jahres

---

[1]'size of limbs' [2]'got in the bargain' [3]derogatory term for a woman [4]'indignant'
[5]'who would give her a tough time' [6]'thrashed' [7]'drawling tempo' [8]'of Lena' (his
wife's name)

entgegengesetzt, verlor sich ebenfalls im zweiten. Er ging nicht mehr mit der früheren Gleichgültigkeit zum Dienst, nachdem er einen Auftritt mit ihr gehabt, wenn er sie nicht vorher besänftigt hatte. Er ließ sich am Ende nicht selten herab, sie zu bitten, doch wieder gut zu sein. — Nicht wie sonst mehr war ihm sein
5 einsamer Posten inmitten des märkischen[1] Kiefernforstes sein liebster Aufenthalt. Die stillen, hingebenden Gedanken an sein verstorbenes Weib wurden von denen an die Lebende durchkreuzt. Nicht widerwillig, wie die erste Zeit, trat er den Heimweg an, sondern mit leidenschaftlicher Hast, nachdem er vorher oft Stunden und Minuten bis zur Zeit der Ablösung gezählt hatte.
10 Er, der mit seinem ersten Weibe durch eine mehr vergeistigte Liebe verbunden gewesen war, geriet durch die Macht roher Triebe in die Gewalt seiner zweiten Frau und wurde zuletzt in allem fast unbedingt von ihr abhängig. — Zuzeiten empfand er Gewissensbisse über diesen Umschwung der Dinge, und er bedurfte einer Anzahl außergewöhnlicher Hilfsmittel, um sich darüber hinwegzuhelfen. So
15 erklärte er sein Wärterhäuschen und die Bahnstrecke, die er zu besorgen hatte, insgeheim gleichsam für geheiligtes Land, welches ausschließlich den Manen[2] der Toten gewidmet sein sollte. Mit Hilfe von allerhand Vorwänden war es ihm in der Tat bisher gelungen, seine Frau davon abzuhalten, ihn dahin zu begleiten.

Er hoffte, es auch fernerhin tun zu können. Sie hätte nicht gewußt, welche
20 Richtung sie einschlagen sollte, um seine Bude, deren Nummer sie nicht einmal kannte, aufzufinden.

Dadurch, daß er die ihm zu Gebote stehende Zeit somit gewissenhaft zwischen die Lebende und die Tote zu teilen vermochte, beruhigte Thiel sein Gewissen in der Tat.

25 Oft freilich und besonders in Augenblicken einsamer Andacht, wenn er recht innig mit der Verstorbenen verbunden gewesen war, sah er seinen jetzigen Zustand im Lichte der Wahrheit und empfand davor Ekel.

Hatte er Tagdienst, so beschränkte sich sein geistiger Verkehr mit der Verstorbenen auf eine Menge lieber Erinnerungen aus der Zeit seines Zusammen-
30 lebens mit ihr. Im Dunkel jedoch, wenn der Schneesturm durch die Kiefern und über die Strecke raste, in tiefer Mitternacht beim Scheine seiner Laterne, da wurde das Wärterhäuschen zur Kapelle.

Eine verblichene Photographie der Verstorbenen vor sich auf dem Tisch, Gesangbuch und Bibel aufgeschlagen, las und sang er abwechselnd die lange Nacht
35 hindurch, nur von den in Zwischenräumen vorbeitobenden Bahnzügen unterbrochen, und geriet hierbei in eine Ekstase, die sich zu Gesichten steigerte, in denen er die Tote leibhaftig vor sich sah.

---

[1] 'of the Mark Brandenburg,' the Prussian state surrounding the city of Berlin [2] protecting spirits of the dead

Der Posten, den der Wärter nun schon zehn volle Jahre ununterbrochen inne-
hatte, war aber in seiner Abgelegenheit dazu angetan, seine mystischen Neigungen
zu fördern.

Nach allen vier Windrichtungen mindestens durch einen dreiviertelstündigen
Weg von jeder menschlichen Wohnung entfernt, lag die Bude inmitten des Forstes
dicht neben einem Bahnübergang, dessen Barrieren der Wärter zu bedienen hatte.

Im Sommer vergingen Tage, im Winter Wochen, ohne daß ein menschlicher
Fuß, außer denen des Wärters und seines Kollegen, die Strecke passierte. Das
Wetter und der Wechsel der Jahreszeiten brachten in ihrer periodischen Wieder-
kehr fast die einzige Abwechslung in diese Einöde. Die Ereignisse, welche im
übrigen den regelmäßigen Ablauf der Dienstzeit Thiels außer den beiden Unglücksfällen unterbrochen hatten, waren unschwer zu überblicken. Vor vier Jahren
war der kaiserliche Extrazug, der den Kaiser nach Breslau[1] gebracht hatte, vorüber-
gejagt. In einer Winternacht hatte der Schnellzug einen Rehbock überfahren. An
einem heißen Sommertage hatte Thiel bei seiner Streckenrevision[2] eine verkorkte
Weinflasche gefunden, die sich glühend heiß anfaßte und deren Inhalt deshalb von
ihm für sehr gut gehalten wurde, weil er nach Entfernung des Korkes einer Fontäne gleich herausquoll, also augenscheinlich gegoren war. Diese Flasche, von
Thiel in den seichten Rand eines Waldsees gelegt, um abzukühlen, war von dort
auf irgendwelche Weise abhanden gekommen, so daß er noch nach Jahren ihren
Verlust bedauern mußte.

Einige Zerstreuung vermittelte dem Wärter ein Brunnen dicht hinter seinem
Häuschen. Von Zeit zu Zeit nahmen in der Nähe beschäftigte Bahn- oder Tele-
grafenarbeiter einen Trunk daraus, wobei natürlich ein kurzes Gespräch mit unter-
lief. Auch der Förster kam zuweilen, um seinen Durst zu löschen.

Tobias entwickelte sich nur langsam; erst gegen Ablauf seines zweiten
Lebensjahres lernte er notdürftig sprechen und gehen. Dem Vater bewies er eine
ganz besondere Zuneigung. Wie er verständiger wurde, erwachte auch die alte Liebe des Vaters wieder. In dem Maße, wie diese zunahm, verringerte sich die Liebe
der Stiefmutter zu Tobias und schlug sogar in unverkennbare Abneigung um, als
Lene nach Verlauf eines neuen Jahres ebenfalls einen Jungen gebar.

Von da ab begann für Tobias eine schlimme Zeit. Er wurde besonders in Abwesenheit des Vaters unaufhörlich geplagt und mußte ohne die geringste Belohnung dafür seine schwachen Kräfte im Dienste des kleinen Schreihalses[3] einsetzen,
wobei er sich mehr und mehr aufrieb. Sein Kopf bekam einen ungewöhnlichen
Umfang; die brandroten Haare und das kreidige Gesicht darunter machten einen
unschönen und im Verein mit der übrigen kläglichen Gestalt erbarmungswürdigen
Eindruck. Wenn sich der zurückgebliebene Tobias solchergestalt, das kleine, von

---

[1]Breslau, now Wrocław in Poland, was the capital of the Prussian province of Schlesien
(Silesia) and lies to the southeast of Berlin. [2]'track inspection' [3]'bawling child'

Gesundheit strotzende Brüderchen auf dem Arme, hinunter zur Spree schleppte, so wurden hinter den Fenstern der Hütten Verwünschungen laut, die sich jedoch niemals hervorwagten. Thiel aber, welchen[1] die Sache doch vor allem anging, schien keine Augen für sie zu haben und wollte auch die Winke nicht verstehen, 5 welche ihm von wohlmeinenden Nachbarsleuten gegeben wurden.

2

An einem Junimorgen gegen sieben Uhr kam Thiel aus dem Dienst. Seine Frau hatte nicht so bald ihre Begrüßung beendet, als sie schon in gewohnter Weise zu lamentieren begann. Der Pachtacker[2], welcher bisher den Kartoffelbedarf der 10 Familie gedeckt hatte, war vor Wochen gekündigt worden[3], ohne daß es Lenen bisher gelungen war, einen Ersatz dafür ausfindig zu machen. Wenngleich nun die Sorge um den Acker zu ihren Obliegenheiten gehörte, so mußte doch Thiel ein Mal übers andere hören, daß niemand als er daran schuld sei, wenn man in diesem Jahre zehn Sack Kartoffeln für schweres Geld kaufen müsse. Thiel brummte nur 15 und begab sich, Lenens Reden wenig Beachtung schenkend, sogleich an das Bett seines Ältesten, welches er in den Nächten, wo er nicht im Dienst war, mit ihm teilte. Hier ließ er sich nieder und beobachtete mit einem sorglichen Ausdruck seines guten Gesichts das schlafende Kind, welches er, nachdem er die zudringlichen Fliegen eine Weile von ihm abgehalten, schließlich weckte. In den blauen, 20 tiefliegenden Augen des Erwachenden malte sich eine rührende Freude. Er griff hastig nach der Hand des Vaters, indes sich seine Mundwinkel zu einem kläglichen Lächeln verzogen. Der Wärter half ihm sogleich beim Anziehen der wenigen Kleidungsstücke, wobei plötzlich etwas wie ein Schatten durch seine Mienen lief, als er bemerkte, daß sich auf der rechten, ein wenig angeschwollenen Backe einige 25 Fingerspuren weiß in rot abzeichneten.

Als Lene beim Frühstück mit vergrößertem Eifer auf vorberegte Wirtschaftsangelegenheit[4] zurückkam, schnitt er ihr das Wort ab mit der Nachricht, daß ihm der Bahnmeister ein Stück Land längs des Bahndammes in unmittelbarer Nähe des Wärterhauses umsonst überlassen habe, angeblich weil es ihm, dem Bahnmeister, 30 zu abgelegen sei.

Lene wollte das anfänglich nicht glauben. Nach und nach wichen jedoch ihre Zweifel, und nun geriet sie in merklich gute Laune. Ihre Fragen nach Größe und Güte des Ackers sowie andre mehr verschlangen sich[5] förmlich, und als sie erfuhr, daß bei alledem noch zwei Zwergobstbäume[6] darauf stünden, wurde sie rein närrisch. 35 Als nichts mehr zu erfragen übrigblieb, zudem die Türglocke des Krämers, die man,

---

[1]=*den*   [2]'leased field'   [3]i. e., notice had been given that they could no longer lease   [4]'previously mentioned household matter'   [5]'followed one after the other'   [6]'dwarf fruit trees'

beiläufig gesagt, in jedem einzelnen Hause des Ortes vernehmen konnte, unaufhörlich anschlug, schoß sie davon, um die Neuigkeit im Örtchen auszusprengen[1].

Während Lene in die dunkle, mit Waren überfüllte Kammer des Krämers kam, beschäftigte sich der Wärter daheim ausschließlich mit Tobias. Der Junge
5   saß auf seinen Knien und spielte mit einigen Kiefernzapfen, die Thiel mit aus dem Walde gebracht hatte.

„Was willst du werden?" fragte ihn der Vater, und diese Frage war stereotyp wie die Antwort des Jungen: „Ein Bahnmeister." Es war keine Scherzfrage, denn die Träume des Wärters verstiegen sich in der Tat in solche Höhen, und er hegte
10 allen Ernstes den Wunsch und die Hoffnung, daß aus Tobias mit Gottes Hilfe etwas Außergewöhnliches werden sollte. Sobald die Antwort „Ein Bahnmeister" von den blutlosen Lippen des Kleinen kam, der natürlich nicht wußte, was sie bedeuten sollte, begann Thiels Gesicht sich aufzuhellen, bis es förmlich strahlte von innerer Glückseligkeit.

15 „Geh, Tobias, geh spielen!" sagte er kurz darauf, indem er eine Pfeife Tabak mit einem im Herdfeuer entzündeten Span in Brand steckte, und der Kleine drückte sich alsbald in scheuer Freude zur Tür hinaus. Thiel entkleidete sich, ging zu Bett und entschlief, nachdem er geraume Zeit gedankenvoll die niedrige und rissige Stubendecke[2] angestarrt hatte. Gegen zwölf Uhr mittags erwachte er, klei
20 dete sich an und ging, während seine Frau in Ihrer lärmenden Weise das Mittagbrot bereitete, hinaus auf die Straße, wo er Tobiaschen sogleich aufgriff, der mit den Fingern Kalk aus einem Loche in der Wand kratzte und in den Mund steckte. Der Wärter nahm ihn bei der Hand und ging mit ihm an den etwa acht Häuschen des Ortes vorüber bis hinunter zur Spree, die schwarz und glasig zwischen schwach
25 belaubten Pappeln lag. Dicht am Rande des Wassers befand sich ein Granitblock, auf welchen Thiel sich niederließ.

Der ganze Ort hatte sich gewöhnt, ihn bei nur irgend erträglichem Wetter an dieser Stelle zu erblicken. Die Kinder besonders hingen an ihm, nannten ihn „Vater Thiel" und wurden von ihm besonders in mancherlei Spielen unterrichtet,
30 deren er sich aus seiner Jugendzeit erinnerte. Das Beste jedoch von dem Inhalt seiner Erinnerungen war für Tobias. Er schnitzelte ihm Fitschepfeile[3], die höher flogen als die aller anderen Jungen. Er schnitt ihm Weidenpfeifchen[4] und ließ sich sogar herbei, mit seinem verrosteten Baß das Beschwörungslied[5] zu singen, während er mit dem Horngriff seines Taschenmessers die Rinde leise klopfte.

35 Die Leute verübelten ihm seine Läppschereien[6]; es war ihnen unerfindlich, wie er sich mit den Rotznasen soviel abgeben konnte. Im Grunde durften sie jedoch damit zufrieden sein, denn die Kinder waren unter seiner Obhut gut aufgehoben. Überdies nahm Thiel auch ernste Dinge mit ihnen vor, hörte den Großen ihre

---

[1]'spread around'   [2]'ceiling of the *Stube*'   [3]notched darts that can be shot from a twig with a knotted string   [4]whistles made of willow bark   [5]'chanted incantation'   [6]'foolish ways'

Schulaufgaben ab, half ihnen beim Lernen der Bibel- und Gesangbuchverse und buchstabierte mit den Kleinen a–b–ab, d–u–du, und so fort.

Nach dem Mittagessen legte sich der Wärter abermals zu kurzer Ruhe nieder. Nachdem sie beendigt war, trank er den Nachmittagskaffee und begann gleich 5 darauf sich für den Gang in den Dienst vorzubereiten. Er brauchte dazu, wie zu allen seinen Verrichtungen, viel Zeit; jeder Handgriff war seit Jahren geregelt; in stets gleicher Reihenfolge wanderten die sorgsam auf der kleinen Nußbaumkommode ausgebreiteten Gegenstände: Messer, Notizbuch, Kamm, ein Pferdezahn, die alte eingekapselte[1] Uhr, in die Taschen seiner Kleider. Ein kleines, in rotes 10 Papier eingeschlagenes Büchelchen[2] wurde mit besonderer Sorgfalt behandelt. Es lag während der Nacht unter dem Kopfkissen des Wärters und wurde am Tage von ihm stets in der Brusttasche des Dienstrockes herumgetragen. Auf der Etikette unter dem Umschlag stand in unbeholfenen, aber verschnörkelten Schriftzügen, von Thiels Hand geschrieben: „Sparkassenbuch des Tobias Thiel".

15 Die Wanduhr mit dem langen Pendel und dem gelbsüchtigen[3] Zifferblatt zeigte dreiviertel fünf, als Thiel fortging. Ein kleiner Kahn, sein Eigentum, brachte ihn über den Fluß. Am jenseitigen Spreeufer blieb er einige Male stehen und lauschte nach dem Ort zurück. Endlich bog er in einen breiten Waldweg und befand sich nach wenigen Minuten inmitten des tiefaufrauschenden[4] Kiefernfor- 20 stes, dessen Nadelmassen einem schwarzgrünen, wellenwerfenden Meere glichen. Unhörbar wie auf Filz schritt er über die feuchte Moos- und Nadelschicht des Waldbodens. Er fand seinen Weg ohne aufzublicken, hier durch die rostbraunen Säulen des Hochwaldes, dort weiterhin durch dichtverschlungenes Jungholz, noch weiter über ausgedehnte Schonungen[5], die von einzelnen hohen und schlanken 25 Kiefern überschattet wurden, welche man zum Schutze für den Nachwuchs[6] aufbe- halten hatte. Ein bläulicher, durchsichtiger, mit allerhand Düften geschwängerter[7] Dunst stieg aus der Erde auf und ließ die Formen der Bäume verwaschen erschei- nen. Ein schwerer, milchiger Himmel hing tief herab über die Baumwipfel. Krä- henschwärme badeten gleichsam im Grau der Luft, unaufhörlich ihre knarrenden 30 Rufe ausstoßend. Schwarze Wasserlachen füllten die Vertiefungen des Weges und spiegelten die trübe Natur noch trüber wider.

Ein fruchtbares Wetter, dachte Thiel, als er aus tiefem Nachdenken erwachte und aufschaute.

Plötzlich jedoch bekamen seine Gedanken eine andere Richtung. Er fühlte 35 dunkel, daß er etwas daheim vergessen haben müsse, und wirklich vermißte er beim Durchsuchen seiner Taschen das Butterbrot, welches er der langen Dienstzeit halber stets mitzunehmen genötigt war. Unschlüssig blieb er eine Weile stehen, wandte sich dann aber plötzlich und eilte in der Richtung des Dorfes zurück.

---

[1]'in a casing'   [2]'little book'   [3]'jaundiced'   [4]'deeply rustling'   [5]'clearings'   [6]'young growth'   [7]'impregnated,' 'laden'

In kurzer Zeit hatte er die Spree erreicht, setzte mit wenigen kräftigen Ruderschlägen über und stieg gleich darauf, am ganzen Körper schwitzend, die sanft
ansteigende Dorfstraße hinauf. Der alte, schäbige Pudel des Krämers lag mitten
auf der Straße. Auf dem geteerten Plankenzaune eines Kossätenhofes[1] saß eine
5 Nebelkrähe. Sie spreizte die Federn, schüttelte sich, nickte, stieß ein ohrenzerrei-
ßendes krä krä aus und erhob sich mit pfeifendem Flügelschlag, um sich vom Winde in der Richtung des Forstes davontreiben zu lassen.

Von den Bewohnern der kleinen Kolonie, etwa zwanzig Fischern und Wald-
arbeitern mit ihren Familien, war nichts zu sehen.

10 Der Ton einer kreischenden Stimme unterbrach die Stille so laut und schrill,
daß der Wärter unwillkürlich mit Laufen innehielt. Ein Schwall heftig herausge-
stoßener, mißtönender Laute schlug an sein Ohr, die aus dem offenen Giebelfenster eines niedrigen Häuschens zu kommen schienen, welches er nur zu wohl
kannte.

15 Das Geräusch seiner Schritte nach Möglichkeit dämpfend, schlich er sich
näher und unterschied nun ganz deutlich die Stimme seiner Frau. Nur noch wenige Bewegungen, und die meisten ihrer Worte wurden ihm verständlich.

„Was, du unbarmherziger, herzloser Schuft! Soll sich das elende Wurm[2] die
Plauze[3] ausschreien vor Hunger? — wie? Na, wart nur, wart, ich will dich lehren
20 aufpassen! — du sollst dran denken." Einige Augenblicke blieb es still; dann hörte
man ein Geräusch, wie wenn Kleidungsstücke ausgeklopft würden; unmittelbar
darauf entlud sich ein neues Hagelwetter von Schimpfworten.

„Du erbärmlicher Grünschnabel[4]", scholl es im schnellsten Tempo herunter,
„meinst du, ich sollte mein leibliches Kind wegen solch einem Jammerlappen[5], wie
25 du bist, verhungern lassen? Halt 's Maul!" schrie es, als ein leises Wimmern hörbar
wurde, „oder du sollst eine Portion kriegen, an der du acht Tage zu fressen hast."
Das Wimmern verstummte nicht.

Der Wärter fühlte, wie sein Herz in schweren, unregelmäßigen Schlägen ging.
Er begann leise zu zittern. Seine Blicke hingen wie abwesend am Boden fest, und
30 die plumpe und harte Hand strich mehrmals ein Büschel nasser Haare zur Seite,
das immer von neuem in die sommersprossige Stirn hineinfiel.

Einen Augenblick drohte es ihn zu überwältigen. Es war ein Krampf, der die
Muskeln schwellen machte und die Finger der Hand zur Faust zusammenzog. Er
ließ nach, und dumpfe Mattigkeit blieb zurück.

35 Unsicheren Schrittes trat der Wärter in den engen, ziegelgepflasterten[6] Hausflur. Müde und langsam erklomm er die knarrende Holzstiege.

„Pfui, pfui, pfui!" hob es wieder an; dabei hörte man, wie jemand dreimal
hintereinander mit allen Zeichen der Wut und Verachtung ausspie. „Du erbärm-

---

[1]'tenant farmer's yard' [2]'helpless child' [3]=*Lunge* [4]'little fellow (greenhorn)' [5]'cry-
baby' [6]'brick-paved'

licher, niederträchtiger, hinterlistiger, hämischer, feiger, gemeiner Lümmel!" Die
Worte folgten einander in steigender Betonung, und die Stimme, welche sie her-
ausstieß, schnappte zuweilen über vor Anstrengung. „Meinen Buben willst du
schlagen, was? Du elende Göre[1] unterstehst dich, das arme, hilflose Kind aufs
5 Maul zu schlagen? — wie? — he, wie? — Ich will mich nur nicht dreckig machen
an dir, sonst — . . ."

In diesem Augenblick öffnete Thiel die Tür des Wohnzimmers, weshalb der
erschrockenen Frau das Ende des begonnenen Satzes in der Kehle steckenblieb. Sie
war kreidebleich[2] vor Zorn; ihre Lippen zuckten bösartig; sie hatte die Rechte
10 erhoben, senkte sie und griff nach dem Milchtopf, aus dem sie ein Kinderfläsch-
chen zu füllen versuchte. Sie ließ jedoch diese Arbeit, da der größte Teil der Milch
über den Flaschenhals auf den Tisch rann, halb verrichtet, griff vollkommen fassungslos vor Erregung bald nach diesem, bald nach jenem Gegenstand, ohne ihn
länger als einige Augenblicke festhalten zu können, und ermannte sich endlich so
15 weit, ihren Mann heftig anzulassen[3]: was es denn heißen solle, daß er um diese
ungewöhnliche Zeit nach Hause käme, er würde sie doch nicht etwa gar belau-
schen wollen; „das wäre noch das Letzte", meinte sie, und gleich darauf: sie habe
ein reines Gewissen und brauche vor niemand die Augen niederzuschlagen.

Thiel hörte kaum, was sie sagte. Seine Blicke streiften flüchtig das heulende
20 Tobiaschen. Einen Augenblick schien es, als müsse er gewaltsam etwas Furchtbares zurückhalten, was in ihm aufstieg; dann legte sich über die gespannten Mienen plötzlich das alte Phlegma, von einem verstohlenen begehrlichen Aufblitzen
der Augen seltsam belebt. Sekundenlang spielte sein Blick über die starken Gliedmaßen seines Weibes, das, mit abgewandtem Gesicht herumhantierend, noch
25 immer nach Fassung suchte. Ihre vollen, halbnackten Brüste blähten sich vor Erregung und drohten das Mieder zu sprengen, und ihre aufgerafften Röcke ließen die
breiten Hüften noch breiter erscheinen. Eine Kraft schien von dem Weibe auszu-
gehen, unbezwingbar, unentrinnbar, der Thiel sich nicht gewachsen fühlte.

Leicht gleich einem feinen Spinngewebe und doch fest wie ein Netz von Eisen
30 legte es sich um ihn, fesselnd, überwindend, erschlaffend. Er hätte in diesem Zustand überhaupt kein Wort an sie zu richten vermocht, am allerwenigsten ein hartes, und so mußte Tobias, der in Tränen gebadet und verängstet in einer Ecke
hockte, sehen, wie der Vater, ohne sich auch nur weiter nach ihm umzuschauen,
das vergeßne Brot von der Ofenbank nahm, es der Mutter als einzige Erklärung
35 hinhielt und mit einem kurzen, zerstreuten Kopfnicken sogleich wieder verschwand.

---

[1]'brat'   [2]'white as chalk'   [3]'bawl out'

3

Obgleich Thiel den Weg in seine Waldeinsamkeit mit möglichster Eile zurücklegte, kam er doch erst fünfzehn Minuten nach der ordnungsmäßigen Zeit an den Ort seiner Bestimmung.

5 Der Hilfswärter[1], ein infolge des bei seinem Dienst unumgänglichen schnellen Temperaturwechsels schwindsüchtig gewordener Mensch, der mit ihm im Dienst abwechselte, stand schon fertig zum Aufbruch auf der kleinen, sandigen Plattform des Häuschens, dessen große Nummer schwarz auf weiß weithin durch die Stämme leuchtete.

10 Die beiden Männer reichten sich die Hände, machten sich einige kurze Mitteilungen und trennten sich. Der eine verschwand im Innern der Bude, der andere ging quer über die Strecke, die Fortsetzung der Straße benutzend, welche Thiel gekommen war. Man hörte sein krampfhaftes Husten erst näher, dann ferner durch die Stämme, und mit ihm verstummte der einzige menschliche Laut in die-
15 ser Einöde. Thiel begann wie immer so auch heute damit, das enge, viereckige Steingebauer[2] der Wärterbude[3] auf seine Art für die Nacht herzurichten. Er tat es mechanisch, während sein Geist mit dem Eindruck der letzten Stunden beschäftigt war. Er legte sein Abendbrot auf den schmalen, braungestrichenen Tisch an einem der beiden schlitzartigen Seitenfenster, von denen aus man die Strecke bequem
20 übersehen konnte. Hierauf entzündete er in dem kleinen, rostigen Öfchen ein Feuer und stellte einen Topf kalten Wassers darauf. Nachdem er schließlich noch in die Gerätschaften, Schaufel, Spaten, Schraubstock und so weiter, einige Ordnung gebracht hatte, begab er sich ans Putzen seiner Laterne, die er zugleich mit frischem Petroleum versorgte.

25 Als dies geschehen war, meldete die Glocke mit drei schrillen Schlägen, die sich wiederholten, daß ein Zug in der Richtung von Breslau her aus der nächstliegenden Station abgelassen sei. Ohne die mindeste Hast zu zeigen, blieb Thiel noch eine gute Weile im Innern der Bude, trat endlich, Fahne und Patronentasche in der Hand, langsam ins Freie und bewegte sich trägen und schlurfenden Ganges
30 über den schmalen Sandpfad, dem etwa zwanzig Schritt entfernten Bahnübergang zu. Seine Barrieren schloß und öffnete Thiel vor und nach jedem Zuge gewissenhaft, obgleich der Weg nur selten von jemand passiert wurde.

Er hatte seine Arbeit beendet und lehnte jetzt wartend an der schwarzweißen Sperrstange.

35 Die Strecke schnitt rechts und links gradlinig in den unabsehbaren, grünen Forst hinein; zu ihren beiden Seiten stauten die Nadelmassen gleichsam zurück, zwischen sich eine Gasse freilassend, die der rötlichbraune, kiesbestreute Bahndamm ausfüllte. Die schwarzen, parallellaufenden Geleise darauf glichen in ihrer

---

[1]'assistant guard' [2]'stone birdcage' [3]'guard hut'

Gesamtheit einer ungeheuren, eisernen Netzmasche, deren schmale Strähnen sich im äußersten Süden und Norden in einem Punkte des Horizontes zusammenzogen. Der Wind hatte sich erhoben und trieb leise Wellen den Waldrand hinunter und in die Ferne hinein. Aus den Telegrafenstangen, die die Strecke begleiteten, 5 tönten summende Akkorde. Auf den Drähten, die sich wie das Gewebe einer Riesenspinne von Stange zu Stange fortrankten, klebten in dichten Reihen Scharen zwitschernder Vögel. Ein Specht flog lachend über Thiels Kopf weg, ohne daß er eines Blickes gewürdigt wurde.

Die Sonne, welche soeben unter dem Rande mächtiger Wolken herabhing, um 10 in das schwarzgrüne Wipfelmeer zu versinken, goß Ströme von Purpur über den Forst. Die Säulenarkaden der Kiefernstämme jenseits des Dammes entzündeten sich gleichsam von innen heraus und glühten wie Eisen.

Auch die Geleise begannen zu glühen, feurigen Schlangen gleich; aber sie erloschen zuerst. Und nun stieg die Glut langsam vom Erdboden in die Höhe, erst 15 die Schäfte der Kiefern, weiter den größten Teil ihrer Kronen in kaltem Verwesungslichte zurücklassend, zuletzt nur noch den äußersten Rand der Wipfel mit einem rötlichen Schimmer streifend. Lautlos und feierlich vollzog sich das erhabene Schauspiel. Der Wärter stand noch immer regungslos an der Barriere. Endlich trat er einen Schritt vor. Ein dunkler Punkt am Horizont, da wo die Geleise 20 sich trafen, vergrößerte sich. Von Sekunde zu Sekunde wachsend, schien er doch auf einer Stelle zu stehen. Plötzlich bekam er Bewegung und näherte sich. Durch die Geleise ging ein Vibrieren und Summen, ein rhythmisches Geklirr, ein dumpfes Getöse, das, lauter und lauter werdend, zuletzt den Hufschlägen eines heranbrausenden Reitergeschwaders nicht unähnlich war

25   Ein Keuchen und Brausen schwoll stoßweise fernher durch die Luft. Dann plötzlich zerriß die Stille. Ein rasendes Tosen und Toben erfüllte den Raum, die Geleise bogen sich, die Erde zitterte — ein starker Luftdruck — eine Wolke von Staub, Dampf und Qualm, und das schwarze, schnaubende Ungetüm war vorüber. So wie sie anwuchsen, starben nach und nach die Geräusche. Der Dunst verzog 30 sich. Zum Punkte eingeschrumpft, schwand der Zug in der Ferne, und das alte heilige Schweigen schlug über dem Waldwinkel zusammen.

„Minna", flüsterte der Wärter wie aus einem Traum erwacht und ging nach seiner Bude zurück. Nachdem er sich einen dünnen Kaffee aufgebrüht, ließ er sich 35 nieder und starrte, von Zeit zu Zeit einen Schluck zu sich nehmend, auf ein schmutziges Stück Zeitungspapier, das er irgendwo an der Strecke aufgelesen.

Nach und nach überkam ihn eine seltsame Unruhe. Er schob es auf die Backofenglut[1], welche das Stübchen erfüllte, und riß Rock und Weste auf, um sich

---

'heat like a baking oven'

zu erleichtern. Wie das nichts half, erhob er sich, nahm einen Spaten aus der Ecke und begab sich auf das geschenkte Äckerchen.

Es war ein schmaler Streifen Sandes, von Unkraut dicht überwuchert. Wie schneeweißer Schaum lag die junge Blütenpracht auf den Zweigen der beiden
5 Zwergobstbäumchen, welche darauf standen.

Thiel wurde ruhig, und ein stilles Wohlgefallen beschlich ihn.

Nun also an die Arbeit.

Der Spaten schnitt knirschend in das Erdreich; die nassen Schollen fielen dumpf zurück und bröckelten auseinander.

10 Eine Zeitlang grub er ohne Unterbrechung. Dann hielt er plötzlich inne und sagte laut und vernehmlich vor sich hin, indem er dazu bedenklich den Kopf hin und her wiegte: „Nein, nein, das geht ja nicht", und wieder: „Nein, nein, das geht ja gar nicht."

Es war ihm plötzlich eingefallen, daß ja nun Lene des öftern herauskommen
15 würde, um den Acker zu bestellen, wodurch dann die hergebrachte Lebensweise in bedenkliche Schwankungen geraten mußte. Und jäh verwandelte sich seine Freude über den Besitz des Ackers in Widerwillen. Hastig, wie wenn er etwas Unrechtes zu tun im Begriff gestanden hätte, riß er den Spaten aus der Erde und trug ihn nach der Bude zurück. Hier versank er abermals in dumpfe Grübelei. Er
20 wußte kaum, warum, aber die Aussicht, Lene ganze Tage lang bei sich im Dienst zu haben, wurde ihm, so sehr er auch versuchte, sich damit zu versöhnen, immer unerträglicher. Es kam ihm vor, als habe er etwas ihm Wertes zu verteidigen, als versuchte jemand, sein Heiligstes anzutasten, und unwillkürlich spannten sich seine Muskeln in gelindem Krampfe, während ein kurzes, herausforderndes Lachen
25 seinen Lippen entfuhr. Vom Widerhall dieses Lachens erschreckt, blickte er auf und verlor dabei den Faden seiner Betrachtungen. Als er ihn wiedergefunden, wühlte er sich gleichsam in den alten Gegenstand.

Und plötzlich zerriß etwas wie ein dichter, schwarzer Vorhang in zwei Stücke, und seine umnebelten Augen gewannen einen klaren Ausblick. Es war ihm auf
30 einmal zumute, als erwache er aus einem zweijährigen totenähnlichen Schlaf und betrachte nun mit ungläubigem Kopfschütteln all das Haarsträubende, welches er in diesem Zustand begangen haben sollte. Die Leidensgeschichte seines Ältesten, welche die Eindrücke der letzten Stunden nur noch hatten besiegeln können, trat deutlich vor seine Seele. Mitleid und Reue ergriff ihn, sowie auch eine tiefe Scham
35 darüber, daß er diese ganze Zeit in schmachvoller Duldung hingelebt hatte, ohne sich des lieben, hilflosen Geschöpfes anzunehmen, ja ohne nur die Kraft zu finden, sich einzugestehen, wie sehr dieses litt.

Über den selbstquälerischen Vorstellungen all seiner Unterlassungssünden überkam ihn eine schwere Müdigkeit, und so entschlief er mit gekrümmtem
40 Rücken, die Stirn auf die Hand, diese auf den Tisch gelegt.

Eine Zeitlang hatte er so gelegen, als er mit erstickter Stimme mehrmals den Namen „Minna" rief.

Ein Brausen und Sausen füllte sein Ohr, wie von unermeßlichen Wassermassen; es wurde dunkel um ihn, er riß die Augen auf und erwachte. Seine Glieder
5 flogen[1], der Angstschweiß drang ihm aus allen Poren, sein Puls ging unregelmäßig, sein Gesicht war naß von Tränen.

Es war stockdunkel. Er wollte einen Blick nach der Tür werfen, ohne zu wissen, wohin er sich wenden sollte. Taumelnd erhob er sich, noch immer währte seine Herzensangst. Der Wald draußen rauschte wie Meeresbrandung, der Wind
10 warf Hagel und Regen gegen die Fenster des Häuschens. Thiel tastete ratlos mit den Händen umher. Einen Augenblick kam er sich vor wie ein Ertrinkender — da plötzlich flammte es bläulich blendend auf, wie wenn Tropfen überirdischen Lichtes in die dunkle Erdatmosphäre herabsänken, um sogleich von ihr erstickt zu werden.

15 Der Augenblick genügte, um den Wärter zu sich selbst zu bringen. Er griff nach seiner Laterne, die er glücklich zu fassen bekam, und in diesem Augenblick erwachte der Donner am fernsten Saume des märkischen Nachthimmels. Erst dumpf und verhalten grollend, wälzte er sich näher in kurzen, brandenden Erzwellen[2], bis er, zu Riesenstößen anwachsend, sich endlich, die ganze Atmosphäre
20 überflutend, dröhnend, schütternd und brausend entlud.

Die Scheiben klirrten, die Erde erbebte.

Thiel hatte Licht gemacht. Sein erster Blick, nachdem er die Fassung wiedergewonnen, galt der Uhr. Es lagen kaum fünf Minuten zwischen jetzt und der Ankunft des Schnellzuges. Da er glaubte, das Signal überhört zu haben, begab er
25 sich, so schnell als Sturm und Dunkelheit erlaubten, nach der Barriere. Als er noch damit beschäftigt war, diese zu schließen, erklang die Signalglocke. Der Wind zerriß ihre Töne und warf sie nach allen Richtungen auseinander. Die Kiefern bogen sich und rieben unheimlich knarrend und quietschend ihre Zweige aneinander. Einen Augenblick wurde der Mond sichtbar, wie er gleich einer blaßgold-
30 nen Schale zwischen den Wolken lag. In seinem Lichte sah man das Wühlen des Windes in den schwarzen Kronen der Kiefern. Die Blattgehänge der Birken am Bahndamm wehten und flatterten wie gespenstige Roßschweife. Darunter lagen die Linien der Geleise, welche, vor Nässe glänzend, das blasse Mondlicht in einzelnen Flecken aufsogen.

35 Thiel riß die Mütze vom Kopfe. Der Regen tat ihm wohl und lief vermischt mit Tränen über sein Gesicht. Es gärte in seinem Hirn; unklare Erinnerungen an das, was er im Traum gesehen, verjagten einander. Es war ihm gewesen, als würde Tobias von jemand mißhandelt, und zwar auf eine so entsetzliche Weise, daß ihm noch jetzt bei dem Gedanken daran das Herz stille stand. Einer anderen Erschei-

---

[1]'jerked' [2]'brazen waves'

nung erinnerte er sich deutlicher. Er hatte seine verstorbene Frau gesehen. Sie war irgendwoher aus der Ferne gekommen, auf einem der Bahngeleise. Sie hatte recht kränklich ausgesehen, und statt der Kleider hatte sie Lumpen getragen. Sie war an Thiels Häuschen vorübergekommen, ohne sich darnach umzuschauen, und
5 schließlich — hier wurde die Erinnerung undeutlich — war sie aus irgendwelchem Grunde nur mit großer Mühe vorwärts gekommen und sogar mehrmals zusammengebrochen.

Thiel dachte weiter nach, und nun wußte er, daß sie sich auf der Flucht befunden hatte. Es lag außer allem Zweifel, denn weshalb hätte sie sonst diese Blicke
10 voll Herzensangst nach rückwärts gesandt und sich weitergeschleppt, obgleich ihr die Füße den Dienst versagten. O diese entsetzlichen Blicke!

Aber es war etwas, das sie mit sich trug, in Tücher gewickelt, etwas Schlaffes, Blutiges, Bleiches, und die Art, mit der sie darauf niederblickte, erinnerte ihn an Szenen der Vergangenheit.
15 Er dachte an eine sterbende Frau, die ihr kaum geborenes Kind, das sie zurücklassen mußte, unverwandt anblickte, mit einem Ausdruck, den Thiel ebensowenig vergessen konnte, wie daß er einen Vater und eine Mutter habe.

Wo war sie hingekommen? Er wußte es nicht. Das aber trat ihm klar vor die Seele: sie hatte sich von ihm losgesagt, ihn nicht beachtet, sie hatte sich fortge-
20 schleppt immer weiter und weiter durch die stürmische, dunkle Nacht. Er hatte sie gerufen: „Minna, Minna", und davon war er erwacht.

Zwei rote, runde Lichter durchdrangen wie die Glotzaugen eines riesigen Ungetüms die Dunkelheit. Ein blutiger Schein ging vor ihnen her, der die Regentropfen in seinem Bereich in Blutstropfen verwandelte. Es war, als fiele ein Blut-
25 regen vom Himmel.

Thiel fühlte ein Grauen, und je näher der Zug kam, eine um so größere Angst; Traum und Wirklichkeit verschmolzen ihm in eins. Noch immer sah er das wandernde Weib auf den Schienen, und seine Hand irrte nach der Patronentasche[1], als habe er die Absicht, den rasenden Zug zum Stehen zu bringen. Zum Glück war
30 es zu spät, denn schon flirrte es vor Thiels Augen von Lichtern, und der Zug raste vorüber.

Den übrigen Teil der Nacht fand Thiel wenig Ruhe mehr in seinem Dienst. Es drängte ihn, daheim zu sein. Er sehnte sich, Tobiaschen wiederzusehen. Es war ihm zumute, als sei er durch Jahre von ihm getrennt gewesen. Zuletzt war er, in
5 steigender Bekümmernis um das Befinden des Jungen, mehrmals versucht, den Dienst zu verlassen.

Um die Zeit hinzubringen, beschloß Thiel, sobald es dämmerte[2], seine Strecke zu revidieren. In der Linken einen Stock, in der Rechten einen langen, eisernen

---

[1] 'case of flares' [2] 'began to get light'

Schraubschlüssel, schritt er denn auch alsbald auf dem Rücken einer Bahnschiene in das schmutziggraue Zwielicht hinein.

Hin und wieder zog er mit dem Schraubschlüssel einen Bolzen fest oder schlug an eine der runden Eisenstangen, welche die Geleise untereinander verbanden.

5 Regen und Wind hatten nachgelassen, und zwischen zerschlissenen Wolkenschichten wurden hie und da Stücke eines blaßblauen Himmels sichtbar.

Das eintönige Klappen der Sohlen auf dem harten Metall, verbunden mit dem schläfrigen Geräusch der tropfenschüttelnden Bäume, beruhigte Thiel nach und nach.

10 Um sechs Uhr früh wurde er abgelöst und trat ohne Verzug den Heimweg an. Es war ein herrlicher Sonntagmorgen.

Die Wolken hatten sich zerteilt und waren mittlerweile hinter den Umkreis des Horizontes hinabgesunken. Die Sonne goß, im Aufgehen gleich einem ungeheuren, blutroten Edelstein funkelnd, wahre Lichtmassen über den Forst.

15 In scharfen Linien schossen die Strahlenbündel[1] durch das Gewirr der Stämme, hier eine Insel zarter Farnkräuter, deren Wedel feingeklöppelten Spitzen[2] glichen, mit Glut behauchend, dort die silbergrauen Flechten des Waldgrundes zu roten Korallen umwandelnd.

Von Wipfeln, Stämmen und Gräsern floß der Feuertau[3]. Eine Sintflut von 20 Licht schien über die Erde ausgegossen. Es lag eine Frische in der Luft, die bis ins Herz drang, und auch hinter Thiels Stirn mußten die Bilder der Nacht allmählich verblassen.

Mit dem Augenblick jedoch, wo er in die Stube trat und Tobiaschen rotwangiger als je im sonnenbeschienenen Bette liegen sah, waren sie ganz verschwunden.

25 Wohl wahr! Im Verlauf des Tages glaubte Lene mehrmals etwas Befremdliches an ihm wahrzunehmen; so im Kirchstuhl, als er, statt ins Buch zu schauen, sie selbst von der Seite betrachtete, und dann auch um die Mittagszeit, als er, ohne ein Wort zu sagen, das Kleine, welches Tobias wie gewöhnlich auf die Straße tragen sollte, aus dessen Arm nahm und ihr auf den Schoß setzte. Sonst aber hatte er 30 nicht das geringste Auffällige an sich.

Thiel, der den Tag über nicht dazu gekommen war, sich niederzulegen, kroch, da er die folgende Woche Tagdienst hatte, bereits gegen neun Uhr abends ins Bett. Gerade als er im Begriff war einzuschlafen, eröffnete ihm die Frau, daß sie am folgenden Morgen mit nach dem Walde gehen werde, um das Land umzugraben und 35 Kartoffeln zu stecken[4].

Thiel zuckte zusammen; er war ganz wach geworden, hielt jedoch die Augen fest geschlossen.

Es sei die höchste Zeit, meinte Lene, wenn aus den Kartoffeln noch etwas werden sollte, und fügte bei, daß sie die Kinder werde mitnehmen müssen, da vermutlich

---

[1]'rays' [2]'finely made lace' [3]'fiery dew' [4]'plant'

der ganze Tag draufgehen würde. Der Wärter brummte einige unverständliche Worte, die Lene weiter nicht beachtete. Sie hatte ihm den Rücken gewandt und war beim Scheine eines Talglichtes damit beschäftigt, das Mieder aufzunesteln[1] und die Röcke herabzulassen.

5   Plötzlich fuhr sie herum, ohne selbst zu wissen, aus welchem Grunde, und blickte in das von Leidenschaften verzerrte, erdfarbene Gesicht ihres Mannes, der sie, halbaufgerichtet, die Hände auf der Bettkante, mit brennenden Augen anstarrte.

„Thiel!" — schrie die Frau halb zornig, halb erschreckt, und wie ein Nachtwandler, den man bei Namen ruft, erwachte er aus seiner Betäubung, stotterte
10 einige verwirrte Worte, warf sich in die Kissen zurück und zog das Deckbett über die Ohren.

Lene war die erste, welche sich am folgenden Morgen vom Bett erhob. Ohne dabei Lärm zu machen, bereitete sie alles Nötige für den Ausflug vor. Der Kleinste wurde in den Kinderwagen gelegt, darauf Tobias geweckt und angezogen. Als er
15 erfuhr, wohin es gehen sollte, mußte er lächeln. Nachdem alles bereit war und auch der Kaffee fertig auf dem Tisch stand, erwachte Thiel. Mißbehagen war sein erstes Gefühl beim Anblick all der getroffenen Vorbereitungen. Er hätte wohl gern ein Wort dagegen gesagt, aber er wußte nicht, womit beginnen. Und welche für Lene stichhaltigen Gründe hätte er auch angeben sollen?
20   Allmählich begann dann das mehr und mehr strahlende Gesichtchen seinen Einfluß auf Thiel auszuüben, so daß er schließlich schon um der Freude willen, welche dem Jungen der Ausflug bereitete, nicht daran denken konnte, Widerspruch zu erheben. Nichtsdestoweniger blieb Thiel während der Wanderung durch den Wald nicht frei von Unruhe. Er stieß das Kinderwägelchen mühsam durch den
25 tiefen Sand und hatte allerhand Blumen darauf liegen, die Tobias gesammelt hatte.

Der Junge war ausnehmend lustig. Er hüpfte in seinem braunen Plüschmützchen zwischen den Farnkräutern umher und suchte auf eine freilich etwas unbeholfene Art die glasflügligen[2] Libellen zu fangen, die darüber hinaukelten. Sobald man angelangt war, nahm Lene den Acker in Augenschein. Sie warf das Säckchen
30 mit Kartoffelstücken, welche sie zur Saat mitgebracht hatte, auf den Grasrand eines kleinen Birkengehölzes[3], kniete nieder und ließ den etwas dunkel gefärbten Sand durch ihre harten Finger laufen.

Thiel beobachtete sie gespannt: „Nun, wie ist er?"

„Reichlich so gut wie die Spree-Ecke!" Dem Wärter fiel eine Last von der
35 Seele. Er hatte gefürchtet, sie würde unzufrieden sein, und kratzte beruhigt seine Bartstoppeln.

Nachdem die Frau hastig eine dicke Brotkante verzehrt hatte, warf sie Tuch und Jacke fort und begann zu graben, mit der Geschwindigkeit und Ausdauer einer Maschine.

---

[1]'unlace' [2]'glassy-winged' [3]'birch grove'

In bestimmten Zwischenräumen richtete sie sich auf und holte in tiefen Zügen Luft, aber es war jeweilig nur ein Augenblick, wenn nicht etwa das Kleine gestillt werden mußte, was mit keuchender, schweißtropfender Brust hastig geschah.

„Ich muß die Strecke belaufen[1], ich werde Tobias mitnehmen", rief der Wärter
5 nach einer Weile von der Plattform vor der Bude aus zu ihr herüber.

„Ach was — Unsinn!" schrie sie zurück, „wer soll bei dem Kleinen bleiben? — Hierher kommst du!" setzte sie noch lauter hinzu, während der Wärter, als ob er sie nicht hören könnte, mit Tobiaschen davonging.

Im ersten Augenblick erwog sie, ob sie nicht nachlaufen solle, und nur der
10 Zeitverlust bestimmte sie, davon abzustehen. Thiel ging mit Tobias die Strecke entlang. Der Kleine war nicht wenig erregt; alles war ihm neu, fremd. Er begriff nicht, was die schmalen, schwarzen, vom Sonnenlicht erwärmten Schienen zu bedeuten hatten. Unaufhörlich tat er allerhand sonderbare Fragen. Vor allem verwunderlich war ihm das Klingen der Telegrafenstangen. Thiel kannte den Ton
15 jeder einzelnen seines Reviers, so daß er mit geschlossenen Augen stets gewußt haben würde, in welchem Teil der Strecke er sich gerade befand.

Oft blieb er, Tobiaschen an der Hand, stehen, um den wunderbaren Lauten zu lauschen, die aus dem Holze wie sonore Choräle aus dem Innern einer Kirche hervorströmten. Die Stange am Südende des Reviers hatte einen besonders vollen
20 und schönen Akkord. Es war ein Gewühl von Tönen in ihrem Innern, die ohne Unterbrechung gleichsam in einem Atem fortklangen, und Tobias lief rings um das verwitterte Holz, um, wie er glaubte, durch eine Öffnung die Urheber des lieblichen Getöns zu entdecken. Der Wärter wurde weihevoll[2] gestimmt, ähnlich wie in der Kirche. Zudem unterschied er mit der Zeit eine Stimme, die ihn an seine
25 verstorbene Frau erinnerte. Er stellte sich vor, es sei ein Chor seliger Geister, in den sie ja auch ihre Stimme mische, und diese Vorstellung erweckte in ihm eine Sehnsucht, eine Rührung bis zu Tränen.

Tobias verlangte nach den Blumen, die seitab standen, und Thiel, wie immer, gab ihm nach.
30 Stücke blauen Himmels schienen auf den Boden des Haines herabgesunken, so wunderbar dicht standen kleine, blaue Blüten darauf. Farbigen Wimpeln gleich flatterten und gaukelten die Schmetterlinge lautlos zwischen dem leuchtenden Weiß der Stämme, indes durch die zartgrünen Blätterwolken[3] der Birkenkronen ein sanftes Rieseln ging.
35 Tobias rupfte Blumen, und der Vater schaute ihm sinnend zu. Zuweilen erhob sich auch der Blick des letzteren und suchte durch die Lücken der Blätter den Himmel, der wie eine riesige, makellos blaue Kristallschale das Goldlicht der Sonne auffing.

---

[1]'inspect my stretch of track'   [2]'solemn'   [3]'leafy clouds'

„Vater, ist das der liebe Gott?" fragte der Kleine plötzlich, auf ein braunes Eichhörnchen deutend, das unter kratzenden Geräuschen am Stamme einer alleinstehenden Kiefer hinanhuschte.

„Närrischer Kerl", war alles, was Thiel erwidern konnte, während losgerissene
5 Borkenstückchen[1] den Stamm herunter vor seine Füße fielen.

Die Mutter grub noch immer, als Thiel und Tobias zurückkamen. Die Hälfte des Ackers war bereits umgeworfen.

Die Bahnzüge folgten einander in kurzen Zwischenräumen, und Tobias sah sie jedesmal mit offenem Munde vorübertoben.

10 Die Mutter selbst hatte ihren Spaß an seinen drolligen Grimassen.

Das Mittagessen, bestehend aus Kartoffeln und einem Restchen kalten Schweinebratens, verzehrte man in der Bude. Lene war aufgeräumt[2], und auch Thiel schien sich in das Unvermeidliche mit gutem Anstand fügen zu wollen. Er unterhielt seine Frau während des Essens mit allerlei Dingen, die in seinen Beruf
15 schlugen. So fragte er sie, ob sie sich denken könne, daß in einer einzigen Bahnschiene sechsundvierzig Schrauben säßen, und anderes mehr.

Am Vormittage war Lene mit Umgraben fertig geworden; am Nachmittag sollten die Kartoffeln gesteckt werden. Sie bestand darauf, daß Tobias jetzt das Kleine warte, und nahm ihn mit sich.

20 „Paß auf . . .", rief Thiel ihr nach, von plötzlicher Besorgnis ergriffen, „paß auf, daß er den Geleisen nicht zu nahe kommt."

Ein Achselzucken Lenens war die Antwort.

Der schlesische Schnellzug war gemeldet, und Thiel mußte auf seinen Posten.
25 Kaum stand er dienstfertig an der Barriere, so hörte er ihn auch schon heranbrausen.

Der Zug wurde sichtbar — er kam näher — in unzählbaren, sich überhastenden Stößen fauchte der Dampf aus dem schwarzen Maschinenschlote. Da: ein — zwei — drei milchweiße Dampfstrahlen quollen kerzengerade empor, und gleich
30 darauf brachte die Luft den Pfiff der Maschine getragen. Dreimal hintereinander, kurz, grell, beängstigend. Sie bremsen, dachte Thiel, warum nur? Und wieder gellten die Notpfiffe schreiend, den Widerhall weckend, diesmal in langer, ununterbrochener Reihe.

Thiel trat vor, um die Strecke überschauen zu können. Mechanisch zog er die
35 rote Fahne aus dem Futteral und hielt sie gerade vor sich hin über die Geleise. — Jesus Christus — war er blind gewesen? Jesus Christus — o Jesus, Jesus, Jesus Christus! was war das? Dort! — dort zwischen den Schienen. . . . „Halt!" schrie der Wärter aus Leibeskräften. Zu spät. Eine dunkle Masse war unter den Zug geraten und wurde zwischen den Rädern wie ein Gummiball hin und her geworfen. Noch

---

[1]'bits of bark' [2]'in good humor'

einige Augenblicke, und man hörte das Knarren und Quietschen der Bremsen. Der Zug stand.

Die einsame Strecke belebte sich. Zugführer und Schaffner rannten über den Kies nach dem Ende des Zuges. Aus jedem Fenster blickten neugierige Gesichter, und jetzt — die Menge knäulte sich und kam nach vorn.

Thiel keuchte; er mußte sich festhalten, um nicht umzusinken wie ein gefällter[1] Stier. Wahrhaftig, man winkt ihm — „Nein!"

Ein Aufschrei zerreißt die Luft von der Unglücksstelle her, ein Geheul folgt, wie aus der Kehle eines Tieres kommend. Wer war das?! Lene?! Es war nicht ihre Stimme, und doch. . . .

Ein Mann kommt in Eile die Strecke herauf.

„Wärter!"

„Was gibt's!"

„Ein Unglück!". . . Der Bote schrickt zurück, denn des Wärters Augen spielen seltsam. Die Mütze sitzt schief, die roten Haare scheinen sich aufzubäumen.

„Er lebt noch, vielleicht ist noch Hilfe."

Ein Röcheln ist die einzige Antwort.

„Kommen Sie schnell, schnell!"

Thiel reißt sich auf mit gewaltiger Anstrengung. Seine schlaffen Muskeln spannen sich; er richtet sich hoch auf, sein Gesicht ist blöd und tot.

Er rennt mit dem Boten, er sieht nicht die todbleichen, erschreckten Gesichter der Reisenden in den Zugfenstern. Eine junge Frau schaut heraus, ein Handlungsreisender[2] im Fez, ein junges Paar, anscheinend auf der Hochzeitsreise. Was geht's ihn an? Er hat sich nie um den Inhalt dieser Polterkasten[3] gekümmert; — sein Ohr füllt das Geheul Lenens. Vor seinen Augen schwimmt es durcheinander, gelbe Punkte, Glühwürmchen gleich, unzählig. Er schrickt zurück — er steht. Aus dem Tanze der Glühwürmchen tritt es hervor, blaß, schlaff, blutrünstig. Eine Stirn, braun und blau geschlagen, blaue Lippen, über die schwarzes Blut tröpfelt. Er ist es.

Thiel spricht nicht. Sein Gesicht nimmt eine schmutzige Blässe an. Er lächelt wie abwesend; endlich beugt er sich; er fühlt die schlaffen, toten Gliedmaßen schwer in seinen Armen; die rote Fahne wickelt sich darum.

Er geht.

Wohin?

„Zum Bahnarzt, zum Bahnarzt", tönt es durcheinander.

„Wir nehmen ihn gleich mit", ruft der Packmeister[4] und macht in seinem Wagen aus Dienströcken und Büchern ein Lager zurecht. „Nun also?"

---

[1]'felled'   [2]'traveling salesman'   [3]'rattle-traps'   [4]'baggage master'

Thiel macht keine Anstalten, den Verunglückten loszulassen. Man drängt in ihn. Vergebens. Der Packmeister läßt eine Bahre aus dem Packwagen reichen und beordert einen Mann, dem Vater beizustehen.

Die Zeit ist kostbar. Die Pfeife des Zugführers trillert. Münzen regnen aus den Fenstern.

Lene gebärdet sich wie wahnsinnig. „Das arme, arme Weib", heißt es in den Coupés[1], „die arme, arme Mutter."

Der Zugführer trillert abermals — ein Pfiff — die Maschine stößt weiße, zischende Dämpfe aus ihren Zylindern und streckt ihre eisernen Sehnen; einige Sekunden, und der Kurierzug[2] braust mit wehender Rauchfahne in doppelter Geschwindigkeit durch den Forst.

Der Wärter, anderen Sinnes geworden, legt den halbtoten Jungen auf die Bahre. Da liegt er da in seiner verkommenen Körpergestalt, und hin und wieder hebt ein langer, rasselnder Atemzug die knöcherne Brust, welche unter dem zerfetzten Hemd sichtbar wird. Die Ärmchen und Beinchen, nicht nur in den Gelenken gebrochen, nehmen die unnatürlichsten Stellungen ein. Die Ferse des kleinen Fußes ist nach vorn gedreht. Die Arme schlottern über den Rand der Bahre.

Lene wimmert in einem fort; jede Spur ihres einstigen Trotzes ist aus ihrem Wesen gewichen. Sie wiederholt fortwährend eine Geschichte, die sie von jeder Schuld an dem Vorfall reinwaschen soll.

Thiel scheint sie nicht zu beachten; mit entsetzlich bangem Ausdruck haften seine Augen an dem Kinde.

Es ist still ringsum geworden, totenstill; schwarz und heiß ruhen die Geleise auf dem blendenden Kies. Der Mittag hat die Winde erstickt, und regungslos, wie aus Stein, steht der Forst.

Die Männer beraten sich leise. Man muß, um auf dem schnellsten Wege nach Friedrichshagen[3] zu kommen, nach der Station zurück, die nach der Richtung Breslau liegt, da der nächste Zug, ein beschleunigter Personenzug[4], auf der Friedrichshagen nähergelegenen nicht anhält.

Thiel scheint zu überlegen, ob er mitgehen solle. Augenblicklich ist niemand da, der den Dienst versteht. Eine stumme Handbewegung bedeutet seiner Frau, die Bahre aufzunehmen; sie wagt nicht, sich zu widersetzen, obgleich sie um den zurückbleibenden Säugling besorgt ist. Sie und der fremde Mann tragen die Bahre. Thiel begleitet den Zug bis an die Grenze seines Reviers, dann bleibt er stehen und schaut ihm lange nach. Plötzlich schlägt er sich mit der flachen Hand vor die Stirn, daß es weithin schallt.

---

[1]'compartments' [2]'express' [3]village SE of Berlin (where the Müggelsee empties into the Spree), location of a station on the Silesian railroad line [4]'fast passenger train' (not stopping at all stations)

Er meint sich zu erwecken, „denn es wird ein Traum sein, wie der gestern", sagt er sich. — Vergebens. — Mehr taumelnd als laufend erreichte er sein Häuschen. Drinnen fiel er auf die Erde, das Gesicht voran. Seine Mütze rollte in die Ecke, seine peinlich gepflegte Uhr fiel aus seiner Tasche, die Kapsel sprang, das
5 Glas zerbrach. Es war, als hielte ihn eine eiserne Faust im Nacken gepackt, so fest, daß er sich nicht bewegen konnte, so sehr er auch unter Ächzen und Stöhnen sich freizumachen suchte. Seine Stirn war kalt, seine Augen trocken, sein Schlund brannte.

Die Signalglocke weckte ihn. Unter dem Eindruck jener sich wiederholenden
10 drei Glockenschläge ließ der Anfall nach. Thiel konnte sich erheben und seinen Dienst tun. Zwar waren seine Füße bleischwer, zwar kreiste um ihn die Strecke wie die Speiche eines ungeheuren Rades, dessen Achse sein Kopf war; aber er gewann doch wenigstens so viel Kraft, sich für einige Zeit aufrecht zu halten.

Der Personenzug kam heran. Tobias mußte darin sein. Je näher er rückte, um
15 so mehr verschwammen die Bilder vor Thiels Augen. Am Ende sah er nur noch den zerschlagenen Jungen mit dem blutigen Munde. Dann wurde es Nacht.

Nach einer Weile erwachte er aus einer Ohnmacht. Er fand sich dicht an der Barriere im heißen Sande liegen. Er stand auf, schüttelte die Sandkörner aus seinen Kleidern und spie sie aus seinem Munde. Sein Kopf wurde ein wenig freier,
20 er vermochte ruhiger zu denken.

In der Bude nahm er sogleich seine Uhr vom Boden auf und legte sie auf den Tisch. Sie war trotz des Falles nicht stehengeblieben. Er zählte während zweier Stunden die Sekunden und Minuten, indem er sich vorstellte, was indes mit Tobias geschehen mochte. Jetzt kam Lene mit ihm an; jetzt stand sie vor dem Arzte. Die-
25 ser betrachtete und betastete den Jungen und schüttelte den Kopf.

„Schlimm, sehr schlimm — aber vielleicht . . . wer weiß?" Er untersuchte genauer. „Nein", sagte er dann, „nein, es ist vorbei."

„Vorbei, vorbei", stöhnte der Wärter, dann aber richtete er sich hoch auf und schrie, die rollenden Augen an die Decke geheftet, die erhobenen Hände unbe-
30 wußt zur Faust ballend und mit einer Stimme, als müsse der enge Raum davon zerbersten: „Er muß, muß leben, ich sage dir, er muß, muß leben." Und schon stieß er die Tür des Häuschens von neuem auf, durch die das rote Feuer des Abends hereinbrach, und rannte mehr, als er ging, nach der Barriere zurück. Hier blieb er eine Weile wie betroffen stehen und schritt dann plötzlich, beide Arme ausbrei-
35 tend, bis in die Mitte des Dammes, als wenn er etwas aufhalten wollte, was aus der Richtung des Personenzuges kam. Dabei machten seine weit offenen Augen den Eindruck der Blindheit.

Während er, rückwärts schreitend, vor etwas zu weichen schien, stieß er in einem fort[1] halbverständliche Worte zwischen den Zahnen hervor: „Du — hörst

---

[1] 'continually'

du — bleib doch — du — hör doch — bleib — gib ihn wieder — er ist braun und blau geschlagen — ja, ja — gut — ich will sie wieder braun und blau schlagen — hörst du? bleib doch — gib ihn mir wieder."

Es schien, als ob etwas an ihm vorüberwandle, denn er wandte sich und bewegte sich, wie um es zu verfolgen, nach der anderen Richtung.

„Du, Minna" — seine Stimme wurde weinerlich, wie die eines kleinen Kindes. „Du, Minna, hörst du? — gib ihn wieder — ich will. . . ." Er tastete in die Luft, wie um jemand festzuhalten. „Weibchen — ja — und da will ich sie . . . und da will ich sie auch schlagen — braun und blau — auch schlagen — und da will ich mit dem Beil¹ — siehst du? — Küchenbeil — mit dem Küchenbeil will ich sie schlagen, und da wird sie verrecken.

Und da . . . ja mit dem Beil — Küchenbeil, ja — schwarzes Blut!" Schaum stand vor seinem Munde, seine gläsernen Pupillen bewegten sich unaufhörlich.

Ein sanfter Abendhauch strich leis und nachhaltig über den Forst, und rosa-flammiges Wolkengelock² hing über dem westlichen Himmel.

Etwa hundert Schritt hatte er so das unsichtbare Etwas verfolgt, als er anscheinend mutlos stehenblieb, und mit entsetzlicher Angst in den Mienen streckte der Mann seine Arme aus, flehend, beschwörend. Er strengte seine Augen an und beschattete sie mit der Hand, wie um noch einmal in weiter Ferne das Wesenlose³ zu entdecken. Schließlich sank die Hand, und der gespannte Ausdruck seines Gesichts verkehrte sich in stumpfe Ausdruckslosigkeit; er wandte sich und schleppte sich den Weg zurück, den er gekommen.

Die Sonne goß ihre letzte Glut über den Forst, dann erlosch sie. Die Stämme der Kiefern streckten sich wie bleiches, verwestes Gebein zwischen die Wipfel hinein, die wie grauschwarze Moderschichten⁴ auf ihnen lasteten. Das Hämmern eines Spechtes durchdrang die Stille. Durch den kalten, stahlblauen Himmelsraum ging ein einziges, verspätetes Rosengewölk. Der Windhauch wurde kellerkalt, so daß es den Wärter fröstelte. Alles war ihm neu, alles fremd. Er wußte nicht, was das war, worauf er ging, oder das, was ihn umgab. Da huschte ein Eichhorn über die Strecke, und Thiel besann sich. Er mußte an den lieben Gott denken, ohne zu wissen, warum. „Der liebe Gott springt über den Weg, der liebe Gott springt über den Weg." Er wiederholte diesen Satz mehrmals, gleichsam um auf etwas zu kommen, das damit zusammenhing. Er unterbrach sich, ein Lichtschein fiel in sein Hirn: „Aber mein Gott, das ist ja Wahnsinn." Er vergaß alles und wandte sich gegen diesen neuen Feind. Er suchte Ordnung in seine Gedanken zu bringen, vergebens! Es war ein haltloses Streifen und Schweifen. Er ertappte sich auf den unsinnigsten Vorstellungen und schauderte zusammen im Bewußtsein seiner Machtlosigkeit.

---

¹=*Küchenbeil* 'cleaver' ²'curls of clouds' ³'insubstantial something' ⁴'layers of decayed matter'

Aus dem nahen Birkenwäldchen kam Kindergeschrei. Es war das Signal zur Raserei. Fast gegen seinen Willen mußte er darauf zueilen und fand das Kleine, um welches sich niemand mehr gekümmert hatte, weinend und strampelnd ohne Bettchen im Wagen liegen. Was wollte er tun? Was trieb ihn hierher? Ein wirbelnder
5 Strom von Gefühlen und Gedanken verschlang diese Fragen.

„Der liebe Gott springt über den Weg", jetzt wußte er, was das bedeuten wollte. „Tobias" — sie hatte ihn gemordet — Lene — ihr war er anvertraut — „Stiefmutter, Rabenmutter", knirschte er, „und ihr Balg¹ lebt." Ein roter Nebel umwölkte seine Sinne, zwei Kinderaugen durchdrangen ihn; er fühlte etwas Weiches, Flei-
10 schiges zwischen seinen Fingern. Gurgelnde und pfeifende Laute, untermischt mit heiseren Ausrufen, von denen er nicht wußte, wer sie ausstieß, trafen sein Ohr.

Da fiel etwas in sein Hirn wie Tropfen heißen Siegellacks, und es hob sich wie eine Starre von seinem Geist. Zum Bewußtsein kommend, hörte er den Nachhall der Meldeglocke durch die Luft zittern.

15 Mit eins begriff er, was er hatte tun wollen: seine Hand löste sich von der Kehle des Kindes, welches sich unter seinem Griffe wand. — Es rang nach Luft, dann begann es zu husten und zu schreien.

„Es lebt! Gott sei Dank, es lebt!" Er ließ es liegen und eilte nach dem Übergange. Dunkler Qualm wälzte sich fernher über die Strecke, und der Wind drückte
20 ihn zu Boden. Hinter sich vernahm er das Keuchen einer Maschine, welches wie das stoßweise gequälte Atmen eines kranken Riesen klang.

Ein kaltes Zwielicht lag über der Gegend.

Nach einer Weile, als die Rauchwolken auseinandergingen, erkannte Thiel den Kieszug², der mit geleerten Loren³ zurückging und die Arbeiter mit sich führ-
25 te, welche tagsüber auf der Strecke gearbeitet hatten.

Der Zug hatte eine reichbemessene Fahrzeit⁴ und durfte überall anhalten, um die hie und da noch beschäftigten Arbeiter aufzunehmen, andere hingegen abzusetzen. Ein gutes Stück vor Thiels Bude begann man zu bremsen. Ein lautes Quietschen, Schnarren, Rasseln und Klirren durchdrang weithin die Abendstille,
30 bis der Zug unter einem einzigen, schrillen, langgedehnten Ton stillstand.

Etwa fünfzig Arbeiter und Arbeiterinnen waren in den Loren verteilt. Fast alle standen aufrecht, einige unter den Männern mit entblößtem Kopfe. In ihrer aller Wesen lag eine rätselhafte Feierlichkeit. Als sie des Wärters ansichtig wurden, erhob sich ein Flüstern unter ihnen. Die Alten zogen die Tabakspfeifen zwischen
35 den gelben Zähnen hervor und hielten sie respektvoll in den Händen. Hie und da wandte sich ein Frauenzimmer, um sich zu schneuzen. Der Zugführer stieg auf die Strecke herunter und trat auf Thiel zu. Die Arbeiter sahen, wie er ihm feierlich die Hand schüttelte, worauf Thiel mit langsamem, fast militärisch steifem Schritt auf den letzten Wagen zuschritt.

¹'brat' ²'gravel train' ³'train cars' ⁴'generous schedule'

Keiner der Arbeiter wagte ihn anzureden, obgleich sie ihn alle kannten.
Aus dem letzten Wagen hob man soeben das kleine Tobiaschen.
Es war tot.
Lene folgte ihm; ihr Gesicht war bläulichweiß, braune Kreise lagen um ihre
5 Augen.
Thiel würdigte sie keines Blickes; sie aber erschrak beim Anblick ihres Mannes. Seine Wangen waren hohl, Wimpern und Barthaare verklebt, der Scheitel, so
schien es ihr, ergrauter als bisher. Die Spuren vertrockneter Tränen überall auf dem
Gesicht; dazu ein unstetes Licht in seinen Augen, davor sie ein Grauen ankam.
10 Auch die Tragbahre hatte man wieder mitgebracht, um die Leiche transpor-
tieren zu können.
Eine Weile herrschte unheimliche Stille. Eine tiefe, entsetzliche Versonnen-
heit hatte sich Thiels bemächtigt. Es wurde dunkler. Ein Rudel Rehe setzte[1] seitab
auf den Bahndamm. Der Bock blieb stehen mitten zwischen den Geleisen. Er
15 wandte seinen gelenken Hals neugierig herum, da pfiff die Maschine, und blitz-
artig verschwand er samt seiner Herde.
In dem Augenblick, als der Zug sich in Bewegung setzen wollte, brach Thiel
zusammen.
Der Zug hielt abermals, und es entspann sich eine Beratung über das, was nun
20 zu tun sei. Man entschied sich dafür, die Leiche des Kindes einstweilen im Wär-
terhaus unterzubringen und statt ihrer[2] den durch kein Mittel wieder ins Bewußtsein zu rufenden Wärter mittels der Bahre nach Hause zu bringen.
Und so geschah es. Zwei Männer trugen die Bahre mit dem Bewußtlosen,
gefolgt von Lene, die, fortwährend schluchzend, mit tränenüberströmtem Gesicht
25 den Kinderwagen mit dem Kleinsten durch den Sand stieß.
Wie eine riesige, purpurglühende Kugel lag der Mond zwischen den Kiefern-
schäften am Waldesgrund. Je höher er rückte, um so kleiner schien er zu werden,
um so mehr verblaßte er. Endlich hing er, einer Ampel vergleichbar, über dem
Forst, durch alle Spalten und Lücken der Kronen einen matten Lichtdunst drän-
30 gend, welcher die Gesichter der Dahinschreitenden leichenhaft anmalte.
Rüstig, aber vorsichtig schritt man vorwärts, jetzt durch enggedrängtes[3] Jungholz, dann wieder an weiten, hochwaldumstandenen Schonungen entlang, darin
sich das bleiche Licht wie in großen, dunklen Becken angesammelt hatte.
Der Bewußtlose röchelte von Zeit zu Zeit oder begann zu phantasieren[4].
35 Mehrmals ballte er die Fäuste und versuchte mit geschlossenen Augen sich empor-
zurichten.
Es kostete Mühe, ihn über die Spree zu bringen; man mußte ein zweites Mal
übersetzen, um die Frau und das Kind nachzuholen.

---

[1]'jumped' [2]i. e., *statt der Leiche* [3]'tangled' [4]'hallucinate'

Als man die kleine Anhöhe des Ortes emporstieg, begegnete man einigen Einwohnern, welche die Botschaft des geschehenen Unglücks sofort verbreiteten. Die ganze Kolonie kam auf die Beine. Angesichts ihrer Bekannten brach Lene in erneutes Klagen aus.

5 Man beförderte den Kranken mühsam die schmale Stiege hinauf in seine Wohnung und brachte ihn sofort zu Bett. Die Arbeiter kehrten sogleich um, um Tobiaschens Leiche nachzuholen.

Alte erfahrene Leute hatten kalte Umschläge angeraten, und Lene befolgte ihre Weisung mit Eifer und Umsicht. Sie legte Handtücher in eiskaltes Brunnen-
10 wasser und erneuerte sie, sobald die brennende Stirn des Bewußtlosen sie durch-hitzt hatte. Ängstlich beobachtete sie die Atemzüge des Kranken, welche ihr mit jeder Minute regelmäßiger zu werden schienen.

Die Aufregungen des Tages hatten sie doch stark mitgenommen[1], und sie beschloß, ein wenig zu schlafen, fand jedoch keine Ruhe. Gleichviel ob sie die
15 Augen öffnete oder schloß, unaufhörlich zogen die Ereignisse der Vergangenheit daran vorüber. Das Kleine schlief, sie hatte sich entgegen ihrer sonstigen Gewohn-heit wenig darum bekümmert. Sie war überhaupt eine andere geworden. Nirgend eine Spur des früheren Trotzes. Ja, dieser kranke Mann mit dem farblosen, schweißglänzenden Gesicht regierte sie im Schlaf.

20 Eine Wolke verdeckte die Mondkugel, es wurde finster im Zimmer, und Lene hörte nur noch das schwere, aber gleichmäßige Atemholen ihres Mannes. Sie überlegte ob sie Licht machen sollte. Es wurde ihr unheimlich im Dunkeln. Als sie aufstehen wollte, lag es ihr bleiern in allen Gliedern, die Lider fielen ihr zu, sie entschlief.

25 Nach Verlauf von einigen Stunden, als die Männer mit der Kindesleiche zurückkehrten, fanden sie die Haustüre weit offen. Verwundert über diesen Umstand, stiegen sie die Treppe hinauf, in die obere Wohnung, deren Tür eben-falls weit geöffnet war.

Man rief mehrmals den Namen der Frau, ohne eine Antwort zu erhalten.
30 Endlich strich man ein Schwefelholz an der Wand, und der aufzuckende Licht-schein enthüllte eine grauenvolle Verwüstung.

„Mord, Mord!"

Lene lag in ihrem Blut, das Gesicht unkenntlich mit zerschlagener Hirnschale.

„Er hat seine Frau ermordet, er hat seine Frau ermordet!"

35 Kopflos[2] lief man umher. Die Nachbarn kamen, einer stieß an die Wiege.

„Heiliger Himmel!" Und er fuhr zurück, bleich, mit entsetzensstarrem Blick. Da lag das Kind mit durchschnittenem Halse.

Der Wärter war verschwunden; die Nachforschungen, welche man noch in derselben Nacht anstellte, blieben erfolglos. Den Morgen darauf fand ihn der

---

[1]'exhausted' [2]'totally confused'

diensttuende[1] Wärter zwischen den Bahngeleisen und an der Stelle sitzend, wo Tobiaschen überfahren worden war.

Er hielt das braune Pudelmützchen im Arm und liebkoste es ununterbrochen wie etwas, das Leben hat.

5 Der Wärter richtete einige Fragen an ihn, bekam jedoch keine Antwort und bemerkte bald, daß er es mit einem Irrsinnigen zu tun habe.

Der Wärter am Block[2], davon in Kenntnis gesetzt, erbat telegrafisch Hilfe.

Nun versuchten mehrere Männer ihn durch gutes Zureden von den Geleisen fortzulocken; jedoch vergebens.

10 Der Schnellzug, der um diese Zeit passierte, mußte anhalten, und erst der Übermacht seines Personals gelang es, den Kranken, der alsbald furchtbar zu toben begann, mit Gewalt von der Strecke zu entfernen.

Man mußte ihm Hände und Füße binden, und der inzwischen requirierte Gendarm überwachte seinen Transport nach dem Berliner Untersuchungsgefäng-
15 nisse, von wo aus er jedoch schon am ersten Tage nach der Irrenabteilung der Charité[3] überführt wurde. Noch bei der Einlieferung hielt er das braune Mützchen in Händen und bewachte es mit eifersüchtiger Sorgfalt und Zärtlichkeit.

---

[1]'on duty'   [2]'signal box'   [3]hospital in Berlin

Arthur Schnitzler

Trained as a medical doctor, Schnitzler (1862-1931) was a keen observer of humanity. His literary work, both narrative and drama, reveals that he also possessed enormous insight into what makes people do what they do. Perhaps no author of his time, aside from Thomas Mann, reveals a deeper understanding of human psychology. In his work it is often not action that predominates, but rather reflection. Perhaps the most famous example of this is the *Novelle* "Leutnant Gustl" (1900), an extended interior monologue in which the generally unpleasant protagonist considers the meaning of a soldier's sense of honor. While the form of "Der blinde Geronimo" (1900) is  more conventional, it, too, is less the narration of a plot than a study of the ways in which a human heart can be irreparably damaged by events that are essentially arbitrary and beyond its control. Here a random act of cruelty by a stranger threatens to destroy two lives that are bound together by guilt and mutual dependence.

Der blinde Geronimo und sein Bruder

ER BLINDE GERONIMO stand von der Bank auf und nahm die Gitarre zur Hand, die auf dem Tisch neben dem Weinglase bereit gelegen war. Er hatte das ferne Rollen der ersten Wagen vernommen. Nun tastete er sich den wohlbekannten Weg bis zur offenen Türe hin, und dann ging er die
5 schmalen Holzstufen hinab, die frei in den gedeckten Hofraum hinunterliefen. Sein Bruder folgte ihm, und beide stellten sich gleich neben der Treppe auf, den Rücken zur Wand gekehrt, um gegen den naßkalten Wind geschützt zu sein, der über den feuchtschmutzigen Boden durch die offenen Tore strich.

Unter dem düsteren Bogen des alten Wirtshauses mußten alle Wagen passieren, die den Weg über das Stilfserjoch[1] nahmen. Für die Reisenden, welche von Italien her nach Tirol wollten, war es die letzte Rast vor der Höhe. Zu langem Aufenthalte lud es nicht ein, denn gerade hier lief die Straße ziemlich eben, ohne
5 Ausblicke, zwischen kahlen Erhebungen hin. Der blinde Italiener und sein Bruder Carlo waren in den Sommermonaten hier so gut wie zu Hause.

Die Post fuhr ein, bald darauf kamen andere Wagen. Die meisten Reisenden blieben sitzen, in Plaids und Mäntel wohl eingehüllt, andere stiegen aus und spazierten zwischen den Toren ungeduldig hin und her. Das Wetter wurde immer
10 schlechter, ein kalter Regen klatschte herab. Nach einer Reihe schöner Tage schien der Herbst plötzlich und allzu früh hereinzubrechen.

Der Blinde sang und begleitete sich dazu auf der Gitarre; er sang mit einer ungleichmäßigen, manchmal plötzlich aufkreischenden Stimme, wie immer, wenn er getrunken hatte. Zuweilen wandte er den Kopf wie mit einem Ausdruck vergeb-
15 lichen Flehens nach oben. Aber die Züge seines Gesichtes mit den schwarzen Bartstoppeln und den bläulichen Lippen blieben vollkommen unbeweglich. Der ältere Bruder stand neben ihm, beinahe regungslos. Wenn ihm jemand eine Münze in den Hut fallen ließ, nickte er Dank und sah dem Spender mit einem raschen, wie irren Blick ins Gesicht. Aber gleich, beinahe ängstlich, wandte er den Blick
20 wieder fort und starrte gleich dem Bruder ins Leere. Es war, als schämten sich seine Augen des Lichts, das ihnen gewährt war, und von dem sie dem blinden Bruder keinen Strahl schenken konnten.

„Bring mir Wein", sagte Geronimo, und Carlo ging, gehorsam wie immer. Während er die Stufen aufwärts schritt, begann Geronimo wieder zu singen. Er
25 hörte längst nicht mehr auf seine eigene Stimme, und so konnte er auf das merken, was in seiner Nähe vorging. Jetzt vernahm er ganz nahe zwei flüsternde Stimmen, die eines jungen Mannes und einer jungen Frau. Er dachte, wie oft diese beiden schon den gleichen Weg hin und her gegangen sein mochten; denn in seiner Blindheit und in seinem Rausch war ihm manchmal, als kämen Tag für Tag die-
30 selben Menschen über das Joch gewandert, bald von Norden gegen Süden, bald von Süden gegen Norden. Und so kannte er auch dieses junge Paar seit langer Zeit.

Carlo kam herab und reichte Geronimo ein Glas Wein. Der Blinde schwenkte es dem jungen Paare zu und sagte: „Ihr Wohl, meine Herrschaften!"

„Danke", sagte der junge Mann; aber die junge Frau zog ihn fort, denn ihr war
35 dieser Blinde unheimlich.

Jetzt fuhr ein Wagen mit einer ziemlich lärmenden Gesellschaft ein: Vater, Mutter, drei Kinder, eine Bonne[2].

„Deutsche Familie", sagte Geronimo leise zu Carlo.

---

[1] mountain pass between Swiss Tirol and Italy, leading into the Adda Valley [2] 'nurse,' 'governess'

Der Vater gab jedem der Kinder ein Geldstück, und jedes durfte das seine in den Hut des Bettlers werfen. Geronimo neigte jedesmal den Kopf zum Dank. Der älteste Knabe sah dem Blinden mit ängstlicher Neugier ins Gesicht. Carlo betrachtete den Knaben. Er mußte, wie immer beim Anblick solcher Kinder, daran
5 denken, daß Geronimo gerade so alt gewesen war, als das Unglück geschah, durch das er das Augenlicht verloren hatte. Denn er erinnerte sich jenes Tages auch heute noch, nach beinahe zwanzig Jahren, mit vollkommener Deutlichkeit. Noch heute klang ihm der grelle Kinderschrei ins Ohr, mit dem der kleine Geronimo auf den Rasen hingesunken war, noch heute sah er die Sonne auf der weißen Gartenmauer
10 spielen und kringeln und hörte die Sonntagsglocken wieder, die gerade in jenem Augenblick getönt hatten. Er hatte wie oftmals mit dem Bolzen nach der Esche an der Mauer geschossen, und als er den Schrei hörte, dachte er gleich, daß er den kleinen Bruder verletzt haben mußte, der eben vorbeigelaufen war. Er ließ das Blasrohr aus den Händen gleiten, sprang durchs Fenster in den Garten und stürzte
15 zu dem kleinen Bruder hin, der auf dem Grase lag, die Hände vors Gesicht geschlagen, und jammerte. Über die rechte Wange und den Hals floß ihm Blut herunter. In derselben Minute kam der Vater vom Felde heim, durch die kleine Gartentür, und nun knieten beide ratlos neben dem jammernden Kinde. Nachbarn eilten herbei; die alte Vanetti war die erste, der es gelang, dem Kleinen die Hände
20 vom Gesicht zu entfernen. Dann kam auch der Schmied, bei dem Carlo damals in der Lehre war und der sich ein bißchen aufs Kurieren verstand; und der sah gleich, daß das rechte Auge verloren war. Der Arzt, der abends aus Poschiavo[1] kam, konnte auch nicht mehr helfen. Ja, er deutete schon die Gefahr an, in der das andere Auge schwebte. Und er behielt recht. Ein Jahr später war die Welt für Geroni-
25 mo in Nacht versunken. Anfangs versuchte man, ihm einzureden, daß er später geheilt werden könnte, und er schien es zu glauben. Carlo, der die Wahrheit wußte, irrte damals tage- und nächtelang auf der Landstraße, zwischen den Weinbergen und in den Wäldern umher, und war nahe daran, sich umzubringen. Aber der geistliche Herr, dem er sich anvertraute, klärte ihn auf, daß es seine Pflicht war,
30 zu leben und sein Leben dem Bruder zu widmen. Carlo sah es ein. Ein ungeheures Mitleid ergriff ihn. Nur wenn er bei dem blinden Jungen war, wenn er ihm die Haare streicheln, seine Stirne küssen durfte, ihm Geschichten erzählte, ihn auf den Feldern hinter dem Hause und zwischen den Rebengeländen[2] spazieren führte, milderte sich seine Pein. Er hatte gleich anfangs die Lehrstunden in der Schmiede
35 vernachlässigt, weil er sich von dem Bruder gar nicht trennen mochte, und konnte sich nachher nicht mehr entschließen, sein Handwerk wieder aufzunehmen, trotzdem der Vater mahnte und in Sorge war. Eines Tages fiel es Carlo auf, daß Geronimo vollkommen aufgehört hatte, von seinem Unglück zu reden. Bald wußte er,

---

[1]small town in the Italian-speaking part of Switzerland [2]mountain slopes covered with vineyards

warum: der Blinde war zur Einsicht gekommen, daß er nie den Himmel, die
Hügel, die Straßen, die Menschen, das Licht wieder sehen würde. Nun litt Carlo
noch mehr als früher, so sehr er sich auch selbst damit zu beruhigen suchte, daß
er ohne jede Absicht das Unglück herbeigeführt hatte. Und manchmal, wenn er am
5 frühen Morgen den Bruder betrachtete, der neben ihm ruhte, ward er von einer
solchen Angst erfaßt, ihn erwachen zu sehen, daß er in den Garten hinauslief, nur
um nicht dabei sein zu müssen, wie die toten Augen jeden Tag von neuem das
Licht zu suchen schienen, das ihnen für immer erloschen war. Zu jener Zeit war
es, daß Carlo auf den Einfall kam, Geronimo, der eine angenehme Stimme hatte,
10 in der Musik weiter ausbilden zu lassen. Der Schullehrer von Tola, der manchmal
Sonntags herüberkam, lehrte ihn die Gitarre spielen. Damals ahnte der Blinde
freilich noch nicht, daß die neuerlernte Kunst einmal zu seinem Lebensunterhalt
dienen würde.

Mit jenem traurigen Sommertag schien das Unglück für immer in das Haus
15 des alten Lagardi eingezogen zu sein. Die Ernte mißriet ein Jahr nach dem anderen, um eine kleine Geldsumme, die der Alte erspart hatte, wurde er von einem
Verwandten betrogen; und als er an einem schwülen Augusttag auf freiem Felde
vom Schlag[1] getroffen hinsank und starb, hinterließ er nichts als Schulden. Das
kleine Anwesen[2] wurde verkauft, die beiden Brüder waren obdachlos und arm und
20 verließen das Dorf.

Carlo war zwanzig, Geronimo fünfzehn Jahre alt. Damals begann das Bettel-
und Wanderleben, das sie bis heute führten. Anfangs hatte Carlo daran gedacht,
irgendeinen Verdienst zu finden, der zugleich ihn und den Bruder ernähren könnte; aber es wollte nicht gelingen. Auch hatte Geronimo nirgend Ruhe; er wollte
25 immer auf dem Wege sein.

Zwanzig Jahre war es nun, daß sie auf Straßen und Pässen herumzogen, im
nördlichen Italien und im südlichen Tirol, immer dort, wo eben der dichtere Zug
der Reisenden vorüberströmte.

Und wenn auch Carlo nach so vielen Jahren nicht mehr die brennende Qual
30 verspürte, mit der ihn früher jedes Leuchten der Sonne, der Anblick jeder freundlichen Landschaft erfüllt hatte, es war doch ein stetes nagendes Mitleid in ihm,
beständig und ihm unbewußt, wie der Schlag seines Herzens und sein Atem. Und
er war froh, wenn Geronimo sich betrank.

Der Wagen mit der deutschen Familie war davongefahren. Carlo setzte sich,
35 wie er gern tat, auf die untersten Stufen der Treppe, Geronimo aber blieb stehen,
ließ die Arme schlaff herabhängen und hielt den Kopf nach oben gewandt.

Maria, die Magd, kam aus der Wirtsstube.

„Habt's[3] viel verdient heut?" rief sie herunter.

---

[1]'stroke' [2]'property' [3]=*Habt ihr*

Carlo wandte sich gar nicht um. Der Blinde bückte sich nach seinem Glas, hob es vom Boden auf und trank es Maria zu. Sie saß manchmal abends in der Wirtsstube neben ihm; er wußte auch, daß sie schön war.

Carlo beugte sich vor und blickte gegen die Straße hinaus. Der Wind blies, und der Regen prasselte, so daß das Rollen des nahenden Wagens in den heftigen Geräuschen unterging. Carlo stand auf und nahm wieder seinen Platz an des Bruders Seite ein.

Geronimo begann zu singen, schon während der Wagen einfuhr, in dem nur ein Passagier saß. Der Kutscher spannte die Pferde eilig aus, dann eilte er hinauf in die Wirtsstube. Der Reisende blieb eine Weile in seiner Ecke sitzen, ganz eingewickelt in einen grauen Regenmantel; er schien auf den Gesang gar nicht zu hören. Nach einer Weile aber sprang er aus dem Wagen und lief mit großer Hast hin und her, ohne sich weit vom Wagen zu entfernen. Er rieb immerfort die Hände aneinander, um sich zu erwärmen. Jetzt erst schien er die Bettler zu bemerken. Er stellte sich ihnen gegenüber und sah sie lange wie prüfend an. Carlo neigte leicht den Kopf, wie zum Gruße. Der Reisende war ein sehr junger Mensch mit einem hübschen, bartlosen Gesicht und unruhigen Augen. Nachdem er eine ganze Weile vor den Bettlern gestanden, eilte er wieder zu dem Tore, durch das er weiterfahren sollte, und schüttelte bei dem trostlosen Ausblick in Regen und Nebel verdrießlich den Kopf.

„Nun?" fragte Geronimo.

„Noch nichts", erwiderte Carlo. „Er wird wohl geben, wenn er fortfährt."

Der Reisende kam wieder zurück und lehnte sich an die Deichsel des Wagens. Der Blinde begann zu singen. Nun schien der junge Mann plötzlich mit großem Interesse zuzuhören. Der Knecht erschien und spannte die Pferde wieder ein. Und jetzt erst, als besänne er sich eben, griff der junge Mann in die Tasche und gab Carlo einen Frank.

„O danke, danke", sagte dieser.

Der Reisende setzte sich in den Wagen und wickelte sich wieder in seinen Mantel. Carlo nahm das Glas vom Boden auf und ging die Holzstufen hinauf. Geronimo sang weiter. Der Reisende beugte sich zum Wagen heraus und schüttelte den Kopf mit einem Ausdruck von Überlegenheit und Traurigkeit zugleich. Plötzlich schien ihm ein Einfall zu kommen, und er lächelte. Dann sagte er zu dem Blinden, der kaum zwei Schritte weit von ihm stand: „Wie heißt du?"

„Geronimo."

„Nun, Geronimo, laß dich nur nicht betrügen." In diesem Augenblick erschien der Kutscher auf der obersten Stufe der Treppe.

„Wieso, gnädiger Herr, betrügen?"

„Ich habe deinem Begleiter ein Zwanzig-Frankstück gegeben."

„O Herr, Dank, Dank!"

„Ja; also paß auf."

„Er ist mein Bruder, Herr; er betrügt mich nicht."

Der junge Mann stutzte eine Weile, aber während er noch überlegte, war der Kutscher auf den Bock gestiegen und hatte die Pferde angetrieben. Der junge Mann lehnte sich zurück mit einer Bewegung des Kopfes, als wollte er sagen: Schicksal, nimm deinen Lauf! und der Wagen fuhr davon.

Der Blinde winkte mit beiden Händen lebhafte Gebärden des Dankes nach. Jetzt hörte er Carlo, der eben aus der Wirtsstube kam. Der rief herunter: „Komm, Geronimo, es ist warm heroben, Maria hat Feuer gemacht!"

Geronimo nickte, nahm die Gitarre unter den Arm und tastete sich am Geländer die Stufen hinauf. Auf der Treppe schon rief er: „Laß es mich anfühlen! Wie lang hab' ich schon kein Goldstück angefühlt!"

„Was gibt's?" fragte Carlo. „Was redest du da?"

Geronimo war oben und griff mit beiden Händen nach dem Kopf seines Bruders, ein Zeichen, mit dem er stets Freude oder Zärtlichkeit auszudrücken pflegte. „Carlo, mein lieber Bruder, es gibt doch gute Menschen!"

„Gewiß", sagte Carlo. „Bis jetzt sind es zwei Lire und dreißig Zentesimi; und hier ist noch österreichisches Geld, vielleicht eine halbe Lira."

„Und zwanzig Franken — und zwanzig Franken!" rief Geronimo. „Ich weiß es ja!" Er torkelte[1] in die Stube und setzte sich schwer auf die Bank.

„Was weißt du?" fragte Carlo.

„So laß doch die Späße! Gib es mir in die Hand! Wie lang hab' ich schon kein Goldstück in der Hand gehabt!"

„Was willst du denn? Woher soll ich ein Goldstück nehmen? Es sind zwei Lire oder drei."

Der Blinde schlug auf den Tisch. „Jetzt ist es aber genug, genug! Willst du es etwa vor mir verstecken?"

Carlo blickte den Bruder besorgt und verwundert an. Er setzte sich neben ihn, rückte ganz nahe und faßte wie begütigend seinen Arm: „Ich verstecke nichts vor dir. Wie kannst du das glauben? Niemandem ist es eingefallen, mir ein Goldstück zu geben."

„Aber er hat mir's doch gesagt!"

„Wer?"

„Nun, der junge Mensch, der hin- und herlief."

„Wie? Ich versteh' dich nicht!"

„So hat er zu mir gesagt: ‚Wie heißt du?' und dann: ‚Gib acht, gib acht, laß dich nicht betrügen!'"

„Du mußt geträumt haben, Geronimo — das ist ja Unsinn!"

---

[1] 'stagger'

„Unsinn? Ich hab' es doch gehört, und ich höre gut. ‚Laß dich nicht betrügen; ich habe ihm ein Goldstück . . .‘ nein, so sagte er: ‚Ich habe ihm ein Zwanzig-Frankstück gegeben.‘“

Der Wirt kam herein. „Nun, was ist's mit euch? Habt ihr das Geschäft aufge-
5　geben? Ein Vierspänner[1] ist gerade angefahren.“

„Komm!“ rief Carlo, „komm!“

Geronimo blieb sitzen. „Warum denn? Warum soll ich kommen? Was hilft's mir denn? Du stehst ja dabei und —“

Carlo berührte ihn am Arm. „Still, komm jetzt hinunter!“

10　Geronimo schwieg und gehorchte dem Bruder. Aber auf den Stufen sagte er:
„Wir reden noch, wir reden noch!“

Carlo begriff nicht, was geschehen war. War Geronimo plötzlich verrückt geworden? Denn, wenn er auch leicht in Zorn geriet, in dieser Weise hatte er noch nie gesprochen.

15　In dem eben angekommenen Wagen saßen zwei Engländer; Carlo lüftete den Hut vor ihnen, und der Blinde sang. Der eine Engländer war ausgestiegen und warf einige Münzen in Carlos Hut. Carlo sagte: „Danke“ und dann, wie vor sich hin: „Zwanzig Zentesimi.“ Das Gesicht Geronimos blieb unbewegt; er begann ein neues Lied. Der Wagen mit den zwei Engländern fuhr davon.

20　Die Brüder gingen schweigend die Stufen hinauf. Geronimo setzte sich auf die Bank, Carlo blieb beim Ofen stehen.

„Warum sprichst du nicht?“ fragte Geronimo.

„Nun“, erwiderte Carlo, „es kann nur so sein, wie ich dir gesagt habe.“ Seine Stimme zitterte ein wenig.

25　„Was hast du gesagt?“ fragte Geronimo.

„Es war vielleicht ein Wahnsinniger.“

„Ein Wahnsinniger? Das wäre ja vortrefflich! Wenn einer sagt: ‚Ich habe deinem Bruder zwanzig Franken gegeben‘, so ist er wahnsinnig! — Eh, und warum hat er gesagt: ‚Laß dich nicht betrügen‘ — eh?“

30　„Vielleicht war er auch nicht wahnsinnig . . . aber es gibt Menschen, die mit uns armen Leuten Späße machen . . .“

„Eh!“ schrie Geronimo, „Späße? — Ja, das hast du noch sagen müssen — darauf habe ich gewartet!“ Er trank das Glas Wein aus, das vor ihm stand.

„Aber, Geronimo!“ rief Carlo, und er fühlte, daß er vor Bestürzung kaum spre-
35　chen konnte, „warum sollte ich . . . wie kannst du glauben . . . ?“

„Warum zittert deine Stimme . . . eh . . . warum . . . ?“

„Geronimo, ich versichere dir, ich —“

„Eh — und ich glaube dir nicht! Jetzt lachst du . . . ich weiß ja, daß du jetzt lachst!“

---

[1]carriage with four horses

Der Knecht rief von unten: „He, blinder Mann, Leut' sind da!"
Ganz mechanisch standen die Brüder auf und schritten die Stufen hinab. Zwei
Wagen waren zugleich gekommen, einer mit drei Herren, ein anderer mit einem
alten Ehepaar. Geronimo sang; Carlo stand neben ihm, fassungslos. Was sollte er
5 nur tun? Der Bruder glaubte ihm nicht! Wie war das nur möglich? — Und er
betrachtete Geronimo, der mit zerbrochener Stimme seine Lieder sang, angstvoll
von der Seite. Es war ihm, als sähe er über diese Stirne Gedanken fliehen, die er
dort niemals gewahrt[1] hatte.

Die Wagen waren schon fort, aber Geronimo sang weiter. Carlo wagte nicht,
10 ihn zu unterbrechen. Er wußte nicht, was er sagen sollte, er fürchtete, daß seine
Stimme wieder zittern würde. Da tönte Lachen von oben, und Maria rief: "Was
singst denn noch immer? Von mir kriegst du ja doch nichts!"

Geronimo hielt inne, mitten in einer Melodie; es klang, als wäre seine Stimme
und die Saiten zugleich abgerissen. Dann ging er wieder die Stufen hinauf, und
15 Carlo folgte ihm. In der Wirtsstube setzte er sich neben ihn. Was sollte er tun? Es
blieb ihm nichts anderes übrig: er mußte noch einmal versuchen, den Bruder aufzuklären.

„Geronimo", sagte er, „ich schwöre dir . . . bedenk doch, Geronimo, wie
kannst du glauben, daß ich —"
20 Geronimo schwieg, seine toten Augen schienen durch das Fenster in den
grauen Nebel hinauszublicken. Carlo redete weiter: „Nun, er braucht ja nicht
wahnsinnig gewesen zu sein, er wird sich geirrt haben . . . ja, er hat sich geirrt . . ."
Aber er fühlte wohl, daß er selbst nicht glaubte, was er sagte.

Geronimo rückte ungeduldig fort. Aber Carlo redete weiter, mit plötzlicher
25 Lebhaftigkeit: „Wozu sollte ich denn — du weißt doch, ich esse und trinke nicht
mehr als du, und wenn ich mir einen neuen Rock kaufe, so weißt du's doch . . .
wofür brauch' ich denn soviel Geld? Was soll ich denn damit tun?"

Da stieß Geronimo zwischen den Zähnen hervor: „Lüg nicht, ich höre, wie
du lügst!"
30 „Ich lüge nicht, Geronimo, ich lüge nicht!" sagte Carlo erschrocken.

„Eh! hast du ihr's schon gegeben, ja? Oder bekommt sie's erst nachher?" schrie
Geronimo.

„Maria?"

„Wer denn, als Maria? Eh, du Lügner, du Dieb!" Und als wollte er nicht mehr
35 neben ihm am Tische sitzen, stieß er mit dem Ellbogen den Bruder in die Seite.

Carlo stand auf. Zuerst starrte er den Bruder an, dann verließ er das Zimmer
und ging über die Stiege in den Hof. Er schaute mit weit offenen Augen auf die
Straße hinaus, die vor ihm in bräunlichen Nebel versank. Der Regen hatte nachgelassen. Carlo steckte die Hände in die Hosentaschen und ging ins Freie. Es war

---

[1]'noticed'

ihm, als hätte ihn sein Bruder davongejagt. Was war denn nur geschehen? . . . Er
konnte es noch immer nicht fassen. Was für ein Mensch mochte das gewesen sein?
Einen Franken schenkt er her und sagt, es waren zwanzig! Er mußte doch irgendeinen Grund dazu gehabt haben? . . . Und Carlo suchte in seiner Erinnerung, ob
5 er sich nicht irgendwo jemanden zum Feind gemacht, der nun einen anderen her-
geschickt hatte, um sich zu rächen . . . Aber soweit er zurückdenken mochte, nie
hatte er jemanden beleidigt, nie irgendeinen ernsten Streit mit jemandem vorge-
habt. Er hatte ja seit zwanzig Jahren nichts anderes getan, als daß er in Höfen oder
an Straßenrändern gestanden war mit dem Hut in der Hand . . . War ihm viel-
10 leicht einer wegen eines Frauenzimmers böse? . . . Aber wie lange hatte er schon
mit keiner was zu tun gehabt . . . die Kellnerin in La Rosa war die letzte gewesen,
im vorigen Frühjahr . . . aber um die war ihm gewiß niemand neidisch . . . Es war
nicht zu begreifen! . . . Was mochte es da draußen in der Welt, die er nicht kannte,
für Menschen geben? . . . Von überall her kamen sie . . . was wußte er von ihnen?
15 . . . Für diesen Fremden hatte es wohl irgendeinen Sinn gehabt, daß er zu Geronimo sagte: Ich habe deinem Bruder zwanzig Franken gegeben . . . Nun ja . . . Aber
was war nun zu tun? . . . Mit einemmal war es offenbar geworden, daß Geronimo
ihm mißtraute! . . . Das konnte er nicht ertragen! Irgend etwas mußte er dagegen
unternehmen . . . Und er eilte zurück.
20   Als er wieder in die Wirtsstube trat, lag Geronimo auf der Bank ausgestreckt
und schien das Eintreten Carlos nicht zu bemerken. Maria brachte den beiden
Essen und Trinken. Sie sprachen während der Mahlzeit kein Wort. Als Maria die
Teller abräumte, lachte Geronimo plötzlich auf und sagte zu ihr: „Was wirst du dir
denn dafür kaufen?"
25   „Wofür denn?"
„Nun, was? Einen neuen Rock oder Ohrringe?"
„Was will er denn von mir?" wandte sie sich an Carlo.
Indes dröhnte unten der Hof von lastenbeladenen Fuhrwerken, laute Stimmen
tönten herauf und Maria eilte hinunter. Nach ein paar Minuten kamen drei Fuhr-
30 leute und nahmen an einem Tische Platz; der Wirt trat zu ihnen und begrüßte sie.
Sie schimpften über das schlechte Wetter.
„Heute Nacht werdet ihr Schnee haben", sagte der eine.
Der zweite erzählte, wie er vor zehn Jahren Mitte August auf dem Joch einge-
schneit und beinahe erfroren war. Maria setzte sich zu ihnen. Auch der Knecht
35 kam herbei und erkundigte sich nach seinen Eltern, die unten in Bormio[1] wohnten.
Jetzt kam wieder ein Wagen mit Reisenden. Geronimo und Carlo gingen
hinunter, Geronimo sang, Carlo hielt den Hut hin, und die Reisenden gaben ihr
Almosen. Geronimo schien jetzt ganz ruhig. Er fragte manchmal: „Wieviel?" und
nickte zu den Antworten Carlos leicht mit dem Kopfe. Indes versuchte Carlo

---

[1]village in the northern Adda Valley (German: *Veltlin*; Italian: *Valtellina*)

selbst seine Gedanken zu fassen. Aber er hatte immer nur das dumpfe Gefühl, daß etwas Schreckliches geschehen und daß er ganz wehrlos war.

Als die Brüder wieder die Stufen hinaufschritten, hörten sie die Fuhrleute oben wirr durcheinander reden und lachen. Der jüngste rief dem Geronimo entgegen: „Sing uns doch auch was vor, wir zahlen schon! — Nicht wahr?" wandte er sich an die anderen.

Maria, die eben mit einer Flasche rotem Wein kam, sagte: „Fangt heut nichts mit ihm an, er ist schlechter Laune."

Statt jeder Antwort stellte sich Geronimo mitten ins Zimmer hin und fing an zu singen. Als er geendet, klatschten die Fuhrleute in die Hände.

„Komm her, Carlo!" rief einer, „wir wollen dir unser Geld auch in den Hut werfen wie die Leute unten!" Und er nahm eine kleine Münze und hielt die Hand hoch, als wollte er sie in den Hut fallen lassen, den ihm Carlo entgegenstreckte. Da griff der Blinde nach dem Arm des Fuhrmanns und sagte: „Lieber mir, lieber mir! Es könnte danebenfallen — daneben!"

„Wieso daneben?"

„Eh, nun! Zwischen die Beine Marias!"

Alle lachten, der Wirt und Maria auch, nur Carlo stand regungslos da. Nie hatte Geronimo solche Späße gemacht! . . .

„Setz dich zu uns!" riefen die Fuhrleute. „Du bist ein lustiger Kerl!" Und sie rückten zusammen, um Geronimo Platz zu machen. Immer lauter und wirrer war das Durcheinanderreden; Geronimo redete mit, lauter und lustiger als sonst, und hörte nicht auf zu trinken. Als Maria eben wieder hereinkam, wollte er sie an sich ziehen; da sagte der eine von den Fuhrleuten lachend: „Meinst du vielleicht, sie ist schön? Sie ist ja ein altes häßliches Weib!"

Aber der Blinde zog Maria auf seinen Schoß. „Ihr seid alle Dummköpfe", sagte er. „Glaubt ihr, ich brauche meine Augen, um zu sehen? Ich weiß auch, wo Carlo jetzt ist — eh! — dort am Ofen steht er, hat die Hände in den Hosentaschen und lacht."

Alle schauten auf Carlo, der mit offenem Munde am Ofen lehnte und nun wirklich das Gesicht zu einem Grinsen verzog, als dürfte er seinen Bruder nicht Lügen strafen[1].

Der Knecht kam herein; wenn die Fuhrleute noch vor Dunkelheit in Bormio sein wollten, mußten sie sich beeilen. Sie standen auf und verabschiedeten sich lärmend. Die beiden Brüder waren wieder allein in der Wirtsstube. Es war die Stunde, um die sie sonst manchmal zu schlafen pflegten. Das ganze Wirtshaus versank in Ruhe wie immer um diese Zeit der ersten Nachmittagsstunden. Geronimo, den Kopf auf dem Tisch, schien zu schlafen. Carlo ging anfangs hin und her, dann setzte er sich auf die Bank. Er war sehr müde. Es schien ihm, als wäre er in einem

---

[1]*Lügen strafen* 'make a liar of'

schweren Traum befangen. Er mußte an allerlei denken, an gestern, vorgestern und alle Tage, die früher waren, und besonders an warme Sommertage und an weiße Landstraßen, über die er mit seinem Bruder zu wandern pflegte, und alles war so weit und unbegreiflich, als wenn es nie wieder so sein könnte.

5 Am späten Nachmittage kam die Post aus Tirol und bald darauf in kleinen Zwischenpausen Wagen, die den gleichen Weg nach dem Süden nahmen. Noch viermal mußten die Brüder in den Hof hinab. Als sie das letztemal heraufgingen, war die Dämmerung hereingebrochen, und das Öllämpchen, das von der Holzdecke herunterhing, fauchte[1]. Arbeiter kamen, die in einem nahen Steinbruche

10 beschäftigt waren und ein paar hundert Schritte unterhalb des Wirtshauses ihre Holzhütten aufgeschlagen hatten. Geronimo setzte sich zu ihnen; Carlo blieb allein an seinem Tische. Es war ihm, als dauerte seine Einsamkeit schon sehr lange. Er hörte, wie Geronimo drüben laut, beinahe schreiend, von seiner Kindheit erzählte: daß er sich noch ganz gut an allerlei erinnerte, was er mit seinen Augen

15 gesehen, Personen und Dinge: an den Vater, wie er auf dem Felde arbeitete, an den kleinen Garten mit der Esche an der Mauer, an das niedrige Häuschen, das ihnen gehörte, an die zwei kleinen Töchter des Schusters, an den Weinberg hinter der Kirche, ja an sein eigenes Kindergesicht, wie es ihm aus dem Spiegel entgegengeblickt hatte. Wie oft hatte Carlo das alles gehört. Heute ertrug er es nicht. Es

20 klang anders als sonst: jedes Wort, das Geronimo sprach, bekam einen neuen Sinn und schien sich gegen ihn zu richten. Er schlich hinaus und ging wieder auf die Landstraße, die nun ganz im Dunkel lag. Der Regen hatte aufgehört, die Luft war sehr kalt, und der Gedanke erschien Carlo beinahe verlockend, weiterzugehen, immer weiter, tief in die Finsternis hinein, sich am Ende irgendwohin in den Stra-

25 ßengraben zu legen, einzuschlafen, nicht mehr zu erwachen. — Plötzlich hörte er das Rollen eines Wagens und erblickte den Lichtschimmer von zwei Laternen, die immer näher kamen. In dem Wagen, der vorüberfuhr, saßen zwei Herren. Einer von ihnen mit einem schmalen, bartlosen Gesichte fuhr erschrocken zusammen,[2] als Carlos Gestalt im Lichte der Laternen aus dem Dunkel hervortauchte. Carlo,

30 der stehen geblieben war, lüftete den Hut. Der Wagen und die Lichter verschwanden. Carlo stand wieder in tiefer Finsternis. Plötzlich schrak er zusammen. Das erstemal in seinem Leben machte ihm das Dunkel Angst. Es war ihm, als könnte er es keine Minute länger ertragen. In einer sonderbaren Art vermengten sich in seinem dumpfen Sinnen die Schauer[3], die er für sich selbst empfand, mit einem

35 quälenden Mitleid für den blinden Bruder und jagten ihn nach Hause.

Als er in die Wirtsstube trat, sah er die beiden Reisenden, die vorher an ihm vorbeigefahren waren, bei einer Flasche Rotwein an einem Tische sitzen und sehr angelegentlich miteinander reden. Sie blickten kaum auf, als er eintrat.

---

[1]'hissed' [2]apparently the same nervous young man who played the trick on Geronimo [3]'feeling of anxiety'

An dem anderen Tische saß Geronimo wie früher unter den Arbeitern.

„Wo steckst du denn, Carlo?" sagte ihm der Wirt schon an der Tür. „Warum läßt du deinen Bruder allein?"

„Was gibt's denn?" fragte Carlo erschrocken.

5 „Geronimo traktiert die Leute. Mir kann's ja egal sein, aber ihr solltet doch denken, daß bald wieder schlechtere Zeiten kommen."

Carlo trat rasch zu dem Bruder und faßte ihn am Arme.

„Komm!" sagte er.

„Was willst du?" schrie Geronimo.

10 „Komm zu Bett", sagte Carlo.

„Laß mich, laß mich! *Ich* verdiene das Geld, ich kann mit meinem Gelde tun, was ich will — eh! — alles kannst du ja doch nicht einstecken! Ihr meint wohl, er gibt mir alles! O nein! Ich bin ja ein blinder Mann! Aber es gibt Leute — es gibt gute Leute, die sagen mir: ‚Ich habe deinem Bruder zwanzig Franken gegeben!'"

15 Die Arbeiter lachten auf.

„Es ist genug", sagte Carlo, „komm!" Und er zog den Bruder mit sich, schleppte ihn beinah die Treppe hinauf bis in den kahlen Bodenraum, wo sie ihr Lager hatten. Auf dem ganzen Wege schrie Geronimo: „Ja, nun ist es an den Tag gekommen, ja, nun weiß ich's! Ah, wartet nur. Wo ist sie? Wo ist Maria? Oder 20 legst du's ihr in die Sparkassa? — Eh, ich singe für dich, ich spiele Gitarre, von mir lebst du — und du bist ein Dieb!" Er fiel auf den Strohsack hin.

Vom Gang her schimmerte ein schwaches Licht herein; drüben stand die Tür zu dem einzigen Fremdenzimmer des Wirtshauses offen, und Maria richtete die Betten für die Nachtruhe her. Carlo stand vor seinem Bruder und sah ihn daliegen 25 mit dem gedunsenen Gesicht, mit den bläulichen Lippen, das feuchte Haar an der Stirne klebend, um viele Jahre älter aussehend, als er war. Und langsam begann er zu verstehen. Nicht von heute konnte das Mißtrauen des Blinden sein, längst muß-te es in ihm geschlummert haben, und nur der Anlaß, vielleicht der Mut hatte ihm gefehlt, es auszusprechen. Und alles, was Carlo für ihn getan, war vergeblich gewe-30 sen; vergeblich die Reue, vergeblich das Opfer seines ganzen Lebens. Was sollte er nun tun? — Sollte er noch weiterhin Tag für Tag, wer weiß wie lange noch, ihn durch die ewige Nacht führen, ihn betreuen, für ihn betteln und keinen anderen Lohn dafür haben als Mißtrauen und Schimpf? Wenn ihn der Bruder für einen Dieb hielt, so konnte ihm ja jeder Fremde dasselbe oder Besseres leisten als er. 35 Wahrhaftig, ihn allein lassen, sich für immer von ihm trennen, das wäre das Klüg-ste. Dann mußte Geronimo wohl sein Unrecht einsehen, denn dann erst würde er erfahren, was es heißt, betrogen und bestohlen werden, einsam und elend sein. Und er selbst, was sollte er beginnen? Nun, er war ja noch nicht alt; wenn er für sich allein war, konnte er noch mancherlei anfangen. Als Knecht zum mindesten 40 fand er überall sein Unterkommen. Aber während diese Gedanken durch seinen Kopf zogen, blieben seine Augen immer auf den Bruder geheftet. Und er sah ihn

plötzlich vor sich, allein am Rande einer sonnbeglänzten Straße auf einem Stein
sitzen, mit den weit offenen, weißen Augen zum Himmel starrend, der ihn nicht
blenden konnte, und mit den Händen in die Nacht greifend, die immer um ihn
war. Und er fühlte, so wie der Blinde niemand anderen auf der Welt hatte als ihn,
5 so hatte auch er niemand anderen als diesen Bruder. Er verstand, daß die Liebe zu
diesem Bruder der ganze Inhalt seines Lebens war, und wußte zum ersten Male
mit völliger Deutlichkeit, nur der Glaube, daß der Blinde diese Liebe erwiderte
und ihm verziehen, hatte ihn alles Elend so geduldig tragen lassen. Er konnte auf
diese Hoffnung nicht mit einem Male verzichten. Er fühlte, daß er den Bruder
10 gerade so notwendig brauchte als der Bruder ihn. Er konnte nicht, er wollte ihn
nicht verlassen. Er mußte entweder das Mißtrauen erdulden oder ein Mittel finden, um den Blinden von der Grundlosigkeit seines Verdachtes zu überzeugen . . .
Ja, wenn er sich irgendwie das Goldstück verschaffen könnte! Wenn er dem Blinden morgen früh sagen könnte: „Ich habe es nur aufbewahrt, damit du's nicht mit
15 den Arbeitern vertrinkst, damit es dir die Leute nicht stehlen" . . . oder sonst
irgend etwas . . .
Schritte näherten sich auf der Holztreppe; die Reisenden gingen zur Ruhe.
Plötzlich durchzuckte seinen Kopf der Einfall, drüben anzuklopfen, den Fremden
wahrheitsgetreu den heutigen Vorfall zu erzählen und sie um die zwanzig Franken
20 zu bitten. Aber er wußte auch gleich: das war vollkommen aussichtslos! Sie würden
ihm die ganze Geschichte nicht einmal glauben. Und er erinnerte sich jetzt, wie
erschrocken der eine blasse zusammengefahren war, als er, Carlo, plötzlich im
Dunkel vor dem Wagen aufgetaucht war.
Er streckte sich auf den Strohsack hin. Es war ganz finster im Zimmer. Jetzt
25 hörte er, wie die Arbeiter laut redend und mit schweren Schritten über die Holzstufen hinabgingen. Bald darauf wurden beide Tore geschlossen. Der Knecht ging
noch einmal die Treppe auf und ab, dann war es ganz still. Carlo hörte nur mehr
das Schnarchen Geronimos. Bald verwirrten sich seine Gedanken in beginnenden
Träumen. Als er erwachte, war noch tiefe Dunkelheit um ihn. Er sah nach der
30 Stelle, wo das Fenster war; wenn er die Augen anstrengte, gewahrte er dort mitten
in dem undurchdringlichen Schwarz ein tiefgraues Viereck. Geronimo schlief noch
immer den schweren Schlaf des Betrunkenen. Und Carlo dachte an den Tag, der
morgen war; und ihn schauderte. Er dachte an die Nacht nach diesem Tage, an
den Tag nach dieser Nacht, an die Zukunft, die vor ihm lag, und Grauen erfüllte
35 ihn vor der Einsamkeit, die ihm bevorstand. Warum war er abends nicht mutiger
gewesen? Warum war er nicht zu den Fremden gegangen und hatte sie um die
zwanzig Franken gebeten? Vielleicht hätten sie doch Erbarmen mit ihm gehabt.
Und doch — vielleicht war es gut, daß er sie nicht gebeten hatte. Ja, warum war
es gut? . . . Er setzte sich jäh auf und fühlte sein Herz klopfen. Er wußte, warum
40 es gut war: Wenn sie ihn abgewiesen hätten, so wäre er ihnen jedenfalls verdächtig
geblieben — so aber . . . Er starrte auf den grauen Fleck, der matt zu leuchten

begann . . . Das, was ihm gegen seinen eigenen Willen durch den Kopf gefahren,
war ja unmöglich, vollkommen unmöglich! . . . Die Tür drüben war versperrt —
und überdies: sie konnten aufwachen . . . Ja, dort — der graue leuchtende Fleck
mitten im Dunkel war der neue Tag — — —

5   Carlo stand auf, als zöge es ihn dorthin, und berührte mit der Stirn die kalte
Scheibe. Warum war er denn aufgestanden? Um zu überlegen? . . . Um es zu versuchen? . . . Was denn? . . . Es war ja unmöglich — und überdies war es ein Verbrechen. Ein Verbrechen? Was bedeuten zwanzig Franken für solche Leute, die
zum Vergnügen tausend Meilen weit reisen? Sie würden ja gar nicht merken, daß
10 sie ihnen fehlten . . . Er ging zur Türe und öffnete sie leise. Gegenüber war die
andere, mit zwei Schritten zu erreichen, geschlossen. An einem Nagel im Pfosten
hingen Kleidungsstücke. Carlo fuhr mit der Hand über sie . . . Ja, wenn die Leute
ihre Börsen in der Tasche ließen, dann wäre das Leben sehr einfach, dann brauchte
bald niemand mehr betteln zu gehen . . . Aber die Taschen waren leer. Nun, was
15 blieb übrig? Wieder zurück ins Zimmer, auf den Strohsack. Es gab vielleicht doch
eine bessere Art, sich zwanzig Franken zu verschaffen — eine weniger gefährliche
und rechtlichere. Wenn er wirklich jedesmal einige Zentesimi von den Almosen
zurückbehielte, bis er zwanzig Franken zusammengespart, und dann das Goldstück
kaufte . . . Aber wie lang konnte das dauern — Monate, vielleicht ein Jahr. Ah,
20 wenn er nur Mut hätte! Noch immer stand er auf dem Gang. Er blickte zur Tür
hinüber . . . Was war das für ein Streif, der senkrecht von oben auf den Fußboden
fiel? War es möglich? Die Tür war nur angelehnt, nicht versperrt? . . . Warum
staunte er denn darüber? Seit Monaten schon schloß die Tür nicht. Wozu auch?
Er erinnerte sich: nur dreimal hatten hier in diesem Sommer Leute geschlafen,
25 zweimal Handwerksburschen und einmal ein Tourist, der sich den Fuß verletzt
hatte. Die Tür schließt nicht — er braucht jetzt nur Mut — ja, und Glück! Mut?
Das Schlimmste, was ihm geschehen kann, ist, daß die beiden aufwachen, und da
kann er noch immer eine Ausrede finden. Er lugt durch den Spalt ins Zimmer. Es
ist noch so dunkel, daß er eben nur die Umrisse von zwei auf den Betten lagernden
30 Gestalten gewahren kann. Er horcht auf: sie atmen ruhig und gleichmäßig. Carlo
öffnet die Tür leicht und tritt mit seinen nackten Füßen völlig geräuschlos ins
Zimmer. Die beiden Betten stehen der Länge nach an der gleichen Wand dem
Fenster gegenüber. In der Mitte des Zimmers ist ein Tisch; Carlo schleicht bis hin.
Er fährt mit der Hand über die Fläche und fühlt einen Schlüsselbund, ein Feder-
35 messer, ein kleines Buch — weiter nichts . . . Nun natürlich! . . . Daß er nur daran
denken konnte, sie würden ihr Geld auf den Tisch legen! Ah, nun kann er gleich
wieder fort! . . . Und doch, vielleicht braucht es nur einen guten Griff und es ist
geglückt . . . Und er nähert sich dem Bett neben der Tür; hier auf dem Sessel liegt
etwas — er fühlt danach — es ist ein Revolver . . . Carlo zuckt zusammen . . . Ob
40 er ihn nicht lieber gleich behalten sollte? Denn warum hat dieser Mensch den
Revolver bereitliegen? Wenn er erwacht und ihn bemerkt . . . Doch nein, er würde

ja sagen: Es ist drei Uhr, gnädiger Herr, aufstehn! . . . Und er läßt den Revolver liegen.

Und er schleicht tiefer ins Zimmer. Hier auf dem anderen Sessel unter den Wäschestücken[1] . . . Himmel! das ist sie . . . das ist eine Börse — er hält sie in der
5 Hand! . . . In diesem Moment hört er ein leises Krachen. Mit einer raschen Bewegung streckt er sich der Länge nach zu Füßen des Bettes hin . . . Noch einmal dieses Krachen — ein schweres Aufatmen — ein Räuspern — dann wieder Stille, tiefe Stille. Carlo bleibt auf dem Boden liegen, die Börse in der Hand, und wartet. Es rührt sich nichts mehr. Schon fällt der Dämmer blaß ins Zimmer herein. Carlo
10 wagt nicht aufzustehen, sondern kriecht auf dem Boden vorwärts bis zur Tür, die weit genug offen steht, um ihn durchzulassen, kriecht weiter bis auf den Gang hinaus, und hier erst erhebt er sich langsam, mit einem tiefen Atemzug. Er öffnet die Börse; sie ist dreifach geteilt: links und rechts nur kleine Silberstücke. Nun öffnet Carlo den mittleren Teil, der durch einen Schieber nochmals verschlossen
15 ist, und fühlt drei Zwanzigfrankenstücke. Einen Augenblick denkt er daran, zwei davon zu nehmen, aber rasch weist er diese Versuchung von sich, nimmt nur ein Goldstück heraus und schließt die Börse zu. Dann kniet er nieder, blickt durch die Spalte in die Kammer, in der es wieder völlig still ist, und dann gibt er der Börse einen Stoß, so daß sie bis unter das zweite Bett gleitet. Wenn der Fremde auf-
20 wacht, wird er glauben müssen, daß sie vom Sessel heruntergefallen ist. Carlo erhebt sich langsam. Da knarrt der Boden leise, und im gleichen Augenblick hört er eine Stimme von drinnen: „Was ist's? Was gibt's denn?" Carlo macht rasch zwei Schritte rückwärts, mit verhaltenem Atem, und gleitet in seine eigene Kammer. Er ist in Sicherheit und lauscht . . . Noch einmal kracht drüben das Bett, und dann
25 ist alles still. Zwischen seinen Fingern hält er das Goldstück. Es ist gelungen — gelungen! Er hat die zwanzig Franken, und er kann seinem Bruder sagen: ‚Siehst du nun, daß ich kein Dieb bin!' Und sie werden sich noch heute auf die Wanderschaft machen — gegen den Süden zu, nach Bormio, dann weiter durchs Veltlin[2] . . . dann nach Tirano . . . nach Edole . . . nach Breno . . . an den See von Iseo wie
30 voriges Jahr . . . Das wird durchaus nicht verdächtig sein, denn schon vorgestern hat er selbst zum Wirt gesagt: „In ein paar Tagen gehen wir hinunter."

Immer lichter wird es, das ganze Zimmer liegt in grauem Dämmer da. Ah, wenn Geronimo nur bald aufwachte! Es wandert sich so gut in der Frühe! Noch vor Sonnenaufgang werden sie fortgehen. Einen guten Morgen dem Wirt, dem
35 Knecht und Maria auch, und dann fort, fort . . . Und erst wenn sie zwei Stunden weit sind, schon nahe dem Tale, wird er es Geronimo sagen.

Geronimo reckt und dehnt sich. Carlo ruft ihn an: „Geronimo!"

„Nun, was gibt's?" Und er stützt sich mit beiden Händen und setzt sich auf.

---

[1]'linen' [2]the cities of Tirano, Edole, and Breno lie in the Adda Valley (*Veltlin*) south of Stilfserjoch

„Geronimo, wir wollen aufstehen."

„Warum?" Und er richtet die toten Augen auf den Bruder. Carlo weiß, daß Geronimo sich jetzt des gestrigen Vorfalles besinnt, aber er weiß auch, daß der keine Silbe darüber reden wird, ehe er wieder betrunken ist.

5 „Es ist kalt, Geronimo, wir wollen fort. Es wird heuer[1] nicht mehr besser; ich denke, wir gehen. Zu Mittag können wir in Boladore[2] sein."

Geronimo erhob sich. Die Geräusche des erwachenden Hauses wurden vernehmbar. Unten im Hof sprach der Wirt mit dem Knecht. Carlo stand auf und begab sich hinunter. Er war immer früh wach und ging oft schon in der Dämme-
10 rung auf die Straße hinaus. Er trat zum Wirt hin und sagte: „Wir wollen Abschied nehmen."

„Ah, geht ihr schon heut?" fragte der Wirt.

„Ja. Es friert schon zu arg, wenn man jetzt im Hof steht, und der Wind zieht durch."

15 „Nun, grüß mir den Baldetti, wenn du nach Bormio hinunterkommst, und er soll nicht vergessen, mir das Öl zu schicken."

„Ja, ich will ihn grüßen. Im übrigen — das Nachtlager von heut." Er griff in den Sack[3].

„Laß sein, Carlo", sagte der Wirt. „Die zwanzig Zentesimi schenk' ich deinem
20 Bruder; ich hab' ihm ja auch zugehört. Guten Morgen."

„Dank", sagte Carlo. „Im übrigen, so eilig haben wir's nicht. Wir sehen dich noch, wenn du von den Hütten zurückkommst; Bormio bleibt am selben Fleck stehen, nicht wahr?" Er lachte und ging die Holzstufen hinauf.

Geronimo stand mitten im Zimmer und sagte: „Nun, ich bin bereit zu gehen."
25 „Gleich", sagte Carlo.

Aus einer alten Kommode, die in einem Winkel des Raumes stand, nahm er ihre wenigen Habseligkeiten und packte sie in ein Bündel. Dann sagte er: „Ein schöner Tag, aber sehr kalt."

„Ich weiß", sagte Geronimo. Beide verließen die Kammer.
30 „Geh leise", sagte Carlo, „hier schlafen die zwei, die gestern Abend gekommen sind." Behutsam schritten sie hinunter. „Der Wirt läßt dich grüßen", sagte Carlo; „er hat uns die zwanzig Zentesimi für heut Nacht geschenkt. Nun ist er bei den Hütten draußen und kommt erst in zwei Stunden wieder. Wir werden ihn ja im nächsten Jahre wiedersehen."

35 Geronimo antwortete nicht. Sie traten auf die Landstraße, die im Dämmerschein vor ihnen lag. Carlo ergriff den linken Arm seines Bruders, und beide schritten schweigend talabwärts. Schon nach kurzer Wanderung waren sie an der Stelle, wo die Straße in langgezogenen Kehren weiterzulaufen beginnt. Nebel stie-

---

[1]=*dieses Jahr* [2]village in the *Veltlin* [3]=*Tasche*

gen nach aufwärts, ihnen entgegen, und über ihnen die Höhen schienen von den
Wolken wie eingeschlungen. Und Carlo dachte: Nun will ich's ihm sagen.

Carlo sprach aber kein Wort, sondern nahm das Goldstück aus der Tasche
und reichte es dem Bruder; dieser nahm es zwischen die Finger der rechten Hand,
5 dann führte er es an die Wange und an die Stirn, endlich nickte er. „Ich hab's ja
gewußt", sagte er.

„Nun ja", erwiderte Carlo und sah Geronimo befremdet an.

„Auch wenn der Fremde mir nichts gesagt hätte, ich hätte es doch gewußt."

„Nun ja", sagte Carlo ratlos. „Aber du verstehst doch, warum ich da oben vor
10 den anderen — ich habe gefürchtet, daß du das Ganze auf einmal — — Und sieh,
Geronimo, es wäre doch an der Zeit, hab' ich mir gedacht, daß du dir einen neuen
Rock kaufst und ein Hemd und Schuhe auch, glaube ich; darum habe ich . . .“

Der Blinde schüttelte heftig den Kopf. „Wozu?" Und er strich mit der einen
Hand über seinen Rock. „Gut genug, warm genug; jetzt kommen wir nach dem
15 Süden."

Carlo begriff nicht, daß Geronimo sich gar nicht zu freuen schien, daß er sich
nicht entschuldigte. Und er redete weiter: „Geronimo, war es denn nicht recht von
mir? Warum freust du dich denn nicht? Nun haben wir es doch, nicht wahr? Nun
haben wir es ganz. Wenn ich dir's oben gesagt hätte, wer weiß . . . Oh, es ist gut,
20 daß ich dir's nicht gesagt habe — gewiß!"

Da schrie Geronimo: „Hör' auf zu lügen, Carlo, ich habe genug davon!"

Carlo blieb stehen und ließ den Arm des Bruders los. „Ich lüge nicht."

„Ich weiß doch, daß du lügst! . . . Immer lügst du! . . . Schon hundertmal hast
du gelogen! . . . Auch das hast du für dich behalten wollen, aber Angst hast du
25 bekommen, das ist es!"

Carlo senkte den Kopf und antwortete nichts. Er faßte wieder den Arm des
Blinden und ging mit ihm weiter. Es tat ihm weh, daß Geronimo so sprach; aber
er war eigentlich erstaunt, daß er nicht trauriger war.

Die Nebel zerteilten sich. Nach langem Schweigen sprach Geronimo: „Es
30 wird warm." Er sagte es gleichgültig, selbstverständlich, wie er es schon hundertmal gesagt, und Carlo fühlte in diesem Augenblick: für Geronimo hatte sich nichts
geändert. Für Geronimo war er immer ein Dieb gewesen.

„Hast du schon Hunger?" fragte er.

Geronimo nickte, zugleich nahm er ein Stück Käse und Brot aus der Rock-
35 tasche und aß davon. Und sie gingen weiter.

Die Post von Bormio begegnete ihnen; der Kutscher rief sie an: „Schon hinunter?" Dann kamen noch andere Wagen, die alle aufwärts fuhren.

„Luft aus dem Tal", sagte Geronimo, und im gleichen Augenblick, nach einer
raschen Wendung, lag das Veltlin[1] zu ihren Füßen.

---

[1]i. e., the vista of the valley below them

Wahrhaftig — nichts hat sich geändert, dachte Carlo . . . Nun hab' ich gar für ihn gestohlen — und auch das ist umsonst gewesen. Die Nebel unter ihnen wurden immer dünner, der Glanz der Sonne riß Löcher hinein. Und Carlo dachte: ‚Vielleicht war es doch nicht klug, so rasch das
5 Wirtshaus zu verlassen . . . Die Börse liegt unter dem Bett, das ist jedenfalls verdächtig . . .‘ Aber wie gleichgültig war das alles! Was konnte ihm noch Schlimmes geschehen? Sein Bruder, dem er das Licht der Augen zerstört, glaubte sich von ihm bestohlen und glaubte es schon jahrelang und wird es immer glauben — was konnte ihm noch Schlimmes geschehen?
10 Da unter ihnen lag das große weiße Hotel wie in Morgenglanz gebadet, und tiefer unten, wo das Tal sich zu weiten beginnt, lang hingestreckt, das Dorf. Schweigend gingen die beiden weiter, und immer lag Carlos Hand auf dem Arm des Blinden. Sie gingen an dem Park des Hotels vorüber, und Carlo sah auf der Terrasse Gäste in lichten Sommergewändern sitzen und frühstücken. „Wo willst
15 du rasten?“ fragte Carlo.
„Nun, im ‚Adler‘,[1] wie immer.“
Als sie bei dem kleinen Wirtshause am Ende des Dorfes angelangt waren, kehrten sie ein. Sie setzten sich in die Schenke und ließen sich Wein geben.
„Was macht ihr so früh bei uns?“ fragte der Wirt.
20 Carlo erschrak ein wenig bei dieser Frage. „Ist's denn so früh? Der zehnte oder elfte September — nicht?“
„Im vergangenen Jahr war es gewiß viel später, als ihr herunterkamt.“
„Es ist so kalt oben“, sagte Carlo. „Heut Nacht haben wir gefroren. Ja richtig, ich soll dir bestellen, du möchtest nicht vergessen, das Öl hinaufzuschicken.“
25 Die Luft in der Schenke war dumpf und schwül. Eine sonderbare Unruhe befiel Carlo; er wollte gern wieder im Freien sein, auf der großen Straße, die nach Tirano, nach Edole, nach dem See von Iseo, überallhin, in die Ferne führt! Plötzlich stand er auf.
„Gehen wir schon?“ fragte Geronimo.
30 „Wir wollen doch heut Mittag in Boladore sein, im ‚Hirschen‘[1] halten die Wagen Mittagrast; es ist ein guter Ort.“
Und sie gingen. Der Friseur Benozzi stand rauchend vor seinem Laden. „Guten Morgen“, rief er. „Nun, wie sieht's da oben aus? Heut Nacht hat es wohl geschneit?“
35 „Ja, ja“, sagte Carlo und beschleunigte seine Schritte.
Das Dorf lag hinter ihnen, weiß dehnte sich die Straße zwischen Wiesen und Weinbergen, dem rauschenden Fluß entlang. Der Himmel war blau und still. ‚Warum hab' ich's getan?‘ dachte Carlo. Er blickte den Blinden von der Seite an. ‚Sieht sein Gesicht denn anders aus als sonst? Immer hat er es geglaubt — immer

---

[1]name of an inn

bin ich allein gewesen — und immer hat er mich gehaßt.' Und ihm war, als schritte er unter einer schweren Last weiter, die er doch niemals von den Schultern werfen dürfte, und als könnte er die Nacht sehen, durch die Geronimo an seiner Seite schritt, während die Sonne leuchtend auf allen Wegen lag.

5 Und sie gingen weiter, gingen, gingen stundenlang. Von Zeit zu Zeit setzte sich Geronimo auf einen Meilenstein, oder sie lehnten beide an einem Brückengeländer, um zu rasten. Wieder kamen sie durch ein Dorf. Vor dem Wirtshause standen Wagen, Reisende waren ausgestiegen und gingen hin und her; aber die beiden Bettler blieben nicht. Wieder hinaus auf die offene Straße. Die Sonne stieg 10 immer höher; Mittag mußte nahe sein. Es war ein Tag wie tausend andere.

„Der Turm von Boladore", sagte Geronimo. Carlo blickte auf. Er wunderte sich, wie genau Geronimo die Entfernungen berechnen konnte: wirklich war der Turm von Boladore am Horizont erschienen. Noch von ziemlich weither kam ihnen jemand entgegen. Es schien Carlo, als sei er am Wege gesessen und plötzlich 15 aufgestanden. Die Gestalt kam näher. Jetzt sah Carlo, daß es ein Gendarm war, wie er ihnen so oft auf der Landstraße begegnete. Trotzdem schrak Carlo leicht zusammen. Aber als der Mann näher kam, erkannte er ihn und war beruhigt. Es war Pietro Tenelli; erst im Mai waren die beiden Bettler im Wirtshaus des Raggazzi in Morignone mit ihm zusammen gesessen, und er hatte ihnen eine schau- 20 erliche Geschichte erzählt, wie er von einem Strolch einmal beinahe erdolcht worden war.

„Es ist einer stehen geblieben", sagte Geronimo.

„Tenelli, der Gendarm", sagte Carlo.

Nun waren sie an ihn herangekommen.

25 „Guten Morgen, Herr Tenelli", sagte Carlo und blieb vor ihm stehen.

„Es ist nun einmal so", sagte der Gendarm, „ich muß euch vorläufig beide auf den Posten nach Boladore führen."

„Eh!" rief der Blinde.

Carlo wurde blaß. ‚Wie ist das nur möglich?' dachte er. ‚Aber es kann sich 30 nicht darauf beziehen. Man kann es ja hier unten noch nicht wissen.'

„Es scheint ja euer Weg zu sein", sagte der Gendarm lachend, „es macht euch wohl nichts, wenn ihr mitgeht."

„Warum redest'du nichts, Carlo?" fragte Geronimo.

„O ja, ich rede . . . Ich bitte, Herr Gendarm, wie ist es denn möglich . . . was 35 sollen wir denn . . . oder vielmehr, was soll ich . . . wahrhaftig, ich weiß nicht . . ."

„Es ist nun einmal so. Vielleicht bist du auch unschuldig. Was weiß ich. Jedenfalls haben wir die telegraphische Anzeige ans Kommando bekommen, daß wir euch aufhalten sollen, weil ihr verdächtig seid, dringend verdächtig, da oben den Leuten Geld gestohlen zu haben. Nun, es ist auch möglich, daß ihr unschuldig 40 seid. Also vorwärts!"

„Warum sprichst du nichts, Carlo?" fragte Geronimo.

„Ich rede — o ja, ich rede . . .“

„Nun geht endlich! Was hat es für einen Sinn, auf der Straße stehen zu bleiben! Die Sonne brennt. In einer Stunde sind wir an Ort und Stelle. Vorwärts!“

Carlo berührte den Arm Geronimos wie immer, und so gingen sie langsam
5 weiter, der Gendarm hinter ihnen.

„Carlo, warum redest du nicht?“ fragte Geronimo wieder.

„Aber was willst du, Geronimo, was soll ich sagen? Es wird sich alles heraus-
stellen; ich weiß selber nicht . . .“

Und es ging ihm durch den Kopf: Soll ich's ihm erklären, eh wir vor Gericht
10 stehen? . . . wohl nicht. Der Gendarm hört uns zu . . . Nun, was tut's. Vor Gericht
werd' ich ja doch die Wahrheit sagen. „Herr Richter“, werd' ich sagen, „es ist doch
kein Diebstahl wie ein anderer. Es war nämlich so: . . .“ Und nun mühte er sich,
die Worte zu finden, um vor Gericht die Sache klar und verständlich darzustellen.
„Da fuhr gestern ein Herr über den Paß . . . es mag ein Irrsinniger gewesen sein —
15 oder am End' hat er sich nur geirrt . . . und dieser Mann . . .“

Aber was für ein Unsinn! Wer wird es glauben? . . . Man wird ihn gar nicht
so lange reden lassen. — Niemand kann diese dumme Geschichte glauben . . .
nicht einmal Geronimo glaubt sie . . . — Und er sah ihn von der Seite an. Der
Kopf des Blinden bewegte sich nach alter Gewohnheit während des Gehens wie
20 im Takte auf und ab, aber das Gesicht war regungslos, und die leeren Augen
stierten in die Luft. — Und Carlo wußte plötzlich, was für Gedanken hinter dieser
Stirne liefen . . . ‚So also stehen die Dinge‘, mußte Geronimo wohl denken. —
‚Carlo bestiehlt nicht nur mich, auch die anderen Leute bestiehlt er . . . Nun, er hat
es gut, er hat Augen, die sehen, und er nützt sie aus . . .‘ — Ja, das denkt Geroni-
25 mo, ganz gewiß . . . Und auch, daß man kein Geld bei mir finden wird, kann mir
nicht helfen, — nicht vor Gericht, nicht vor Geronimo. Sie werden mich einsper-
ren und ihn . . . Ja, ihn geradeso wie mich, denn er hat ja das Geldstück. — Und
er konnte nicht mehr weiter denken, er fühlte sich so sehr verwirrt. Es schien ihm,
als verstünde er überhaupt nichts mehr von der ganzen Sache, und wußte nur eines:
30 daß er sich gern auf ein Jahr in den Arrest setzen ließe . . . oder auf zehn, wenn nur
Geronimo wüßte, daß er für ihn allein zum Dieb geworden war.

Und plötzlich blieb Geronimo stehen, so daß auch Carlo innehalten mußte.

„Nun, was ist denn?“ sagte der Gendarm ärgerlich. „Vorwärts, vorwärts!“ Aber
da sah er mit Verwunderung, daß der Blinde die Gitarre auf den Boden fallen ließ,
35 seine Arme erhob und mit beiden Händen nach den Wangen des Bruders tastete.
Dann näherte er seine Lippen dem Munde Carlos, der zuerst nicht wußte, wie ihm
geschah, und küßte ihn.

„Seid ihr verrückt?“ fragte der Gendarm. „Vorwärts! vorwärts! Ich habe keine
Lust zu braten.“

40 Geronimo hob die Gitarre vom Boden auf, ohne ein Wort zu sprechen. Carlo
atmete tief auf und legte die Hand wieder auf den Arm des Blinden. War es denn

möglich? Der Bruder zürnte ihm nicht mehr? Er begriff am Ende — ? Und zweifelnd sah er ihn von der Seite an.

„Vorwärts!" schrie der Gendarm. „Wollt ihr endlich — !" Und er gab Carlo
eins zwischen die Rippen.

5   Und Carlo, mit festem Druck den Arm des Blinden leitend, ging wieder vorwärts. Er schlug einen viel rascheren Schritt ein als früher. Denn er sah Geronimo
lächeln in einer milden glückseligen Art, wie er es seit den Kinderjahren nicht
mehr an ihm gesehen hatte. Und Carlo lächelte auch. Ihm war, als könnte ihm
jetzt nichts Schlimmes mehr geschehen, — weder vor Gericht, noch sonst irgend-
10 wo auf der Welt. — Er hatte seinen Bruder wieder . . . Nein, er hatte ihn zum
erstenmal . . .

Appendix

Giovanni Boccaccio
The Decameron[1]

Day the Fifth, the Ninth Story

Federigo degli Alberighi loveth and is not loved. He wasteth his substance in prodigal hospitality till there is left him but one sole falcon,
which, having nought else, he giveth his mistress to eat, on her coming
to his house; and she, learning this, changeth her mind and taking him
to husband, maketh him rich again.

Filomena having ceased speaking, the queen, seeing that none remained to tell save only
herself and Dioneo, whose privilege entitled him to speak last, said, with blithe aspect,
"It pertaineth now to me to tell and I, dearest ladies, will willingly do it, relating a story
like in part to the foregoing, to the intent that not only may you know how much the love
5 of you can avail in gentle hearts, but that you may learn to be yourselves, whenas it
behoveth, bestowers of your guerdons, without always suffering fortune to be your guide,
which most times, as it chanceth, giveth not discreetly, but out of all measure.
    You must know, then, that Coppo di Borghese Domenichi, who was of our days and
maybe is yet a man of great worship and authority in our city and illustrious and worthy
10 of eternal renown, much more for his fashions and his merit than for the nobility of his
blood, being grown full of years, delighted oftentimes to discourse with his neighbours
and others of things past, the which he knew how to do and more orderly and with more
memory and elegance of speech than any other man. Amongst other fine things of his,
he was used to tell that there was once in Florence a young man called Federigo, son of
15 Messer Filippo Alberighi and renowned for deeds of arms and courtesy over every other
bachelor in Tuscany, who, as betideth most gentlemen, became enamoured of a gentle-
woman named Madam Giovanna, in her day held one of the fairest and sprightliest ladies
that were in Florence; and to win her love, he held jousts and tourneyings and made
entertainments and gave gifts and spent his substance without any stint; but she, being
20 no less virtuous than fair, recked nought of these things done for her nor of him who did
them. Federigo spending thus far beyond his means and gaining nought, his wealth, as

---

[1]Giovanni Boccaccio, *The Decameron of Giovanni Boccaccio*, trans. John Payne (1903;
New York: Blue Ribbon Books, 1931), 282-286.

lightly happeneth, in course of time came to an end and he abode poor, nor was aught left
him but a poor little farm, on whose returns he lived very meagrely, and to boot a falcon
he had, one of the best in the world. Wherefore, being more in love than ever and him-
seeming he might no longer make such a figure in the city as he would fain do, he took
5   up his abode at Campi, where his farm was, and there bore his poverty with patience,
hawking whenas he might and asking of no one.

     Federigo being thus come to extremity, it befell one day that Madam Giovanna's
husband fell sick and seeing himself nigh upon death, made his will, wherein, being very
rich, he left a son of his, now well grown, his heir, after which, having much loved
10 Madam Giovanna, he substituted her to his heir, in case his son should die without lawful
issue, and died. Madam Giovanna, being thus left a widow, betook herself that summer,
as is the usance of our ladies, into the country with her son to an estate of hers very near
that of Federigo; wherefore it befell that the lad made acquaintance with the latter and
began to take delight in hawks and hounds, and having many a time seen his falcon flown
15 and being strangely taken therewith, longed sore to have it, but dared not ask it of him,
seeing it so dear to him. The thing standing thus, it came to pass that the lad fell sick,
whereat his mother was sore concerned, as one who had none but him and loved him with
all her might, and abode about him all day, comforting him without cease; and many a
time she asked him if there were aught he desired, beseeching him tell it her, for that, an
20 it might be gotten, she would contrive that he should have it. The lad, having heard these
offers many times repeated, said, 'Mother mine, an you could procure me to have Federigo's falcon, methinketh I should soon be whole.'

     The lady hearing this, bethought herself awhile and began to consider how she
should do. She knew that Federigo had long loved her and had never gotten of her so
25 much as a glance of the eye; wherefore quoth she in herself, 'How shall I send or go to
him to seek of him this falcon, which is, by all I hear, the best that ever flew and which,
to boot, maintaineth him in the world? And how can I be so graceless as to offer to take
this from a gentleman who hath none other pleasure left?' Perplexed with this thought
and knowing not what to say, for all she was very certain of getting the bird, if she asked
30 for it, she made no reply to her son, but abode silent. However, at last, the love of her son
so got the better of her that she resolved in herself to satisfy him, come what might, and
not to send, but to go herself for the falcon and fetch it to him. Accordingly she said to
him, 'My son, take comfort and bethink thyself to grow well again, for I promise thee
that the first thing I do to-morrow morning I will go for it and fetch it to thee.' The boy
35 was rejoiced at this and showed some amendment that same day.

     Next morning, the lady, taking another lady to bear her company, repaired, by way
of diversion, to Federigo's little house and enquired for the latter, who, for that it was no
weather for hawking nor had been for some days past, was then in a garden he had, over-
looking the doing of certain little matters of his, and hearing that Madam Giovanna asked
40 for him at the door, ran thither, rejoicing and marvelling exceedingly. She, seeing him
come, rose and going with womanly graciousness to meet him, answered his respectful
salutation with 'Give you good day, Federigo!' then went on to say, 'I am come to make
thee amends for that which thou hast suffered through me, in loving me more than should
have behooved thee; and the amends in question is this that I purpose to dine with thee
45 this morning familiarly, I and this lady my companion.' 'Madam,' answered Federigo
humbly, 'I remember me not to have ever received any ill at your hands, but on the
contrary so much good that, if ever I was worth aught, it came about through your worth
and the love I bore you; and assuredly, albeit you have come to a poor host, this your gra-
cious visit is far more precious to me than it would be an it were given me to spend over

again as much as that which I have spent aforetime.' So saying, he shamefastly received
her into his house and thence brought her into his garden, where, having none else to bear
her company, he said to her, 'Madam, since there is none else here, this good woman,
wife of yonder husbandman, will bear you company, whilst I go see the table laid.'
5   Never till that moment, extreme as was his poverty, had he been so dolorously
sensible of the straits to which he had brought himself for the lack of those riches he had
spent on such disorderly wise. But that morning, finding he had nothing wherewithal he
might honourably entertain the lady, for love of whom he had aforetime entertained folk
without number, he was made perforce aware of his default and ran hither and thither,
10   perplexed beyond measure, like a man beside himself, inwardly cursing his ill fortune,
but found neither money nor aught he might pawn. It was now growing late and he
having a great desire to entertain the gentle lady with somewhat, yet choosing not to have
recourse to his own labourer, much less any one else, his eye fell on his good falcon,
which he saw on his perch in his little saloon; whereupon, having no other resource, he
15   took the bird and finding him fat, deemed him a dish worthy of such a lady. Accordingly,
without more ado, he wrung the hawk's neck and hastily caused a little maid of his pluck
it and truss it and after put it on the spit and roast it diligently. Then, the table laid and
covered with very white cloths, whereof he had yet some store, he returned with a blithe
countenance to the lady in the garden and told her that dinner was ready, such as it was
20   in his power to provide. Accordingly, the lady and her friend, arising, betook themselves
to table and in company with Federigo, who served them with the utmost diligence, ate
the good falcon, unknowing what they did.
       Presently, after they had risen from table and had abidden with him awhile in cheer-
ful discourse, the lady, thinking it time to tell that wherefor she was come, turned to
25   Federigo and courteously bespoke him, saying, 'Federigo, I doubt not a jot but that, when
thou hearest that which is the especial occasion of my coming hither, thou wilt marvel
at my presumption, remembering thee of thy past life and of my virtue, which latter
belike thou reputedst cruelty and hardness of heart; but, if thou hadst or hadst had children, by whom thou mightest know how potent is the love one beareth them, meseemeth
30   certain that thou wouldst in part hold me excused. But, although thou hast none, I, who
have one child, cannot therefore escape the common laws to which other mothers are subject and whose enforcements it behoveth me ensue, need must I, against my will and contrary to all right and seemliness, ask of thee a boon, which I know is supremely dear to
thee (and that with good reason, for that thy sorry fortune hath left thee none other
35   delight, none other diversion, none other solace), to wit, thy falcon, whereof my boy is
so sore enamoured that, an I carry it not to him, I fear me his present disorder will be so
aggravated that there may presently ensue thereof somewhat whereby I shall lose him.
Therefore I conjure thee, — not by the love thou bearest me and whereto thou art nowise
beholden, but by thine own nobility, which in doing courtesy hath approved itself greater
40   than in any other, — that it please thee give it to me, so by the gift I may say I have kept
my son alive and thus made him for ever thy debtor.'
       Federigo, hearing what the lady asked and knowing that he could not oblige her, for
that he had given her the falcon to eat, fell a-weeping in her presence, ere he could
answer a word. The lady at first believed that his tears arose from grief at having to part
45   from his good falcon and was like to say that she would not have it. However, she contained herself and awaited what Federigo should reply, who, after weeping awhile, made
answer thus: 'Madam, since it pleased God that I should set my love on you, I have in
many things reputed fortune contrary to me and have complained of her; but all the ill
turns she hath done me have been a light matter in comparison with that which she doth

me at this present and for which I can never more be reconciled to her, considering that you are come hither to my poor house, whereas you deigned not to come what while I was rich, and seek of me a little boon, the which she hath so wrought that I cannot grant you; and why this cannot be I will tell you briefly. When I heard that you, of your favour,

5   were minded to dine with me, I deemed it a right thing and a seemly, having regard to your worth and the nobility of your station, to honour you, as far as in me lay, with some choicer victual than that which is commonly set before other folk; wherefore, remembering me of the falcon which you ask of me and of his excellence, I judged him a dish worthy of you. This very morning, then, you have had him roasted upon the trencher, and

10   indeed I had accounted him excellently well bestowed; but now, seeing that you would fain have had him on other wise, it is so great a grief to me that I cannot oblige you therein that methinketh I shall never forgive myself therefor.' So saying, in witness of this, he let cast before her the falcon's feathers and feet and beak.

     The lady, seeing and hearing this, first blamed him for having, to give a woman to

15   eat, slain such a falcon, and after inwardly much commended the greatness of his soul, which poverty had not availed nor might anywise avail to abate. Then, being put out of all hope of having the falcon and fallen therefore in doubt of her son's recovery, she took her leave and returned, all disconsolate, to the latter, who, before many days had passed, whether for chagrin that he could not have the bird or for that his disorder was e'en fated

20   to bring him to that pass, departed this life, to the inexpressible grief of his mother. After she had abidden awhile full of tears and affliction, being left very rich and yet young, she was more than once urged by her brothers to marry again, and albeit she would fain not have done so, yet, finding herself importuned and calling to mind Federigo's worth and his last magnificence, to wit, the having slain such a falcon for her entertainment, she said

25   to them, 'I would gladly, an it liked you, abide as I am; but, since it is your pleasure that I take a [second] husband, certes I will never take any other, an I have not Federigo degli Alberighi.' Whereupon her brothers, making mock of her, said, 'Silly woman that thou art, what is this thou sayest? How canst thou choose him, seeing he hath nothing in the world?' 'Brothers mine,' answered she, 'I know very well that it is as you say; but I

30   would liefer have a man that lacketh of riches than riches that lack of a man.' Her brethren, hearing her mind and knowing Federigo for a man of great merit, poor though he was, gave her, with all her wealth, to him, even as she would; and he, seeing himself married to a lady of such worth and one whom he had loved so dear and exceeding rich, to boot, became a better husband of his substance and ended his days with her in joy and

35   solace."

List of Illustrations

Bibliography

Sources[1]

Johann Wolfgang von Goethe. *Goethes Werke: Im Auftrage der Großherzogin Sophie von Sachsen* [=Weimarer Ausgabe]. Abteilung 1. 55 vols. Weimar: H. Böhlaus Nachfolger, 1887-1918.

Ludwig Tieck. *Schriften.* 24 vols. Berlin: G. Reimer, 1828-1854.

Ernst Theodor Amadeus Hoffmann. *Gesammelte Schriften.* 12 vols. Berlin: G. Reimer, 1844-45

Heinrich von Kleist. *Sämtliche Werke.* Ed. by Arthur Eloesser. 5 vols. Leipzig: Tempel, 1908.

Clemens Brentano. *Gesammelte Schriften.* Ed. by Christian Brentano. 9 vols. Frankfurt a. M.: J. D. Sauerländer, 1852-55.

Achim von Arnim. *Achim von Arnims Werke.* Ed. by Reinhold Steig. 3 vols. Leipzig: Insel, 1911.

Joseph von Eichendorff. *Gesammelte Werke.* Ed. by Paul Ernst. 6 vols. München and Leipzig: G. Müller, 1909-1913.

Franz Grillparzer. *Sämtliche Werke in sechzehn Teilen.* Ed. by Moritz Necker. 4 vols. Leipzig: Hesse & Becker, 1903.

Annette von Droste-Hülshoff:. *Sämtliche Werke in sechs Teilen.* Ed. by Julius Schwering. Berlin, Leipzig, Wien, Stuttgart: Deutsches Verlagshaus Bong, 1920.

Jeremias Gotthelf. *Sämtliche Werke in 24 Bänden.* Ed. by Rudolf Hunziker and Hans Bloesch. Erlenbach-Zürich: Eugen Rentsch, 1921.

Adalbert Stifter. *Sämmtliche Werke.* Ed.. by August Sauer *et al.* Bibliothek der Schriftsteller aus Böhmen, Mähren und Schlesien. 24 vols. Prag: J. G. Calve, 1904-1939.

Theodor Storm. *Sämtliche Werke.* 3 vols. Hamburg, Braunschweig, Berlin: Georg Westermann, 1918.

Gottfried Keller. *Gesammelte Werke.* 10 vols. Stuttgart and Berlin: J. G. Cotta Nachfolger, 1906.

Conrad Ferdinand Meyer. *Novellen von Conrad Ferdinand Meyer.* 2 vols. Leipzig: H. Haessel, 1899.

Marie von Ebner-Eschenbach. *Neue Dorf- und Schloßgeschichten.* Berlin: Gebrüder Paetel, [2]1891.

Isolde Kurz. *Florentiner Novellen.* Stuttgart: Göschen, 1890.

Helene Böhlau. *Gesammelte Werke.* 6 vols. Berlin, Wien: Ullstein, 1914.

---

[1]The source texts have been modernized in spelling and punctuation. In certain cases, subsequent scholarly emendations have been incorporated without specific annotation.

Gerhart Hauptmann. *Der Apostel, Bahnwärter Thiel: novellistische Studien.* Berlin: S. Fischer, 1892.

Arthur Schnitzler. *Gesammelte Werke in zwei Abteilungen.* 10 vols. Berlin: S. Fischer, 1912.

Interpretations and Readings[1]

AKML   =Abhandlungen zur Kunst-, Musik- und Literaturwissenschaft
DU   =*Der Deutschunterricht*
DVjs   =*Deutsche Vierteljahrsschrift für Literaturwissenschaft und Geistesgeschichte*
GLL   =*German Life and Letters*
GQ   =*The German Quarterly*
GR   =*The Germanic Review*
GRM   =*Germanisch-Romanische Monatsschrift*
JEGP   =*Journal of English and Germanic Philology*
LJGG   =*Literaturwissenschaftliches Jahrbuch im Auftrage der Görres-Gesellschaft*
MAL   =*Modern Austrian Literature*
MLN   =*Modern Language Notes*
MLR   =*Modern Language Review*
NGS   =*New German Studies*
PEGS   =*Publications of the English Goethe Society*
PMLA   =*Publications of the Modern Language Association*
SGG   =*Schriften der Theodor-Storm-Gesellschaft*
SGLLC   =Studies in German Literature, Linguistics, and Culture
SR   =*Studies in Romanticism*
UDR   =*University of Dayton Review*
UNCSGLL =University of North Carolina Studies in the Germanic Languages and Literatures
WGY   =*Women in German Yearbook*

Johann Wolfgang von Goethe: *Novelle*
Balfour, Rosemary Picozzi. "The Field of View in Goethe's *Novelle*." *Seminar* 12 (1976): 63-72.
Barry, David. "A Tyrant on the Loose in Goethe's *Novelle*." *Seminar* 25 (1989): 306-23.
Brown, Jane K. "The Tyranny of the Ideal: The Dialectics of Art in Goethe's 'Novelle'" *SR* 19 (1980): 217-31.
Clouser, Robin. "Ideas of Utopia in Goethe's *Novelle*." *PEGS* 49 (1978-79): 1-44.

[1]This is by no means intended as an exhaustive bibliography for the *Novellen* in this volume, but is rather a selection made from the scholarship of the last forty years. For complete literature on these works, consult the standard bibliographies.

Duhamel, Roland. "Goethes 'Novelle' und seine Novellentheorie." *Germanistische Mitteilungen* 30 (1989): 81-83.

Edel, Edmund. "Johann Wolfgang Goethes *Novelle.*" *Wirkendes Wort* 16 (1966): 256-66.

Jacobs, Jürgen. "'Löwen sollen Lämmer werden': Zu Goethes *Novelle.*" *Literarische Utopie-Entwürfe.* Ed. by Hiltrud Gnug. Frankfurt: Suhrkamp, 1982. 187-95

Kaiser, Gerhard. "Zur Aktualität Goethes: Kunst und Gesellschaft in seiner Novelle." *Jahrbuch der Deutschen Schillergesellschaft* 29 (1985): 248-65.

Kauser, Andreas. "Das Wissen der Anthropologie: Goethes Novellen." *Goethe Jahrbuch* 107 (1990): 158-68.

Lehnert, Herbert. "Tensions in Goethe's *Novelle.*" *Goethe's Narrative Fiction: The Irvine Goethe Symposium.* Ed. by William J. Lillyman. Berlin: de Gruyter, 1983. 176-92.

Meyer, Herman. *Natürlicher Enthusiasmus: Das Morgenländische in Goethes "Novelle."* Poesie und Wissenschaft, 31. Heidelberg: Stiehm, 1973.

Steer, Alfred G. "Goethe's *Novelle* as a Document of Its Time." *DVjs* 50 (1976): 414-33.

Swales, Martin. "The Threatened Society: Some Remarks on Goethe's *Novelle.*" *PEGS* 38 (1968): 43-68.

Wells, Larry D. "Organic Structure in Goethe's 'Novelle.'" *GQ* 53 (1980): 418- 31.

Ludwig Tieck: *Der Runenberg.*

Ewton, Ralph W., Jr. "Life and Death of the Body in Tieck's *Der Runenberg.*" *GR* 50 (1975): 19-33.

Frye, Lawrence O. "Irretrievable Time and the Poems in Tieck's *Der Runenberg.*" *LJGG* 18 (1977): 147-72.

Gille, Klaus F. "Der Berg und die Seele: Überlegungen zu Tiecks 'Runenberg.'" *Neophilologus* 77 (1993): 611-23.

Kimpel, Richard W. "Nature, Quest, and Reality in Tieck's *Der blonde Eckbert* and *Der Runenberg.*" *SR* 9 (1970): 176-92.

Knight, Victor. "The Perceptive Non-Artist: A Study of Tieck's 'Der Runenberg.'" *NGS* 10 (1982): 21-31.

Lillyman, William J. "Ludwig Tieck's *Der Runenberg*: The Dimensions of Reality." *Monatshefte* 62 (1970): 231-44.

Lindemann, Klaus. "Von der Naturphilosophie zur christlichen Kunst: Zur Funktion des Venusmotivs in Tiecks *Runenberg* und Eichendorffs *Marmorbild.*" *LJGG* 15 (1974): 101-22.

Mecklenburg, Norbert. "'Die Gesellschaft der verwilderten Steine': Interpretationsprobleme von Ludwig Tiecks Erzählung *Der Runenberg.*" *DU* 34 (1982): 62-76.

Rasch, Wolfdietrich. "Blume und Stein: Zur Deutung von Ludwig Tiecks Erzählung *Der Runenberg.*" *The Discontinuous Tradition: Studies in German Literature in Honour of Ernest Ludwig Stahl.* Ed. by Peter F. Ganz. Oxford: Oxford University Press, 1971. 113-28.

Vredefeld, Harry. "Ludwig Tieck's *Der Runenberg*: An Archetypal Interpretation." *GR* 49 (1974): 200-14.

E. T. A. Hoffmann: *Rat Krespel*

Bergengruen, Werner. *E. T. A. Hoffmann.* 1939. Zürich: Verlag der Arche, 1960.

Birrell, Gordon. "Instruments and Infidels: The Metaphysics of Music in E.T.A. Hoffmann's 'Rat Krespel.'" *Literature and the Occult: Essays in Comparative Literature.* Ed. by Frank Luanne. Arlington: University of Texas at Arlington, 1977. 65-71

Crisman, William. "E. T. A. Hoffmann's 'Einsiedler Serapion' and 'Rat Krespel' as Models of Reading." *JEGP* 81 (1986): 50-69.

Hewett-Thayer, Harvey W. *Hoffmann: Author of the Tales.* 1948. New York: Octagon, 1971.

Pfotenhauer, Helmut. "Exoterische und Esoterische Poetik in E. T. A. Hoffmanns Erzählungen." *Jahrbuch der Jean-Paul-Gesellschaft* 17 (1982): 129-44.

Prutti, Brigitte. "Kunstgeheimnis und Interpretation in E. T. A. Hoffmanns Erzählung *Rat Krespel.*" *Seminar* 28 (1992): 33-45.

Rippley, La Vern J. "The House as Metaphor in E. T. A. Hoffmann's 'Rat Krespel.'" *Papers on Language and Literature* 7 (1971): 52-60.

Taylor, Ronald J. *Hoffmann.* London: Bowes & Bowes, 1963.

Vitt-Maucher, Gisela. "Hoffmanns 'Rat Krespel' und der Schlafrock Gottes." *Monatshefte* 64 (1972): 51-57.

Werner, Hans Georg. *E. T. A. Hoffmann: Darstellung und Deutung der Wirklichkeit im dichterischen Werk.* Beiträge zur deutschen Klassik, 13. Weimar: Arion, 1962.

Wiese, Benno von. "E. T. A. Hoffmann: *Rat Krespel.*" *Die deutsche Novelle von Goethe bis Kafka: Interpretationen.* Ed. by Benno von Wiese. 1956-62. 2 vols. Düsseldorf: A. Bagel, 1982. 2: 87-103.

Wittkowski, Wolfgang. "E. T. A. Hoffmanns musikalische Musikerdichtungen *Ritter Gluck, Don Juan, Rat Krespel.*" *Aurora: Jahrbuch der Eichendorff-Gesellschaft* 38 (1978): 54-74.

Heinrich von Kleist: *Die Marquise von O. . .*

Bentzel, Curtis C. "Knowledge in Narrative: The Significance of the Swan in Kleist's 'Die Marquise von O....'" *GQ* 64 (1991): 296-303.

Cohn, Dorrit. "Kleist's *Marquise von O...* ": The Problem of Knowledge." *DU* 67 (1975): 129-44.

Dutoit, Thomas. "Rape, Crypt and Fantasm: Kleist's Marquise of O...." *Mosaic* 27 (1994): 45-64.

Dietrick, Linda. "Immaculate Conceptions: The Marquise von O... and the Swan." *Seminar* 27 (1991): 316-29.

De Huszar-Allen, Marguerite. "Denial and Acceptance: Narrative Patterns in Thomas Mann's *Die Betrogene* and Kleist's *Die Marquise von O....*" *GR* 64 (1989): 121-28.

Fürst, Lilian. "Double Dealing: Irony in Kleist's *Die Marquise von O....*" *Echoes and Influences of German Romanticism.* Ed. by Michael S. Batts, Anthony W. Riley, and Heinz Wetzel. New York: Peter Lang, 1987. 85-95.

Huff, Steven R. "Kleist and Expectant Virgins: The Meaning of 'O' in *Die Marquise von O....*" *JEGP* 81 (1982): 367-75.

Leeuwe, Hans H. J. de. "Warum heißt Kleists 'Marquise von O...' von O... ?" *Neophilologus* 68 (1984): 478-79.

Moering, Michael: *Witz und Ironie in der Prosa Heinrich von Kleists.* München: Fink, 1972.

Mortimer, Armine Kotin. "The Devious Second Story in Kleist's *Die Marquise von O....*" *GQ* 67 (1994): 293-303.

Müller Seidel, Walter. "Die Struktur des Widerspruchs in Kleists 'Marquise von O.'" *Heinrich von Kleist: Aufsätze und Essays.* Darmstadt: Wissenschaftliche Buchgesellschaft, 1967. 244-68.

Politzer, Heinz. "Der Fall der Frau Marquise: Beobachtungen zu Kleists *Die Marquise von O...*." *DVjs* 51 (1977): 98-128.

Smith, John H. "Dialogic Midwifery in Kleist's *Marquise von O* and the Hermeneutics of Telling the Untold in Kant and Plato." *PMLA* 100 (1985): 203-19.

Swales, Erika. "The Beleaguered Citadel: A Study of Kleist's *Die Marquise von O...*." *DVjs* 51 (1977): 129-47.

Vinken, Barbara, and Anselm Haverhamp. "Die zurechtgelegte Frau: Gottesbegehren und transzendentale Familie in Kleists 'Marquise von O....'" *Heinrich von Kleist: Kriegsfall, Rechtsfall, Sündenfall.* Ed. by Gerhard Neumann. Rombach wissenschaftliche Reihe: Litterae, 20. Freiburg i. Br.: Rombach, 1994. 149-92.

Weiss, Hermann F. "Precarious Idylls: The Relationship between Father and Daughter in Heinrich von Kleist's *Die Marquise von O...*." *MLN* 91 (1976): 538-42.

Heinrich von Kleist: *Erdbeben in Chili*

Blöcker, Günter. *Heinrich von Kleist, oder das absolute Ich.* 1960. Frankfurt a. M.: Fischer Taschenbuch, 1970.

Clouser, Robin A. "Heroism in Kleist's *Das Erdbeben in Chili.*" *GR* 58 (1983): 129-40.

Conrady, Karl Otto. "Kleists Erdbeben in Chile: Ein Interpretationsversuch." *GRM* 35, n. s. 4 (1954): 185-95.

Ellis, J. M. "Kleist's 'Das Erdbeben in Chile.'" *PEGS* 33 (1963): 10-55.

Fischer, Bernd. "Factum und Idee: Zu Kleists *Erdbeben in Chili.*" *DVjs* 58 (1984): 414-27.

Gausewitz, Walter. "Kleist's Erdbeben." *Monatshefte* 56 (1964): 339-45.

Gelus, Marjorie. "Birth as Metaphor in Kleist's *Das Erdbeben in Chili*: A Comparison of Critical Methodologies." *WGY* 8 (1992): 1-20.

——. "Patriarchy's Fragile Boundaries under Siege: "Three Stories of Heinrich von Kleist." *WGY* 10 (1995): 59-82.

Johnson, Richard L. "Kleist's *Erdbeben in Chili.*" *Seminar* 11 (1975): 33-45.

Koch, Friedrich. *Heinrich von Kleist. Bewußtsein und Wirklichkeit.* Stuttgart: Metzler, 1958.

Kunz, Josef. "Die Gestaltung des tragischen Geschehens in Kleists *Erdbeben in Chile.*" *Gratulatio: Festschrift für Christian Wegner.* Ed. by Maria Honeit and Matthias Wegner. Hamburg: Wegner, 1963. 145-70.

March, Richard. *Heinrich von Kleist.* Studies in European Literature and Thought. Cambridge: Bowes & Bowes, 1954.

Müller-Seidel, Walter. *Verstehen und Erkennen: Eine Studie über Heinrich von Kleist.* Köln: Böhlau, 1961.

Schrädler, Hans-Jürgen. "Spuren Gottes in den Trümmern der Welt: Zur Bedeutung biblischer Bilder in Kleists *Erdbeben.*" *Kleist-Jahrbuch* 1991: 34-52.

Silz, Walter. "Das Erdbeben in Chile." *Monatshefte,* 53 (1961): 229-238. Rpt. in *Heinrich von Kleist: Aufsätze und Essays.* Ed. by Walter Müller-Seidel. Darmstadt: Wissenschaftliche Buchgesellschaft, 1967. 351-66.

——. *Heinrich von Kleist: Studies in his Works and Literary Character.* 1961. Westport, CT: Greenwood Press, 1977.

516   *German Novellen*

Steinhauer, Harry. "Heinrich von Kleists 'Das Erdbeben in Chili.'" *Goethezeit: Studien zur Erkenntnis und Rezeption Goethes und seiner Zeitgenossen.* Ed. by Gerhart Hoffmeister. Bern: Francke, 1981. 281-300.

Thayer, Terence K. "Kleist's Don Fernando and *Das Erdbeben in Chili.*" *Colloquia Germanica* 11 (1978):263-88.

Wellbery, David E. *Positionen der Literaturwissenschaft: Acht Modellanalysen am Beispiel von Kleists "Das Erdbeben in Chili."* München: Beck, 1985.

Wiese, Benno von. "Heinrich von Kleist: Das Erdbeben in Chili." *Die deutsche Novelle von Goethe bis Kafka: Interpretationen.* Ed. by Benno von Wiese. 1956. Düsseldorf: A. Bagel, 1982. 2: 53-70.

Wittkowski, Wolfgang. "Skepsis, Noblesse, Ironie: Formen des Als-ob in Kleists 'Erdbeben.'" *Euphorion* 63 (1969): 247-83.

Clemens Brentano, *Die mehreren Wehmüller und ungarischen Nationalgesichter*

Browning, Robert M. "Clemens Brentano's 'Die mehreren Wehmüller': Some Thoughts on Leading Motifs." *Carleton Germanic Papers* 22 (1994): 39-45.

Birrell, Gordon. "Everything is E(x)ternally Related: Brentano's *Wehmüller.*" *GQ* 66 (1993): 71-86.

Dickens, David B. "Brentanos Erzählung 'Die mehreren Wehmüller und ungarischen Nationalgesichter': Ein Deutungsversuch." *GR* 58 (1983): 12-20.

Feilchenfeldt, Konrad. "Erzählen im journalistischen Kontext: Clemens Brentanos *Die mehreren Wehmüller.*" *Texte, Motive und Gestalten der Goethezeit.* Ed. by John L. Hubbard and H. B. Nisbet. Tübingen: Niemeyer, 1989. 207-23.

Schaub, Gerhard. "Mitidika und ihre Schwestern: Zur Kontinuität eines Frauentyps in Brentanos Werken." *Zwischen den Wissenschaften: Beiträge zur deutschen Literaturgeschichte.* Ed. by Gerhard Hahn, Ernst Weber, et al. Regensburg: Pustet, 1994. 304-17.

Achim von Arnim: *Der tolle Invalide auf dem Fort Ratonneau*

Butler, Colin. "Psychology and Faith in Arnim's *Der tolle Invalide.*" *SR* 17 (1978): 149-62.

Dickson, Sheila. "Preconceived and Fixed Ideas: Self Fulfilling Prophecies in *Der tolle Invalide auf dem Fort Ratonneau.*" *Neophilologus* 78 (1994): 109-18.

Lösel, F. "Psychology, Religion and Myth in Arnim's *Der tolle Invalide auf dem Fort Ratonneau.*" *NGS* 5 (1977): 75-90.

Washington, Lawrence M., and Ida H. Washington. "The Several Aspects of Fire in Achim von Arnim's *Der tolle Invalide.*" *GQ* 37 (1964): 498-505.

Whiton, John. "Crisis and Commitment in Achim von Arnim's *Der tolle Invalide auf dem Fort Ratonneau.*" *Crisis and Commitment: Studies in German and Russian Literature in Honour of J. W. Dyck.* Ed. by John Whiton and Harry Loewen. Waterloo: University of Waterloo Press, 1983. 221-36.

Wiese, Benno von. "Achim von Arnim: Der tolle Invalide auf dem Fort Ratonneau." *Die deutsche Novelle von Goethe bis Kafka: Interpretationen.* Ed. by Benno von Wiese. 1956-62. 2 vols. Düsseldorf: A. Bagel, 1982. 2: 171-86.

Joseph von Eichendorff: *Das Marmorbild*

Beller, Manfred. "Narziß und Venus: Klassische Mythologie und romantische Allegorie in Eichendorffs *Das Marmorbild*." *Euphorion* 62 (1968): 117-42.

Feise, Ernst. "Eichendorffs Marmorbild." *GR* 11 (1936): 75-86. Rpt. in *Xenion: Themes, Forms and Ideas in German Literature*. Baltimore: Johns Hopkins Press, 1950. 111-22.

Hayduck, Alfons. "Der dämonisierte Eros bei Eichendorff und Hauptmann: Von der Novelle 'Das Marmorbild' (1817) zum posthumen Roman 'Winckelmann' (1954)." *Aurora: Jahrbuch der Eichendorff-Gesellschaft* 15 (1955), 25-29.

Hubbs, Valentine C. "Metamorphosis and Rebirth in Eichendorff's *Marmorbild*." *GR* 52 (1977): 243-59.

Kunz, Josef. *Eichendorff: Höhepunkt und Krise der Spätromantik*. Oberursel: Taunus, 1951. Rpt. Darmstadt: Wissenschaftliche Buchgesellschaft, 1980.

McGlathery, James M. "Magic and Desire in Eichendorff's *Das Marmorbild*." *GLL* 42 (1989): 257-68.

Möbus, Gerhard. *Der andere Eichendorff: Zur Deutung der Dichtung Joseph von Eichendorffs*. Osnabrück: A. Fromm, 1960.

Peuckert, Will-Erich. *Der unbekannte Eichendorff: Vom Schwärmen zur Bewahrung*. München: W. G. Korn, 1958.

Pikulik, Lothar. "Die Mythisierung des Geschlechtstriebes in Eichendorffs 'Marmorbild.'" *Mythos und Mythologie in der Literatur des 19. Jahrhunderts*. Ed. by Helmut Koopmann. Frankfurt: Klostermann, 1979.

Richter, Simon Jan. "Under the Sign of Venus: Eichendorff's *Marmorbild* and the Erotics of Allegory." *South Atlantic Review* 56 (1991): 59-71.

Rodger, Gillian. "Joseph von Eichendorff." *German Men of Letters: Twelve Literary Essays*. 6 vols. Ed. by Alex Natan. London: O. Wolff, 1961. 1:59-78.

Schwarz, Egon. "Ein Beitrag zur allegorischen Deutung von Eichendorffs Novelle *Das Marmorbild*." *Monatshefte* 48 (1956): 215-20.

Seidlin, Oskar. *Versuche über Eichendorff*. 1964. Göttingen: Vandenhoeck & Ruprecht, ³1985.

Woesler, Winfried. "Frau Venus und das schöne Mädchen mit dem Blumenkranz: Zu Eichendorffs *Marmorbild*." *Aurora* 45 (1985): 33-48.

Franz Grillparzer: *Der arme Spielmann*

Bachmaier, Helmut. *Franz Grillparzer: Der arme Spielmann: Erläuterungen und Dokumente*. Stuttgart: Reclam, 1986.

Bernd, Clifford Albrecht, ed. *Grillparzer's Der arme Spielmann: New Directions in Criticism*. SGLLC, 25. Columbia, SC: Camden House, 1988.

Birrell, Gordon. "Time, Timelessness and Music in Grillparzer's *Spielmann*." *GQ* 57 (1984): 558-75.

Brinkmann, Richard. "Franz Grillparzer, *Der arme Spielmann*: Der Einbruch der Subjektivität." *Wirklichkeit und Illusion*. 1957. Tübingen: Niemeyer, ³1977. 87-145.

Browning, Robert M. "Language and the Fall from Grace in Grillparzer's *Spielmann*." *Seminar* 12 (1976): 215-35.

Ellis, John M. "Grillparzer's *Der arme Spielmann*. *GQ* 45 (1972): 662-83.

Hein, Ingrid, and Jürgen Hein. "Erzählmuster unauffälligen Lebens: Franz Grillparzer 'Der arme Spielmann' (1848)." *Deutsche Novellen: von der Klassik bis zur Gegenwart.* Ed. by Winfried Freund. München: Fink, 1993. 131-44.

Heine, Roland. "Asthetische oder existentielle Integration? Ein hermeneutisches Problem des 19. Jahrhunderts in Grillparzers Erzählung *Der arme Spielmann.*" *Dvjs* 46 (1972): 650-83.

Hodge, James L. "Symmetry and Tension in *Der arme Spielmann.*" *GQ* 47 (1974): 262-68.

Hoverand, Lilian. "Speise, Wort und Musik in Grillparzers Novelle 'Der arme Spielmann': Mit einer Betrachtung zu Kafkas 'Hungerkünstler.'" *Jahrbuch der Grillparzer-Gesellschaft.* 13 (1978): 63-83.

Hunter-Lougheed, Rosemarie. "Das Thema der Liebe im *Armen Spielmann.*" *Jahrbuch der Grillparzer Gesellschaft* 13 (1978): 49-62.

Jungbluth, Günther. "Franz Grillparzers Erzählung 'Der arme Spielmann': Ein Beitrag zu ihrem Verstehen." *Orbis litterarum* 24 (1969): 35-51.

Krotkoff, Hertha. "Über den Rahmen in Franz Grillparzers Novelle *Der arme Spielmann.*" *MLN* 85 (1970): 345-66.

Liedke, Otto K. "Considerations on the Structure of Grillparzer's *Der arme Spielmann.*" *MAL* 3 (1970): 7-12.

Mullan, Boyd. "Characterization and Narrative Technique in Grillparzer's *Der arme Spielmann* and Storm's *Ein stiller Musikant.*" *GLL* 44 (1991): 187-97.

Nicolai, Ralf R. "Grillparzers 'Der arme Spielmann': Eine Deutung." *LJGG* 29 (1988): 63-84.

Paulsen, Wolfgang. "Der gute Bürger Jakob: Zur Satire in Grillparzers 'Armen Spielmann.'" *Colloquia Germanica* 2 (1968): 272-98.

Politzer. Heinrich. "Der arme Spielmann." *Franz Grillparzer, oder Das abgründige Biedermeier.* Wien, München, Zürich: Molden, 1972. 373-90; Rpt. Wien: P. Zsolnay, 1990.

Politzer, Heinz. *Franz Grillparzers Der arme Spielmann.* Dichtung und Erkenntnis 2. Stuttgart: Metzler, 1967.

Porter, James. "Reading Representation in Franz Grillparzer's *Der arme Spielmann. DVjs* 55 (1981): 293-322.

Reeve, W. C. "Proportion and Disproportion in Grillparzer's *Der arme Spielmann.*" *GR* 53 (1978): 41-49.

Reinhardt, George W. "Jacob's Self-Delusion in Grillparzer's 'Der arme Spielmann.'" *UDR* 15 (1981): 27-32.

Roe, Ian F. "'Der arme Spielmann' and the Role of Compromise in Grillparzer's Work." *GR* 56 (1981): 134-39.

Seeba, Hinrich C. "Franz Grillparzer: *Der arme Spielmann* (1847)." *Romane und Erzählungen zwischen Romantik und Realismus: Neue Interpretationen.* Ed. by Paul Michael Lützeler. Stuttgart: Reclam, 1983. 386-422.

Silz, Walter. "Grillparzer, 'Der arme Spielmann.'" *Realism and Reality.* UNCSGLL, 11. Chapel Hill: University of North Carolina Press, 1954. Rpt. New York: AMS Press, 1979. 67-78.

Swales, Martin W. "The Narrative Perspective in Grillparzer's *Der arme Spielmann.*" *GLL* 20 (1966): 107-16.

Ward, Mark G. "The Truth of Tales: Grillparzer's *Der arme Spielmann* and Stifter's *Der arme Wohltäter*." *From Vormärz to Fin de Siècle: Essays in Nineteenth Century Austrian Literature*. Ed. by Mark G. Ward. Blairgowrie: Lochee, 1986. 15-39.

Wiese, Benno von. "Franz Grillparzer: *Der arme Spielmann*." *Die deutsche Novelle von Goethe bis Kafka: Interpretationen*. Ed. by Benno von Wiese. 1956-62. 2 vols. Düsseldorf: A. Bagel, 1982. 1: 134-53.

Annette von Droste-Hülshoff: *Die Judenbuche*

Belchamber, N. P. "A Case of Identity: A New Look at *Die Judenbuche*." *Modern Languages* 55 (1974): 80-82.

Bernd, Clifford Albrecht. "Enthüllen und Verhüllen in Annette von Droste-Hülshoffs *Judenbuche*." *Festschrift für Friedrich Beissner*. Ed. by Ulrich Gaier and Werner Volke. Bebenhausen: Rotsch, 1974. 20-37.

Brown, Jane K. "The Real Mystery in Droste-Hülshoff's *Die Judenbuche*." *MLR* 73 (1978): 835-46.

Chick, Edson. "Voices in Discord: Some Observations on *Die Judenbuche*." *GQ* 42 (1969): 142-57.

Diersen, Inge. "'. . . ein arm verkümmert sein': Annette von Droste-Hülshoffs *Die Judenbuche*." *Zeitschrift für Germanistik* 3 (1983): 299-313.

Freund, Winfried. "Der Mörder des Juden Aaron: Zur Problematik von Annette von Droste-Hülshoffs Erzählung *Die Judenbuche*." *Wirkendes Wort* 19 (1969): 244-53.

Hauschild, Richard. "Die Herkunft und Textgestaltung der hebräischen Inschrift in der 'Judenbuche.'" *Euphorion* 46 (1952): 85-99.

Huge, Walter. *Annette von Droste-Hülshoff, Die Judenbuche: Erläuterungen und Dokumente*. Universal-Bibliothek, 8145. Stuttgart : Reclam, 1979.

King, Janet K. "Conscience and Conviction in *Die Judenbuche*." *Monatshefte* 64 (1972): 349-55.

Krauss, Karoline. "Das offene Geheimnis in Annette von Droste-Hülshoffs 'Judenbuche.'" *Zeitschrift für deutsche Philologie* 114 (1995): 542-59.

McGlathery, James M. "Fear of Perdition in Droste-Hülshoff's *Judenbuche*." *Lebendige Form: Interpretationen zur deutschen Literatur. Festschrift für Heinrich E. K. Henel*. Ed. by Jeffrey L. Sammons and Ernst Schürer. München: Fink, 1970. 229-44.

Mellen, Philip A. "Ambiguity and Intent in *Die Judenbuche*." *Germanic Notes* 8 (1977): 8-10.

Moritz, Karl Philipp. *Annette von Droste-Hülshoff: Die Judenbuche: Sittengemälde und Kriminalnovelle*. Modellanalysen: Literatur 3. Paderborn: Schoningh, 1980.

Oppermann, Gerard. "Die Narbe des Friedrich Mergel: Zur Aufklärung eines literarischen Motivs in Annette von Droste-Hülshoffs *Die Judenbuche*." *DVjs* 50 (1976): 449-64.

Rölleke, Heinz. *Annette von Droste-Hülshoff: Die Judenbuche*. Commentario: Analysen und Kommentare zur deutschen Literatur, 1. Bad Homburg: Gehlen, 1970.

——. "Annette von Droste-Hülshoff: *Die Judenbuche* (1842)." *Romane und Erzählungen zwischen Romantik und Realismus: Neue Interpretationen*. Ed. by Paul Michael Lützeler. Stuttgart: Reclam, 1983. 335-53.

——. "Erzähltes Mysterium: Studie zur *Judenbuche* der Annette von Droste-Hülshoff." *DVjs* 42 (1968): 399-426.

——. "Kann man das Wesen gewöhnlich aus dem Namen lesen? Zur Bedeutung der Namen in der *Judenbuche* der Annette von Droste-Hülshoff." *Euphorion* 70 (1976): 409-14.

Schatzky, Brigitte E. "Annette von Droste-Hülshoff." *German Men of Letters: Twelve Literary Essays*. 6 vols. Ed. by Alex Natan. London: O. Wolff, 1961. 1: 79-98.

Schneider, Ronald. "Möglichkeiten und Grenzen des Frührealismus im Biedermeier: *Die Judenbuche* der Annette von Droste-Hülshoff." *DU* 31 (1979): 85-94.

Silz, Walter. "Droste's 'Die Judenbuche.'" *Realism and Reality*. UNCSGLL, 11. Chapel Hill: University of North Carolina Press, 1954. Rpt. New York: AMS Press, 1979. 36-51.

Staiger, Emil. *Annette von Droste-Hülshoff*. 1933. Frauenfeld: Huber, ³1967.

Thomas, L. H. C. "'Die Judenbuche' by Annette von Droste-Hülshoff." *MLR* 54 (1959): 56-65.

Wells, Larry D. "Indeterminacy as Provocation: The Reader's Role in Annette von Droste-Hülshoff's *Die Judenbuche*." *MLN* 94 (1979): 475-92.

Whitinger, Raleigh. "From Confusion to Clarity: Further Reflections on the Revelatory Function of Narrative Technique and Symbolism in Annette von Droste-Hülshoff's *Die Judenbuche*." *DVjs* 54 (1980): 259-83.

Wiese, Benno von. "Annette von Droste-Hülshoffs 'Judenbuche' als Novelle: Eine Interpretation." *Die deutsche Novelle von Goethe bis Kafka: Interpretationen*. Ed. by Benno von Wiese. 1956-62. 2 vols. Düsseldorf: A. Bagel, 1982. 1: 154-75.

Wittkowski, Wolfgang. "Das Rätsel der 'Judenbuche' und seine Lösung: Religiöse Geheimsignale in Zeitangaben der Literatur um 1840." *Sprachkunst* 16 (1985): 175-92.

Jeremias Gotthelf: *Elsi, die seltsame Magd*
Kamber, Urs. "Jeremias Gotthelfs 'Neue Redeweise': Schweige- und Redeformen in der Erzählung 'Elsi, die seltsame Magd.'" *Typologia Litterarum: Festschrift für Max Wehrli*. Ed. by Stefan Sonderegger, Alois M. Haas, and Harald Bürger. Zürich: Atlantis, 1969. 335-50.

Adalbert Stifter: *Der beschriebene Tännling*
Hertling, Günter H. "Adalbert Stifters Jagdallegorie 'Der beschriebene Tännling': Schande durch Schändung." *Adalbert Stifter Institut des Landes Oberösterreich: Vierteljahresschrift* 29 (1980): 41-65.

Lachinger, Johann. "Verschlüsselte Adelskritik: Adalbert Stifters Erzählung *Der beschriebene Tännling.*" *Adalbert Stifter heute*. Ed. by Johann Lachinger, Alexander Stillmark, and Martin Swales. Schriftenreihe des Adalbert Stifter Instituts des Landes Oberösterreich 35. Linz: Adalbert Stifter Institut, 1985. 101-20.

Schiffermüller, Isolde. "Adalbert Stifters deskriptive Prosa: Eine Modellanalyse der Novelle *Der beschriebene Tännling*." *DVjs* 67 (1993): 267-301.

Theodor Storm: *Hans und Heinz Kirch*
Doane, Heike A. "Probleme der Kommunikation in Theodor Storms *Hans und Heinz Kirch*." *SGG* 33 (1984): 45-51.

Frühwald, Wolfgang. "Der Enthusiasmus des Lebens: Individuation und Psychologisierung in Theodor Storms späten Erzählungen." *SSG* 33 (1984): 9-18.

Goldammer, Peter: *Theodor Storm: Eine Einführung in Leben und Werk.* 1968. 4th rev. ed. Leipzig: Reclam, 1990.

Pätzold, Hartmut. "Der soziale Raum als Ort 'schuldlosen Verhängnisses': Zur Kritik der Rezeptionsgeschichte von Theodor Storms Novelle 'Hans und Heinz Kirch.'" *SSG* 40 (1991): 33-50.

Schuster, Ingrid. *Theodor Storm: Die zeitkritische Dimension seiner Novellen.* Studien zur Germanistik, Anglistik und Komparatistik, 12. Bonn: Bouvier, 1971.

Wiese, Benno von. "Theodor Storm: *Hans und Heinz Kirch.*" *Die deutsche Novelle von Goethe bis Kafka: Interpretationen.* Ed. by Benno von Wiese. 1956-62. 2 vols. Düsseldorf: A. Bagel, 1982. 2: 216-35.

Gottfried Keller: *Kleider machen Leute*

Friedrichsmeyer, Erhard. "Strapinskis Krise in Kellers *Kleider machen Leute*: Eine Komplementarperspektive." *GQ* 40 (1967): 1-13.

Jeziorkowski, Klaus. *Kleider machen Leute: Text, Materialien, Kommentar.* Hanser Literatur Kommentare, 22. München: Hanser, 1984.

Kaiser, Michael. *Literatursoziologische Studien zu Gottfried Kellers Dichtung.* AKML, 24. Bonn: Bouvier, 1965.

Sautermeister, Gert. "Erziehung und Gesellschaft in Gottfried Kellers Novelle 'Kleider machen Leute.'" *Der alte Kanon neu: Zur Revision des literarischen Kanons in Wissenschaft und Unterricht.* Ed. by Walter Raitz und Erhard Schütz. Opladen: Westdeutscher Verlag, 1976.

Widdig, Bernd. "Mode und Moderne: Gottfried Kellers 'Kleider machen Leute.'" *Merkur* 48 (1994): 109-23.

Wiese, Benno von. "Gottfried Keller: *Kleider machen Leute*" *Die deutsche Novelle von Goethe bis Kafka: Interpretationen.* Ed. by Benno von Wiese. 1956-62. 2 vols. Düsseldorf: A. Bagel, 1982. 1: 238-49.

Conrad Ferdinand Meyer: *Gustav Adolfs Page*

Gerlach, U. Henry. "*Gustav Adolfs Page* — der unzulänglich verkappte Feigling? Eine Neuinterpretation von C. F. Meyers Novelle." *Wirkendes Wort* 43 (1993): 212-25.

——. "C. F. Meyers *Gustav Adolfs Page*: Eine Neue Lesung." *UDR* 21 (1991): 133-42.

Hart, Gail K. "The Facts of Fiction: C. F. Meyers Dismantling of Facticity." *Seminar* 26 (1990): 222-36.

Marie von Ebner-Eschenbach: *Er läßt die Hand Küssen*

Aichinger, Ingrid. "Harmonisierung oder Skepsis? Zum Prosawerk der Marie von Ebner-Eschenbach." *Österreich in Geschichte und Literatur* 16 (1972): 483-95.

Ashliman, Dee L. "Marie von Ebner-Eschenbach und der deutsche Aphorismus." *Österreich in Geschichte und Literatur* 18 (1974): 155-65.

Bramkamp, Agatha C. *Marie von Ebner-Eschenbach: The Author, Her Time, and Her Critics.* AKML, 387. Bonn: Bouvier, 1990.

Finney, Gail. "Comparative Perspectives on Gender and Comedy: The Examples of Wilde, Hofmannsthal, and Ebner-Eschenbach." *Modern Drama* 37 (1994): 638-50.

Harriman, Helga H. "Marie von Ebner-Eschenbach in Feminist Perspective." *MAL* 18 (1985): 27-38.

Steiner, Carl. *Of Reason and Love: The Life and Works of Marie von Ebner-Eschenbach (1830-1916)*. Studies in Austrian Literature, Culture, and Thought. Riverside, CA: Ariadne, 1994.

Stuben, Jens. "Interpretation statt Kommentar: Ferdinand von Saar und Marie von Ebner-Eschenbach, 'Kritische Texte und Deutungen.'" *Kommentierungsverfahren und Kommentarformen: Hamburger Kolloquium der Arbeitsgemeinschaft für germanistische Edition*. Ed. by Günter Martens. Beihefte zu Editio, 5. Tübingen: Niemeyer, 1993. 99-107.

Helene Böhlau: *Jugend*

Grant, Alyth F. "From 'Halbtier' to 'Übermensch': Helene Böhlau's Iconoclastic Reversal of Cultural Images." *Women in German Yearbook: Feminist Studies in German Literature and Culture* 11 (1995): 131-50.

Gerhart Hauptmann: *Bahnwärter Thiel*

Clouser, Robin A. "The Spiritual Malaise of a Modern Hercules: Hauptmann's *Bahnwärter Thiel*." *GR* 55 (1980): 98-108.

Cowen, Roy C. *Der Naturalismus: Kommentar zu einer Epoche*. 1973. München: Winkler, [3]1981.

Fischer, Gottfried. *Die Erzählformen in den Werken Gerhart Hauptmanns*. AKML, 2. Bonn: Bouvier, 1957.

Fischer, Heinz. "Lenz, Woyzeck. Thiel: Spiegelungen der Werke Georg Büchners in Gerhart Hauptmanns 'Bahnwärter Thiel.'" *Georg Büchner: Untersuchungen und Marginalien*. Studien zur Germanistik, Anglistik und Komparatistik, 14. 1972. Bonn: Bouvier, [2]1975. 41-61.

Garten, Hugh F. "Gerhart Hauptmann." *German Men of Letters: Twelve Literary Essays*. 6 vols. Ed. by Alex Natan. London: O. Wolff, 1961. 1: 235-49.

———. *Gerhart Hauptmann*. Studies in modern European literature and thought. Cambridge: Bowes & Bowes, 1954.

Guthke, Karl S. *Gerhart Hauptmann: Weltbild im Werk*. 1961. 2nd rev. ed. Göttingen: Vandenhoeck & Ruprecht, 1980.

Hahn, Walther. "Zur Zeitstruktur in Gerhart Hauptmanns *Bahnwärter Thiel*. *Carleton Germanic Papers* 10 (1982): 35-49.

Heerdegen, Irene. "Gerhart Hauptmanns Novelle *Bahnwärter Thiel*." *Weimarer Beiträge* 4 (1958): 348-60.

Kramer, Herbert. *Gerhart Hauptmann: Bahnwärter Thiel: Interpretation*. Interpretation für Schule und Studium. München: Oldenbourg, 1980.

Mahal, Günter. "Experiment zwischen Geleisen: Gerhart Hauptmann, 'Bahnwärter Thiel' (1888)." *Deutsche Novellen von der Klassik bis zur Gegenwart*. Ed. by Winfried Freund. München: Fink, 1993. 199-219.

Martini, Fritz. "Gerhart Hauptmanns Bahnwärter Thiel." *Das Wagnis der Sprache*. 1954. Stuttgart: Klett, [7]1984. 59-98.

Neuhaus, Volker. *Gerhart Hauptmann: Bahnwärter Thiel: Erläuterungen und Dokumente*. 1974. Stuttgart: Reclam, 1989.

Post, Klaus D. *Gerhart Hauptmann: "Bahnwärter Thiel." Text. Materialien. Kommentar*. Literatur-Kommentare, 15. München, Wien: Hanser, 1979.

Silz, Walter. "Hauptmann's Bahnwärter Thiel." *Realism and Reality*. UNCSGLL, 11. Chapel Hill: University of North Carolina Press, 1954. Rpt. New York: AMS Press, 1979. 137-52.

Wiese, Benno von. "Gerhart Hauptmann: *Bahnwärter Thiel*." *Die deutsche Novelle von Goethe bis Kafka: Interpretationen*. Ed. by Benno von Wiese. 1956-62. 2 vols. Düsseldorf: A. Bagel, 1982. 1: 268-83.

Zimmermann, Werner. "Gerhart Hauptmanns Bahnwärter Thiel." *Deutsche Prosadichtungen der Gegenwart: Interpretationen für Lehrende und Lernende*. 3 vols. Düsseldorf: Schwan, 1956-89. 1: 38-59.

Arthur Schnitzler: *Der blinde Geronimo und sein Bruder*

Cook, William K. "Arthur Schnitzler's *Der blinde Geronimo und sein Bruder*: A Critical Discussion." *MAL* 5 (1972): 120-37.